"十四五"应用型本科院校系列教材/经济管理类

Statistics

统 计 学

（第5版）

主 编 孙 佳 郑 葵
副主编 姜 云 邵铁柱 陈冰冰
　　　　赵福生 李 伟 张 宇
主 审 孙玉忠

哈尔滨工业大学出版社
HITP HARBIN INSTITUTE OF TECHNOLOGY PRESS

内 容 简 介

本书共十三章,包括总论,统计数据的收集,统计数据的整理与显示,综合指标,抽样调查与抽样分布,参数估计和假设检验,时间序列,统计指数,相关与回归分析,统计决策,国民经济统计的常用指标,现代企业统计,大数据分析与数据挖掘。

本书适合经济管理专业(非统计专业)学生使用,也可供与其相关人员使用。

图书在版编目(CIP)数据

统计学:全两册/孙佳,郑葵主编. —5 版. —
哈尔滨:哈尔滨工业大学出版社,2022.8
"十四五"应用型本科院校系列教材
ISBN 978-7-5767-0461-7

Ⅰ.①统… Ⅱ.①孙…②郑… Ⅲ.①统计学-高等学校-教材 Ⅳ.①C8

中国版本图书馆 CIP 数据核字(2022)第 186392 号

策划编辑	杜 燕
责任编辑	刘 瑶
封面设计	卞秉利
出版发行	哈尔滨工业大学出版社
社 址	哈尔滨市南岗区复华四道街 10 号 邮编 150006
传 真	0451-86414749
网 址	http://hitpress.hit.edu.cn
印 刷	哈尔滨市工大节能印刷厂
开 本	787 mm×960 mm 1/16 印张 24.25 字数 543 千字
版 次	2010 年 8 月第 1 版 2022 年 8 月第 5 版 2022 年 8 月第 1 次印刷
书 号	ISBN 978-7-5767-0461-7
定 价	68.00 元(全两册)

(如因印装质量问题影响阅读,我社负责调换)

《"十四五"应用型本科院校系列教材》编委会

主　任	修朋月	竺培国		
副主任	王玉文	吕其诚	线恒录	李敬来
委　员	丁福庆	于长福	马志民	王庄严	王建华
	王德章	刘金祺	刘宝华	刘通学	刘福荣
	关晓冬	李云波	杨玉顺	吴知丰	张幸刚
	陈江波	林　艳	林文华	周方圆	姜思政
	庹　莉	韩毓洁	蔡柏岩	臧玉英	霍　琳
	杜　燕				

序

哈尔滨工业大学出版社策划的《"十四五"应用型本科院校系列教材》即将付梓,诚可贺也。

该系列教材卷帙浩繁,凡百余种,涉及众多学科门类,定位准确,内容新颖,体系完整,实用性强,突出实践能力培养。不仅便于教师教学和学生学习,而且满足就业市场对应用型人才的迫切需求。

应用型本科院校的人才培养目标是面对现代社会生产、建设、管理、服务等一线岗位,培养能直接从事实际工作、解决具体问题、维持工作有效运行的高等应用型人才。应用型本科与研究型本科和高职高专院校在人才培养上有着明显的区别,其培养的人才特征是:①就业导向与社会需求高度吻合;②扎实的理论基础和过硬的实践能力紧密结合;③具备良好的人文素质和科学技术素质;④富于面对职业应用的创新精神。因此,应用型本科院校只有着力培养"进入角色快、业务水平高、动手能力强、综合素质好"的人才,才能在激烈的就业市场竞争中站稳脚跟。

目前国内应用型本科院校所采用的教材往往只是对理论性较强的本科院校教材的简单删减,针对性、应用性不够突出,因材施教的目的难以达到。因此亟须既有一定的理论深度又注重实践能力培养的系列教材,以满足应用型本科院校教学目标、培养方向和办学特色的需要。

哈尔滨工业大学出版社出版的《"十四五"应用型本科院校系列教材》,在选题设计思路上认真贯彻教育部关于培养适应地方、区域经济和社会发展需要的"本科应用型高级专门人才"精神,根据前黑龙江省委书记吉炳轩同志提出的关于加强应用型本科院校建设的意见,在应用型本科试点院校成功经验总结的基础上,特邀请黑龙江省9所知名的应用型本科院校的专家、学者联合编写。

本系列教材突出与办学定位、教学目标的一致性和适应性,既严格遵照学科体系的知识构成和教材编写的一般规律，又针对应用型本科人才培养目标及与之相适应的教学特点，精心设计写作体例，科学安排知识内容，围绕应用讲授理论，做到"基础知识够用、实践技能实用、专业理论管用"。同时注意适当融入新理论、新技术、新工艺、新成果，并且制作了与本书配套的PPT多媒体教学课件，形成立体化教材，供教师参考使用。

《"十四五"应用型本科院校系列教材》的编辑出版，是适应"科教兴国"战略对复合型、应用型人才的需求，是推动相对滞后的应用型本科院校教材建设的一种有益尝试，在应用型创新人才培养方面是一件具有开创意义的工作，为应用型人才的培养提供了及时、可靠、坚实的保证。

希望本系列教材在使用过程中，通过编者、作者和读者的共同努力，厚积薄发、推陈出新、细上加细、精益求精，不断丰富、不断完善、不断创新，力争成为同类教材中的精品。

第5版前言

本教材紧密围绕应用型本科院校人才培养的目标,为经济管理类专业(非统计专业)学生统计学课程的学习量身订制。本教材由具有多年企业统计工作经验和高校教学经验的双师型教师担当主编。以社会对经济管理型人才所应具备的统计学知识和统计技能的需求为导向,对教材内容进行有针对性的规划和设计,力求培养出"基础理论够用,实践能力强,综合素质好,适应能力强"的社会急需的高级应用型经济管理人才。

本教材在内容体系设计上力求突出以下五大特色:

1. 注重统计学理论体系的完整性。本教材在内容上贯彻了"大统计"学科建设的思想,第一章至第十章为统计学的基础理论部分,涵盖了描述统计和推断统计的基本方法,为学生学习其他经济管理专业课程提供了必要的数量分析方法。

2. 注重统计方法在经济管理领域中的应用。本书在例题、练习题、案例分析等选编上力求贴近社会生活和企业实际,同时还从其他专业课程中挖掘应用统计方法解决的实际问题,使学生认识到统计方法的有用性,从而提升学生学习统计学的兴趣。

3. 注重学生统计实践技能的培养。为使学生熟练应用 Excel 软件进行统计数据的整理、显示和分析,本书用较大篇幅介绍了 Excel 在数据整理、描述分析、参数估计与假设检验、时间序列分析和回归分析中的应用,可作为学生实践课上机操作的指导书。除此之外,为培养和提高学生从事社会调查和市场调查,以及撰写调查报告和企业统计分析等项统计技能,本书在相关章节结合理论知识,配备调查报告范例和企业统计分析报告范例供学生学习和参考。

4. 注重与社会所需统计技能的对接。为更好地适应企事业单位对经济管理型人才所应具备的统计知识和统计技能的要求,本书增设了第十三章大数据分析与数据挖掘的相关内容,使非统计专业的学生能够对现代比较流行的前沿概念和相关技术、方法有一定的了解,从而解决了以往非统计专业学生只学过统计学原理,与企业要求经济管理专业学生应掌握一定的企业统计知识的需求缺乏有效对接的问题。

5. 注重学生统计素养的培养。为使经济管理专业学生能够更好地认识国家的宏观经济形势,理解国家的各项宏观经济政策,能够科学、合理地安排好个人的消费、投资及经营等活动,本书第十一章介绍了国民经济统计的常用指标,使教材体系更加完整和贴近实际。

教材在撰写风格上,力求做到语言简练、准确、生动、通俗易懂,图表丰富,以增强教材的可读性和可视性。

《统计学》第1版自2010年8月出版发行以来,先后修订了4版。已在黑龙江财经学院、哈尔滨广厦学院、哈尔滨远东理工学院和哈尔滨剑桥学院等多所高校使用了10余年时间,受到了授课教师和学生们的欢迎。从各方面反馈的信息来看,本教材的内容总体上是比较适用的,较好地满足了应用型本科院校非统计专业统计学课程教学的需要。此次再版,为更好地适应应用型人才的培养定位、模式及教学特点的要求,在充分听取有关专家意见的基础上,对教材的内容进行了适当的补充和修改,更新了部分案例和小资料,力求使《统计学》(第5版)教材做到体系结构更趋科学合理。同时应广大师生的迫切要求与建议,我们编写了《统计学习题集》,与《统计学》(第5版)相配套,希望本书能够成为广大学生学习统计学的得力助手。

《统计学》(第5版)由孙佳、郑葵担任主编,姜云、邵铁柱、陈冰冰、赵福生、李伟、张宇担任副主编。哈尔滨师范大学孙玉忠教授担任主审。各章节的具体分工如下:孙佳负责第十三章的编写及其他章节的修订工作;郑葵负责第三、四、十二章的编写;姜云负责第七、八章的编写;邵铁柱负责第一章的编写;陈冰冰负责第二章的编写;赵福生负责第十一章的编写;李伟负责第十章的编写;张宇负责第五、六、九章的编写。全书由郑葵总纂定稿。

《统计学习题集》内容包括习题和习题答案两部分。习题部分主要由判断题、单选题、多选题、简答题、计算题和案例分析,以及模拟试卷组成。习题的内容覆盖了本书的绝大多数知识点,学生通过练习可以掌握每章的学习要点,加深对统计方法的理解和应用统计方法解决实际问题的能力。

《统计学习题集》由《统计学》(第5版)的编者郑葵、陈冰冰、张宇、姜云、邵铁柱、赵福生、李伟、赵寅珠、孙佳共同编写,由郑葵、陈冰冰总纂定稿。本书的部分习题选编自其他教材和习题集,在此一并表示感谢。

在编写过程中,借鉴了许多国内、外相关的统计学教材和资料,已一一列于参考文献中。哈尔滨师范大学孙玉忠教授认真审阅了书稿并提出了许多宝贵的意见和建议,在此一并表示衷心的感谢!

由于编者水平有限,加之时间仓促,教材中难免有疏漏及不足之处,敬请各位同行专家和读者多提宝贵意见。

编 者

2022年5月

目 录

第一章　总论 ... 1
- 第一节　统计与统计学的产生和发展 ... 2
- 第二节　统计学的基本概念 ... 18
- 本章小结 ... 24
- 关键概念 ... 25

第二章　统计数据的收集 ... 26
- 第一节　统计数据的计量和类型 ... 26
- 第二节　统计数据的间接来源 ... 30
- 第三节　统计数据的直接来源 ... 31
- 本章小结 ... 57
- 关键概念 ... 58
- 实训题 ... 58

第三章　统计数据的整理与显示 ... 59
- 第一节　统计数据的预处理 ... 60
- 第二节　统计分组和次数分配 ... 62
- 第三节　统计数据的显示 ... 72
- 第四节　Excel 在数据整理与显示中的应用 ... 81
- 本章小结 ... 86
- 关键概念 ... 86
- 实训题 ... 86

第四章　综合指标 ... 88
- 第一节　总量指标 ... 89
- 第二节　相对指标 ... 93
- 第三节　平均指标 ... 99
- 第四节　标志变异指标 ... 111
- 第五节　偏态系数和峰度系数 ... 116
- 第六节　Excel 中描述统计工具的使用 ... 118
- 本章小结 ... 121

关键概念 ··· 121
　　应用范例 ··· 121
　　案例分析 ··· 123
第五章　抽样调查与抽样分布 ·· 124
　　第一节　抽样调查概述 ··· 125
　　第二节　抽样调查的组织形式 ·· 130
　　第三节　抽样分布 ··· 134
　　本章小结 ··· 147
　　关键概念 ··· 147
　　案例分析 ··· 147
　　实训题 ·· 148
第六章　参数估计和假设检验 ·· 149
　　第一节　参数估计 ··· 150
　　第二节　假设检验 ··· 158
　　第三节　Excel在参数估计与假设检验中的应用 ·························· 166
　　本章小结 ··· 170
　　关键概念 ··· 171
　　案例分析 ··· 171
　　实训题 ·· 172
第七章　时间序列 ··· 173
　　第一节　时间序列概述 ··· 174
　　第二节　时间序列的水平分析 ·· 176
　　第三节　时间序列的速度分析 ·· 181
　　第四节　时间序列的长期趋势分析 ·· 187
　　第五节　季节变动分析 ··· 199
　　第六节　Excel在时间序列分析中的应用 ·································· 202
　　本章小结 ··· 209
　　关键概念 ··· 209
　　应用范例 ··· 209
　　案例分析 ··· 211
　　实训题 ·· 212
第八章　统计指数 ··· 213
　　第一节　指数的概念与分类 ··· 214

  第二节 总指数的编制方法 ··· 216
  第三节 指数体系与因素分析 ··· 222
  第四节 常用的经济指数 ··· 230
  本章小结 ··· 236
  关键概念 ··· 237
  案例分析 ··· 237
  实训题 ··· 238

第九章 相关与回归分析 ··· 239
  第一节 相关与回归分析的基本概念 ··· 239
  第二节 相关分析 ··· 243
  第三节 一元回归分析 ··· 245
  第四节 Excel 在回归分析中的应用 ·· 254
  本章小结 ··· 258
  关键概念 ··· 259
  应用范例 ··· 259
  案例分析 ··· 261
  实训题 ··· 261

第十章 统计决策 ·· 262
  第一节 统计决策的基本问题 ·· 263
  第二节 完全不确定型决策 ·· 266
  第三节 一般风险型决策 ··· 271
  本章小结 ··· 278
  关键概念 ··· 278

第十一章 国民经济统计的常用指标 ·· 279
  第一节 国民经济统计的基本知识 ··· 280
  第二节 国民经济统计的常用指标 ··· 285
  本章小结 ··· 295
  关键概念 ··· 296
  案例分析 ··· 296
  实训题 ··· 297

第十二章 现代企业统计 ·· 299
  第一节 现代企业统计概述 ·· 300
  第二节 现代企业统计工作的程序和方法 ·· 304

第三节　企业主要经济统计指标及其核算方法……………………316
　　第四节　企业统计分析报告……………………………………………331
　　本章小结……………………………………………………………………340
　　关键概念……………………………………………………………………340
　　实训题………………………………………………………………………340
第十三章　大数据分析与数据挖掘……………………………………………341
　　第一节　什么是大数据…………………………………………………342
　　第二节　大数据技术概述………………………………………………345
　　第三节　大数据的广泛应用……………………………………………347
　　第四节　数据挖掘与数据挖掘技术……………………………………353
　　本章小结……………………………………………………………………359
　　关键概念……………………………………………………………………359
附录……………………………………………………………………………………360
参考文献………………………………………………………………………………372

第一章

Chapter 1

总 论

【学习要点及目标】

1. 理解统计的含义,明确统计工作、统计资料和统计学三者之间的关系;
2. 了解统计学的产生和发展过程;
3. 掌握统计学的研究对象、方法、统计工作过程及统计的职能和作用;
4. 领会描述统计和推断统计的区别与联系;
5. 理解统计学中几个最基本的概念;熟练掌握统计学中常用的统计总体、总体单位、标志、指标、变量、变量值等基本概念;
6. 明晰统计总体与总体单位、品质标志与数量标志、连续变量与离散变量、标志与指标的区别与联系。

【引导案例】

在信息高度发达的今天,每个现代人几乎每天都能从电视、网络、报纸、杂志等各种渠道接触到大量的统计数据。例如,国家统计局发布的《2020年国民经济和社会发展统计公报》显示:

2020年,面对严峻复杂的国内外环境,我国经济运行稳定恢复,就业民生保障有力,经济社会发展主要目标任务完成情况好于预期,2020年全年国内生产总值1 015 986亿元,按可比价格计算,比上年增长2.3%;全国居民消费价格指数(CPI)比上年上涨2.5%,"居民消费价格涨幅3.5%左右"的物价调控目标较好实现;2020年全部工业增加值313 071亿元,比上年增长2.4%;社会消费品零售总额391 981亿元,比上年下降3.9%;货物进出口总额321 557亿元,比上年增长1.9%。

……

当你听到或阅读到这些统计数据时,你是否会思考这样一些问题:统计数据对人们的生活有用吗?这些统计数据是如何得来的?统计数据与将要学习的统计学之间有着怎样的关系?等等。要想准确地回答这些问题,就需要了解"什么是统计"以及"统计能解决哪些问题"。

第一节 统计与统计学的产生和发展

统计作为一种社会实践活动,是为了适应社会政治经济的发展与国家管理的需要而产生和发展起来的。统计实践活动已有近5 000年的历史,而统计学或统计理论,则只有300多年的历史,它是在长期的统计实践活动基础上形成和发展起来的。了解统计及统计学的起源与发展过程,对我们了解统计学的研究对象和统计学的性质、学习统计理论和统计方法、提高统计理论和实践水平都十分必要。

一、统计的含义

什么是统计?人们在许多场合都接触过统计,例如,在证券市场上,投资者了解股票的交易状况要关注股票价格指数和有关成交额,要预测某只股票的价格走势;在生产作业线上,质检人员抽检某些产品以估计该批产品的合格率;在药物开发领域,药剂师想了解新研制的药物对某种疾病的治愈率及其是否值得推广;等等。在日常生活中,统计已经渗透到经济管理、科学实验和日常生活的各个领域。人们经常会接触到"统计"这一术语。一提到统计,人们首先想到的就是具体的统计工作。的确,统计工作是统计,却不是统计的全部。实际上,"统计"一词已被人们赋予了多种含义,在不同场合、不同的语言环境中有多种不同的解释。简而言之,所谓统计是人们认识客观世界总体数量变动关系和变化规律的一种活动,它包括三层含义,即统计工作、统计资料和统计学。

统计工作即统计实践活动,就是人们为认识客观事物,通过实验或调查搜集有关数据,并加以整理和分析的一系列工作活动的总称。例如,上述列举的预测股票价格的变动趋势、估计某批产品的合格率和检验新药物是否值得推广等,就是统计实践活动。又如,我国进行人口普查时的方案设计、入户登记、数据汇总、分析总结和资料公布等一系列过程都是统计工作。在我国,几乎各级人民政府、机构都有统计部门(如统计局),其职能主要是从事统计数据的收集、整理和分析工作。统计工作可以简称为统计。

统计资料,即统计数据,是统计工作的成果,是统计工作活动过程所取得的反映国民经济和社会现象及其发展过程的数字资料,以及与之相关的其他资料的总称。它包括原始资料和经过整理、分析形成的统计分析报告。例如,企业各车间的统计台账和人口普查时初次登记的资料是原始资料。统计公报、全国房地产市场调查分析报告等现实和历史资料是次级资料。统计资料的表现形式有统计表、统计图、统计分析报告、统计公报和统计年鉴等。统计资料也可简称为统计。

统计学(Statistics),即统计理论,作为一门科学,是为适应市场经济的发展和管理活动的需要而建立的,是随着统计活动的不断发展和统计实践经验的日益丰富应运而生的。在日常的工作中,我们面临着大量的国家宏观经济信息、市场信息、财务信息及劳动力信息等,这些信息常常以统计数据的形式出现,而且这些统计数据是决策的基础,对统计工作实践活动的经验总结与理论概括,是阐述如何搜集、整理和分析统计资料的理论和方法的科学,是关于认识客观现象总体数量特征和数量关系的科学。

关于统计学的定义,已出版的国内外统计学教科书或相关图书中有多种表述,下面给出部分定义:

(1)《大不列颠百科全书》:统计学是收集、分析、表述和解释数据的科学(2010)。

(2) David R. Anderson 等(商务与经济统计. 北京:机械工业出版社,2006):统计学是收集、分析、表述和解释数据的艺术和科学。

(3) 吴喜之(统计学,从数据到结论. 北京:中国统计出版社,2004):统计学是用以收集数据、分析数据,以及由数据得出结论的一组概念、原则和方法。

(4) Douglas A. Lind 等(商务与经济统计技术. 易丹辉,等译. 北京:中国人民大学出版社,2005):统计学是对数据收集、组织、展示、分析和解释,从而帮助做出更为有效、科学的决策。

(5) 曾五一,肖红叶(统计学导论. 北京:科学出版社,2006):统计学是有关如何测定、收集、整理、归纳、分析反映客观现象总体数量的数据,以便给出正确认识的方法论科学。

(6) 贾俊平(统计学. 北京:中国人民大学出版社,2006):统计学是收集、处理、分析、解释数据并从数据中得出结论的科学。

(7) 向蓉美(统计学导论. 成都:西南财经大学出版社,2017):统计学是一门收集数据、表现数据、分析数据、解释数据,从而认识现象数量规律、帮助人们更有效地进行决策的方法论科学。

(8) 李金昌,苏为华(统计学. 北京:机械工业出版社,2019):统计学是关于如何收集、整理和分析统计数据的科学。

综合上述几种关于统计学的定义,本书将统计学的含义概括为:统计学是一门关于数据信息采集、处理、辨识、分析和推断的方法论科学。当然,统计学也可简称为统计。

总之,统计的三种含义中,最基本的含义还是统计工作。没有统计工作就不会有统计资料,没有丰富的统计实践经验就不会产生统计科学。三种含义之间既有联系也有区别。统计资料是统计工作的成果;统计学是统计工作和统计资料的理论概括,通过统计学形成的理论又指导统计工作的有效进行,即统计工作一方面受统计理论的指导,另一方面又检验统计理论是否正确,并推动和促进统计理论向前发展。统计学与统计资料存在密切关系,统计学阐述的统计方法来源于对统计资料的研究,离开了统计资料,统计方法甚至统计学就失去了存在的意义。统计学与统计工作、统计资料之间的关系表明:统计理论来源于统计实践,反过来又为统计实践服务,统计理论与统计实践是辩证统一的关系。

统计学与统计工作、统计资料之间的关系如图 1.1 所示。

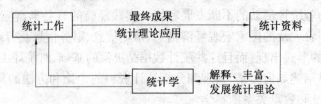

图 1.1 统计学与统计工作、统计资料之间的关系

二、统计实践的产生与发展

统计实践几乎是随着人类的生产活动同步产生和发展起来的。统计实践萌芽于古代奴隶社会,当时的统治阶级为了治理国家,常常要进行征税、征兵、征劳役等统治活动,因此需要了解社会的基本情况,统计便由此产生了。

我国早在距今 4 100 多年前的夏朝,就有了人口与土地在数值上的记载。当时全国分为九州,人口有 1 355 万人。世界上,在古埃及、古希腊、古罗马的历史中也有类似的记载。古埃及在公元前 3 000 年时就已经有了人口、居民财产统计。这些都是原始形态的统计,即统计雏形。

进入封建社会后,随着人类社会生产的发展,统计的范围逐渐由人口、土地扩展到社会经济生活的各个方面。但由于自给自足的自然经济占主导地位,长期的封建生产关系阻碍了社会生产力的发展,而经济落后相应也阻碍了统计实践的发展。统计实践的广泛发展始于资本主义社会。17 世纪以来,资本主义国家由于工、商、农、贸、交通不断发展,统计实践从国家管理领域扩展到社会经济活动的许多领域。从 18 世纪起,资本主义国家先后设立了专业的统计机关,收集各方面的统计资料,定期或不定期地举行人口、工业、农业、贸易、交通等调查,出版统计刊物,建立国际统计组织,召开国际统计会议。

三、西方统计思想的形成与发展

统计学作为一门科学,其形成过程大体可分为古典统计学时期、近代统计学时期和现代统计学时期。

(一)古典统计学时期

17 世纪中叶至 18 世纪是统计学形成初期,当时有政治算术学派和国势学派两大学派。其中,政治算术学派有统计学之实但无统计学之名,国势学派有统计学之名但无统计学之实。

1. 政治算术学派

政治算术学派产生于 17 世纪的英国,创始人是英国人威廉·配第(William Petty,1623—1687)。配第首先提出了用数量方法——政治算术,科学地研究社会经济现象,他的名著《政治算术》(1676 年)运用大量的数据资料,对英国、荷兰、法国的政治事项、社会结构、经济状况、军事力量等国情国力首次进行了解剖分析。这种运用具体的数字、质量、尺度等方法,对社会经济等现象及其相互关系作系统的数量运算与对比分析,为统计学的创立奠定了方法论基础。配第是最早估算国民收入的人,他在研究社会经济现象的规律时还应用推算法、分组法,编制原始数据的图表,计算一系列的总量指标、相对指标和平均指标。

政治算术学派的另一代表人物是约翰·格朗特(John Graunt,1620—1674)。在他的论著《对死亡率公报的自然观察和政治观察》中,首次通过大量观察研究发现新生儿人口统计规律:新生儿性别比例死亡率男性高于女性;一般疾病和事故的死亡率较稳定,而传染病的死亡率波动较大。他编制了初具规模的"生命表",对年龄死亡率与人口寿命进行了分析。尽管该学派的学者运用统计学的理论与方法,但却都没有使用"统计学"这个名称。所以,政治算术学派是有统计学之实但无统计学之名。

2. 国势学派

国势学派,也称记述学派,产生于17世纪的德国,创始人是德国人赫尔曼·康令(Hermann Conring,1606—1681)和阿亨瓦尔(C. Achenwall,1719—1772),代表作是《近代欧洲各国国势学概论》。康令定期地、系统地用对比的方法,讲述国家比较方面的知识,不仅讲述事实,而且试图探讨事实的因果关系,他把这门课程称为"欧洲最近国势学",因此"国势学"由此产生。因为当时康令的学说在学术界影响很大,德国大学的许多教授都称赞并追随康令的学术思想,而且把这门课程定名为"统计学",故开始有了"统计学"这个名称。

国势学派把统计学理解为,国家重要事项的记述,他们搜集大量的实际资料,分门别类地记述国家组织、土地、人口、军队、居民职业、宗教、资源、财产等社会经济情况,注重事件的文字记述,但国势学派只是对各国情况做一般性的比较记载,缺乏数量的分析。由此对比后人所认为的统计学,国势学派所理解的统计学是不符合要求的,没有进行数量研究和描述,存在着名不副实的缺陷。所以,国势学派是有统计学之名但无统计学之实,然而"统计学"一词就是从"国势学派"演变而来的。

(二)近代统计学时期

18世纪末至19世纪末是近代统计学时期,在这个时期,各种学派的学术观点已经形成,并且形成了两个主要学派,即数理统计学派和社会统计学派。

1. 数理统计学派

数理统计学派产生于19世纪中叶,创始人是比利时的生物学家、数学家和统计学家阿道夫·凯特勒(L. A. J. Quetelet,1796—1874)。他首先将法国的古典概率原理引入社会经济现象的研究中,使统计方法在算术的基础上得到了质的飞越,为统计的数量分析奠定了数理基础。凯特勒最先运用大数定律论证了社会生活现象并非偶然,而是有其发展规律。他在《社会物理学》中利用概率论原理提出了"平均人"的概念,虽然他忽略了社会现象与自然现象的本质区别,但初步完成了统计学与概率论的结合。1867年,这门兼有数学和统计学双重性质学科被命名为"数理统计学",凯特勒因此被欧美统计学界誉为"近代统计学之父"。

2. 社会统计学派

社会统计学派诞生于19世纪后半叶,创始人是德国的经济学家、统计学家克尼斯(K. G. A. Knise,1821—1897),主要代表人物为恩格尔(C. L. E. Engel,1821—1896)和梅尔(G. V. Mayer,1841—1925)。他们融合了国势学派与政治算术学派的观点,在学科性质上认为统计学是一门社会科学,是研究社会现象变动原因和规律性的实质性科学,并以此与数理统计学派通用方法相对立。该学派认为,统计学的研究对象是社会现象的数量方面,描述社会现象内部的联系、相互关系及发展规律。统计应当包括资料的搜集、整理及对其的分析研究。社会统计学派认为,全面调查,包括人口普查和工农业调查,居于重要地位;以概率论为理论基础的抽样调查在一定的范围内具有实际意义和作用。社会统计学派在理论上比政治算术学派更加完善,在时间上比数理统计学派更早成熟,因此在国际统计学界有较大的影响。表1.1总结了古典时期和近代时期各学派的基本情况。

表1.1 古典时期和近代时期各学派的基本情况

时期	学派	特点	代表人物	成就
古典	政治算术学派	用数字、重量、尺度来表达思想	[英]William Petty [英]John Graunt	《政治算术》,马克思称Petty是统计学的创始人
古典	国势学派	以文字记述、比较国情	[德]Hermann Conring [德]C. Achenwall	第一个使用"统计学"名称
近代	数理统计学派	用数理统计方法进行社会、自然研究	[比]L. A. J. Quetelet	第一次将概率论和数理统计方法应用于社会经济统计
近代	社会统计学派	用大量观察法研究社会经济现象的数量表现和变化	[德]K. G. A. Kinise [法]G. V. Mayer [英]C. L. E. Engel	恩格尔法则

(三)现代统计学时期

20世纪至今为现代统计学时期,其标志是推断统计学的问世。1907年,英国人戈塞特提出了小样本统计量理论,丰富了抽样分布理论,为统计推断奠定了基础。英国科学家弗朗西斯·高尔顿提出了相关与回归思想,并给出了计算相关系数的明确公式。英国统计学者卡尔·皮尔逊发展了拟合优度检验,还给出了卡方统计量及其极限分布理论。波兰学者奈曼创立了区间估计理论,并与皮尔逊一同发展了假设检验理论。

总之,统计学大致经过以上三个发展阶段后,理论不断丰富、不断完善。目前,统计学越来越多地吸收数学方法,也越来越多地向其他学科领域渗透,形成了各种以统计学为基础的边缘学科。随着统计学应用日益广泛和深入,在计算机技术的大力支撑下,统计学的功效越来越广泛,作用越来越强劲。

四、我国统计发展简况

中华人民共和国成立前,我国统计工作一度十分落后,基本照抄、照搬西方统计理论,传播的主要是数理统计学派的观点。

中华人民共和国成立后,我国在学习苏联统计工作经验的同时,引进了苏联的统计学,即社会经济统计学。数理统计遭到批判和抛弃。在1978年党的十一届三中全会后,学术界百花齐放、百家争鸣,数理统计又重新受到人们的关注和重视。统计学者突破了狭隘观念的径格,认为社会经济统计学、数理统计学和自然科技方面的统计学都是独立的统计学科,三者可以同时并存、互相借鉴、共同发展,形成了大统计观念。

总之,随着大统计体系的建立,统计学作为一门独立的学科,其应用已经渗透到自然科学和社会科学的各个领域。统计科学工作者在总结我国统计实践经验的同时,不断吸收世界各国统计科学发展的成果,使我国现阶段统计学发展有三个明显的趋势:一是统计学依赖和吸收的数学理论更多;二是以统计学为基础的边缘学科不断形成;三是计算机技术相结合,借助大数据平台,统计学的应用范围更广,统计学的作用更强大。

五、统计学的特点及分科

(一)统计学的研究对象及特点

1. 统计学的研究对象

统计学的研究对象是指统计研究所要认识的客体,它决定着统计科学的研究领域以及相应的研究方法。一般来说,统计学的研究对象是客观事物的总体数量特征和数量关系,以反映其发展过程及规律性。

一切事物都有质和量两个方面,事物的本质都表现为一定的数量,质总是具有一定的量而存在的,数量的积累达到一定界限引起质的变化。只有通过对客观事物的数量方面进行分析研究,才能把握事物本质的特点。因此,要研究客观事物的存在、发展并掌握其规律,必须研究事物的量,研究事物在一定时间、地点、条件下的数量表现所反映的发展规律性。

客观事物的质和量是对立统一的两个方面,统计学在研究客观事物数量方面时,也不能离开质,应以事物的质的分析为基础,来明确事物数量表现的范围,同时要最终说明事物本质的变化。例如,只有弄清国内生产总值的本质和经济内容的范围,才能对其进行正确的统计和计算,而统计的目的最终又要说明国内生产总值的产业结构以及分配的发展变化情况。

2. 统计学研究对象的特点

(1)数量性。数量性是统计学研究对象的基本特点。由于统计学的研究对象是客观事物的数量特征和数量关系,即通过数量来反映客观事物的类型、量的顺序、量的大小、量的关系及质量互变的数量界限,并通过对研究对象数量方面的调查、整理、分析,以数字为语言,用以说明事物的规模、水平、发展速度、构成及比例关系,认识事物的本质和规律。

(2)总体性。总体性也称为大量性,统计学是通过对大量事物进行观察研究,或对一个事物的变化作多次观察研究,才能得出反映现象总体数量特征,反映事物必然性的结论。这是因为客观事物的个别现象通常有其偶然性、特殊性,而现象总体则具有相对的普遍性、稳定性,是有规律可循的。然而统计研究是从个别事物开始的,从个别入手,对个别单位的具体事实进行调查研究,但其目的是为了认识总体的数量特征。例如,城镇居民调查,虽然是对每户居民进行调查,但目的不在于研究个别居民户的家计状况,而是通过大量的调查来反映一个城市、一个地区、一个国家的居民收入水平、收入分配、消费水平、消费结构等。统计也不是一概不研究个别事物。由于以大量观察为依据的综合数量特征形式来研究客观现象发展过程,不可避免地容易趋于一般化、抽象化,因此,还要有选择地抽取个别典型单位进行深入的具体研究,以便更有效地掌握现象总体的规律性。

(3)具体性。统计学的研究对象是客观现象某一具体事物的数量方面,而不是像数学那样研究抽象的"纯数量"。客观现象的具体事物,都是在一定时间、地点、条件下的数量表现,它总是与时间、空间、事物紧密地联系在一起,具体地、历史地描述客观现象的发展过程,由此反映其本质和规律性。当然,由于统计学是研究客观现象总体的数量特征及关系的科学,因而也要遵循数学法则并运用许多数学方法进行运算及统计分析。

(4)社会性。统计学的研究对象是人类社会活动的过程和结果。人类的社会活动都是有意识、有目的的活动,各种活动中都包含了人与人之间的关系,除了随机现象,还存在许多确定性的因素。由于统计工作存在明显的社会性,各国政府很重视统计工作的开展。因此,我们特别强调要克服统计工作中的主观随意性,抑制任意夸大或缩小统计数字、歪曲反映事实等现象出现。我们既要承认统计是为一定政治集团服务的工具,具有明显的社会性,又要注意统计是对实际情况的反映,具有强烈的客观性。因此,从事统计工作的人员一定要加强职业道德修养,实事求是,客观准确地反映社会经济现象。同时,必须强化统计法治建设。

(5)广泛性。统计学研究的数量方面是所有社会经济现象的数量方面。统计学既研究生产关系,又研究生产关系与生产力之间的关系;既研究经济基础,又研究经济基础与上层建筑之间的关系。同时,统计学还研究生产、流通、分配、使用等社会再生产的全过程,以及社会、政治、经济、文化、教育等全部社会经济现象的数量方面。

统计学的研究目的是认识客观事物的规律性,而为了达到研究目的,就需要运用各种统计方法。因此,统计学的性质可被概括为:统计学是研究如何收集数据、整理数据和分析数据,以便做出正确推断的方法论科学。

(二)统计研究的基本方法

1. 大量观察法

大量观察法是指统计研究客观现象和过程的规律,是从总体上加以考察,对总体中的全部或足够多的单位进行调查并进行综合分析的方法。大量观察法的理论根据是大数定律。个别事物的表现往往具有随机性,要反映总体的本质和规律,不能用个别事物、个别单位的特征和数量表现来说明,而只能对总体中全部或足以表现现象总体特征的部分单位进行调查、观察,通过综合平均,个别事物的偶然因素的影响就会互相抵消,呈现出事物的本质特征,进而认识其规律性。例如,对新生婴儿的性别比例进行观察,若只抽取少数婴儿进行观察,则男女性别比例为3∶7;但进行大量观察,新生婴儿男女性别比例就会稳定在107∶100,从而显现出新生婴儿男女性别比例大体平衡且男性略多于女性的自然规律。

2. 统计分组法

统计分组法是指根据统计研究目的和研究对象的特点,将总体各单位按照某一标志划分为不同性质的类型或组别的研究方法。通过分组,可以将总体中性质相同的单位归并在一起,保持组内各单位的同质性,而把性质不同的单位分开,显示组与组之间的差异性,从而研究总体中现象不同类型的性质以及它们的分布情况,如产业的经济类型分组及行业的分布情况,研究总体中现象的构成和比例,研究总体中现象之间的依存关系等。因此,统计分组法是人们从多种角度深入分析研究问题的一个重要方法。

3. 统计指标法

统计指标法是指运用统计指标来描述和研究总体的数量状况,以得到事物数量特征的本质或规律性的认识方法。统计指标法与统计分组法两者相互联系并贯穿于整个统计工作,通过统计分组而形成统计指标,从而反映总体内部的数量差异和数量关系,以及总体之间的联系和区别。统计指标法包括:总量指标法、相对指标法、平均指标法、动态指标法、统计指数法等。

4. 模型推断法

模型推断法是指在综合指标分析的基础上,借助于数学模型,对社会经济现象的数量特征和数量关系作出归纳、推断和预测的方法。数学模型是根据社会现象的内在、外在因素变量及其相互关系进行抽象和假设而构造的一个或一组反映社会经济数量关系的数学方程式。

统计推断分析一般是借助于统计数学模型完成的。它是利用已有信息推断未知信息的工作过程,如利用过去的资料推测未来,利用局部资料推断总体,利用相关总体的资料进行变量间关系的推断等。

统计研究的是大量社会经济现象总体的数量方面,但由于种种原因,人们有时不必要也不可能对总体的所有单位进行全面调查,而是抽取一部分单位进行调查获取信息数据,从而对总体的状况作出估计和推断。正因如此,模型推断方法在统计研究中占有重要地位。

统计研究中的抽样推断,相关与回归分析,统计预测,统计假设检验等方法都是模型推断方法的具体表现形式。这些方法主要是从样本调查的结果推算总体包括在一定的把握程度下,对总体的数量特征作出一定的区间估计;也可以对两个不同总体间某一数量特征是否具有明显差异作假设检验;还可以用样本回归方程对总体的参数作出估计和推断等。总之,模型推断法是现代统计学的基本方法。

5. 实验设计法

实验设计法,就是在获得数据过程中,通过事先设计实验的合理程序对数据产生的条件实施控制，使得收集到的数据尽量受单一因素的作用，以便更符合统计分析方法的要求。

实验设计中遵循重复性和随机性原则，从而突出单一因素的影响作用。

（三）统计学的分科及其与其他学科的关系

统计学的内容十分丰富，研究与应用的领域非常广泛。从统计教育的角度，统计学大致有以下两种分类：

1. 描述统计和推断统计

（1）描述统计。描述统计（Descriptive Statistics）就是指如何从已知的观察资料，搜集、整理、分析、研究并提供统计资料的理论和方法，用以说明研究现象的情况和特征。描述统计包括各种数据处理，这些数据的处理是用来总括或描述数据的重要特征，而不必深入一层地去试图推论数据本身以外的任何事情。因此，描述统计的主要作用是通过对现象进行调查或观察，然后将所得到的大量数据加以整理、简缩，制成统计图表，并就这些数据的分布特征（如集中趋势、离散趋势等）计算出一些概括性的指标（如平均数、标准差、变异系数等）。

借助于这些概括性的数字，就可以使人们从杂乱无章的资料中取得有意义的信息，便于对不同的总体进行比较，从而作出结论。与此同时，描述统计的应用也有助于节约为提供全部数据所必须花费的时间和篇幅。总之，这些工作的主要目的之一就是使反映客观现象的统计数据可以一目了然，条理清晰，使用方便。

（2）推断统计。推断统计（Inferential Statistics）是根据样本信息对总体进行估计、假设检验、预测或其他推断的统计方法。推断统计可以利用样本资料来代替总体资料，在观察资料的基础上深入一步地分析、研究和推断，以推知资料本身以外的情况和数量关系，从而对不肯定的事物作出决断，为进行决策提供数据依据。由于推断统计节省时间、人力和物力，因而备受人们重视和欢迎。例如，在管理现象日益复杂、市场情况瞬息万变的环境中，有许多事情要求对不肯定事物作出科学的决断，因而就要求必须在不完全观察资料的基础上，对所关心的数量关系作出可靠的估计，以便进行有效的决策。

推断统计主要有两种类型，即参数估计和假设检验。在这两种类型中，有关总体中某个样本的信息已经取得，所要做的是对整个总体作出推断。如果所做的推断是对整个总体的某个数值作出估计，这个的问题属于估计类型，如推断总体的平均数或总体比率等。如果所做的推断是在几个可供选择的行动方案中进行选择，这样的问题属于检验类型。例如，在工业生产管理中可以用于检验两种不同的工艺方法所生产的产品在质量上有无显著的差别，从而判断一种新的工艺方法是否优于原有的工艺方法。

将统计学分为描述统计和推断统计，一方面反映了统计发展的前后两个阶段；另一方面也反映了统计方法研究和探索客观事物内在数量规律性的先后两个过程。

统计研究过程的起点是数据，终点是探索到客观事物总体内在的数量规律性。要达到统计研究的目的，如果人们收集到的是总体数据（如普查等），则经过描述统计之后就可以达到探索总体内在数量规律性的目的了；但如果人们所获得的数据只是研究总体的一部分数据，要探索到总体的数量规律性,就必须应用概率论的理论,并根据样本整理出的信息对总体作出科学的推断。显然,描述统计是整个统计学的基础和统计研究工作的第一步。它包括对客观现象的度量,调查方案的设计,科学、及时、快速、经济地收集与整理数据,用图表显示数据,分析和提取数据中的有用信息以最终推断总体。推断统计是现代统计学的核心和统计研究工作的关键环节,因为统计最终能否科学、准确地探索到总体内在的数量规律性与选用何种统计量,选用什么推断方法,如何进行推断有着直接的联系。一个出色的统计工作者的能力和技巧在推断统计中将得到充分的体现和检验。但如果没有描述统计收集可靠的数据并提供有效的样本信息,即使很高明的统计学家和很科学的推断方法也难于得出准确的结论。因而,推断统计对描述统计又有很强的依赖性。

图 1.2 显示了描述统计学与推断统计学之间的关系。

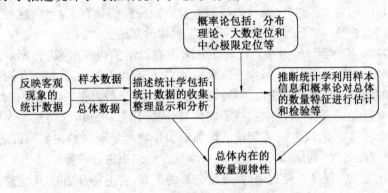

图 1.2 描述统计学与推断统计学关系

2. 理论统计和应用统计

(1) 理论统计。理论统计是指统计学的数学原理。由于现代统计科学用到了几乎所有方面的数学知识,要成为优秀的统计工作者就必须经过严格的数学训练,特别是从事统计学的基本概念及从事统计理论和方法研究的人就必须有很好的数学基础。从广义来讲,统计学应该包括概率论,因为概率论是统计推断的数学基础,而概率论是数学的一个分支,所以理论统计应该包括概率论在内的对统计方法数学原理的研究。

(2) 应用统计。在统计工作者中,从事理论统计研究的人只是很少的一部分,大部分是应用统计方法去解决实际问题的应用统计工作者。统计学是一门数据科学,由于在自然科学、社会科学的所有研究和实际工作中都要通过数据来分析和解决问题,统计方法的应用就自然而然地扩展到几乎所有的研究领域。例如,统计方法在物理研究中的应用就形成了统计物理,统计方法在生物学中的应用形成了生物统计,统计方法在医学中的应用形成了医疗卫生统计,统计方法在风险管理与保险中的应用形成了保险精算学,统计方法在微观企业管理的应用形成管理统计等等。以上这些应用统计学的不同分支所应用的基本方法都是一样的,即都是描述统计和推断统计的主要方法。由于各种应用领域都有其特殊性,统计方法在应用中因此具有不同的特点。例如,在经济应用中要测量和探索物价变动的数量规律性,就在比率和平均数的基础上形成了物价指数法。

3. 统计与其他学科的关系

统计学是一门具有跨学科性质、有较高概括程度和较大适用范围的一般方法论学科。因此,统计学与其他学科的联系非常紧密。

(1)统计学与数学的关系。统计学与数学有密切的联系,但二者又有本质的区别。数学为统计理论和统计方法的发展提供了数学基础,这就要求无论从事理论统计学研究还是应用统计方法的人,都应具有深厚的数学基础。数学与统计学虽然都与数字打交道,但数学研究的是抽象的数量规律,是没有单位的抽象数字,用的逻辑方法是纯粹的演绎。而统计学研究的是具体的、实际现象的数量规律,是有具体的实物或计量单位的数据,使用演绎与归纳相结合的逻辑方法,且以归纳为主。另外,统计方法与数学方法一样都具有工具性,这种工具性的实质在于给各学科提供一种研究、探索客观事物数量规律的方法。

(2)统计学与其他学科的关系。统计学从来没有固定的研究对象,它靠研究其他领域的问题而生存和发展。统计学是一门应用性很强的方法论学科,它几乎与所有的学科领域都有联系。这种联系表现为,统计方法可以帮助其他学科探索学科内在的数量规律性,但对这种内在规律性的解释则由各学科自己来完成。比如,利用统计方法分析施肥量与农作物产量的关系,得出在一定的施肥量范围内,施肥量的增加是农作物产量增加的主要原因之一的结论,但为什么施肥能够提高农作物产量,这就需要农学的专业知识进行解释。

所以,统计方法仅仅是一种有用的、定量分析的工具,它不是万能的,不能解决你想要解决的所有问题。能否用统计方法解决各学科的具体问题,首先要看使用统计工具的人能否正确选择统计方法,而统计方法的正确选择离不开事前对事物"质"的定性分析。当然对事物"质"的分析要有坚实的专业知识,而对统计的结果做出合理的分析解释也离不开各学科的专业知识。

统计学分科如图1.3所示。

六、统计工作程序

统计工作是运用各种统计特有的方法对社会经济现象进行调查研究以认识其本质和规律性的一种认识活动。统计认识活动就一般意义上说,也和其他认识活动一样,是一个由感性认识到理性认识的辩证过程,是一个不断深化的无止境的长过程,随着客观事物的不断发展变化,统计认识活动也要不断进行。但是,从统计认识活动的特殊意义上说,就一次统计活动来讲,一个完整的统计工作过程一般可分为统计设计、统计调查、统计整理和统计分析四个主要阶段。

(一)统计设计

统计设计是统计工作的第一个阶段,指根据统计研究对象的性质和研究目的,对统计工作

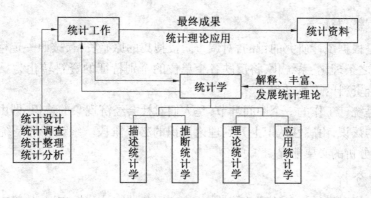

图1.3 统计学分科

的各个方面和各个环节的通盘考虑和安排。统计设计的结果表现为各种标准、规定、制度、方案和办法,如统计分类标准、目录、统计指标体系、统计报表制度、统计调查方案、普查方法、统计整理、汇总方案等。统计设计的主要内容有:统计表的设计,统计资料搜集方法的设计,统计工作各个部门和各个阶段的协调与联系,统计力量的组织与安排等。

统计设计包括对统计活动的全过程设计和单项设计两个方面。对统计活动的全过程设计是指针对一项统计研究任务,对收集、整理、分析数据的工作全过程所做的设计。单项设计是指对收集、整理、分析数据的某一个环节所做的进一步设计。对统计活动各个方面的设计,主要指的是统计研究对象的各个组成部分,它们是统计工作横向的方面。例如,工业企业统计包括工业企业经营的内部条件和外部条件,人力、物资、资金等生产要素,生产、供应、销售等生产经营环节。对统计各个环节的设计,主要是指统计工作实际进行时的各个阶段,它们是统计工作纵向的方面。这些阶段包括:统计资料的收集;统计资料的汇总整理;统计分析;统计资料的提供、保存、公布;等等。

统计设计在统计工作中有着决定性作用。因为统计工作是一项要求高度集中统一和科学性很强的工作,无论是统计总体范围、统计指标的口径和计算方法,还是统计分类和分组的标准,都必须统一,绝不允许各行其是。因此,只有事先进行设计,才能做到统一认识、统一步骤、统一行动,使整个统计工作有秩序地、协调地进行,保证统计工作的质量。

(二)统计调查

统计调查,即统计资料的搜集,是根据统计方案的要求,采用各种调查组织形式和调查方法,有组织、有计划地对所研究总体的各个单位进行观察、登记,准确、及时地搜集原始资料的过程。统计调查也称数据收集,它是统计工作过程的第二个阶段。

统计调查的方式方法主要有统计报表制度、普查、抽样调查、重点调查、典型调查等。这一阶段是统计实践活动的开始,属于表层和感性认识阶段。但因为统计是要用数字说话的,而统计数字来源于统计调查,因此,"没有调查就没有发言权"。统计调查属于定量认识阶段,它的工作质量如何,直接关系和影响到以后各阶段的工作质量。

（三）统计整理

统计整理是根据统计研究的目的，对调查阶段搜集的原始资料，按照一定标志进行科学的分组和汇总，使之条理化、系统化，将反映各个单位的个别特征的资料转化为反映总体和各组数量特征的综合资料的工作过程。

统计整理是统计工作的一个中间环节，是人们对社会经济现象的认识，即由对个体的认识过渡到对总体的认识，由感性认识上升到理论认识的必经阶段。统计整理是统计调查的必然继续，又是统计分析的必要前提。

（四）统计分析

统计分析是指对经过加工整理的统计资料，应用各种统计分析方法，从静态和动态两方面进行基本的数量分析，认识和揭示所研究的现象的本质和规律性，作出科学的结论，进而提出建议和进行预测的活动过程。统计分析是统计工作的最后阶段，也是统计发挥信息、咨询和监督职能的关键阶段。

总之，统计工作的四个阶段是一个统一体，无论哪个环节出偏差，都会背离统计认识活动的规律，造成歪曲反映事物，如图1.4所示。

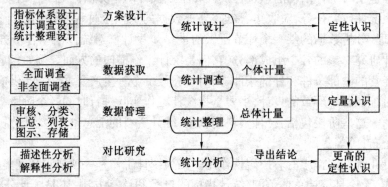

图1.4 统计研究过程框架

统计调查出现偏差，会直接影响统计整理的质量和统计分析结果的正确性；统计分析出现偏差，会造成统计调查和统计整理两个阶段前功尽弃。统计工作各个阶段的工作质量和效果是密切相关的，因此，要注意它们之间的衔接和协调。

需要指出的是，也有学者认为统计工作过程除了以上四个工作阶段以外，还包括统计预测和决策阶段、统计信息披露和保管阶段。应该说这两个方面的工作的确都是统计工作的重要内容，因为整个统计工作绝不能仅仅满足于对统计数字的简单加工和初步分析，统计工作的一个重要内容是要利用过去和现在的资料对现象的长期趋势做出判断与预测，并以此作为国家或企业决策的依据。统计的职能是信息职能、咨询职能和监督职能，因此，统计信息的披露和保管都是统计工作不可或缺的组成部分。

七、统计的职能和作用

(一)统计的职能

随着社会经济及科学的发展,人类进入了信息社会和知识经济的社会,政府各级统计部门成为知识型的产业部门。随着政府职能的改变以及现代化管理体制的完善,统计的职能逐步扩大,在认识和管理方面所发挥的作用日益增强,发挥着信息职能、咨询职能与监督职能。

1. 信息职能

统计的信息职能是指根据一整套科学的统计指标体系,运用科学的统计调查方法,灵敏、系统地采集、处理、传递、存储和提供大量的以数量描述为基本特征的社会经济现象的信息。信息职能是统计的基本功能。统计部门是提供全面、及时、准确的社会经济统计信息的职能部门,统计信息是社会经济信息的主体。

2. 咨询职能

统计的咨询职能是指利用已经掌握的统计信息资源,运用科学的分析方法和先进的技术手段,深入开展综合分析和专题研究,为科学决策和管理提供各种可供选择的咨询建议和对策方案。在对统计信息进一步加工整理的基础上,对其分析研究,开发利用,就能发挥统计咨询职能。统计信息咨询可以为各级政府管理部门制定规划、政策和管理决策提供依据,可作为企业制订生产经营管理措施的依据,并且是科学研究机构、高等院校结合定性分析进行定量分析和预测分析的资料来源。各级政府统计部门拥有丰富的统计信息资源,已成为国家重要的咨询机构,为各级政府管理部门、企业、事业单位、社会团体、个人和国外的用户开展统计咨询服务,使统计信息社会共享,发挥多方面的社会化功能。

3. 监督职能

统计的监督职能是指根据统计调查和统计分析,及时、准确地从总体上反映经济、社会和科技运行状况,并对其实行全面、系统的定量检查、监测和预警,以促进国民经济按照客观规律的要求,持续、稳定、协调地发展。如果说统计是观测经济、社会、科技发展状况的仪表,那么统计监督就是根据该仪表的显示来监测经济、社会、科技发展运行状况是否正常,并对其采取措施进行调节和控制,同时还可以起到对该仪表本身运行是否正常进行检测的作用。因此,通过统计监督既可以使国民经济健康发展,还可以保障各级政府统计部门的统计工作有效运转。

统计的信息职能、咨询职能和监督职能是一个相互促进、相互制约、紧密联系的有机整体。收集和提供统计信息是统计最基本的职能。统计的信息职能是保证统计咨询职能和统计监督职能有效发挥的基础和前提,没有准确、丰富、系统、灵敏的统计信息,统计咨询和监督职能就是无源之水,无本之木。统计咨询职能是统计信息职能的延续和深化,使统计信息能对科学决策、管理和人们的实践发挥作用。统计监督职能是统计信息、咨询职能基础上的进一步拓展,它可以通过对统计信息的分析研究来评价和检验决策、计划方案是否科学、可行,并及时对决策、计划执行和管理过程中出现的偏差提出矫正意见。对统计监督职能的强化,必然会对统计信息和咨询职能提出更高的要求,从而促进统计信息和咨询职能的优化。统计信息、咨询、监督职能三者之间这种相辅相成的关系,只有形成合力,提高三者的整体水平,才能使统计在现代化管理中发挥重要的作用。

(二)统计的作用

1. 统计是社会认识的一种有力武器

人们要改造世界,首先要认识世界。人们在自己的社会实践中,为了达到预期的目的,必须了解客观世界的实际情况。但是,由于社会现象与自然现象具有不同的性质,认识社会现象不能像认识自然现象那样可以通过实验的方法,而必须运用符合社会现象特点的手段和方法。统计就是一种有力的工具和手段。统计以它特殊的观察和分析研究方法,如实而具体地反映社会经济现象的各个领域,帮助人们认识世界,达到改造世界的目的。社会经济现象是复杂的,统计要从事实的全部总和中,从事实的内部联系中去把握事实。事物的质是根本的,决定着事物的量,但是事物的量又总是反映事物的质。当量达到一定界限时,就会引起质变。从数量方面认识事物,可使人们的认识更加全面和深刻。统计是社会认识的一种有力武器,这是统计的基本作用。

2. 统计是编制计划的基础,是执行计划的依据

在社会主义市场经济条件下,政府计划仍然是宏观调控的一个重要手段。计划与财政和银行既协调配合又相互制约,共同指导和调节经济运行,以保障国民经济长期、稳定、协调发展。科学地编制政府的经济发展计划,首先必须搜集全面、准确的经济信息。统计信息日益成为社会经济信息的主体,它为编制计划提供依据。在掌握了大量统计信息之后,就要据此作出科学的分析和预测,以反映客观经济变化发展的真实情况和未来可能发生的情况,使计划的编制建立在积极、稳妥、可靠的基础之上,尽可能反映客观经济规律的要求。

政府在编制了经济发展计划之后,就要选择达到计划目标的措施或手段,以及具体实施计划。可供选择的措施或手段之一,便是统计检查和监督。在计划执行过程中,要随时检查。检查计划的内容,不仅是计算计划完成的百分比,还要通过分析研究,指出超额完成和未完成计划的原因。同时,在检查计划过程中,如果发现计划本身编制得不合理,则要提出建议,并作适当的调整。为了加强执行计划的责任心,维护统计数字的真实性,还必须进行统计监督。通过统计监督,可以有效地把企业微观经济活动纳入国家宏观经济发展战略和计划的轨道,克服市场经济活动的自发性和盲目性,从而实现国民经济的持续、稳定和高速的发展。

3. 统计是经济管理的手段

随着社会经济和科学技术的发展,劳动者对统计知识和统计信息越来越重视,这对参与企业的经济管理十分有利。各部门、各地区、各单位在某一时期经济运行的真实情况,正是通过统计工作做到让人心中有数。

运用统计资料可以逐日、逐月地公布生产进度,以便随时总结经验,发现存在的问题;运用统计资料,及时对企业生产经营和市场行情作出科学的分析与预测,为企业经营管理决策提供

"优质服务";运用统计资料,还可以开展统计评比,以促使群众主动关心企业命运,参加企业管理,从而为企业推进技术革新、不断提高劳动生产率和经济效益创造有利条件。

八、统计的法制化建设

统计工作要顺利进行,必须建立相应的统计管理体制,加强统计的法制化建设,科学地组织统计工作。

统计的法制化建设是指有立法权机关为了调整因统计活动所产生的各种社会关系,按照一定的程序,运用一定的技术,制定、认可、补充、废止具有普遍性、明确性、肯定性和国家强制性的统计行为规范的活动。具体地说,就是将统计工作的性质、任务,管理体制、工作制度、机构设置,当事人的职责、权利、义务、法律责任等事项用法律的形式确定下来。这对于发展市场经济,巩固统计改革成果,保障统计人员的权利,促进社会主义现代化建设事业具有重要的意义。

我国唯一的一部统计法律——《中华人民共和国统计法》(以下简称《统计法》),于1983年12月8日由第六届全国人民代表大会常务委员会第三次会议通过,1996年5月15日经第八届全国人民代表大会常务委员第十九次会议修正,2009年6月27日再次经第十一届全国人民代表大会常务委员会第九次会议修订通过,于2010年1月1日起施行。

为了科学、有效地组织统计工作,保障统计资料的真实性、准确性、完整性和及时性,发挥统计在了解国情国力、服务经济社会发展中的重要作用,促进社会主义现代化建设事业发展,特制定统计法。本法适用于各级人民政府、县级以上人民政府统计机构和有关部门组织实施的统计活动。它是在发展社会主义市场经济条件下统计活动的规范和准绳,为在市场经济体制条件下统计职能的发挥提供了法律上的保证。

第一,《统计法》确定了我国统计工作的任务,该法规定:"统计的基本任务是对经济社会发展情况进行统计调查、统计分析,提供统计资料和统计咨询意见,实行统计监督。"与之相适应,统计的具体任务是调查整理社会经济活动中的各种数字资料,并在此基础上,对社会经济活动过程及结果进行主观与客观、横向与纵向、静态与动态的综合分析,提供信息产品,判断社会活动的运行状态,提出相应的咨询意见,监督社会经济活动的运行过程,为国民经济宏观调控、企业经营管理和科学研究提供客观依据。为了完成统计的工作任务,统计工作必须做到"准确、公正、及时、方便",这是衡量统计工作质量的重要标准。

第二,《统计法》肯定了统计改革和统计现代化建设成果,对统计的信息、咨询、监督职能,统计调查方法体系,国家统计局组织国民经济核算,管理国家的统计信息自动化系统与统计信息数据库体系的职责等,作了明确规定,为进一步推动统计改革与统计现代化建设提供了法律上的保障。

第三,《统计法》保障了统计机构和统计人员独立行使职权,保证了统计数据质量。明确领导人与统计机构和统计人员的权利、义务和责任,制止篡改统计数据、弄虚作假的行为,确保统计数据的真实、准确。《统计法》肯定了调查方法体系的改革成果,对统计调查活动作了进一步规范,即禁止非法统计调查、保护统计调查对象的商业秘密,统计人员进行调查应遵循合法程序及提高统计调查对科学性的有关规定等法律内容。

第四,《统计法》为了遏制篡改统计资料、编造虚假数据的行为,保证统计数据的真实性,保障统计调查对象的合法权益,维护统计秩序,强化对统计违法行为的制裁,对法律责任部分作了具体规定,明确了"地方、部门、单位的领导人自行修改统计资料、编造虚假数据或者强令、授权统计机构、统计人员篡改统计资料或者编造虚假数据的,依法给予行政处分,并由县级以上人民政府统计机构予以通报批评"。"地方、部门、单位的领导人对拒绝、抵制篡改统计资料或者对拒绝、抵制编造虚假数据行为的统计人员进行打击报复的,依法给予行政处分;构成犯罪的,依法追究刑事责任"。

认真执行和贯彻《统计法》,是在统计工作的各个环节和各个方面,要依靠法制手段维护国家利益,保护统计调查者、被调查者和信息使用者的合法权益,为引导和推动统计改革和统计现代化建设作出贡献。

第二节 统计学的基本概念

统计科学和其他科学一样,在论述本门科学的理论与方法时,要运用一些专门的概念。有些是基本的、常用的,有些是属于局部的,论述专门问题中使用、属于局部的概念将在有关章节讲解。本节只就几个基本的、常用的概念加以阐述。

一、统计总体与总体单位

统计为正确认识客观现象,必须从总体角度进行观察,这就产生了统计总体的概念。统计总体简称总体,是指根据一定的研究目的,统计所要研究的、客观存在的,并在某一共同性质基础上结合起来的许多个别事物组成的整体叫做统计总体。例如,要研究某市工业企业生产经营情况,某市所有的工业企业就是一个总体。它包括许多个别工业企业,工业企业是客观存在,每个企业都以工业生产活动为其经济职能,这就是构成总体的相同性质。

构成统计总体的每个独立的个别事物称为总体单位,简称单位或个体。例如,全部工业企业中的每个企业;构成全国人口总体的每个人等。构成总体的各个单位必须具有同质性,这既是一个必要条件,也是重要特征。构成总体的个别单位或事物,可以是基层企业和事业单位、人和家庭,可以是产品、商品、设备等物品,可以是行为或事件,也可以是同一事物试验的不同观察值。

统计总体有无限总体和有限总体之分。总体单位能明确确定,总体范围能够明确划分,因而总体单位数目有限的是有限总体,如企业总数、职工总数、人口总数等;反之,则是无限总体,如在连续大量生产的某种小件产品,其产量是无限总体。

二、标志与指标

统计从对个体的观察、认识开始,逐步过渡到对总体的了解与认识。标志和指标是统计认识中形成的两个密切联系的概念。

(一)标志

标志是说明总体单位属性或特征的名称。例如,某企业全体职工作为一个总体,每一位职工便是总体单位。标志可分为品质标志和数量标志两种。品质标志表示事物质的特征,不能用数值表示,如职工的性别、民族、工种等。品质标志通常是在标志名称之下表明质的属性,如某职工的性别是女、民族为汉族,这时"女""汉族"则是表明标志名称"性别"和"民族"的质的属性。数量标志是表示事物量的特征,可以用数值表示,如职工的工资额、工龄、年龄等。它的具体表现是在数量标志的名称之后表明它的具体数值是多少。例如,某工人的月工资额为2 050元,工龄为6年,年龄为28岁,其中该工人的"2 050元""6年工龄""28岁",分别是数量标志、月工资额、工龄和年龄的具体数量表现。

(二)指标

指标,也称为统计指标,是说明现象总体数量特征的概念及通过统计实践活动可得到指标的具体数值的总称。统计指标有两种使用方法:一是进行统计设计或理论研究时所使用的仅有数量概念而没有具体数字的统计指标,如国内生产总值、商品销售额、货物运输量等;二是统计指标由指标名称和指标数值构成,如我国2008年国内生产总值为300 670亿元,城镇居民年均收入为15 781元,其中"国内生产总值"和"城镇居民年均收入"为指标名称,"300 670亿元"和"15 781元"是指标的具体数值。

统计指标按其形成的方式不同,可分为总量指标、相对指标和平均指标。总量指标是反映社会经济现象总的规模、水平或总量的统计指标,其数值的取得往往是对总体各单位数量标志值的汇总;相对指标是反映两种现象的差距相对量的统计指标,其数值的取得是两个有联系的统计指标数值对比的结果;平均指标是同质总体内总体标志总量与总体单位总数相除的结果,用以表明总体单位某一数量标志值的一般水平的统计指标。根据统计指标所说明的总体现象的性质不同,统计指标又可分为数量指标和质量指标。数量指标是反映总体绝对量多少或规模大小的统计指标,所以也就是总量指标。如人口总数、企业总数、商品销售总额、国内生产总值等。质量指标是表明总体本质的属性,并说明事物属性程度的统计指标,包括相对指标和平均指标。如产品合格率、资金利润率、人均国内生产总值等。

通过统计指标,可以反映社会经济现象的规模、水平、比例关系和速度等。研究社会经济发展规律的数量表现,检查国民经济和社会发展计划以及各项政策的执行情况,衡量生产经营活动的经济效益。因此,统计指标成为人们认识社会、管理经济、科学研究的基本依据之一,起到社会指示器和反映数量规律性的作用。

(三)标志和指标之间的区别与联系

标志和指标是两个既具有区别又有联系的概念。

1. 两者的主要区别

(1)标志是说明总体单位特征的,而指标是说明总体特征的;

(2)标志有不能用数值表示的品质标志与能用数值表示的数量标志,然而不论什么指标,则都是用数值表示的。

2. 两者的主要联系

(1)有些统计指标的数值是从总体单位的数量标志值汇总得到的,如一个县的粮食实际入库总量是所属各乡村粮食实际入库量的汇总数,一个工业主管局的总产值是所属各企业总产值的总和等;

(2)指标和数量标志之间存在着变换关系,当研究目的改变,原来的总体变为总体单位时,则相应的统计指标就变为数量标志,反之亦然。

三、变异、变量和变量值

要理解变异、变量及变量值的概念,必须先清楚什么是不变标志和可变标志。统计中反映总体单位特征的标志很多,如果按其具体表现是否有差异来看,可分为不变标志与可变标志。当某一标志的具体表现在各个总体单位上都相同时,则为不变标志。不变标志是使许多个别单位结合成为总体的前提,体现为总体的同质性。组成一个总体的各个总体单位必须有一个或几个不变标志。例如,以全国全民所有制大型机械工业企业为总体,各工业企业均有所有制、企业规模、主业部门三个不变标志。可变标志是指其具体表现在总体各个单位上不尽相同的那些标志。一般来说,组成一个总体的各个总体单位具有许多可变标志。例如,全民所有制大型机械工业企业的各个工业企业的可变标志就有厂址、隶属关系、职工人数、资金额、生产能力、工业总产值、劳动生产率、平均工资、利税额等。可变标志在总体各个单位具体表现上的差别就是变异,包括质(性质、属性)的变异和量(数值)的变异。例如,工人的性别这一标志可以具体表现为男、女,这种是属性上的变异;而工人家庭人口数这一标志可具体表现为1人、2人、3人、4人、5人等,这种是数量上的变异。变异是普遍存在的,是统计的前提条件,有变异才需要有统计,没有变异就用不着统计了。

变量,就是可变的数量标志。如工人家庭人口数、工人的工资等就是变量。变量的数值表现就是变量值。例如,工人家庭人口数具体表现为1人、2人、3人、4人等;又如,工人的月工资额,表现有6 000元、7 500元、7 800元、8 900元等,这就是变量值。

按变量值是否连续可分为连续变量与离散变量两种。在一定区间内可任意取值的变量叫做连续变量,其数值是连续不断的,相邻两个数值可作无限分割,即可取无限个数值。例如,生产零件的规格尺寸,人体测量的身高、体重、胸围等为连续变量,其数值只能用测量或计算的方法取得。可按一定顺序一一列举其数值的变量叫做离散变量,其数值表现为整数位断开,例如,企业个数、职工人数、设备台数、学校数、医院数等,都只能按整数计数。这种变量的数值一般用计数方法取得。

综上,统计总体、总体单位、标志、统计指标等基本概念之间的关系如图1.5所示。

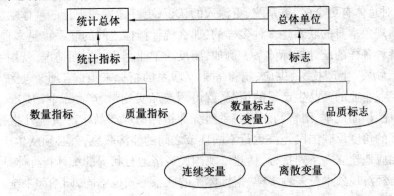

图1.5 各基本概念之间的关系

在明确了以上一些基本概念之后,将它们联系起来观察,深入地认识总体,可以看出,统计总体具有同质性、大量性和差异性三个主要特点。

1. **同质性**

同质性是指总体中的各个单位必须具有某种共同的属性或标志数值,如国有企业总体中每个企业共同标志属性是国家经营。同质性是总体的根本特征,只有个体单位是同质的,统计才能通过对个体特征的观察研究,归纳和揭示出总体的综合特征和规律性。

2. **大量性**

大量性是指总体中包括的总体单位有足够的多数。总体是由许多个体在某一相同性质基础上结合起来的整体,个别或很少几个单位不能构成总体。总体的大量性,可使个别单位受某些偶然因素的影响,表现在数量上的偏高、偏低的差异相互抵消,从而显示出总体的本质和规律性。

3. **变异性**

变异性也称为差异性,是指总体的各单位之间有一个或若干个可变的品质标志和数量标志,从而表现出的差异。例如,某领域的职工总体中各单位间有男、女的性别属性差异,包括有20岁、21岁、22岁、23岁、24岁、25岁、26岁等年龄标志数值的差异。

统计总体要同时具备同质性、大量性和变异性三大特征,才能进行一系列统计计算和分析研究。

四、统计指标体系

统计指标体系是指由若干个相互联系的统计指标所构成的有机整体,用以说明所研究的总体现象各方面的相互依存和相互制约的关系。单个统计指标只能反映总体现象某一个侧面的特征,而一个总体往往具有多种数量表现和数量特征,并且彼此不是孤立的。如果要全面地认识总体的基本特征,必须将反映总体各方面特征的一系列统计指标结合起来,形成统计指标体系,使人们对总体有更全面、更系统、更深入的认识,更好地发挥统计的整体功能。

由于总体现象本身的联系是多种多样的,那么统计指标之间的联系也是多种多样的,相应的可以建立各种各样的统计指标体系。例如,要反映工业企业的全面情况,就用一系列关于人力资源、资金、物资、生产技术、供应、销售等相互联系的指标来组成工业企业统计指标体系。如果只反映工业企业的产品生产量的情况,就可用产品实物量、产品品种、质量、总产值、净产值、原材料消耗、产品成本、销售利润等一系列统计指标构成产品生产量统计指标体系。如果要从宏观经济的角度反映国民经济运行不同环节之间的经济联系,就必须从生产、分配、流通、使用等过程相应地建立一系列指标,构建反映国民经济运行状况的统计指标体系。

由于社会经济现象本身多种多样,指标体系的联系形式也不同,归纳起来统计指标体系可以用下列的形式表示。

(1)和的联系形式。例如,国内生产总值=固定资产折旧+劳动者报酬+生产税净额+营业盈余,反映总值与各因素和的联系。

(2)积的联系形式。例如,商品销售额=销售价格×销售数量,反映总额与各因素积的联系。

(3)因素关系的联系形式。例如,在工业企业考核的八项经济指标中,人、财、物、产、销、存等各方面关系交互运动的结果。此时指标之间不存在或无必要采用数学运算形式来反映它们之间的联系,它们之间是一种相互补充的因素关系。

社会经济统计指标体系可以分为两大类:基本统计指标体系和专题统计指标体系。基本统计指标体系是反映和研究国民经济与社会发展及其各个组成部分基本情况的指标体系。它分为三个层次:最高层是反映整个国民经济与社会发展的统计指标体系,是由社会统计指标体系、经济统计指标体系、科技统计指标体系三个子系统构成;中间层则是各个地区和各个部门的统计指标体系,它是最高层统计指标体系的横向分支和纵向分支,是为了满足本地区和本部门的社会经济管理、检查、监督的需要而设置的指标体系;第三个层次是基层统计指标体系,是指各种企业和事业单位的统计指标体系,它既要满足本企业和本单位的管理和监督的需要,同时也要满足中间层和最高层建立统计指标体系的需要。

专题统计指标体系是针对社会经济的某一个专门问题而制定的统计指标体系。例如,经济效益指标体系、小康生活水平指标体系、和谐社会指标体系等。

统计指标体系按其功能不同,可分为描述统计指标体系、评价统计指标体系和预警统计指标体系。描述统计指标体系全面反映客观事物的状况、运行过程和结果,包括所有必要的统计指标,具有较强的稳定性。评价统计指标体系是比较、判断客观事物的运行过程和结果正常与否,它是根据不同分析评价的需要而建立的。它有一部分指标可以直接从描述统计指标体系中选取,另一部分指标可由描述统计指标加工处理后得到,该指标体系比较灵活、变动性大。预警统计指标体系是对客观事物的运行进行监测,并根据指标值的变化,预报即将出现的不正常状态、突发事件及某些结构性障碍等。该体系的指标一部分是由描述指标体系中的灵敏性和关键性指标所组成,另一部分是对一些描述指标加工而成。在这三种指标体系中,描述统计指标体系是最基本的指标体系,它是建立评价、预警统计指标体系的基础。

建立一套完整、科学的统计指标体系,用以全面、综合反映现象的状态时,应该遵循客观性、科学性、可行性、预见性原则。指标体系的建立,不但要遵循现象之间内在的客观联系,还要考虑获取资料是否可能以及指标体系的设置是否可行;不但要考虑指标体系是否能反映实际问题,还要使新设立的指标体系具有一定的超前性,以便更好地适应不断变化的需要。

【小资料】

我国物流产业统计指标体系的基本框架

我国物流产业统计指标体系的基本框架由以下七个统计指标子体系构成。

1. 供需统计指标子体系

物流供需统计指标是指从量的方面对反映物流宏观层面和总体物流活动方面的供需状况进行统计,主要包括市场供给和市场需求两方面指标。这方面指标主要侧重于物流市场规模、结构方面的统计,涵盖了运输与配送、仓储和保管、装卸、包装、物流加工、物流信息等活动环节的内容,从宏观层面对物流市场供应状况和需求状况等进行统计,以反映物流业的总体规模、物流服务水平。

2. 生产设施统计指标子体系

高度发达的物流设施是现代物流系统的特征之一,它对提高物流能力与效率、降低物流成本和保证服务质量等方面有着十分重要的影响。研究物流生产设施统计,对于发展现代物流,改善物流状况,促进现代化大生产都具有十分重要的地位和作用。物流设施统计涉及物流活动的各个环节,分为仓储、运输、包装、装卸搬运、流通加工、配送等环节来的物流生产设施统计指标群。以运输设施统计指标为群例,它分为铁路运输系统技术设施、公路运输系统技术设施、水路运输系统技术设施、航空运输系统技术设施和管道运输系统技术设施五部分。每部分又设有若干个统计指标组,如铁路运输系统技术设施主要由线路、机车车辆、信号设备和车站四部分统计指标组组成。各统计组还包括具体的统计指标。

3. 固定资产投资统计指标子体系

固定资产投资统计是物流统计的重要组成部分,它通过准确、及时、全面地反映固定资产投资的规模、速度、结构和效果,为物流企业的管理和决策提供依据,是物流企业和社会认识物流、管理物流、监督物流经济活动的重要手段之一。它包括建设项目统计、固定资产投资额统计、新增生产能力统计、新增固定资产统计、固定资产投资效果统计等统计指标群。

4. 人力资源统计指标子体系

人力资源统计子体系是对物流产业从业人员基本状况的统计,包括从业人数统计、劳动时间利用情况统计、劳动生产率统计、劳动报酬和劳保福利统计、物流企业员工安全生产统计等指标群。指标群又包括多个指标组,以劳动生产率统计指标群为例,它包括劳动生产率、分物流活动环节的劳动生产率、劳动生产率指数等一系列指标。

23

5. 物流成本利润统计指标子体系

成本利润统计指标子体系重点反映了物流活动的效率与效益。其中,物流总成本是物流过程中的费用总和。西方发达国家的物流统计和通常将物流总成本分成库存费用、运输费用、物流管理费用三大类。库存费用是指保存货物的费用,除了包括仓储、残损、人力费用、保险费用及税收外,还包括库存占压资金的利息。把库存占压的资金利息计入物流成本,是现代物流与传统物流费用计算的最大区别,只有这样,降低物流成本和加速资金周转速度才从根本利益上统一起来。运输费用包括公路运输、其他运输方式及货主费用。公路运输包括城市内运送费用和区域间卡车运输费用。其他运输方式包括铁路运输费用、航空运输费用、货主费用及油气管道运输费用。货主费用包括运输部门运作及装卸费用。物流管理费用是指相关的物流行政管理费用。通常该项费用是由库存费用与运输费用总和乘以比例系数计算而来,该系数是按照专家判断法确定的比例。

6. 物流增加值统计指标子体系

物流增加值统计指标子体系可以反映物流产业在国民经济中的地位,是物流统计指标体系中的核心内容。物流业增加值是货物经过物流活动前后的价值之差,在扣除物流成本后就是物流活动所创造的增加值,物流业增加值的构成涉及物流统计的各行业的增加值,其核算涉及到多个指标。

7. 物流质量统计指标子体系

为衡量物流活动质量和效率状况,特设立物流质量统计指标子体系。它主要包括信息、运输、配送、仓库、流通加工、包装等质量指标群。各指标群包括具体的统计指标,如仓库质量指标组包括仓库吞吐能力实现率、商品收发正确率、商品完好率、库存商品缺损率等统计指标。

本章小结

本章主要介绍统计学的一些基本问题。"统计"一词的含义包括:统计工作、统计资料和统计科学,三者之间存在着密切的联系。统计学的研究对象是客观事物的总体数量特征和数量关系,以反映其发展过程及规律性。统计学研究对象的特点为:数量性、总体性及具体性。统计学是一门认识客观现象总体数量特征和数量关系的方法论科学,是研究如何搜集数据、整理数据、分析数据,以便对客观现象总体的规律作出正确推断的方法论科学,这些方法可用于对社会经济现象和自然现象数量方面的研究。统计学的理论和方法是从统计实践活动中产生和发展起来的,形成了不同的统计学派:国势学派(记述学派)、政治算术学派、数理统计学派、社会统计学派。

统计研究的基本方法有:大量观察法、统计分组法、统计指标法及统计模型推断法。统计工作过程分为:统计设计、统计调查、统计整理、统计分析等阶段,每个阶段既各自独立又相互连接。

统计学的基本概念有:统计总体和总体单位,统计总体的特征(同质性、大量性及变异性);指标(数量指标和质量指标);标志(品质标志和数量标志);指标与标志的区别和联系;变异指标、变异标志;变量(连续变量和离散变量,确定性变量和随机性变量);统计指标体系(基本统计指标体系和专题统计指标体系,描述统计指标体系,评价统计指标体系和预警统计指标体系)。

统计的职能有:信息职能、咨询职能与监督职能。

关键概念

统计工作　统计资料　统计学　描述统计　推断统计　统计总体　总体单位
统计指标　标志　变量　变量值

Chapter 2

统计数据的收集

【学习要点及目标】
1. 了解统计数据的计量尺度和类型；
2. 掌握统计数据的间接来源和直接来源；
3. 了解统计调查的概念和分类；
4. 掌握统计调查的组织形式和具体调查方法；
5. 学会设计统计调查方案和调查问卷。

【引导案例】
20世纪五六十年代，美国盖洛普公司曾经作过一项美国汽车需求情况的调查，发现很多家庭希望购买小型省油的汽车，但当时并没有引起美国汽车制造商的重视，仍把研发重点放在生产豪华的车型上，结果到了20世纪七八十年代，在世界汽车市场上，日本的中小型汽车获得了很大的份额，连美国也大量进口日本汽车，这才引起了美国汽车制造商的重视。而从汽车的研发到投产需要一个较长的时间，这使美国的汽车业失去了一个大好的发展机遇。这个例子从反面说明了收集数据的重要性。

第一节 统计数据的计量和类型

统计数据是通过某种计量尺度对客观现象进行计量的结果，采用的计量尺度不同，得到的数据类型也不同，进而选取的统计分析方法也不同。因此，在收集数据之前要先选准计量尺度。

一、统计数据的计量尺度

按照计量学的一般分类方法以及对事物计量的精确程度,可将计量尺度由低级到高级、由粗略到精确分为四个层次:定类尺度、定序尺度、定距尺度和定比尺度。

(一)定类尺度

定类尺度也称为类别尺度或列名尺度,是最粗略、最低层次的计量尺度。它是按照某一品质标志将总体划分为若干部分或组,对属性相同的总体单位进行计量的方法。例如,将学校分成大学、高中、初中、小学等,对总体内的所有学校按其不同的教育层次进行分类计量,进而可以分析各种不同教育层次的学校在总体中的比重。

运用定类尺度方法应以将总体单位进行分组或分类为前提,必须遵循互斥和穷尽两个原则。互斥指每一个总体单位不能既属于这一类,又属于那一类,而是只能划归到某一类中;穷尽指所有的总体单位都有其适当的归类,不能出现有的总体单位无可选归类的现象。例如,人口按性别分为男、女,一个人要么是男,要么是女,只能属于其中一类。

定类尺度只能按照事物的某种属性对其进行平行的分类或分组。使用这种尺度对客观现象所做的分类,各类别之间只是并列关系,不能区分彼此的优劣或大小,各类和各组之间不存在排序的问题,哪一类在前、哪一类在后对研究问题无实质性的影响,也就是说,各类别之间的顺序可以改变。运用定类尺度计量出的统计数据,通常是通过计算出每一类别中各元素或个体出现的频数或频率来进行分析。

(二)定序尺度

定序尺度又称为顺序尺度,是一种初级尺度。它是按照某一品质标志将总体划分为若干个等级有序的部门或组,对相同等级的总体单位进行计量的方法。例如,将商业企业分成大型企业、中型企业和小型企业,对不同规模的商业企业进行分类计量,进而可以分析各种不同规模的商业企业在总体中的比重等指标。

运用定序尺度除了以分组或分类为前提,遵循互斥和穷尽为原则之外,还必须遵循有序的原则。这就要求每个总体单位的排列有序,并且总体内的排序必须科学合理。这一要求对研究某一具体问题有着特定的意义。

定序尺度不仅可以将客观现象分成不同的类别,而且还可以确定这些类别的优劣或顺序。定序尺度的计量结果也表现为类别,但与定类尺度测度的类别不一样,这些类别之间可以比较顺序。定序尺度对事物的计量要比定类尺度精确一些,但它也只是测度了事物类别之间的顺序,并未测量出类别之间的准确差值,因此它也是一种初级尺度。定序尺度可用于分类,也可以用于统计分析中确定中位数、四分位数、众数等指标的位置。

(三)定距尺度

定距尺度也称为间隔尺度,是按照某一数量标志将总体划分为若干个顺序排列的部分或组,对事物类别或次序的间距的测量,其结果表现为数值。例如,学生的考试成绩从0分到

100分进行分类排序,得到从0分、50分、60分、70分、90分,直到100分的序列。序列中不仅有明确的高低之分,而且可以计算差距,如50分与60分之间相差10分,70分与90分之间相差20分,这里的"10分"、"20分"都是间隔尺度。

由于定距尺度的计量结果表现为数值,可以计算其差值,故运用定距尺度除了遵循定序尺度的前提和原则之外,还必须遵循定距尺度结果可加减的原则。注意:定距尺度中"0"的含义,表示"0"水平,而不是"没有"或"不存在"。例如,某学生的成绩是0分,不能说明此学生没有成绩。

定距尺度相比较于定类尺度和定序尺度更精确些,有时定距尺度可以转化为定序尺度。例如,百分制的成绩转化为优良制时的成绩(优良制指优、良、中、及格和不及格)。

(四)定比尺度

定比尺度也称比率尺度,是统计测量中的最高层次。它是在定距尺度的基础上,先确定相应的比较基数,然后将两种相关的数加以对比而形成相对数(或平均数),用于反映现象的结构、比重、速度、密度等数量关系的方法。例如,将一个企业创造的增加值与该企业的职工人数对比,计算全员劳动生产率,以此反映该企业的生产效率。

定比尺度和定距尺度的前提和原则相同,二者之间的差别在于:

(1)定距尺度中没有绝对零点,而定比尺度中必须有一个绝对固定的零点。例如,人的身高、体重可以用定比尺度来计量,班级人数、工厂的生产产值也可以用定比尺度来计量。注意:定比尺度中"0"的含义,表示"没有"或"不存在",也就是说,它是上述这些标志表现的绝对界限。例如,某人的收入为0,则表示此人无收入。

(2)定比尺度除了可以进行加减运算之外,还可以进行乘除运算。

上述四种尺度对事物现象的测量是由低到高逐步递进的,高层次的计量尺度在统计实践中可以转化为低层次的计量尺度,但低层次的计量尺度不能向高层次转化,测量的层次越高,得到的结果越精确。定类尺度和定序尺度适用于品质标志,而定距尺度和定比尺度适用于数量标志;定类尺度和定序尺度只适用于离散变量,而定距尺度和定比尺度适用于离散变量和连续变量。在统计实践中,根据不同的研究对象采取不同的计量尺度,或者将几种尺度结合起来去解决问题。四种计量尺度的比较见表2.1所示。

表2.1 四种计量尺度属性比较表

测定层次	特征	运算功能	举例
定类尺度	分类	计数	按人口性别分为男、女两类
定序尺度	分类、排序	计数、排序	企业等级
定距尺度	分类、排序 有基本测量单位	计数、排序 加减	学生成绩 差异
定比尺度	分类、排序 有基本测量单位 有绝对零点	计数、排序 加减、乘除	商品销售额

二、统计数据的类型

(一)按不同计量尺度对事物计量的结果分类

按不同计量尺度对事物计量的结果不同,统计数据可分为定类数据、定序数据、定距数据和定比数据。

定类数据、定序数据、定距数据和定比数据均是上述计量尺度的计量结果。

(二)按数据的性质分类

按数据的性质不同,统计数据可分为定性数据和定量数据。

1. 定性数据

定性数据也称为品质数据、属性数据,定类数据和定序数据均属于定性数据。

2. 定量数据

定量数据也称为数量数据、数值型数据,定距数据和定比数据均属于定量数据。

数值型数据按变量在数轴上取值情况不同,又分为离散型变量和连续型变量。

(1)离散型变量。离散型变量是指变量只能取有限个或可列个数值,其数值一般只能以整数形式表示,如足球射门次数、安静时心率等均为离散型(随机)变量。其观测值为离散型数据,也可称为计数数据,如某篮球队队员安静时心率为 65,60,62,58 次/分等,这就是一组离散型数据。

(2)连续型变量。连续型变量是指变量的取值是连续不断的,其数值可以无限分割,一般表现为小数形式,如运动员 100 米成绩、跳远成绩,12 岁学生身高等均为连续型变量。其观测值为连续型数据,又称为计量数据,如测得 10 名 12 岁学生身高分别为 1.45 米、1.52 米、1.48 米、1.50 米等,这是一组连续型数据。

(三)按收集方法分类

按收集方法不同,统计数据可分为观测数据和试验数据。

观测数据(Observational Data)是通过调查或者观测而收集到的数据。这类数据是在自然的未被控制的条件下观察到的数据。例如,有关社会经济现象的统计数据几乎都是观察数据。试验数据(Experimental Data)是在人工干预和操作情况下收集到的数据。统计学在自然科学领域中应用时所使用的统计数据大多是试验数据。

(四)按描述对象与时间之间的关系分类

按被描述对象与时间之间的关系,统计数据可分截面数据和时间序列数据。

截面数据是指在相同或近似相同的时间点上所收集的数据,用来描述现象在某一时刻的变化情况。例如,2020 年末各国的人口数。时间序列数据是指在不同时间上所收集到的数据,用来描述现象随时间而变化的情况。例如,2017~2021 年各年末的中国人口数。由一系列时间序列数据排列而得出的一组数据称为时间序列,又称为动态数列。对于时间序列的研究是统计学中的一个重要的内容,将在第七章详述。

第二节 统计数据的间接来源

从使用者的角度,统计数据主要来源于两种渠道:一是直接组织的调查或科学试验,这是统计数据的直接来源,也称为第一手或直接的统计数据;二是别人调查或试验的数据,这是统计数据的间接来源,也称为第二手或间接的统计数据。我们将在本节中详细介绍统计数据的间接来源和直接来源。

在统计数据搜集过程中,有时很难通过直接调查或试验取得所需的第一手数据,而且对大多数使用者来说,鉴于主客观条件的限制亲自去作调查往往也是不实现的。此时可以通过一定渠道获取别人调查或科学试验所取得的统计数据,这便是第二手资料或称间接资料。

间接统计数据主要是调查人员通过搜集多种文献资料,摘取现成数据通过整理、融合、调整、归纳形成的。这些文献资料有些是公开出版的,当然也有些是尚未公开的。在我国,公开出版的社会经济统计数据主要来自国家和地方的统计部门以及各种报刊媒介。另外,还有提供世界其他国家社会和经济数据的出版物,如《世界经济年鉴》、《国外经济统计资料》等。联合国有关部门及世界各国也定期出版各种提供其社会和经济的统计数据。

除了上述公开出版的统计数据外,还可以通过其他渠道获取一些统计数据,如广泛分布在各种报刊、杂志、图书、广播、电视等传媒中的各种数据资料。随着计算机网络技术的发展和普及,通过网络来获取所需的各种数据资料是获取间接统计数据的一种重要渠道。

按照统计年鉴、与统计相关的期刊和网站分类,部分间接来源具体如下:

1. 统计年鉴
(1)《中国统计年鉴》。
(2)《国际统计年鉴》。
(3)《地方统计年鉴》。
(4)《中国县(市)社会经济统计年鉴》。
(5)《中国金融年鉴》。
(6)《中国人口统计年鉴》。
(7)《中国统计摘要》。

2. 有关期刊
(1)《中国经济数据分析》。
(2)《经济预测分析》。

3. 有关网站
(1)中国统计信息网。

(2)国研网。
(3)中国经济信息网。
(4)中国经济时报网。

使用间接统计数据时,应注意数据的含义、计算口径和计算方法,以免误用或滥用;同时要注明数据的来源,以体现对别人劳动成果的尊重。

第三节 统计数据的直接来源

统计调查是获取社会经济统计数据的主要来源,更是取得直接数据的重要手段。那么什么是统计调查?统计调查有哪些分类?怎样进行统计调查呢?

一、统计调查的概念

统计调查是根据统计工作的任务和要求,采取科学的调查方法,有目的、有组织、有计划地向调查对象搜集资料的过程。统计调查中所搜集的资料属于原始资料,是未经整理,尚待进一步条理化、系统化的原始的第一手资料,也是个体特征向总体特征过渡的非常重要的统计资料。统计调查的基本任务就是获取有关总体真实情况的原始资料。

统计调查是统计工作的基础环节,是统计工作的前提。统计调查必须做到准确性、及时性、系统性和完整性,以提供高质量的统计数据。统计调查的准确性是指提供的统计资料必须符合客观实际情况,保证各项统计资料真实可靠。及时性即时效性,是要求在统计调查方案规定的时间内,尽快提供资料。各项调查资料不但要求准确,而且需要及时,这是很明显的,因为过实的资料落在了形势发展的后面,失去时效,犹如"雨后送伞",起不到统计的真实作用。系统性是指搜集的资料有条理,合乎逻辑,不杂乱无章,便于汇总。完整性是指调查单位不重复、不遗漏,所列调查项目的资料搜集齐全。若搜集不齐全,最终难以对社会经济现象的规律性作出明确的判断,甚至会得出错误的结论。

二、统计调查的分类

统计调查可以按一系列标志来分类。归纳起来主要有以下几种划分:

(一)按被研究总体的范围不同,可分为全面调查和非全面调查

全面调查是对调查对象所包括的所有调查单位都进行调查。例如,要了解全国的洗衣机产量,就要对所有洗衣机生产企业进行调查;要了解全国人口情况,就要对全国人口进行调查。全面调查的特点是能够掌握比较全面的、完整的统计资料,了解总体单位的全貌,但全面调查必须花费较多的人力、物力和财力,操作起来比较困难。全面调查包括普查和全面统计报表制度。

非全面调查是只对调查对象的部分调查单位进行调查。例如,要了解占全国钢产量85%

的十大钢铁企业进行的关于钢铁企业情况的重点调查;抽取某手表厂的部分产品,对产品质量进行检验的抽样调查;为了推广某先进单位的先进经验而对其进行的典型调查,等等。非全面调查的特点是调查单位少,耗用较少的时间和人力,调查较多的内容,有的非全面调查可以推算和说明全面情况,较全面调查省时省力,但非全面调查掌握的资料不够齐全,得到的调查结果不是被调查总体的确切特征。非全面调查包括非全面统计报表制度、重点调查、典型调查、抽样调查等。

(二)按调查登记时间的连续性不同,可分为连续调查和非连续调查

连续调查也称为经常性调查,是随着被研究对象的发展变化,连续不断地进行登记。其获得的资料说明了现象的发展过程,体现现象在一段时期的总量。例如,对历年奥运会情况的调查,对每年冬季降雨量的观测调查,某种产品产量的日报、周报、旬报、月报、年报,等等。

非连续调查也称为一次性调查,它是间隔一段相当长的时间所进行的登记。其获得的资料说明了现象在某一时刻或某一时间点上的数量。例如,2010年和2020年的全国人口普查,我国的经济普查,某生产企业的月末产品库存量的盘点,等等。

统计报表制度一般属于连续调查;普查、重点调查、典型调查一般属于非连续调查;抽样调查既可以是连续调查,也可以是非连续调查。

(三)按组织形式的不同,可分为统计报表制度和专门调查

统计报表制度是国家统计部门和业务主管部门为了定期取得系统、全面的基本统计资料而采用的一种搜集资料的方式,目的在于掌握经常变动的、对国民经济有重大意义的指标的统计资料。

专门调查是为了了解和研究某种情况而专门组织的统计调查,包括普查、重点调查、典型调查、抽样调查等。

总之,由于统计调查内容的复杂性,针对不同的调查对象和不同的调查目的,统计调查有不同的方式,概括起来如图2.1所示。

三、统计调查的组织方式

(一)统计报表

1. 统计报表的含义

统计报表是我国定期搜集基本统计资料的主要方法。统计报表是按国家统一规定的表式、统一的指标项目、统一的报送程序和报送时间,自下而上逐级定期提供基本统计资料的一种调查方式。通过统计报表,国家或有关主管部门可取得关于社会经济发展情况的基本统计资料。这一套报表体系包括从工业、农业、建筑业及其他物质生产部门到文化、教育、科学、医疗等部门在内定期搜索的全部统计资料。统计报表是一种自下而上搜集资料的方式,每一个有关的企业或事业单位,每一级国家机关或业务管理机构都有义务和责任按照国家统一规定

第二章 统计数据的收集

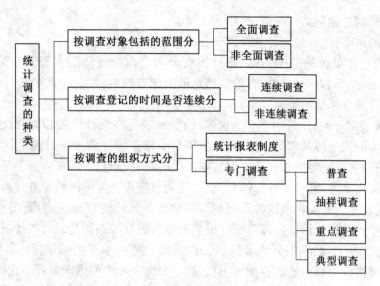

图 2.1 统计调查种类

的调查项目、表式、报送程序和报送时间逐级如实上报。

2. 统计报表的特点

统计报表在各种统计调查的组织方式中的显著特点是：

（1）统计报表的资料来源于原始数据。首先可以根据研究任务事先布置到基层填报单位，基层单位可以根据报表的要求，建立健全各种原始记录。原始记录是基层单位通过一定的表格形式（如表、票、卡、册等），对生产、经营、管理活动所进行的最初登记。因此，这些原始记录作为可靠的资料依据，使得统计报表的资料做到准确、及时、系统、完整和方便。

（2）统计报表是逐级上报和汇总的，因此，各级领导部门都能及时得到管辖范围内的各种数据资料，进而经常了解本地区、本部门经济和社会的发展情况。

（3）统计报表属于经常性调查，调查内容相对稳定，有利于经常搜集和积累资料，进而可以将历史资料作对比，进行动态分析，来研究经济建设和社会发展变化的规律性。

3. 统计报表的作用

统计报表在当前发展社会主义市场经济的过程中，对国家宏观指导和调控经济仍有积极的作用，并具有不可替代性。其主要作用有两点：一是，为编制我国国民经济和社会发展计划及检查计划执行情况提供基本依据；二是，可以反映我国经济建设和社会发展的程度和成就，并为研究社会主义市场经济建设的经验及发展的规律性提供不可或缺的数量资料和依据。此外，各主管部门或业务系统将统计报表看成是指导生产、经营、管理和决策的重要手段和依据。

统计报表除了积极作用之外，本身还有一些不足之处。例如，统计报表在实施过程中花费大量人力、物力和时间，并且很容易出错。

4. 统计报表的主要种类

按照不同的角度,统计报表可进行以下分类:

(1)按构成总体单位的范围不同,统计报表分为全面的统计报表和非全面的统计报表。全面的统计报表要求调查对象的所有单位都要填报调查资料,而非全面的统计报表只要求调查对象中的部分调查单位填报调查资料。

(2)按实施范围不同,统计报表分为国家统计报表、部门统计报表和地方统计报表。国家统计报表也称为国民经济基本统计报表,是根据有关国家统计调查项目和统计调查计划制订的统计报表,是用来反映经济和社会发展基本情况的统计报表;部门统计报表是本业务部门为业务管理的需要而制发的,只在本部门内执行,是用来搜集有关部门的业务技术资料的统计报表;地方统计报表是为适应各地区特点而制订的地区性统计报表,就是为满足地方专门需要,其实施范围是各省、市、自治区。部门统计报表和地方统计报表均是国家统计报表的补充。

(3)按报送周期长短不同,分为日报、旬报、月报、季报、半年报和年报。各种报送周期长短与报表的填报指标项目的繁简程度密切相关。例如,企业中的生产日报和旬报的时间较短,由于其时效性强,二者被称为进度报表,报表中的调查项目少且简捷,只适用于生产中最重要的指标;月报、季报和半年报的报送时间较长,报表中的调查项目相对多一些,详细一些,以便反应生产与经营的动态,同时用来检查各部门的计划执行情况;年报的报送时间最长,指标项目最多,内容全面完整,具有总结的性质,是检查本年计划完成情况和制订未来发展计划的依据。除年报外,其他报表被称为定期报表。

(4)按填报单位不同,可分为基层报表和综合报表。基层报表是由基层企业、事业单位根据原始记录,汇总整理,编报的统计报表。编报基层报表的单位称为基层填报单位。综合报表是由主管部门或统计部门根据基层填报逐级汇总填报的统计报表。它反映一个地区、一个部门或全国的基本情况,编报综合报表的单位称为综合填报单位。

(5)按报送方式不同,可分为书面报表和电讯报表。书面报表,即邮寄或投递报表。电讯报表包括电报、电话、传真、计算机互联网等方式。一般来说,采用什么方式报表主要取决于调查内容的紧迫性或要求的时效性。日报和旬报的时效性强,要求迅速上报,因此通常采用电讯方式上报;月报、季报、半年报和年报,除少数月报也采用电讯上报方式外,一般采用书面上报。

思考:随着改革开放、经济的快速发展,我国的企业市场化越来越浓,在计划经济年代出现的全面报表制度,其使用的范围在逐步缩小,原因是什么呢?

(二)普查

1. 普查的含义

普查是一种专门组织的一次性的全面调查。用来调查属于一定时点上或一定时期内的社会经济现象总量。它适于搜集某些不能够或不宜于定期的全面统计报表搜集的统计资料,通过普查可以摸清重大的国情、国力。例如,我国的人口普查、第三产业普查、经济普查等。

普查是一种很重要的调查方法之一,是其他方式不可代替的。虽然有些情况下可以通过统计报表经常搜集全面的基本统计资料,但它也不能代替普查。因为有些社会经济现象,如人口增长及其构成变化、植树造林面积、工业设备、物资库存等情况,不可能也不需要组织经常性的全面调查,而国家为了进行社会主义建设,又必须掌握这方面比较全面详细的资料,这就需要通过普查来解决,为了得到相关的重要数据,要分期分批地进行专项普查。根据社会主义现代化建设的需要,我国于1977年进行了全国职工人数普查,次年进行了全国科学技术人员和基本建设项目普查;1982年进行了第三次全国人口普查;1990年进行了第四次全国人口普查;1993年进行了全国第三产业普查;2000年又进行了第五次全国人口普查;2010年进行了第六次全国人口普查;2020年进行了第七次全国人口普查等。

2. 普查的种类

普查按照调查任务的完成时间紧迫性分为逐级普查和快速普查。逐级普查指的是采取逐级布置任务、花费一段时间逐级汇总资料的方法,如人口普查等。快速普查是指当调查任务紧迫时,布置任务到上报普查资料均由组织普查工作的最高领导机关(如国家统计局)直接与各基层取得联系得到快速进行普查工作的过程。

3. 普查的特点

(1)普查是全面调查。普查比任何其他调查方式、方法所取得的资料更全面、更系统、更准确可靠,这也是普查的优点。

(2)普查是非连续性调查。由于普查涉及面广、调查单位多,需要耗费大量的人力、物力和财力,组织工作较为繁重,这也是普查的不足,所以需要间隔较长的时间进行一次。

(3)普查必须规定统一的时点,即统计资料所属的标准时间。其目的是尽量避免重复和遗漏,保证普查结果的准确性。例如,第七次全国人口普查的标准时点为2020年11月1日0时。2020年11月1日0时以后出生的人不登记;2020年11月1日0时以后死亡的人仍要登记普查表短表或普查表长表。2020年11月1日0时以后发生迁移的人,仍在原住地登记。

另外,在普查范围内的各调查单位应同时进行登记,方法步骤要保持一致,并力求在尽可能短的时间内完成,以保证资料的准确性和时效性。普查项目统一规定后,不得任意改变或增减,以便综合汇总。在时间上,性质相同的普查的各次调查项目要尽可能保持相对稳定,以便将历次调查资料进行比较和分析。目前我国的普查主要包括:人口普查逢"0"年进行,每10年进行一次;经济普查(主要普查第二、三产业发展变化情况)逢"3、8"年进行,每5年进行一次,这与我国编制的五年计划衔接更为密切;农业普查逢"6"年进行,每10年进行一次。

普查和统计报表虽然都是全面调查,但两者是有区别的。统计报表属于经常性调查,报表的内容主要是经常调查的项目;而普查属于一次性调查,主要用于调查有关国情国力的重要资料在一定时点状态下的数量。有些社会现象不可能也不需要进行经常调查,但又需要掌握比较全面的统计资料,就要进行普查。普查比一般调查规模要大,而且调查内容详细,可以得到完整的统计资料,统计报表则不可能像普查那样掌握如此详尽的全面资料。

(4)普查主要适用于调查国民经济和社会发展的重要资料。

4. 普查应注意的几个问题

（1）选择合适的普查时期。普查时期是规定什么时候进行普查登记的时期。这个时期应根据国家的需要选择在被调查现象变动最小、普查工作最方便的时期。例如，1990年全国人口普查时期是7月，由于天气炎热、降雨等原因，普查工作不方便进行，气象专家建议11月适宜进行普查工作，因此2000年的全国人口普查时期改为11月。

（2）在普查范围内各调查单位或调查点尽可能同时进行调查，并要求尽可能在最短期限内完成，以便得到较准确数据。如果时间拖得过长，就会影响调查资料的准确性和时效性。

（3）调查项目已经确定，不能任意改变或增减，以免造成各调查点调查项目混乱，影响汇总综合，降低资料质量，进而会影响普查资料的准确性和时效性。此外，同类普查的调查项目内容应尽可能在各次普查中保持一致，以便于历次该项普查资料的对比，进而揭示事物发展变化的规律。

（4）要组织和培训普查队伍。专业的工作人员可以提高普查工作的效率和准确性，为完成调查工作提高保证。

（5）制订周密的工作规程，以使工作有序进行。普查工作涉及面广，必须按制订的工作规程逐步完成工作任务。

（6）要对每次普查工作的各环节进行严格的质量控制。普查工作的工作量大，环节繁琐，必须对每一个环节监督管理，若未及时发现某个环节出现问题，后续工作将被滞留，影响整个普查工作的进行。

（7）每次普查工作结束后应总结经验教训，避免下一次该项普查出现类似错误，或找到更好的途径程序，为下一次普查节省人力、物力和时间。

（三）抽样调查

抽样调查是一种非全面调查，它是按照随机原则，从总体中抽取一定数量的单位进行调查，根据调查的结果推断总体的一种调查方法。

抽样调查的特点是：①遵循随机原则，即排除主观性，使总体内每个单位被抽中的机会均等的原则，这是抽样调查最基本的特点。②非全面调查，即从总体中随机抽取部分总体单位进行调查。③抽取的部分总体单位的调查结果可以推断总体的特征。④节省人力、物力、财力和时间。抽样调查可以迅速、及时地获得所需的数据资料，原因是调查的总体单位是总体单位中的很小一部分，调查的工作量小。⑤适用范围广。它既适用于全面调查的对象，又适用于全面调查不能调查的对象。⑥可以事先计算并控制误差的大小。根据调查工作的任务目的和要求、调查对象的特点以及已掌握的资料情况，选择合适的调查方法，确定合理的样本单位数目，进而事先控制误差的大小。

在社会经济现象中，有很多现象是无法或不宜去进行全面调查，有些即使可以采用全面调查方式的现象，但由于总体单位太多，费时费力，这样的现象就需采用抽样调查方法来进行统计工作，或者可以解决全面调查无法进行的现象，或者可以节约更多的调查时间、调查成本和调查人员。例如,一些不能采用全面调查的破坏性试验,检验灯泡寿命,检验汽车轮胎载重量,检验手表的防水性等;再如,对一些总体单位非常多的调查,调查全国大学生的平均身高,北京市绿化的植物的平均寿命等。

由于抽样调查的各种优越性,我国乃至世界的大部分统计工作主要采用了抽样调查方式。改革开放以来,我国进行了一些统计调查改革,要求在统计的各个领域广泛推广、运用抽样调查,并在不断地提高抽样调查在整个统计调查方法体系中所占的比重,逐步取代传统的逐级上报、层层汇总的全面统计报表,抽样调查将在统计调查体系中居于主体地位。

(四) 重点调查

重点调查是在调查对象中选择一部分重点单位进行的调查,是一种非全面调查。这里的"重点单位"是指拥有的标志量占调查总体标志总量的绝大比重的少数或个别单位。重点单位的个数虽然少,但在总体中却起着举足轻重的作用。因而,对重点单位进行调查就能从数量上反映总体在该标志总量方面的基本情况。例如,要了解我国油田的产油情况,选择大庆油田、胜利油田、辽河油田、克拉玛依油田、大港油田、华北油田等几个油田进行调查,就可以掌握全国油田产油的基本情况,因为全国产油量大多集中在这些油田,可以满足调查的任务需要。重点单位的选择要着眼于它在所研究对象标志总量中所占的比重大小,并随着情况的变化而随时调整。

重点调查实质上是范围比较小的全面调查,它的目的是反应现象总体的基本情况,一般来说,当调查任务只要求掌握基本情况,而部分单位又能比较集中地反映所需研究的项目和指标时,采用重点调查最为适宜。但是,重点调查虽然可以反映总体总量的情况,但不能完整地体现现象总量,也不具备推断总体总量的条件,即重点调查不能推断总体的特征,这是重点调查的特点之一。

重点调查中重点单位的选择在于它本身的标志总量在总体标志总量中的比重,此比重大小不是人为认定的,而是客观存在的,因此重点调查的另一特点是具有客观性。对于一些管理先进、技术先进或其他原因而被列为重点管理的企业单位,主要调查单位的主要标志总量不占绝大比重,都不被列为重点调查单位的范围。

由于调查目的和任务的不同,重点单位可能是一些企业,也可能是一些城市,例如,要了解全国铁路运输情况,选择北京、上海、沈阳、郑州、兰州、广州、武汉、成都等枢纽站进行调查,就可以掌握全国铁路运输的基本情况,因为全国铁路客、货运输量大多集中在这些枢纽站。也就是说,某个重点单位是针对一个问题而讲的,在另一个问题上不一定还是重点单位,在某个时期是重点单位,在另一个时期可能已不是重点单位。因此,随着调查目的要求的改变,重点单位也在不断地进行调整,以得到所需的调查结果。

(五) 典型调查

典型调查是根据调查目的和要求,在对所研究总体全面分析的基础上,有意识地从总体中选取若干个具有典型意义的或具有代表性的单位进行深入调查研究的一种调查方式。典型调查也是一种非全面调查,这是一种由点到面、由个别到一般的认识方法。

典型调查的特点:①有意识地选取有代表性的单位,对其进行调查,可以得到代表性较高的资料,从典型入手,逐步扩大到认识事物的一般性和普遍性;②调查单位少,调查方法可以机动灵活,可以深入加以研究,进而节省人力、物力和时间,提供调查的时效性,并且在很大程度上提供了调查资料的质量;③具有主观性;④由于选出的典型单位是总体内各单位的代表,因此典型调查在一定条件下能粗略地估计总体指标数值。

典型调查的目的是通过典型单位来描述或揭示客观现象的本质和规律,因此,所选择的典型单位应具有所研究问题的本质属性或特征。例如,要研究工业企业的经济效益问题,可以在同行业中选择一个或几个经济效益有代表性的单位作深入、细致地调查,以探寻该企业经济效益形成的过程、原因和特点。

典型调查的类型大体上有两种:一种是解剖麻雀式的典型调查,即对调查总体内的个别典型单位进行调查和研究。其目的主要在于通过典型单位来说明事物的一般情况或是事物发展的一般规律性。另一种是划类选典式的典型调查,即先将现象总体按与研究目的任务有关的主要标志划分类型,然后再在各类型中选择典型单位形成一个样本,通过对这个样本的观察,可以从数量上粗略地估计总体。

采用典型调查方式来推断总体数量时,其可靠程度取决于所选典型单位是否有较高的代表性。当总体内各单位标志值之间的差异很小时,所选取的典型单位的代表性就相对较高,此时就可以用少数的典型单位资料来推算全面数量,如同解剖一只麻雀就可得知所有麻雀的五脏六腑和身体结构了;当总体单位之间标志值差异较大时,就一定要先进行划类选典。通过划类选典,突出体现类型之间的差异,减少类型内各单位间的差异,就可以在很大程度上提高典型单位的代表性,进而得到现象总体的情况。

常见的典型调查方法有直接观察法、个别访问法和开调查会。

四、统计调查的方法

统计调查方法是指搜集调查对象原始资料的方法,即搜集统计数据直接来源的方法。其主要有直接观察法、报告法、询问调查法和实验法。

(一)直接观察法

直接观察法是调查人员亲自到现场对调查单位进行查看、测量和计量的一种调查方法。例如,对商品库存量的盘点,对东北农作物产量的实割实测等。此方法可直接保证所获资料的真实性和准确性,但同时需要花费大量的人力、物力和时间,且有些资料是无法通过直接观察而得到的。例如,对许多历史资料的搜集等。

(二)报告法

报告法是基层企事业单位根据上级部门的要求,以各种原始凭证和核算资料为基础和依据,填写调查表并逐级向上级有关部门提供资料的方法。例如,我国实行的统计报表制度就是应用了这种调查方法。此方法必须以原始数据为依据填报,并且有统一的要求,可以同时进行大量的调查,进而保证资料的准确性,但缺点是花费大量的人力和物力。

(三)询问调查法

询问调查法是调查者与被调查者直接接触以获得数据的一种方法。具体包括:访问调查、邮寄调查、电话调查、网络调查法和座谈会。

1. 访问调查

访问调查又称为派员调查,是调查者与被调查者通过面对面交谈从而得到所需资料的调查方法。其分为标准式访问和非标准式访问。

(1)标准式访问。标准式访问又称为结构式访问,是按照调查人员事先设计好的,有固定格式的标准化问卷或表格,有顺序地依次提问,并由受访者作出回答。其优点是能够对调查过程加以控制,从而获得比较可靠的调查结果。

(2)非标准式访问。非标准式访问又称为非结构式访问,指事先不制作统一的问卷或表格,没有统一的提问顺序,调查人员只是给一个题目或提纲,由调查人员和受访者自由交谈,从中获得所需资料。

2. 邮寄调查

邮寄调查是通过邮寄、宣传媒体、专门场所等将调查表或问卷送至被调查者手中,由被调查者填写,然后将调查表寄回或投放到收集点的一种调查方法。这是一种标准化调查,其特点是调查人员和受调查者没有直接的语言交流,信息的传递完全依赖于调查表。其主要应用于统计部门进行的统计报表及市场调查机构进行的问卷调查。

3. 电话调查

电话调查是调查人员利用电话同受访者进行语言交流,从而获得信息的一种调查方法。其特点是时效快,费用低。随着电话的普及,电话调查也越来越广泛。电话调查可以按照事先设计好的问卷进行,也可以针对某一专门问题进行电话采访。值得注意的是,电话调查所提问题要明确,且数量不宜过多。

4. 计算机辅助调查

计算机辅助调查是指在电话调查时,调查的问卷、答案都借助计算机来显示,整个调查的过程包括电话拨号、调查记录、数据处理等,都借助计算机来完成。

随着计算机的普及,计算机辅助调查的应用也越来越广泛,并已经开发出各种计算机辅助电话调查系统(CATIS)。该系统使电话调查更加便利和快捷,使调查质量得到很大提高。目前,该系统正朝着简单化方向发展,调查的问卷直接显示在荧屏上,可将计算机屏幕上显示的问题读给受访者,并将受访者的回答输入计算机,从而极大地提高调查效率。

5. 网络调查法

网络调查也叫做网上调查,是指在互联网上针对调查问题进行调查设计,以收集资料的一种调查方法。随着网络技术的发展以及计算机的普及,在统计调查中不仅仅调查的数据可由计算机来处理完成,整个调查的过程,也都可以由计算机来控制并完成。

网络调查的优点是:①组织简单、费用低、效率高;②被调查者容易打消顾虑,真实地回答问题,调查的可靠性和客观性比较有保障;③能设计出网上问卷,被调查者可以在互联网上用文字、图形和其他表现形式,作出选择回答,有利于增强调查效果;④能迅速通过网络传播调查结果,调查速度较快;⑤网络调查可以24小时进行,没有时间和空间限制。

网络调查的缺点是:①样本缺乏代表性,网络调查的对象仅限于网民,而目前我国的网民主要集中在城市,年轻人居多,并且愿意在网上回答问题的网民往往是比较悠闲的人,造成了样本的极大偏差;②网上调查获取的资料需要去伪存真;③不适合开放性问题的调查。

6. 座谈会

座谈会也称为集体访谈法,指将一组被调查者集中在调查现场,让他们对调查的主题发表意见,从而获取资料的方法。参加座谈会的受访者应是所调查问题的专家或有经验者,人数不宜太多,通常为6~10人,研究人员应对受访者进行严格的甄别、筛选。其讨论方式主要看主持人的习惯和爱好。其优点是能获取其他方法无法取得的资料,因为在彼此交流的环境里,受访者相互影响、启发、补充,不断修正自己的观点,这就有利于研究者从中获得较为广泛深入的想法和意见,而且座谈会不会因为问卷过长而遭到拒访。

目前,随着互联网和通信事业的发展,电话、电传、网络等现代化的高科技设施的应用,在很大限度上提高了统计调查的时效性。

7. 个别深度访问

深度访问是一种一次只有一名受访者参加的特殊的定性调查方法。个别深度访问要深入到受访者的思想当中,发掘其行为的真实动机。它是一种无结构的个人访问,在访问中调查人员要运用大量的追问技巧,让受访者最大限度地自由发挥,尽可能地表达他的想法和感受。个别深度访问常用于动机研究及较隐秘问题的研究。例如,消费者购买某种产品的动机、个人隐私问题、较敏感的问题等。其优点在于:①能深入发掘被调查者的内心动机和态度;②弹性较大、灵活自由,访问者与被访者能自由地交谈,常常可能取得一些意外的资料;③便于对一些保密、敏感的问题进行调查。其缺点有:①对访问者的素质、访问技巧要求较高;②访谈结果常难以分析和解释;③不易取得被访者的合作。

(四)实验法

实验法是一种特殊的调查方法。它是在所设定的特殊实验场所、特殊状态下,对调查对象进行实验以取得所需资料的一种调查方法。

根据场所不同,实验法可分为两种:室内实验法和市场实验法。

1. 室内实验法

室内实验法可用于广告认知的实验等。例如,在同一天的报纸上,版面大小相同,分别刊登甲、乙两种广告,然后将其散发给读者,以测定其反应结果。

2. 市场实验法

市场实验法可用于消费者需求调查等。例如,企业让消费者免费使用一种新产品,以得到消费者对新产品看法的资料。现在除了试吃、试用之外,还有试药。例如,某临床医院为检测某种新药对患者病情的治疗结果,邀请患者免费或者低价进行试药治疗。

(五)大数据方式

大数据方式,是指利用各种大数据资源采集、选用所需数据的一种方式。例如,在网络平台中采用搜索方式选取信息、利用爬虫技术收集数据等,这两种方式也被称为"无中生有"数据收集方式。大数据是一种新技术、新资源,它影响和改变着人们的生产生活及社会治理的思维方式。大数据引领新一轮科技革命的浪潮正在向各区域、各领域快速渗透,数字竞争力已经成为国家综合竞争力的重要内容,大数据方式在一定意义上更是"优中选优"数据收集方式。

(1)从数据产生的途径和渠道上看,大数据可以分为社交网络数据、人机交换数据和机器感应数据。

社交网络数据,是在社交网络平台上人与人交流所产生的数据。例如,邮件、短信、微信、各种专门交友平台数据等。可见,大数据时代,"人们的指尖每敲击一下键盘,就自动上传为互联网海量数据的一部分"。人机交换数据,是指人与计算机、手机或其他机器设备信息交换所产生的数据,包括各种推送数据、记录数据等。机器感应数据,是指利用机器设备自动记录的各种数据。比如,监控记录数据、车载记录数据、自动化仪器记录数据等。

(2)从数据的功能上看,大数据可以分为交易型数据、流程型数据和交互型数据。

交易型数据,是指在各种交易活动中产生的数据。例如,网络交易数据、超市购物记录数据等。流程型数据,是指系统内管理流程中所产生的数据。例如,一个单位内部的信息推送、文件传输所产生的数据。交互型数据,是指在人与人、人与物、物与物的交流交互过程中产生的数据。

需要特别指出:网络大数据在大数据中占有特殊的分量。网络数据按类型又可分为自媒体数据、官方媒体数据和日志数据。而要实现大数据与政府统计深度融合,需要做到以下五点:①整合传统统计数据资源。整合各类普查、常规调查和专项调查等数据,打破专业壁垒和信息孤岛,实现数据共享和深度开发。②汇聚外部大数据资源。按照统计业务需求及未来发展,对部门数据、互联网数据等大数据进行收集、挖掘与分析,为政府统计提供及时、有益的补充和验证,丰富数据产品,拓展服务范围。③改革、完善统计业务流程。通过云计算实现技术革新,改变传统统计工作的方式方法,逐步实现统计设计、数据收集、整理、存储、分析、发布等统计生产流程再造,进一步提升统计工作的质量、效率及水平。④强化大数据应用创新。⑤推动数据共享,让更多的人使用更多的数据,及时分享成果,让数据发挥更多的作用。

总之,随着信息化程度的不断提高和数据存储能力的不断提升,要加快推动统计数据收集方式向充分利用电子化行政记录、企业生产经营记录和大数据转变,扩大大数据在统计数据评估中的应用,加强大数据分析监测,利用大数据技术及时跟踪了解社会统计需求,监测网络舆情,改进数据发布内容和方式,完善数据解读机制和方法,提升统计数据传据力。大数据将成为统计数据越来越重要的来源,大数据方式也将成为统计调查数据收集的主要方式。

五、统计调查方案的设计

统计调查是一项复杂而又细致的工作,如果规模较大的调查项目,涉及面广,工作量大,这就需要大量的调查人员协同工作。因此,在统计调查工作正式开始之前,需要制订出一个完整、周密的调查方案,以指导整个调查工作,使调查得以顺利实施和完成。调查方案又称为数据采集方案,是指导整个调查过程的纲领性文件。其内容主要包括以下几项:

(一)确定调查目的

制订调查方案的第一件事是明确调查目的。调查目的就是要解决什么问题,搜集哪些资料,这是统计调查的首要问题。

调查目的回答的是为什么调查。不同的调查目的,决定着不同的调查内容和范围。如果调查目的不明确,就无法确定调查方向,整个调查工作就会陷入盲目混乱,造成人力、物力、财力和时间的浪费。调查目的主要是根据实际需要,并结合调查对象本身特点确定的。例如,至今为止,我国已进行七次全国人口普查。第一次在1953年,目的是配合召开全国人大,确定选民及人大代表名额的需要,并为国家制订发展国民经济的第一个五年计划提供确定的人口数字,因此,调查主要设计了四个项目:姓名、年龄、性别和民族。第三次在1982年,目的是配合社会主义现代化建设,统筹安排人民的物质和文化生活,为制定人口政策和规划提供准确的人口数字,因此当时设计了13个人登记项目、6个户登记项目的调查。第五次在2000年,在初步建立社会主义市经济体制下进行的首次人口普查,是人类有史以来规模最大、范围最广的普查,且普查所采用的新技术,达到了国际先进水平,所设计的调查项目有23项户记录和26项人记录项目。第六次在2010年,其调查目的在于:调查我国人口在数量、结构、分布和居住环境等方面的变化情况,为科学制定国民经济和社会发展规划,统筹安排人民的物质和文化生活,实现可持续发展战略,构建社会主义和谐社会,提供科学准确的统计信息支持。第七次在2020年,目的是在中国特色社会主义进入新时代开展的重大国情国力调查,将全面查清中国人口数量、结构、分布、城乡住房等方面情况,为完善人口发展战略和政策体系,促进人口长期均衡发展,科学制定国民经济和社会发展规划,推动经济高质量发展,开启全面建设社会主义现代化国家新征程,向第二个百年奋斗目标进军,提供科学准确的统计信息支持。

(二)确定调查对象和调查单位

确定调查对象和调查单位就是要确定向谁调查,由谁来提供所需数据。

调查对象是根据调查目的确定的所要进行调查研究的现象总体,即调查总体。它由性质相同的许多个别现象组成。确定调查对象,首先要根据调查目的对研究对象进行认真分析,掌握其主要特征,科学地规定调查对象的含义;其次要明确规定调查对象总体的范围,划清它与其他社会现象的界限。只有这样,才能避免登记重复或遗漏,保证统计资料的准确。例如,调查的目的是为了获取某地区大学的情况,则调查对象是该地区的所有大学。又如,调查的目的是为了获取某地区工业企业的设备情况,则调查对象是该地区工业企业的所有设备,而不是所有工业企业。

调查单位是所要研究的总体单位,即构成调查对象的每一个单位。它是调查项目和标志的承担者或载体,是人们搜集数据的基本单位。上述两例中,调查单位分别是该地区的每一所大学和该地区工业企业的每一台设备。

在实际的统计工作中,除了确定调查单位,还要规定填报单位,二者很容易混淆。填报单位一般是指在规定日期、使用规定的表式负责提交统计资料的企事业单位。也就是说,填报单位是负责上报调查资料的单位。调查单位与填报单位二者有时一致,有时不一致。例如,了解某地区大学的情况时,填报单位和调查单位都是该地区的每一所大学,而调查某地区工业企业的设备情况,该地区的每一个工业企业是填报单位,而调查单位则是该地区工业企业的每一台设备。

(三)确定调查项目

在确定调查目的、调查对象、调查单位之后,必须确定具体的调查项目。

调查项目就是调查中所要登记的调查单位的特征,也就是所要调查的具体内容。它是由调查目的和任务决定的。例如,前面提到的几次全国人口普查,它可以是调查单位的数量特征,如人的年龄、收入,企业的产量、产值等;也可以是调查单位某种属性或品质特征,如人的性别、职业,企业所属的行业类别等。但调查项目必须明确具体,不可模棱两可,含糊不清。在确定调查项目时需要注意,可有可无和备而不用的项目不能列入;调查项目之间应彼此衔接,相互联系,不能相互重复、相互矛盾。

列出调查项目的表格形式叫做调查表。调查表是调查方案的核心部分,必须紧紧围绕调查目的,现象之间的相互联系,从现象的过去、现在、发展等方面出发,提出所要调查的项目,拟定调查表。

调查表一般由表头、表体和表脚组成。

(1)表头。表头用来表明调查表的名称以及填写调查单位的名称、性质、隶属关系等。

(2)表体。表体是调查表的主要部分,包括统计调查所要说明的社会经济现象的项目和这些项目的具体表现,如数字、计算单位等。

(3)表脚。表脚包括调查者的签名、调查日期等,以便明确责任,若发现问题,便于查询。

调查表一般有两种形式:一种是一览表;另一种是单一表。一览表是能够登记多个调查单位资料的调查表。在调查项目不多时,采用该类表式。它较为简便,便于合计和核对数据。例如,老师手里的点名册,点名册上列举每个同学的名字,老师上课时的考勤和对学生平时表现的打分均列在上面,作为期末老师给出公平的平时成绩的依据。单一表是只登记一个调查单位资料的调查表,可容纳较多标志。它便于分类整理,一般在调查项目较多的时候使用。统计调查中采用哪一种表式,是由调查目的、调查任务确定的。例如,每个学生入学时填写的《入学登记表》。

(四)确定调查时间和调查期限

统计调查应规定调查时间和调查期限,调查时间是指调查资料所属的时点或时期。如果所要调查的是时点现象,则调查时间是一个统一的标准时间。例如,我国第七次人口普查调查时点是 2020 年 11 月 1 日 0 时。如果所调查的是时期现象,则调查时间是资料所反映的起讫时间。例如,调查 2022 年 1 月份某企业的生产产量,则调查时间是从 2022 年 1 月 1 日起到 2022 年 1 月 31 日为止,共计 31 天。

调查期限是整个调查工作的起讫时间(即从调查开始到结束的时间),包括搜集资料和报送资料等全部工作所需要的时间。统计调查的及时性要求,就是调查期限交接规定的时间进行。调查时间和调查期限是不一致的,有时调查时间比调查期限长,有时调查时间比查期限短。例如,在 2022 年 1 月调查一个企业 2019—2021 年生产产量总额。这项调查的资料所属时间为 2019 年 1 月 1 日—2021 年 12 月 31 日;调查期限为 2022 年 1 月。即从 2022 年 1 月 1 日起,至 2022 年 1 月 31 日止。

(五)确定调查的组织方式和技术方法

调查的组织方式,也是数据资料的来源方式,主要包括普查、抽样调查、重点调查、典型调查、统计报表及统计推算,我们在确定调查方案时,要对其加以规定,当然,在一次调查中也可以同时采用多种调查的方式。

调查技术方法是指收集资料的具体方法,包括询问调查法、观察法、文献研究法和网上调查法等。在确定调查方案时,也要对其加以规定,当然,在一次调查中也可以同时采用多种技术方法。

(六)制订调查工作的组织实施计划

为了保证整个统计调查工作顺利进行,在调查方案中还应该有一个考虑周密的组织实施计划。其主要内容应包括:调查工作的领导机构和办事机构;调查人员的组织;调查资料报送方法;调查前的准备工作,包括宣传教育、干部培训、调查文件的准备;调查经费的预算和开支办法;调查方案的传达布置、试点及其他工作等。

六、调查问卷的设计

在统计调查过程中,调查人员必须事先准备好调查提纲或调查表、访问要点,作为调查的依据。调查问卷是一种特殊形式的调查表,是以书面的形式系统地记载调查内容,了解调查对象的反馈信息,以此获取资料和信息的一种工具。它主要用于非政府统计机构或个人的市场调查或社会调查。每一次设计和发放的调查问卷,格式和内容尽可能统一,可以使调查内容标准化、系统化,便于收集和整理汇总所需调查的资料。问卷设计的是否合理,直接影响着调查的效果。

（一）问卷的基本结构

问卷的基本结构包括五个部分：问卷标题、说明词、被调查者的基本情况、主题问句和作业记录。

1. 问卷标题

问卷标题要概括性地说明调查研究的主题，使被调查者对所要回答的问题有一个大致的了解。确定标题应简明、扼要，既要明确调查对象，又要突出研究主题，并易于引起被调查者的兴趣。

2. 说明词

说明词的内容包括本次调查的目的、意义、简单内容介绍、注意事项等说明，调查者可先做自我身份介绍，以及对被调查者的请求和感谢。问卷说明的作用，在于使被调查者了解问卷调查的意图，引起他们的重视和兴趣，争取他们的支持和合作，它是调查者与被调查者沟通的中介。被调查者的态度和调查的效果之间是密切不可分的关系。

3. 被调查者的基本情况

调查目的不同，对被调查者基本情况的了解内容也是不同的。由于发放的问卷数量大，被调查者的范围广，必须对每个被调查者进行简略地记录，如性别、年龄、学历、工作单位等，以便对资料进行分类整理汇总，得到更清晰的调查结论。

4. 主题问句

主题问句是问卷中最主要、最基本的组成部分，是调查内容的具体问题。它一般包括主题问句和备选答案两部分。问句和答案的设计是否合理，直接关系到该项调查的质量和效果，其设计方法将在下面详述。

5. 作业记录

作业记录主要记述关于调查人员调查时的情况，如调查时间、地点、调查者等。其目的便于查询和明确责任。

（二）主题问句的类型

主题问句是问卷的主体，也是问卷的核心内容。根据调查的目的和任务，主题问句可以设计成不同的类型。其中最基本的分类是开放式和封闭式两类。

开放式问句是只有问题，不设标准答案，由被调查者按照题目自由回答。这一类问句的优点是可以得到被调查者对某个问题全面细致的观点，有利于发挥被调查者的主动性和想象力，特别适合于询问那些潜在答案很多，或者答案比较复杂或者尚未弄清各种可能答案的问题。其缺点是被调查者答题的随意性大，调查者难以排除无用信息和不确切信息。由于答案不规范，数据的处理和分析比较困难，不易控制，汇总也不方便。例如，您对孩子教育都有哪些方法？您对我国的国企改制有什么看法？

封闭式问句指不但提出问题,而且给出标准答案,供被调查者选择。其优点是便于汇总,容易对调查进行控制,有利于提高问卷的回收率和有效率;缺点是难以得到被调查者的确切观点,被调查者只能在规定的范围内被动回答,无法充分反映应答者的想法。

封闭式问句根据答案设计情况又可以分为以下几种类型:

1. 两项选一式

只设两个标准答案,要求填写者选择一个答案作答。其优点是易于回答;缺点是提供的信息量较少。

2. 多项选一式

设计三个以上的标准答案,要求填写者选择一个答案作答。此问句为被调查者提供较大空间,但有时因填写者选出的答案趋势不同,不易整理和掌握结论。

3. 多项多选式

设计三个以上的答案,选择一个以上答案作答。此问句为被调查者提供较大空间,能更接近填写者自身的想法和观点,但整理难度加大。

4. 多项排序式

列出三个以上的事物,让被调查者按重要程度给予排序。

(三)问卷设计的基本要求

一份有效的调查问卷,应满足以下几条要求:

(1)主题问句明确,避免提笼统、抽象或过于专业化的问题。这样的问题容易造成理解困难,不易回答,并且对实际调查工作的意义不大。例如,您对这个城市满意吗?这个问题过于笼统,被调查者可从多个角度去回答,不易整理资料,很难达到预期的调查效果。可具体提问:您认为本市环境适合居住吗?

(2)所选问句符合实际情况,符合被调查者的能力和条件。例如,对一个小学生问:您对高等数学有什么研究?

(3)提问科学,不可以使用可能产生诱导的语言。例如,您很喜欢这款车,是吗?

(4)问卷中的问题容量适度,回答时间应控制在20分钟以内。

【范例一】 调查问卷

大学生手机消费行为调查问卷

亲爱的同学:

您好!我正在进行"大学生手机消费行为"的课题研究,需要了解您的一些消费行为,希望能得到您的支持。填写本问卷无需署名,其中的信息仅用于研究。您的回答对我们的研究工作非常重要,对于您提供的无私帮助,我深表感谢!

Q1:关于您的手机拥有情况,请根据实际情况填写。

1.您目前是否拥有手机?(　　)

A.是　　　　　　　B.否

注：如果回答是"是"，请直接转到第 4 题；如果回答是"否"，您还需回答 2、3 题和后面的个人资料中的问题。

2. 如果您目前没有手机，主要原因是什么？（　　）

　A. 没有必要　　　　　　B. 无资金来源　　　　　　C. 其他

3. 如果您目前没有手机，您打算在什么时间购买？（　　）

　A. 半年之内　　B. 一年之内　　C. 两年之内　　D. 三年之内　　E. 有钱就买

4. 您第一次拥有的手机是什么品牌的？（　　）

　A. 摩托罗拉　　B. 诺基亚　　C. 爱立信　　D. TCL　　E. 波导

　F. 三星　　G. 联想　　H. 海尔　　I. 夏新　　J. 其他

5. 您目前拥有的手机价格大概是多少？（　　）

　A. 1 000 元以下　　B. 1 000～1 500 元　　C. 1 501～2 000 元　　D. 2 001～3 000 元

　E. 3 001～4 000 元　　F. 4 001 元以上

6. 您是在什么地方购买的手机？（　　）

　A. 品牌专卖店　　B. 大卖场　　C. 手机连锁店　　D. 百货商店/超市

　E. 网上或电话订购　　F. 商家在学校搞促销时　　G. 其他

7. 您购买手机的目的是什么？（　　）

　A. 通信需要　　B. 找工作需要　　C. 社会发展趋势　　D. 受别人影响

　E. 看中了手机的功能　　F. 没有原因就买了　　G. 其他

Q2：您在购买手机时，对下列因素的重要性如何评价？（评分标准：非常重要 5 分；重要 4 分；一般 3 分；不重要 2 分；非常不重要 1 分）

表 2.2　购买手机的评价因素

因素	非常重要				非常不重要
1. 品牌	5	4	3	2	1
2. 价格	5	4	3	2	1
3. 服务	5	4	3	2	1
4. 现场促销活动	5	4	3	2	1
5. 质量	5	4	3	2	1
6. 屏幕颜色和大小	5	4	3	2	1
7. 外形设计	5	4	3	2	1
8. 游戏	5	4	3	2	1
9. 摄像头	5	4	3	2	1
10. 待机时间	5	4	3	2	1

Q3：以下是您使用手机的消费情况。

1. 您平均每天接收/发出的短信数量是多少？（　　）
   A. 没有　　　　　　B. 1~2 条　　　　　　C. 3~4 条　　　　　　D. 5~9 条
   E. 10~20 条　　　　F. 20 条以上

2. 您平均每个月的手机消费是多少？（　　）
   A. 50 元以下　　　　B. 50~100 元　　　　C. 101~150 元　　　　D. 151~200 元
   E. 201~250 元　　　F. 250 元以上

3. 您在日常生活中，手机用在哪些方面？（可多选）（　　）
   A. 接打电话　　　　B. 发短信　　　　　　C. 游戏、娱乐　　　　D. 闹钟
   E. 电话簿　　　　　F. 网上下载　　　　　G. 其他

4. 您使用手机的主要交流对象是哪些人？（可多选）（　　）
   A. 同学和朋友　　　B. 恋人　　　　C. 亲戚　　　　D. 父母　　　　E. 社会活动

5. 您认为手机带给您的困扰是什么？（可多选）（　　）
   A. 话费昂贵　　　　B. 占用时间多　　　　C. 款式不流行　　　　D. 担心被偷
   E. 让人感到不自由　F. 辐射会影响健康　　G. 其他

Q4：个人资料，不记名，我们会严格保密，请您如实填写。

1. 您是男性还是女性？（　　）
   A. 男　　　　　　　B. 女

2. 您的年龄是多大？（　　）
   A. 19 岁以下　　　　B. 19 岁　　　　　　C. 20 岁　　　　　　D. 21 岁
   E. 22 岁　　　　　　F. 23 岁　　　　　　G. 24 岁　　　　　　H. 24 岁以上

3. 您目前读大几？（　　）
   A. 大一　　　　　　B. 大二　　　　　　　C. 大三　　　　　　　D. 大四

4. 您平均每个月的个人消费总额是多少？（　　）
   A. 200 以下　　　　B. 200~300 元　　　　C. 301~400 元　　　　D. 401~500 元
   E. 501~800 元　　　F. 801~1000 元　　　　G. 1000 以上

5. 您是否是独生子女？（　　）
   A. 是　　　　　　　B. 否

非常感谢您的大力支持！如若方便，请您留下联系方式，谢谢！

姓名：　　　　　　　　　联系方式：

××市场调查公司

2022 年 1 月

【范例二】 大学生生活费收支状况调查报告
第一部分 调查方案设计

一、调查方案

（一）调查目的：通过了解大学生日常收入和消费状况，为学校的助学政策提供参考，同时为大学生消费市场的开发提供一定的参考。

（二）调查对象：中国人民大学在校本科生。

（三）调查单位：抽取的样本学生。

（四）调查程序。

1. 设计调查问卷，明确调查方向和内容。

2. 分发调查问卷。随机抽取大一、大二、大三、大四在校本科生男、女各30人左右作为调查单位。

3. 根据回收有效问卷进行分析，具体内容如下：

（1）根据样本的生活费来源、分布状况的均值、方差等分布的数字特征，推断人大学生总体分布的相应参数；

（2）根据性别进行男、女两个总体生活费均值之差的比较以及方差比的区间估计；

（3）根据大一、大二、大三、大四进行四个总体生活费均值之差及方差比的区间估计；

（4）绘制统计图形使样本数据直观化并对统计量进行分析。

（五）调查时间：2022年4月20日~2022年6月10日。

二、问卷设计

在经过共同的研究制订问卷雏形并征询老师的意见后，最终设计的问卷如下：

大学生生活费收支状况调查问卷

××同学：

您好，请配合我们完成以下调查问卷，请在符合您的实际情况的选项下画"√"。

Q1. 您的性别：   A. 男   B. 女

Q2. 您的年级：

A. 大一   B. 大二   C. 大三   D. 大四

Q3. 您的月生活费支出在：

A. 300元以下   B. 300元~400元   C. 400元~500元

D. 500元~600元   E. 600元~700元   F. 700元以上

Q4. 您的生活费主要来源依次是：

A. 父母   B. 勤工俭学   C. 助学贷款   D. 其他＿＿＿＿（请注明）

请排序：☐ → ☐ → ☐ → ☐

Q5. 您的各项开支为（单位：元）

A. 伙食费   B. 衣着   C. 书本资料及其他学习用品

D. 日化用品(包括护肤、洗涤用品及其他日用小百货)　　E. 娱乐休闲　　F. 其他

请排出您本学期支出的前三项：☐ → ☐ → ☐

非常感谢您的合作！

三、问卷发放

本次调查我们采取分层抽样,对在校本科生各个年级男、女生各发放问卷30份左右；

我们共发放问卷300份,回收问卷291份,其中有效问卷共265份。现将各年级男女生回收有效问卷具体情况介绍如下：

大一：　　（男生）26 份　　　　　　　（女生）31 份
大二：　　（男生）34 份　　　　　　　（女生）40 份
大三：　　（男生）31 份　　　　　　　（女生）32 份
大四：　　（男生）41 份　　　　　　　（女生）30 份
总计：　　（男生）132 份　　　　　　（女生）133 份

四、数据整理

为了便于用计算机进行数据处理,我们用数字代码来表示问卷信息,为了便于统一,对于问卷答案"A"、"B"、"C"、"D"、"E"、"F",我们分别用"1"、"2"、"3"、"4"、"5"、"6"表示(答案缺省项为空项)。例如,我们用"1"表示男性,用"2"表示女性；各个年级也分别用"1"、"2"、"3"、"4"来表示。

第二部分　数据分析

根据以上整理的数据,我们进行数据分析。设样本一为抽样总体,样本二为男生的抽样总体,样本三为女生的抽样总体。

一、生活费水平的分析

（一）对样本一的分析

由整理后输入计算机的数据,我们绘制出样本一月生活费水平的频数分布表(表2.3)和直方图(图2.2),结果如下：

表2.3　样本一月生活费水平的频数分布表

按支出分组(元)	频数	频率(%)	累积频率(%)
300 以下	4	1.51	
300~400	41	15.47	16.98
400~500	74	27.92	44.91
500~600	62	23.40	68.30
600~700	33	12.45	80.75
700 以上	51	19.25	100.00
合计	265	100.00	100.00

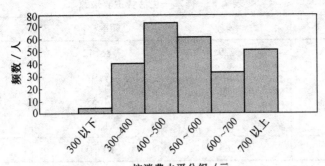

图 2.2　样本一消费水平直方图

由图 2.2 可以看出:样本一(即本科生抽样全体)月生活费 400~500 元所占频数最高。我们进一步分析月生活费的平均水平,得出结果如下(表 2.4):

表 2.4　样本一(总体)平均月生活费置信区间的构造表

月生活费水平(元)	频数统计	组中值		
300 以下	4	250	样本数据个数	265
300~400	41	350	样本标准差	138.57
400~500	74	450	样本均值	537.55
500~600	62	550	置信水平	95%
600~700	33	650	自由度	264
700 以上	51	750	t-值	1.968 992 365
			抽样平均误差	8.512 287 434
			误差范围	16.760 628 96
			置信下限	520.789 371
			置信上限	554.310 629

从上述分析可知,我们有 95% 的把握认为人大本科生的月生活费平均水平在 520.79~554.31 元之间。

(二)对样本二的分析

略。

二、对生活费来源的分析

(一)对抽样总体的分析

样本一生活费主要来源见表 2.5,其饼图见图 2.3。

表 2.5　样本一生活费主要来源

生活费来源	频数	频率(%)	累积频率(%)
1.父母	229	86.42	86.42
2.勤工俭学	21	7.92	94.34
3.助学贷款	12	4.53	98.87
4.其他	3	1.13	100.00
合计	265	100.00	—

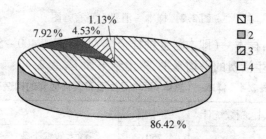

图 2.3　样本一生活费主要来源饼图

由图 2.3 可以看出:样本一的生活费主要来源中,父母所占频数比例最高,为 86.42%。

(二)对样本二、样本三的分析

样本二生活费主要来源见表 2.6。样本三生活费主要来源见表 2.7。样本二与样本三生活费主要来源对照图见图 2.4。

表 2.6　样本二(男生)生活费主要来源-频数分布

生活费来源	频数	频率(%)	累积频率(%)
1.父母	110	83.33	83.33
2.勤工俭学	15	11.36	94.69
3.助学贷款	5	3.79	98.48
4.其他	2	1.52	100.00
合计	132	100.00	—

表 2.7 样本三(女生)生活费主要来源-频数分布图

生活费来源	频数	频率(%)	累积频率(%)
1. 父母	120	90.23	90.23
2. 勤工俭学	6	4.51	94.74
3. 助学贷款	7	5.26	100.00
4. 其他	0	0	100.00
合计	133	100.00	—

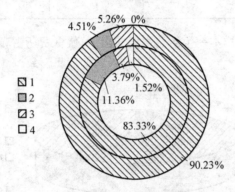

图 2.4 样本二与样本三生活费主要来源对照图

由图 2.4(内环为样本二,外环为样本三)可以看出,样本二(男生)生活费的主要来源中,父母所占频数比例最高,为 83.33%;与此相比,样本三(女生)生活费主要来源中所占频数比例最高的父母一项的比例为 90.23%,此外,样本二(男生)勤工俭学频数比例(11.36%)较样本三(女生)频数比例(5.26%)高出许多;样本二(男生)其他来源频数比例(1.52%)较样本三(女生)其他来源频数比例(0%)高。

……

三、对生活费主要支出结构的分析

(一)对不同性别的生活费主要支出的分析

1. 对样本一的分析。

样本一的生活费主要支出结构见表 2.8。

表 2.8 样本一的生活费主要支出结构

生活费支出项目	代码	频数	频率(%)	累积频率(%)
1. 伙食费	1	228	86.04	86.04
2. 衣着	2	18	6.79	92.83
3. 学习用品	3	8	3.02	95.85
4. 日化用品	4	1	0.38	96.23
5. 娱乐休闲	5	9	3.40	99.62
6. 其他	6	1	0.37	100.00

由图 2.5 可以看出,在样本一生活费主要支出中,伙食费所占频数比例最高,为 86.04%。……

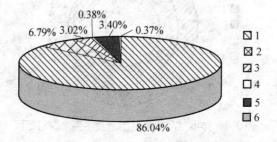

图 2.5 生活费支出结构图

四、总结

通过以上的统计分析,我们得出以下结论:

1. 对于生活费均值的分析结果

(1)通过对人大全体本科生生活费均值的区间估计发现,全体本科生总体的生活费均值在 520.79～554.31 元之间。

(2)就各个分类总体而言,我们以不同年级、不同性别为分类标准对总体又进行了划分,估计出全体本科生中各个年级以及男、女生分别的生活费均值。方差分析的结果表明,年级以及性别对生活费均值没有显著影响,即不同年级、不同性别的生活费基本一致。

2. 对于生活费来源的分析结果

(1)描述统计的结果显示,生活费的主要来源都集中在父母供给中,其他来源依次是:勤工俭学、助学贷款及其他。

(2)就男、女生而言,男生的生活费主要来源中来自父母的比女生稍低,而勤工俭学的比女生稍多,助学贷款比例相差不大。

(3)就不同年级而言,高年级生活费来自父母的比例比低年级的稍低,而勤工俭学的比例比低年级的稍高,助学贷款比例相差不大。

(4)以上结果表明助学贷款政策的实施面不够广,人大本科生还是传统的以靠父母读书为主。

3.对于生活费主要支出的分析结果

(1)就抽样总体而言,生活费的主要支出集中在伙食费上,其他支出依次是:衣着、娱乐休闲、学习用品、日化用品。

(2)就男、女生而言,男生中以伙食费为主要支出的比例比女生高,而女生中以衣着为主要支出的比例比男生高。

(3)就不同年级而言,大四学生中以衣着为主要支出的比例明显高过其他年级。

(4)由恩格尔系数表明,学生伙食费占支出的绝大部分,学生的生活刚刚达到温饱水平而已。

(资料来源:贾俊平,金勇进,易丹辉.统计学[M].)

【小资料】

第七次全国人口普查方案

根据《中华人民共和国统计法》《中华人民共和国统计法实施条例》《全国人口普查条例》和《国务院关于开展第七次全国人口普查的通知》,制定本方案。

一、普查目的

全面查清我国人口数量、结构、分布、城乡住房等方面情况,为完善人口发展战略和政策体系,促进人口长期均衡发展,科学制定国民经济和社会发展规划,推动经济高质量发展,开启全面建设社会主义现代化国家新征程,向第二个百年奋斗目标进军,提供科学准确的统计信息支持。

二、普查时点

普查的标准时点是2020年11月1日零时。

三、普查对象

普查对象是指普查标准时点在中华人民共和国境内的自然人以及在中华人民共和国境外但未定居的中国公民,不包括在中华人民共和国境内短期停留的境外人员。"境内"指我国海关关境以内,"境外"指我国海关关境以外。

四、普查内容和普查表

普查登记的主要内容包括:姓名、公民身份号码、性别、年龄、民族、受教育程度、行业、职业、迁移流动、婚姻生育、死亡、住房情况等。根据不同的普查对象和普查内容,具体分为四种普查表。

(一)第七次全国人口普查短表。普查短表包括反映人口基本状况的项目,由全部住户(不包括港澳台居民和外籍人员)填报。

(二)第七次全国人口普查长表。普查长表包括所有短表项目和人口的经济活动、婚姻生育和住房等情况的项目,在全部住户中抽取10%的户(不包括港澳台居民和外籍人员)填报。

(三)第七次全国人口普查港澳台居民和外籍人员普查表。港澳台居民和外籍人员普查表包括反映人口基本状况的项目以及入境目的、居住时间、身份或国籍、就业情况等项目,由在境内居住的港澳台居民和外籍人员填报。

（四）第七次全国人口普查死亡人口调查表。死亡人口调查表包括死亡人口的基本信息，由2019年11月1日至2020年10月31日期间有死亡人口的户填报。

五、普查方法

普查采用全面调查的方法，以户为单位进行登记。

普查采用按现住地登记的原则，每个人必须在现住地进行登记。

普查对象不在户口登记地居住的，户口登记地要登记相应信息。

普查登记采用普查员入户询问、当场填报，或由普查对象自主填报等方式进行。

普查数据采集原则上采用电子化的方式。采取普查员使用电子采集设备（PAD或智能手机）登记普查对象信息并联网实时上报，或由普查对象通过互联网自主填报等方式进行。

普查员应按照工作要求，在户口整顿基础上对所负责普查小区进行全面摸底，掌握普查小区内的人口和居住情况，编制《户主姓名底册》，根据《户主姓名底册》进行入户登记工作，并参考部门行政记录等资料进行比对复查，确保普查登记真实准确、不重不漏。

六、普查数据处理

各级普查机构负责普查数据处理。国务院人口普查办公室统一编制数据采集、审核、编辑、汇总程序。国务院人口普查办公室集中部署数据采集处理环境。各级普查机构应保障必要的数据处理办公环境和网络条件，采取必要的安全措施，确保数据处理工作安全、顺利地进行。

七、普查组织实施

（一）全国统一领导。国务院第七次全国人口普查领导小组负责普查组织实施中重大问题的研究和决策。普查领导小组办公室设在国家统计局，具体负责普查的组织实施。

（二）部门分工协作。领导小组各成员单位要按照职能分工，各负其责、通力协作、密切配合，共同做好普查工作。对普查工作中遇到的困难和问题，要及时采取措施予以解决。

（三）地方分级负责。地方各级人民政府设立相应的普查领导小组及其办公室，领导和组织实施本区域内的普查工作。村民委员会和居民委员会设立人口普查小组，协助街道办事处和乡镇政府动员和组织社会力量，做好本区域内的普查工作。普查指导员和普查员可以从国家机关、社会团体、企业事业单位借调，也可以从村民委员会、居民委员会或者社会招聘。借调和招聘工作由县级人民政府负责。

（四）各方共同参与。国家机关、社会团体、企业事业单位应当按照《中华人民共和国统计法》《中华人民共和国统计法实施条例》和《全国人口普查条例》的规定，参与并配合普查工作。

八、普查质量控制

普查实行严格的质量控制制度，建立健全普查数据质量追溯和问责机制，确保普查数据可核查、可追溯、可问责。国务院人口普查办公室统一领导、统筹协调普查全过程质量控制的有关工作。地方各级普查机构主要负责人对本行政区域普查数据质量负总责，确保普查数据真实、准确、完整、及时。各级普查办公室必须严格执行各阶段工作要求，保证各阶段工作质量达到规定标准，确保普查工作质量与数据质量合格达标。

九、普查宣传

各级宣传部门和普查机构应制定宣传工作方案，深入开展普查宣传。各级宣传部门应组织协调新闻媒体及有关部门，通过报刊、广播、电视、互联网、手机和户外广告等多种渠道，充分利用微博、微信、短视频等新媒体传播手段，宣传普查的重大意义、政策规定和工作要求，积极营造良好的普查氛围。各级普查机构要组织开展形式多样的宣传活动,动员社会各界支持、参与普查。

十、普查法规与纪律要求。坚持依法普查,普查工作要严格按照《中华人民共和国统计法》《中华人民共和国统计法实施条例》《全国人口普查条例》《国务院关于开展第七次全国人口普查的通知》及相关规定组织开展。

普查对象应当依法履行普查义务,如实提供普查信息,不得虚报、瞒报、拒报。拒绝提供普查所需的资料,或者提供不真实、不完整的普查资料的,由县级以上人民政府统计机构责令改正,予以批评教育,情节严重的依法严肃处理。普查取得的数据,严格限定用于普查目的,不得作为任何部门和单位对各级行政管理工作实施考核、奖惩的依据。普查中获得的能够识别或者推断单个普查对象身份的资料,任何单位和个人不得对外提供、泄露,不得作为对普查对象实施处罚等具体行政行为的依据,不得用于普查以外的目的。各级普查机构及其工作人员,必须严格履行保密义务。

十一、普查主要工作阶段

普查工作分三个阶段进行:

一是准备阶段(2019年10月—2020年10月)。这一阶段的主要工作是:组建各级普查机构,制订普查方案和工作计划,进行普查试点,落实普查经费和物资,准备数据采集处理环境,开展普查宣传,选聘培训普查指导员和普查员,普查区域划分及绘图,进行户口整顿,开展摸底等。

二是普查登记阶段(2020年11月—12月)。这一阶段的主要工作是:普查员入户登记,进行比对复查,开展事后质量抽查等。

三是数据汇总和发布阶段(2020年12月—2022年12月)。这一阶段的主要工作是:数据处理、汇总、评估,发布主要数据公报,普查资料开发利用等。

十二、其他

(一)香港特别行政区、澳门特别行政区的人口数,按照香港特别行政区政府、澳门特别行政区政府公布的资料计算。台湾地区的人口数,按照台湾地区有关主管部门公布的资料计算。

(二)因交通极为不便等特殊因素,需采用其他登记时间和方法的地区,须报请国务院人口普查办公室批准。

(三)对认真执行本方案,忠于职守,坚持原则,在普查工作中做出显著成绩的单位和个人,按照国家有关规定给予表彰奖励。

(四)本方案由国务院人口普查办公室负责解释。

(资料来源:http://www.zijin.gov.cn/hyzjtjj/gkmlpt/content/0/398/post_398457.html)

本章小结

统计数据的四种计量尺度:定类尺度、定序尺度、定距尺度和定比尺度。

统计数据的类型:①按计量尺度的结果不同,统计数据可分为定类数据、定序数据、定距数据、定比数据;②按数据的性质不同,统计数据可分为定性数据和定量数据;③按收集方法不同,统计数据可分为观测数据和试验数据;④按被描述对象与时间之间的关系,统计数据可分截面数据和时间序列数据。

数据的直接来源——统计调查。统计调查的组织方式主要有普查、抽样调查、重点调查、典型调查、统计报表等。

统计调查方法主要有直接观察法、报告法、访问调查法和实验法。

统计调查方案包括确定调查目的、调查对象、调查单位、调查项目、调查方时间、调查期限、调查组织工作计划等。

调查问卷又称调查表，是以书面的形式系统地记载调查内容，了解调查对象的反应和看法，以此获取资料和信息的一种工具。问卷的基本结构包括五个部分：问卷标题、说明词、被调查者的基本情况、主题问句和作业记录。设计问卷主体的注意事项。

关键概念

定类尺度　定序尺度　定距尺度　定比尺度　定性数据　定量数据　普查　重点调查　典型调查　抽样调查　统计报表　调查问卷

实训题

将学生分成6~8人的实训小组，由教师提供参考调查题目（参考题目附后），也可由学生自选调查题目。要求每个实训小组选择一个统计调查题目，结合实际设计一份完整的调查方案和调查问卷，并开展实地调查活动，以取得第一手的数据资料。上机利用Excel软件对调查所取得的数据进行统计整理和分析，得出正确的结论，并撰写出统计调查报告。

参考调查题目：

1. 我市大学毕业生就业状况调查。
2. 大学生消费支出状况调查。
3. 大学生笔记本电脑消费行为调查。
4. 大学生课余时间利用情况调查。

第三章

Chapter 3

统计数据的整理与显示

【学习要点及目标】
1. 了解统计整理工作的一般步骤；
2. 理解统计分组的概念、原则、关键以及统计分组的具体方法；
3. 掌握分配数列的编制方法；
4. 理解次数分布的概念及其类型；
5. 明确统计数据的两种显示方式，即统计表和统计图的相关知识；
6. 掌握统计表和统计图的编制（绘制）方法。

【引导案例】
假设你收到两家公司的录取通知，在比较两个公司时需要考虑的因素之一就是当地的生活费用，为此，你拿来公司所在地的报纸，分别记录了50套公寓出租广告上的租金，应该如何整理这些数据来作出明智的决定呢？

经过统计调查、科学试验或从现成的调查中获取的统计数据，往往是原始零乱和不系统的，它只能反映出各个调查单位的具体情况，经过统计整理后，现象总体的数量特征才能充分地显现出来。统计整理是根据统计研究的目的，对统计调查所得到的统计数据进行科学的分类和汇总，使数据条理化、系统化的工作过程。它既是统计调查的继续和深入，又是统计分析的基础和前提，在统计工作中起着承上启下的作用。对统计数据进行加工整理，要遵循以下几个原则。

对统计数据进行加工整理，要遵循以下几个原则：

（1）要分清现象的质与量。事物和现象具有品质与数量两个方面的属性。在对统计资料进行加工整理时，要根据研究的目的和调查对象的特点，区分并把握事物质的方面和量的方面的特征及其差别程度。

(2)要把握事物的全貌。事物和现象的特征是多方面的,每个方面的特征对于了解这一事物都有一定的作用,不能只顾一方面而忽视另一方面。对统计资料进行整理,就要研究事物的全貌,描绘事物垢整个发展过程,揭示事物的总体特征和规律性。

(3)要抓住现象的本质特征。对特定的事物和现象来说,一般有一个或几个方面的特征是基本的、关键性的,能表现事物的本质;而其余特征可能只有辅助、补充的意义。统计数据整理必须在对事物和现象进行深入研究的基础上,对统计资料进行加工整理,以抓住最基本、最关键的特征。

统计整理工作一般包括以下步骤:

(1)确定统计整理方案。明确规定统计整理的组织形式、确定分组标志及分类目录,制订整理表式等。

(2)统计数据的预处理。在对统计数据进行分组之前所做的必要处理包括数据的审核、筛选、排序等。

(3)数据分组、汇总和计算。选择适合的分组标志对经过审核的原始资料进行科学分组,并汇总出各组的单位数和总体单位总数,计算各组的指标数值和总体的指标总量。数据分组、汇总和计算是统计整理的核心工作。

(4)数据的显示。经过统计整理后的统计资料可以通过编制统计表和绘制统计图两种方式具体、形象地呈现在阅读者的面前。因此,统计表和统计图是显示统计数据的两种重要工具。

本章将着重介绍统计整理的技术和方法,即统计数据的预处理方法、统计分组及统计数据的显示方法。

第一节　统计数据的预处理

为确保源头数据的质量和便于对数据作进一步的加工整理,统计调查收集上来的原始数据一般不能直接进行分组整理,而要对数据进行一定的预先处理,主要包括数据的审核、筛选、排序等。

一、数据审核

数据审核就是检查数据中是否有错误。从不同渠道取得的数据在审核的内容和方法上应有所不同。

对于通过调查取得的原始数据,应主要审核数据的完整性和准确性。完整性审核主要是检查应调查的单位或个体是否有遗漏,所有的调查项目是否填写齐全等。准确性审核主要是检查数据是否有错误。审核数据准确性的方法主要有逻辑检查和计算检查。逻辑检查主要是从定性的角度审核数据是否符合逻辑,内容是否合理,各项目或数字之间是否存在矛盾;计算检查是检查调查表中的各项数据在计算结果和计算方法上有无错误。

对于通过其他渠道取得的二手数据,应着重审核数据的适用性和时效性。适用性是指收集的数据是否符合自己研究分析的需要,是否需要重新加工整理。二手数据可能来自多种渠道,有些数据是为了特定目的通过专门调查而取得的,或者是已经按照特定目的进行了加工整理。因此,对于数据的使用者,首先要弄清楚数据的来源、口径以及有关的背景材料,以避免二手数据的误用或滥用。此外,还要对数据时效性进行审核,对于一些时效性较强的问题,如果所取得的数据在时间上过于滞后,就会失去研究的意义。一般来说,应尽可能地使用最新的统计数据。

对于审核中发现的错误应该尽可能地予以纠正,以提高统计整理阶段数据的质量。

二、数据筛选

数据筛选是根据需要找出符合特定条件的某类数据,或者删除不符合特定条件的资料。比如,找出资产总额在 1 亿元以上或销售额在 1 000 万元以上的企业;找出各科考试成绩均在 75 分以上的学生;等等。数据筛选可以借助计算机自动完成,数据资料筛选包括两方面内容:一是将某些不符合要求的数据资料或者有明显错误的数据资料予以剔除;二是将符合某种特定条件的数据筛选出来,对不符合特定条件要求的数据资料予以剔除。

三、数据排序

数据排序就是按一定顺序将数据排列,以便研究者通过浏览数据发现一些明显的特征或趋势,找到解决问题的线索。除此之外,排序还有助于对数据检查、纠错,为重新分组或归类提供依据。在某些场合,排序本身就是分析的目的之一,例如,对中国汽车生产企业上一年的轿车销售量进行排序,企业可以了解自己在行业中所处的地位,还可以了解竞争对手的状况,从而制订有效的企业发展规划和战略目标。再比如,美国的《财富》杂志每年都要按上一年的营业收入在全世界范围内排出 500 强企业,近年来已经有多家中国企业跻身其中。

对于定性数据,如果是字母型数据,排序有升序和降序之分,但习惯上升序用得更多,因为升序与字母的自然排序相同;如果是汉字型数据,排序方式很多,比如可按汉字的首位拼音字母排序,这与字母型数据的排序完全一样,也可按姓氏笔画排序。对于数值型数据的排序只有两种,即递增或递减。

排序后的数据称为顺序统计量。无论是定性数据还是定量数据的排序,均可借助计算机很容易地完成。

第二节 统计分组和次数分配

一、统计分组

统计分组是统计整理的最基本方法。统计分组的目的是将总体划分为性质不同的类型，可以达到区分事物的性质、反映总体的内部结构，揭示现象之间的依存关系的作用。

（一）统计分组的概念

统计分组是根据统计研究目的和客观现象的内在特点，按照选定的某个或几个标志，将被研究的总体数据分成若干部分或组的一种统计分析方法。

（二）统计分组的原则

在进行统计分组时，必须保证总体单位在同组内的同质性和不同组间的差异性，即将相同性质的总体单位划分在同一组内，而将不同性质的总体单位划分在不同的组，使组与组之间具有差异性，而同一组内又保持相对的同质性。另外，所选标志要能够保证统计总体单位可以分别归类且无遗漏，这是统计分组的基本原则。

（三）统计数据分组的关键

统计分组的关键是正确选择分组标志和科学划分各组界限。

1. 选择分组标志应遵循的原则

（1）根据统计研究的目的选择分组标志。任何一个统计总体在分组时都有很多标志，如企业职工的标志有性别、年龄、工龄、文化程度、部门、职务、职称、工资水平等。在对职工进行分组时，使用哪一种标志呢？这取决于研究的目的。如果想要了解职工的文化素质状况与企业的发展需要是否适应，则选择文化程度作为分组标志。

（2）选择能够反映现象最关键、最本质的特征作为分组标志。在一定的研究目的下往往可以有多个标志，只有选择那些能够揭示现象本质特征的重要标志作为分组标志，才能得到反映现象特征的分组资料。例如，在研究各国经济发展程度和富裕程度时，是选择一国 GDP 总量指标，还是选择人均 GDP 指标作为分组标志呢？由于 GDP 总量指标只能反映一个国家或地区经济发展规模和总量，不能反映经济发展程度，而人均 GDP 指标能反映一个国家或地区一定时期内人均创造的社会财富，因此，应选择人均 GDP 作为分组标志。

（3）从现象所处的具体条件出发选择分组标志。社会经济现象随着时间、地点、条件的不同而经常发生变化。同一分组标志，过去适用，现在就可能不适用；在某个条件下适用，在另一条件下就不一定适用。因此，在选择分组标志时，应考虑到现象所处的具体历史条件或经济条件，做到与时俱进。例如，要研究农村农民的经济状况，在"文革"时期阶级成分是最基本的分组标志，但现在对其进行研究时则应该按农民的收入水平、农业种植面积和生产的机械化程度等来分组。又如,要研究企业规模,对于劳动密集型产业,应采用职工人数作为分组标志比较恰当;而对于技术密集型产业,反映各企业生产规模大小就要选用固定资产原值或年生产能力来划分更为符合实际。

2. 科学划分各组界限

选定分组标志后,还要在分组标志(变量)变异的范围内,科学地划定各个相邻组之间的性质界限和数值界限。如果划不清各组的界限,就将失去分组的意义。

(四)统计分组的方法和分组体系

1. 统计分组的方法

根据分组标志的不同特征,统计总体可以按品质标志分组,也可按数量标志分组。

(1)按品质标志分组。按品质标志进行分组,就是按研究对象的某种属性特征分组。例如,人口按性别、民族分组、企业按经济类型或行业分组、学生按专业分组、职工按文化程度分组等。

一般情况下,按品质标志对总体进行分组比较简单,只要列举出现象的品质标志表现,就可以将总体划分为若干个组。例如,将某班学生按性别可分为男生、女生两个组,以性别作为分组标志属于列名尺度。分组结果见表3.1。

表3.1 某班学生按性别分组

按性别分组	人数(人)	比重(%)
男生	30	60
女生	20	40
合计	50	100

又如,将某企业职工按文化程度分组,以文化程度作为分组标志属于顺序尺度。分组结果见表3.2。

表3.2 某企业职工按文化程度分组

按文化程度分组	人数(人)	比重(%)
硕士以上	6	2
硕　士	30	10
本　科	90	30
大　专	60	20
大专以下	114	38
合计	300	100

但也有一些品质分组比较复杂,如国民经济部门分类、产品分类、职业分类等,在统计实际工作中,对于比较复杂的分组则由国家统计局或各业务主管部门统一编制标准的分类目录,作

为统计整理的依据,如《国民经济行业分类目录》、《工业产品分类目录》、《主要商品分类目录》等。

(2)按数量标志分组。按数量标志分组,是按表现总体数量特征的标志进行的分组。例如,人口按年龄分组,职工按工资收入水平分组,企业按职工人数分组或按销售额分组等。按数量标志分组,是在数量标志的变异范围内划定各组的界限,将总体划分为若干个组。按数量标志分组又有两种形式:单项式分组和组距式分组。

①单项式分组。单项式分组按每个具体变量值对总体进行的分组,每组只有一个变量值。单项式分组适用于变量值不多且分布比较集中的离散型变量。例如,某班学生按年龄分组时,由于学生的年龄都比较集中,故可采取单项式分组。分组结果见表3.3。

②组距式分组。组距式分组是按变量值的一定区间对现象总体所进行的分组。在现象总体的变动范围内,将其划分为若干个区间,以每一个区间作为一组,区间的长度称为组距。组距式分组适用于变量值较多、分布比较分散的离散型变量和所有连续型变量。

表3.3　某班学生按年龄分组

按年龄分组	人数(人)	比重(%)
17	6	12
18	14	28
19	18	36
20	9	18
21	3	6
合计	50	100

组距式分组还可根据各组组距是否相等分为等距分组和不等距分组。各组组距相等的分组,称为等距分组(表3.4),各组组距不完全相等的分组,称为不等距分组。有时,对于某些特殊现象或为了特定研究的需要,也可以采用不等距分组。比如,对人口按年龄分组,可根据人口成长的生理特点分成0~6岁(婴幼儿组)、7~17岁(少年儿童组)、18~59岁(中青年组)、60岁以上(老年组)等。

表3.4　某班学生按统计学考试成绩分组资料

按考试成绩分组	人数(人)	比重(%)
60以下	3	6
60~70	10	20
70~80	20	40
80~90	12	24
90~100	5	10
合计	50	100

2. 统计分组体系

统计分组按选择分组标志的多少可分为简单分组和复合分组两种形式。

(1)简单分组和平行分组体系。简单分组是指对所研究的总体只按一个标志进行分组。如果对同一总体按两个或两个以上的标志分别进行简单分组,则构成平行分组体系。

例如,对某班学生分别按性别分组和按年龄分组,并平行排列就构成平行分组体系(表3.5)。

表3.5 平行分组体系示意图

$$
\text{按性别分组} \begin{cases} \text{男生} \\ \text{女生} \end{cases}
$$

$$
\text{按年龄分组} \begin{cases} 17\text{岁} \\ 18\text{岁} \\ 19\text{岁} \\ 20\text{岁} \\ 21\text{岁} \end{cases}
$$

3. 复合分组和复合分组体系

复合分组是指对所研究的总体按两个或两个以上的标志并将它们层叠起来对总体进行的分组,由此形成的分组体系叫做复合分组体系。

例如,对某校学生总体可先按本(专)科分组,然后再按性别进行复合分组,就构成复合分组体系(表3.6)。

表3.6 复合分组体系

$$
\text{高校学生总体} \begin{cases} \text{本科} \begin{cases} \text{男生} \\ \text{女生} \end{cases} \\ \text{专科} \begin{cases} \text{男生} \\ \text{女生} \end{cases} \end{cases}
$$

复合分组比简单分组能够更深入地反映总体的内部结构,但随着分组标志的增加,组数将成倍地增加,因此究竟采用几个标志对总体进行复合分组,要根据统计研究的目的和任务确定。一般情况下,分组标志最多不要超过三个,否则会显得繁琐,影响分组的效果。

二、次数分布和分配数列

统计数据经过分组后,还要按组归类汇总,形成分配数列(又称为次数分布数列、频数分布表等)。编制分配数列是统计整理的一种重要形式,也是统计描述和统计分析的一种重要方法。分配数列可以反映总体中所有单位在各组间的分布特征以及内部结构,并可据此研究总体某种标志的平均水平及其变动规律。

(一)次数分布

次数分布也叫做次数分配或频数分布,就是在对总体进行分组的基础上,将总体中所有单位按组归类整理,形成总体各单位在各组间的分布。

次数又称为频数,是指分布在各组中的总体单位数,即各组频数之和等于总频数即总体单位数。

频率又称为比重,是各组次数与总次数的比值,即各组频率之和等于1或100%。

(二)分配数列

1. 分配数列的含义

将以分组标志确定的组别依次排列,同时列出各组的次数或频率所形成的数列,称为次数分布数列、频数分布数列或分配数列。

2. 分配数列的构成要素

(1)分组标志及各组名称(或变量值)。

(2)各组的单位数(次数、频数)或比重(频率)。

3. 分配数列的种类与编制方法

根据分组标志的性质不同,分配数列分为品质数列和变量数列两种。

(1)品质数列的编制。按品质标志对总体进行分组形成的分配数列,称为品质数列。如表3.1和表3.2都属于品质数列。品质数列的手工编制步骤是:①选择并列举品质标志的标志表现作为品质数列的各个组;②汇总并计算各组单位数或比重。

(2)变量数列的编制。按数量标志对总体进行分组形成的分配数列。变量数列有两种形式:单项数列和组距数列。

①单项数列的编制步骤。将每个变量值按大小顺序排列,以每个具体变量值分别表示一个组,汇总并计算各组单位数或比重。如表3.3属于单项数列。

②组距数列的编制步骤。采用手工分组时,编制组距数列的具体步骤如下。

第一步:将原始资料按数值大小依次排列,计算全距(全距=最大变量值-最小变量值)。

第二步:根据变量的类型确定分组方法(单项式分组或组距式分组)。

对于变量值分布集中的离散型变量,应编制单项数列;对于变量值分布比较分散的离散型变量或连续型变量,应编制组距数列。

第三步:确定组数和组距。对于某一特定总体,组距与组数成反比关系,组数越多,则组距越小。组数的确定应以能够显示一组数据的分布特征和规律为目的,组数一般应在5~15组之间。如果组数太少,数据的分布就会过于集中;组数太多,数据的分布就会过于分散,这都不利于观察数据分布的特征和规律。当组数确定后,在等距数列中可用公式计算组距,即

$$组距 = 全距 \div 组数$$

为便于计算,一般组距宜取5或10的倍数。

第四步:确定组限。第一组的下限要小于或等于最小变量值,最后一组的上限要大于最大变量值。

第五步:汇总出各组的单位数,计算频率并整理成频数分布表。

采用组距分组时,需要遵循"不重不漏"的原则。"不重"是指一项数据只能分在其中的某一组,不能在其他组中重复出现;"不漏"是指组别能够穷尽,即在所分的全部组别中每项数据都能分在其中的某一组,不能遗漏。为避免重复统计,统计工作中习惯上规定"上组限不在内",即当相邻两组的上下限重叠时,恰好等于某一组上限的变量值不算在本组内,而应统计在下一组内。当然对于离散型变量,还可以采用相邻两组组限间断的办法解决"不重"的问题。

下面通过一个实例介绍变量数列的编制步骤。

【例 3.1】 某百货公司连续 40 天的商品销售额见表 3.7,试对数据进行适当的分组并编制频数分布表。

表 3.7 某百货公司连续 40 天的商品销售额　　　　单位:万元

41	25	29	47	38	34	30	38	43	40
46	36	45	37	37	36	45	43	33	44
35	28	46	34	30	37	44	26	38	44
42	36	37	37	49	39	42	32	36	35

解 第一步:将原始资料按从小到大顺序排列。

25　26　28　29　30　30　32　33　34　34
35　35　36　36　36　36　37　37　37　37
37　38　38　38　39　40　41　42　42　43
43　44　44　44　45　45　46　46　47　49

第二步:商品销售额属于连续变量,应编制组距数列。

第三步:确定分组的组数和组距。

从资料看,该百货公司日商品销售额的最小值为 25 万元,最大值为 49 万元,全距=49 万元−25 万元=24 万元,若分成等距数列,可分为 5 个组,组距=24÷5=4.8,为便于计算组距可取 5。

第三步:计算各组单位数和频率,编制出变量数列(表 3.8)。

表 3.8 某百货公司日商品销售额的频数分布表

按日商品销售额分组(万元)	频数(天)	频率(%)
25~30	4	10.0
30~35	6	15.0
35~40	15	37.5
40~45	9	22.5
45~50	6	15.0
合计	40	100

从表 3.8 可以看出，以 5 万元为组距编制的分配数列比较合适，某百货公司日商品销售额的分布特征被清楚地呈现出来了，日商品销售额水平在 35 万 ~ 40 万元之间的天数最多，占 37.5%。

关于组距数列的几个重要概念如下。

组数：总体按标志所分成的组的数量。

组限：表示各组界限的变量值。

下限：一个组的最小值。

上限：一个组的最大值。

组距：在组距式分组中上下限之间的距离。连续组距分组的组距计算公式：组距=本组上限-本组下限。间断式分组的组距大小，采用如下公式：

$$组距=本组上限-前组上限=本组下限-前组下限$$

组中值：每一组中下限与上限之间的中点值。由于组距分组掩盖了各组内包含的具体数值，因此通常用组中值作为各组数据一般水平的代表值。其公式如下

$$组中值=\frac{上限+下限}{2}$$

在组距分组中，既有上限又有下限的组称为闭口组，如果一组数据分布比较均匀，则可以使用闭口组。但有时一组数据中的最大值和最小值与其他数据相差悬殊，为避免出现空白组或个别极端值被漏掉，第一组和最后一组可以采取"××以下"和"××以上"这样的开口组。例如，在例 3.1 中，假定将最小值改为 20，最大值改为 65，采用上面的分组就会有个别极端值被漏掉，这时可采用"开口组"，见表 3.9。

表 3.9 某百货公司日商品销售额的频数分布表

按日商品销售额分组(万元)	频数(天)	频率(%)
30 以下	4	10.0
30 ~ 35	6	15.0
35 ~ 40	15	37.5
40 ~ 45	9	22.5
45 以上	6	15.0
合计	40	100

开口组通常以相邻组的组距作为其组距。开口组的组中值可按下列公式计算得到：

$$缺下限组的组中值=上限-\frac{邻组组距}{2}$$

$$缺上限组的组中值=下限+\frac{邻组组距}{2}$$

需要说明的是,不论闭口组还是开口组,组中值并非该组所有单位变量值的平均数,而是该组上限同下限数值的中点数值。对于开口组来说,其组中值的计算,是在假定变量值在相邻两个组分布均匀的条件下进行的,当然实际情况并非如此。因此,按照上述方法计算出来的组中值及根据这样的数值计算出来的平均数就是一个不精确的数值,与总体实际平均数之间存在一定的误差。

为了统计分析的需要,有时还需要了解某一数值以下或某一数值以上的频数或频率之和,这时需要计算出累计频数和累计频率。累计频数(或称累计次数)是截止某一组为止的总次数;将各组累计次数除以总次数,还可能得到累计频率。累计次数和累计频率也能够很好地反映出总体分布的特征。按累计方向的不同可分为向上累计和向下累计两种情况。

向上累计:是将各组频数和频率由变量值低的组向变量值高的组累计。

向下累计:是将各组频数和频率由变量值高的组向变量值低的组累计。

例如,在例3.1中,需要在表3.8中基本分组的基础上计算出累计频数和累计频率,见表3.10。

表3.10 某百货公司日商品销售额的累计频数和累计频率

按日销售额分组(万元)	频数(天)	频率(%)	向上累计		向下累计	
			频数(天)	频率(%)	频数(天)	频率(%)
25~30	4	10.0	4	10.0	40	100.0
30~35	6	15.0	10	25.0	36	90.0
35~40	15	37.5	25	62.5	30	75.0
40~45	9	22.5	34	85.0	15	37.5
45~50	6	15.0	40	100.0	6	15.0
合计	40	100.0	—	—	—	—

(三)次数分配的图示法

将统计数据整理成次数分配表的形式后,已经可以初步看出数据的一些规律了,如果用次数分布图来表示则会更加直观、形象。

1. 品质数列次数分布图的绘制

根据品质数列,以分类变量为横轴(或纵轴),以次数为纵轴(或横轴),在直角坐标系中可绘制成柱形图(或条形图)。具体图形见本章第三节。

2. 单项数列次数分布图的绘制

根据单项数列,以变量值为横轴,以次数为纵轴,在直角坐标系中描出各组变量值和相应的分配次数所对应的坐标点,用折线连起,可绘制成分布折线图。具体图形见本章第三节。

3. 组距数列次数分布图的绘制

(1)等距数列次数分布图。以横轴代表变量值,以纵轴代表次数,在坐标轴上标出各组组限与各组次数,以各组组距为宽,各组次数为高,绘制出对应矩形,各组矩形连在一起构成次数分布直方图。在直方图的基础上,把各矩形顶部的中点(即各组组中值与各组次数的交点)用直线连接起来,再把原来的直方图抹掉,就得到了次数分布折线图。

(2)异距数列次数分布图。由于异距数列的次数分布受变量值和组距两个因素的影响,必须消除组距大小不等的影响。以横轴代表各组变量值,以纵轴代表各组次数密度,用矩形的面积表示各组的频数,要确保每个矩形的面积与频数成比例,绘制出异距数列的次数分布图。具体图形见本章第三节。

当对数据所分的组数越多时,组距就会越来越小,这时所绘制的折线图就会越来越光滑,逐渐形成一条平滑的曲线。这种曲线即次数分布曲线,反映了数据的分布规律。

次数密度,也称频数密度,是指单位组距内分布的次数,其计算公式为:

$$频数 = 矩形的面积 = 组距(矩形的宽度) \times 频数密度(矩形的高度)$$

$$频数密度(高度) = \frac{频数(面积)}{组距(宽度)}$$

(四)次数分配的类型

在日常生活和经济管理中,现象较常见的次数分布大致可以归纳为三种类型:钟型分布(包括正态分布、偏态分布)、U 型分布和 J 型分布。几种常见的次数分布曲线见图3.1。

1. 钟型分布

它的特点是次数分布"两头小、中间大",即越靠近中间的变量值分布次数越多;越远离变量值中点,分布次数越少,形状如同钟或山丘。根据两侧的次数分布是否对称,钟型分布可分为对称分布和非对称分布。

(1)对称分布。对称分布又称为正态分布,是以变量值的中点为对称轴,两侧变量值分布的次数随着离变量中点距离增大而逐渐减小,减小的次数基本相等。在自然界中许多客观事物总体上都服从(或者近似服从)正态分布。例如,人的身高、体重、智商等的测量数据,所有来自同类总体的物理度量数据,一些标准化的水平测试(如全国英语四级考试)的成绩在一个大规模总体中几乎都呈对称分布。

(2)非对称分布。非对称分布又称为偏态分布。偏态分布根据尾巴拖向哪一方向又可分为正偏(或右偏)分布和负偏(或左偏)分布。例如,人均收入分配的曲线就是右偏曲线,即低收入的人数较多,因此在左边形成高峰,而高收入的人数较少,且收入越高,人越少,在右边形成一个细长的尾巴。

2. U 型分布

U 型分布又称为生命曲线或浴盆曲线,指较大和较小的变量值出现的次数都偏大,而中间变量值出现的次数偏小,表现为"两头大,中间小"的次数分布特征。

例如,人和动物的死亡率近似服从 U 型分布曲线。婴儿和动物的幼仔由于抵抗力弱,死亡率很高,随着对外界环境的适应和年龄的增长,死亡率逐渐降低;到了中年时期,死亡率最

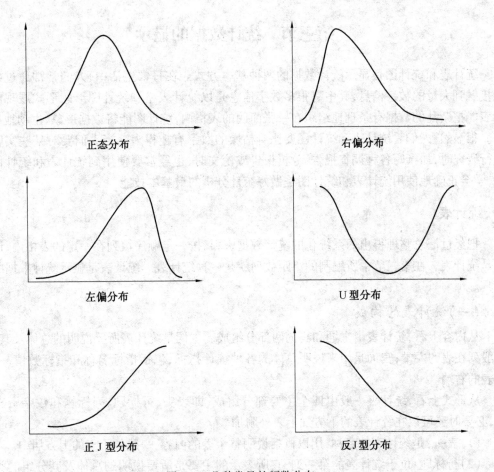

图 3.1　几种常见的频数分布

低,同时也相对稳定;进入老年期后又逐渐增高,形成了一个浴盆形状的分布曲线。产品在生命周期里的故障率也有类似的分布规律。

3. J 型分布

J 型分布的特征是"一边大,一边小",即次数随着变量值的变化大多数集中在某一端的分布。

(1) 正 J 型分布。正 J 型分布表现为次数随着变量值的增大而增多。大多数变量值集中分布在右边。例如,西方经济学中的供给曲线。表现为随着价格的(横轴)的增加,供给量(纵轴)以更快的速度增加。

(2) 反 J 型分布。反 J 型分布表现为次数随着变量值的增大而减少。例如,需求曲线,表现为随着价格(横轴)的增加,需求量(纵轴)以较快的速度减少。

第三节 统计数据的显示

统计表和统计图是显示统计数据的两种基本方式。在日常生活中,人们常常通过各种途径接触到大量的数字信息,其中有很多数字信息是以统计表格和统计图形的形式展现的。统计表能把杂乱的数据有条理地组织在一张简明的表格内,统计图能将数据形象、生动地显示出来。很显然,人们看统计表和统计图要比看枯燥的数字有趣得多。当人们要对某些实际问题进行研究时,如撰写各种调查报告、分析报告或论文时,也经常要使用到统计表和统计图。因此,学会正确地使用统计表和统计图是做好统计分析的最基本技能。

一、统计表

把经过汇总整理得出的系统化的统计数据资料,按一定顺序填列在一定的表格内,形成的就是统计表。在第二节中所编制的组距数列就是一种统计表。统计表是显示统计数据的基本工具。

(一)统计表的构成

从内容上看,统计表由主词和宾词两部分组成。主词是统计表所要说明的总体及其分组,一般列在表的左端;宾词是用来说明总体的各种统计指标,包括指标名称和指标数值,一般列在表的右端。

从形式上看,统计表一般由四个主要部分组成,即表头、行标题、列标题和数字资料。此外,必要时还可以在统计表的下方加上表外附加。

(1)表头:是统计表的名称,用以概括说明整个表的内容,一般位于表的上方居中。

(2)行标题:位于统计表的第一列,它所表示的主要是所要说明的总体及其分组的类别名称;如果是时间序列数据,当数据较多时,通常将时间放在行标题的位置上。

(3)列标题:位于统计表的第一行,它所表示的主要是用来说明总体情况的统计指标名称。如果是时间序列数据,列标题也可以是时间等。

(4)数字资料:是各项指标的具体数值,内容由行标题和列标题所限定。

另外,为了补充统计表中未说明的问题,统计表往往还附有一些说明,通常放在统计表的下方,主要包括资料来源、指标注释、填报单位、填表人、填表日期等。现以图3.2为例说明统计表的结构。

(二)设计和使用统计表时的注意事项

设计和使用统计表的要求是:"科学、实用、简练、美观"。设计和使用统计表应注意以下几点:

(1)要合理安排统计表的结构。行标题、列标题、数字资料的位置应安排合理。有时,由

表×× 2009年我国国内生产总值

项目		工业增加值	
		产值（亿元）	比重(%)
	第一产业	35 477	10.6
	第二产业	156 958	46.8
	第三产业	142 918	42.6
合计		335 353	100

资料来源：《2009年国民经济和社会发展统计公报》

（标注：总标题、列标题、行标题、数字资料、表外附加）

图3.2 统计表的结构图

于强调的问题不同，行标题和列标题可以互换，但应使统计表的横竖长度比例适当，避免出现过高或过长的表格形式。

（2）表头一般应包括表号、总标题和表中数据的单位等内容。总标题应简明确切地概括出统计表的内容，一般需要表明统计数据的时间（When）、地点（Where）以及何种数据（What），即标题内容应满足"3W"要求。若表中的全部数据都是同一计量单位，则可放在表的右上角标明；若各指标的计量单位不同，则应放在每个指标后或单列出一列标明。

（3）表中的上下两条横线一般用粗线，中间的其他线要用细线；通常统计表的左右两边不封口；列标题之间一般用竖线分开，而行标题之间通常不必用横线隔开；表中的数据一般右对齐，有小数点时应以小数点对齐，而且小数点的位数应统一；对于没有数据的表格单元一般用"—"表示，一张填好的统计表不应当出现空白单元格。

（4）在使用统计表时，必要时可在表的下方加上注释，特别要注意注明资料的来源，以表示对他人劳动成果的尊重，备读者查阅使用。

二、统计图

用统计表来显示数据比较精确，但不够直观。统计图是以点、线、面积、形状等方法描述、显示统计数据的形式，是统计数据直观的表现形式。统计图能使人们一目了然地认识客观事物的分布状态、发展变化趋势以及变量间的相互关系等，因此，在经济管理工作中使用得非常广泛。在运用统计图来显示统计数据时，人们首先必须弄清楚什么类型的数据适合用什么样的图形去展示。下面就来介绍一些常见的统计图及其应用。统计图主要有条形图、直方图、折线图、饼图、环形图、散点图等，图形的制作均可应用计算机来完成。

（一）条形图和柱形图

条形图是用宽度相同的条形的高度和长短来表示数据多少的图形，用来表示类别的条形柱放在纵轴上,称为条形图;放在横轴上称为柱形图。在条形图或柱形图中,各条形柱的宽度以及各条形柱之间的距离均相等。

条形图和柱形图最适合于显示品质数据(包括分类数据和顺序数据)的频数分布。这时条形图和柱形图的长度或高度表示频数或频率的大小。例如,根据表 3.2 绘制的某企业职工文化程度构成的柱形图,见图 3.3。

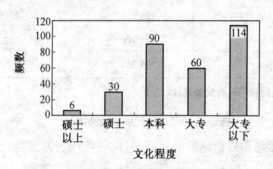

图 3.3　某企业职工文化程度构成的柱形图

另外,当分类变量在不同时间或不同空间上有多个取值时,为对比分类变量的取值在不同时间或不同空间上的差异或变化趋势,还可以绘制对比条形图,见图 3.4。

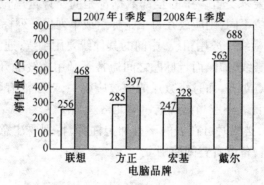

图 3.4　某商场两年同期不同品牌电脑销售量的对比条形图

(二)直方图

直方图可用于显示组距式分组数据的频数分布。它是用矩形的宽度和高度(即面积)来表示频数分布的。在直方图中,矩形的宽度表示各组的组距,对于等距数列,矩形的高度表示各组的频数;但对于异距数列要用矩形的面积表示各组的频数分布,即矩形的高度表示各组的频数密度来绘制直方图,就可以准确地表示各组数据的分布特征了。

1. 等距数列绘制直方图的方法

在平面直角坐标中,用横轴表示数据分组,纵轴表示频数。这样,各组与相应的频数就形成了一个矩形,即直方图。例如:根据表 3.8 中的等距数列绘制的直方图,见图 3.5。

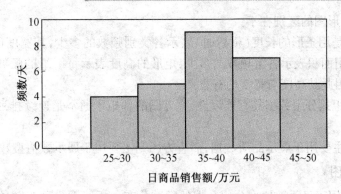

图 3.5　某百货公司日商品销售额分布的直方图

2. 异距数列绘制直方图的方法

在平面直角坐标中,用矩形的面积表示各组的频数,用横轴表示数据分组,纵轴表示频数密度。这样,各组的组距(矩形的宽度)与相应的频数密度(矩形的高度)就形成了一个矩形,即直方图。例如:某网络游戏公司调查玩家在 24 小时内通常有多长时间在玩网络游戏。调查得到如下数据(见表 3.11):

表 3.11　玩家玩网络游戏的频数分布表

小时	频数(人)	组距(矩形宽度)	频数密度(矩形高度)
0～1	4 300	1	4 300÷1 = 4 300
1～3	6 900	2	6 900÷2 = 3 450
3～5	4 900	2	4 900÷2 = 2 450
5～10	2 000	5	2 000÷5 = 400
10～24	2 100	14	2 100÷14 = 150

根据表 3.11 中的不等距数列绘制的直方图,见图 3.6。

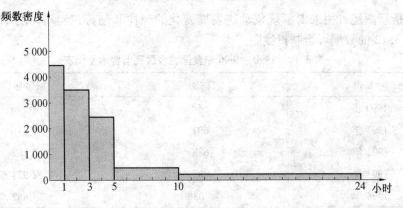

图 3.6　玩家玩网络游戏的频数分布的直方图

直方图与条形图的区别在于:

(1)条形图是用条形的长度(横置时)表示各类别频数的多少,其宽度(表示类别)则是固定的;直方图是用面积表示各组频数的多少,矩形的高度表示每一组的频数或频率,宽度则表示各组的组距,因此其高度与宽度均有意义。

(2)由于组距式分组数据具有连续性,直方图的各矩形通常是连续排列的,而条形图则是分开排列的。

(3)条形图主要用于展示品质数据,而直方图则主要用于展示数值型数据。

(三)折线图

折线图也可用于显示数值型分组数据的频数分布。折线图也称为频数多边形图,是在直方图的基础上,把直方图顶部的中点(即组中值)用直线连接起来形成的图形。折线图的两个终点要与横轴相交,具体的做法是将第一个矩形的顶部中点通过竖边中点连接到横轴,最后一个矩形顶部中点通过其竖边中点连接到横轴。这样得到的折线图所围成的面积与直方图相等,从而使二者所表示的频数分布一致,将表3.8中的分组数据绘制成折线图,见图3.7。

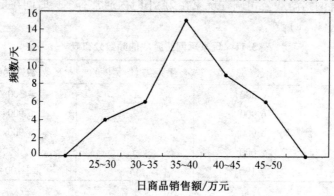

图3.7 某百货公司日商品销售额分布的折线图

另外,折线图还可用来揭示现象动态发展变化的规律和趋势,检查计划执行情况等。例如,根据表3.12的数据可绘制折线图。

表3.12 1990~2006年我国城乡居民消费水平情况 单位:元

年 份	农村居民	城镇居民
1990年	560	1 596
1991年	602	1 840
1992年	688	2 262
1993年	805	2 924
1994年	1 038	3 852

续表3.12

年 份	农村居民	城镇居民
1995 年	1 313	4 931
1996 年	1 626	5 532
1997 年	1 722	5 823
1998 年	1 730	6 109
1999 年	1 766	6 405
2000 年	1 860	6 850
2001 年	1 969	7 113
2002 年	2 062	7 387
2003 年	2 103	7 901
2004 年	2 301	8 679
2005 年	2 560	9 410
2006 年	2 848	10 359

利用 Excel 绘制折线图,结果见图 3.8。

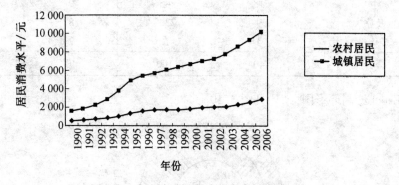

图 3.8 我国城乡居民消费水平折线图

(四)饼图(圆形图)

饼图是用圆形及圆内扇形的角度来表示数值大小的图形,主要用于表示一个样本(或总体)中各组成部分的数据占全部数据的比例。饼图常用于结构性问题的研究。

饼图常用于表示总体内部的结构比例,最适合于显示品质数据的频率分布。

例如,将表 3.2 的数据绘制成饼图,见图 3.9。

(五)环形图

环形图与饼图类似,但也有区别。饼图只能显示一个总体或样本数据的内部构成情况,环

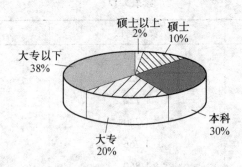

图 3.9 某企业职工文化程度的构成

形图可以同时绘制多个总体或样本数据的内部构成情况,有利于进行比较研究。例如,将表 3.13 的数据用 Excel 绘制成环形图,见图 3.10。

表 3.13 甲、乙两个班级学生期末统计学考试的成绩分布情况

考试成绩	甲 班		乙 班	
	人数(人)	比重(%)	人数(人)	比重(%)
优	3	7.5	6	15
良	6	15	15	37.5
中	18	45	9	22.5
及格	9	22.5	8	20
不及格	4	10	2	5
合计	40	100	40	100

利用 Excel 绘制环形图,结果见图 3.10。

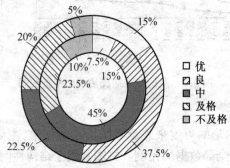

图 3.10 甲、乙两个班级学生期末统计学考试的成绩的比较(注:内环为甲班,外环为乙班)

(六) 散点图

散点图用二维坐标展示两个变量之间关系的一种图形。用横轴代表变量 x,用纵轴代表变量 y,每组数据 (x_i, y_i) 在坐标系中用一个点表示,n 组数据在坐标系中形成 n 个点称为散点,由坐标及其散点形成的二维数据图称为散点图。

例如,根据表 3.14 中某企业广告费和销售收入历史统计资料绘制散点图。

表 3.14　某企业广告费和销售收入的历史数据　　　　　　　　　　　　单位:万元

广告费 x	1	2	3	4	5	6	7	8
销售收入 y	10	14	18	20	25	28	30	40

利用 Excel 绘制散点图,输出结果见图 3.11。

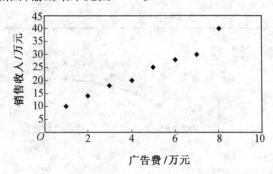

图 3.11　某企业广告费和销售收入的散点图

(七) 帕累托图

帕累托图(Pareto chart)是以意大利经济学家帕累托的名字命名的,又称主次因素分析图、排列图。帕累托图是根据"关键的少数和次要的多数"的原理而制作的。他认为,任何一组事物中,最重要的只是其中的约 20%,其余的 80% 虽然是多数,但却是次要的(即 20/80 法则)。帕累托图是按照项目发生频数的高低顺序绘制的直方图(无间距的柱形图),它是将出现的质量问题或质量改进项目按照重要程度依次排列而得到的一种图表,可用以分析寻找产生质量问题的主要影响因素。

例如:某服装厂缝制车间检查了一批服装,不合格项目为断线 72 件,棱角不好 12 件,做工不一致 118 件,脏污的 5 件,线不直的 23 件,对称不够的 8 件,其他问题的 2 件,试绘制排列图,并分析产生不合格品的主要原因是什么?

首先编制排列图用表,详见表 3.15。

表 3.15　某服装厂不合格项目排列表

序号	项目	频数(件)	累计频数	累计频率%
1	做工不一致	118	118	49%
2	断线	72	190	79%
3	线不直	23	213	89%
4	棱角不好	12	225	94%
5	对称不够	8	233	97%
6	脏污	5	238	99%
7	其他问题	2	240	100%
合计		240		

根据表 3.16 绘制排列图 3.12。

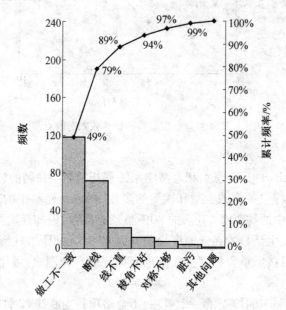

图 3.12　某服装厂不合格项目排列图

从图 3.12 所示可以看出,产生不合格品的主要项目是做工不一致和断线。某服装厂只要解决了这两个问题,不合格品率就可以降低 79%。

上面介绍了用图形来展示统计数据的方法,借助于计算机,人们可以很容易绘制出漂亮的统计图,但在绘制统计图时需要特别注意的是,应尽量避免对图形进行过多的不必要的修饰。过多的修饰往往会使人们只注重图形的本身,而掩盖图形所要表达的信息。另外,图形体现的视觉效果应与数据所体现的事物特征相一致,否则就有可能歪曲数据,给人留下错误的印象。

第四节　Excel 在数据整理与显示中的应用

Excel 是美国微软公司开发的在 Windows 环境下运行的电子表格系统。Excel 软件集数据的编辑整理、统计分析、图表绘制等多种功能于一身,对于非统计专业人员来说,是非常强大的处理和分析数据的工具。本章主要介绍 Excel 在统计数据整理与显示中的应用。

一、使用 Excel 编制品质数据的频数分布表

【例3.2】　某电视台一财经栏目每日对抽取的 100 家证券投资机构进行调查,调查的问题是"您对明日上证指数的涨跌情况如何预测?"备选答案为:A. 看涨;B. 看跌;C. 看平。某日的调查结果如图 3.13 所示,试用 Excel 编制一张频数分布表。

	A	B	C	D	E	F	G	H	I	J
1	A	B	A	A	C	B	A	A	A	C
2	C	A	A	C	B	B	A	A	A	A
3	C	A	A	C	B	B	C	A	A	A
4	B	C	C	A	A	B	B	A	A	A
5	C	A	C	B	A	A	B	C	A	A
6	A	B	C	B	A	B	A	A	A	A
7	A	A	C	B	C	B	C	A	A	C
8	B	A	A	A	B	C	B	B	A	A
9	B	C	A	A	A	B	A	B	C	A
10	A	B	C	A	A	C	B	A	A	C

图 3.13　100 家机构对股指涨跌的预测结果

首先要将各类别指定一个代码来表示,比如,1. A,2. B,3. C 。然后将类别代码输入到 Excel 工作表中。Excel 现在把代码视作数值型数据,把类别代码单独作为一列,作为"接受区域",将代码输入到工作表的 C2:C4。

因为需要"数据分析"功能,第一次使用时需做准备工作:

(1)点击"工具"→"加载宏",此时弹出"加载宏"对话框。

(2)在弹出的"加载宏"对话框中,点选"分析工具库",再点击"确定"按钮,系统会自动加载上数据分析。(如果加载不上,说明在安装 Excel 时没有完全安装,则需要使用 Office 光盘进行加载)

下面是用 Excel 产生频数分布表的步骤:

(1)将股指涨跌的预测结果放在 A 列,然后分别替换成"1"、"2"、"3"。

(2)选择"工具"下拉菜单,并选择"数据分析"。从其对话框"分析工具"列表中选择"直方图",按回车键打开其对话框。

(3)对命令对话框进行相应设置。本例"输入区域(I)"为 B2:B101;"接受区域(B)"为

81

C2:C4,即分类标志的区域;在输出选项中可根据自己的需要确定,本例选择输出区域并键入"D2"(意思是结果从本工作表 D2 位置开始输出结果)。选择"图表输出",然后按回车键确定。输出结果见图 3.14。

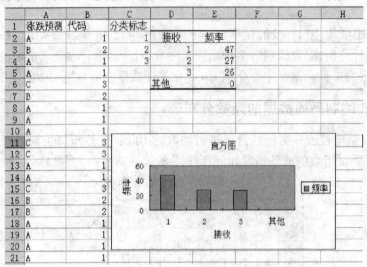

图 3.14　Excel 输出频数分布表

(4)为了把输出结果转化为易读的形式,应将结果进一步修改和修饰。这里可以将频数分布表中的"接收"改为"涨跌情况",将"频率"改为"频数",将代码"1"、"2"、"3"用相应名称"看涨"、"看跌"、"看平"来代替,并将"其他"去掉,换成相应的"合计"内容,输出表可整理如下(表 3.16)。

表 3.16　100 家机构对股指涨跌预测结果的频数分布

涨跌情况	频数(家)	百分比(%)
看涨	47	47
看跌	27	27
看平	26	26
合计	100	100

二、使用 Excel 编制数值型数据的频数分布表

使用 Excel 编制数值型数据的频数分布表的方法有两种:利用 FREQUENCY 函数和数据分析中的"直方图"工具。

1. 方法一:利用 Excel 中的统计函数 FREQUENCY 来创建频数分布表

下面以例 3.1 为例,介绍利用 Excel 中的统计函数 FREQUENCY 创建频数分布表的步骤。

(1)确定每一组的实际上限值。上限值的确定是编制频数分布表的关键。只要确定了上限值就确定了每一组的组距和组限。在例 3.1 中分别将各组的实际上限值"29"、"34"、"39"、"44"、"49"输入到 L2:L6,作为接受区域。

(2)选择与接受区域相临近的单元格区域 M2:M6,作为频数分布表输出的区域。

(2)第三,选择统计函数中的"FREQUENCY"函数。

(3)在对话框"Data-array"中输入数据区域,在"Bins-array"中输入各组上限的实际值(即接受区域)。

(4)同时按下"Ctrl-Shift-Enter"组合键,即可得到各组相应的频数。输出结果见图 3.15。

	A	B	C	D	E	F	G	H	I	J	K	L	M	N
1														
2	41	25	29	47	38	34	30	38	43	40		29	4	
3	46	36	45	37	37	36	45	43	33	44		34	6	
4	35	28	46	34	30	37	44	26	38	44		39	15	
5	42	36	37	37	49	39	42	32	36	35		44	9	
6												49	6	
7														
8														
9														
10														
11														
12														

图 3.15　利用 Excel 中的统计函数 FREQUENCY 创建的频数分布表

(5)对输出表格作相应的修改和补充,得到频数分布表。

2. 方法二:利用 Excel 中"直方图"工具制作频数分布表

下面以例 3.1 为例,介绍利用 Excel 中"直方图"工具编制频数分布表的步骤。

(1)点击"工具"→"数据分析"→"直方图",按回车键打开其对话框。

(2)在"直方图"对话框的"输入区域(I)"输入数据,在"接受区域(B)"输入各组上限的实际值。

(3)在输出选项中输入任意单元格。本例在输出区域中键入"M2",同时单击图表输出,按回车键确定即可。输出结果见图 3.16。

(4)进一步修改表格和修饰图形。计算机直接输出的是柱形图,与要求不符,需要进行相应的修改。修改方法:点中图中的某个柱形,单击右键,在弹出的菜单中选择"数据系列格式",在弹出"数据系列格式"对话框中,点击"选项"按钮,将"分类间距"调整为 0,点击"确定"即可。

三、使用 Excel 绘制统计图

Excel 能够提供多种统计图,如柱形图、条形图、折线图、饼图、散点图、圆环图、气泡图、面积图、圆锥图等。

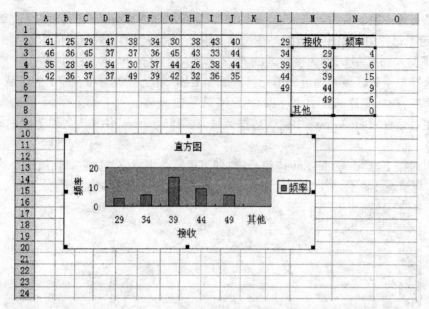

图 3.16 利用 Excel 中"直方图"工具输出的频数分布表

【例 3.3】 根据例题 3.2 中得到的图 3.13 中 100 家机构对股指涨跌预测结果的频数颁布,介绍绘制柱形图和饼图的方法。

（一）柱形图

Excel 绘制柱形图的步骤如下：

第一步：点击图表向导,弹出"图表向导-4 步骤之 1-图表类型"对话框。

第二步：在图表类型中选择柱形图,在子图表类型中选择具体样式；点击"下一步",弹出"图表向导-4 步骤之 2-图表源数据"对话框。在该对话框中,输入数据区域。

第三步：点击"下一步",弹出"表向导-4 步骤之 3-图表源数据"对话框。对该对话框中的项目进行适当的选择,点击"完成"即可,然后作相应修改,结果见图 3.17。

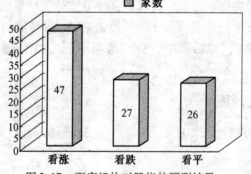

图 3.17 百家机构对股指的预测结果

(二）饼图

Excel 绘制饼图的步骤同柱形图。绘制的饼图见图 3.18。

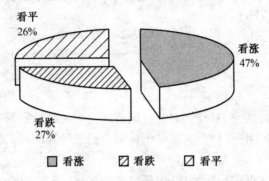

图 3.18　百家机构对股指预测结果的比例构成

【小资料】

常用的统计软件简介

目前,世界上流行的统计分析软件除了前面介绍过的 Excel 外,常用的主要有 SPSS、SAS、Minitab 等等,这些软件都能完成常用的统计方法,下面分别加以简要介绍。

一、SPSS

SPSS 是软件英文名称的首字母缩写,原名为 Statistical Package for the Social Sciences,即"社会科学统计软件包"。2000 年正式将英文全称更改为 Statistical Product and Service Solutions,译为"统计产品与服务解决方案"。目前的最新版本为 IBM SPSS Statistics26.0。

SPSS 是世界上最早的统计分析软件,由美国斯坦福大学的三位研究生于 20 世纪 60 年代末研制,他们同时成立了 SPSS 公司,并于 1975 年在芝加哥组建了 SPSS 总部。1984 年 SPSS 总部首先推出了世界上第一个统计分析软件微机版本 SPSS/PC+,开创了 SPSS 微机系列产品的开发方向,极大地扩充了它的应用范围,并使其能很快地应用于自然科学、技术科学、社会科学的各个领域,世界上许多有影响的报纸杂志纷纷就 SPSS 的自动统计绘图、数据的深入分析、使用方便、功能齐全等方面给予了高度的评价与称赞。迄今 SPSS 软件已有 30 余年的成长历史。全球约有 25 万家产品用户,它们分布于通讯、医疗、银行、证券、保险、制造、商业、市场研究、科研教育等多个领域和行业,是世界上应用最广泛的专业统计软件。

二、SAS

SAS 统计分析系统的英文全称为 Statistics Analysis System,最早由北卡罗来纳大学的两位生物统计学研究生编制,并于 1976 年成立了 SAS 软件研究所,正式推出了 SAS 软件。SAS 是用于决策支持的大型集成信息系统,但该软件系统最早的功能限于统计分析,至今,统计分析功能也仍是它的重要组成部分和核心功能。SAS 现在的版本为 9.0 版,大小约为 1G。经过多年的发展,SAS 已被全世界 120 多个国家和地区的近三万家机构所采用,直接用户超过三百万人。在数据处理和统计分析领域,SAS 系统被誉为国际上的标准软件系统,堪称统计软件界的巨无霸。

三、Minitab

Minitab同样是国际上流行的一个统计软件包,其特点是简单易懂,在统计学的教学中应用广泛。MiniTab for Windows统计软件比SAS、SPSS等小得多,但其功能并不弱,特别是它的试验设计及质量控制等功能。MiniTab目前的最高版本为V14.1。

(资料来源:http://www.uibe.edu.cn/upload/up_yjsb/yanhui/csd/lsg11/a.htm.)

本章小结

统计整理是根据统计研究的目的,对统计调查所得到的统计数据进行科学的分类和汇总,是数据条理化、系统化的工作过程。它既是统计调查的继续和深入,又是统计分析的基础和前提。

数据整理之前要对数据进行预处理,包括数据的审核、筛选和排序。

统计分组和次数分配是统计整理的核心,整理的结果形成的分配数列。分配数列有品质数列和变量数列两种类型,变量数列又分为单项数列和组距数列。对于组距数列应明确组距、组限、组中值等概念。

分配数列由两个要素构成:一是组别;二是各组次数或频率。

常见的次数分布类型有正态分布、偏态分布、U型分布和J型分布。

统计表和统计图是统计数据的两种重要的显示方式。统计表能把杂乱的数据有条理地组织在一张简明的表格内,统计图能将数据形象、生动地显示出来。统计表一般由表头、行标题、列标题和数字资料四部分构成。常用的统计图主要有条形图、直方图、折线图、饼图、环形图、散点图等。

关键概念

统计分组　分配数列　次数(频数)　频率　组距　组限　组中值　统计表　统计图

实训题

1. 为评价某高校饮食中心的服务满意程度,随机抽取了该校100名大学生构成一个样本进行调查。服务满意程度分为:A.非常满意　B.满意　C.一般　D.不满意　E.非常不满意。调查结果如下:

表 3.17 调查结果

A	D	B	C	C	A	E	D	C	B
B	E	C	C	A	D	C	B	A	E
D	A	C	B	C	D	E	C	E	E
B	A	C	D	E	A	B	D	D	C
C	B	C	E	D	B	C	C	B	C
D	A	C	B	C	D	E	C	E	B
B	E	C	C	A	D	C	B	A	E
B	A	C	D	E	A	B	D	D	C
A	D	B	C	C	A	E	D	C	B
C	B	C	E	D	B	C	C	B	C

要求:(1)指出上面的数据属于什么类型。
(2)用 Excel 软件制作成频数分布数列。
(3)根据编制的频数分布数列绘制条形图和饼图。

2. 为确定灯泡的使用寿命,在一批灯泡中随机抽取 50 只进行测试,所得结果如下(单位:小时):

表 3.18 调查结果

893	900	800	938	864	919	863	981	916	818
866	905	954	890	1006	926	900	999	886	1 120
946	926	895	967	921	978	821	924	652	850
886	928	999	946	950	864	1 050	927	949	852
1 027	928	978	816	1 000	918	1 040	854	1 100	900

要求:(1)利用 Excel 制作频数分布数列。
(2)根据编制的频数分布数列绘制直方图。
(3)说明数据分布的特点。

第四章
Chapter 4

综合指标

【学习要点及目标】
1. 掌握总量指标的含义、种类、计算方法和应用条件;
2. 掌握相对指标的含义、种类、计算方法和应用条件;
3. 掌握平均指标的含义、种类、特点、计算方法和应用场合;
4. 掌握标志变异指标的含义、种类、特点、计算方法和应用场合。

【引导案例】

单项资产的风险衡量

美国宾夕法尼亚州西部 Moore's Foto 商店的主人韦斯和詹尼·摩尔考虑从 A 和 B 两项资产投资中选取一个。他们不太肯定到底哪一项资产更好,于是向金融专家希拉·牛顿咨询。希拉·牛顿知道标准差是衡量单项资产风险或变动最常用的指标。在金融背景下,股票价格围绕其真实收益率和期望收益率的波动称为股票的风险。标准差衡量资产的收益围绕平均数的变动情况。希拉找来两项资产近五年的收益率资料并计算了它们的平均数和标准差,结果见表4.1。

表4.1 资产投资收益率表

年份	收益率(%)	
	资产 A	资产 B
5 年前	11.3	9.4
4 年前	12.5	17.1
3 年前	13.0	13.3

续表 4.1

年份	收益率(%)	
	资产 A	资产 B
2 年前	12.0	10.0
1 年前	12.2	11.2
合计	61.0	61.0
平均收益率	12.2	12.2
标准差	0.63	3.12

可以注意到，A、B 两项资产收益率的平均数都是 12.2%。但是它们的标准差显然是不同，那么究竟投资哪项资产风险更小呢？这就需要理解平均指标和标志变异指标的含义及应用。

（资料来源：保罗·纽博尔德. 商务与经济统计[M]. 北京：机械工业出版社，2008，39.）

通过统计调查得到的数据资料经过整理，并用统计表和统计图进行显示后，已经可以对总体（或样本）数量分布的形状和特征有一个大致的了解，但要对研究对象进行更加深入地统计分析，还必须运用各种综合指标对总体（或样本）的数量特征作进一步地描述。这些综合指标主要包括：反映总体达到的总规模或总水平的总量指标、反映研究现象的数量对比关系的相对指标、反映数据分布集中趋势的平均指标和反映分布离散程度的离散指标（标志变异指标），以及反映数据分布形状的偏态和峰度的测度指标。本章将重点介绍上述综合指标的含义、特点、计算方法及其应用条件。

第一节 总量指标

总量指标（Total Amount Indicator）是统计中最基本的描述分析指标，是认识总体数量特征的起点，是科学管理的重要依据，是计算其他指标的基础。

一、总量指标的含义和作用

（一）总量指标的含义

总量指标是反映某种社会经济现象在一定时间、地点和条件下达到的总规模或总水平的统计指标。总量指标通常用绝对数表示，所以也称为绝对指标或绝对数。例如，一个国家（或地区）的土地面积、人口数、主要产品产量、国内生产总值（GDP）等，以及一个的企业的产品产量、销售量、产品产值、销售额、利润额等都是总量指标。

总量指标还可以表现为社会经济现象总体在一定时间和空间的条件下数量增减变化的绝对数量。比如，某地区 2021 年比 2020 年 GDP 增加 700 万元，耕地面积减少 2 万亩等。

(二)总量指标的作用

1. 总量指标是认识社会经济现象的起点

这是因为社会经济现象的基本情况往往首先表现为总量指标。例如,掌握一个国家在一定时间内的国内生产总值、人口总数、粮食产量、劳动力数量等总量指标,就能对这个国家有一个基本的认识。又如,人们了解一个工业企业的从业人员数、销售额、资产总额等,就可以判断这个工业企业的规模。

2. 总量指标能够为制定政策、编制计划、实行社会经济管理提供依据

例如,制定国家经济发展战略和计划,就必须熟悉国家的自然资源总量、人口数量、主要产品产量等总量指标。企业要制订新产品开发计划,就要了解市场需求总量、产品的社会保有量、社会商品库存量等总量指标。

3. 总量指标是计算相对指标和平均指标的基础

总量指标是统计整理汇总后,首先得到的能说明具体社会经济总量的综合性数字。相对指标和平均指标都是由两个有联系的总量指标对比计算出来的,因此,相对指标和平均指标都是总量指标的派生指标。总量指标的计算是否科学、合理,直接关系到相对指标和平均指标的准确性。

二、总量指标的基本分类

(一)总量指标按其反映的内容分类

总量指标按其反映的内容不同,分为总体单位总量和总体标志总量。

1. 总体单位总量

总体单位总量是用来表示一个总体中所包含的总体单位总数,表示总体本身的规模大小。例如,要调查了解某市工业企业的经营情况,则该市工业企业总数就是总体单位总量。

2. 总体标志总量

总体标志总量是反映统计总体中各单位某一数量标志值的总和,表示总体某一数量特征的总量指标。例如,该市工业企业实现的产品销售额、利税总额、职工工资总额、职工人数等就是总体标志总量。

总体单位总量和总体标志总量不是固定不变的,它是随着研究目的和被研究对象的变化而变化。一个总量指标常常在一种情况下为总体标志总量,在另一种情况下则表现为总体单位总量。若上例的调查目的改为调查了解某市工业企业职工的工资水平,那么该市工业企业的职工人数就不再是总体标志总量,而成为总体单位总量。明确总体单位总量和总体标志总量之间的区别,对计算相对指标和平均指标具有重要的意义。

一般来说,对于一个固定的总体,总体单位总量只有一个,而总体标志总量却有许多个。

(二)总量指标按其反映的时间状况分类

总量指标按其反映的时间状况不同,可分为时期指标与时点指标。

1. 时期指标

时期指标也称为流量指标,是表明社会经济现象在一段时期内发展过程的总量指标。例如,一定时期的产品产量、工资总额、商品销售额等都是时期指标。

2. 时点指标

时点指标也称为存量指标,是表明现象在某一时点(瞬间)上所处状况的总量指标。例如,某一时间点上(如年末、季末、月末等)的人口数、设备台数、商品库存量、固定资产价值,商业银行存款余额等都是时点指标。

3. 时期指标与时点指标的区别

(1)时期指标具有可加性,而时点指标不具有可加性。时期指标的各个时期的数值相加后说明现象在较长时期内总的发展水平。例如,某企业1月份产品销售额是该月每天销售额的加总,全年的销售额是12个月销售额的总和。时点指标的各时点数值相加后没有实际意义。例如,企业年末职工人数不等于各月末人数之和,各月末人数相加是没有意义的。

(2)时期指标和时点指标与所属时间的关系不同。时期指标的数值大小与所属时间长短有直接关系,时间越长,数值越大;反之,数值越小。例如,一个企业的年销售额必然大于年内某月的销售额。而时点指标的数值大小与时间间隔长短没有直接关系。例如,企业年末某种产品的库存量并不一定大于某月末的库存量。

(3)时期指标是通过连续登记取得,而时点指标则通过间断登记取得。例如,某种产品一个月的总产量是将每天连续统计的产量相加总得到的。而某种产品的月末库存量是企业人员每隔一个月盘点一次月末库存得到的。

(三)总量指标按其计算单位分类

总量指标按其计量单位不同,分为实物指标、价值指标和劳动指标。

1. 实物指标

实物指标是反映现象的使用价值,根据事物的属性和特点,采用实物计量单位计量的总量指标。实物计量单位主要有:自然单位、度量衡单位、标准实物单位、复合单位、双重单位等。

(1)自然单位。自然单位是按被研究现象的自然状态来度量其数量的计量单位,通常用于可数现象的计量,如人口按"人",机器按"台",汽车按"辆",牲畜按"头"等。

(2)度量衡单位。度量衡单位是根据国内或国际上通行的度量衡制度对现象进行计量的单位,如长度用"米",质量用"千克",容量用"升"等。

在实物单位中,自然单位和度量衡单位是最基本的计量单位,是设计其他单位的基础。

(3)标准实物单位。标准实物单位指现象按某种标准进行折合,说明现象总量的单位。在统计实物量时,某些同类产品,由于其品种、规格、含量不同,其使用价值也就不同,因而其产品混合量不能确切反映其实物数量。为了更准确地反映产品的使用价值,需要将基本用途相同但规格不同的同类产品按标准实物单位折算。如将各种含氮量的氮肥折合成含氮量100%的氮肥计算,将各种能源的消耗量折合成发热量7 000焦的标准煤计算等。具体的折算公式

为

$$标准实物量 = \sum 实物量 \times 折算系数$$

$$折算系数 = \frac{某产品的实际含量（或其他技术指标）}{标准品含量（或其他技术指标）}$$

（4）复合单位。复合单位指将两种计量单位组合在一起对社会经济现象进行计量的单位。如发电量以"千瓦·时"为单位，货物周转量以"吨·千米"为单位，参观人数以"人次"为单位等。

例如，某运输企业2021年共完成货运量10万吨，平均运输距离500千米，则货物周转量为5 000万吨·千米（10万吨×500千米）。

（5）双重单位。双重单位是用来计量那些用一种单位不能准确反映其真实规模和水平，需要同时用两种计量单位说明现象总量的单位。例如，计量电动机的台/千瓦、计量起重机的台/吨。

实物量指标的优点是能直接、形象地反映现象的使用价值，是计算价值量指标和劳动量指标的基础；缺点是无法对不同性质的现象进行汇总计算。

2. 价值指标

价值指标是以货币为单位来计量的总量指标，它反映社会经济现象的价值量，如国民生产总值、工业增加值、销售收入、产品成本等。

与实物量指标相比，价值量指标具有最广泛的综合性和概括性。它使不能直接相加的数量加总成为可能，也使不能直接对比的现象可以比较。但价值量指标比较抽象，脱离了具体的物质内容。因此，在实际统计工作中，应将价值指标与实物指标结合起来使用，才能全面认识客观事物。

3. 劳动指标

劳动指标是以劳动时间为单位计算的总量指标。劳动单位是由劳动和工作时间组合而成的复合单位，如"工时"、"工日"等。一个工人工作一小时为一个工时、工作一天（8小时）为一个工日。劳动量单位通常用于劳动消耗量的计量，可用于劳务工资的核算。例如，某工厂实行计件工资制，要对每个零部件在每道工序上都规定劳动定额，假设某零件规定1小时生产60件，则每一件就是一定额工分，某工人一天生产600件，即生产的产品为600定额工分，即10个定额工时。由于各企业的定额水平不同，劳动量指标不适合在各企业间进行汇总，往往只限于企业内部的业务核算。

三、总量指标的计算方法

总量指标是对研究对象用直接的计数、点数和测量等方法，登记各单位的具体数值加以汇总得到的。例如，统计报表或普查中的总量指标基本上都是用直接计算法计算出来的。

四、计算和使用总量指标应注意的问题

1. 要明确总量指标的含义和计算范围

正确计算和使用总量指标的首要问题就是要明确指标的含义和计算范围。例如,在计算工业总产值指标时,首先要明确什么是工业和工业产品,否则就不能准确地对工业总产值指标进行统计。

2. 总量指标的计算必须建立在同度量的基础之上

在计算实物指标的总量时,使用价值不同的各种产品的实物量指标不能加总,如粮食产量、钢铁产量等使用价值不同,不能相加;对于那些使用价值相同,而计量单位不同,也不能直接加总,需要先将不同计算单位换算成统一的计量单位后才可能汇总。

第二节 相对指标

一、相对指标的含义和作用

(一)相对指标的含义

相对指标(Relative Indicator)又称为相对数,是两个有联系的统计指标的比值。它是说明社会经济现象之间数量对比关系的统计指标。其计算公式如下

$$相对数 = \frac{比数}{基数}$$

例如,据我国 2020 年国民经济和社会发展统计公报称,全年国内生产总值同比增长 2.3%,人口自然增长率为 0.145%,居民消费价格指数为 101.5%,城镇居民人均可支配收入 43 834 元,城镇居民家庭恩格尔系数为 30.2% 等,这些都是相对指标。

(二)相对指标的作用

(1)反映现象的内部结构、比例关系、普遍程度、普及程度和速度;
(2)使无法直接对比或直接对比没有意义的事物取得可以对比的基础;
(3)是进行经济管理、绩效考核和经济活动分析的重要工具。

二、相对指标的表现形式

相对指标的表现形式概括地说有两种:有名数和无名数。

(一)有名数

有名数是用分子和分母的双重单位表示,主要用以表现事物的强度、密度和普遍程度。例如,人口密度用"人/平方千米"表示,城市人口拥有公共汽车用"辆/万人"表示等。

(二)无名数

无名数是一种抽象化的数值,常以系数、倍数、成数、百分数、千分数、翻番数、百分点等表示。

1. 系数和倍数

系数和倍数是将对比基数抽象化为 1 而计算的相对数。分子指标和分母指标数值比较接近时,常用系数,如果子项特别大而母项特别小时,常用倍数。

2. 成数

成数是将对比的基数抽象化为 10 而计算的相对数。例如,某地区某年粮食产量比上一年增长两成。

3. 百分数

百分数是将对比的基数抽象化为 100 而计算的相对数。

4. 千分数

千分数是将对比的基数抽象化为 1 000 而计算的相对数,记作‰。它适用于分母数值特别大而分子特别小的情形,如人口出生率、死亡率、自然增长率等。

5. 翻番数

翻番数是指两个相比较的数值中,一个数是另一个数的 2^m 倍,其中 m 是番数。例如,十七大报告中提出了全面建设小康社会新的更高要求,"到 2020 年实现人均国内生产总值比 2000 年翻两番"。2000 年我国人均国内生产总值为 7 858 元,则 2020 年的人均国内生产总值应达到 31 432 元($7\,858 \times 2^2$)。

6. 百分点

百分点是指不同时期以百分数的形式表示的相对指标(如速度、指数、构成等)的变动幅度,是用以表达不同百分数之间的"算术差距"(即差)的正确单位。

假设:本月的失业率是百分之五(5%),而上月的失业率是百分之四(4%)。那么可以说:本月的失业率比上月微升了"一个百分点"。(而非百分之一或 1%)

三、相对指标的种类和计算方法

根据研究目的和作用的不同,对比基数不同,常用的相对指标主要有六种,即结构相对数、比例相对数、比较相对数、动态相对数、强度相对数和计划完成相对数。

(一)结构相对指标

结构相对指标又称为结构相对数,是说明总体内部各个组成部分在总体中所占比重的相对指标。其计算公式为

$$结构相对数 = \frac{总体中某一部分数值}{总体全部数值} \times 100\%$$

结构相对数的表现形式为百分数,由于结构相对数是根据同一总体资料计算的,其分子只能是总体中的一部分,而总体中各部分比重之和等于100%。例如,某班有50名学生,男生30人,女生20人,则男生所占比重为60%,女生所占比重为40%。结构相对数是描述总体特征的重要指标,它既可以说明总体内部构成状况,还可以用来分析总体内部构成的变化,反映事物发展变化的过程及趋势。

(二)比例相对指标

比例相对数反映一个统计总体内部各个组成部分之间数量对比关系的相对指标,常用系数和倍数表示。其计算公式为

$$比例相对数 = \frac{总体中某一部分数值}{总体中另一部分数值}$$

例如,2020年全国总人口为141 178万人,其中男性72 334万人,女性68 844万人,则男性对女性的人口性别比例为72 334÷68 844=105∶100(以女性为100)。

比例相对数也有反映总体结构的作用,与结构相对数作用相同,只是对比的方法和侧重点不同。比例相对数属于一种结构性的比例,分子指标和分母指标可以互换位置,对于分析研究国民经济的平衡比例关系,保持国民经济的协调发展具有重要意义。

(三)比较相对指标(横向对比)

比较相对指标是反映同一时期的同类现象在不同地区、部门和单位之间数量对比关系的相对指标,可以说明同类现象在同一时间内各地区发展的不均衡程度,通常用百分数或系数表示。其分子和分母是同类指标且可以互换位置。其计算公式为

$$比较相对指标 = \frac{某地区或单位某一指标数值}{另一地区或单位同类指标数值}$$

例如,2020年美国人均国内生产总值为63 544美元,中国人均国内生产总值为10 500美元,则美国人均GDP是中国的6倍(63 544美元÷10 500美元≈6.05)。

(四)动态相对指标(纵向对比)

动态相对指标又称为发展速度,是反映同类指标数值在不同时间对比关系的相对数,用以说明现象发展变化的方向和程度,通常用百分数表示。一般情况下,把作为比较基础的时期叫做基期,而把用来与基期对比的时期叫做报告期。其计算公式为

$$动态相对数 = \frac{某指标报告期数值}{该指标基期数值} \times 100\%$$

动态相对指标的表现形式有多种,本书将在第七章详细介绍。

(五)强度相对指标

强度相对指标是反映两个性质不同但有联系的统计指标之间数量对比关系的相对指标。它用来反映现象的强度、密度和普遍程度。其计算公式为

$$强度相对指标 = \frac{某一总量指标数值}{另一有联系但性质不同的总量指标数值}$$

【例4.1】 根据第七次全国人口普查资料,2020年底我国人口总数为141 178万人,国土面积为960万平方千米,则人口密度为多少?

解 $$人口密度 = \frac{141\ 178}{960} = 147(人/平方千米)$$

【例4.2】 某城市居民20万户家庭中,有3万户购买了家庭汽车,则该市汽车普及率是多少?

解 $$该城市汽车普及率 = \frac{3}{20} = 15(辆/百户)$$

强度相对数一般采用复名数形式,由分子指标和分母指标的计量单位组成,如人均国民生产总值"元/人",人口密度"人/平方千米"等。有的强度相对数用次数、倍数、系数、百分数或千分数表示,如资金周转次数、流通费用率、人口出生率、死亡率等。

大多数用复名数为单位的强度相对指标,其分子指标和分母指标可以互换,因此,派生出正指标和逆指标两种形式。

(1)正指标。正指标是指标数值大小与现象的发展程度或密度成正向变化的强度相对指标。即指标数值越大,现象的发展程度或密度越高;反之,则越低。

(2)逆指标。逆指标是指标数值大小与现象的发展程度或密度成反向变化的强度相对指标。即指标数值越大,现象的发展程度或密度越低;反之,则越高。

【例4.3】 某地区2021年总人口为1 200万人,有60 000个零售商业机构,则该地区零售商业网点密度指标是多少?

解 零售商业网点密度指标是衡量一个国家或地区商业发展水平的统计综合指标,可以用以下两种方法计算。

(1)正指标:

$$零售商业网点密度 = \frac{某地区零售商业机构数}{该地区人口数} = \frac{60\ 000}{1\ 200} = 50(个/万人)$$

说明:平均每万人拥有50个零售商业机构。

(2)逆指标:

$$零售商业网点密度 = \frac{某地区人口数}{该地区零售商业机构数} = \frac{12\ 000\ 000}{60\ 000} = 200(人/个)$$

说明:每个零售商业机构为200人服务。

注意:计算强度相对指标必须注意社会经济现象之间客观上要存在一定的经济或技术上的联系,这样,两个指标对比才会有现实意义。

(六)计划完成相对指标

计划完成相对数也称为计划完成百分比,是某项统计指标在某一时期内的实际完成数与计划任务数的比值。表明某一现象在一定时间计划的完成程度,用来检查、监督计划的执行情况,通常用百分数(%)表示。其计算公式为

$$计划完成相对数 = \frac{实际完成数}{计划任务数} \times 100\%$$

式中,分子和分母在指标含义、计算口径、计算方法、计量单位以及时间、空间范围等方面应完全一致,且分子和分母不允许互换。

实际工作中,由于计划数有绝对数、相对数、平均数等多种表现形式,因此,计算计划完成相对数的方法也不尽相同。

1. 计划数为绝对数

(1)短期计划完成情况检查。

①计划完成情况检查。可直接用实际完成数与计划完成数对比,求得计划完成程度相对指标。

【例4.4】 某企业2021年产品计划产量100万台,全年实际生产105万台,则全年产量计划完成多少?

解 $$全年产量计划完成 = \frac{105}{100} \times 100\% = 105\%$$

②计划执行进度检查。其计算公式为

$$计划完成进度 = \frac{累计至本期止实际完成数}{全期计划任务数} \times 100\%$$

【例4.5】 某企业2021年计划产量100万台,至第三季度末已生产了80万台,则第三季度末产量计划完成多少?

解 $$第三季度末产量计划完成进度 = \frac{80}{100} \times 100\% = 80\%$$

(2)中长期计划完成情况检查。在检查中长期计划(如五年规划)任务的完成情况时,根据计划指标的性质不同,分为水平法和累计法两种。

①水平法。水平法适用于反映生产能力的经济指标,如钢产量、煤产量、发电量、粮食产量等指标的计划完成情况检查。其计算公式为

$$计划完成相对数 = \frac{计划期末(最后一年)实际达到的水平}{计划规定期末应达到的水平} \times 100\%$$

②累计法。它是以计划期内各年计划数量的累计总和为对象考核。它适用于检查计划期内构成国民财产存量的经济指标,如基本建设投资额、造林面积、住宅建设等计划完成情况。其计算公式为

$$计划完成相对数 = \frac{计划期间实际累计完成数}{计划期间规定的累计数} \times 100\%$$

2. 计划数为相对数

当计划任务数为相对数,而且以提高(或降低)百分数表示时,则不能以实际提高(或降

低)百分数与计划提高(或降低)百分数直接对比,应在原有基数100%的基础上提高(或降低)才能对比。其计算公式为

$$计划完成相对数 = \frac{实际达到的百分数}{计划规定的百分数} \times 100\% = \frac{100\% \pm 实际提高(降低)百分数}{100\% \pm 计划提高(降低)百分数} \times 100\%$$

【例4.6】 某企业本年产量计划比上年提高10%,实际提高了15%,则产量计划完成相对数是多少?

解 $产量计划完成相对数 = \frac{100\% + 15\%}{100\% + 10\%} = 104.55\%$

计算结果表明,该企业本年产量超额4.55%完成计划。

【例4.7】 本年某企业A种产品单位成本计划降低5%,实际成本降低了3%,则单位产品成本计划完成相对数是多少?

解 $单位产品成本计划完成相对数 = \frac{100\% - 3\%}{100\% - 5\%} \times 100\% \approx 102.11\%$

计划结果表明,该企业A种产品的单位成本比计划高出2.11%,所以未完成单位成本降低计划。

若计划为相对数时,可以用相减的方法来检查计划完成情况。如例4.6中,3% - 5% = -2%,计算结果表明,A种产品的单位成本比计划少降低2个百分点,所以未完成单位成本降低计划。百分点是百分数中相当于1%的单位。

3. 计划数为平均数

当计划任务为平均数时,计划完成程度的计算公式为

$$计划完成相对数 = \frac{实际完成的平均数}{计划规定的平均数} \times 100\%$$

需要说明的是,在分析计划完成情况时,要注意计划任务数的性质差异。凡是计划指标是以最低限额规定的,如产品产量、利润、销售额等指标,计划完成相对数等于或大于100%,才算完成或超额完成计划;反之,凡是计划完成相对数是以最高限额规定的,如原材料消耗、单位成本、流通费用等,其计划完成相对数等于或小于100%,才算完成或超额完成计划。

四、正确运用相对指标应遵循的原则

(一)可比性原则

可比性原则是指相互对比的两个统计指标应在经济内容、计算范围、计算方法、计量单位等方面保持一致或相互适应。如果不可比,就需要进行调整。例如,不同地区的土地面积和人口数不能进行对比,因为在总体范围上没有可比性。

(二)多种相对指标结合运用的原则

每一种相对指标都只从某一方面说明问题。在分析研究复杂的现象时,应该将多种相对指标结合起来使用。例如,为了研究工业生产情况,既要利用生产计划的完成情况指标,又要计算生产发展的动态相对指标和比较相对指标。

(三)相对指标同总量指标结合运用的原则

计算和运用相对指标时,不能只凭相对数的大小来判断事物,因为大的相对数背后隐藏的绝对数可能很小,而小的相对数背后却可能隐藏着较大的绝对数。因此,相对指标虽可以反映现象之间的差异程度,但把现象的绝对水平抽象化了,说明不了现象之间在绝对数量上的差异。为了深入说明问题,在利用相对指标时必须把相对指标和总量指标结合运用来进行分析。

实践中,常用"增长1%的绝对值"来说明相对指标与总量指标的结合应用。通过这个指标的计算,可以直接反映每增长1%所带来的绝对量的增加额。其计算公式是

$$增长1\%的绝对值=前一期水平\times 1\%$$

第三节 平均指标

平均指标(Average Indicator)又叫做平均数,是同质总体中各单位某一数量标志值(变量值)在具体时间、地点、条件下达到的一般水平,是反映总体某一数量标志值分布集中趋势的重要指标。测度总体分布的集中趋势也就是寻找数据一般水平的代表值或中心值,这就需要计算平均指标。

平均数按其计算方法的不同,可分为数值平均数和位置平均数。数值平均数是根据数列中的每一个数值或变量值计算的平均数,包括算术平均数、调和平均数和几何平均数;位置平均数是根据某数值在数列中所处的特定位置而确定的平均数,包括众数、中位数、分位数等。各种平均数不仅计算方法不同,指标含义、应用条件和应用场合也不尽相同。

一、数值平均数

(一)算术平均数

算术平均数(Arithmetic Mean)也称为均值,是同一总体内总体标志总量与总体单位总量之比。算术平均数是数据集中趋势的最主要测度值,在统计学中具有重要的地位。其计算公式为

$$算术平均数=\frac{总体标志总量}{总体单位总量}$$

很多社会经济现象,总体标志总量常常是总体单位变量值的算术总和。例如,工人工资总额是总体中每个工人工资的总和,某地区小麦总产量是所有耕地小麦产量的总和。在总体标

志总量和总体单位总量的基础上,就可以计算算术平均数了。

根据掌握资料的不同,算术平均数的计算方法有简单算术平均数和加权算术平均数。

1. 简单算术平均数

简单算术平均数适用于根据未分组数据计算平均指标。已知总体各单位的标志值,可直接将各单位的标志值相加得出总体标志总量,再除以总体单位数,求出平均数,这种方法计算出来的平均数称为简单算术平均数。其计算公式为

$$\bar{x} = \frac{x_1 + x_2 + x_3 + \cdots + x_n}{n} = \frac{\sum_{i=1}^{n} x_i}{n} \tag{4.1}$$

简写成

$$\bar{x} = \frac{\sum x}{n}$$

式中,$\bar{x}$ 为算术平均数;x_i 为总体各单位变量值;n 为总体单位数;$\sum$ 为总和符号(读为"西格玛")。

【例4.8】 某生产班组10名工人日产零件数分别是45件、48件、52件、62件、69件、44件、52件、58件、38件、64件。要求:计算工人的平均日产量。

答 该车间工人的平均日产量为

$$\bar{x} = \frac{45 + 48 + 52 + 62 + 69 + 44 + 52 + 58 + 38 + 64}{10} = \frac{532}{10} = 53.2(件/人)$$

2. 加权算术平均数

加权算术平均数适用于根据分组资料计算平均指标。如果掌握的资料是经过分组整理后的单项数列或组距数列,并且每组次数不相同时,计算平均数应采取加权算术平均数的方法。具体方法是:① 将各组变量值分别乘以各组变量值出现的次数求得各组的标志总量,并加总得到总体标志总量;② 将各组的次数相加得到总体单位总数;③ 最后用总体标志总量除以总体单位总数,即得到加权算术平均数。其计算公式为

$$\bar{x} = \frac{x_1 f_1 + x_2 f_2 + x_3 f_3 + \cdots + x_k f_k}{f_1 + f_2 + \cdots + f_k} = \frac{\sum_{i=1}^{k} x_i f_i}{\sum_{i=1}^{k} f_i} \tag{4.2}$$

简写成

$$\bar{x} = \frac{\sum xf}{\sum f}$$

式中,x_i 表示各组变量值;f_i 为各组次数(或频数);k 为组数。

【例4.9】 某车间100名工人日产零件数资料见表4.2。要求:计算该车间工人的平均日

产量。

表 4.2 按日产零件数分组的工人人数资料

日产量 x_i(件)	工人数 f_i(人)	日总产量 $x_i f_i$(件)
65	10	650
70	25	1 750
75	40	3 000
80	18	1 440
85	7	595
合　　计	100	7 435

解 该车间工人的平均日产量为

$$\bar{x} = \frac{\sum xf}{\sum f} = \frac{7\ 435}{100} = 74.35(件／人)$$

从上例可以看出,加权算术平均数其数值的大小,不仅受各组变量值(x_i)大小的影响,而且受各组变量值出现的次数(f_i)大小的影响。如果某一组的次数较大,说明该组的变量值较多,那么该组变量值的大小对算术平均数的影响就越大;反之,则越小。由于各组次数(f_i)对平均数的大小起着权衡轻重的作用,所以称各组次数为权数。实际上还可以将公式(4.2)变形为如下

$$\bar{x} = \frac{\sum xf}{\sum f} = \sum x \frac{f}{\sum f} \tag{4.3}$$

由式(4.3)可以更清楚地看出,加权算术平均数实质上是受各组变量值(x_i)和各组次数占总次数的比重($f_i / \sum_{i=1}^{k} f_i$)的影响,也称频率或权重大小的影响。哪一组所占的权重大,哪一组变量值对平均数的影响就大。因此,当各组变量值出现的次数相等时,即当 $f_1 = f_2 = \cdots = f_k = f$ 时,权数的作用就消失,这就意味着各组变量值对总平均数的结果所起的作用是一样的,此时,加权算术平均数就等于简单算术平均数,即

$$\bar{x} = \frac{\sum xf}{\sum f} = \frac{f \sum x}{nf} = \frac{\sum x}{n}$$

当人们掌握的资料不是各组变量值出现的次数,而是频率时,就可以直接用公式(4.3)计算算术平均数。仍以表 4.2 为例,所得结果见表 4.3。

从表 4.3 可以看出,用频率加权计算的结果与用次数加权计算的结果完全一致。

上例是根据单项数列计算的加权算术平均数,如果根据组距数列计算平均数,则应先计算出各组的组中值,以此作为各组变量值来计算加权算术平均数。应该指出的是,以组中值作为

各组变量值的代表值计算算术平均数具有假定性,即假定各组变量值在组内是均匀分布的,但实际上完全均匀分布是不可能的,因此,由组距数列计算的加权算术平均数只是一个近似值。

表4.3 某车间工人日加工零件计算表

日产量 x_i(件)	工人数 f_i(人)	频率 $\dfrac{f}{\sum f}$(%)	$x \cdot \dfrac{f}{\sum f}$
65	10	10	6.50
70	25	25	17.50
75	40	40	30.00
80	18	18	14.40
85	7	7	5.95
合 计	100	100	74.35

【例4.10】 以例3.1编制的组距数列(表3.8)为例,试计算某百货公司的平均日商品销售额。

表4.4 某百货公司平均日商品销售额计算表

按日商品销售额分组(万元)	组中值 x	频数 f(天)	频率(%)	各组商品销售总额 xf(万元)
25～30	27.5	4	10.0	110.0
30～35	32.5	6	15.0	195.0
35～40	37.5	15	37.5	562.5
40～45	42.5	9	22.5	382.5
45～50	47.5	6	15.0	285.0
合计	—	40	100	1 535.0

解 某百货公司的平均日商品销售额为

$$\bar{x} = \frac{\sum xf}{\sum f} = \frac{1\,535}{40} = 38.375(万元/天)$$

3. 算术平均数的数学性质

算术平均数在统计学上具有重要的地位。它是进行统计分析和统计推断的基础。平均数具有下列一些重要的数学性质,这些数学性质在实际中有着广泛的应用。

性质1 各变量值与其算术平均数的离差之和等于零,即简单算术平均数为

$$\sum (x - \bar{x}) = 0$$

加权算术平均数为

$$\sum(x-\bar{x})f=0$$

性质 2　各变量值与其算术平均数的离差平方和最小,即简单算术平均数为

$$\sum(x-\bar{x})^2=\min$$

加权算术平均数为

$$\sum(x-\bar{x})^2 f=\min$$

(二) 调和平均数

调和平均数(Harmonic Mean)适用于只有各组变量值和各组标志总量,而缺少总体单位数时计算平均指标。

调和平均数又称为倒数平均数,是总体各单位变量值倒数算术平均数的倒数,习惯上用 H 表示。调和平均数的计算方法有简单调和平均数和加权调和平均数两种。

1. 简单调和平均数

为方便理解简单调和平均数的概念和计算方法,现举一个简单的例子。

【例 4.11】　市场上早市、中午、晚上的蔬菜价格分别是 0.67 元/斤、0.5 元/斤、0.4 元/斤 (1 斤 = 500 克)。早市、中午、晚上各花费 1 元,求购买蔬菜的平均价格。

要计算蔬菜的平均价格,首先应计算出早市、中午、晚上各花费 1 元所购买蔬菜的数量,即

$$早晨购买蔬菜的数量 = \frac{1}{0.67} \approx 1.5(斤)$$

$$中午购买蔬菜的数量 = \frac{1}{0.5} = 2(斤)$$

$$晚上购买蔬菜的数量 = \frac{1}{0.4} = 2.5(斤)$$

$$蔬菜的平均价格 = \frac{总花费}{总数量} = \frac{1+1+1}{\frac{1}{0.67}+\frac{1}{0.5}+\frac{1}{0.4}} \approx \frac{3}{1.5+2+2.5} = 0.5(元/斤)$$

由于以上资料中缺少总体单位总量,直接用算术平均的方法计算平均指标,首先要用变量值的倒数计算出总体单位总量后再计算平均指标。这种方法计算的平均数被称为简单调和平均法。其计算公式为

$$H = \frac{n}{\frac{1}{x_1}+\frac{1}{x_2}+\cdots+\frac{1}{x_n}} = \frac{n}{\sum_{i=1}^{n}\frac{1}{x_i}} \tag{4.4}$$

简单调和平均数:变量值倒数简单算术平均数的倒数。简单调和平均数适用于总体中各组标志总量相等的情况。

2. 加权调和平均数

在上例中,如果早市、中午、晚上分别花费1元、2元和3元,求购买这些蔬菜的平均价格。

$$\text{蔬菜的平均价格} = \frac{\text{总花费}}{\text{总数量}} = \frac{1+2+3}{\dfrac{1}{0.67}+\dfrac{2}{0.5}+\dfrac{3}{0.4}} \approx 0.46(\text{元}/\text{斤})$$

由上例可以看出,在计算平均价格的过程中,早市、中午、晚上三个时间购买蔬菜所花费的现金是计算平均价格的权数,这种方法称为加权调和平均法。其计算公式为

$$H = \frac{m_1 + m_2 + \cdots + m_k}{\dfrac{m_1}{x_1} + \dfrac{m_2}{x_2} + \cdots + \dfrac{m_k}{x_k}} = \frac{\sum\limits_{i=1}^{k} m_i}{\sum\limits_{i=1}^{k} \dfrac{m_i}{x_i}} \tag{4.5}$$

加权调和平均数:变量值倒数加权算术平均数的倒数。

说明:当变量数列中各组标志总量相等时,简单调和平均数和加权调和平均数相等。

【例4.12】 已知某公司甲种商品在三个市场上的销售价格和销售额资料见表4.5,试计算甲种商品在三个市场上的平均销售价格。

表4.5 甲种商品平均价格计算表

市场	价格 x_i(元/件)	销售额 m_i(元)	销售量 m_i/x_i(件)
A	2.00	60 000	30 000
B	2.50	50 000	20 000
C	2.40	60 000	25 000
合计	—	170 000	75 000

解 甲种商品的平均销售价格为

$$H = \frac{\sum\limits_{i=1}^{k} m_i}{\sum\limits_{i=1}^{k} \dfrac{m_i}{x_i}} = \frac{170\,000}{75\,000} \approx 2.27(\text{元}/\text{件})$$

加权调和平均数实际上是加权算术平均数的一种变形,式中销售额(m_i)实际上是销售价格(x_i)与销售量(f_i)的乘积,即

$$m_i = x_i f_i$$

则

$$H = \frac{\sum\limits_{i=1}^{k} m_i}{\sum\limits_{i=1}^{k} \dfrac{m_i}{x_i}} = \frac{\sum\limits_{i=1}^{k} x_i f_i}{\sum \dfrac{x_i f_i}{x_i}} = \frac{\sum\limits_{i=1}^{k} x_i f_i}{\sum\limits_{i=1}^{k} f_i} = \bar{x}$$

(三) 几何平均数

1. 几何平均数的概念

几何平均数 (Geometry Mean) 是 n 个变量值连乘积的 n 次方根。它适用于对比率数据的平均,而且各比率的乘积等于总的比率。其主要用于计算平均速度或平均比率。

2. 几何平均数的计算

(1) 简单几何平均数。它适用于未分组的原始资料。其计算公式为

$$G = \sqrt[n]{x_1 \times x_2 \times \cdots \times x_n} = \sqrt[n]{\prod x} \tag{4.6}$$

其中,$\prod$ 为连乘符号。

【例 4.13】 一位投资者购持有一种股票,在 2018 年、2019 年、2020 年和 2021 年收益率分别为 4.5%、2.1%、25.5%、1.9%。计算该投资者在这四年间的平均收益率。

解 用几何平均法求四年间的平均收益率为

$$G = \sqrt[4]{104.5\% \times 102.1\% \times 125.5\% \times 101.9\%} - 1 \approx 8.0787\%$$

(2) 加权几何平均数,适用于分组资料。其计算公式为

$$G = \sqrt[f_1+f_2+\cdots+f_n]{x_1^{f_1} \times x_2^{f_2} \times \cdots \times x_n^{f_n}} = \sqrt[\sum f]{\prod x^f} \tag{4.7}$$

【例 4.14】 某地区社会商品零售额 2006~2010 年间(2005 年为基期)每年平均增长 10%,2011~2015 年期间每年平均增长 8.2%,2016~2021 年期间每年平均增长 6.8%。计算 2005~2021 年间该地区社会商品零售额年平均增长速度是多少?

解 计算年平均增长速度,必须是将各年的增长速度加上 100%,换算为各年的发展速度,然后再应用几何平均数的方法计算。

$$年平均发展速度 = \sqrt[5+5+6]{(1+10\%)^5 \times (1+8.2\%)^5 \times (1+6.8\%)^6} \approx 108.23\%$$

$$年平均增长速度 = 108.23\% - 1 = 8.23\%$$

故 2005~2021 年间该地区社会商品零售额年平均增长速度为 8.23%。

【例 4.15】 某笔投资是按复利计算利息的,每年的利率分配如表 4.6 所示。

表 4.6

利率	3%	6%	8%	11%	15
年数	1	4	5	3	2

则这笔投资的平均年利率是多少?

解 $1 + G = \sqrt[15]{(103\%)^1 \times (106\%)^4 \times (108\%)^5 \times (111\%)^3 \times (115\%)^2} = 108.62\%$

$$平均年利率 = 108.62\% - 1 = 8.62\%$$

故这笔投资的平均年利率是 8.62%。

二、位置平均数

(一) 众数

1. 众数的含义

众数(Mode)是一组数据中出现次数最多的变量值,用 M_0 表示。

从变量分布的角度看,众数是具有明显集中趋势点的数值,在正态分布和一般的偏态分布中,分布最高峰点所对应的数值即为众数。当然,如果一组数据没有明显的集中趋势或最高峰点,众数也可以不存在;如果有多个高峰点,也可以有多个众数。

2. 众数的特点

(1) 众数适合在数据量较多时使用;

(2) 众数是一个位置代表值,它不受极端值的影响;

(3) 一组数据可能没有众数或有多个众数(众数的不唯一性);

(4) 主要用于测度分类数据的集中趋势,当然也适用于顺序数据和数值型数据集中趋势的测度值。

众数的不唯一性举例见表 4.7。

表 4.7 众数的不唯一性举例

原始数据						
无众数	10	5	9	12	6	8
一个众数	6	5	9	8	5	5
多于一个众数	25	28	28	36	42	42

3. 众数的计算方法

(1) 对未分组数据、分类数据和顺序数据的众数需观察次数,出现次数最多的数据就是众数。

对于未分组数据,例如,10 个人的结婚年龄分别是 24、25、25、25、26、26、27、27、29、30,很显然,25 出现的次数最多,因此,这 10 个人的结婚年龄的众数是 25 岁。

对于定类数据,如性别、使用品牌、购买原因、满意程度、支持哪位候选人等,在所调查的问卷上填写的代表类别的数字 1、2、3… 或 A、B、C 等。对于这种性质的数据,就以众数来代表总体的集中趋势。例如,全班以男生居多,市场上主要以使用 A 品牌者居多,某候选人最受选民的支持等。

(2) 对单项式分组数据需观察次数,出现次数最多的变量值即为众数。

【例 4.16】 以表 4.2 的资料为例,试求该车间工人日产量的众数。

解 通过观察次数,工人日产量 75 件这一组的人数最多,为 40 人,因此,该车间工人日产量的众数就是75件。

（3）组距式分组数据确定众数。如果所掌握的资料是组距数列，则需要先通过观察次数找到出现次数最多的数据所在的组，假定变量值在众数所在组以及众数所在组前后两组呈均匀分布，然后，按照比例法计算众数的近似值。其计算公式为

$$M_0 \approx L + \frac{\Delta_1}{\Delta_1 + \Delta_2} \times i \tag{4.8}$$

式中，L 指众数所在组的下组限；Δ_1 指众数所在组与下一组次数之差；Δ_2 指众数组次数与上一组次数之差；i 指众数所在组的组距。

【例4.17】 以例3.1编制的组距数列（表3.8）为例，试计算某百货公司的日商品销售额的众数。

解 从表3.8可以看出，日商品销售额在35~40万元这一组出现的天数最多，因此，该组为众数所在组。

$$M_0 \approx L + \frac{\Delta_1}{\Delta_1 + \Delta_2} \times i = 35 + \frac{15-6}{(15-6)+(15-9)} \times 5 = 38(万元)$$

即该百货公司的日商品销售额的众数为38万元。

（二）中位数

1. 中位数的含义

中位数（Median）指一组数据排序后，处于中间位置的那个变量值，用 M_e 表示。

可见，中位数把排序后的全部数据分成两个部分，有50%的数据比中位数大，另外50%的数据比中位数小。

2. 中位数的特点

（1）中位数是一个位置代表值，不受极端值的影响；

（2）主要用于顺序数据，也可用数值型数据，但不能用于分类数据；

（3）各变量值与中位数的离差绝对值之和最小，即

$$\sum_{i=1}^{n} |x_i - M_e| = \min$$

3. 中位数的计算方法

根据掌握的资料不同，中位数的计算方法也不同。

（1）未分组数据计算中位数。根据未分组数据计算中位数时，要先对数据进行排序，然后确定中位数的位置，最后确定中位数的具体数值。中位数位置的确定公式为：

$$中位数的位置 = \frac{n+1}{2}$$

式中，n 为数据个数。

$$M_e = \begin{cases} x_{\frac{n+1}{2}}, & n\text{ 为奇数} \\ \dfrac{1}{2}(x_{\frac{n}{2}} + x_{\frac{n}{2}+1}), & n\text{ 为偶数} \end{cases} \qquad (4.9)$$

【例 4.18】 在某公司中随机抽取 9 名员工,调查得到每名员工的月工资收入数据如下(单位:元)。要求计算员工月工资收入的中位数。

原始数据: 1 500　750　780　1 080　850　960　2 000　1 250　1 630
排　序　后: 750　780　850　960　1 080　1 250　1 500　1 630　2 000
位　　　置: 1　　2　　3　　4　　5　　6　　7　　8　　9

$$\text{中位数的位置} = \frac{n+1}{2} = \frac{9+1}{2} = 5$$

$$M_e = 1\,080$$

【例 4.19】 假设随机抽取了 10 名员工的月工资收入数据(单位:元),每名员工的月工资收入排序后如下。

排　序　后: 660　750　780　850　960　1 080　1 250　1 500　1 630　2 000
位　　　置: 1　　2　　3　　4　　5　　6　　7　　8　　9　　10

$$\text{中位数的位置} = \frac{n+1}{2} = \frac{10+1}{2} = 5.5$$

$$M_e = \frac{960 + 1\,080}{2} = 1\,020$$

(2) 分组数据计算中位数。
① 确定中位数的位置,即

$$\text{中位数的位置} = \frac{\sum f}{2}$$

② 计算累计次数;
③ 根据中位数的位置,对照累计次数数列判断中位数所在组;
④ 对于单项数列中位数所在组对应的变量值即为中位数,对于组距数列可按以下近似公式计算中位数。

$$M_e \approx L + \frac{\dfrac{N}{2} - S_{m-1}}{f_m} \times i \qquad (4.10)$$

式中,$\dfrac{N}{2}$ 表示中位数所在位置;L 表示中位数所在组的下组限;S_{m-1} 表示中位数所在组以下各组的累积次数;f_m 表示中位数所在组的次数;i 表示中位数所在组的组距。

【例 4.20】 以表 4.2 的资料为例,试求该车间工人日产量的中位数。

表 4.8　某车间工人日产零件数中位数计算表

日产量(件)	工人数(人)	向上累计次数	向下累计次数
65	10	10	100
70	25	35	90
75	40	75	65
80	18	93	25
85	7	100	7
合　计	100	—	—

解　由计算结果(表 4.8)可知

$$\text{中位数的位置} = \frac{\sum f}{2} = \frac{100}{2} = 50$$

这说明中位数在累计次数为 50 的那一组内(从向上累计或向下累计均可得出),即

$$M_e = 75(\text{件})$$

【例 4.21】 以例 3.1 编制的组距数列(表 3.8)为例,试计算某百货公司的日商品销售额的中位数。

表 4.9　某百货公司日商品销售额中位数计算表

按日商品销售额分组(万元)	频数(天)	向上累计频数(天)
25 ~ 30	4	4
30 ~ 35	6	10
35 ~ 40	15	25
40 ~ 45	9	34
45 ~ 50	6	40
合计	40	—

解　由计算结果(表 4.9)可知

$$\text{中位数的位置} = \frac{\sum f}{2} = \frac{40}{2} = 20$$

即中位数在 35 ~ 40 这一组,根据中位数的计算公式得

$$M_e \approx L + \frac{\frac{N}{2} - S_{m-1}}{f_m} \times i \approx 35 + \frac{20 - 10}{15} \times 5 \approx 38.3(\text{万元})$$

(三) 四分位数

一组数据排序后处于25%和75%位置上的值,称为四分位数,也称四分位点。

四分位数(Quartile)是通过三个点将全部数据等分为四部分,其中每部分包含25%的数据。很显然,中间的四分位数就是中位数,因此通常所说的四分位数是指处在25%位置上的数据(下四分位数)和处在75%位置上的数值(上四分位数)。与中位数的计算方法类似,根据未分组数据计算四分位数时,首先对数据进行排序,然后确定四分位数所在的位置。

设下四分位数为Q_1,上四分位数为Q_3,对于未分组的原始数据,各四分位数的位置分别为

$$\begin{cases} Q_1\text{的位置} = \dfrac{n+1}{4} \\ Q_3\text{的位置} = \dfrac{3(n+1)}{4} \end{cases} \quad (4.11)$$

如果位置是整数,那么四分位数就是该位置对应的值;当四分位数的位置不是整数时,可根据四分位数的位置,按比例分摊四分位数两侧数值的差值。

【例4.22】 根据例4.19中10名员工的月工资收入调查数据,计算月工资收入的四分位数。

$$Q_1\text{的位置} = \frac{10+1}{4} = 2.75$$

则Q_1在第2个数和第3个数之间0.75的位置上,故

$$Q_1 = 750 + (780 - 750) \times 0.75 = 772.5(\text{元})$$

而

$$Q_3\text{的位置} = \frac{3 \times (10+1)}{4} = 8.25$$

则Q_3在第8个数和9个数之间0.25的位置上,故

$$Q_3 = 1\,500 + (1\,630 - 1\,500) \times 0.25 = 1\,532.5(\text{元})$$

可以说,大约有一半员工的月工资收入在772.5元至1532.5元之间。

三、众数、中位数和均值之间的关系

对于同一组数据计算的众数、中位数、均值三者之间具有以下关系(图4.1):
(1) 在对称的次数分配和统计分布中,众数、中位数和均值都是同一数值,即$M_0 = M_e = \bar{x}$;
(2) 在右偏分布(正偏分布)中,众数最小、中位数适中、均值最大,即$M_0 < M_e < \bar{x}$;
(3) 在左偏分布(负偏分布)中,众数最大、中位数适中、均值最小,即$\bar{x} < M_e < M_0$。

四、均值、中位数、众数的应用场合

(1) 当数据呈对称分布或接近对称分布时,三个代表值相等或接近相等,这时应选择均值

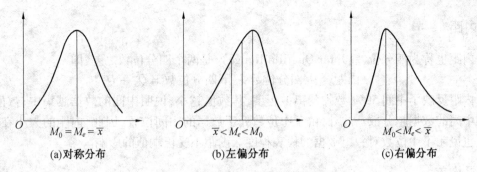

图4.1 不同分布的众数、中位数和均值之间的关系

作为集中趋势的代表值。

(2)当数据分布偏斜程度较大时,由于均值易受数据极端值的影响,我们可以考虑选择众数或中位数这样的位置代表值,这时它们的代表性要比均值好。

第四节 标志变异指标

集中趋势表示的是分布的中心位置或一般水平的代表值(用平均指标来测度),而离散程度反映的则是分布离散和差异程度(用离散指标或标志变异指标来测度)。

平均指标对一组数据的代表程度取决于该组数据的离散水平。离散指标值越大,说明总体各单位变量值分布的离散趋势越高,平均数对该组数据的代表性越低;反之,离散指标值越小,说明总体各单位变量值分布的离散趋势越低,平均数对该组数据的代表性越高。

离散指标(标志变异指标)还是衡量社会经济活动的稳定性、均衡性以及风险程度的重要指标。

描述数据离散程度的测度值主要有:全距、内距、平均差、方差、标准差、离散系数等。

一、全距

全距(Range)也称为极差,是一组数据最大值减去最小值之差,是数据离散或差异程度的最简单测度值,即

$$R = \max(x_i) - \min(x_i) \tag{4.12}$$

显然,数据的分散程度越大,极差就越大。极差的计算很简单,但易受极端值的影响,因为它利用了数据两端的信息。极差的计算未考虑数据的分布情况。

在实际工作中,全距常用来检查产品质量的稳定性和进行质量控制。在正常生产条件下,全距在一定范围内波动,若全距超过给定的范围,就说明有异常情况出现。因此,利用全距有助于及时发现问题,以便采取措施,保证产品质量。

二、内距

内距也称为四分位差(Inter-Quartile Range),是两个四分位数之差,即

$$\text{内距} = \text{上四分位数} - \text{下四分位数} = Q_3 - Q_1$$

内距反映了中间 50% 数据的离散程度,其数值越小,说明中间的数据越集中;数值越大,说明中间的数据越分散。此外,由于中位数处于数据的中间位置,因此,内距的大小在一定程度上也说明了中位数对一组数据的代表程度。内距不受极端值的影响。

三、平均差

各变量值与其算术平均数离差绝对值的平均数,称为平均差(Average Deviation),用 AD 表示。根据掌握资料的不同平均差有以下两种计算方法。

对于未分组资料的计算公式为

$$AD = \frac{\sum_{i=1}^{n} |x_i - \bar{x}|}{n} \tag{4.13}$$

对于已分组资料的计算公式为

$$AD = \frac{\sum_{i=1}^{k} |x_i - \bar{x}| f_i}{\sum_{i=1}^{k} f_i} \tag{4.14}$$

【例 4.23】 某企业职工年龄资料见表 4.10,试计算职工年龄的平均差。

表 4.10 某企业职工年龄的平均差计算表

按年龄段分组(岁)	组中值 x	人数 f(人)	xf	$\|x - \bar{x}\|$	$\|x - \bar{x}\|f$
20 ~ 30	25	80	2 000	11.1	888
30 ~ 40	35	100	3 500	1.1	110
40 ~ 50	45	70	3 150	8.9	623
50 ~ 60	55	20	1 100	18.9	378
合计	—	270	9 750	—	1 999

解

$$\bar{x} = \frac{\sum xf}{\sum f} = \frac{9\ 750}{270} \approx 36.1(\text{岁})$$

$$AD = \frac{\sum |x - \bar{x}|f}{\sum f} = \frac{1\ 999}{270} \approx 7.4(\text{岁})$$

计算结果表明,各组平均年龄与总体平均年龄的平均离差为7.4岁。

平均差以均值为中心,反映了所有数据与均值的平均差异程度,因此它能够全面、准确地反映一组数据的离散状况。平均差越大,说明数据的离散程度越大;反之,则说明数据的离散程度越小。但是,由于平均差是用绝对值来消除离差的正负号进行运算的,它不适合于代数运算,所以在实际应用上受到很大的限制,但平均差的实际意义清楚,易于理解。

四、方差和标准差

方差(Variance)是各变量值与其均值离差平方的算术平均数。

标准差(Standard Deviation)又称为均方差,是方差的正平方根。

方差和标准差同平均差一样,也是根据全部数据计算的,反映了每个数据与其均值的平均差异,因此它能准确地反映数据的离散程度。与平均差相比,方差在数学处理上是通过平方来消除离差的正负号,更便于数学上的处理。因此,方差和标准差是实际中应用最广泛的离散程度的测度值。根据总体数据和样本数据计算的方差和标准差在数学处理上略有不同。

(一)总体的方差和标准差

通常用希腊符号 σ^2 和 σ 分别表示总体方差和总体标准差。μ 表示总体均值,总体离差为 $X_i - \mu$。

1. 总体方差的计算公式

对于未分组的原始数据,总体方差的计算公式为

$$\sigma^2 = \frac{\sum_{i=1}^{N}(X_i - \mu)^2}{N} \tag{4.15}$$

对于分组数据,总体方差的计算公式为

$$\sigma^2 = \frac{\sum_{i=1}^{k}(X_i - \mu)^2 f_i}{\sum_{i=1}^{k} f_i} \tag{4.16}$$

其中,k 为分组的组数。

2. 总体标准差的计算公式

对于未分组的原始数据,总体标准差的计算公式为

$$\sigma = \sqrt{\frac{\sum_{i=1}^{k}(X_i - \mu)^2}{N}} \tag{4.17}$$

对于分组数据,总体标准差的计算公式为

$$\sigma = \sqrt{\frac{\sum_{i=1}^{k}(X_i - \mu)^2 f_i}{\sum_{i=1}^{k} f_i}} \qquad (4.18)$$

(二) 样本的方差和标准差

在大多数统计应用中,都针对样本来分析数据。样本的方差、标准差与总体的方差、标准差在计算上的差别是:样本的方差和标准差在对各个离差平方平均时用样本数据个数减 1 去除总离差平方和。其中,样本数据个数减 1,即 $n-1$,称为自由度。

为什么样本方差是用自由度 $n-1$ 去除呢?从字面含义来看,自由度是指一组数据中可以自由取值的数据的个数。当样本数据的个数为 n 时,若样本均值 $\bar{x}$ 确定后,只有 $n-1$ 个数据可以自由取值,其中必有一个数据则不能自由取值。样本方差用自由度去除,其原因可从多方面解释,从实际应用角度看,在抽样估计中,当用样本方差 s^2 去估计总体方差 σ^2 时,它是 σ^2 的无偏估计量。

下面用 s^2 和 s 分别表示样本的方差和标准差,用 $\bar{x}$ 表示样本均值,样本离差为 $x_i - \bar{x}$。

1. 样本方差的计算公式

对于未分组的原始数据,样本方差的计算公式为

$$s^2 = \frac{\sum_{i=1}^{n}(x_i - \bar{x})^2}{n-1} \qquad (4.19)$$

对于分组数据,样本方差的计算公式为

$$s^2 = \frac{\sum_{i=1}^{k}(x_i - \bar{x})^2 f_i}{\sum_{i=1}^{k} f_i - 1} \qquad (4.20)$$

其中,k 为分组的组数。

2. 样本标准差的计算公式

对于未分组的原始数据,样本标准差的计算公式为

$$s = \sqrt{\frac{\sum_{i=1}^{n}(x_i - \bar{x})^2}{n-1}} \qquad (4.21)$$

对于分组数据,样本标准差的计算公式为

$$s = \sqrt{\frac{\sum_{i=1}^{k}(x_i - \bar{x})^2 f_i}{\sum_{i=1}^{k} f_i - 1}} \tag{4.22}$$

【例 4.24】 以表 4.11 的资料为样本资料,试计算方差和标准差。

表 4.11 某企业职工年龄的方差和标准差计算表

按年龄段分组(岁)	组中值 x	人数 f(人)	xf	$x - \bar{x}$	$(x - \bar{x})^2$	$(x - \bar{x})^2 f$
20 ~ 30	25	80	2 000	-11.1	123.21	9 856.8
30 ~ 40	35	100	3 500	-1.1	1.21	121
40 ~ 50	45	70	3 150	8.9	79.21	5 544.7
50 ~ 60	55	20	1 100	18.9	357.21	7 144.2
合计	—	270	9 750	15.6	560.84	22 666.7

解

$$s^2 = \frac{\sum_{i=1}^{k}(x_i - \bar{x})^2 f_i}{\sum_{i=1}^{k} f_i - 1} = \frac{22\ 666.7}{270 - 1} \approx 84.26$$

$$s = \sqrt{84.26} \approx 9.18$$

五、离散系数(变异系数)

前面介绍的极差、平均差、方差和标准差都是反映一组数据离散程度的绝对数,其数值的大小一方面取决于原变量值本身水平的高低,也就是与变量值的均值大小有关。变量值绝对水平越高,离散程度的测度值自然也就越大;反之,也就越小。另一方面,它们与原变量值的计量单位相同,采用不同计量单位计量的变量值,其离散程度的测度值也就不同。因此,对于均值不等、计量单位不同的不同组别的变量值,是不能用上述反映离散程度的测度值直接比较其离散程度的,为了消除变量值水平高低和计量单位不同的影响,需要计算并比较离散系数。

离散系数通常是用标准差来计算的,因此也称标准差系数。它是一组数据的标准差与相应的均值之比,是测度数据离散程度的相对指标。离散系数的计算公式为

$$V_\sigma = \frac{\sigma}{\mu} \times 100\% \quad 或 \quad V_s = \frac{s}{\bar{x}} \times 100\% \tag{4.23}$$

式中,V_σ 表示总体离散系数;V_s 表示样本离散系数。

离散系数是一个无名数,主要用于对不同组别数据的离散程度进行比较。离散系数大的说明该组数据的离散程度也大,离散系数小的说明该组数据的离散程度也小。

【例 4.25】 对 10 名成年人和 10 名幼儿的身高(单位:厘米)进行抽样调查,结果见表

4.12。试比较分析哪一组的身高差异大。

表 4.12　对成年组和幼儿组的身高调查结果

成年组 x_1	166	169	172	177	180	170	172	174	168	173
幼儿组 x_2	68	69	68	70	71	73	72	73	74	75

解　由于成年组身高和幼儿组身高的数据水平不同,不能直接用标准差进行比较,需要计算离散系数。

成年组

$$\bar{x}_1 = 172.1 \text{ 厘米},\quad s_1 = 4.202 \text{ 厘米},\quad V_{s_1} = \frac{4.202}{172.1} \times 100\% \approx 2.44\%$$

幼儿组

$$\bar{x}_2 = 71.3 \text{ 厘米},\quad s_2 = 2.497 \text{ 厘米},\quad V_{s_2} = \frac{2.497}{71.3} \times 100\% \approx 3.50\%$$

从离散系数看,$V_{s_1} < V_{s_2}$,说明幼儿组的身高差异要比成年组的大。

【例 4.26】　某投资者想购买在上海证券交易所上市的股票 A 和股票 B 中的一种。从前几个月两种股票的收盘价格可以发现两者的标准差差别很大,$s_A = 2$(元),$s_B = 8$(元),两种股票收盘价格的平均数分别为 $\bar{x}_A = 4$(元),$\bar{x}_B = 80$(元)。问:若投资者欲选择风险小的股票投资,应该购买哪种股票?

解　该题需要计算两种股票的离散系数来测量和比较两种股票的风险。

$$V_{s_A} = \frac{s_A}{\bar{x}_A} \times 100\% = \frac{2}{4} \times 100\% = 50\%$$

$$V_{s_B} = \frac{s_B}{\bar{x}_B} \times 100\% = \frac{8}{80} \times 100\% = 10\%$$

从离散系数看,一段时期以来股票 A 比股票 B 的市场价格波动要大。因此,若投资者欲选择风险小的股票投资,应该购买股票 B。

六、各种测度值应用的场合

反映数据离散程度的各个测度值,适用于不同类型的数据。对于顺序数据,主要是用内距来测度其离散程度;对于数值型数据,主要用方差或标准差来测度其离散程度;当需要对不同总体或样本数据的离散程度进行比较时,则使用离散系数。

第五节　偏态系数和峰度系数

集中趋势和离散程度是数据分布的两个重要特征,但要全面了解数据分布的特点,还需要知道数据分布的形状是否对称、偏斜的程度以及分布的扁平程度等。偏态和峰度就是对分布形状的测度。

一、偏态及偏态系数

偏态是对数据分布偏斜方向及程度的测度。其测度值称为偏态系数,用 SK 来表示。

在前面已经提到,利用众数、中位数和平均数之间的关系,就可以大体上判断数据分布是对称、左偏还是右偏。显然判断偏态的方向并不困难,但要测度偏斜的程度则需要计算偏态系数。

对于分组数据计算偏态系数,可采用下面的公式

$$SK = \frac{\sum_{i=1}^{k}(x_i - \bar{x})^3 f_i}{ns^3} \tag{4.24}$$

即 SK 是离差三次方的平均数再除以标准差的三次方。

(1) 当分布对称时,离差三次方后正负离差可以相互抵消,因此 SK 的分子等于 0,即 $SK = 0$;

(2) 当分布不对称时,$SK \neq 0$,就形成了正或负的偏态系数 SK。

① 当 $SK > 0$ 时,表示正偏离差值较大,判断为正偏或右偏。
② 当 $SK < 0$ 时,表示负偏离差值较大,判断为负偏或左偏。

SK 的数值越大,表示偏斜的程度越大。

二、峰度及峰度系数

峰度是对数据分布平峰或尖峰程度的测度。其测度值为峰度系数,记为 K。其计算公式为

$$K = \frac{\sum_{i=1}^{k}(x_i - \bar{x})^4 f_i}{ns^4} - 3 \tag{4.25}$$

即 K 是用离差四次方的平均数再除以标准差的四次方减去 3。

峰度通常是与标准正态分布相比较而言的。

(1) 如果一组数据服从标准正态分布,则峰度系数的值等于 0;

(2) 若峰度系数的值明显不等于 0,表明分布比正态分布更平或更尖,通常称为平峰分布或尖峰分布。

① 当 $K > 0$ 时,为尖峰分布;
② 当 $K < 0$ 时,为平峰分布。

【例 4.27】 某市随机抽取的 100 户家庭按年收入分组资料如下(表 4.13),试计算偏态系

数和峰度系数,并描述数据的分布形状特征。

表 4.13 某市 100 户家庭年收入数据偏态及峰度计算表

按家庭年收入分组(千元)	组中值 x	家庭数 f(户)	xf	$(x-\bar{x})^3 f$	$(x-\bar{x})^4 f$
10 以下	5	15	75	-161 907.915	3 578 164.922
10～20	15	20	300	-35 431.22	428 717.762
20～30	25	34	850	-314.874	661.235 4
30～40	35	10	350	4 930.39	38 950.081
40～50	45	8	360	45 882.712	821 300.544 8
50～60	55	7	385	152 023.473	4 241 454.897
60 以上	65	6	390	326 639.634	12 379 642.13
合计	—	100	2 710	331 822.2	21 488 891.57

解 将计算结果 $\bar{x}=27.1, s \approx 16.715$ 代入公式得

$$SK = \frac{\sum_{i=1}^{k}(x_i-\bar{x})^3 f_i}{ns^3} = \frac{\sum_{i=1}^{7}(x_i-27.1)^3 f_i}{100 \times 16.715^3} = \frac{331\ 822.2}{100 \times 16.715^3} \approx 0.711$$

由计算结果可以看出,偏态系数为正值,而且数值较大。说明 100 户家庭的年收入的分布为右偏分布。即中低收入的家庭是多数,而收入较高的家庭是少数,而且偏斜程度较大。

$$K = \frac{\sum_{i=1}^{k}(x_i-\bar{x})^4 f_i}{ns^4} - 3 = \frac{21\ 488\ 891.57}{100 \times (16.715)^4} - 3 \approx -0.247$$

由于峰度系数 $K<0$,说明 100 户家庭的年收入的分布为平峰分布,数据分布比较分散。

第六节 Excel 中描述统计工具的使用

关于数据集中趋势、离散程度、偏态、峰度等有关指标的计算,大多都可以由 Excel 中的描述统计工具来实现。

【例 4.28】 以例 4.25 中成人组身高数据为例,介绍描述统计工具的使用。
Excel 中描述统计工具的操作步骤如下:
第一步:选择"工具"菜单;
第二步:选择"数据分析"选项;
第三步:在分析工具中选择"描述统计",然后选择"确定";
第四步:在"输入区域"输入需要计算的数据,在"输出选项"中选择输出区域、汇总统计等。输出结果见图 4.2。

	A	B	C	D	E	F
1						
2	166			列1		
3	169					
4	172			平均	172.1	
5	177			标准误差	1.328742	
6	180			中位数	172	
7	170			众数	172	
8	172			标准差	4.201851	
9	174			方差	17.65556	
10	168			峰度	0.046633	
11	173			偏度	0.530423	
12				区域	14	
13				最小值	166	
14				最大值	180	
15				求和	1721	
16				观测数	10	
17				最大(1)	180	
18				最小(1)	166	
19				置信度(95.0%)	3.005823	
20						

图 4.2　描述统计输出结果

描述统计工具输出结果的解释：

（1）平均。平均指样本的算术平均数，即

$$\bar{x} = \frac{\sum_{i=1}^{n} x_i}{n} = 172.1$$

（2）标准误差。标准误差指样本平均数的抽样误差，它等于样本标准差除以样本单位数的平方根。在本例中，计算公式和结果为

$$\frac{s}{\sqrt{n}} = \frac{4.201\,851}{\sqrt{10}} \approx 1.328\,742$$

（3）中位数。$M_e = 172$。

（4）众数。$M_0 = 172$。

（5）标准差。即样本标准差为

$$s = \sqrt{\frac{\sum_{i=1}^{n}(x_i - \bar{x})^2}{n-1}} \approx 4.201\,851$$

（6）方差。即样本方差为

$$s^2 = \frac{\sum_{i=1}^{n}(x_i - \bar{x})^2}{n-1} \approx 17.655\,56$$

(7) 峰度,即峰度系数。$K = 0.046\,633$。

(8) 偏度,即偏态系数。$SK = 0.530\,423$。

(9) 区域,即

$$极差 = 最大值 - 最小值 = 14$$

(10) 最小值。本例为 166。

(11) 最大值。本例为 180。

(12) 求和:所有数据的总和。本例为 1 721。

(13) 观测数,即数值的个数。本例为 10。

(14) 最大(1),即一个最大值。本例为 180。

(15) 最小(1),即一个最小值。本例为 166。

(16) 置信度(95.0%),即置信度为 95% 时的抽样极限误差。本例为 3.005 823。

【小资料】

关于我国大中小型企业的划分标准

国家经贸委、国家计委、财政部、国家统计局于 2003 年联合制定了《统计上大中小型企业划分办法》。该办法规定,以法人企业作为划分规模的对象,以从业人员数、销售额和资产总额三项指标为划分依据。该办法还规定,大型和中型企业须同时满足所列各项条件的下限指标,若其中一项达不到则下划一挡,具体划分标准见表 4.14:

表 4.14 统计上大中小型企业划分标准

行业名称	指标名称（总量指标）	计算单位	大型	中型	小型
工业企业（含采矿业、制造业、电力、燃气及水的生产和供应业）	从业人员数 销售额 资产总额	人 万元 万元	2 000 及以上 30 000 及以上 40 000 及以上	300 ~ 2 000 3 000 ~ 30 000 4 000 ~ 40 000	300 以下 3 000 以下 4 000 以下
建筑业企业	从业人员数 销售额 资产总额	人 万元 万元	3 000 及以上 30 000 及以上 40 000 及以上	600 ~ 3 000 3 000 ~ 30 000 4 000 ~ 40 000	600 以下 3 000 以下 4 000 以下
批发业企业	从业人员数 销售额	人 万元	200 及以上 30 000 及以上	100 ~ 200 3 000 ~ 30 000	100 以下 3 000 以下
零售业企业	从业人员数 销售额	人 万元	500 及以上 15 000 及以上	100 ~ 500 1 000 ~ 15 000	100 以下 1 000 以下
交通运输业企业	从业人员数 销售额	人 万元	3 000 及以上 30 000 及以上	500 ~ 3 000 3 000 ~ 30 000	500 以下 3 000 以下

续表4.14

行业名称	指标名称（总量指标）	计算单位	大型	中型	小型
邮政业企业	从业人员数 销售额	人 万元	1 000 及以上 30 000 及以上	400~1 000 3 000~30 000	400 以下 3 000 以下
住宿和餐馆业	从业人员数 销售额	人 万元	800 及以上 15 000 及以上	400~800 3 000~15 000	400 以下 3 000 以下

（资料来源：http://www.stats.gov.cn）

本章小结

通过统计调查得到的数据资料经过整理，并用统计表和统计图进行显示后，已经可以对总体（或样本）数量分布的形状和特征有一个大致的了解，但要对研究对象进行更加深入的统计分析，还必须运用各种综合指标对总体的数量特征作进一步描述。

总量指标是反映总体在一定时间、地点条件下达到的总规模或总水平的统计指标，它是计算相对指标和平均指标的基础，注意时期指标和时点指标的不同特点及区别。

相对指标和平均指标都是总量指标的派生指标。相对指标是两个有联系的总量指标之比，掌握六种相对指标的含义、计算方法及应用场合。平均指标是反映总体各单位某一变量值分布的集中趋势，掌握三种数值平均数和两种位置平均数的含义、计算方法及应用场合。标志变异指标是说明变量值分布差异程度的重要指标，它反映总体分布的离中趋势。掌握方差、标准差、离散系数的含义与计算方法。

关键概念

总量指标　时期指标　时点指标　相对指标　算术平均数　调和平均数
几何平均数　众数　中位数　方差　标准差　离散系数

应用范例

不同品牌同类产品的市场销售差异分析

为了解 A 和 B 两大品牌的同类产品的市场销售情况，我们对某地区 10 家百货商店进行了调查，得到 2009 年度这两个品牌同类产品的有关销售信息，如表 4.15 所示：

表 4.15

序号	商店名称	A 商品销售额(万元)	B 商品销售额(万元)
1	第一百货商店	781	744
2	西单商场	577	527
3	百盛大楼	560	374
4	华联商厦	552	518
5	南方大厦	470	289
6	中兴商业大厦	451	264
7	东安商场	437	352
8	华联商场	400	312
9	新街口百货	391	329
10	隆福大厦	378	285

根据表 4.15 中的资料我们计算了两种品牌商品的有关销售指标,并做出了其市场形势的具体分析。

首先我们做有关的计算如下。

(1) A、B 两种品牌商品的平均销售额为:

$$\mu_A = \frac{4\,997}{10} = 499.7 (万元)$$

$$\mu_B = \frac{3\,994}{10} = 399.3 (万元)$$

(2) A、B 两种品牌商品的标准差为:

$$\sigma_A = \sqrt{\frac{\sum(X-\mu)^2}{N}} = \sqrt{\frac{135\,228.1}{10}} = 116.2876 (万元)$$

$$\sigma_B = \sqrt{\frac{\sum(X-\mu)^2}{N}} = \sqrt{\frac{208\,192.4}{10}} = 144.2887 (万元)$$

(3) A、B 两种品牌商品的标准差系数为:

A 产品的 $V_\sigma = \frac{\sigma}{\mu} \times 100\% = \frac{116.2876}{499.7} \times 100\% = 23.27\%$

B 产品的 $V_\sigma = \frac{\sigma}{\mu} \times 100\% = \frac{144.2887}{399.3} \times 100\% = 36.13\%$

在现有资料的情况下,我们只能做较为简单地分析。由于不同品牌商品的销售水平不同,不能直接利用标准差来做对比分析,而以标准差系数进行对比较为合适。从上述的计算结果来看,A 品牌商品的平均销售额较 B 品牌商品要高出 100 多万元,说明 A 品牌商品受市场的欢迎程度要好于 B 品牌。同时,从标准差系数来看,A 品牌商品的标准差系数小于 B 品牌,这说明前面计算的平均销售额数据中 A 品牌的代表性要好于 B 品牌,同时也说明 A 品牌的市场销售较 B 品牌要稳定得多。从这一点出发,如果两种品牌的商品不做技术改造或不改变其营销策略的话,可以初步判断 A 品牌的市场前景要好于 B 品牌。

案例分析

"平均工资"二万九　老百姓越看越"糊涂"

据国家统计局网站公布:"2008 年,全国城镇单位在岗职工平均工资年均为 29 229 元,与 2007 年相比,增加了 4 297 元,增长 17.2%"这个数据一公布,立即引来网友一片质疑声。他们认为,这个统计数据与大多数人的实际工资差距很大。以这样的数据作为国家制定政策的参考指标,难以代表大多数人的利益。

有人打了一个生动的比方:张家有钱 1 000 万,邻居 9 个穷光蛋,平均起来算一算,个个都是张百万。事实上,这份平均工资掩盖了很大一部分下岗工人、低收入在岗者及农民工等人群的生活现状,引起人们的不满,在所难免。

国家统计局有关部门的领导在接受采访时也承认,工资统计中的问题就是现在我们平均工资的数据不能够充分反映出差异,而且大家一个普遍的感受就是"平均工资"掩盖了工资分配中的差异,或者说是不平等的。

事实上,在国家统计公布的这份统计表中,已经透露出这种"不平等"。统计表显示:按省看,2008 年城镇单位在岗职工平均工资高于全国平均水平的有 9 个省(区、市),占全部城镇单位在岗职工的 30%;低于全国平均水平的有 22 个省(区、市),占全部城镇单位在岗职工的 70%。也就是说,大多数城镇单位在岗职工无法达到全国平均工资水平。

(资料来源:新晚报,2009-04-11.)

问题:

1. 请你就国家统计局公布的全国城镇单位在岗职工年平均工资与大多数人的实际工资差距大的问题发表看法。

2. 你认为"平均工资"掩盖了工资分配中的差异的原因是什么?说明我国目前全国城镇单位在岗职工的年工资收入呈何种分布?

3. 结合所学的统计指标,谈一谈选择哪个指标作为全国城镇单位在岗职工的年工资收入一般水平的代表值代表性会更好一些?

Chapter 5 第五章

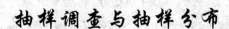
抽样调查与抽样分布

【学习要点及目标】
1. 掌握抽样调查的基本概念与基本方法；
2. 掌握抽样调查的误差及特点；
3. 熟练利用概率分布计算概率的方法；
4. 掌握常用统计量和它们的抽样分布。

【引导案例】
在克林顿就任美国总统后不久的1993年2月18日，美国某地的一家电视台以"你是否支持总统的经济计划？"为题目，采用电话调查的方式在观众中进行了一次民意测验。碰巧的是，第二天当地报纸也刊登了同一话题的经过精心策划的调查结果。两次结果见表5.1。

表5.1 民意调查结果对比表

民众看法	电视调查/%	报纸调查/%
支持	42	75
不支持	58	18
不确定	0	7

案例中，两个调查的目的都是根据对部分人群的调查来推断全体民众的看法，但两个调查结果的差异很大。到底哪个调查过程是科学的，抽样调查理论会解决这样的问题。

第一节 抽样调查概述

一、抽样调查的概念与特点

抽样调查又称样本调查,是按随机抽样原则,从被研究现象总体中抽取一部分总体单位组成样本进行调查,并根据样本资料计算的特征值,对总体的特征值做出具有一定可靠程度的估计和推断的一种非全面调查。

抽样调查是认识现象数量特征的一种重要方法,在统计研究活动中广为应用。它具有以下特点:

(一)以局部特征推断总体特征为目的

抽样调查将总体里的部分单位作为调查对象,来自于总体的部分单位包含有总体分布的信息。如果适当而又有效地利用这些信息,就能够以部分单位的特征推断整体相应的特征。对样本进行调查是手段,对总体特征进行推断是目的,即通过部分单位的研究,达到认识整体现象的目的。

(二)按随机原则从总体中抽取样本单位

所谓随机原则就是总体中每个单位被抽中的机会均等,抽选出来的单位是偶然的,不受主观意识的影响。这样就有更大的可能性使所抽取的样本结构与总体结构相似,使样本对总体有充分的代表性。

(三)对总体特征推断的误差可以事先计算并加以控制

抽样调查的目的是用局部特征推断整体特征,产生推断误差是不可避免的,但由于抽样调查遵循了随机原则,根据概率论,推断的误差范围可以事先根据有关资料进行计算,并能够采取一定的措施把误差控制在一定范围,保证对总体特征的推断具有一定的可靠性。

二、抽样调查的作用

抽样调查作为一种科学的统计调查方法具有多方面的作用,主要表现在以下几个方面:

(1)在全面调查无法进行或进行有很大困难时,可考虑采用抽样调查。例如,对无限总体只能进行抽样调查;而对具有破坏性的产品质量检验,如产品使用寿命检验,也不能进行全面调查,只能采用抽样调查进行推断。有些现象,如民意测验,由于总体范围大,分布分散,实际做不到也没有必要进行全面调查,因此可通过抽样调查来推断全面情况,这样可节省人力、物力和时间。

(2)可以补充和修正全面调查的结果。全面调查涉及面广,工作量大,参加人员多,调查结果容易出现差错,而且调查项目只能限定少数基本项目;而抽样调查范围小,可以调查更多的项目,或从事某项更深入的专题研究,这样将全面调查与抽样调查结合使用,就可补充和修正全面调查的不足。

(3)可应用于成批大量生产过程的质量控制。采用抽样调查在生产过程中进行经常性的检查和控制,分析和判断工序是否正常,从而可以对整个生产过程及时做出正确的对策,保证生产过程和产品质量处于稳定状况。

(4)可以对关于总体的某种假设进行检验。例如,要检验某种新工艺或新配方实施后是否有明显的效果,可以先作出某种假设,然后采取抽样调查,根据抽样结果判断这种假设的真伪。

总之,抽样调查是一种科学、有效的研究方法,目前,它不仅广泛应用于自然科学领域,也越来越多地应用于社会经济现象数量方面的研究。随着抽样理论的发展,抽样技术的进步和完善,广大统计工作者业务水平的提高,抽样调查在社会经济统计中的应用将更加普及。

三、抽样调查的相关概念

(一)样本和样本代表性

按照随机原则从要了解的总体中获得的一个个体子集称为该总体的一个样本。之所以能够根据样本资料对总体特征进行推断,是因为样本中包含了总体的部分信息。不同的样本中包含的总体信息是不一致的,人们把一个样本中包含的总体信息与实际总体信息的接近程度称为该样本的代表性。例如,一个总体由 50 个黑颜色的球和 50 个红颜色的球组成,在两次抽样中,第一次的结果为 5 个黑球和 5 个红球,第二次结果为 3 个黑球和 7 个红球。由于第一个样本包含的总体结构信息更接近于总体的实际情况,那么可以说第一个样本的代表性高于第二个样本。

(二)样本容量

样本容量是指一个样本中所包含的总体单位数,一般用 n 表示,它是抽样调查中非常重要的概念。样本容量的大小与对总体推断的准确性及可靠性有着直接的联系,即在总体既定的情况下,样本容量越大,通常其样本的代表性越大,推断的准确性与可靠性也就越高;反之,样本容量越小,通常其样本的代表性越小,推断的准确性与可靠性也就越低。

(三)抽样框

当抽样调查的目的确定之后,所要研究的现象总体也就随之确定,同时也就确定了应该在什么范围内进行抽样,即确定了理论上的抽样范围。但有时实际能够进行抽样的总体范围与目标总体范围是不一致的。此外在很多情况下,如果总体单位数很多,很难为每个总体单位做一个编号,进行随机抽样。如某省进行农户收支调查,目标总体是全省所有农户,如果把抽样单位定为该省的每个农户,这时随机抽样就变得非常难以操作。为了实际操作可行,在确定了目标总体后,还必须明确实际进行抽样的总体范围和抽样单位,这就要编制一个抽样框。抽样框是包含全部抽样单位的名单框架。编制抽样框是实施抽样的基础。抽样框的好坏通常会直接影响到抽样调查的随机性和调查的效果。

抽样框主要有三种形式：一是名单抽样框，即列出全部总体的名录一览表，如职工名单、企业名单等；二是区域抽样框，即按地理位置将总体范围划分为若干小区域，以小区域为抽样单位，如对进行农户收支抽样调查时，可将各个村作为抽样单位并编号；三是时间表抽样框，即将总体全部单位按时间顺序排列，把总体的时间过程分为若干个小的时间单位，以此时间单位为抽样单位，如对流水线上24小时内生产的产品进行质量抽查时，以5分钟为一个抽样单位，可将全部产品分为288个抽样单位并按时间顺序排列。

一个理想的抽样框应该与目标总体一致，即应该包括全部总体单位，既不重复也不遗漏。也就是说，每个总体单位在抽样框里必须出现一次而且只能出现一次，以保证抽样框能完全代表总体。若有遗漏，则缺少的那些总体单位根本没有被抽取的可能，这就破坏了抽样的随机性原则，产生了系统偏差。同样，抽样框中总体单位若有重复或包括了非目标总体单位，也会造成偏差。例如，对某市居民进行抽样调查，以该市的电话号码簿为抽样框就很不科学。因为有的居民并没有安装电话，有的居民不止安装一部电话，有的电话号码不属于居民户，所以，从这一抽样框中抽出的样本难以代表总体。

在抽样调查实践中，有时要取得与目标总体完全一致的抽样框往往很难，甚至不可能，而且，总体规模也是在不断增加与消减的变化过程中。所以，常常只能采用与目标总体近似的抽样框。在此情况下，用样本推断总体时就应充分考虑抽样框与目标总体之间的差异。

（四）抽样误差

1. 抽样误差的概念

抽样调查的目的是用样本的特征值对总体的特征值进行推断。不同样本由于结构不同，其特征值通常是不同的，而总体的特征值只有一个。在抽样调查中所得样本特征值与总体特征值之间的差异构成了抽样推断的误差，误差的来源有登记性误差和代表性误差两类。

登记性误差是指在调查和汇总过程中由于观察、测量、登记、过录、计算等方面的差错或调查者提供虚假资料而造成的误差。登记性误差不是抽样调查所独有的，而是任何一种统计调查都可能产生。一般说来，调查范围越大，调查单位越多，产生登记性误差的可能性越大。

代表性误差是指抽样调查时，由于被选择的样本结构与总体结构不一致，样本信息不能完全反映总体信息而产生的误差。代表性误差可以反映样本代表性的高低。

代表性误差又可分为系统误差和随机误差两种。系统误差，是指由于非随机因素，如方法不得当引起的样本代表性偏离而产生的误差，表现为对总体的估计系统性偏高或偏低，故也称偏差。例如，抽样框与目标总体不一致、有意多选较好或较差的单位等，就会产生系统误差。随机误差又称为偶然性误差，是指遵循随机原则抽样，由于随机因素（偶然性因素）引起的代表性误差。抽样误差就是指这种随机误差，即由于抽样的随机性而产生的样本指标值与总体指标值之间的代表性误差。

在抽样调查中,登记性误差与系统偏差都可以尽量避免,而抽样误差则是不可避免的,但可以估算并加以控制。

2. 抽样平均误差的概念

在实际抽样中,每一个样本的样本特征值与总体的特征值之间的误差称为抽样实际误差,它用来反映单一样本的代表性。抽样实际误差随样本的随机性表现为随机变量,有多少种可能的样本就有多少种可能的抽样实际误差。在现实的抽样推断中,抽样实际误差是不可能得到的,因为总体的特征值是未知的。

在实际抽样调查中,经常需要了解一个抽样方案的优劣,如人们希望知道在其他条件相同时,样本容量不同的抽样方案的优劣。抽样方案的优劣可以用抽样平均误差来反映。抽样平均误差是指一个抽样方案的所有可能样本的样本特征值与总体相应特征值的离差的平均水平。抽样平均误差的定义关系式为

$$抽样平均误差 = \sqrt{\frac{\sum(各种可能样本特征值 - 总体特征值)^2}{所有可能的样本个数}} \tag{5.1}$$

【例 5.1】 设总体共有四个工人,他们每人日产量分别为 50,60,80 和 90 件,采用重复抽样方式从总体中随机抽取两个工人组成样本,计划用样本的平均日产量推断总体的平均日产量。利用以上资料,计算抽样平均误差。

解 计算总体平均数为

$$\bar{X} = \frac{\sum X}{N} = \frac{50+60+80+90}{4} = 70(件)$$

采用重复抽样可能的样本数目为

$$4 \times 4 = 16$$

各个样本平均数与总体平均数离差及离差平方和的计算过程见表 5.2。

表 5.2　抽样平均误差计算表

样本	产量 (x)	样本平均数 ($\bar{x}$)	离差 ($\bar{x} - \bar{X}$)	离差平方 ($\bar{x} - \bar{X})^2$
1 甲甲	50,50	50	−20	400
2 甲乙	50,60	55	−15	225
3 甲丙	50,80	65	−5	25
4 甲丁	50,90	70	0	0
5 乙甲	60,50	55	−15	225
6 乙乙	60,60	60	−10	100
7 乙丙	60,80	70	0	0
8 乙丁	60,90	75	5	25

续表 5.2

样本	产量 (x)	样本平均数 ($\bar{x}$)	离差 ($\bar{x} - \bar{X}$)	离差平方 ($\bar{x} - \bar{X})^2$
9 丙甲	80,50	65	-5	25
10 丙乙	80,60	70	0	0
11 丙丙	80,80	80	10	100
12 丙丁	80,90	85	15	225
13 丁甲	90,50	70	0	0
14 丁乙	90,60	75	5	25
15 丁丙	90,80	85	15	225
16 丁丁	90,90	90	20	400
合计	—			2 000

将表中计算结果代入公式(5.1),得

$$抽样平均误差 = \sqrt{\frac{2\,000}{16}} = \sqrt{125} \approx 11.18(件)$$

由结果可知,虽然每个样本的抽样实际误差有大有小,但这个抽样方案抽样实际误差的平均水平是 11.18 件,也就是用该抽样方案估计总体指标,平均会带来 11.18 件的抽样误差。

公式(5.1)只表明了抽样平均误差的含义,并不能作为其计算公式。因为在现实的抽样中只能抽取有限样本,没有可能也没有必要获得全部所有可能样本,同时总体特征值也是未知的,所以抽样平均误差不可能通过所有样本来直接计算。在实际工作中,抽样平均误差是利用总体标准差与样本标准差之间的关系进行推算得到的。具体计算方法将在本章第三节中进行介绍。

(五) 抽样方法

抽样方法是指对抽中的总体单位的处置方法。

1. 重复抽样

重复抽样也称为有放回抽样,是指在逐个抽取样本单位时,被抽中的总体单位经登记、观察后,再放回总体中去,接着再继续抽取下一个样本单位的抽样方法。这种抽样方法使每个单位都有重复被抽中的机会,每个单位的中选机会在各次抽选中是相同的。

2. 不重复抽样

不重复抽样也称为无放回抽样,是指在逐个抽取样本单位时,被抽中的总体单位经登记、观察后,不再放回总体中去参加下一次抽选的抽样方法。被抽中的单位不再参加下一次的抽选,每进行一次抽选总体中的单位数就少一个,每次抽取的结果都影响到下一次的抽取。这种抽样方法,虽然每个单位都有可能被选中,但中选机会在各次抽选中是不相同的。

根据重复抽样和不重复抽样定义可以看出,重复抽样可能会导致某个总体单位被多次抽取,所以重复抽样的样本代表性总体上要低于不重复抽样,即重复抽样的抽样平均误差要大于不重复抽样。但由于重复抽样中每次抽样是独立的且面对相同的总体,在计算上带来很大方便,所以抽样平均误差的计算是以重复抽样为基础,如果是不重复抽样,则用修正系数对抽样平均误差进行修正。

第二节 抽样调查的组织形式

在确定抽样框之后,下一步就需要采用某种组织方式从抽样框中随机选择样本。在保证随机性的前提下,如何抽样还需要权衡下面两个因素:抽样平均误差的大小和抽样的方便性。在实际操作中,抽样调查有五种组织形式:简单随机抽样、类型抽样、等距抽样、整群抽样和多阶段抽样。

一、简单随机抽样

简单随机抽样又称为纯随机抽样,是按随机原则直接从总体中抽取样本单位。它是抽样中最基本的抽取样本的组织方式,适用于总体分布比较均匀,且总体单位不很多的情况。简单随机抽样时,根据总体的不同特点,可以采取下面几种方法抽样。

(一)直接抽选法

从调查对象中直接抽选样本,如从仓库中存放的所有同类产品中随机指定若干个产品进行质量检验,或从教室中随机选择几名学生作为样本调查考试成绩等。由于调查者与调查对象直接接触,这种方法易受主观意志的干扰。

(二)抽签法

将每个单位号码写在相同纸片上,将纸片混合均匀后从中抽选,被抽到号码对应的单位为调查单位,直到抽满预先规定的数量为止。这种方法简单易行,不受主观干扰,总体单位数目不多时可以使用。

(三)随机数表法

随机数表是事先编好的由数字组成的表格,其中每一位上的数字都是在 0~9 这 10 个数字中随机产生的。为了使用方便,通常按照一定的位数组合起来,形成多位数的随机数字,见表 5.3。该方法首先要将抽样框中所有的单位加以编号,根据编号的最高位数确定选用随机数码表中数字的位数;然后抽签选择抽样起始列、起始行以及抽样方向;之后从起始位置开始,沿抽样方向逐个比较编号,如该编号在抽样框范围内就记录下来;如果是不重复抽样,则遇到已经选择的数字时不记录,直到选到预定的数量为止。产生的数字就对应着抽样框中的同编号的总体单位,这样产生的一组数字就代表产生的一个样本,最后就可以对相应的单位进行调查了。

【例 5.2】 某班级共有 30 名学生,以学生学号(1~30)为抽样框,利用随机数码表随机抽取 5 名学生。

解 表 5.3 是从随机数码表中摘取一部分组成的表。

表 5.3 随机数码表

03	47	43	73	86	36	96	47	36	61
97	74	24	67	62	42	81	14	57	20
16	76	62	27	66	56	50	26	71	07
12	56	85	99	26	96	96	68	27	31
55	59	56	35	64	38	54	82	46	22
16	22	77	94	39	49	54	43	54	82
84	42	17	53	31	57	24	55	06	88
63	01	63	78	59	16	95	55	67	19
33	21	12	34	29	78	64	56	07	82
57	60	86	32	44	09	47	27	96	54
18	18	07	92	45	44	17	16	58	09
26	62	38	97	75	84	16	07	44	99
23	42	40	64	74	82	97	77	77	81
52	36	28	19	95	50	92	26	11	97
37	85	94	35	12	83	39	50	08	30

学号范围是 01~30 号,编号为两位数,因此,从随机数码表上取两列作为计算单位。然后抽签选择起始行、列和方向。假定抽签确定起始位置为第 1 行、第 3 列,抽样方向为向下,即从 43 开始,按顺序向下数。由于 43 超出了学号范围,所以被放弃;第二个数字 24 在编号范围内,所以被选择。同样道理,下面的 62,85,56,77 超出了范围,全被放弃。17 是在编号范围之内,因此 17 号作为样本单位,同理还将取出 12,07,28 号,它们与 24,17 号共 5 名同学作为样本单位。

这种办法虽然仍要编号,但免除了做签和混合的工作,因而比较简单。如果总体单位数很多,只要把数字栏数放宽相应的位数即可。例如,从 4 000 个单位中抽选 50 个单位,可从随机数码表中任取 4 列数字作为计算单位顺序数下去,只要碰到 4 000 以内的数字号码就选为样本单位,超过 4 000 的不选择,重复的不选择,直到选够 50 个调查单位为止。

二、类型抽样

类型抽样是将目标总体中各单位,先按一定的标志进行分组,然后在每个组中随机抽取样本单位的抽样组织方式。设被抽样的统计总体由 N 个单位组成,按某一标志把该总体划分为 k 组,使各组中的个体包含了所有总体单位且没有重复。然后从每组中按随机原则抽取若干个单位共同构成样本容量为 n 的样本,这种抽样方法称为类型抽样。

类型抽样优点是提高样本的代表性,降低抽样平均误差,提升了对总体推断的精度。将总体分组后,可以把总体中标志值比较接近的单位归为一组,使各组内的分布相对比较均匀,而且在每个组里都会有个体被抽取。由于每组都有个体被抽到,所以误差的大小只受组内变异度的影响。因此,这种抽样方式相对于简单随机抽样的误差要小。

类型抽样方式是将分组法和随机原则结合起来运用的一种方法,适用于各单位在调查项目上有明显差别的总体。总体各单位标志值大小悬殊的情况下,运用类型抽样可以得到比简单随机抽样更准确的结果。因此,类型抽样在实际工作中被广泛应用。需要注意的是,在选择分组标志时,应使各组组间差异较大而组内差异较小,这样才能使样本更具有代表性。

按照在各组中抽取样本单位数量的分配状况,类型抽样可分为等比例抽样和不等比例抽样。

1. 等比例抽样

等比例抽样是按照相同的抽样比(n/N),确定各组中应该抽取的样本单位数,即总体单位多的组多抽,总体单位少的组少抽。这样可以保证样本单位在总体中均匀分布,提高样本的代表性。等比例抽样方式简便易行,抽样单位分配合理,误差计算比较方便;但并不是任何情况下都适合,如某类单位在总体中占的比重过小,各单位标志值相差又很悬殊,若按等比例抽样方式抽取样本单位,对那些单位数很少的组就难处理。

2. 不等比例抽样

不等比例抽样是不按照相同的抽样比确定各组中应该抽取的样本单位数,如差异程度较大的组多抽,差异程度较小的组少抽。这种抽样方式的样本缺乏代表性,且抽样平均误差计算较麻烦,一般只在特殊情况下应用。

三、等距抽样

等距抽样是先将总体单位按某一标志排序,然后按照固定的顺序和相同的间隔来抽选样本单位的抽样组织方式。如设总体有 N 个单位,现在需要抽取一个容量为 n 的样本,可以将 N 个总体单位按一定标志排队并编号为 $1 \sim N$,然后将 N 划分为 n 个单位数相等的部分,每部分都包含 k 个单位,即 $N=nk$。这时第一部分各总体单位的编号为 $1 \sim k$。在编号 $1 \sim k$ 中随机抽取 1 个号码,如 j,那么第一部分中排序为 j 的单位成为样本单位。在其他部分中内部排序为 j

的单位同时成为其他抽样单位,共有 n 个单位组成一个样本,而且每个样本的间隔均为 k,这种抽样方法称为等距抽样。等距抽样的随机性表现在第一个样本单位抽取是随机的,当第一个样本单位确定后,其余的样本单位也就自然确定了。如要在某学校 10 000 名同学中随机抽取 100 名,可以先将学生编号为 1~10 000;然后按编号从小到大排列后分成 100 组,第一组编号为 1~100;分组后在第一组中随机抽取 1 个号码,如 12 号,那么编号为 12 号学生成为样本;其他组中排序为 12 的,如 112,212 等自然成为样本单位,共 100 人。

按等距抽样组织形式抽取样本单位,能够使抽出的样本单位更均匀地分布在总体中,并且等距抽样均为不重复抽样。所以,等距抽样的抽样平均误差一般比简单随机抽样的抽样平均误差小。特别是当研究的现象标志变异程度较大时,更显示出等距抽样的优越性。

排列抽样框各单位顺序的标志,可能与调查项目有关,也可能与调查项目无关,相应的,等距抽样可分为无关标志排序抽样和有关标志排序抽样。

(一)无关标志排序抽样

无关标志排序抽样是指排序的标志与被研究的事项无关,即这种方法所采用的排序标志与调查项目没有关系或影响不大。例如,调查居民家庭情况时,按姓氏笔画、门牌号码排队;抽样推断学生考试成绩时,用学号排序;抽样推断产品的质量时,按生产的先后顺序排序等。

无关标志排序时,抽样各组个体之间在被研究事项方面没有由分组带来的差异,所以它的抽样平均误差相当于纯随机不重复抽样。

(二)有关标志排序抽样

有关标志排序抽样是指排序的标志与被研究的事项相关。如对农产品产量调查时,按农户的生产规模排序;对家庭消费水平调查时,按收入水平的高低来排序。应该指出,按有关标志排序时,要避免由抽样间隔与排序标志的周期性变化相重合而造成的系统性误差,从而带来对总体推断精度的降低。

有关标志排序抽样各组个体之间在被研究事项方面存在由于分组带来的差异,相当于类型抽样每组中抽取一个个体,所以它的抽样平均误差相当于类型不重复抽样。

四、整群抽样

整群抽样也叫做分群抽样或集团抽样,是将总体划分为若干群,然后以各群为抽样框从中随机抽取部分群,最后对被选中群的所有单位进行全面调查的抽样组织方式。在大规模的抽样调查中,如果总体单位多,分布区域广,缺少进行抽样的抽样框,或按经济原则不宜编制名单抽样框的情况下,宜采用这种形式。因为整群抽样将抽样单位由总体单位扩大到群,所以它的抽样框是很简单的。例如,对某市居民的家庭收入进行调查,采用整群抽样,就可以按行政区域分为不同街道,然后随机抽取一些街道,进行全面调查,此时相对于前面的三种抽样方式,这种抽样方式更加适宜。

整群抽样中的群,主要是自然形成的,如行政区域、地理区域等。由于整群抽样在群内采用全面调查,所以抽样误差产生在群间的差异。由于群间通常差异较大,所以整群抽样通常较简单随机抽样的样本代表性差,抽样平均误差大。所以整群抽样应适当增加样本单位,以提高估计的精确度。

五、多阶段抽样

在抽样调查中,如果每次抽样的对象都是总体单位,叫做单阶段抽样,如简单随机抽样、等距抽样、类型抽样等。如果先将总体进行分组,从中随机抽出一些组,然后再从选中的组中随机抽取总体单位,叫做两阶段抽样。如整群抽样就是第二阶段抽样比为100%的一种特殊的两阶段抽样。如果将总体进行多层次分组,然后依次在各层中随机抽组,直到抽取总体单位,称为多阶段抽样。如我国农产量调查就是采用多阶段抽样调查,即先从省中抽县,然后从县中抽乡,乡中抽村,再由选中的村中抽地块,最后从选中的地块中抽取小面积作为样本单位。

在实际工作中,当总体单位很多、分布广泛,几乎不可能从总体中直接抽取总体单位时,常采用多阶段抽样。其优点是:①便于组织抽样。它可以按现有的行政区域或地理区域划分各阶段的抽样单元,从而简化抽样框的编制。②可以获得各阶段单元的调查资料,根据初级资料可进行逐级抽样推断,得到各级的调查资料。如农产品产量调查,可根据样本推断地块资料,根据地块资料可推断村的资料,然后依次推断乡、县等。③多阶段抽样的方式比较灵活,各阶段抽样的组织方式应以上述四种抽样方式为依据进行选择。一般在初级阶段抽样时多用分层抽样和等距抽样,在次级阶段抽样时多用等距抽样和简单随机抽样。同时,还可以根据各阶段的不同特点,采用不同的抽样比例。如差异大的阶段,抽样比大一些;差异小的阶段,抽样比小一些。

第三节 抽样分布

抽样调查的目的是利用样本信息来推断总体信息。依据不同样本作出推断的精度和可靠程度是不同的,依据推断结果进行决策的质量自然也是不同的。因此,研究抽样调查必须要了解抽样分布,也就是抽样各种结果的概率分布。

一、概率与概率分布

在人们的日常生活和工作中,有很多现象的结果是不确定的。例如,掷一枚骰子的结果会不会是6?股票的价格是要上涨、下跌或者平盘?某项工程能否按期完工?投资项目营利的可能性有多大。上述这些现象都具有两个特点:一是事先不能确定哪一个结果出现;二是各种结果在多次重复过程中体现出某种统计的规律性。这类现象被称为不确定现象,或者称为随机现象。对于这些随机现象,虽然不能事先控制某种结果的出现,但人们能够预测某个结果发生的可能性,以便帮助人们进行决策。为此,人们需要使用一个数值来度量随机现象中某一结果出现的可能性大小,这个数值就被称为概率。

概率的取值总是从 0 到 1 之间。概率值等于 0 表明该现象不可能发生;概率值等于 1 表明该现象必然发生;介于 0 和 1 之间的概率则说明该现象出现可能性的不同程度。例如,掷一枚骰子的结果在 1 点至 6 点之间的概率为 1,而结果为 7 点的概率为 0;结果为 1 点至 6 点 6 个结果中每一个的概率在 0 到 1 之间,且六个结果的概率和为 1。概率的思想在抽样调查中非常重要,因为它可以对不确定现象给予说明,因此概率在预测和决策中有着重要的应用。

如果用变量 X 表示随机事件的结果,即用 X 表示掷一枚骰子的结果,则 X 被称为随机变量。概率分布,是指随机变量的取值与其概率构成的分布。概率分布描述了一个随机变量的所有取值与其概率值之间的关系,通过概率分布可以计算随机变量各种取值的概率。随机变量按照取值可分为离散型随机变量和连续型随机变量。由于变量性质不同,它们的概率分布的表示方法也各有不同。相应地,利用概率分布来计算概率的方法也有所不同。

(一)离散型变量的概率分布

如果一个随机变量的取值范围是有限或可列,该变量称为离散型随机变量。离散型随机变量的概率分布可以用公式、表格和图形表达。

离散型随机变量的概率分布可以用离散函数公式表示。例如,设掷一枚骰子的结果为随机变量 X,则其概率分布公式可以表示为

$$P(X = x_i) = \frac{1}{6}, \quad x_i = 1,2,3,4,5,6$$

通过公式可以看出:掷一枚骰子的结果有六种可能性;每一种结果的概率都是 1/6。

如果离散型随机变量的取值范围为有限个,其概率分布通常可以用表格形式来表示。如掷一枚骰子结果的概率分布见表 5.4。

表 5.4 X 的概率分布表

X	1	2	3	4	5	6
$P(X = x_i)$	1/6	1/6	1/6	1/6	1/6	1/6

通过概率分布表可以很容易地计算出各种结果的概率,如掷骰子结果为 3 点的概率为 1/6,为双数的概率为 1/2。

可以看出,离散型随机变量的概率分布具有以下性质:

$$P(X = x_i) \geq 0$$

$$\sum_{i=1}^{\infty} P(X = x_i) = 1$$

也就是说,随机变量取值为每个具体值的概率不小于 0,取各个值的概率和为 1。

离散型随机变量的概率分布表,可以用条形图直观地表示出来。如上述概率分布可以表

示为图 5.1。图 5.1 中以变量值为横坐标,取各个值的概率为纵坐标,条形的高度为变量取该值的概率。

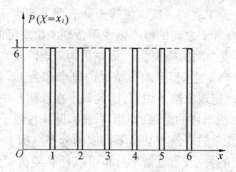

图 5.1　一枚骰子结果 X 的概率分布图

(二) 连续型随机变量的概率分布

由于连续型随机变量的值在某一区间内有无限多个,因此无法一一列举,其概率分布不可能采用离散变量的表示方法。通常用另一种函数来描述,这个函数记为 $f(x)$,称为概率密度函数。它具有以下性质:

(1) $f(x) \geqslant 0$;

(2) $\int_{-\infty}^{+\infty} f(x) \mathrm{d}x = 1$;

(3) $P(a \leqslant X \leqslant b) = \int_{a}^{b} f(x) \mathrm{d}x, a \leqslant b$。

通过以上性质可以看出:要计算连续型随机变量取值在 a 和 b 之间的概率,只要找到该变量的概率分布密度函数 $f(x)$,然后计算 $f(x)$ 在 a,b 之间的定积分即可。如果以 $f(x)$ 作为纵坐标,x 作为横坐标画出一条曲线,这条曲线被称为概率密度曲线,见图 5.2。从图 5.2 可以看出,计算 x 取值在 a 和 b 之间的概率,也就是计算出图中阴影部分的面积。

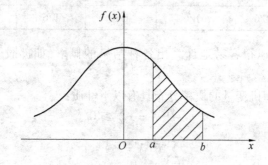

图 5.2　概率密度函数

连续型随机变量的概率分布有很多类型,这里仅介绍最基本的均匀分布和最重要的正态分布。

1. 均匀分布

如果连续型随机变量 X 取值范围在 a,b 之间,且变量值落在取值范围内任意一个相同长度的区间的概率都相同,这个随机变量就会服从均匀分布。其概率密度函数可表示为

$$f(x) = \begin{cases} \dfrac{1}{b-a}, & a \leqslant x \leqslant b \\ 0, & \text{其他} \end{cases} \tag{5.2}$$

例如,假定公共汽车在某站每 5 分钟准时发一趟班车,某人随机赶到该车站,其等车时间可能在 0 ~ 5 分钟之间的任意值。这种情况下,等车时间 X 作为随机变量,服从均匀分布,其概率密度函数为

$$f(x) = \begin{cases} \dfrac{1}{5}, & 0 \leqslant x \leqslant 5 \\ 0, & \text{其他} \end{cases}$$

其概率密度曲线是长度为 5 的水平线段,见图 5.3。

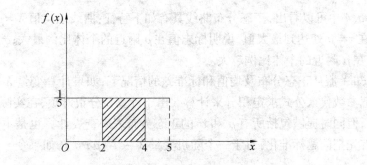

图 5.3 等车时间概率密度函数

其等车时间在 0 ~ 5 分钟任何区间的概率,即为概率密度曲线、横坐标轴及该区间起止点竖垂线所包围的面积。如等车时间刚好在 2 ~ 4 分钟之间的概率为图 5.3 中阴影的面积。

$$P(2 \leqslant X \leqslant 4) = \frac{1}{5}(4-2) = \frac{2}{5}$$

2. 正态分布

正态分布是连续型随机变量分布中最常见也是最重要的一种分布形式,在实践中有着广泛的应用。在自然界和社会经济生活中,有很多现象都服从正态分布,如人的身高、体重、智力,产品的加工尺寸等。在抽样推断中,正态分布也是最常见的分布形式,在样本足够大时,很多统计数据都近似服从正态分布。

如果随机变量 X 的概率密度函数为

$$f(x) = \frac{1}{\sigma\sqrt{2\pi}} \cdot e^{-\frac{(x-\mu)^2}{2\sigma^2}}, \quad -\infty < x < +\infty \tag{5.3}$$

则称随机变量 X 服从 μ 为均值，σ 为标准差的正态分布，或 $X \sim N(\mu, \sigma^2)$。从公式(5.3)可以看出，正态分布只有两个参数：一个是均值；一个是方差(或标准差)。只要确定这两个参数，正态分布就确定了，变量取值在某一区间的概率也就确定了。μ 为均值，σ 为标准差的正态分布的概率密度曲线见图5.4。

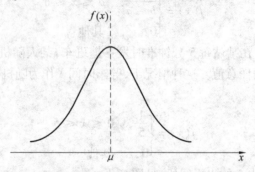

图5.4 正态分布概率密度函数

从图5.4中可以看出，正态分布曲线具有如下特征：曲线以均值 $X = \mu$ 为轴对称；曲线称钟型，$f(x)$ 在 $x = \mu$ 处达到最大值，说明标志值在 μ 附近的个体比例最大；σ 越小，曲线越陡峭，说明标志值在 μ 附近的个体比例越大。

在已知 X 服从正态分布及均值和标准差的情况下，如果计算变量 X 取值在 a, b 之间的概率，可以把参数代入公式求定积分来计算。由于计算积分很麻烦，在实际工作中通常是通过查表来计算，但同时提供包括所有 μ 和 σ 的正态分布表来查表计算也是不可能的。为了解决计算问题，首先把问题标准化：对于一个随机变量 $X \sim N(\mu, \sigma^2)$，如果令

$$Z = \frac{X - \mu}{\sigma} \tag{5.4}$$

则随机变量 Z 服从与 $\mu = 0$ 和 $\sigma = 1$ 的正态分布，记为 $Z \sim N(0, 1)$，称为标准正态分布。这样就可以把计算变量 X 取值在某一区间的概率问题转化为求 Z 值在对映区间的概率问题。所谓的 Z 值，也叫标准分，本质上就是变量某一具体取值距离分布中心 μ 多少个标准差。

标准正态分布的参数 μ 和 σ 是确定唯一的，因此可以将标准正态分布中随机变量与其概率之间的关系事先计算出来，并列在表格中以便查阅。这就是书后附录中的标准正态分布表。于是对于不同的 μ 与 σ 的正态分布，只要将变量值转化成相应的 Z 值，就可以查表得到概率值。

对于一个随机变量 $X \sim N(\mu, \sigma^2)$，如果要计算其取值在区间 $[a, b]$ 之间的概率，可以按照以下步骤：

(1) 首先将问题标准化。将区间临界值 a 和 b 分别代入公式(5.4)计算两个 Z 值，即计算

a 与 b 分别距离分布中心 μ 多少个标准差。这样就把计算 $a \leqslant X \leqslant b$ 的概率问题转化为求 $Z_a \leqslant Z \leqslant Z_b$ 的概率问题。

（2）查标准正态分布表得到与这两个 Z 值有关的概率。在标准正态分布表中标出了与 Z 值有关的部分概率，即分布曲线下面积。由于标准正态分布是 y 轴对称的，所以表格中只反映了 Z 值为正时的情况，Z 值为负时可以按照对称关系进行相应换算。

（3）将查表得到两个概率值做相应的运算，即将两个面积做相应的加减，得到 Z 值在 Z_a 与 Z_b 之间的概率，即 X 取值在 a 与 b 之间的概率。

【例5.3】 已知某批产品长度服从均值为120毫米，标准差为2毫米的正态分布。现随机抽取一件产品，求该产品长度在 119～121 毫米之间的概率。

分析：用 X 表示产品长度，则 $X \sim N(120,2^2)$。求该产品长度在 119～121 毫米之间的概率，也就是要求计算图 5.5(a) 中阴影的面积。

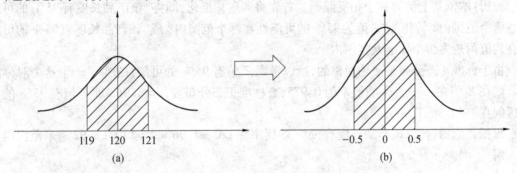

图 5.5　正态分布转化为标准正态分布

解 为了能查表计算，首先将问题标准化。

将 119 和 121 这两个变量 X 的临界值分别标准化为 z 值，即

$$Z = \frac{X - \mu}{\sigma}$$

根据 Z 值的含义，问题由求该产品长度在 119～121 毫米之间的概率，转化为求 Z 值在 -0.5 到 $+0.5$ 之间的概率，也就是产品长度距离均值 ± 0.5 个标准差之间的概率，也就是图 5.5(b) 中的面积。

附表 1 中标准正态分布表中第一列是 Z 值，第一行是 Z 的第二位小数补充值，表格中间内容为该 Z 值左边的积分面积，即 Z 小于该值概率值。查表找到 0.5 行与 0.00 列交叉点，数值为 0.691 5，该数值表明 Z 值在 $-\infty$～0.50 之间的概率，即 0.5 左边面积为 0.691 5。由于标准正态分布是 y 轴对称的，所以 -0.5 左边面积，即 Z 值在 $-\infty$ ～-0.50 之间的概率为 $1 - 0.691\ 5 = 0.308\ 5$。也就是该数值表明 Z 值在 -0.50～0.50 之间的概率，即阴影部分面积为 $0.691\ 5 - 0.308\ 5 = 0.383$。计算 Z 值如下：

$$Z_1 = \frac{X - \mu}{\sigma} = \frac{121 - 120}{2} = 0.50$$

$$Z_2 = \frac{X - \mu}{\sigma} = \frac{119 - 120}{2} = -0.50$$

查标准正态分布表可得

$$P(-\infty \leq Z \leq 0.50) = 0.6915$$

所以

$$P(-0.50 \leq Z \leq 0.50) = 0.6915 - (1 - 0.6915) = 2 \times 0.6915 - 1 = 0.383$$

即随机抽取一件产品,长度在119~121毫米之间的概率是0.383。

【例5.4】 已知某产品长度服从均值为120毫米,标准差为2毫米的正态分布。现随机抽取一件产品,求该产品长度有95%的可能性在哪个范围内?

分析:本例是上例的一个相反问题。首先将问题标准化,即将"该产品长度有95%的可能性在哪个范围内"转化为"Z值为95%的可能性在哪个范围内"或"该产品长度有95%的可能性在均值附近多少个标准差范围内"。

由于标准正态分布是y轴对称的,所以考虑Z值有95%的可能性在$[-z,z]$这个对称区间。则在Z值在$[-\infty,z]$的概率为0.975,查标准正态分布表,$z=1.96$,即Z值有95%的概率区间在$[-1.96,1.96]$。

根据Z值的含义,该产品长度有95%的概率在$120 \pm 1.96 \times 2 = 120 \pm 3.92$毫米范围内。

解 因为

$$P(-z \leq Z \leq z) = 0.95$$

所以

$$P(-\infty \leq Z \leq z) = 0.975$$

查标准正态分布表可得

$$P(-\infty \leq Z \leq 1.96) = 0.975$$

所以

$$P(-1.96 \leq Z \leq 1.96) = 0.95$$

根据Z值的含义,该产品长度有95%的可能性距离均值1.96个标准差。即随机抽取一件产品,该产品长度有95%的可能性在120 ± 3.92毫米范围内。

通过上例可以看出,正态总体中各单位的标志值有95%的可能性在$\mu \pm 1.96\sigma$范围内。推而广之,正态总体中存在下列关系

$$P(\mu - Z_{\frac{\alpha}{2}}\sigma \leq X \leq \mu + Z_{\frac{\alpha}{2}}\sigma) = 1 - \alpha$$

式中,X表示随机变量;μ表示总体均值;σ表示总体标准差;$1-\alpha$表示X值在该区间的概率;$Z_{\alpha/2}$表示查标准正态分布表所得Z值,即区间临界值。

从上面结论可以看出,在正态分布条件下,只要掌握了总体的均值与标准差,就可以查标

准正态分布表得到任何概率水平下变量的取值范围。常见概率水平下变量取值范围见表 5.5。

表 5.5　常见概率水平下变量 X 取值范围

概率值 $(1-\alpha)$	$Z_{\frac{\alpha}{2}}$	变量 X 取值范围
68.27%	1	$\mu \pm 1\sigma$
90%	1.645	$\mu \pm 1.645\sigma$
95%	1.96	$\mu \pm 1.96\sigma$
95.45%	2	$\mu \pm 2\sigma$
99%	2.58	$\mu \pm 2.58\sigma$
99.73%	3	$\mu \pm 3\sigma$

二、样本均值的抽样分布与中心极限定理

每次抽样通常获得不同的样本,所以样本平均数的值是不确定的,即样本均值是一个随机变量。样本平均数的概率分布称为样本均值的抽样分布,抽样分布与被抽样总体的分布、样本容量及所掌握的总体信息有着密切的关系。

（一）正态总体,均值、方差均已知条件下样本均值的抽样分布

概率论已经证明:如果总体服从均值为 μ,标准差为 σ 的正态分布,在重复抽样的情况下,样本平均数

$$\bar{x} \sim N(\mu, \frac{\sigma^2}{n}) \tag{5.5}$$

也服从正态分布,均值同样为 μ,而标准差只有总体的 $1/\sqrt{n}$。

其中样本平均数的标准差也叫做抽样平均误差,其公式为

$$\sigma(\bar{x}) = \frac{\sigma}{\sqrt{n}} \tag{5.6}$$

【例 5.5】 已知某批产品长度服从均值为 120 毫米,标准差为 2 毫米的正态分布。现随机重复抽样抽取 4 件产品,求该样本的平均长度有 95% 的可能性在哪个范围内?

解　因为每件产品长度服从均值为 120 毫米,标准差为 2 毫米的正态分布,所以重复抽样抽取 4 件样本的平均长度也服从正态分布。其均值为 120 毫米,抽样平均误差为

$$\sigma(\bar{x}) = \frac{2}{\sqrt{4}} = 1$$

查标准正态分布表可得,Z 值有 95% 的可能性在 $[-1.96, 1.96]$。根据 Z 值的含义,该样本的平均长度有 95% 的可能性在 $120 \pm 1.96 \times 1 = 120 \pm 1.96$ 毫米范围内。

通过上例与例 5.4 对比可以看出,容量为 4 的样本平均数分布与原总体分布同中心,但是变异度只有原来的 $\frac{1}{2}$。

(二) 正态总体,均值已知、方差未知条件下样本均值的抽样分布

如果总体服从均值为 μ,标准差未知的正态分布,如果从总体中随机抽取 n 个单位,则在重复抽样的情况下,统计量 t 服从自由度为 $n-1$ 的 t 分布,即

$$t = \frac{\bar{x} - \mu}{S/\sqrt{n}} \sim t_{(n-1)} \tag{5.7}$$

其中,S 是样本标准差,计算方法为

$$S = \sqrt{\frac{\sum_{i=1}^{n}(x_i - \bar{x})^2}{n-1}} \tag{5.8}$$

t 值的含义与 Z 值基本相同,表示样本平均数距离总体均值的抽样平均误差倍数。这里所说的自由度,通俗地说是能够自由取值的变量的数目。若容量为 n 的样本,在任何统计量都没有确定时,其自由度为 n;若在样本均值给定的前提下,该样本中只有 $n-1$ 个单位的该标志值是可以任意选定的,而由均值限定的第 n 个单位的标志值就不能任意选定了,所以在样本均值给定时,容量为 n 的样本的自由度为 $n-1$。

t 分布(图 5.6)的分布形态和标准正态分布形态很类似,呈现钟型,在 $t=0$ 处达到最大值,t 分布关于 y 轴对称。查表方法也和标准正态分布相同,只要知道 t 的临界值和自由度就可以查到相应的概率。

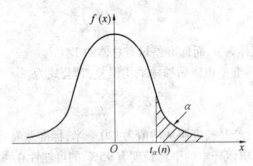

图 5.6 t 分布概率密度函数

如计算样本容量为 4 时,t 值在 95% 概率下的取值范围。可以查 t 分布表中自由度为 $4-1=3$,$\alpha = 0.025$ 列的交叉点,得 $t = 3.182$,说明 t 值在 95% 概率下的取值范围 [−3.182, 3.182]。从 t 分布表中还可以看出,随着自由度增加,t 值逐渐向 Z 值靠近,反映出 t 分布以正态分布为极限分布。

（三）中心极限定理

前面介绍的都是在正态总体条件下的均值抽样分布。在非正态总体条件下,有中心极限定理:若独立随机变量 $x_1, x_2, \cdots$ 具有相同分布,且存在有限的数学期望 μ 和方差 σ^2,当 $n \to \infty$ 时, $\bar{x} \sim N(\mu, \frac{\sigma^2}{n})$。

从中心极限定理可以得到下面结论:不论总体服从何种分布,只要它的数学期望与方差存在,从中抽取容量为 n 的样本,则该样本的平均数随着样本容量的增加,趋于正态分布。样本平均数均值与总体均值相同,抽样平均误差是总体标准差的 $1/\sqrt{n}$。在大样本($n \geq 30$)的情况下,通常用正态分布来做样本平均数的近似分布。

三、样本比例的抽样分布

比例是一个常用的统计指标,如产品的合格率、某企业产品的市场占有率、某电视节目的收视率、民众对某项政策的支持率等。总体中具有某种特征的单位占全部总体单位数的比例称做总体比例,记为 P;样本中具有此种特征的单位占全部样本单位数的比例称为样本比例,记为 p。

当从总体中抽出一个样本容量为 n 的样本时,样本中具有某种特征的单位数 X 服从二项分布,因而样本比例 $p = X/n$ 也服从二项分布,同时,根据中心极限定理,当 $n \to \infty$,二项分布趋近于正态分布。所以,在大样本下,若 nP 和 $n(1-P)$ 都大于5,则样本比例近似服从正态分布,即

$$p \sim N[P, \frac{P(1-P)}{n}] \tag{5.9}$$

其中样本比例的抽样平均误差为

$$\sigma(p) = \sqrt{\frac{P(1-P)}{n}} \tag{5.10}$$

式中,P 为总体比例,未知时通常用以前同类总体的比例代替,或在大样本条件下用样本比例 p 代替。

四、其他条件下的抽样分布

（一）不重复抽样条件下的抽样分布

前面内容中涉及的抽样分布和抽样平均误差的计算公式,都是在重复抽样条件下的计算公式。不重复抽样情况下样本均值的抽样分布的分布类型及均值与重复抽样相同,不同之处在于抽样平均误差。可证明,采用不重复抽样时,样本平均数和比例的抽样平均误差分别为

$$\sigma(\bar{x}) = \sqrt{\frac{\sigma^2}{n}(\frac{N-n}{N-1})} \approx \sqrt{\frac{\sigma^2}{n}(1-\frac{n}{N})} \tag{5.11}$$

$$\sigma(p) = \sqrt{\frac{P(1-P)}{n}\left(\frac{N-n}{N-1}\right)} \approx \sqrt{\frac{P(1-P)}{n}\left(1-\frac{n}{N}\right)} \tag{5.12}$$

可以看出,不重复抽样的抽样平均误差公式比重复抽样的相应公式多了一个修正系数 $\sqrt{(N-n)/(N-1)}$。这个系数称为不重复抽样修正系数。当 N 很大时,可以用 $\sqrt{1-(n/N)}$ 近似计算。由于这个系数总是大于 0 而小于 1 的,所以在其他条件相同的情况下,不重复抽样的抽样平均误差总是小于重复抽样的抽样平均误差;但当 N 很大而 n 相对较小(即抽样比例 n/N 很小)时,该系数接近于 1,二者相差甚微。因此,从无限总体中抽样时,无论采用重复抽样还是不重复抽样方法,都可用重复抽样的抽样平均误差公式来计算抽样平均误差;对于有限总体,当抽样的比例足够小时(一般认为小于 5%),实际工作中不重复抽样的抽样平均误差也常常采用重复抽样的公式来计算。

(二) 其他抽样组织方式的抽样分布

前面所介绍的抽样分布均为简单随机抽样情况。其他抽样组织方式的抽样分布与简单随机抽样有所不同,这里仅以其他抽样组织方式下样本均值的抽样分布为例说明。

其他抽样组织方式下样本均值的抽样分布的分布类型及均值与简单随机抽样相同,不同之处在于抽样平均误差的不同。

1. 类型抽样

类型抽样事先将总体单位按照某一标志进行分组,然后在各组中随机抽样。类型抽样在分组时要求组内差异较小而组间差异较大,因此在计算抽样平均误差时,先计算各组组内的样本方差,然后进行平均值计算。重复抽样时,类型抽样的抽样平均误差为

$$\sigma(\bar{x}) = \sqrt{\frac{\overline{\sigma^2}}{n}} \tag{5.13}$$

其中,$\overline{\sigma^2}$ 为各组样本组内方差的加权平均数;n 为各组样本总容量。

如果是不重复抽样,同样用修正系数进行修正。

2. 等距抽样

等距抽样指事先将总体单位按某一标志值排序,排序后再进行抽样。排序标志分为无关标志和有关标志。无关标志排序抽样各组个体之间在被研究事项方面没有系统性差异,所以它的抽样平均误差计算方法与纯随机不重复抽样计算方法相同。

有关标志排序抽样是指排序的标志与被研究的事项相关。有关标志排序抽样各组个体之间在被研究事项方面有系统性差异,相当于类型抽样每组中抽取一个个体,所以它的抽样平均误差的计算方法与不重复类型抽样的计算方法相同。

3. 整群抽样

整群抽样将总体划分为若干群,然后以群为单位从中随机抽取部分群,最后对中选群中的所有单位进行全面调查。因此,抽样误差产生在对群进行抽样阶段。整群抽样一定是不重复

抽样,因此整群抽样的抽样平均误差为

$$\sigma(\bar{x}) = \sqrt{\frac{\delta_X^2}{r}\left(\frac{R-r}{R-1}\right)} \tag{5.14}$$

其中,δ_X^2 表示群间方差,即用各样本群平均数计算得的方差;R 为总群数;r 为样本群数。

4. 多阶段抽样

多阶段抽样将总体划分为若干群,然后以群为单位从中随机抽取部分群,最后对中选群中的单位再一次进行抽样调查。因此,抽样误差产生在各个抽样阶段。以两阶段抽样为例,第一阶段的抽样平均误差为

$$\sigma(\bar{x})_1 = \sqrt{\frac{\delta_1^2}{r}\left(\frac{R-r}{R-1}\right)} \tag{5.15}$$

其中,δ_1^2 表示群间方差,即第一阶段样本群的群间方差;R 为总群数;r 为样本群数。

第二阶段的抽样平均误差为

$$\sigma(\bar{x})_2 = \sqrt{\frac{\overline{\sigma^2}}{rm}\left(\frac{M-m}{M-1}\right)} \tag{5.16}$$

其中,$\overline{\sigma^2}$ 为第二阶段样本群群内方差的加权平均数;M 为每个群中总体单位数;r 为样本群数;m 为每群中的样本数。

两阶段总的抽样平均误差为

$$\sigma(\bar{x}) = \sqrt{\sigma(\bar{x})_1^2 + \sigma(\bar{x})_2^2} \tag{5.17}$$

如果是两阶段以上抽样,同样分别计算各阶段抽样平均误差,然后用类似的方法计算总的抽样平均误差。

【小资料】

为什么大学英语四级达到 425 分才能报考六级

大学英语四级考试一直是大学生的一个关注焦点。每次考试,无论难易,大家心中的标准线都是一样的,即 425 分,因为要达到 425 分才能报考六级。如果所有同学都可以报考六级会怎样呢?

英语四级,即 CET-4,College English Test Band 4 的缩写。是由国家教育部高等教育司主持的全国性教学考试;考试的主要对象是根据教育大纲修完大学英语四级的大学本科生或研究生。大学英语四、六级标准化考试自 1986 年末开始筹备,1987 年正式实施。目的是推动大学英语教学大纲的贯彻执行,对大学生的英语能力进行客观、准确的测量,为提高我国大学英语课程的教学质量服务。国家教育部委托"全国大学英语四、六级考试委员会"负责设计、组织、管理与实施大学英语四、六级考试。

大学英语考试(CET)分为四级(CET-4)和六级(CET-6)两个级别。大学英语四、六级考试的设计参照了《大学英语课程教学要求》(以下简称教学要求)。四级参照《教学要求》中规定的"一般要求";六级参照《教学要求》中规定的"较高要求"。大学英语四、六级考试的分数报道采用常模参照方式,不设及格线。四级考试的常模群体选自全国 16 所高校的约三万名非英语专业的考生;六级常模群体选自全国五所重点大学的

约五千名非英语专业的考生。每次考试等值后的卷面分数都参照常模转换为报道分。四、六级考试报道总分为 710 分,转换方法为:

首先计算常模考生成绩均值 μ 和标准差 σ;再根据均值和标准差计算每名考生的成绩 Z 值,即其卷面成绩距离均值的标准差数:

$$z = \frac{x - \mu}{\sigma}$$

最后,按照均值为 500,标准差为 70 分,将所有考生成绩转化为报道分数:

$$Totsco = 500 + Z \times 70$$

公式中 TotSco 表示总分,Z 表示卷面成绩距离均值的标准差数。这样每次四级考试后所有考生的报道分数都基本服从 500 为均值、70 分为标准差的正态分布。

四、六级考试单项成绩有四个部分,这四个部分以及所占的分值比例为:听力占 35%,阅读占 35%,综合占 10%,作文占 20%。各单项报道分的满分为:听力 249 分,阅读 249 分,综合 70 分,作文 142 分。各单项报道分之和等于报道总分。

通过对每位考生的报道分求 Z 值可以确定每名同学的排名位置。为方便近似计算,CET 委员会提供了常模百分位对照表,帮助考生查询其成绩排位。表 5.6 是 2013 年 12 月大学英语四级考试报道分数常模百分位对照表。

表 5.6 2013 年 12 月大学英语四级考试报道分数的常模百分位对照表

听力 (35%,满分 249)		阅读 (35%,满分 249)		综合 (10%,满分 70)		作文 (20%,满分 142)		总分 (满分 710)	
报道分	百分位(%)	报道分	百分位(%)	报道分	百分位(%)	报道分	百分位(%)	报道分	百分位(%)
100	1	100	1	25	1	55	1	330	1
110	2	110	2	28	2	60	2	350	2
120	3	120	4	31	3	65	3	370	4
130	7	130	9	34	5	70	5	390	7
140	12	140	17	37	7	75	9	410	11
150	18	150	26	40	12	80	16	430	17
160	26	160	37	43	17	85	25	450	25
170	37	170	48	46	28	90	37	470	34
180	48	180	62	49	39	95	52	490	44
190	59	190	72	52	51	100	66	510	55
200	70	200	82	55	63	105	77	530	65
210	82	210	90	58	78	110	86	550	74
220	91	220	96	61	90	115	92	570	83
230	97	230	98	64	97	120	97	590	90
240	99	240	99	67	99	125	99	610	95
—	—	—	—	—	—	—	—	630	98
—	—	—	—	—	—	—	—	650	99

(资料来源:CET考试委员会网站 http://www.cet.edu.cn)

例1 某考生四级报道总分是570分,其Z值为(570-500)/70=1,查标准正态分布表可以得到:该同学排名在后84%,即前16%。从表5.6可以近似查到其在常模群体中的相应百分位是83%,表示这名考生的英语成绩优于常模群体中83%的人,但劣于17%的人。

例2 某考生四级报道的听力单项分是140分,从表5.6可以查到其在常模群体中的相应百分位在12%,表示这名考生的听力成绩优于常模群体中12%的人。

通过上面说明可以看出:四六级考试成绩线提供的直接信息并不是你答对了多少题,而是你在考生中的排名情况。

六级考试以四级考试达到425分为标准线。根据正态分布计算,其Z值为(425-500)/70=1.07,查标准正态分布可知,其排名在后面15%左右。参照表5.6可知成绩425的考生排名仅为后11%~17%。也就是说,这条标准线就是要淘汰15%的考生,让前85%的考生参加六级考试。六级考试的425分意味着:该考生是前85%中的前85%。如果所有考生都同时参加四级和六级考试,每个考生的四六级成绩很可能是差不多的,因为他们英语水平的排名是相同的,这样六级考试就没有意义了。

本章小结

抽样调查又称样本调查,是按随机抽样原则,从被研究现象总体中抽取一部分总体单位组成样本进行调查,并根据样本资料计算的特征值,对总体的特征值做出具有一定可靠程度的估计和推断的一种非全面调查。

抽样调查首先要明确调查的总体,然后根据总体特点和调查目的确定抽样框,最后设计抽样方法和抽样组织形式。

抽样平均误差的实质是所有可能样本的平均估计误差,可以反映一个抽样方案的优劣。

抽样方法包括重复抽样和不重复抽样。不重复抽样的抽样平均误差较小,但是重复抽样是计算抽样平均误差的基础。

抽样调查的组织形式包括:简单随机抽样、类型抽样、等距抽样、整群抽样和多阶段抽样。它们的抽样平均误差是不同的。

抽样分布指样本指标的统计概率分布。在样本容量为n时,抽样分布的标准差,即抽样平均误差是总体标准差的$1/\sqrt{n}$。

关键概念

抽样调查　　随机性　　概率分布　　抽样分布　　抽样平均误差

案例分析

中国知识分子真的短命吗?

"中国知识分子短命"是个长盛不衰的话题,《北京晨报》2005年11月17日报道:卫生部副部长殷大奎在北京论坛上透露,中国知识分子中存在着严重的"过劳死"现象,知识分子的平均寿命仅为58岁,比普通人平均寿命短10岁。由于这番言论将此前各种有关"知识分子短命"的说法从民间上升到官方,从而在社会上引起了一场轩然大波。

支持这种观点的人不乏理由。1998年年底,国家体委研究所发表了一篇关于中关村知识分子健康状况的调查报告,该报告收集了中国科学院下属7个研究所,以及北京大学共8个单位,从20世纪80年代末到90年代初5年的时间内共134名死亡人口的资料,统计后得出结论:"中关村知识分子的平均死亡年龄为53.34岁,低于北京1990年人均期望寿命73岁,比10年前调查的58.52岁也降低了5.18岁"。2005年1月,各地媒体接二连三地出现了一些三四十岁知识分子英年早逝的报道。凑巧的是,据媒体报道,他们的死亡原因都是过度劳累以及工作、生活和心理压力过大,这种解释更加支持了上述结论。

但是另一些的评论者认为,媒体报道是为了突出"中年知识分子死亡"这一事实,国家体委的报告则可能漏掉了大量退休的知识分子,导致计算出的53岁可能主要代表了在职死亡的知识分子的平均年龄。同时,他们在2004年7月开始了一项"中年高级知识分子健康状况调查",这个调查搜集了中国科学院下属的中关村地区附近18个院所和北大、清华两所高校在2000年1月至2004年12月之间死亡的436名知识分子(副高级职称以上)的年龄、性别等数据,对死亡的知识分子平均年龄进行了重新计算。结果显示,由3个单位汇总得到的全部死亡知识分子(包括在职、离休两类)的平均年龄为70.27岁。

问题:

(1)你同意哪种观点?为什么?

(2)请说出抽样调查的工作程序和各工作阶段的要求。

实训题

1.一家大商场为了使顾客能够迅速地找到要购买的商品,计划安装若干计算机供顾客查询,同时将商品的价格作适当的上浮。为了了解顾客对此举措的意见,商场计划组织一次抽样调查,请你设计一个抽样方案。

2.对你所在学校同学入学平均成绩作一次抽样调查,写出调查的过程和调查结果,并计算抽样平均误差。

第六章

Chapter 6

参数估计与假设检验

【学习要点及目标】
1. 掌握参数估计与假设检验的基本概念与基本方法；
2. 掌握用样本对总体平均数与比例区间估计的方法；
3. 掌握总体平均数与比例假设检验的方法。

【引导案例】

按照美国法律，商店每出售一件商品要向当地政府上缴销售税，但是如果该商品不是卖给当地人，则可以免缴。百货连锁公司西尔斯公司位于加州的一家连锁店在例行审计中发现由于工作失误多缴了税款，于是要求政府退还。显然，如果逐一复核全部数据既费时又费力，西尔斯公司决定先从纳税期发生的所有销售凭据中进行抽样，然后根据样本数据估计出在全部售出商品中卖给外地顾客商品的比例。

根据综合抽样方法，西尔斯公司将为期 33 个月的时间段以 3 个月为单位分为 11 个阶段（这样季节效应也考虑在内了），对每个阶段随机抽取 3 天的凭据作为样本，总共得到 33 个数据的样本。基于上述样本，公司得到非本地顾客购买商品的比例为 0.367，置信区间为 (0.337, 0.397)，在此期间公司上缴税款为 76 975 美元，因此算出可退税款为 28 250 美元，置信区间为 (25 940 美元, 30 559 美元)。

在开庭审理中，当庭作证的财会专家认为西尔斯公司的上述做法是审计通用的，可是法官却不同意将这个结果作为退税依据，要求检查所有的凭据。于是西尔斯不得不来个兜底翻，结果发现多缴的税款为 26 750.22 美元，同时还发现有总额相当于一个月销售额的凭据被丢失了。这样，如果销售凭据齐全，那么多付的税款和抽样调查所得的数据将十分接近。也就是说，西尔斯当初采用抽样方法的决定是正确的。

当然,在这个案例中法官的判决也没有错误,因为法律规定退款凭据必须逐笔核对。可是,两种方法消耗的成本是截然不同的,首先,在上述案例中,抽样审计所花人力为300工时,全部审计则费了3 384工时。其次,为了保证质量,需要选派经验丰富的审计人员,而这种人员在短时间内并不好找,且工作量增加后就会发生人手不够的情况,从而导致审计时间延长。

(资料来源:陆立强.让数据告诉你[M].上海:复旦大学出版社,2008.)

通过案例可以看出,利用抽样调查对总体参数进行估计,可以大幅降低时间和成本,同时估计的精度与可靠性是具有保证的。如何用抽样调查的结果来对总体进行推断,本章将学习相关的内容。

第一节 参数估计

一、参数估计的基本问题

所谓参数估计就是根据样本指标对总体的某些数字特征进行估计或推断。用来估计总体特征的样本指标也叫统计量或估计量,被估计的总体指标也叫做总体参数,所以对总体数字特征的抽样估计也叫做参数估计。参数估计可分为点估计和区间估计。

对总体参数进行估计的时候,首先需要选择一个合适的统计量。例如,对总体的均值进行估计时,可以选择的样本统计量有多个,如样本均值、众数、中位数等。在决定选择采用哪一个统计量之前,首先要确定一个统计量是否优良的判别标准。

从直观上看,样本的结构分布和总体的结构分布相一致就是具有代表性的优良样本。但是样本指标作为统计量,是一个随机变量,每一次的结果具有随机性。因此,要判断一种统计量的好坏,仅从某一次试验结果来衡量是不可靠的,应从多次重复试验中,看这种统计量是否在某种意义上最接近参数的真值。统计学家已经验证,一个优良的统计量应具有以下三个性质。

(一)无偏性

无偏性即要求估计统计量的数学期望值等于被估计参数的真实值。也就是说,虽然每一次的样本指标值和总体指标值之间都可能有误差,但在所有可能的样本中,各个样本指标值的平均数应该等于被估计的总体指标值本身,即各个样本指标值的平均偏差为零。

根据数理统计的结论,样本均值的平均数等于总体均值,样本比例的平均数等于总体比例。这说明以样本均值作为推断总体均值的统计量,以样本比例作为估计总体比例的统计量,是符合无偏性原则的。

(二)有效性

在无偏估计的前提下,一个优良的统计量,各个抽样结果值的标准差应该比其他统计量的标准差小,即抽样平均误差要小。例如,不同样本容量的样本均值,标准差也是不同的,样本容量越大,各个样本均值的差异总体上就越小,既抽样平均误差越小,说明大样本的均值是估计总体均值更有效的统计量。统计学家已经证明,对总体均值估计时,样本均值与其他统计量比较,是最有效的统计量。

(三) 一致性

一致性即以样本统计量估计总体参数时,要求当样本的单位数充分大时,统计量的值也充分地靠近总体参数值。例如,设 $\hat{\theta}$ 是参数 θ 的统计量,对于任意小的 $\varepsilon > 0$,当 $n \to \infty$ 时有 $\lim P\{|\hat{\theta} - \theta| < \varepsilon\} = 1$,则称 $\hat{\theta}$ 为 θ 的一致统计量。也就是说,随着样本容量 n 的无限增大,样本统计量和未知总体参数之差的绝对值小于任意小的正数的可能性也趋于必然。统计量一般都能满足一致性要求。

以上介绍的优良统计量的判别标准,被统计学家用来评价各个总体参数适合采用哪些统计量来估计。本书后面使用的统计量都是被证明符合以上标准的。

二、点估计

点估计也叫做定值估计,是根据总体参数的结构形式设计样本统计量,并直接以实际抽样样本统计量的具体值来估计总体参数。当已知一个样本的观察值时,便可得到总体参数的一个估计值。例如,为了解某学校的大学英语四级平均成绩,随机抽取 100 名学生,用样本均值做统计量估计全校平均成绩。如果这 100 名学生平均成绩为 450 分,采用点估计就会推断该学校平均成绩为 450 分。

在点估计中,最重要的是选择合适的统计量,统计学家已经证明:样本均值 $\bar{x}$、样本比例 p、样本标准差 S 分别是对总体均值 μ、总体比例 P、总体标准差 σ 点估计的最优统计量。

总体参数点估计方法的优点是简便易行,原理直观,常为实际工作所采用。但它也有不足之处,即这种估计没有表明抽样估计的误差,当然也没有指出误差在一定范围的概率保证程度有多大。要解决这个问题,必须采用总体参数的区间估计方法。

三、区间估计

区间估计就是根据样本统计量,以一定可靠程度推断总体参数所在的区间范围。这种估计方法不仅以样本统计量为依据,而且考虑了统计量的分布,所以它给出估计精度,也能说明估计的把握程度。

设未知总体参数为 θ,$\hat{\theta}_L$ 和 $\hat{\theta}_U$ 为根据样本确定的两个统计量,对于给定的 $\alpha(0 < \alpha < 1)$,有 $P(\hat{\theta}_L \leq \theta \leq \hat{\theta}_U) = 1 - \alpha$,则称区间 $[\hat{\theta}_L, \hat{\theta}_U]$ 为参数 θ 的置信度为 $1 - \alpha$ 置信区间。该区间的两个端点 $\hat{\theta}_L$ 和 $\hat{\theta}_U$ 分别称为置信下限和置信上限,统称为置信限。α 为显著性水平,表示参数真值不在该区间内的概率;$1 - \alpha$ 则称为置信度,表示参数真值在该区间内的概率。例如,要了解某学校的大学英语四级平均成绩,并且希望估计成功的把握程度在 95%,可随机抽取 100 名

学生,并根据样本计算出两个统计量的值 $\hat{\theta}_L = 430$ 分和 $\hat{\theta}_U = 470$ 分。那么就可以以95%的把握认为全校平均成绩在430至470分之间。其中[430,470]称为置信区间,430称为置信下限,470称为置信上限;95%,即 $1-\alpha$ 则称为置信度,表示估计正确的概率;5%,即 α,称为显著性水平,表示估计失败的概率。

选择什么统计量来计算置信区间的上、下限,与要估计的总体参数类型、总体分布、样本容量等都有关系。下面介绍两种最常见的总体参数——总体均值和总体比例的区间估计方法。

(一) 总体均值的区间估计

1. 大样本($n \geq 30$)条件下总体均值的区间估计

由中心极限定理可知,在大样本条件下,无论总体服从什么分布,只要总体均值和标准差存在,样本均值都近似服从正态分布

$$\bar{x} \sim N(\mu, \frac{\sigma^2}{n})$$

其中,μ 为总体均值;σ 为总体标准差;n 为样本容量。

根据抽样分布的结论,假设总体均值为 μ,在重复抽样条件下,样本平均数有 $1-\alpha$ 的可能性在下面区间内

$$\mu - Z_{\frac{\alpha}{2}} \frac{\sigma}{\sqrt{n}} \leq \bar{x} \leq \mu + Z_{\frac{\alpha}{2}} \frac{\sigma}{\sqrt{n}}$$

或

$$\mu - Z_{\frac{\alpha}{2}} \sigma(\bar{x}) \leq \mu \leq \bar{x} + Z_{\frac{\alpha}{2}} \sigma(\bar{x})$$

将上式做恒等变形,即可得,总体均值 μ 有 $1-\alpha$ 的可能性在下面区间内

$$\bar{x} - Z_{\frac{\alpha}{2}} \sigma(\bar{x}) \leq \mu \leq \bar{x} + Z_{\frac{\alpha}{2}} \sigma(\bar{x}) \tag{6.1}$$

其中,在重复抽样条件下的抽样平均误差为

$$\sigma(\bar{x}) = \frac{\sigma}{\sqrt{n}} \tag{6.2}$$

在不重复抽样条件下,抽样平均误差为

$$\sigma(\bar{x}) = \frac{\sigma}{\sqrt{n}} \sqrt{\frac{N-n}{N-1}} \tag{6.3}$$

式中,$Z_{\frac{\alpha}{2}} \sigma(\bar{x})$ 也叫做抽样极限误差或允许误差,用 $\Delta_{\bar{x}}$ 表示。

极限误差表示在 $1-\alpha$ 的概率保证下,总体平均数与样本平均数的差异的绝对值不会超出该范围。用极限误差可以把公式(6.1)表示为

$$\bar{x} - \Delta_{\bar{x}} \leq \mu \leq \bar{x} + \Delta_{\bar{x}} \tag{6.4}$$

在实际统计推断时,总体标准差往往是未知的。但由于统计总体在环境因素没有大的改变的情况下,标准差具有一定的稳定性,在实际工作中经常用过去对同类总体的调查所得标准

差代替。如果过去的几次调查中标准差不同,应选用较大的一个。

在大样本情况下,如果无法获得总体标准差的信息,可以用样本标准差 S 来代替总体标准差 σ 进行区间估计,采用统计量与总体标准差已知条件下相同。

【例6.1】 某企业生产某种产品的工人共10 000人,为了解他们的平均产量,某日采用重复抽样从中随机抽取100人调查他们的日产量,得到样本均值为50件,样本标准差为2.5件,试以95.45%的把握程度估计所有员工的平均产量的置信区间。

解 在大样本情况下可以用样本标准差代替总体标准差计算。

因为样本标准差为2.5,样本容量 $n = 100$,所以在重复抽样条件下的抽样平均误差为

$$\sigma(\bar{x}) = \frac{S}{\sqrt{n}} = \frac{2.5}{\sqrt{100}} = 0.25$$

根据 $1 - \alpha = 0.9545$,查标准正态分布表可得

$$Z_{\frac{\alpha}{2}} = Z_{0.02275} = 2$$

所以抽样极限误差为

$$\Delta_{\bar{x}} = Z_{\frac{\alpha}{2}} \sigma(\bar{x}) = 2 \times 0.25 = 0.5(件)$$

因为样本平均数

$$\bar{x} = 50(件)$$

故置信下限为

$$50 - 0.5 = 49.5(件)$$

故置信上限为

$$50 + 0.5 = 50.5(件)$$

即平均产量(件)的置信度为95.45%的置信区间为[49.5,50.5]。

2. 小样本正态总体方差已知条件下,总体均值的区间估计

在小样本条件下,如果要进行参数的区间估计,必须要事先了解总体的统计分布。如果总体服从正态分布且方差已知,那么样本均值抽样分布与大样本情况完全相同。同理,总体均值在置信度 $1 - \alpha$ 水平下,有同样范围

$$\bar{x} - Z_{\frac{\alpha}{2}} \sigma(\bar{x}) \leq \mu \leq \bar{x} + Z_{\frac{\alpha}{2}} \sigma(\bar{x})$$

在实际统计推断时,总体标准差往往是未知的。但由于统计总体在环境因素没有大的改变的情况下,标准差具有一定的稳定性,在实际工作中经常用过去对同类总体的调查所得标准差代替。如果过去的几次调查中标准差不同,应选用较大的一个。

【例6.2】 某企业长期实践得知,其产品直径 X 是一个正态随机变量,服从方差为0.0025的正态分布。从某日生产的100件产品中随机抽取4个,测得其直径分别为14.8厘米、15.3厘米、15.1厘米、14.8厘米。在0.95的置信度下,试求该产品直径的均值置信区间。

解 因为总体方差为

$$\sigma^2 = 0.0025$$

所以总体标准差为
$$\sigma = 0.05$$
因为抽样方法为不重复抽样,所以抽样平均误差为
$$\sigma_{(\bar{x})} = \frac{\sigma}{\sqrt{n}}\sqrt{\frac{N-n}{N-1}} = \frac{0.05}{\sqrt{4}}\sqrt{\frac{100-4}{100-1}} \approx 0.0246(\text{厘米})$$
根据 $1-\alpha = 0.95$,查标准正态分布表可得
$$Z_{\frac{\alpha}{2}} = 1.96$$
所以抽样极限误差为
$$\Delta_{\bar{x}} = Z_{\frac{\alpha}{2}}\sigma_{(\bar{x})} = 1.96 \times 0.0246 \approx 0.048(\text{厘米})$$
又因为样本平均数为
$$\bar{x} = \frac{14.8 + 15.3 + 15.1 + 14.8}{4} = 15(\text{厘米})$$
所以置信下限为
$$15 - 0.048 = 14.952(\text{厘米})$$
置信上限为
$$15 + 0.048 = 15.048(\text{厘米})$$
即产品直径 μ(厘米)的置信度为 95% 的置信区间为 (14.952,15.048)。

3. 小样本正态总体方差未知条件下,总体均值的区间估计

根据抽样分布定理,已知总体服从正态分布,在小样本的条件下,如果总体标准差未知,可以用样本标准差 S 代替。此时随机变量为
$$t = \frac{\bar{x} - \mu}{S/\sqrt{n}} \sim t(n-1)$$
如果给定置信度 $1-\alpha$,可查 t 分布表确定临界值 $t_{\frac{\alpha}{2}}(n-1)$,使 t 值在 $(-t_{\frac{\alpha}{2}}(n-1), t_{\frac{\alpha}{2}}(n-1))$ 之间的概率为 $1-\alpha$,经恒等变形可得,总体均值的置信度为 $1-\alpha$ 的置信区间为
$$\bar{x} - t_{\frac{\alpha}{2}}(n-1)\frac{S}{\sqrt{n}} \leqslant \mu \leqslant \bar{x} + t_{\frac{\alpha}{2}}(n-1)\frac{S}{\sqrt{n}} \tag{6.5}$$

【例 6.3】 对一名射击运动员 9 次射击成绩进行调查,得到其卧射 50 发成绩(环)为:514,513,515,510,512,515,514,513,511。已知运动员成绩服从正态分布,在没有其他资料的情况下,试以 90% 的可靠性估计该运动员的平均成绩。

解 这是一个小样本条件下估计正态总体均值的问题。由于总体标准差未知,可以用样本标准差 S 代替并利用 t 分布来计算。由于总体单位数很大且未知,可以近似看做重复抽样。

样本平均成绩为
$$\bar{x} = \frac{514 + \cdots + 511}{9} = 513(\text{环})$$

样本标准差为

$$S = \sqrt{\frac{(514-513)^2 + \cdots + (514-513)^2}{9-1}} \approx 1.73(环)$$

因为 $1-\alpha = 0.90$，查 t 分布表

$$t_{0.05}(9-1) = 1.860$$

所以抽样极限误差为

$$\Delta_{\bar{x}} = t_{\frac{\alpha}{2}}(n-1)\frac{S}{\sqrt{n}} = 1.860 \times \frac{1.73}{\sqrt{9}} \approx 1.07(环)$$

置信下限为

$$\bar{x} - \Delta_{\bar{x}} = 511.93(环)$$

置信上限为

$$\bar{x} + \Delta_{\bar{x}} = 514.07(环)$$

即该运动员的平均成绩（环）的置信度为 90% 的置信区间为 [511.93, 514.07]。

（二）总体比例的区间估计

对于总体比例的区间估计，如果样本容量很小，由于样本比例 p 服从二项分布，计算起来较为复杂；在样本容量很大时，根据中心极限定理，样本比例 p 近似服从正态分布，所以可以用正态分布来近似计算。这里主要讨论大样本时，总体比例的区间估计方法。

根据样本比例的抽样分布，在大样本的情况下，样本比例

$$p \sim N\left(P, \frac{p(1-p)}{n}\right)$$

其中抽样平均误差为

$$\sigma(p) = \sqrt{\frac{p(1-p)}{n}}$$

则样本比例 p 在置信度 $1-\alpha$ 下，满足

$$P - Z_{\frac{\alpha}{2}}\sigma(p) \leq p \leq P + Z_{\frac{\alpha}{2}}\sigma(p)$$

将上式恒等变换后可得

$$p - Z_{\frac{\alpha}{2}}\sigma(p) \leq P \leq p + Z_{\frac{\alpha}{2}}\sigma(p) \tag{6.6}$$

其中

$$\Delta_p = Z_{\frac{\alpha}{2}}\sigma(p) \tag{6.7}$$

为估计的抽样极限误差。

【例 6.4】 电视台为了解某电视剧的收视率，随机调查了 600 名用户，了解到其中有 360 名收看了该电视剧。问如果要以 95% 的把握程度估计，该电视剧的收视率会在什么范围？

解 样本比例为

$$p = \frac{360}{600} = 0.6$$

因为 $n > 30$,所以抽样平均误差为

$$\sigma(p) = \sqrt{\frac{p(1-p)}{n}} = \sqrt{\frac{0.6(1-0.6)}{600}} = 0.02$$

根据 $1 - \alpha = 0.95$,查标准正态分布表可得 $Z_{\frac{\alpha}{2}} = 1.96$。所以抽样极限误差为

$$\Delta_p = Z_{\frac{\alpha}{2}} \sigma(p) = 1.96 \times 0.02 \approx 0.039$$

置信下限为

$$p - \Delta_p = 0.6 - 0.039 = 0.561$$

置信上限为

$$p + \Delta_p = 0.6 + 0.039 = 0.639$$

所以以 95% 的把握程度估计,该电视剧的收视率在 56.1% 至 63.9% 之间。

四、必要样本容量的确定

样本容量是指样本中含有的总体单位数。为了准确而可靠地估计总体某个参数,需要抽取多少总体单位做样本,这是一个重要而实际的问题。抽取得越多,得到样本资料的代表性就越高,但是同时会耗费更大的人力、物力和时间;抽取得越少,消耗的资源较少,但样本受随机因素影响也较大,无法得到准确和可靠的推断结果,因此,抽样调查前需要确定一个适当的样本容量。

所谓必要的样本容量,也就是指在一定的概率保证下,为了使抽样误差不超过给定的允许误差范围至少应抽取的样本单位数目。基于这一定义,可根据抽样极限误差与抽样数目的关系来确定必要的抽样数目。

(一)估计总体均值样本容量的确定

在重复抽样条件下,若规定在一定的概率保证程度下允许误差为 $\Delta_{\bar{x}}$,则可由

$$\Delta_{\bar{x}} = Z_{\alpha/2} \sigma(\bar{x}) = Z_{\alpha/2} \sigma / \sqrt{n}$$

得出确定必要的抽样容量的计算,即

$$n = \frac{Z_{\alpha/2}^2 \sigma^2}{\Delta_{\bar{x}}^2} \tag{6.8}$$

其中,n 表示必要样本容量;$\Delta_{\bar{x}}$ 为允许误差;$Z_{\alpha/2}$ 表示置信度为 $1 - \alpha$ 的临界值。

在不重复抽样条件下,由于

$$\sigma(\bar{x}) = \frac{\sigma}{\sqrt{n}} \sqrt{\frac{N-n}{N-1}}$$

相应的,样本容量计算公式为

$$n = \frac{NZ_{\alpha/2}{}^2 \sigma^2}{(N-1)\Delta_{\bar{x}}^2 + Z_{\alpha/2}{}^2 \sigma^2} \tag{6.9}$$

上述两个公式中都含有待估计总体的标准差 σ。如果 σ 已知,可以直接代入计算;如果 σ 未知,可以用以下方法近似确定 σ 值。

(1) 用以前对同类总体计算所得数值最大的标准差代替。

(2) 作一次小规模调查,用调查的样本标准差代替。

(3) 对 σ 进行最优估计。如已知总体全距为 R,可用 $R/4$ 来代替 σ 值。

【例 6.5】 为估计市场上某产品的平均日销售额,计划进行一次抽样调查。历史资料反映该产品日销售额的标准差为 20 万元。如果要求这次估计的可靠性为 95%,估计允许的误差为 5 万元。应抽取多少天的销售额进行调查?

解 本例是根据样本估计总体均值时确定样本容量的问题。由于总体单位数较大且未知,故可以按重复抽样近似计算。

已知总体标准差为

$$\sigma = 20(万元)$$

估计允许误差

$$\Delta_{\bar{x}} = 5(万元)$$

由置信度 $1 - \alpha = 0.95$,查标准正态分布表得:$Z_{\alpha/2} = 1.96$。所以必要样本容量为

$$n = \frac{Z_{\alpha/2}{}^2 \sigma^2}{\Delta_{\bar{x}}^2} = \frac{1.96^2 \times 20^2}{5^2} \approx 61.46(天)$$

因为 n 为整数,为保证目的调查天数应为 62 天。

(二) 估计总体比例样本容量的确定

同样道理,用样本估计总体比例时,可以通过抽样极限误差公式推导出如下公式。在重复抽样条件下

$$n = \frac{Z_{\alpha/2}{}^2 P(1-P)}{\Delta_p^2} \tag{6.10}$$

在不重复抽样条件下

$$n = \frac{NZ_{\alpha/2}{}^2 P(1-P)}{(N-1)\Delta_p^2 + Z_{\alpha/2}{}^2 P(1-P)} \tag{6.11}$$

由于公式中含有未知的总体比例 P,因此,在计算样本容量前必须确定总体比例。通常可以用以下方法近似确定 P 值。

(1) 用以前对同类总体计算所得比例中,最接近 0.5 的样本比例代替。

(2) 作一次小规模调查,用调查的样本比例代替。

(3) 直接用 0.5 代替,这时抽样平均误差取最大值。

【例 6.6】 某企业为估计一批产品的合格率,决定抽取适当数量的产品进行抽样调查。

已知对该产品过去的几次调查合格率分别为90%,80%和85%。如果要求这次估计的可靠性为95.45%,估计允许的误差为2%,应抽取多少件产品进行调查?

解 本例是根据样本估计总体比例时确定样本容量的问题。由于总体单位数较大且未知,故可以按重复抽样近似计算。已知允许误差为

$$\Delta_p = 0.02$$

由于总体比例未知,故可采用过去最接近50%的比例代替,即$P = 0.8$。根据置信度$1 - \alpha = 0.9545$,查标准正态分布表可知$Z_{\alpha/2} = 2$。必要样本容量为

$$n = \frac{Z_{\alpha/2}^2 P(1-P)}{\Delta_p^2} = \frac{2^2 \times 0.8(1-0.8)}{0.02^2} = 1600(件)$$

即最少应抽1600件产品。

从上述公式和例题可见,必要的样本容量受以下因素影响:

1. 总体变异程度

其他条件不变的条件下,若总体单位的差异程度大,则样本容量应该相应变大;反之,可以小一些。变异程度通常用总体方差σ^2或$P(1-P)$来表示。

2. 允许误差范围

允许误差增大,意味着推断的精度要求降低,在其他条件不变的情况下,必要的样本容量可以相应减少;反之,缩小允许误差,就要增加必要的样本容量。

3. 置信度

因为置信度$1 - \alpha$与$Z_{\alpha/2}$是同方向变化的,所以在其他条件不变的情况下,要提高推断的置信程度,就必须增加样本容量。

4. 抽样方法

在相同条件下,采用重复抽样应比不重复抽样多抽一些样本单位。不过,当总体单位数N很大时,二者差异很小。所以为简便起见,实际中当总体单位数很大时,一般都按重复抽样公式计算必要的样本容量。

5. 抽样组织方式

由于不同抽样组织方式有不同的抽样平均误差,所以,在允许误差要求相同的情况下,不同抽样组织方式所必需的样本容量自然不同。简单地说,抽样平均误差越大的组织方式,相应的样本容量应增大;反之,可以减少。纯随机抽样外其他抽样组织方式下必要样本容量的计算公式也可根据相应的极限误差公式推出。

第二节 假设检验

一、假设检验的基本问题

在统计推断工作中,经常会遇到这样的问题:通过抽样调查来证实某种情况的真实存在。

例如,在大宗购买原材料或零部件时,经常会规定供应商的合格率必须达到某一数值,如98%。也就是如果供应商的合格率达到98%,则全部接收,如果不足98%,则全部拒收。在这种情况下,很显然不会采用全面调查,而只会用抽样调查来证明合格率是否达到98%。这时,如果样本的合格率为98%,我们并不能简单认为总体的合格率也达到了98%,因为样本具有偶然性。在统计推断中,类此的问题是通过假设检验方法来解决的。

假设检验是抽样推断的一个重要内容。所谓假设检验,就是事先对总体参数或总体分布形式做出某种假设,然后利用样本信息来判断该假设是否成立,即判断样本信息与该假设是否有显著差异,从而决定应接受或拒绝该假设。所以,假设检验也称为显著性检验。

假设检验的基本思想源自于概率论中的小概率事件原理:即发生概率很小的随机事件在一次试验中是几乎不可能发生的。根据这一原理,可以作出是否拒绝某种假设的决定。上面供应商的例子,可以假设其合格率达到了98%,然后进行抽样调查。根据样本信息计算在假设成立前提下,即合格率达到了98%前提下,抽到该样本的可能性是否足够小。比如某样本的合格率只有60%,在总体合格率达到98%的前提下,该样本被抽到的可能性是相当小的,所以就可以根据小概率事件原理认为,不能接受总体合格率达到98%的说法。

假设检验可分为两类:一是参数假设检验,简称参数检验,即对总体参数的检验;二是非参数检验或自由分布检验,主要有总体分布形式的假设检验、随机变量独立性的假设检验等。本书中只介绍参数检验。

(一) 原假设和备择假设

在参数检验中,首先要对某一总体参数提出一个假设,然后通过抽样调查来验证其可信与否。这一假设被称为原假设(零假设、无效假设),记为 H_0。如果抽样调查的结果拒绝了原假设,就必须接受另一个假设——备择假设,记为 H_1。原假设和备择假设是相互对立的,检验结果二者必取其一。接受原假设则必须拒绝备择假设;反之,拒绝原假设则必须接受备择假设。

例如,某供应商在提供一批显示器时,声称其平均使用寿命为10 000小时。由于使用寿命检验具有破坏性,为验证供应商的说法,必须采用抽样调查对使用寿命进行检验。这种情况下,采购方首先需要提出假设:$H_0:\mu = 10\ 000$ 小时。然后进行抽样调查,如果样本数据普遍很接近10 000小时,则可以接受原假设;如果样本数据大大地远离10 000小时(无论大小),就会拒绝原假设,同时接受备择假设,即 $H_1:\mu \neq 10\ 000$。

一般在假设检验前,会把两个假设并列写在前面,如 $H_0:\mu = \mu_0;H_1:\mu \neq \mu_0$。

以上原假设为参数等于某一具体值,备择假设为不等于该值。由于抽样调查的数据无论过大还是过小都会拒绝原假设,这种检验称为双侧假设检验。

有时还会出现另外一种情况,如某供应商在提供一批显示器时,声称其平均使用寿命不低于10 000小时。在这种情况下,样本使用寿命远低于10 000小时,采购方才有充分的理由拒绝该批产品。一般情况下,会假设

$$H_0: \mu = \mu_0; H_1: \mu < \mu_0$$

这种形式的假设检验称为左侧检验。

在很多教材中也会采用下面的方法设定左侧检验中的原假设和备择假设：

$$H_0: \mu \geq \mu_0; H_1: \mu < \mu_0$$

在设定假设时两种方法都可以采用，但是在后面的计算中，采用的只能是假设$\mu = \mu_0$。

同理存在下面假设形式：

$$H_0: \mu = \mu_0; H_1: \mu > \mu_0$$

或

$$H_0: \mu \leq \mu_0; H_1: \mu > \mu_0$$

这种形式的假设检验称为右侧检验。左侧检验和右侧检验统称单侧假设检验。

单侧检验时原假设和备择假设不是随意提出的，应根据所检验问题的具体背景而定。常常是采取"不轻易拒绝原假设"的原则，即把没有充分把握不能轻易否定的命题作为原假设，而相应地把没有足够把握就不能轻易肯定的命题作为备择假设。

（二）接受域和拒绝域

在建立假设后，为了验证假设是否成立，还需要建立一个判别标准，用来判断样本数据满足什么条件时可以接受原假设；什么条件下必须拒绝原假设，接受备择假设。由于样本数据具有随机性，所以不能简单地将样本指标是否符合假设来判别。假设检验的判别标准是给定一个足够小的概率α，在原假设成立条件下，如果实际抽样获得的样本数据概率小于α，根据"小概率事件原理"，可判定假设不成立，因为小概率事件在一次试验中通常是不会发生的。这里的α称为显著性水平。显著性水平大小的选取与研究的具体任务有关，由研究者来决定，实际工作中选择5%作为显著性水平的较多，在前面例子中，假设$H_0: \mu = 10\ 000$小时，则可以设计一个在该假设成立条件下概率分布已知的统计量，根据分布能够计算出该统计量在各取值范围的概率。例如前面例子中，假设$H_0: \mu = 10\ 000$小时，可以设计一个在该假设成立条件下的概率分布已知的统计量，根据分布能够计算出该统计量的各数值范围的概率。之后给定小概率如$\alpha = 5\%$，这样就可以在该分布中，确定两个区域：一个是$\mu = 10\ 000$附近的区域，称为接受域；另一个是远离$\mu = 10\ 000$的区域，称为拒绝域。

前面所举的例子为双侧检验，其拒绝域分布在两侧，见图6.1。

由图6.1可以看出，在假设成立的条件下，样本数据落在接受域的概率为$1-\alpha$，抽样数据落在拒绝域的概率为α，两侧各占$\alpha/2$。在检验过程中，如果根据样本数据计算出的结果落在该分布的接受域内，即$1-\alpha$这个大概率区间内，则没有理由拒绝原假设，可以考虑接受原假设，如接受产品平均寿命为10 000小时。反之，如果数值落在两侧的拒绝域内，根据"小概率事件原理"，就有充分的理由怀疑原假设的真实性，从而拒绝原假设，接受备择假设。

在单侧检验时，接受域的概率是$1-\alpha$，拒绝域的概率是α，但由于只拒绝较大（右侧检验）样本数据或较小（左侧检验）样本数据。所以α只集中在某一侧。左侧检验和右侧检验的接

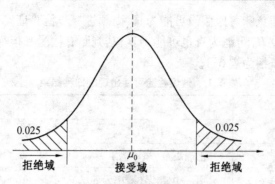

图 6.1 双侧检验的接受域和拒绝域

受域与拒绝域分别见图 6.2 与图 6.3。

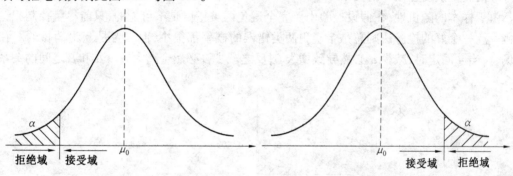

图 6.2 左侧检验的接受域和拒绝域　　图 6.3 右侧检验的接受域和拒绝域

（三）假设检验中的两类错误

作出接受或拒绝原假设 H_0 的结论,是根据具体样本数据来判断的。由于具体样本的随机性,使假设检验的结论有可能出现两类错误。

1. 第一类错误

当原假设 H_0 为真时,如果由于样本的随机性使样本统计量偶然落入了拒绝区域,即发生了小概率事件,这时根据判别标准所作的判断是拒绝原假设。这类错误称为第一类错误,也称为弃真错误。当 H_0 为真时,在一次抽样中拒绝 H_0 的概率很小,但并非绝对不会发生。可以看出,犯第一类错误的概率,实质上就是前面提到的显著性水平 α。

2. 第二类错误

当原假设 H_0 为不真时,如果由于样本的随机性使样本统计量落入接受区域,这时按照判别标准作出的判断是接受原假设。这类错误称为第二类错误,也称为取伪错误。犯第二类错误的概率也称取伪概率,用 β 表示。

由于总体真实参数是未知的,β 的大小是无法确定的,所以,接受原假设时,只是因为根据现有样本数据没有充足的理由拒绝它,并非肯定原假设就是正确的,其含义应是"不否定原假设"或"保留原假设",即意味着原假设可能为真,尚须进一步检验证实。

假设检验中,原假设 H_0 可能为真也可能不真,其判断有接受和拒绝两种。因此,检验中共有四种可能的情况,可概括为表 6.1。

表 6.1 假设检验可能出现的四种结果

结论	实际情况	
	H_0 为真	H_0 不为真
接受 H_0	正确决策(概率为 $1-\alpha$)	第二类错误(概率为 β)
拒绝 H_0	第一类错误(概率为 α)	正确决策(概率为 $1-\beta$)

3. 两类错误发生概率的关系

由于样本的随机性,在假设检验中要完全避免两类错误是不可能的,只能尽量控制犯错误的概率。一个好的检验法则总是希望犯两类错误的概率都很小,但二者是互为消长的。在一般场合,当 n 固定时,减少 α 必然导致增大 β;反之减少 β 必然会增大 α。α 和 β 之间的关系见图 6.4。

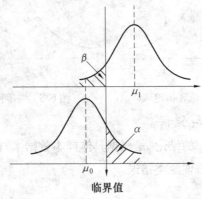

图 6.4 两类错误发生概率的关系

在检验中,对 α 和 β 的选择取决于犯两类错误所要付出的代价。若拒真所付出的代价较大,则应较小的 α 而容忍较大的 β;反之,若取伪所付出的代价较大,则不得不取较大的 α 以求较小的 β。例如,在抽样验收时,采购方往往希望 α 较大而 β 较小,即宁愿错误地拒收合格产品也不愿错误地接受不合格产品;而供应方的观点恰恰相反。通常的做法是先确定 α,即原假设为真时拒绝它的概率事先得到控制。由此再次可见,原假设是受到保护而不会被轻易否定的,一旦否定原假设,人们就能知道犯错误的可能性大小。

若要同时减少 α 和 β,或给定 α 而使 β 减少,就必须增大样本容量 n。因为增大 n,就能降低抽样平均误差,样本统计量的分布更集中,分布曲线更尖峭,从而可使分布曲线尾部的面积 α 和 β 都减少。

β 的大小不仅与临界值有关,而且还跟原假设的参数值 μ_0 与总体参数 μ 的真实值之间的差异有关。此差异越大,β 就越小,因为此差异越大,就越难抽取到接受域内的样本,取伪的可能性就会降低。例如,假设产品平均使用寿命为 10 000 小时,如实际平均寿命为 10 001 小时,则取伪的可能性 β 相对较大;而假如实际平均寿命远离假设,如 12 000 小时,则取伪的可能性 β 就会大大减少。

统计学中把 $1-\beta$ 称为检验功效,它表示当原假设不真实时拒绝它的概率,即反映了肯定备择假设的能力大小。或 $1-\beta$ 较高,意味着检验做得较好。在给定 α 的情况下,使 β 最小或 $1-\beta$ 最大的检验是最佳检验。

(四)假设检验的步骤

假设检验一般有以下几个步骤。

1. 提出原假设和备择假设

原假设必须包含总体参数等于某一数值,而备择假设根据研究目的来确定,既可以采用单侧检验,也可以采用双侧检验。如果对所研究问题只需判断有无显著差异或要求同时注意总体参数偏大或偏小的情况,则采用双侧检验。如果所关心的是总体参数是否比某个值偏大或偏小,则宜采用单侧检验。

2. 选择适当的检验统计量,并根据样本数据计算出其具体数值

检验统计量实际上是原假设 H_0 为真时,总体参数的点估计量(例如:样本均值 $\bar{x}$ 就是总体均值 μ 的一个点估计量)标准化后的统计量。它反映了点估计量(和样本平均值 $\bar{x}$)与假设的总体参数(如假设的总体均值 μ_0)相比相差多少个标准差。对点估计量标准化的依据是点估计量的抽样分布。对于总体均值、总体比例的检验,检验统计量可表示为:

$$检验统计量 = \frac{点估计量 - 假设值}{点估计量的抽样标准差}$$

检验统计量是一个随机变量,随着样本观测结果的不同,它的具体数值也是不同的,但只要已知一组特定的样本观测结果,检验统计量的值也就唯一确定了。

不同的假设检验问题需要选择不同的统计量作为检验统计量,并根据数理统计的结论,确定其分布形式。

3. 选择显著性水平 α,确定临界值和拒绝域

显著性水平表示 H_0 为真时拒绝 H_0 的概率,即拒绝原假设所冒的风险,用 α 表示。α 通常取一个靠近零的小数,但是具体需要小到什么程度,并没有统一的标准,是由对检验结论的可靠性要求决定的。α 通常取 0.1,0.05 或 0.01 等。给定了显著性水平 α,就可由相应的概率分布表查得临界值,从而确定 H_0 的接受区域和拒绝区域。

对于不同形式的假设,H_0 的接受区域和拒绝区域也有所不同。双侧检验的拒绝区域位于统计量分布曲线的两侧;左侧检验的拒绝区域位于统计量分布曲线的左侧;右侧检验的拒绝区域位于统计量分布曲线的右侧。

4. 将统计量的值与临界值进行比较,并做出决策

根据样本资料计算出本次检验统计量的具体值,并与临界值进行比较。如果检验统计量的值落在拒绝区域内,则判定样本信息与原假设有显著性差异,应拒绝原假设;反之,则考虑接受原假设。

二、总体均值的假设检验

(一)总体方差已知条件下对正态总体均值的假设检验

在已知正态总体的方差时,样本平均数的分布服从均值和方差均已知的正态分布,因此样本均值可以作为检验统计量。不过通常会采用样本均值的标准分作为标准化检验统计量,因此可以构造 Z 统计量,即

$$Z = \frac{\bar{x} - \mu_0}{\sigma/\sqrt{n}} \sim N(0,1) \tag{6.12}$$

其中,$\bar{x}$ 是样本平均数;μ_0 是假设总体均值;σ 是总体标准差;n 为样本容量。

【例 6.7】 已知某种罐装饮料的标准容量是 350 毫升。现从一批产品中随机抽取 16 罐,发现平均容量为 351 毫升,已知罐装饮料的容量服从标准差为 2 毫升的正态分布。试在 0.05 的显著性水平下判断该产品是否符合标准。

解 因为容量过大或过小均不符合标准,所以是对总体均值的双侧检验问题。

根据题意,可以假设 H_0:平均容量 $\mu = 350$ 毫升;备择假设 $H_1: \mu \neq 350$ 毫升。

检验统计量为

$$Z = \frac{\bar{x} - \mu_0}{\sigma/\sqrt{n}} \sim N(0,1)$$

因为显著性水平 $\alpha = 0.05$,查标准正态分布表得接受域为 $[-1.96, 1.96]$。将样本数据代入公式,得计算统计量为

$$Z = \frac{\bar{x} - \mu_0}{\sigma/\sqrt{n}} = \frac{351 - 350}{2/\sqrt{16}} = 2$$

统计量的值落在拒绝域内,所以拒绝平均容量是 350 毫升的假设,即判定产品容量不符合标准。

(二)大样本条件下总体均值的假设检验

在大样本的情况下,根据中心极限定理,无论总体服从什么分布,样本平均数都近似服从正态分布。即可以选用检验统计量

$$Z = \frac{\bar{x} - \mu_0}{\sigma/\sqrt{n}} \sim N(0,1) \tag{6.13}$$

如果不知总体方差 σ^2，可以用样本方差 S^2 替代。即选用统计量

$$Z = \frac{\bar{x} - \mu_0}{S/\sqrt{n}} \sim N(0,1) \tag{6.14}$$

【例6.8】 据说某学校学生每天自习的平均时间不低于120分钟。随机在该学校调查100名学生，求出平均每天自习时间为118分钟，这100名学生每天自习时间的样本标准差为20分钟。试在0.05的显著性水平下判断该说法是否可信。

解 本例是对总体均值的左侧检验问题。

首先根据题意，可以假设 H_0：平均时间 $\mu \geq 120$ 分钟；备择假设 H_1：平均时间 $\mu < 120$ 分钟。

由于样本容量大于30，所以检验统计量为

$$Z = \frac{\bar{x} - \mu_0}{S/\sqrt{n}} \sim N(0,1)$$

因为显著性水平 $\alpha = 0.05$，查表得接受域为 $(-1.645, \infty)$。将样本数据代入公式，得计算统计量为

$$Z = \frac{\bar{x} - \mu_0}{S/\sqrt{n}} = \frac{118 - 120}{20/\sqrt{100}} = -1$$

统计量的值落在接受域内，所以不能认为该说法不可信。

（三）总体方差未知条件下正态总体均值的假设检验（小样本）

在小样本的条件下，如果不知道总体方差 σ^2，在总体服从正态分布时，可以用样本方差 S^2 替代。这时样本平均数都服从 $n-1$ 个自由度的 t 分布。假设检验可选统计量

$$t = \frac{\bar{x} - \mu_0}{s/\sqrt{n}} \sim t(n-1) \tag{6.15}$$

【例6.9】 流水线上某工序规定平均操作时间不超过30秒。现随机调查了16次操作，发现平均操作时间为31秒，这16次操作的样本标准差为2秒。试在0.05的显著性水平下判断该工作操作时间是否符合要求。

解 本例是对总体均值的右侧检验问题。

根据题意，可以假设 H_0：平均时间 $\mu \leq 30$ 秒；备则假设 H_1：平均时间 $\mu > 30$ 秒。

由于样本容量小于30，检验统计量为

$$t = \frac{\bar{x} - \mu_0}{s/\sqrt{n}} \sim t(n-1)$$

因为显著性水平 $\alpha = 0.05$，查 t 分布表得 $t_{0.05}(15) = 1.753$。即接受域为 $(-\infty, 1.753)$。将样本数据代入公式，得计算统计量为

$$t = \frac{\bar{x} - \mu_0}{s/\sqrt{n}} = \frac{31 - 30}{2/\sqrt{16}} = 2$$

统计量的值落在拒绝域内,所以拒绝平均操作时间是 30 秒的假设,即可以判定该工序平均操作时间不符合要求。

三、总体比例的假设检验

由比例的抽样分布定理可知,样本比例服从二项分布,因此可由二项分布来确定对总体比例进行假设检验的临界值,但其计算往往十分繁琐。在大样本条件,通常根据正态分布来近似确定临界值,即采用 Z 检验法。其检验步骤与均值检验时的步骤相同,只是检验统计量不同。

首先,提出待检验的假设,$H_0:P = P_0,H_1:P \neq P_0$(或 $P < P_0,P > P_0$)。

检验统计量为

$$Z = \frac{p - P_0}{\sqrt{\frac{P_0(1 - P_0)}{n}}} \sim N(0,1) \tag{6.16}$$

【例 6.10】 某企业要求生产车间产品一次检验合格率为 98% 以上。现随机调查了 100 件产品,合格率为 97%。试在 0.05 的显著性水平下判断该批产品的合格率是否符合要求。

解 本例是对总体比例的左侧检验问题。

根据题意,可以假设 H_0:合格率 $P \geq 98\%$;备则假设 $H_1:P < 98\%$。

检验统计量为

$$Z = \frac{p - P_0}{\sqrt{\frac{P_0(1 - P_0)}{n}}} \sim N(0,1)$$

因为显著性水平 $\alpha = 0.05$,查表得接受域为 $(-1.645, \infty)$。

将样本数据代入,计算统计量

$$Z = \frac{p - P_0}{\sqrt{\frac{P_0(1 - P_0)}{n}}} = \frac{0.97 - 0.98}{\sqrt{\frac{0.98(1 - 0.98)}{100}}} \approx -0.714$$

统计量的值落在接受域内,所以不能认为合格率不足 98%。

第三节 Excel 在参数估计与假设检验中的应用

一、利用 Excel 进行参数估计

参数估计中的核心内容是区间估计,而区间估计的关键在于抽样极限误差的计算。Excel 提供了抽样极限误差的计算方法。根据抽样极限误差,可以自己定义函数求出置信区间。

(一)样本均值服从正态分布情况

Excel 中的"CONFIDENCE"函数可以计算样本均值服从正态分布条件下的抽样极限误差。下面根据例 6.1 说明其步骤:

在"插入函数"对话框中,选中类别为"统计"的"CONFIDENCE"函数,见图 6.5。

图 6.5 "插入函数"对话框

单击"确定"后,根据例 6.1 要求,在"函数参数"中输入 α 为"0.045 5",标准差为"2.5",样本容量为"100",见图 6.6。

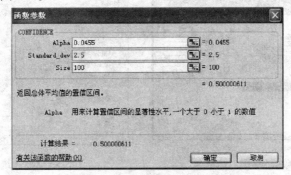

图 6.6 "函数参数"对话框

计算结果为抽样极限误差,即

$$\Delta_{\bar{x}} \approx 0.5(件)$$

因为样本平均数为

$$\bar{x} = 50(件)$$

故置信下限为

$$50 - 0.5 = 49.5(件)$$

故置信上限为

$$50 + 0.5 = 50.5(件)$$

与例 6.1 中结果完全一致。

(二)样本均值服从 t 分布情况

以例 6.3 为例,样本均值服从 t 分布。首先,将例 6.3 中数据输入 Excel 表格中,见图 6.7。

	A	B	C	D	E
1	成绩				
2	514				
3	513				
4	515				
5	510				
6	512				
7	515				
8	514				
9	513				
10	511				
11					

图 6.7 成绩数据表格

点击"工具"→"数据分析",选中"描述统计",见图 6.8。单击"确定"后,按照题意,输入区域选择"A2:A10",在"平均数置信度"输入"0.90",见图 6.9。

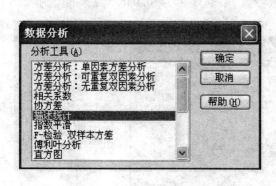
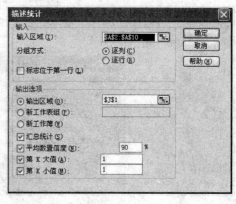

图 6.8 "数据分析"对话框　　　　图 6.9 "描述统计"对话框

单击"确定"后,结果见图 6.10。

所以抽样极限误差为

$$\Delta_{\bar{x}} \approx 1.07(环)$$

置信下限为

$$\bar{x} - \Delta_{\bar{x}} \approx 511.93(环)$$

置信上限为

$$\bar{x} + \Delta_{\bar{x}} \approx 514.07(环)$$

与例 6.3 计算结果一致。

	J	K	L	M	N	O
	列1					
平均	513					
标准误差	0.577350269					
中位数	513					
众数	514					
标准差	1.732050808					
方差	3					
峰度	−0.642857143					
偏度	−0.556730617					
区域	5					
最小值	510					
最大值	515					
求和	4617					
观测数	9					
最大(1)	515					
最小(1)	510					
置信度(90.0%)	1.073610558					

图 6.10　结果输出

二、利用 Excel 进行假设检验

Excel 中提供的统计函数可以帮助计算接受域。"统计函数"（调用方法参见图 6.5）中的 "NORMSINV" 函数值为在输入概率 $1-\alpha$ 下，Z 值的右侧检验临界点。如采用左侧检验，临界点为该函数值的相反数。如采用双侧检验，输入概率为 $1-\alpha/2$，右侧检验临界点为函数值，左侧检验临界点为该函数值的相反数。

"TINV"的函数值为输入显著性水平 α 和自由度条件下，t 值的双侧检验临界点的绝对值。如采用单侧检验，可以输入 2α 和相应的自由度，求出单侧检验临界点的绝对值。

Z 值与 t 值的计算可以结合"描述统计"的输出，自定义函数计算。

【小资料】

关于超感存在性的检验

数个世纪以来，有关人类不通过正常感官所进行的认知或者信息交流的体验时常见诸报端，同时也不乏在睡梦中或者幻觉中出现的现象最终在生活中出现的报道。这种现象统一称为超感（Extrasensory Perception）。

科学家在实验室里对超感的实验已经进行了几十年。和其他实验一样，这种实验的环境无法和报道所描述的环境完全一致，但是其实验结果经量化以后可以用统计方法进行研究。

1. 全域实验

研究中关于实验的安排称为全域实验过程，全域实验需要四人，其中两人为参与者，"发送者"和"接收者"各一人；两人为研究者，分为"实验师"和"助理"。

实验过程是这样的:"发送者"和"接收者"分别被送入两间隔音且电磁屏蔽的房间。"接收者"头戴耳机,耳机里一直发出嘶嘶的白噪声,乒乓球被切成两半粘在他的眼睛的上方,眼睛则盯住一个红灯。这样,一方面"接收者"的感官处于工作状态,可以等待有意义的信息;另一方面他则不会因为收到屋内任何其他物品所发出的信息,使注意力发生转移。

与此同时,在另一间房间里,"发送者"在看到电视机里出现的一幅静止的画面(静态目标)或者一段视频(动态目标)以后,试着将上述图像"发送"给"接收者","接收者"虽然对"发送者"所看到的图像一无所知,但可以将所"接收"的图像或者信息通过所佩戴的麦克风用语言描述出来。"实验师"可以在一旁监管整个过程并能听到"接收者"的语言描述。"助理"则通过计算机随机选择一个图像传送到电视机供"发送者"观察。需要指出的是,在场的四个人中,只有"发送者"能够看到图像。

我们介绍的实验一共存储了 160 幅图像,动态的和静态的各占一半,实验持续一小时。

2. 量化实验结果

由于"接收者"在实验过程中对某些图像的描述和实际图像中的局部区域非常接近,但是语言描述是无法进行定量分析的,因此在实验结束前,"实验师"从被选图像中随机选出三个与测试图像类型相同的图像和测试图像合在一起让"接收者"再观察一次,同时将"接收者"在测试时所做的描述重新播放一遍,让他(她)辨别哪个图像是"发送者"看到的,如果辨别正确,那么这次测试就是成功的,否则就是失败的。因为包括测试图像在内的 4 幅图像都是随机选择的,所以测试成功的概率为 25%,这样就可以得出关于超感的假设检验的统计描述:实验的成功率是否显著地超过 25%?

3. 假设

零假设:所谓超感是不存在的,实验成功是因为"瞎猫碰到死老鼠",所以成功的概率为 25%。

备择假设:实验成功不能解释为运气好,测试成功的概率大于 25%。

根据 1990 年《心理学》杂志报道,Honorton 和他的同事们在 1983~1989 年间采用以上所述的实验条件进行了数次实验,在 355 次的观察中,成功的有 122 次。

如此可得样本的成功率为 $122/355 \approx 0.344$。如果零假设正确,实际成功率为 0.25,那么实验的标准差为 $\sqrt{0.25(1-0.25)/335} \approx 0.023$,这样测试的 Z 值为 4.09,对应的 p 值为 0.000 05。这就告诉我们:如果以上结果仅仅因为巧合,那么这就意味着每 10 万次实验出现这样的成功率只有 5 次。所以,我们可以肯定地说这个结果是统计显著的。所以,不能排除超感的存在。

(资料来源:陆立强. 让数据告诉你[M]. 上海:复旦大学出版社,2008.)

本章小结

参数估计就是根据样本统计量对总体的参数值进行估计或推断。参数估计可以分为点估计和区间估计。点估计的关键是选择合适的统计量,优良统计量的标准包括:无偏性、有效性和一致性。

大样本条件下,无论总体服从什么分布,在 $1-\alpha$ 的置信度下的总体均值置信区间为

$$\bar{x} - Z_{\alpha/2} \frac{\sigma}{\sqrt{n}} \leq \mu \leq \bar{x} + Z_{\alpha/2} \frac{\sigma}{\sqrt{n}}$$

如果总体标准差未知,可以用样本标准差 S 代替计算。

正态总体均值在方差已知的条件下,在 $1-\alpha$ 的置信度下的置信区间为

$$\bar{x} - Z_{\alpha/2}\sigma(\bar{x}) \leq \mu \leq \bar{x} + Z_{\alpha/2}\sigma(\bar{x})$$

正态总体均值在方差未知的条件下,在 $1-\alpha$ 的置信度下的置信区间为

$$\bar{x} - t_{\frac{\alpha}{2}}(n-1)\frac{S}{\sqrt{n}} \leq \mu \leq \bar{x} + t_{\frac{\alpha}{2}}(n-1)\frac{S}{\sqrt{n}}$$

在大样本条件下,总体比例在 $1-\alpha$ 的置信度下的置信区间为

$$p - Z_{\alpha/2}\sigma(p) \leq P \leq p + Z_{\alpha/2}\sigma(p)$$

抽样前需要确定样本容量,样本容量可以由极限误差公式推导计算。

假设检验是参数估计的相反问题,步骤为:

(1) 提出原假设和备择假设,根据问题可选择单侧检验或双侧检验;
(2) 选择检验统计量,并根据样本数据计算出其具体数值;
(3) 根据显著性水平,确定临界值和拒绝域;
(4) 将统计量的值与临界值比较,并做出决策。

正态总体均值在方差已知的条件下,假设检验的统计量为

$$Z = \frac{\bar{x} - \mu_0}{\sigma/\sqrt{n}} \sim N(0,1)$$

在大样本条件下,无论总体服从什么分布,总体均值的假设检验都可以选用上面的检验统计量。如果总体方差未知,可以用样本方差代替总体方差。

在方差未知条件下,如果是小样本,假设检验的统计量为

$$t = \frac{\bar{x} - \mu_0}{s/\sqrt{n}} \sim t(n-1)$$

大样本条件下,总体比例假设检验的统计量为

$$Z = \frac{p - P_0}{\sqrt{\frac{P_0(1-P_0)}{n}}} \sim N(0,1)$$

关键概念

参数估计　点估计　区间估计　抽样极限误差　假设检验　显著性水平

案例分析

A 企业作为供应商与 B 企业签订了某元器件的购销合同。合同中约定:该元器件的合格率应该达到95%,否则无条件退货,检验采用抽样检查方式。首批元器件 A 供应商提供了10万件,B 企业抽取了100件进行检验,合格率为94%。由于该元器件要求的合格率是95%,B 企业认为样本合格率未达到95%,不予接收。可是 A 企业有自己的看法:按原假设为合格率

达到95%，备择假设为合格率不足95%，做了一次假设检验分析，发现统计量落在接受域，得出结论为不能拒绝接受。供应商当然不同意B企业的说法。双方争执不休。

请分析：到底谁的判断正确？遇到这种情况应该怎么办？

实训题

1. 用第五章的实训题资料，获得样本学生入学成绩，估计该校学生入学成绩区间。然后，查询相关信息看你估计的是否准确。

2. 估计该校学生的男生比例，然后用相关的统计学知识验证你的假设。

第七章

时间序列

【学习要点及目标】
1. 掌握时间序列的概念和分类；
2. 掌握时间序列的水平分析；
3. 掌握时间序列的速度分析；
4. 掌握时间序列的长期趋势分析；
5. 掌握时间序列的季节变动分析。

【引导案例】

无论在经济领域还是社会领域,各种现象都不是一成不变的,环境总是处于变化之中,人们决策的正确与否以该决策能否适应变化的环境为根本标准。因此,了解现象随时间的变化规律并且在此基础上作出相应的预测对于作出正确决策有非常重要的作用。

要了解现象变化的规律,首先要分析在不同时间现象的具体数值。我国"十三五"时期主要经济指标见表7.1。

表7.1 我国"十三五"时期主要经济指标

年份	国内生产总值(亿元)	城镇居民人均可支配收入(元)	一次能源生产总量(万吨标准煤)	年底总人口数(万人)	年平均人口(万人)	出生率(‰)
2016年	746 395.1	33 616.2	345 954	139 232	138 779	13.57
2017年	832 035.9	36 396.2	358 867	140 011	139 622	12.64
2018年	919 281.1	39 250.8	378 859	140 541	140 276	10.86
2019年	986 515.2	423 58.8	397 317	141 008	140 775	10.41
2020年	1 015 986.2	43 833.8	408 000	141 212	141 110	8.52

(资料来源:国家统计局官网 www.stats.gov.cn/tjsj/ndsj)

根据"十三五"时期我国主要的经济指标,运用时间序列的分析方法,能分析出表 7.1 中各个指标的变化规律,在此基础上就可以对国民经济的发展进行预测,作出国民经济发展的重要决策。

那么,该如何运用统计分析的方法来分析数据随时间变化的规律呢?

本章将介绍有关时间序列及其分析的常用方法和技巧。其主要内容包括:时间序列的概念和种类;时间序列水平分析法和速度分析法;时间序列趋势分析法;时间序列季节变动分析法;根据现有的数据对未来进行预测的方法以及应用问题。

第一节 时间序列概述

一、时间序列的概念

时间序列是一种常见的数据形式,经济数据中大多数都是以时间序列的形式给出。

时间序列又称为动态序列,是将某一统计指标在不同时间上的数值按其发展变化的时间先后顺序排列而形成的统计数列。

由表 7.1 可以看出,时间序列由两个基本要素构成:一个是时间要素,表明现象的观察值所属的时间;另一个是观察值要素,表明现象在某一时间上发展变化的状态。其中,时间可以是年份、季度、月份或其他任何时间形式。表 7.1 中的时间是年份的形式。

进行时间序列的分析研究有重要的现实意义,具体表现为三个方面:一是可以描述现象在过去的发展状态和结果;二是可以揭示现象发展变化的规律性;三是可以预测现象在未来时间的发展趋势。正因为研究时间数列可以了解过去、找出规律、预测未来,所以对于人们的决策具有很好的指导作用,是社会经济统计分析的重要方法之一。

二、时间序列的种类

时间序列按所列统计指标数值的表现形式不同,可以分为绝对数时间序列、相对数时间序列和平均数时间序列三种。其中,绝对数时间序列是基本序列,相对数时间序列和平均数时间序列是派生序列,是根据绝对数时间序列加工计算得到的。

(一) 绝对数时间序列

把同一绝对数指标按时间先后顺序排列而成的数列,称为绝对数时间序列。它反映现象在不同时间上所达到的绝对水平。如表 7.1 中的国内生产总值时间序列、能源生产产量时间序列和年底总人口数时间序列就是绝对数时间序列。

由于构成绝对数时间序列的指标所反映现象的时间状况不同,绝对数时间序列又可分为时期序列和时点序列。

1. 时期序列

时期数列中各个指标数值都反映现象在一段时期内发展过程的总量,如表 7.1 中的国内生产总值时间序列就是时期数列。其特点是:

(1)时期数列中的各个指标数值具有可加性。

(2)时期数列中每个指标数值的大小与其时期长短有直接的关系。时期越长,指标数值越大;反之,则相反。这里所说的时期是指每个指标所包括的时间长度。

(3)时期数列中的每个指标数值通常是通过连续登记得到的。

2. 时点数列

时点数列中的每个指标数值都反映现象在某一时点(或时刻)上的状态或水平,如表 7.1 的年底总人口时间序列就是时点数列。其特点是:

(1)时点数列中的各个指标数值不具有可加性。

(2)时点数列中每个指标数值的大小与其间隔长短没有直接关系。这里所说的间隔是指两个相邻指标数值在时间上的距离。

(3)时点数列中的每个指标数值通常是通过一定时期登记一次得到的。

(二)相对数时间序列

把同一相对指标在不同时间上的数值按时间先后顺序加以排列后形成的数列称为相对指标时间序列。相对数时间序列是反映现象之间相互联系的发展过程。

相对数时间序列是由绝对数时间序列派生出来的。序列中的各个指标数值不能直接相加。如表 7.1 中的出生率时间序列就是相对数时间序列。

(三)平均数时间序列

把同一平均指标在不同时间上的数值按时间先后顺序加以排列后形成的数列,称为平均数时间序列。平均数时间序列是反映现象一般水平的发展趋势。

平均数时间序列也是由绝对数时间序列派生出来的。序列中的各个指标数值也不能直接相加。如表 7.1 中的年平均人口时间序列就是平均数时间序列。

三、编制时间数列的原则

编制时间序列的目的,是为了通过各时间上的观察值的对比,研究现象发展变化的过程和规律。因此,保证时间序列中各项观察值具有充分的可比性,是编制时间序列应遵守的基本原则。可比性主要表现在以下几个方面:

(一)时间长短应一致

对于时期序列,序列中指标数值的大小与指标所包含的时期长短有直接关系,故各指标数值所包含的时期长短应该一致,否则就很难直接作出分析和比较。对于时点序列,序列中各指标数值只说明现象在某一时点上的状态,因此,不存在时期长短应该相等的问题。但是,时点序列中各指标数值的时间间隔最好相等,以便更好地反映现象发展变化的过程和规律性。在相对数时间序列和平均数时间序列中,也要求其各项指标数值所属的时间范围相等。

(二)总体范围应一致

总体范围要一致,是就现象所属的空间范围而言的,如某一地区的行政区划发生了变化,则该区前后两个时期某一指标数值就不能直接进行对比,必须将资料进行调整,以求总体范围的一致。调整的办法是以最新的区划范围来调整历史资料。

(三)经济内容应一致

在时间序列中,同一名称的统计指标所包含的经济内容应前后一致,否则观察值不能直接对比,需进行相应的调整。有时,一个指标有相同的名称,但可能包含不同的经济内容。如工业总产值,1984年前该指标中不包含乡镇工业产值,1984年以后乡镇工业产值从农业总产值中划分出来,归入到工业总产值中。如果把1980年到1998年各年的工业总产值不加区分就编成时间序列,并以此作分析,就很难得出正确的结论。解决此类问题的方法是以最新的统计口径对历史资料进行调整。

(四)计算方法、计算价格和计算单位都应一致

在指标名称和指标的经济内容都一致时,有时会因指标的计算方法不同(如劳动生产率指标,有的按生产时间计算,有的按职工人数计算),或计算价格不统一(如工业增加值指标,有现价工业增加值和不变价工业增加值),计量单位不一致等,使得各期指标数值不能直接对比。这时就应以目前指标的计算方法、计算价格和计量单位对历史资料加以调整。

但是,对时间序列可比性的要求,也不能绝对化。有时由于受资料所限,只要大体可比,也可编成时间序列。

第二节 时间序列的水平分析

对时间序列的动态分析包括水平分析和速度分析两方面。水平分析是速度分析的基础,速度分析是水平分析的延伸。本节着重介绍现象发展的水平指标,即发展水平、平均发展水平、增长水平和平均增长水平。

一、发展水平

发展水平就是现象在各时期的观察值 $a_i(i=1,2,\cdots,n)$,即时间序列中的各项数据,它反映现象在不同时期所达到的水平,是计算其他动态分析指标的基础。发展水平可以是绝对指标,也可以是相对指标或平均指标。表 7.1 中资料显示,2020 年我国国内生产总值为 1 015 986.2 亿元、人口数为 141 212 万人、年均人口 141 110 万人、出生率 0.852‰,这就说明 2020 年我国这些社会经济现象的发展水平以及所达到的规模和程度。

分析现象的发展水平,要区分几个有关的概念。在时间序列中,各个指标值用 a_i 表示,则时间序列可表示为 $a_0, a_1, a_2, \cdots, a_{n-1}, a_n$,通常把首项 a_0 称为最初水平,末项 a_n 称为最末水平,其余的称为中间发展水平。作为对比基准的水平称为基期水平,被研究考察时间的水平称为报告期水平。

从表 7.1 中可以看出,以"十三五"期间国内生产总值时间序列为例,2016 年的国内生产总值 746 395.1 亿元是最初发展水平,2020 年的国内生产总值 1 015 986.2 亿元为最末发展水平,其余为中间发展水平;如果对比 2017 年和 2016 年两年的国内生产总值的发展水平,则 2016 年为基期发展水平,2017 年为报告期发展水平。

二、平均发展水平

平均发展水平是各时期的发展水平的平均数,又称为序时平均数或动态平均数,概括地反映现象在一段时期内所达到的一般水平。

计算序时平均数的方法要根据时间序列指标的性质来确定。在前面我们已经知道,有绝对数时间序列、相对数时间序列和平均数时间序列,计算这三种时间序列序时平均数的方法不同。但由于相对指标和平均指标是由绝对数指标派生的,所以根据绝对数指标时间序列计算序时平均数的方法是最基本的方法。

(一)绝对数时间序列的序时平均数的计算

由于绝对数时间序列有时期序列和时点序列之分,因此序时平均数的计算方法也有所不同。

1. 时期序列的序时平均数

由于时期序列中的各观察值可以相加,形成一段时期内的累计总量,所以这种序时平均数的计算方法比较简单,通常采用简单算术平均数方法计算,即可直接用各时期的观察值之和除以时期项数来计算。它用公式表示为

$$\bar{a} = \frac{a_1 + a_2 + \cdots + a_n}{n} = \frac{\sum_{i=i}^{n} a_i}{n} \tag{7.1}$$

式中,$\bar{a}$ 为序时平均数;a_i 为第 i 个时期的观察值;n 为观察值的个数(时期项数)。

【例 7.1】 根据表 7.1 中资料求 2016 年至 2020 年国内生产总值指标的序时平均数。

解 $\bar{a} = \dfrac{\sum a}{n} = \dfrac{746\,395.1 + 832\,035.9 + 919\,281.1 + 986\,515.2 + 1\,015\,986.2}{5} =$

$\dfrac{4\,500\,213.5}{5} = 900\,042.7(亿元)$

2. 时点数列的序时平均数

时点数列可以分为连续时点数列和间断时点数列,二者的计算方法不同。

(1) 连续时点数列。通常把逐日排列的时点数据视为连续时点数列。计算连续时点数列时又分为两种情况。

① 连续变动的连续时点序列,即时点数列的资料是逐日登记逐日排列的,可用简单算术平均数法计算,其公式为

$$\bar{a} = \frac{a_1 + a_2 + \cdots + a_n}{n} = \frac{\sum_{i=i}^{n} a_i}{n}$$

【例7.2】 某企业一周七天内每天工人数为:100人,101人,100人,99人,96人,101人,100人。则该周内每天平均人数为多少?

解 $\bar{a} = \frac{\sum a}{n} = \frac{100 + 101 + 100 + 99 + 96 + 101 + 100}{7} = \frac{697}{7} \approx 99.57 \approx 100(人)$

② 非连续变动的连续时点序列。被研究的现象不是逐日登记的,而是间隔几天变动一次,这样的序列被称为非连续变动的连续时点序列,可用加权算术平均法计算。其计算公式为

$$\bar{a} = \frac{a_1 T_1 + a_2 T_2 + \cdots + a_n T_n}{T_1 + T_2 + \cdots + T_n} = \frac{\sum_{i=1}^{n} a_i T_i}{\sum T} \qquad (7.2)$$

【例7.3】 某单位1月1日职工人数为200人,1月8日新进厂10人,1月20日离厂5人。计算该单位1月份员工平均职工人数是多少?

解 $\bar{a} = \frac{200 \times 7 + 210 \times 12 + 205 \times 12}{7 + 12 + 12} = \frac{6\,380}{31} \approx 205.8 \approx 206(人)$

(2) 间断时点数列。统计时点间隔在一天以上(如间隔一月、一年等)的时点数列,称为间断时点数列。其序时平均数的计算公式为

$$\bar{a} = \frac{\left(\frac{a_1 + a_2}{2}\right) T_1 + \left(\frac{a_2 + a_3}{2}\right) T_2 + \cdots + \left(\frac{a_{n-1} + a_n}{2}\right) T_{n-1}}{\sum_{i=1}^{n-1} T_i} \qquad (7.3)$$

式中,T_i 为观察值 a_i 与 a_{i+1} 之间的间隔日期长度。

特殊情况下,当各时点的间隔相等时,其序时平均数的计算公式为

$$\bar{a} = \frac{\frac{a_1}{2} + a_2 + \cdots + a_{n-1} + \frac{a_n}{2}}{n - 1} \qquad (7.4)$$

可见,计算间隔时点的序时平均数也有两种情况,即间隔相等和间隔不等。如果间隔不等常采用公式(7.3);如果间隔相等,则采用公式(7.4)。其实,公式(7.4)是公式(7.3)的一种特殊情况,通常将这种特殊的形式称为"首末折半法"。

第七章 时间序列

【例 7.4】 设某企业 2020 年职工人数见表 7.2，计算该企业 2020 年的平均职工人数。

表 7.2 某企业 2020 年各统计时点的职工人数

统计时点	1月1日	4月1日	6月1日	10月1日	12月31日
职工人数（人）	120	126	130	128	140

解 $\bar{a} = \dfrac{\left(\dfrac{120+126}{2}\right) \times 3 + \left(\dfrac{126+130}{2}\right) \times 2 + \left(\dfrac{130+128}{2}\right) \times 4 + \left(\dfrac{128+140}{2}\right) \times 3}{3+2+4+3} \approx 129$（人）

【例 7.5】 根据表 7.1 的年底总人口数时间序列计算"十三五"期间的平均人口。

解 $\bar{a} = \dfrac{\dfrac{139\,232}{2} + 140\,011 + 140\,541 + 141\,008 + \dfrac{141\,212}{2}}{5-1} = \dfrac{561\,782}{4} = 140\,445.5$（万人）

（二）相对数或平均数时间序列的序时平均数的计算

相对数或者平均数是由两个绝对数对比形成的，计算相对指标或平均指标时间序列的序时平均数时，一般不能就时间序列中的相对指标或平均指标直接计算，而要分别计算出相对数或平均数分子和分母的平均数后，再进行对比。其公式为

$$\bar{c} = \dfrac{\bar{a}}{\bar{b}} \tag{7.5}$$

式中，$\bar{a}$ 代表作为分子的时间序列序时平均数；$\bar{b}$ 代表作为分母的时间序列序时平均数。

【例 7.6】 2016～2020 年我国国内生产总值及构成数据见表 7.3。计算 2016～2020 年间我国第三产业国内生产总值占全部国内生产总值的平均比重。

表 7.3 2016～2020 年我国国内生产总值及其构成数据

年份	2016 年	2017 年	2018 年	2019 年	2020 年
国内生产总值（亿元）	746 395.1	832 035.9	919 281.1	986 515.2	1 015 986.2
其中：第三产业（亿元）	390 828.1	438 355.9	489 700.8	535 371.0	553 976.8
比重（%）	52.4	52.7	53.3	54.3	54.5

解 第三产业国内生产总值的平均数为

$$\bar{a} = \dfrac{\sum_{i=1}^{n} a_i}{n} = \dfrac{2\,408\,232.6}{5} = 481\,646.52（亿元）$$

全部国内生产总值的平均数为

$$\bar{b} = \frac{\sum_{i=1}^{n} b_i}{n} = \frac{4\,500\,213.5}{5} = 900\,042.7(亿元)$$

第三产业国内生产总值所占平均比重为

$$\bar{c} = \frac{\bar{a}}{\bar{b}} = \frac{481\,646.52}{900\,042.7} \times 100\% \approx 53.51\%$$

三、增长水平与平均增长水平

(一)增长水平

增长水平也称为增长量,是报告期发展水平与基期发展水平之差。如果二者之差为正数,表示增长;若为负数,则表示下降。用公式表示为

$$增长水平 = 报告期发展水平 - 基期发展水平 \tag{7.6}$$

由于采用的基期不同,增长水平有逐期增长量水平和累积增长水平之分。

1. 逐期增长水平

逐期增长水平是报告期水平与前一期水平之差,说明报告期比前一期增长的绝对数量。其公式为

$$\Delta_i = a_i - a_{i-1}, \quad i = 1, 2, \cdots, n \tag{7.7}$$

即逐期增长水平为 $a_1 - a_0, a_2 - a_1, a_3 - a_2, \cdots, a_n - a_{n-1}$。

2. 累积增长水平

累积增长水平是报告期水平与某一固定时间的水平(通常为最初水平)之差,说明报告期比某一固定时间增长的绝对数量,即某一段较长时期内的总增长量。其公式为

$$\Delta_i = a_i - a_0, \quad i = 1, 2, \cdots, n \tag{7.8}$$

即累积增长水平为 $a_1 - a_0, a_2 - a_0, a_3 - a_0, \cdots, a_n - a_0$。

从公式(7.8)中不难看出,逐期增长水平和累积增长水平存在以下数量依存关系:

(1) 逐期增长量之和等于相应时期的累积增长水平,即

$$(a_1 - a_0) + (a_2 - a_1) + (a_3 - a_2) + \cdots + (a_n - a_{n-1}) = a_n - a_0 \tag{7.9}$$

(2) 相邻两个时期的累积增长水平之差等于相应时期的逐期增长水平,即

$$(a_i - a_0) - (a_{i-1} - a_0) = a_i - a_{i-1} \tag{7.10}$$

【例7.7】 根据我国年末人口数资料(表7.4),计算人口逐期增长水平和累积增长水平。

解

表7.4　2015～2020期间我国年末人口数　　　　　　　　　　　　单位:万人

年　份	2015年	2016年	2017年	2018年	2019年	2020年
年末人口数	138 326	139 232	140 011	140 541	141 008	141 212
逐期增长水平	—	906	779	530	467	204
累积增长量水平	—	906	1 685	2 215	2 682	2 886

在实际统计分析中,为了消除季节变动的影响,也常常计算年距增长水平指标。年距增长水平是本期发展水平与上年同期发展水平之差,其公式如下

$$年距增长水平 = 本期发展水平 - 上年同期发展水平 \tag{7.11}$$

（二）平均增长水平

平均增长水平也称为平均增长量,是逐期增长量的序时平均数,用来说明某一现象在较长时期内平均每期增长的数量。

计算平均增长水平可以将各逐期增长水平相加除以逐期增长水平个数,用简单算术平均法计算;也可以将累积增长水平除以时间序列项数减1。其公式如下

$$平均增长水平 = \frac{逐期增长水平之和}{逐期增长水平个数} = \frac{累积增长水平}{逐期增长水平个数} \tag{7.12}$$

根据例7.7资料,计算我国"十三五"期间人口的平均增长水平。其结果为

$$平均增长水平 = \frac{906+779+530+467+204}{6-1} = \frac{2\,886}{5} = 577.2(万人)$$

第三节　时间序列的速度分析

时间序列的速度分析是借助于发展速度、平均发展速度、增长速度、平均增长速度等动态分析指标来描述现象在某一段时间中发展变化的快慢程度。

一、发展速度

发展速度是报告期发展水平与基期发展水平之比,用于描述现象在观察期内的相对发展变化程度。其计算公式如下

$$发展速度 = \frac{报告期水平}{基期水平} \tag{7.13}$$

当发展速度指标值大于0小于1时,表明报告期水平低于基期水平;当发展速度指标值等于或大于1时,表明报告期水平达到或超过基期水平。

由于采用的基期不同,发展速度有环比发展速度和定基发展速度之分。

(一) 环比发展速度

环比发展速度是报告期水平与前一期水平之比,说明现象逐期发展变化的程度,即

$$\frac{a_1}{a_0}, \frac{a_2}{a_1}, \frac{a_3}{a_2}, \cdots, \frac{a_n}{a_{n-1}} \tag{7.14}$$

(二) 定基发展速度

定基发展速度是报告期水平与某一固定时期水平(通常为最初水平或特定时期水平)之比,表明现象在整个观察期内总的发展变化程度,也称为总速度。即

$$\frac{a_1}{a_0}, \frac{a_2}{a_0}, \frac{a_3}{a_0}, \cdots, \frac{a_n}{a_0} \tag{7.15}$$

根据同一时间序列计算的环比发展速度和定基发展速度存在以下两个数量关系:

(1) 环比发展速度的连乘积等于相应时期的定基发展速度,即

$$\frac{a_1}{a_0} \times \frac{a_2}{a_1} \times \frac{a_3}{a_2} \times \cdots \times \frac{a_n}{a_{n-1}} = \frac{a_n}{a_0} \tag{7.16}$$

(2) 相邻时期的定基发展速度之商等于相应时期的环比发展速度,即

$$\frac{a_i}{a_0} \div \frac{a_{i-1}}{a_0} = \frac{a_i}{a_{i-1}} \tag{7.17}$$

【例7.8】 某地区2015~2020年社会消费品零售总额各年环比发展速度资料如下:2016年为119.57%,2017年为112.08%,2018年为108.57%,2019年为108.50%,2020年为107.15%。试计算2020年以2015年为基期的定基发展速度。

解 $\frac{a_{2020}}{a_{2015}} = \frac{a_{2016}}{a_{2015}} \times \frac{a_{2017}}{a_{2016}} \times \frac{a_{2018}}{a_{2017}} \times \frac{a_{2019}}{a_{2018}} \times \frac{a_{2020}}{a_{2019}} =$

$119.57\% \times 112.08\% \times 108.57\% \times 108.50\% \times 107.15\% \approx 167.31\%$

在实际统计分析工作中,为了消除季节变动的影响,类似于前面的年距增长量指标,也常计算年距发展速度,用以说明报告期水平与上年同期水平对比达到的相对程度。其公式如下

$$年距发展速度 = \frac{报告期发展水平}{上年同期发展水平} \tag{7.18}$$

二、增长速度

增长速度也称为增长率,是增长水平与基期水平之比,用于反映现象的相对增长速度。增长速度与发展速度有密切关系,两者相差一个基数(1或100%)。增长速度的计算公式为

$$增长速度 = \frac{增长水平}{基期水平} = \frac{报告期水平 - 基期水平}{基期水平} =$$

$$\frac{报告期水平}{基期水平} - 1 = 发展速度 - 1 \tag{7.19}$$

与发展速度类似,增长速度由于采用的基期不同,也可以有环比增长速度和定基增长速度之分。环比增长速度是用前一期水平作为基期计算所得的相对数,表示现象的逐期增长速度;定基增长速度是用某一固定时期作为基期计算所得的相对数,表示在较长时期内总的增长速度。环比增长速度的计算公式为

$$\frac{a_1}{a_0}-1, \frac{a_2}{a_1}-1, \frac{a_3}{a_2}-1, \cdots, \frac{a_n}{a_{n-1}}-1 \tag{7.20}$$

定基增长速度的计算公式为

$$\frac{a_1}{a_0}-1, \frac{a_2}{a_0}-1, \frac{a_3}{a_0}-1, \cdots, \frac{a_n}{a_0}-1 \tag{7.21}$$

与发展速度有所不同的是,环比发展速度和定基发展速度之间可以相互推算,但是环比增长速度和定基增长速度之间则不能直接相互推算。如果要进行环比增长速度和定基增长速度之间的推算,必须先把它们还原成发展速度后,才能进行相互推算。

根据同一时间数列计算的环比增长速度和定基增长速度的数量关系是:环比增长速度加 1 变为环比发展速度,再连乘得相应定基发展速度,然后减 1 得相应的定基增长速度。

【例 7.9】 根据表 7.5 中第三产业国内生产总值序列,计算各年的环比发展速度和增长速度,及以 2016 年为基期的定基发展速度和增长速度。

解

表 7.5 第三产业国内生产总值速度计算表

年份		2016 年	2017 年	2018 年	2019 年	2020 年
国内生产总值(亿元)		390 828.1	438 355.9	489 700.8	535 371.0	553 976.8
发展速度(%)	环比	—	112.2	111.7	109.3	103.5
	定基	100	112.2	125.3	137.0	141.7
增长速度(%)	环比	—	12.2	11.7	9.3	3.5
	定基	—	12.2	25.3	37.0	41.7

三、平均发展速度

平均发展速度是各个时期环比发展速度的序时平均数,说明社会经济现象在较长时期内速度变化的平均程度。

由于环比发展速度是根据同一现象在不同时间发展水平对比而得的动态相对数,因此,它不能用计算序时平均数的方法来计算。在实际工作中有两种计算平均发展速度的方法,即水平法和累积法。

(一)水平法

水平法又称为几何平均法,由于现象发展的总速度不等于各年发展速度之和,而等于各年

环比发展速度的连乘积,所以平均发展速度不能用算术平均法来计算,而要应用几何平均法来计算。

用几何平均法公式计算平均发展速度的数学依据是:从最初水平出发,以平均发展速度 $\bar{x}$ 代替各环比发展速度 $x_1, x_2, x_3, \cdots, x_n$,经过 n 期发展,正好达到最末水平 a_n。水平法公式表示如下

$$\bar{x} = \sqrt[n]{x_1 \cdot x_2 \cdot x_3 \cdot \cdots \cdot x_n} = \sqrt[n]{\prod x} \tag{7.22}$$

式中,$\bar{x}$ 表示平均发展速度;x 表示各年环比发展速度;n 表示环比发展速度的项数。

由于环比发展速度的连乘积等于相应的定基发展速度,所以平均发展速度的计算公式还可以表示为

$$\bar{x} = \sqrt[n]{\frac{a_1}{a_0} \times \frac{a_2}{a_1} \times \frac{a_3}{a_2} \times \cdots \times \frac{a_n}{a_{n-1}}} = \sqrt[n]{\frac{a_n}{a_0}} \tag{7.23}$$

不难看出,几何平均法名义上是各个环比发展速度的几何平均数,但实际上也是由最初和最末两期的水平所决定的。只要确定最末水平,中间各期的水平变化对平均发展速度的计算结果并没有影响。所以,平均发展速度的几何平均法也称为水平法。

【例 7.10】 根据例 7.9 的数据,按水平法计算平均发展速度。

解 $\bar{x} = \sqrt[n]{x_1 \cdot x_2 \cdot x_3 \cdot \cdots \cdot x_n} = \sqrt[n]{\prod x} = \sqrt[4]{112.2\% \times 111.7\% \times 109.3\% \times 103.5\%} = \sqrt[4]{141.8\%} = 109\%$

如果现象的发展过程分为几个时期,又有各时期的平均发展速度指标,计算全期平均发展速度时,则要以各时期持续的年数为权数,按加权几何平均法计算。其计算公式如下

$$\bar{x} = \sqrt[\sum f]{x_1^{f_1} \cdot x_2^{f_2} \cdot \cdots \cdot x_n^{f_n}} = \sqrt[\sum f]{\prod x^f} \tag{7.24}$$

【例 7.11】 某地区国内生产总值"十三五"前三年平均发展速度为 112%,后两年平均发展速度为 109%,求该地区"十三五"期间国内生产总值年平均发展速度。

解 $\bar{x} = \sqrt[\sum f]{x_1^{f_1} \cdot x_2^{f_2} \cdot \cdots \cdot x_n^{f_n}} = \sqrt[\sum f]{\prod x^f} = \sqrt[3+2]{(112\%)^3 (109\%)^2} \approx 110.79\%$

(二) 累积法

累积法又称为方程式法,是以各期发展水平的总和与基期发展水平之商来推算的。其推算原理是时间序列中的各年发展水平的总和等于全期的总水平,而各年发展水平是基期水平与各该年定基发展速度的乘积。根据定基发展速度等于环比发展速度连乘积的关系,各年发展水平也是基期水平和有关各年环比发展速度的乘积。因此,把各年环比发展速度加以平均化,列出方程式,求解即得出年平均发展速度。

在一个时间序列中,各期实际水平之和为

$$a_1 + a_2 + \cdots + a_n = \sum_{i=1}^{n} a_i$$

由于各年发展水平等于基期水平乘以相应定基发展速度,所以上式可表示为

$$a_0 \cdot \frac{a_1}{a_0} + a_0 \cdot \frac{a_2}{a_0} + \cdots + a_0 \cdot \frac{a_n}{a_0} = \sum_{i=1}^{n} a_i$$

将各期定基发展速度转换成环比发展速度,用 x_i 表示环比发展速度,上式表示为

$$a_0 \cdot x_1 + a_0 \cdot x_1 \cdot x_2 + \cdots + a_0 \cdot x_1 \cdot x_2 \cdots \cdot x_n = \sum_{i=1}^{n} a_i$$

把上式中的各期环比发展速度平均化,用平均发展速度 $\bar{x}$ 取代各环比发展速度 x_i,上式可表示为

$$a_0 \cdot \bar{x} + a_0 \cdot \bar{x} \cdot \bar{x} + \cdots + a_0 \cdot \bar{x} \cdot \bar{x} \cdots \cdot \bar{x} = \sum_{i=1}^{n} a_i$$

则有

$$a_0 \cdot \bar{x} + a_0 \cdot \bar{x}^2 + \cdots + a_0 \cdot \bar{x}^n = \sum_{i=1}^{n} a_i$$

将两边同除以 a_0,则有

$$\bar{x} + \bar{x}^2 + \cdots + \bar{x}^n = \frac{\sum_{i=1}^{n} a_i}{a_0} \tag{7.25}$$

解这个方程式的正根就是所求的年平均发展速度。用方程式法计算平均发展速度的特点是着眼于各期水平累计之和 $\sum_{i=1}^{n} a_i$,所以它也称为累计法。由于公式(7.25)是一个高次方程,求解比较复杂,故在实际应用中,可以通过查找事先编好的累计方程法《平均增长速度查对表》(以下简称《查对表》),去求平均增长速度,再加100%,得平均发展速度。其一般步骤如下:

(1) 计算 $\frac{\sum a_i}{a_0}$ 的值。这个数值可以根据各年发展水平计算,也可以根据各年定基发展速度计算。

(2) 判断现象的发展类型,并从《查对表》中的相应部分找出所需的数值。当 $\frac{\sum a_i}{a_0} > n$ 时,判断现象为递增型,在表中的递增部分"n"所在栏找出 $\frac{\sum a_i}{a_0}$ 的值,与这个数值相对应的左边栏内的百分比,即为所求的年平均增长速度;当 $\frac{\sum a_i}{a_0} < n$ 时,判断现象为递减型,则在表中递减部分查找,方法同上。

要注意的是,如果表中没有确切的平均增长速度与 $\frac{\sum a_i}{a_0}$ 相对应,则找出 $\frac{\sum a_i}{a_0}$ 的上、下界所对应的平均增长速度,然后按比例推算出 $\frac{\sum a_i}{a_0}$ 所对应的平均增长速度。

【例7.12】 某地区"十三五"期间固定资产投资额资料见表7.6,用方程式法计算各年平均发展速度。

表7.6 某地区"十三五"期间固定资产投资额　　　　单位:百万元

年份	2015年	2016年	2017年	2018年	2019年	2020年
固定资产投资额	1 074	1 176	1 343	1 574	1 551	1 702

解 $\dfrac{\sum a_i}{a_0} = \dfrac{1\,176 + 1\,343 + 1\,574 + 1\,554 + 1\,702}{1\,074} \approx 6.842\,6 = 684.26\%$

由于684.26% > 5,所以为递增型。查表,684.26% 介于683.33% 和685.28% 之间,对应的平均增长速度是10.6% 和10.7%。按比例推算,该地区"十三五"期间固定资产投资额平均增长速度为

$$10.6\% + \dfrac{684.26\% - 683.33\%}{685.28\% - 683.33\%} \times (10.7\% - 10.6\%) = 10.65\%$$

(三) 应用水平法与累计法计算平均发展速度时要注意的问题

水平法和累计法的数理依据、计算方法和应用条件有所不同。水平法的侧重点是从最末水平出发来进行研究,按其确定的平均发展速度推算的最末一年发展水平,与实际资料最末一年的发展水平相同;累计法的侧重点则是从各年发展水平的累计总和出发来进行研究,按其确定的平均发展速度推算的全期各年发展水平的总和,与全期各年的实际发展水平的总和相同。

以上两种方法,应该根据实际情况分别采用。我国制定国民经济发展长期计划,大致也有两种规定指标数值的方法:一种是以长期计划的最末一年应达到的水平来规定,如人口数、国内生产总值、工业主要产品产量、社会消费品零售总额等;另一种是以整个计划期应达到的累计数来规定,如固定资产投资额等。在计算平均发展速度时,前者应采用水平法,后者应采用累计法。

四、平均增长速度

平均增长速度又称为平均增长率,是用来描述现象在整个观察期内平均增长变化的快慢程度,通常用平均发展速度减1求得。其计算公式为

$$\text{平均增长速度} = \text{平均发展速度} - 1 \tag{7.26}$$

五、速度分析与水平分析的结合运用

时间序列的速度指标是由水平指标对比计算而来的,即以百分数表示的抽象化指标。速度指标把现象的具体规模或水平抽象掉了,因此不能反映现象的绝对量差别。在应用速度指标进行分析时,要注意以下几个问题:

1. 要把发展速度和增长速度同其绝对量结合起来

因为发展速度由报告期发展水平除以基期发展水平而得,从数量关系来看,基期发展水平低,速度就容易高;基期发展水平高,速度就容易低。因此,速度高可能掩盖低水平,速度低可能隐藏着高水平。例如,1949 年我国的钢产量为 15.8 万吨,1950 年为 61 万吨,则 1950 年我国钢产量的环比发展速度为 368.08%;1999 年我国钢产量 12 426 万吨,2000 年为 12 850 万吨,2000 年钢产量的环比发展速度为 103.41%。从发展速度分析,前者大于后者。但从发展速度指标后面的发展水平指标分析,却是后者远远大于前者。

1% 增长量是以绝对增长水平除以相应的用百分数表示的增长速度得到的,即前期水平的 1%。它是一个既考察速度又兼顾水平的指标,用公式表示为

$$1\% \text{ 增长量} = \frac{a_i - a_{i-1}}{\left(\dfrac{a_i}{a_{i-1}} - 1\right) \times 100} = \frac{a_{i-1}}{100} \tag{7.27}$$

上例中,2000 年我国钢产量每增长 1% 的绝对量为 124.26 万吨;而 1950 年钢产量每增加 1% 的绝对量仅为 0.16 万吨。

2. 要把平均速度指标与时间序列的水平指标结合起来

平均速度指标应结合其所依据的各个基本指标,如发展水平、增长量、环比发展速度、定基发展速度等进行分析研究,才能深入了解现象的全面发展、具体过程和特点,从而对研究现象具有比较确切和完整的认识。

平均速度是一个较长时期总速度的平均,它是那些上升、下降的环比速度的代表值。如果时间数列的中间时期指标值出现了特殊的高低变化,或者最初、最末水平受特殊因素的影响,使指标值偏离常态,不管是用水平法或累计法计算平均速度,都将降低或失去其说明问题的意义。所以,仅仅计算一个平均速度指标是不够的,应该联系各期的水平指标,计算各期的环比速度结合起来分析。

在分析较长历史时期的动态资料时,这种结合可采取计算分段平均速度来补充说明总平均速度。因为一个总平均速度指标,仅能笼统地反映现象在较长时期内的逐年一般平均发展或增长程度,不能据以深入了解这种现象的发展过程的变化情况。例如,计算我国建国 50 多年来粮食生产发展变化情况,除了计算总平均速度外,有必要按照各个五年计划时期或各个特定时期分段计算其平均速度加以补充说明。

第四节　时间序列的长期趋势分析

一、时间序列的构成与分解

(一)时间序列的构成要素

社会经济变量的时间序列所反映出的现象的发展变化,都是由众多复杂因素共同作用的

结果,在诸多因素中,有些因素对事物的发展起着长期的、决定性的作用,致使事物的发展呈现出某种趋势和一定的规律性;有些因素则对事物的发展起着短期的、非决定性的作用,致使事物呈现出某种不规则性。为了达到认识各种社会经济变量时间序列所呈现出的规律,人们首先要了解影响时间序列变化的因素,进而了解时间序列规律,并在此基础上预测各种社会经济变量在未来的变化和走势,为各种决策提供支持。

按照影响的性质和作用的形式,可将时间序列的众多影响因素分为四种:长期趋势、季节变动、循环变动和不规则变动。

1. 长期趋势

长期趋势是指某些客观现象在较长的时期内,受某种根本性因素作用,而形成的总的、平稳的变动趋势。它可能呈现出持续上升或持续下降的态势。许多客观现象的发展变化存在长期趋势,这是因为在诸多影响因素中,有些长期起决定作用的因素促使特定现象持续沿着上升或下降的方向变动。例如,随着国民经济的发展,我国的人均国内生产总值、城镇居民家庭人均可支配收入,呈现不断增大的趋势,而人口出生率、死亡率、文盲率却呈下降趋势。

2. 季节变动

季节变动是指客观现象随着一年之内季节的交替而表现出的周期性变动。因为一年当中季节的更换对社会经济现象的变动产生一定的影响,促使其在各个特定的季节内按照一定的规律发生变动,而且常以一年为周期上下波动,各年的变化幅度相差不大,表现为逐年同月(或同季)有相同的变化方向和大致相同的变化幅度,如各种水果的上市量,每年随季节的更替周而复始地变动;各类服饰的销售量也随季节的变动而呈现出有规律的变化;铁路客运量以每年春运为最高峰。引起时间序列产生季节变动的原因既有自然因素,也有人为因素。例如,由于节假日以及风俗习惯等原因,使生产、消费和众多的活动产生季节变动。由于季节变动的周期为一年,所以当一个带有季节变动的时间序列的变量只是按周、旬、月或季给出,其季节变动是很明显的,但当这种时间序列的数据是按年记录,季节变动就无法被观测出。

3. 循环变动

循环变动是指时间序列中发生周期比较长的涨落起伏的变动,它所持续的周期长度一般都在一年以上。例如,一个典型的商业周期包括繁荣、衰退、萧条以及复苏,围绕长期趋势上方或下方有相当大的波动,其持续时间超过一年。在衰退期,就业、产量、销售额和其他许多经济变量时间序列都低于长期趋势线;反之,在繁荣期,则高于长期趋势线。

4. 不规则变动

不规则变动又称随机变动,是指某些现象受偶然因素、随机因素的影响而产生的既无趋势又无规律可循的变动。例如,由于自然灾害、战争及重大的政治经济举措,使得时间序列的数量表现出极高或极低的情况。

本节主要介绍长期趋势分析的方法,以后各节再介绍其他趋势变动分析。

（二）时间序列的分解模型

对时间序列进行分解的目的,是要分别测定和分析每种构成要素对时间序列的影响作用,揭示现象发展变化的各种规律性,并在此基础上进行预测。要进行这些分析和预测,就必须先明确时间序列与各种构成要素之间的关系。按照四种构成要素相互作用的方式不同,时间序列可分解为多种模型,其中常用的有乘法模型和加法模型。

若以 Y 表示时间序列中的观察值,T 表示长期趋势值,S 表示季节变动值,C 表示循环变动值,I 表示不规则变动值,下标 i 表示时间($i = 1, 2, \cdots, n$),则乘法模型的表现形式分别为

$$Y_i = T_i \times S_i \times C_i \times I_i$$

加法模型的表现形式为

$$Y_i = T_i + S_i + C_i + I_i$$

乘法模型假设四种要素相互之间存在一定的关系,它们对现象的影响是相互联系的,因此时间序列中各观察值表现为各种要素的乘积。加法模型假设四种要素相互之间是无关的,它们对现象的影响是相互独立的,因此时间序列中各观察值表现为各种要素的总和。

在实际应用中,乘法模型和加法模型都可以采用,但相对而言,乘法模型的假设与许多现象变动的性质更加吻合,在数学处理与预测中也更为简便,因此实际中乘法模型的运用较多。以后各节介绍的时间序列构成分析均以乘法模型为例。

二、长期趋势的测定与分析

长期趋势的测定与分析,是时间序列分析中最重要的一项任务。测定长期趋势,不仅可以认识现象发展变化的基本趋势和规律性,作为预测的重要依据,而且是准确地测定其他构成要素的基础。长期趋势分析就是采用一定的方法,将趋势因素以外的其他因素的变化影响加以消除,使社会经济现象的发展变化独自显示出长期趋势,为探索社会经济现象发展变化的规律性和统计预测提供重要的条件。

测定长期趋势的方法主要有时距扩大法、移动平均法和数学模型法。

（一）时距扩大法

时距扩大法是测定长期趋势的一种最简单、最原始的方法。当原始动态序列中各指标数值上下波动,使现象变化规律表现不明显时,可通过扩大时间序列的时间间隔,对原资料进行合并,以弱化由于时距较短时现象受到其他因素影响而引起的趋势不明显的情况,从而正确反映现象发展的趋势。

时距扩大法可以用扩大时距后的总量指标表示,也可以用扩大时距后的平均指标表示。前者适用于时期数列,后者适用于时期数列或时点数列。时距扩大法的优点是简便直观,缺点是经过修匀后得到的新的时间数列的项数明显减少,不便于作进一步的分析研究。表 7.7 是我国 2001 ~ 2020 年各年粮食总产量。

表 7.7 我国 1981～2000 年各年粮食总产量   单位:万吨

年份	产量	年份	产量	年份	产量	年份	产量
2001 年	45 262.0	2006 年	49 804.2	2011 年	58 849.3	2016 年	66 043.5
2002 年	45 700.0	2007 年	50 413.9	2012 年	61 222.6	2017 年	66 160.7
2003 年	43 069.0	2008 年	53 434.3	2013 年	63 048.2	2018 年	65 789.2
2004 年	46 947.0	2009 年	53 940.9	2014 年	63 964.8	2019 年	66 384.5
2005 年	48 402.2	2010 年	55 911.3	2015 年	66 060.3	2020 年	66 949.2

从表 7.7 中可以看出,2001～2020 年,我国粮食产量呈现不断上涨的趋势,但是由于偶然因素的影响,中间存在波动,把时距扩大为 5 年,消除偶然因素的影响,即可使得长期趋势更加明显。计算结果见表 7.8。

表 7.8 计算结果   单位:万吨

时期	总产量	平均年产量
"十五"	229 380.2	45 876.04
"十一五"	263 504.6	52 700.92
"十二五"	313 145.2	62 629.04
"十三五"	331 326.9	66 265.38

(二) 移动平均法

时距扩大法虽然简单方便,能呈现出现象的趋势,但是时距扩大以后,原有的数据都被掩盖了,如果要对原数据进行更深入地研究就没有数据可依了,于是人们希望能找到一种更好的方法,既能呈现出数据变动的趋势,又能为进一步研究提供原有的数据。移动平均法就是这样的方法。

移动平均法是采用逐期推移、扩大时距计算序时平均数的方法。它以一系列移动平均数作为对应时期的趋势值。由这些移动平均数所形成的新时间序列称为移动平均数序列。它在一定程度上消除或削弱了原时间序列中由于短期偶然因素引起的不规则变动和其他变动,对原时间序列的波动起到一定的修匀作用,从而呈现出现象发展的长期趋势。

移动平均法的具体步骤如下:

第一步:选择一定的用于平均的时距项数 K;

第二步:对原序列计算 K 项移动平均数。其计算公式为

$$\overline{Y}_i = \frac{Y_i + Y_{i+1} + \cdots + Y_{i+k-1}}{K}, \quad i = 1, 2, \cdots, n \tag{7.28}$$

第三步:若 K 为奇数,则 K 项移动平均数即为长期趋势值;若 K 为偶数,则将 K 项移动平均

数再做一次2项移动平均即可得到长期趋势值。

利用移动平均法分析长期趋势时,应注意以下几个问题:

(1) 移动平均后的趋势值应放在各移动项的中间位置上。这是因为移动平均数代表的是所平均数据的中间位置上的趋势值。例如,3项移动平均的趋势值应放在第2项对应的位置上;5项移动平均的趋势值应放在第3项对应的位置上;4项移动平均时,第一次得到的4项移动平均数应放在第2项与第3项中间,第二次得到的2项移动平均数即趋势值应放在每3项对应的位置上。

(2) 当时间序列包含周期性变动时,移动平均的项数 K 应与周期长度一致。这样才能在消除不规则变动的同时,也消除周期性波动,使移动平均数序列只反映长期趋势。因此,若时间序列是季度资料,应采用4项移动平均;若为月份资料,应采用12项移动平均。

(3) 移动平均数序列的项数比原时间序列减少。当平均项数 K 为奇数时,移动平均数序列首尾各减少 $(K-1)/2$ 项;当平均项数 K 为偶数时,移动平均数序列首尾各减少 $K/2$ 项。这样,移动平均会使原时间序列首尾的数据缺少对应的趋势值,导致信息缺失,并且 K 越大,缺失的信息就越多。所以,移动平均的项数 K 不宜过大。

【例7.13】 我国2007~2020年肥猪出栏头数资料见表7.9,计算3年和4年移动平均。

答

表7.9 我国2007~2020年肥猪出栏头数

年份	出栏头数（头）	3年移动总和	3年移动平均	4年移动总和	4年移动平均	中心化的4年移动平均
2007年	12 593					
2008年	14 798	43 989	14 663			
2009年	16 598	48 080	16 027	60 673	15 168	15 875
2011年	16 684	49 526	16 509	64 324	16 581	16 510
2012年	16 244	49 158	16 386	65 756	16 439	16 446
2013年	16 230	49 124	16 375	65 808	16 452	16 465
2014年	16 650	49 667	16 556	65 911	16 478	16 461
2015年	16 787	49 547	16 516	65 777	16 444	16 762
2016年	16 110	51 665	17 222	68 315	17 079	17 481
2017年	18 768	54 739	18 246	71 526	17 882	18 221
2018年	19 861	58 124	19 375	74 234	18 559	19 053
2019年	19 495	59 419	19 806	78 187	19 547	
2020年	20 063					

(三) 数学模型法

移动平均法虽然能在基本保持原有数据特征的基础上分析出数据的长期趋势,但是它不能实现预测的功能,而只能大致看出数据的走势。人们对于数据趋势的分析更重要的意义在于对数据未来走势的预测,甚至是预测出具体的预测值,因此人们需要更加行之有效的趋势分析方法,即数学模型法。

数学模型法是测定长期趋势的常用方法,是在对现象作初步分析的基础上,选择一个合适的数学方程配合时间序列的变动,据以进行长期趋势预测的一种分析方法。最小平方法(也称最小二乘法)是给现象配合数学方程常用的方法。它的基本原理是使实际值和长期趋势值的离差平方和为最小,即 $\sum (Y - \hat{Y})^2 = $ 最小值,以使求出的趋势线与原数列达到最佳的配合。

最小二乘法既可用于配合直线,也可用于配合曲线,所以,它是分析长期趋势十分普遍和理想的方法。一般的,常见的趋势线模型有两种,即线性趋势模型和非线性趋势模型。

1. 线性趋势模型

当时间序列各期的逐期增长水平大致相同时,表明现象的发展呈现线性趋势,可以拟合恰当的趋势直线,即可用下列线性模型来描述

$$\hat{Y}_t = a + bt \tag{7.29}$$

式中,$\hat{Y}_t$ 为时间序列 Y_t 的趋势值;t 为时间代号;a 为趋势线在 Y 轴上的截距,是当 $t=0$ 时 $\hat{Y}_t$ 的数值;b 为趋势线的斜率,表示时间 t 每变动一个单位时,趋势值 $\hat{Y}_t$ 的平均变动量。

求解参数 a 和 b 的值,最常用的方法是最小平方法,又叫做最小二乘法。

设 Q 为趋势值 $\hat{Y}_t$ 和实际值 Y_t 之间离差的平方和,即

$$Q = \sum (Y_t - \hat{Y}_t)^2 = \sum (Y_t - a - bt)^2 \tag{7.30}$$

当 Q 最小时所确定的方程是与原趋势值拟和最好的直线,如果确定了此时的参数 a 与 b 的值,也就得到了这条直线的方程。要使 Q 最小,其必要条件是对 a,b 的一阶偏导数为零,即

$$\frac{\partial Q}{\partial a} = -2 \sum (Y_t - a - bt) = 0$$

$$\frac{\partial Q}{\partial b} = -2 \sum t(Y_t - a - bt) = 0 \tag{7.31}$$

对上式进行整理得到以下标准方程式组

$$\begin{cases} \sum Y_t - na - b \sum t = 0 \\ \sum tY_t - a \sum t - b \sum t^2 = 0 \end{cases} \tag{7.32}$$

用消元法求解参数 a,b,则得

$$\begin{cases} b = \dfrac{n\sum tY_t - \sum t \sum Y_t}{n\sum t^2 - (\sum t)^2} \\ a = \dfrac{\sum Y_t}{n} - \dfrac{b\sum t}{n} = \bar{Y}_t - b\bar{t} \end{cases} \tag{7.33}$$

将 a,b 代入趋势方程,即为所求的最佳配合趋势直线方程。

【例7.14】 某食品连锁店2017年以来的销售额见表7.10。试给出最小二乘趋势的直线方程,并预测2022年销售额是多少。

表7.10 某食品连锁店2017年以来销售额

年份	销售额(百万美元)
2017年	7
2018年	10
2019年	9
2020年	11
2021年	13

解 为了简化计算,用代码来代替年份。也就是说,设2017年为1,2018年为2,以此类推。这样就缩减了 $\sum t$、$\sum t^2$ 和 $\sum tY_t$ 的值的范围,常称这种方法为代码法。

为了方便计算,将公式中所需要的值计算出来,见表7.10

表7.11 确定趋势方程所需要的计算

年份	销售额(百万美元) Y_t	时间代码 t	tY_t	t^2
2017年	7	1	7	1
2018年	10	2	20	4
2019年	9	3	27	9
2020年	11	4	44	16
2021年	13	5	65	25
合计	50	15	163	55

利用公式(7.33)确定 a,b 的值,即

$$b = \frac{n\sum tY_t - \sum t \sum Y_t}{n\sum t^2 - (\sum t)^2} = \frac{5 \times 163 - 50 \times 15}{5 \times 55 - 15^2} = 1.3$$

$$a = \frac{\sum Y_t}{n} - \frac{b\sum t}{n} = \overline{Y_t} - b\overline{t} = \frac{50}{5} - 1.3 \times \frac{15}{5} = 6.1$$

所以,趋势方程为

$$\hat{Y_t} = a + bt = 6.1 + 1.3t$$

2022 年所对应的时间代码为 6,即

$$\hat{Y_6} = a + bt = 6.1 + 1.3 \times 6 = 13.9(百万美元)$$

所以 2022 年的趋势值是 13.9 百万美元。

以上是按直接法计算的,可改为按简捷法计算。

简捷法具体的计算方法是:当资料中的年份为奇数时,以中项年份为原点,则各年值分别为 $\cdots,-3,-2,-1,0,1,2,3,\cdots$ 从而使 $\sum t = 0$;当年份为偶数时,则以中间两项的中点为原点,各年份以两年为单位,原点以前各年的 t 值依次为: $\cdots,-5,-3,-1$ 原点以后各年的 t 值依次为: $1,3,5,\cdots$ 这样,同样可使 $\sum t = 0$,于是上述方程可简化为

$$\begin{cases} \sum Y_t - na = 0 \\ \sum tY_t - b\sum t^2 = 0 \end{cases} \tag{7.34}$$

因此, a,b 的求解公式变成

$$\begin{cases} b = \dfrac{\sum tY_t}{\sum t^2} \\ a = \dfrac{\sum Y_t}{n} \end{cases} \tag{7.35}$$

将例 7.14 的资料改为表 7.12。

表 7.12 确定趋势方程所需要的计算

年份	销售额(百万美元) Y_t	时间代码 t	tY_t	t^2
2017 年	7	-2	-14	4
2018 年	10	-1	-10	1
2019 年	9	0	0	0
2020 年	11	1	11	1
2021 年	13	2	26	4
合计	50	0	13	10

则

$$\begin{cases} b = \dfrac{\sum tY_t}{\sum t^2} = \dfrac{13}{10} = 1.3 \\ a = \dfrac{\sum Y_t}{n} = \dfrac{50}{5} = 10 \end{cases}$$

所以,趋势方程为

$$\hat{Y}_t = a + bt = 10 + 1.3t$$

2022 年所对应的时间代码为 3,故

$$\hat{Y}_3 = a + bt = 10 + 1.3 \times 3 = 13.9(百万美元)$$

故 2022 年的预测值为 13.9 百万美元。

可见,两种算法的预测值是相同的。

2. 非线性趋势模型

若当时间序列的散点图呈某种曲线形状时,表明现象的发展呈现出某种非线性趋势,需要配合适当的趋势曲线。趋势曲线的形式很多,下面介绍两种常用的趋势曲线方程:抛物线形趋势方程和指数曲线形趋势方程。

(1) 抛物线形趋势方程。当时间序列的折线图大致呈抛物线形状,或当时间序列各期的二级逐期增长(逐期增长量的逐期增长量)大致相同时,表明现象的发展呈现抛物线形趋势,可拟合一条抛物线,即可用下列方程来描述

$$\hat{Y}_t = a + bt + ct^2 \tag{7.36}$$

估计参数 a,b,c 时,可将 t 和 t^2 分别视为两个自变量,按二元线性回归方程形式估计其参数。

二元线性回归方程模型中的 a,b,c 三个参数,同样可用最小平方法进行估计,其标准联立方程组为

$$\begin{cases} \sum y = na + b\sum t + c\sum t^2 \\ \sum ty = a\sum t + b\sum t^2 + c\sum t^3 \\ \sum t^2 y = a\sum t^2 + b\sum t^3 + c\sum t^4 \end{cases} \tag{7.37}$$

同直线趋势模型一样,二次曲线模型也有两种分析测定方法,其简捷法的标准联立方程组为

$$\begin{cases} \sum y = na + c\sum t^2 \\ \sum ty = b\sum t^2 \\ \sum t^2 y = a\sum t^2 + c\sum t^4 \end{cases} \tag{7.38}$$

将上述标准联立方程求解,就可得到 a,b,c 之值,再将这三个参数值代入二元线性回归方程中,即为抛物线型趋势模型。

【例7.15】 我国 2015 ~ 2021 年丝产量资料如表所示,试预测 2022 年丝产量。

表 7.13 我国 2015 ~ 2021 年丝产量

年份/年	丝产量(万吨)
2015	6.07
2016	7.42
2017	9.40
2018	10.64
2019	11.34
2020	9.49
2021	7.46

解 从已知的表 7.13 中可以观察到,我国丝产量在 2015 ~ 2021 年之间有一个明显的转弯状态,即 2019 年为转折点,此前为逐渐上升状态,此后为逐渐下降状态。因此,可以拟合一条二次曲线进行分析,并估算其模型参数。

为方便计算,将公式中所需要的值计算出来,见表 7.14。

表 7.14 确定趋势方程所需要的计算

年份/年	丝产量/y	年度顺序 t	t^2	ty	t^2y	t^4
2015	6.07	−3	9	−18.21	54.63	81
2016	7.42	−2	4	−14.84	29.68	16
2017	9.40	−1	1	−9.40	9.40	1
2018	10.64	0	0	0	0	0
2019	11.34	1	1	11.34	11.34	1
2020	9.49	2	4	18.98	37.96	16
2021	7.46	3	9	22.38	67.14	81
$\sum$	61.82	0	28	10.25	210.15	196

将表 7.14 数据,代入式(7.38),得

$$\begin{cases} 61.82 = 7a + 28c \\ 10.25 = 28b \\ 210.15 = 28a + 196c \end{cases}$$

解出方程 $a = 10.59, b = 0.37, c = -0.44$。

将 a, b, c 的值代入模型，得

$$\hat{y} = 10.59 + 0.37t - 0.44t^2$$

所以，2022 年所对应的时间代码为 4，我国丝产量的预测值为

$$\hat{y}_4 = 10.59 + 0.37 \times 4 - 0.44 \times 4^2 = 5.03(万吨)$$

(2) 指数曲线形趋势方程。当时间的折线图大致呈指数曲线，或时间序列各期的环比增长速度大致相同时，表明现象的发展呈现出指数曲线型趋势，可拟合一条指数曲线，即可用下列方程来描述

$$\hat{Y}_t = ab^t \tag{7.39}$$

式中，a, b 为未知参数，若 $b > 1$，表示增长率随 t 的增加而增加；若 $b < 1$，表示增长率随 t 的增加而降低。

为估计参数 a 和 b，可先将指数曲线化为直线的形式在公式(7.39)两端取对数，得

$$\log y = \log a + t \log b \tag{7.40}$$

根据最小平方法原理，推导出标准方程组为

$$\begin{cases} \sum \log y = n\log a + \log b \sum t \\ \sum t\log y = \log a \sum t + \log b \sum t^2 \end{cases} \tag{7.41}$$

于是，按线性回归方程形式求解出相空数值 $\log a$ 和 $\log b$ 之后，再取反对数即可得参数 a 和 b 的估计值。

【例 7.16】 某地棉布产量资料见表 7.15。

表 7.15 某地 2015~2020 年棉布产量

年份/年	2015	2016	2017	2018	2019	2020
产量(万米)	100	120	146	180	216	258
环比增长速度/%	—	20	21.7	23.3	20	19

请计算各年棉布产量的趋势值。

解 由表 7.15 可得出如下计算(表 7.16)。

表 7.16 计算表

年份(年)	年份次序 t	棉布产量(万米)	$\log y$	t^2	$t\log y$
2015	0	100	2.000 0	0	0
2016	1	120	2.079 1	1	2.079 1
2017	2	146	2.164 3	4	4.328 6

续表7.16

年份(年)	年份次序 t	棉布产量(万米)	log y	t^2	$t\log y$
2018	3	180	2.255 2	9	6.765 6
2019	4	216	2.334 4	16	9.337 6
2020	5	258	2.411 6	25	12.058 0
合计	15	1 020	13.244 6	55	34.568 9

将数据代入公式(7.41)中可得

$$\begin{cases} 13.244\ 6 = 6\log a + 15\log b \\ 34.568\ 9 = 15\log a + 55\log b \end{cases}$$

$\log b = 0.083\ 28 \quad b = 1.211\ 378\ 9$

$\log a = 1.999\ 23 \quad a = 99.823\ 6$

于是

$$\log y = 1.999\ 23 + 0.083\ 28t$$

将对数直线方程还原为指数曲线方程,即

$$\hat{Y}_t = 99.823\ 6 \times 1.211\ 37^t$$

故棉布产量年平均增长速度为21.137%。

所以,2015年趋势值(理论产量)

$$y_{2015} = 99.823\ 6 \times 1.211\ 37^0 = 99.923\ 6$$

2016年趋势值(理论产量)

$$y_{2016} = 99.823\ 6 \times 1.211\ 37^1 = 120.923\ 3$$

2017年趋势值(理论产量)

$$y_{2017} = 99.823\ 6 \times 1.211\ 37^2 = 146.482\ 8$$

2018年趋势值(理论产量)

$$y_{2018} = 99.823\ 6 \times 1.211\ 37^3 = 177.445\ 2$$

2019年趋势值(理论产量)

$$y_{2019} = 99.823\ 6 \times 1.211\ 37^4 = 214.951\ 8$$

2020年趋势值(理论产量)

$$y_{2020} = 99.823\ 6 \times 1.211\ 37^5 = 260.386$$

如果按对数直线趋势方程推算,仍可求出各年棉布产生的趋势值。

2015年趋势值 $\log y_{2015} = 1.999\ 23 + 0.083\ 28t = 1.999\ 23 + 0.083\ 28 \times 0 = 1.999\ 23$

故 $y_{2015} = 99.822\ 8$。

2016年趋势值 $\log y_{2016} = 1.999\ 23 + 0.083\ 28 \times 1 = 2.082\ 51$

故 $y_{2016} = 120.923\ 3$。

其余依次类推。

第五节 季节变动分析

如前所述,季节变动是指现象受季节变动的影响所发生的周期性变动,特点是变动周期在一年或一年以下,随着时间的更替,现象呈周期变动,并且周期长短大致相同。因此,季节性变动的时间序列资料主要以月份或者季度为时间单位,以年份为单位的时间序列资料不可能显示出季节变动的规律。

测定季节变动的目的主要在于:一是通过分析过去的季节变动规律,为当前的决策提供依据;二是为了对未来现象的季节变动作出预测,以便提前作出合理的安排;三是为了能够消除季节变动对时间序列的影响,以便分析其他构成要素对时间序列的影响。

季节变动的测定和分析都是通过季节指数(也称季节比率)来实现的,以季节指数表明季节变动的规律。假设现象不存在季节变动时的季节指数为1,那么,如果季节指数大于1,说明现象处于"旺季";如果季节指数小于1,说明现象处于"淡季"。测定季节变动的常用方法有同期平均法和移动平均趋势剔除法两种。

一、同期平均法

研究季节变动的目的,在于掌握季节变动的规律性。测定季节变动的主要方法是计算季节比率(即季节指数),称为季节比率法。季节比率高的是"旺季";反之,则是"淡季"。季节比率法又称为季节系数法。该方法一般步骤是:

第一步:计算同期平均数,即计算出同月(或同季)的平均数;
第二步:计算总平均数,即计算出全部数据的平均数;
第三步:计算季节指数,将各同月(或同季)平均数除以总平均数。

【例7.17】 根据国际玩具公司销售季度数据(表7.17),运用同期平均法计算季节指数。

解

表7.17 国际玩具公司销售季度数据　　　　　　　　　百万美元

季度	2016年	2017年	2018年	2019年	2020年	2021年	六年合计	同季平均数	季节指数(%)
一	6.7	6.5	6.9	7.0	7.1	8.0	42.2	7.0	76.0
二	4.6	4.6	5.0	5.5	5.7	6.2	31.6	5.3	56.9
三	10.0	9.8	10.4	10.8	11.1	11.4	63.5	10.6	114.4
四	12.7	13.6	14.1	15.0	14.5	14.9	84.8	14.1	152.7
全年合计	34	34.5	36.4	38.3	38.4	40.5	222.1	37.0	400.0
季度平均	8.5	8.6	9.1	9.6	9.6	10.1	55.5	9.3	100

这种方法的优点是计算简便,但由于没考虑时间序列中长期趋势的影响,因而不能确切地反映季节变动的幅度。从例 7.17 可以看出:三、四季度的季节指数明显高于一、二季度季节指数。这也表明同期平均法计算的季节指数,包含着长期趋势的影响。

从理论上来说,在计算季节指数所依据的月(季)平均数中,各年同月(季)的数值应起同等重要的作用,不应过分倚重或倚轻。但在上例中明显可见,后一年的数字比前一年的同期数字偏高,这样会造成月(季)平均数中后期各月(季)的数字比前期同月(季)的数字具有较大的作用,从而对平均数的影响较大。所以在有长期趋势变动情况下,使用同期平均法得出的季节指数不够精确。为了弥补这个缺点,可以采用移动平均趋势剔除法来测定季节变动。

二、移动平均趋势剔除法

移动平均趋势剔除法的基本原理是将长期趋势和不规则变动等因素的影响从时间序列的实际值中剔除掉,然后再计算各月(或季)的季节指数,从而使计算更精确。

结合表 7.15 时间序列中的数据,运用移动平均趋势剔除法,计算季节指数。在解题过程中进一步了解移动平均剔除法的原理和步骤。

【例 7.18】 根据国际玩具公司销售季度数据(表 7.17),运用移动平均剔除法,计算季节指数。

解 可以通过六个步骤确定季度季节指数。

第一步:确定 2016 年四个季度移动总和(表 7.18)。

表 7.18 计算特定季节指数

年份	季度	销售额(百万美元)	四季度总和	四季度移动平均	中心化移动平均	特定季节指数
2016 年	一	6.7				
	二	4.6	34.0	8.500		
	三	10.0	33.8	8.450	8.475	1.180
	四	12.7	33.8	8.450	8.450	1.530
2017 年	一	6.5	33.6	8.400	8.425	0.772
	二	4.6	34.5	8.625	8.513	0.540
	三	9.8	34.9	8.725	8.675	1.130
	四	13.6	35.3	8.825	8.775	1.550
2018 年	一	6.9	35.9	8.975	8.900	0.775
	二	5.0	36.4	9.100	9.038	0.553
	三	10.4	36.5	9.125	9.113	1.141
	四	14.1	37.0	9.250	9.188	1.535

续表7.18

年份	季度	销售额（百万美元）	四季度总和	四季度移动平均	中心化移动平均	特定季节指数
2019年	一	7.0	37.4	9.350	9.300	0.753
	二	5.5	38.3	9.575	9.463	0.581
	三	10.8	38.4	9.600	9.588	1.126
	四	15.0	38.6	9.650	9.625	1.558
2020年	一	7.1	38.9	9.725	9.688	0.733
	二	5.7	38.4	9.600	9.663	0.590
	三	11.1	39.3	9.825	9.713	1.143
	四	14.5	39.8	9.950	9.888	1.466
2021年	一	8.0	40.1	10.025	9.988	0.801
	二	6.2	40.5	10.125	10.075	0.615
	三	11.4				
	四	14.9				

从 2016 年一季度开始,顺次加上 6.7 百万美元、4.6 百万美元、10.0 百万美元和 12.7 百万美元,总和为 34.0 百万美元。四季度总和向前移动,也就是说将 2016 年二、三、四季度的销售额加上 2017 年一季度销售额,由 4.6+10.0+12.7+6.5,得到总和为 33.8 百万美元。该步骤一直继续到六年所有的季度销售额,表 7.18 的第四列给出所有的移动总和。注意到第一个移动总和 34.0 位于 2016 年的二、三季度之间,第二个移动总和 33.8 位于 2016 年的三、四季度之间,以此类推。

第二步:将第二列的移动总和除以 4 得四季度移动平均数(见第五列),所有的移动平均数位于季度之间。例如,第一个移动平均数 8.500 位于 2016 年的春季和夏季之间。

第三步:将移动平均数中心化。第一个中心化移动平均数由(8.500+8.450)/2=8.475 得到,位置对应于 2016 年三季度。其他中心化移动平均数可类似得到。注意到第六列的中心化移动平均数都对应于一个特定的季度。

第四步:将第一列的销售额除以第六列的中心化移动平均数就得到了剔除长期趋势的季节指数,这里称之为特定季节指数。特定季节指数等于原始时间序列和移动平均数的比值。进一步解释,假如时间序列表示为 $TCSI$,移动平均表示 TC,那么从数学上说,特定季节指数就是 $TCSI/TC$,其结果即为 SI。所以,特定季节指数中包含了季节变动和不规则变动。为了求出季节变动,需要再通过一定方法剔出特定季节指数中的 I(不规则变动)。

下面把已经得到的特定季节指数进一步去掉其中的不规则成分,得到季节指数。

第五步:将特定季节指数整理到一个表格,这将有助于查找对应季度特定的季节指数值。

消除不规则变动的方法就是计算各个季节特定季节指数的平均数。把各个季度的特定季节指数的平均数称为典型季节指数。计算典型季节指数见表 7.19。

表 7.19 计算典型季节指数

年份	一	二	三	四	合计
2016 年	—	—	1.180	1.503	—
2017 年	0.772	0.540	1.130	1.550	—
2018 年	0.775	0.553	1.141	1.535	—
2019 年	0.753	0.581	1.126	1.558	—
2020 年	0.733	0.590	1.143	1.466	—
2021 年	0.801	0.615	—	—	—
总计	3.834	2.879	5.720	7.612	—
均值(典型季节指数)	0.767	0.576	1.144	1.522	4.009
调整值	0.765	0.575	1.141	1.519	4.000
季节指数(%)	76.5	57.5	114.1	151.9	400.0

第六步:理论上四个季度的均值之和应该等于 4,由于四舍五入问题,该和不一定恰好等于 4。在该例题中,均值之和为 4.009,所以对每一个均值进行调整,使其总和为 4.000。计算季度均值的调整因子的公式为

$$季度均值的调整因子 = \frac{4.000}{4 个均值总和} \qquad (7.42)$$

本例中

$$调整因子 = \frac{4.000}{4.009} \approx 0.997\,755$$

所以,调整后冬季指数为 $0.767 \times 0.997\,755 \approx 0.765$。每个均值都往下调,使得总和为 4.000。通常指数都写成百分数的形式,所以将表 7.15 的调整值都乘以 100,这样就得出本题的最终结果:冬季指数为 76.5%,秋季指数为 151.9%……其意思是:秋季的销售额高于季度典型销售的 51.9%,冬季则低于季度典型销售的 23.5%。

第六节 Excel 在时间序列分析中的应用

Excel 可以方便地完成时间序列分析,下面介绍 Excel 在时间序列分析中的应用及方法。

一、用 Excel 进行时间序列的水平分析和速度分析

【例 7.19】 某地区 1995~2000 年钢产量见表 7.20。

表 7.20　某地区 1995～2000 年钢产量

年份	1995 年	1996 年	1997 年	1998 年	1999 年	2000 年
钢产量(万吨)	45	52	60	69	80	88

要求：
(1)用 Excel 计算逐期增长量、累积增长量和平均增长量。
(2)用 Excel 计算定基发展速度、环比发展速度和平均发展速度。
(3)用 Excel 计算定基增长速度、环比增长速度和平均增长速度。

解　(1)对以上数据进行水平分析如下：
第一步：输入数据。在 A 列输入年份，在 B 列输入钢产量。
第二步：计算逐期增长量。在 C3 中输入公式"=B3-B2"，并拖拽鼠标将公式复制到 C4：C7 区域。
第三步：计算累积增长量。在 D3 中输入公式"=B3-$B$2"，并拖拽鼠标将公式复制到 D4：D8 区域。
第四步：计算平均增长量。在 B9 中输入公式"=(B7.B2)/5"，按回车键即可出现结果。
以上四步所得结果见图 7.1。

	A	B	C	D	E
1	年份	钢产量（万吨）	逐期增长水平	累积增长水平	
2	1995	45			
3	1996	52	7	7	
4	1997	60	8	15	
5	1998	69	9	24	
6	1999	80	11	35	
7	2000	88	8	43	
8					
9	平均增长水平	8.6			
10					

图 7.1　逐期增长水平、累积增长水平和平均增长水平计算表

(2)、(3)对以上数据进行速度分析如下。
第一步：输入数据。在 A 列输入年份，在 B 列输入钢产量。
第二步：计算定基发展速度。在 C3 中输入公式"=B3/$B$2"，并拖拽鼠标将公式复制到 C4：C7 区域。
第三步：计算环比发展速度。在 D3 中输入公式"=B3/B2"，并拖拽鼠标将公式复制到 D4：D7 区域。
第四步：计算平均发展速度(水平法)。
在 B9 单元格中插入函数"=GEOMEAN(D3:D7)"，按"确定"即可。
第五步：计算定基增长速度。在 E3 中输入公式"=C3-1"，并拖曳鼠标将公式复制到 E4：E7 区域；

第六步:计算环比增长速度。在F3中输入公式"=D3-1",并拖曳鼠标将公式复制到F4:F7区域。

第七步:计算平均增长速度。在B10中输入公式"=B9-1",按回车键即可。

以上七步所得结果见图7.2。

	A	B	C	D	E	F	G
1	年份	钢产量(万吨)	定基发展速度	环比发展速度	定基增长速度	环比增长速度	
2	1995	45					
3	1996	52	115.6%	115.6%	15.6%	15.6%	
4	1997	60	133.3%	115.4%	33.3%	15.4%	
5	1998	69	153.3%	115.0%	53.3%	15.0%	
6	1999	80	177.8%	115.9%	77.8%	15.9%	
7	2000	88	195.6%	110.0%	95.6%	10.0%	
8							
9	平均发展速度	114.4%					
10	平均增长速度	14.4%					
11							

图7.2 各项速度指标计算表

二、利用Excel进行移动平均和进行趋势方程预测

【例7.20】 我国汽车产量1981~1994年数据见表7.21。

表7.21 我国1981~1994年汽车产量

年份	产量(万辆)	年份	产量(万辆)
1981年	17.56	1988年	64.47
1982年	19.63	1989年	58.35
1983年	23.98	1990年	51.40
1984年	31.64	1991年	71.42
1985年	43.72	1992年	106.67
1986年	36.98	1993年	129.85
1987年	47.18	1994年	136.69

要求:(1)用三项和四项移动平均法测定长期趋势;

(2)求出趋势方程并预测1995年我国汽车产量。

解 (1)移动平均法。其基本操作步骤如下。

第一步:输入数据。在A列输入年份,在B列输入产量。

第二步:计算三项移动平均。在C3中插入函数"=AVERAGE(B2:B4)",并拖拽鼠标将公式复制到C4:C14区域。

第三步:计算四项移动平均。在D4中插入函数"=AVERAGE(B2:B5)",并拖拽鼠标将公式复制到D4:D14区域。

第四步:计算二项移正平均。在E4中输入公式"=(D4+D5)/2",并拖拽鼠标将公式复制到E5:E13区域。

以上四步所得结果见图 7.3 A1:E15 区域。

	A	B	C	D	E	F	G	H
1	年 份	产量(万辆)	三项移动平均	四项移动平均	二项移正平均	时间代码t	趋势值Y	
2	1981	17.56				1	4.20	
3	1982	19.63	20.39			2	12.78	
4	1983	23.98	25.08333333	23.2025	26.4725	3	21.36	
5	1984	31.64	33.11333333	29.7425	31.91125	4	29.94	
6	1985	43.72	37.44666667	34.08	36.98	5	38.52	
7	1986	36.98	42.62666667	39.88	43.98375	6	47.10	
8	1987	47.18	49.54333333	48.0875	49.91625	7	55.68	
9	1988	64.47	56.66666667	51.745	53.5475	8	64.26	
10	1989	58.35	58.07333333	55.35	58.38	9	72.84	
11	1990	51.4	60.39	61.41	66.685	10	81.42	
12	1991	71.42	76.49666667	71.96	80.8975	11	89.99	
13	1992	106.67	102.6466667	89.835	100.49625	12	98.57	
14	1993	129.85	124.4033333	111.1575		13	107.15	
15	1994	136.69				14	115.73	
16	1995					15	124.31	
17	a=	-4.38						
18	b=	8.58						
19	趋势线		y= -4.38+8.58t					
20								

图 7.3 长期趋势计算表

(2)用趋势方程法。其基本操作步骤如下。

从散点图中大致可知,数据变化大致呈直线,可以拟合一条线形趋势线。

第一步:在 F 列写入时间代码(图 7.3)。

第二步:计算截距。在 A17 中输入"a=",在 B17 中插入函数"=INTERCEPT(B2:B15,F2:F15)"。

第三步:计算斜率。在 A18 中输入"b=",在 B18 中插入函数"=SLOPE(B2:B15,F2:F15)"。

第四步:计算趋势值。在 G2 中输入公式"=\$B\$17+\$B\$18*F2",并拖拽鼠标将公式复制到 G3:G16。

可见,1995 年的预测值为 124.31。

以上结果参见图 7.3。

三、用 Excel 测定季节变动

【例 7.21】 某产品生产企业 2000～2005 年各季度的产品销售量数据见表 7.22。

要求:(1)用同期平均法测定季节变动;

(2)趋势剔除法测定季节变动。

解 (1)同期平均法。

根据表 7.22 的数据进行同期平均法测定季节变动,基本操作步骤如下。

表7.22　某产品2000~2005年各季度产品销售量　　　　　　　　万吨

季度	各年某产品销售量					
	2000年	2001年	2002年	2003年	2004年	2005年
1	26	32	26	30	28	30
2	34	40	40	41	43	45
3	39	45	52	53	56	55
4	28	30	36	36	37	40

第一步:输入数据(图7.4)。

第二步:计算同季节平均数。在H3中输入"=AVERAGE(B3:G3)",并拖拽鼠标将公式复制到H4:H6区域。

第三步:计算各年平均数。在B7中输入"=AVERAGE(B3:B6)",并拖拽鼠标将公式复制到C7:G7区域。

第四步:计算总平均数。在H7中输入"=AVERAGE(B7:G7)"。

第五步:计算季节指数。在I3中输入"=H3/$H$7",并拖拽鼠标将公式复制到I4:I7区域。

以上结果见图7.4。

	A	B	C	D	E	F	G	H	I	J
1		各年某产品销售量(万吨)								
2	季度	2000年	2001年	2002年	2003年	2004年	2005年	同季平均	季节指数	
3	1	26	32	26	30	28	30	28.7	74.6%	
4	2	34	40	40	41	43	45	40.5	105.4%	
5	3	39	45	52	53	56	55	50	130.2%	
6	4	28	30	36	36	37	40	34.5	89.8%	
7	平均	31.75	36.75	38.5	40	41	42.5	38.4	100.0%	
8										

图7.4　同期平均法的季节指数计算表

(2)用长期趋势剔除法。

根据表7.18中数据用长期趋势剔除法,基本操作步骤如下:

第一步:输入原始资料(图7.5)。

第二步:计算四项移动平均。在D3中输入"=AVERAGE(C2:C5)",并拖拽鼠标将公式复制到D4:D23区域。

第三步:计算趋势值 T,即二项移正平均。在E4中输入"=(D3+D4)/2",并拖拽鼠标将公式复制到E5:E23区域。

第四步:剔除长期趋势,即计算 Y/T。在F4中输入"=C4/E4",并拖拽鼠标将公式复制到F5:F23区域。

	A	B	C	D	E	F	G
1	年份	季别	销售量Y	四项移动平均	趋势值T	Y/T	
2	2000年	1	26				
3		2	34	31.75			
4		3	39	33.25	32.5	1.2	
5		4	28	34.75	34	0.823529	
6	2001年	1	32	36.25	35.5	0.901408	
7		2	40	36.75	36.5	1.09589	
8		3	45	35.25	36	1.25	
9		4	30	35.25	35.25	0.851064	
10	2002年	1	26	37	36.125	0.719723	
11		2	40	38.5	37.75	1.059603	
12		3	52	39.5	39	1.333333	
13		4	36	39.75	39.625	0.908517	
14	2003年	1	30	40	39.875	0.752351	
15		2	41	40	40	1.025	
16		3	53	39.5	39.75	1.333333	
17		4	36	40	39.75	0.90566	
18	2004年	1	28	40.75	40.375	0.693498	
19		2	43	41	40.875	1.051988	
20		3	56	41.5	41.25	1.357576	
21		4	37	42	41.75	0.886228	
22	2005年	1	30	41.75	41.875	0.716418	
23		2	45	42.5	42.125	1.068249	
24		3	55				
25		4	40				
26							

图 7.5　长期趋势剔除法的季节指数计算表(一)

第五步:重新排列 F4:F23 中的数字,使得同季度数据位于一列,共排成四列。

第六步:计算各年同季平均数。在 B8 中输入"=SUM(B2:B7)",并拖拽鼠标将公式复制到 C9:E9 区域。

第七步:计算调整系数。在 B10 中输入公式"=4/SUM(B8:E8)"。

第八步:计算季节指数。在 B9 中输入公式"=B8 * \$B\$10",并拖拽鼠标将公式复制到 C9:E9 区域。

通过以上步骤就可以得到季节指数的值,具体结果见图 7.6。

	A	B	C	D	E	F
1		1季度	2季度	3季度	4季度	
2	2000年	0	0	1.2	0.823529	
3	2001年	0.910408	1.09589	1.25	0.851064	
4	2002年	0.719723	1.059603	1.333333	0.908517	
5	2003年	0.752351	1.025	1.333333	0.90566	
6	2004年	0.693498	1.051988	1.357576	0.886228	
7	2005年	0.716418	1.068249	0	0	
8	平均	3.792398	5.30073	6.474242	4.374998	
9	季节指数	0.760672	1.06321	1.29859	0.877528	
10	调整系数	0.200578				
11						

图 7.6　长期趋势剔除法的季节指数计算表(二)

【小资料】

2013年1季度中国经济增长发展趋势分析

一、工业增加值同比增速小幅回落。

1~2月工业增加值同比增长9.9%，略低于我们10%的预测，较去年12月小幅回落。环比来看，1月的季调后环比增速较去年四季度各月有明显放缓，但2月份有所回升。从分项看，重工业和轻工业增加值增速均小幅放缓，但重工业增速快过轻工业这一去年8月份以来的趋势仍然持续。其中，汽车、水泥和电子设备制造等行业增加值的增速显著上升；钢铁和有色金属较前期小幅下降，增速显著放缓的是石油加工和发电等行业。分经济类型看，国有及国有控股增速放缓，外商及港澳台商投资企业增速加快。由于去年3月份工业增加值的环比走势大幅上升，因此基数效应可能导致今年3月工业增加值同比增速进一步下降。虽然工业增加值增速放缓，但总体仍属平稳。

二、消费品零售增速回落明显。

2013年前两个月社会消费品零售总额名义同比12.3%，较去年12月回落2.9个百分点，如果看实际增速，回落幅度更大些。从分项看，餐饮、粮油烟酒、服装鞋帽和石油制品的回落幅度居前。这主要反映了政府最近厉行节约、加大反腐所导致的公款吃喝、奢侈品送礼和公务旅游等行为的减少。而房地产销售的大增则带动家电、装潢等消费保持高速增长。环比来看，1月份季调后环比增速下滑较大，2月份已明显回升。向前看，政府的反腐措施所带来的集团消费和公款消费环比大幅下降的效应可能已经体现，未来消费品零售同比增速继续大幅下挫的可能性小。

三、固定资产投资增速显著上升。

1~2月固定资产投资同比增速21.2%，较去年全年加快0.6个百分点，我们估计较去年12月单月同比增速加快1.4个百分点。用PPI消胀后的实际增速23.2%，较12月加快1.1个百分点，显示投资扩张的动力较强。其中，房地产和基础设施投资增速均强劲上行，制造业投资缓中趋稳。房地产施工面积同比增速显著上升，新开工面积累计同比增速则从去年12月-7.3%大幅上升至14.7%。固定资产投资资金来源增速也重新回到相对高位，这得益于国内贷款和国家预算内资金对投资的支持，这和1月份非金融类公司新增贷款大幅增长的表现一致。

四、进出口改善，基数效应尤其推升出口同比增速。

将1、2月数据合并计算可以消除春节的扰动，1~2月进口累计同比增长5%，跟去年底相比平稳上升，反映内需处于温和回升过程中。1~2月出口累计同比增长23.6%，较去年底大幅提升，这一数值受到去年1~2月低基数影响，但从环比看出口还是有所改善。海关总署出口经理人指数连续第3个月环比回升，反映出口走势趋于乐观。将1、2月合在一起看，中国对美国、欧盟、日本出口增速都出现回升，对欧盟出口同比增速由负转正，对日本出口同比增速由负转为零增长。主要出口商品中，劳动密集型产品出口扩张显著，机电产品平稳增长。主要进口商品中，铁矿石进口量跌价升。2月贸易顺差152.5亿美元，比1月291亿美元顺差大幅减少，将是2月外汇占款增长放缓的一个因素。

五、房地产业成为1季度GDP增速继续上升的主要动力。

值得注意的是，1~2月在房地产投资增速加快的同时，商品房销售面积同比增长近50%，销售额同比增长高达77.6%。房地产投资的上升和销售的大增，将从两方面推动GDP增速。一方面，房屋销售数据意味着当期的房地产业增加值增速大幅上升，支持1季度GDP。另一方面，房地产投资以及基础设施投资的增速上升,意味着建筑业产值增速也将上升。我们预计房地产业和建筑业的上升将抵消工业及消费零售的回落,我们维持 GDP 同比增速在 1 季度上升至 8.1% 的判断。

资料来源:中商情报网(http://www.askci.com/) 日期:2013-4-17

本章小结

时间序列又称为动态序列,是将某一统计指标在不同时间上的数值按其发展变化的时间先后顺序排列而形成的统计数列。时间序列按所列统计指标数值的表现形式不同,可以分为绝对数时间序列、相对数时间序列和平均数时间序列三种。其中,绝对数时间序列是基本序列;相对数时间序列和平均数时间序列是派生序列,是根据绝对数时间序列加工计算得到的。编制时间序列的原则是保证时间序列中各项观察值具有充分的可比性。

对时间序列的动态分析包括水平分析和速度分析两方面。水平分析是速度分析的基础,速度分析是水平分析的延伸。水平指标有:发展水平、平均发展水平、增长水平和平均增长水平;速度指标有:发展速度、平均发展速度、增长速度、平均增长速度。水平分析和速度分析要结合起来使用。

按照影响的性质和作用的形式,可将时间序列的众多影响因素分为四种:长期趋势、季节变动、循环变动和不规则变动。常以乘法模型为基础来进行时间序列的分解和预测。

测定长期趋势的方法主要有时距扩大法、移动平均法和数学模型法。测定季节变动的常用方法有同期平均法和移动平均趋势剔除法两种。

关键概念

时间序列　发展水平　增长量　发展速度　增长速度　平均发展速度
平均增长速度　长期趋势　季节变动　移动平均法　最小二乘法

应用范例

某高科技公司销售收入的时间序列分析

在过去的四年中,一家高科技公司一直在生产和销售一种市场前景看好的专利产品。在预测公司下一年度销售收入时,公司管理层需要考虑前四年的销售收入实现模式。他们希望知道来年市场对于公司产品的需求是增加还是减少,以及全年中是否有某些特定的时期,其需求比其他时期明显提高。

该公司拥有如表 7.23 所示历史资料,这些资料是该公司在过去四年销售收入的时间序列数据。

表7.23　某高科技公司销售收入的时间序列数据　　　　　　　　单位:万元

月份	1月	2月	3月	4月	5月	6月	7月	8月	9月	10月	11月	12月	合计
2005	170	200	190	220	180	230	220	260	300	330	370	390	3060
2006	390	350	300	320	310	350	380	420	460	500	540	560	4880
2007	500	470	510	480	530	500	540	580	630	690	770	760	6960
2008	750	700	680	710	710	660	630	670	700	720	850	880	8660

分析过程如下:

(1) 作折线图

分析这些数据的一种有效方法是做时间序列图,如图7.7所示。通过对这些数据作图,可以对公司过去四年的销售收入有更深入地了解。从折线图可以看出:总的趋势是增长的,但增长并不是单调上升的,有涨有落,但这种升降不是杂乱无章的,与季节或月份的周期有关系。当然,除了增长的趋势和季节影响之外,还有些无规律的随机因素的作用。

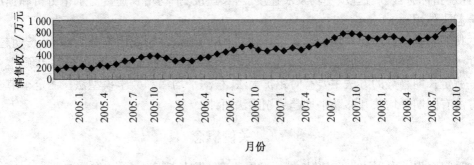

图7.7　月度销售收入数据折线图

(2) 趋势分析与预测

分析销售收入发展趋势并预测下一年销售收入见表7.24。

表7.24　各年销售收入　　　　　　　　单位:万元

年份	2005	2006	2007	2008	合计
销售收入	3060	4880	6960	8660	23560
逐期增长量	—	1820	2080	1700	

从表7.20各年逐期增长量大致相同,可配合直线趋势方程进行预测。设直线方程为 $\hat{Y}_t = a + bt$,则

$$b = \frac{n\sum tY_t - \sum t \sum Y_t}{n\sum t^2 - (\sum t)^2} = \frac{4 \times 68\,340 - 10 \times 23\,560}{4 \times 30 - 10^2} = 1\,880$$

$$a = \frac{\sum Y_t}{n} - b \cdot \frac{\sum t}{n} = \frac{23\,560}{4} - 1\,880 \times \frac{10}{4} = 1\,190$$

所以直线趋势方程为：$\hat{Y}_t = 1\,190 + 1\,880t$，要对2009年的销售收入进行预测，则令$t = 5$，得$\hat{Y}_5 = 1\,190 + 1\,880 \times 5 = 10\,590$（万元）。

则2009年该公司销售收入的趋势预测值为10 590万元。

(3) 季节变动分析

根据历史各月销售收入数据，分析该公司销售收入各月季节比率，以便进行2009年各月销售收入预测。如表7.25所示。

各月的季节比率及2009年各月销售收入的预测值如表7.25的后两栏，从中可见：在全年当中10、11和12月份或者说第四季度季节比率最大，这几个月需求最旺盛，从而销售收入相应也高一些。

表7.25　该公司销售收入季节比率计算表

年份 月份	2005	2006	2007	2008	同月平均数	季节比率	2009年各月销售收入预测值
1	170	390	500	750	452.5	0.9178	809.9585
2	200	350	470	700	430	0.8761	773.1583
3	190	300	510	680	420	0.8557	755.1553
4	220	320	480	710	432.5	0.8812	777.659
5	180	310	530	710	432.5	0.8812	777.659
6	230	350	500	660	435	0.8862	782.0715
7	220	380	540	630	442.5	0.9015	795.5738
8	260	420	580	670	482.5	0.9830	867.4975
9	300	460	630	700	522.5	1.0645	939.4213
10	330	500	690	720	560	1.1409	1006.8443
11	370	540	770	850	632.5	1.2886	1137.1895
12	390	560	760	880	647.5	1.3192	1164.194
合计	3060	4880	6960	8660	5890	12	10590
平均	255	406.67	580	721.67	490.833	1	882.5

案例分析

成立于1985年的上海大众汽车有限公司（以下简称上海大众）是一家中德合资企业，双方投资比例各为50%。公司总部位于上海安亭国际汽车城，占地面积333万平方米。新成立的上海大众南京分公司为第四个整车生产基地，位于南京市江宁经济技术开发区，占地面积63.5万平方米。

上海大众目前具备了年生产60万辆的能力，是国内规模最大的现代化轿车生产基地之一。2009年，其中七个品牌产品销售量资料如下（表7.26）：

表7.26 上海大众2009年销量统计   单位:辆

月份	朗逸	POLO	帕萨特	桑塔纳	途安	明锐	晶锐
1月	10 095	4 266	7 471	9 909	652	5 227	523
2月	6 900	5 592	7 283	15 176	767	4 027	1 615
3月	12 299	8 707	7 359	16 299	1 465	6 799	2 049
4月	14 814	9 832	8 165	16 916	1 484	7 560	1 654
5月	14 968	10 186	8 833	16 828	1 273	5 506	2 160
6月	12 016	10 476	9 815	20 557	2 144	7 509	2 507
7月	13 433	10 784	9 237	15 113	1 370	9 993	2 215
8月	13 146	10 908	9 719	18 587	1 490	7 674	2 800
9月	11 563	12 420	11 594	22 920	2 011	10 001	3 003
10月	6 547	12 510	9 258	16 354	1 860	9 327	3 075
11月	14 054	10 470	10 730	15 100	1 651	5 095	3 089
12月	19 153	10 471	12 071	19 980	2 340	9 719	3 856

问题:

(1)利用水平分析和速度分析相关理论,对比帕萨特和桑塔纳在2009年销售量的增长水平和发展速度。

(2)表7.26中七个品牌汽车2009年销售量发展速度最快的是哪一个?

(3)对于时间序列长期趋势分析的方法有哪些?选择其中一种方法,对上海大众汽车的某一品牌进行长期趋势分析。

实训题

1. 上网收集一组时间序列数据,然后对其进行水平分析和速度分析。

2. 上网收集一组时间序列数据,然后选择适当的方法测定其长期趋势和季节变动,并进行预测。

第八章 Chapter 8

统计指数

【学习要点及目标】
1. 理解广义指数和狭义指数的含义;
2. 掌握总指数的两种编制方法;
3. 掌握指数体系和因素分析;
4. 了解常用经济指数。

【引导案例】

中国 2013 年 CPI 涨 2.6% 完成全年控制目标

中国国家统计局发布数据显示,2013 年 12 月份,中国居民消费价格总水平(CPI)同比涨 2.5%。2013 年全年,中国 CPI 同比涨 2.6%,完成"3.5%左右"这一年初设定的控制目标。

中国物价在 2013 年的涨势较为平缓,CPI 大多数月份都处于"2 时代"。虽然 9 月到 11 月 CPI 涨幅曾连续高企至 3% 以上,但 12 月份中国 CPI 涨幅再度回落,较 11 月份大幅收窄 0.5 个百分点。据国家统计局分析,导致这一变化的主要原因是 12 月份 CPI 的对比基数比 11 月份要高出很多。

从 12 月份整体情况看,食品价格依然是物价上涨的主要推手。当月,中国食品价格上涨 4.1%,非食品价格上涨 1.7%。食品价格中,鲜果价格上涨 15.6%;肉禽及其制品价格上涨 3.6%(猪肉价格上涨 1.6%);水产品价格上涨 5.5%;粮食价格上涨 3.8%。

食品之外的七大类商品五涨二跌。其中,衣着价格同比涨 2.1%;家庭设备用品及维修服务价格同比涨 1.4%;医疗保健和个人用品价格同比涨 0.9%;娱乐教育文化用品及服务价格同比涨 2.9%;居住价格同比涨 2.8%。烟酒及用品价格同比下降 0.4%;交通和通信价格同比降 0.1%。

据测算,在12月份2.5%的CPI同比涨幅中,上年价格上涨的翘尾因素消失为0,新涨价因素约为2.5个百分点。

(资料来源:中国新闻网,2014年01月09日)

CPI(消费者物价指数)是我国重要的经济指数,反映与居民生活有关的产品及劳务价格变动情况,通常作为观察通货膨胀水平的重要指标。从以上资料可以看出,我国12月份CPI同比上涨2.5%,环比上涨0.3%,其中食品价格上涨4.1%,居住价格同比上涨2.8%。以上数据是如何计算得来的?数据代表怎样的含义?本章将重点阐述有关指数的若干问题:从认识指数开始,了解指数的编制原理,学习运用指数体系进行因素分析,并了解一些常用的经济指数。

第一节 指数的概念与分类

一、指数的概念

从18世纪中叶物价指数产生开始,统计指数迄今已有三百多年的历史了。随着历史的推移,统计指数的应用不断推广到经济领域的各个方面,因而统计指数的概念也不断扩大和完善。

统计指数有广义和狭义之别。从广义来说,任何两个数值对比所形成的相对数,都可称为指数。但从狭义来说,统计指数则是用来综合反映所研究社会经济现象复杂总体数量时间变动和空间对比状况的一种特种相对数。所谓复杂总体是指不同度量单位或性质各异的若干事物所组成的、数量不能直接加总的总体。简单地讲,狭义指数是一种特殊的相对数,用于反映在数量上不能直接加总和对比的多个个体(或多个项目)组成的复杂总体数量的综合变动程度。本章主要讨论的是狭义指数。

广义指数和狭义指数区别如下:

从表8.1中可以看出,甲种产品的数量变动情况是从去年30吨到今年60吨,今年产量是去年的2倍,产量指数可以直接求,即

$$产量指数 = \frac{今年产量}{去年产量} \times 100\% = \frac{60}{30} \times 100\% = 200\%$$

表8.1 某种产品今年和去年产量　　　　　　　　　　　　　　单位:吨

商品	去年产量	今年产量
甲产品	30	60

但是,不是所有的表示数量变动的指数都能像上面产量指数能够直接对比计算出结果。例如,由于表8.2中的数据涉及三种产品的产量变动,这三种产品性质不同、单位不同,所

以当求三种产品今年和去年产量综合变动情况(即总指数)时就不能把三种产品产量简单相加,然后对比,因为三种产品今年(或去年)产量相加没有任何意义。像这样的指数称之为狭义指数。

表8.2 多种产品两年的产量

商品	去年产量	今年产量
甲产品	150 吨	200 吨
乙产品	260 件	350 件
丙产品	120 套	200 套

综上,表8.1中两种指数是广义上的指数,而表8.2中所求的多种不同性质产品的产量指数是狭义上的指数。

二、指数的分类

从不同的角度出发,指数可以分为以下几种类型:

1. 按反映内容分类

按反映内容不同,分为数量指数和质量指数。

数量指数是反映现象总体数量指标变动程度的相对数,如产量指数、销售量指数等。

质量指数是反映现象总体质量指标变动程度的相对数,如价格指数、成本指数等。

2. 按考察范围分类

按考察范围不同,分为个体指数和总指数。

个体指数是反映总体中单个个体或单个项目数量变动程度的相对数,如表8.1中反映的产量指数。

总指数是反映整个总体数量综合变动的相对数,如表8.2中所反映的产量指数。

3. 按反映时间分类

按反映时间不同,分为动态指数和静态指数。

动态指数又称为时间指数。它是将不同时间上的同类现象水平进行比较的结果,反映现象在时间上的变化过程和程度,如物价指数、股票价格指数、工业生产指数等。

静态指数包括空间指数和计划完成情况指数两种。空间指数是将不同空间(如不同国家、地区、部门、企业等)的同类现象水平进行比较的结果,反映现象在空间上的差异程度,如地区间的价格比较指数、国际对比中的人均GDP指数等。计划完成情况指数则是将某种现象的实际水平与计划对比的结果,反映计划的执行情况或完成与未完成的程度,如产品成本计划完成情况指数。

4. 按编制方法分类

按编制方法不同,分为综合指数和平均指数。

综合指数是由两个总量指标对比而形成的指数。在所研究的总量指标中,包含两个或两个以上的因素,将其中一个或一个以上的因素固定下来,仅观察其中一个因素的变动,这样编制出来的总指数就叫做综合指数。它是编制总指数的一种基本形式,其特点是"先综合,后对比"。

平均数指数是以某一时期的总量为权数对个体指数加权平均计算出来的。它是编制总指数的另一种形式,其特点是"先对比,后平均"。

三、指数的作用

一般来说,统计指数主要有以下三个方面的作用:

1. 反映社会经济现象的综合变动程度与变动方向

指数是一种特殊的相对数,编制总指数的目的在于通过综合比较,来反映现象综合变动状态。指数一般用百分比表示,指数大于100%,说明现象数量是上升的;指数小于100%,则反映现象数量是下降的。例如,商品零售物价指数为110%,说明多种商品零售物价总的变动情况,具体到某种产品价格可能有涨有落,但从总体上看零售价格上涨了10%。

2. 分析社会经济现象总变动中各因素的影响程度

社会现象的变动往往受到多个因素的影响,例如,销售额=销售量×销售价格,因此,销售额的变动受到销售量和销售价格两个因素的影响。通过指数人们能分析出销售量和销售价格对销售额的影响程度。

3. 预测社会经济现象在长时期内的发展变化的趋势

通过编制指数数列,即:将同类指数按时间的先后顺序排列,通过对指数序列的分析可以预测社会经济现象的发展变化趋势。

第二节 总指数的编制方法

总指数有两种编制方法,即综合指数和平均指数,其中综合指数编制法是最基本的方法。

一、综合指数

(一)综合指数的定义

复杂经济现象的总量变动可以分解为两个或两个以上因素的变动,将其中一个或一个以上的因素指标固定下来,只观察另一因素指标的变动程度,这样的总量指标对比形成的总指数就叫做综合指数。

(二)综合指数的编制原理

编制综合指数的基本方法是:先综合,后对比。

综合指数反映复杂现象总体数量变动的相对数,而复杂现象总体中的单位数和标志值不能直接加总,因此,要反映其综合变动,必须解决以下两个问题:

(1)解决总体中各个个体由于性质、单位、型号等不同而不能直接简单相加对比的问题。

解决方法是引入一个媒介因素,通过这个媒介因素,将所要对比分析的各项指标转化为价值指标,再进行相加,然后对比。通常将要分析的指标称为"指数化指标",将引入的媒介因素称为"同度量因素"。例如,在分析各种商品销售量的总变动时,可将各种商品的销售量分别乘上其销售价格计算销售额;而在分析各种商品的销售价格总变动时,要把它乘以相应的销售量,求得销售额。这样就可以从两个时期的销售额对比中进行相应的变动分析。

所以,引入同度量因素的作用主要是使总体中不同性质的个体指标值能够相加(即先综合),然后再对比,计算出总体指数;除此之外,同度量因素还能体现指数化指标在经济现象或过程中的份额和比重,所以,同度量因素又称为指数权数,综合计算过程也可称为加权。

(2)同度量因素的固定时期的选择问题。

因为同度量因素和指数化指标相乘以后所得的指标的变动包括了指数化指标和同度量因素两个因素的变化影响。编制综合指数时需要把其中一个因素,即同度量因素加以固定,以便消除其变化,达到测定所要研究的那个因素,即指数化指标变动的目的。

(三)综合指数编制的方法

综合指数的编制有许多不同的方法,这些方法之间的根本区别在于同度量因素的固定时期选择方面。下面介绍其中的几种方法。

1. 编制综合指数的常用方法

编制综合指数时,常用的同度量因素的固定时期的选择方法是:编制数量指标综合指数时,将同度量因素固定在基期水平;编制质量指标综合指数时,将同度量因素固定在报告期水平。其公式表示为

$$K_q = \frac{\sum q_1 p_0}{\sum q_0 p_0} \tag{8.1}$$

$$K_p = \frac{\sum p_1 q_1}{\sum p_0 q_1} \tag{8.2}$$

式中,K 表示综合指数;q 和 p 分别表示数量指标和质量指标;下标 1 为报告期,0 为基期。

【**例 8.1**】 根据表 8.3 中数据,计算综合指数。

表8.3 某超市销售商品的数量及相关计算

产品	价格(元)		销售量		销售额(元)		
	p_0	p_1	q_0	q_1	q_0p_0	q_1p_0	p_1q_1
甲	12	14	50 袋	62 袋	600	744	868
乙	2.5	3.5	70 斤	86 斤	175	215	301
丙	35	38	10 双	19 双	350	665	722
合计	—	—	—	—	1 125	1 624	1 891

解 产品销售量指数如下:

$$K_q = \frac{\sum q_1 p_0}{\sum q_0 p_0} = \frac{1\ 624}{1\ 125} = 144.4\%$$

$$K_p = \frac{\sum p_1 q_1}{\sum p_0 q_1} = \frac{1\ 891}{1\ 624} = 116.4\%$$

计算结果说明:该超市三种产品的销售量报告期比基期综合增长 44.4%,销售价格报告期比基期综合增长 16.4%。

2. 拉氏指数

拉氏指数是德国统计学家拉斯贝尔(E. Laspeyres)于 1864 年提出的。其特点是将同度量因素固定在基期水平上,故拉氏指数又称为"基期综合指数"。其公式为

$$K_p = \frac{\sum p_1 q_0}{\sum p_0 q_0} \tag{8.3}$$

$$K_q = \frac{\sum p_0 q_1}{\sum p_0 q_0} \tag{8.4}$$

式中,K 表示总指数;q 和 p 分别表示数量指标和质量指标;下标 1 为报告期,0 为基期。

3. 帕氏指数

帕氏指数由德国统计学家帕煦(H. Paasche)于 1874 年提出的。其特点是将同度量因素固定在报告期上,故帕氏指数又称为"报告期综合指数"。其计算公式为

$$K_p = \frac{\sum p_1 q_1}{\sum p_0 q_1} \tag{8.5}$$

$$K_q = \frac{\sum p_1 q_1}{\sum p_1 q_0} \tag{8.6}$$

4. 马-埃指数

马-埃指数是英国经济学家马歇尔(A. Marshall)和埃奇沃思(F. Y. Edgeworth)两人于

1887～1890 年间提出的。其特点是将同度量因素固定在基期和报告期的平均水平上。其计算公式为

$$K_p = \frac{\sum p_1 \left(\frac{q_0 + q_1}{2}\right)}{\sum p_0 \left(\frac{q_0 + q_1}{2}\right)} \tag{8.7}$$

$$K_q = \frac{\sum q_1 \left(\frac{p_0 + p_1}{2}\right)}{\sum q_0 \left(\frac{p_0 + p_1}{2}\right)} \tag{8.8}$$

5. 杨格指数

杨格指数是英国学者杨格(A. Young)提出的,其特点是将同度量因素固定在某一特定时期的水平上。其计算公式为

$$K_p = \frac{\sum p_1 q_c}{\sum p_0 q_c} \tag{8.9}$$

$$K_q = \frac{\sum p_c q_1}{\sum p_c q_0} \tag{8.10}$$

6. 费雪指数

费雪指数是美国统计学家费雪于 1911 年提出的,它是拉式指数和帕氏指数的几何平均数,具有优良的性质,故又称为"理想指数"。其计算公式为

$$K_p = \sqrt{\frac{\sum p_1 q_0}{\sum p_0 q_0} \times \frac{\sum p_1 q_1}{\sum p_0 q_1}} \tag{8.11}$$

$$K_q = \sqrt{\frac{\sum p_0 q_1}{\sum p_0 q_0} \times \frac{\sum p_1 q_1}{\sum p_1 q_0}} \tag{8.12}$$

对于费雪指数,一般都认为它缺乏直观的经济解释,它是数理逻辑而非经济分析的产物,所以在实践中较少被采用。

二、平均指数

(一)平均指数的编制原理

平均指数是编制总指数的另一种方法,编制方法是"先对比,后平均"。先对比是指通过直接对比计算复杂现象总体中各个构成部分的个体指数;后平均是指对各体指数,运用合适的权数加以平均,得到总指数。

（二）平均指数的编制方法

根据平均指数的计算形式不同，可分为算术平均数指数和调和平均数指数。其中算术平均法计算简便，也比较直观所以应用较为普遍。相比较之下，调和平均法计算较为复杂，也不太直观，但由于所掌握资料的需要，调和平均数也有一定的应用价值。下面将用两种方法分别介绍平均指数的编制。

平均指数编制中所用的权数，既要考虑指数分析的经济意义，又要考虑权数资料获取的可行性和简便性。实践中可采用与所要编制的指数有密切关系的价值总量，通常采用的权数主要有基期总价值权数（p_0q_0）、报告期总值权数（p_1q_1）和固定权数三种。

1. 算术平均指数

算术平均指数是指计算法采用算术平均数形式的总指数，一般用来计算数量指标指数。可用公式表示为

$$K_q = \frac{\sum k_q p_0 q_0}{\sum p_0 q_0} \tag{8.13}$$

式中，$k_q = q_1/q_0$，表示数量指标个体指数；p_0q_0 表示基期价值总量。

【例 8.2】 根据表 8.4 中的数据，计算平均指数。

表 8.4　某企业销售额资料

产品类别	2020 年销售额（万元）	2021 年销售量比 2020 年提高或降低百分比（%）
甲	120	2.2
乙	135	3.0
丙	110	−1.6
丁	150	3.7

解 利用表 8.5 的结果计算产量的算术平均数指数为

表 8.5　计算平均指数相关数据表

产品类别	2020 年销售额 p_0q_0（万元）	个体指数（%） $k_q = q_1/q_0$	$k_q p_0 q_0$
甲	120	102.2	122.64
乙	135	103.0	139.05
丙	110	98.4	108.24
丁	150	103.7	155.55
合计	515	—	525.48

$$K_q = \frac{\sum k_q p_0 q_0}{\sum p_0 q_0} = \frac{525.48}{515} \approx 102.03\%$$

计算结果表明,四种商品的销售量报告期比基期综合提高了 2.03%。

2. 调和平均数指数

调和平均数指数是将个体指数进行调和平均而求得的总指数,其权数一般采用报告期价值总量为权数。其计算公式如下

$$K_p = \frac{\sum p_1 q_1}{\sum \frac{1}{k_p} p_1 q_1} \tag{8.14}$$

【例 8.3】 根据表 8.6 中的数据,计算调和平均指数。

表 8.6 某商店商品价格资料

产品类别	2021 年销售额(万元)	2021 年商品价格比 2020 年提高或降低百分比(%)
甲	12	2.0
乙	34	-3.1
丙	9	4.6

解 根据表 8.7 中计算结果,产品价格的调和平均指数为

表 8.7 计算调和平均指数相关计算

产品类别	2021 年销售额(万元) $p_1 q_1$	个体指数(%) $k_p = p_1/p_0$	$\frac{1}{k_p}$	$\frac{1}{k_p} p_1 q_1$
甲	12	102.0	0.980	11.765
乙	34	96.9	1.032	35.088
丙	9	104.6	0.956	8.604
合计	55	—	—	55.457

$$K_p = \frac{\sum p_1 q_1}{\sum \frac{1}{k_p} p_1 q_1} = \frac{55}{55.457} \approx 99.18\%$$

计算结果表明,三种产品的价格报告期比基期下降了 0.82%。

(三) 平均指数和综合指数的关系

当计算所依据的数据总体相同时,如果采用基期价值总量为权数,则数量指标的算术平均指数与常用综合指数的计算结果相同;如果采用报告期价值总量为权数,则质量指标的调和平

均指数与常用综合指数的计算结果相同。推导过程如下。

数量指标算术平均指数

$$K_q = \frac{\sum k_q p_0 q_0}{\sum p_0 q_0} = \frac{\sum \frac{q_1}{q_0} p_0 q_0}{\sum p_0 q_0} = \frac{\sum p_0 q_1}{\sum p_0 q_0}$$

质量指标调和平均指数

$$K_p = \frac{\sum p_1 q_1}{\sum \frac{1}{k_p} p_1 q_1} = \frac{\sum p_1 q_1}{\sum \frac{p_0}{p_1} p_1 q_1} = \frac{\sum p_1 q_1}{\sum p_0 q_1}$$

由此可见,在上述情况下,以基期价值总量加权计算的数量指标的算术平均数指数和以报告期价值总量加权计算的质量指标的调和平均数指数是常用综合指数的变形。

第三节 指数体系与因素分析

一、价值指数与指数体系

在经济分析中,一个指数通常只能说明某一方面的变化情况,而实际中,事物之间往往是有联系的,需要将多个指数结合起来共同说明问题,这就要建立相应的指数体系。为了更好地了解指数体系,除了编制指数的方法以外,还必须了解价值指数的概念。

(一) 价值指数

价值指数反映的是度量价值变化的百分数,由两个不同时期的价值总量对比形成的指数。价值指数通常可以分解为若干个构成因素,如销售额是销售量与销售价格的乘积,总成本是单位成本与产量的乘积。因此,价值指数一般形式可写为

$$V = \frac{\sum p_1 q_1}{\sum p_0 q_0} \tag{8.15}$$

【例 8.4】 某百货商场 2018 年 1 月和 2021 年 1 月三种商品价格和销售量的数量见表 8.8。

表 8.8 某百货商店基期和报告期三种商品价格和销售量

产品种类	2018 年 1 月的价格 p_0(元)	2018 年 1 月的销售量 q_0(千)	2021 年 1 月的价格 p_1(元)	2021 年 1 月的销售量 q_1(千)
男鞋(双)	420	300	598	320
西装(套)	2 800	110	4 999	100
衬衫(件)	298	1 200	598	1 120

以 2018 年 1 月为基期,2021 年 1 月的价值指数是多少?

解 相关计算见表 8.9。

表 8.9 价值指数相关计算

产品种类	2018 年价格 p_0(元)	2018 销售量 q_0(千)	2021 年价格 p_1(元)	2021 销售量 q_1(千)	2018 年价值总量 p_0q_0(千元)	2021 年价值总量 p_1q_1(千元)
男鞋(双)	420	300	598	320	126 000	191 360
西装(套)	2 800	110	4 999	100	308 000	499 900
衬衫(件)	298	1 200	598	1 120	357 600	669 760
合计	—	—	—	—	791 600	1 361 020

根据表 8.9 中计算结果,则价值指数为

$$V = \frac{\sum p_1 q_1}{\sum p_0 q_0} = \frac{1\,361\,020}{791\,600} \approx 171.9\%$$

计算结果表明:2021 年 1 月三种产品的价值总量比 2018 年增长了 71.9%。

(二) 指数体系

为了分析价值指数变动中各个因素的影响方向和程度,可以对价值指数进行分解,得到各个因素指数,进而能够分析各个因素对价值的影响程度。例如,商品销售额指数可以分解为销售量与价格两个因素指数。例 8.4 中价值指数为 171.9%,价值指数报告期比基期提高 71.9%,这个变化是由于构成销售额的销售价格和销售量变化共同作用的结果。

所谓指数体系是指由价值指数及其若干个因素指数构成的数量关系式。这种数量关系表现为两个方面:一是从相对量来看,价值指数等于各因素指数的乘积,例如,销售额指数 = 价格指数 × 销售量指数;二是从绝对量来看,价值总量的变动差额等于各个因素变动差额之和。因此该指数体系可表示为

相对数关系式

$$\frac{\sum p_1 q_1}{\sum p_0 q_0} = \frac{\sum p_1 q_1}{\sum p_0 q_1} \times \frac{\sum p_0 q_1}{\sum p_0 q_0} \tag{8.16}$$

绝对数关系式

$$\sum p_1 q_1 - \sum p_0 q_0 = \left(\sum p_1 q_1 - \sum p_0 q_1\right) + \left(\sum p_0 q_1 - \sum p_0 q_0\right) \tag{8.17}$$

指数体系主要有两个方面的作用:一是进行因素分析,即分析现象总变动中各个有关因素的影响程度;二是进行"指数推算",即根据已知的指数来推算未知的指数。

【例 8.5】 某商店 2020 年销售额比 2019 年增长了 25%,销售量增长了 15%,则商品价格的变化情况是怎样的?

解 由于

$$销售额指数 = 价格指数 \times 销售量指数$$

所以

$$125\% = 价格指数 \times 115\%$$

则

$$价格指数 = 125\% \div 115\% = 108.7\%$$

计算结果表明:商品价格 2020 年比 2019 年总体上涨了 8.7%。

指数体系更重要的作用体现在因素分析上,下面主要介绍因素分析的概念和方法。

二、因素分析

(一) 因素分析的概念

所谓因素分析就是指利用指数体系来测定各因素变动对总变动的影响程度及影响数额。因素分析主要包括总量指标的因素分析和平均指标的因素分析。

(二) 因素分析的方法

1. 总量指标的因素分析

(1) 总量指标的两因素分析法。总量指标分析,是利用指数体系从数量指标指数和质量指标指数的相互联系中,分析各种因素的变动影响程度,从而对总量指标的变动作出合理解释。当总量指标的影响因素有两个,这时的总量指标因素分析就叫总量指标的两因素分析。分析方法如下。

利用指数体系的两个关系式(公式(8.16) 和公式(8.17)),有

相对数分析

$$\frac{\sum p_1 q_1}{\sum p_0 q_0} = \frac{\sum p_1 q_1}{\sum p_0 q_1} \times \frac{\sum p_0 q_1}{\sum p_0 q_0}$$

绝对数分析

$$\sum p_1 q_1 - \sum p_0 q_0 = \left(\sum p_1 q_1 - \sum p_0 q_1\right) + \left(\sum p_0 q_1 - \sum p_0 q_0\right)$$

对总量指标的变动进行分析。

【例 8.6】 某企业生产的三种产品资料见表 8.10:

从相对数和绝对数两个方面对产值的变动及其影响因素进行因素分析。

表 8.10　某企业生产的三种产品资料

产品名称	计量单位	价格(元)		产量	
		基期	报告期	基期	报告期
甲	件	10	12	1 000	1 200
乙	双	20	22	2 000	2 000
丙	台	100	120	100	110

解

表 8.11　因素分析所需相关计算

产品名称	计量单位	价格(元)		产量		产值(元)		
		p_0	p_1	q_0	q_1	$p_0 q_0$	$q_1 p_0$	$p_1 q_1$
甲	件	10	12	1 000	1 200	10 000	12 000	14 400
乙	双	20	22	2 000	2 000	40 000	40 000	44 000
丙	台	100	120	100	110	10 000	11 000	13 200
合计	—	—	—	—	—	60 000	63 000	71 600

第一步,计算产值的总变动。

$$产值指数 = \frac{\sum p_1 q_1}{\sum p_0 q_0} = \frac{71\ 600}{60\ 000} \approx 119.3\%$$

$$产值增加额 = \sum p_1 q_1 - \sum p_0 q_0 = 71\ 600 - 60\ 000 = 11\ 600(元)$$

计算结果说明:三种产品报告期比基期总产值增长 19.3%,增加的金额为 11 600 元。

第二步,分析产值变动的具体原因。

① 产量变动对产值变动的影响。

$$产量指数 = \frac{\sum p_0 q_1}{\sum p_0 q_0} = \frac{63\ 000}{60\ 000} = 105\%$$

$$产量变动对产值的影响 = \sum p_0 q_1 - \sum p_0 q_0 = 63\ 000 - 60\ 000 = 3\ 000(元)$$

计算结果说明三种产品的产量报告期比基期增加了 5%,产量的增加导致产值增加了 3 000 元。

② 价格变动对产值变动的影响。

$$价格指数 = \frac{\sum p_1 q_1}{\sum p_0 q_1} = \frac{71\ 600}{63\ 000} = 113.7\%$$

价格变动对产值的影响 = $\sum p_1 q_1 - \sum p_0 q_1$ = 71 600 - 63 000 = 8 600(元)

计算结果说明三种产品价格报告期比基期增加了13.7%,由于价格上涨使产值增加8 600元。

第三步,用指数体系构成关系式如下。

相对数关系式:119.3% ≈ 105% × 113.7%。

绝对数关系式:11 600 = 3 000 + 8 600。

通过上述分析可以看出,该企业三种产品产值报告期比基期增长19.3%,是由于产量增加5%和价格增加13.7%共同作用的结果;同时,总产值增加11 600元,是由于产量增加带动产值增加3 000元和由于价格上涨带动产值增加8 600元共同作用而成的。

③ 总量指标的多因素分析。当总量指标的影响因素有三个或者三个以上,则对这个总量指标变动所作的因素分析就属于多因素分析。

一般采用连锁替代法来进行多因素分析。连锁替代法是在被分析的指标所包含的因素结合式中将各因素的基期数字顺次以报告期数字替代,有多少因素就有多少次替代;每次替代所得结果与替代前所得结果进行对比,就是该因素对总体指标变动的影响程度,二者的差额就是被替代因素的变动对总体指标变动的影响绝对额。

运用连锁替代法,还必须确定各因素的排列顺序,排列顺序不同会产生不同的分析结果。各因素排列顺序是:一般是数量指标在前,质量指标在后;主要指标在前,次要指标在后,并且要使得相邻因素乘积有经济意义。

例如,原材料支出金额 = 产量 × 单位产品原材料消耗量 × 原材料单价。其中,产量与单位产品原材料消耗量乘积为原材料消耗量,它具有经济意义;而单位产品原材料消耗量与原材料单价乘积表示单位产品原材料消耗额,也具有经济意义。同时,产量是数量指标,在前面;单位产品原材料消耗量对于产量来说是质量指标,但是相对于原材料价格来说确是数量指标,所以,单位产品原材消耗量在产量的后面在原材料单价的前面。由此可见,上述公式中各个因素的排列顺序是合理的。

设 q、m、p 分别代表产量、单位产品原材料消耗量和原材料价格,则原材料支出总额指数体系及绝对量关系式可以表示为

相对数关系:

$$\frac{\sum q_1 m_1 p_1}{\sum q_0 m_0 p_0} = \frac{\sum q_1 m_0 p_0}{\sum q_0 m_0 p_0} \times \frac{\sum q_1 m_1 p_0}{\sum q_1 m_0 p_0} \times \frac{\sum q_1 m_1 p_1}{\sum q_1 m_1 p_0} \tag{8.18}$$

绝对数关系:

$$\sum q_1 m_1 p_1 - \sum q_0 m_0 p_0 = (\sum q_1 m_0 p_0 - \sum q_0 m_0 p_0) + (\sum q_1 m_1 p_0 - \sum q_1 m_0 p_0) + (\sum q_1 m_1 p_1 - \sum q_1 m_1 p_0) \tag{8.19}$$

【例 8.7】 某企业生产的三种产品产量、单位产品原材料消耗量和原材料单价资料见表 8.12。从相对数和绝对数两个方面对原材料支出总额的变动及其影响因素进行因素分析。

表 8.12　三种产品产量、单位产品原材料消耗量及原材料价格资料

产品名称	产量（台）		材料名称	单位产品原材料消耗量（千克）		单位原材料价格（元）	
	基期 q_0	报告期 q_1		基期 m_0	报告期 m_1	基期 p_0	报告期 p_1
甲	12	15	A	120	132	2	2.2
乙	20	28	B	60	70	4	4.5
丙	56	100	C	65	120	1.2	1.3

解 首先，根据表 8.12 制作 8.13 相关计算表。

表 8.13　三种产品原材料支出总额计算表

产品名称	原材料支出总额（元）			
	$q_0 m_0 p_0$	$q_1 m_0 p_0$	$q_1 m_1 p_0$	$q_1 m_1 p_1$
甲	2 880	3 600	3 960	4 356
乙	4 800	6 720	7 840	8 820
丙	4 368	7 800	14 400	15 600
合计	12 048	18 120	26 200	28 776

其次，分析原材料支出总额变动情况及其原因。

第一步，计算原材料支出总额的变动。

$$\text{原材料支出总额指数} = \frac{\sum q_1 m_1 p_1}{\sum q_0 m_0 p_0} = \frac{28\ 776}{12\ 048} \approx 238.8\%$$

原材料支出变动额 $= \sum q_1 m_1 p_1 - \sum q_0 m_0 p_0 = 28\ 776 - 12\ 048 = 16\ 728$（元）

计算结果说明：原材料支出总额报告期比基期增长 138.8%，增加金额为 16 728 元。

第二步，计算产量变动对原材料总支出额的影响。

$$\text{产量指数} = \frac{\sum q_1 m_0 p_0}{\sum q_0 m_0 p_0} = \frac{18\ 120}{12\ 048} = 150.4\%$$

由于产量变动带动原材料总支出额变动额为

$$\sum q_1 m_0 p_0 - \sum q_0 m_0 p_0 = 18\ 120 - 12\ 048 = 6\ 072\text{（元）}$$

计算结果说明：产量报告期比基期增加了 50.4%，由于产量增加使原材料总支出额增加

6 072 元。

第三步,计算单位产品原材料消耗对原材料总支出额的影响。

$$\text{单位产品原材料消耗量指数} = \frac{\sum q_1 m_1 p_0}{\sum q_1 m_0 p_0} = \frac{26\,200}{18\,120} \approx 144.6\%$$

由于单位产品原材料消耗量变动带动原材料总支出额变动额为

$$\sum q_1 m_1 p_0 - \sum q_1 m_0 p_0 = 26\,200 - 18\,120 = 8\,080(元)$$

计算结果说明:单位产品原材料消耗报告期比基期增加了44.6%,由于单位产品原材料消耗增加使原材料总支出额增加了8 080 元。

第四步,计算原材料价格对原材料支出额的影响。

$$\text{原材料价格指数} = \frac{\sum q_1 m_1 p_1}{\sum q_1 m_1 p_0} = \frac{28\,776}{26\,200} \approx 109.8\%$$

由于原材料价格变动带动原材料总支出额变动额为

$$\sum q_1 m_1 p_1 - \sum q_1 m_1 p_0 = 28\,776 - 26\,200 = 2\,576(元)$$

计算结果说明:原材料价格报告期比基期增加了9.8%,由于原材料价格增加使原材料支出总额增加了2 576 元。

第五步,列出等式,综合分析。

以上各个指数之间的关系如下:

相对数关系:238.8% ≈ 150.4% × 144.6% × 109.8%。

绝对数关系:16 728 = 6 072 + 8 080 + 2 576。

综合分析:原材料支出总额报告期比基期增加138.8%,是由于产量增加50.4%、单位产品消耗量增加44.6%和原材料价格上涨9.8%共同作用的结果;同时,原材料支出总额增加了16 728 元,是由于产量增加导致原材料支出总额增加了6 072 元、单位产品消耗量增加使原材料支出总额增加了8 080 元和由于原材料上涨使原材料支出总额增加了2 576 元共同作用而成的。

2. 平均指标的因素分析

平均指标的因素分析,是指对影响平均指标变动的因素进行分解分析。在分组的情况下,平均指标的变动受两个因素的影响:一是各组平均指标变动的影响;另一个是各组单位数在总体中比重变动的影响。例如,企业职工平均工资的变动受各类工人平均工资和各类不同工资水平的工人占工人总数比重的变动两个因素的影响。

平均指标因素分析所用的指数体系如下。

相对数指数关系为

$$\frac{\sum x_1 f_1}{\sum f_1} \div \frac{\sum x_0 f_0}{\sum f_0} = \left(\frac{\sum x_1 f_1}{\sum f_1} \div \frac{\sum x_0 f_1}{\sum f_1} \right) \times \left(\frac{\sum x_0 f_1}{\sum f_1} \div \frac{\sum x_0 f_0}{\sum f_0} \right) \quad (8.20)$$

绝对数关系为

$$\frac{\sum x_1 f_1}{\sum f_1} - \frac{\sum x_0 f_0}{\sum f_0} = \left(\frac{\sum x_1 f_1}{\sum f_1} - \frac{\sum x_0 f_1}{\sum f_1} \right) + \left(\frac{\sum x_0 f_1}{\sum f_1} - \frac{\sum x_0 f_0}{\sum f_0} \right) \quad (8.21)$$

式中,x 表示各组变量的平均水平;$f/\sum f$ 为各组单位数在总体单位数中所占的比重。

反映总体平均指标变动的指数,称为可变构成指数。它是在分组条件下,包含各组平均水平及其相应的单位数比重两个因素变动的总平均指标的指数,它全面综合地反映整个总体平均水平变动状况。将总平均指标变动中的各组平均水平因素固定在基期水平上,以此反映结构因素变动对总平均指标变动影响作用的指数称为结构变动影响指数;将总平均指标变动中的结构因素固定在报告期水平上,以此来综合反映各组平均水平变动对总平均指标变动影响的指数称为固定构成指数。于是,公式(8.20)可以写成

可变构成指数 = 结构变动影响指数 × 固定构成指数

【例 8.8】 某公司工人数和月平均工资的分组资料如表 8.14 所示。对该公司职工平均工资的变动进行因素分析。

表 8.14 各组工人平均工资水平及人数构成

员工组别	月平均工资(元)		员工数(人)	
	基期	报告期	基期	报告期
熟练员工	3 000	3 500	200	280
一般员工	1 200	1 800	1 000	1 200

解

表 8.15 平均指标因素分析计算表

员工组别	月平均工资(元)		员工数(人)		工资总额(元)		
	x_0	x_1	f_0	f_1	$x_0 f_0$	$x_0 f_1$	$x_1 f_1$
熟练员工	3 000	3 500	200	280	600 000	840 000	980 000
一般员工	1 200	1 800	1 000	1 200	1 200 000	1 440 000	2 160 000
合计	—	—	1 200	1 480	1 800 000	2 280 000	3 140 000

第一步,计算总平均工资的变动。

$$\text{可变构成指数} = \frac{\sum x_1 f_1}{\sum f_1} \div \frac{\sum x_0 f_0}{\sum f_0} = \frac{3\ 140\ 000}{1\ 480} \div \frac{1\ 800\ 000}{1\ 200} = \frac{2\ 121.622}{1\ 500} \approx 141.4\%$$

总平均工资增加额为

$$2\ 121.622 - 1\ 500 = 621.622(元)$$

计算结果说明,员工总平均工资报告期比基期提高了 41.4%,平均工资每月增加了 621.622 元。

第二步,计算各组员工工资变动对总平均工资的影响。

$$固定构成指数 = \frac{\sum x_1 f_1}{\sum f_1} \div \frac{\sum x_0 f_1}{\sum f_1} = \frac{3\ 140\ 000}{1\ 480} \div \frac{2\ 280\ 000}{1\ 480} = \frac{2\ 121.622}{1\ 540.541} \approx 137.7\%$$

由于各组工资变动在,故总平均工资额为

$$2\ 121.622 - 1\ 540.541 = 581.081(元)$$

计算结果说明,各组平均工资报告期比基期提高 37.7%,这一变化导致总平均工资增加了 581.081 元。

第三步,计算总体结构变动对总平均工资的影响。

$$结构变动影响指数 = \frac{\sum x_0 f_1}{\sum f_1} \div \frac{\sum x_0 f_0}{\sum f_0} = \frac{2\ 280\ 000}{1\ 480} \div \frac{1\ 800\ 000}{1\ 200} = \frac{1\ 540.541}{1\ 500} \approx 102.7\%$$

由于结构变化导致总平均工资增加额,即

$$1\ 540.541 - 1\ 500 = 40.541(元)$$

计算结果说明,工人总体结构提高 2.7%,由此导致总平均工资增加 40.541 元。

第四步,列出等式,综合分析。

上面结果之间的关系如下。

相对数关系:$141.4\% \approx 137.7\% \times 102.7\%$。

绝对数关系:$621.622 = 581.081 + 40.541$。

综合分析:计算结果表明,总平均工资报告期比基期提高 41.4%,是由于各组员工平均工资综合提高 37.7% 和工人结构变化 2.7% 共同作用而成的;同时,总平均工资每月增加 621.622 元,是由于各组工人平均工资上涨导致总平均工资增加 581.081 元和工人结构变化导致总平均工资上涨 40.541 元共同作用而成的。

第四节 常用的经济指数

指数在经济中有重要的应用,是一种重要的经济分析方法。在不同场合,指数往往有不同的形式。我国目前常用的经济指数有工业生产指数、消费者价格指数、零售物价指数、股票价格指数等。现以国内外常见的主要经济指数为例,介绍编制常用经济指数的方法。

一、工业生产指数

世界各国都十分重视工业生产指数,工业生产指数概括地反映一个国家或地区各种工业产品产量的综合变动程度,它是衡量经济增长水平的重要指标之一。编制工业生产指数有多种方法,世界各国采用的方法不完全相同。

1. 不变价格为权数的综合指数形式

新中国成立后,我国较长时间采用了这种方法编制工业生产指数。不变价格是指连续计算指数时所采用的某一特定时间的价格,它在较长时间内保持不变。我国先后采用过1952年、1957年、1965年、1970年、1980年和1990年的不变价格。

具体计算方法是:工业生产指数是通过计算各种工业产品的不变价格产值来加以编制的。首先,对各种工业产品制订不变价格 p_c ;然后利用综合指数形式编制工业生产指数。其计算公式为

$$K_q = \frac{\sum q_1 p_c}{\sum q_0 p_c} \tag{8.22}$$

式中, p_c 为不变价格。

2. 基期价值为权数的算术平均指数形式

国外较为普遍地采用平均指数的形式来编制工业生产指数。我国从1995年起,各省、市、自治区也开始采用这种方法编制工业生产指数。

这种工业生产指数是对工业产品的个体产量指数(或类产量指数)进行基期总值加权算术平均的结果。其计算公式为

$$K_q = \frac{\sum k_q q_0 p_0}{\sum q_0 p_0} \tag{8.23}$$

式中, K_q 为各种工业品的个体产量指数; $q_0 p_0$ 为相应产品的基期增加值。

3. 固定权数的算术平均指数形式

在实践中,为了简化指数的编制工作,常以各种工业品的增加值比重作为权数,并且将这种比重权数相对固定起来,连续地编制各个时期的工业生产指数。其计算公式为

$$K_q = \sum k_q \frac{W}{\sum W} \tag{8.24}$$

式中, k_q 为各种工业品的个体产量指数; $\dfrac{W}{\sum W}$ 为各种工业品的增加值比重。

二、消费者价格指数

消费者价格指数(Consumer Price Index,CPI)综合反映一定时期内城乡居民所购买的各

种生活消费品和服务项目价格的变动程度。它是世界各国普遍编制的一种经济指数,我国称之为居民消费价格指数。它是以与居民生活密切相关的产品及服务的价格统计出来的物价变动指数,反映一定时期内居民购买的消费品及服务价格水平的变动趋势和程度,是一个相对数。其按年度计算的居民消费价格指数变动率通常被用来反映通货膨胀或紧缩程度的指标。它是进行国民经济核算、宏观经济分析和预测、实施价格总水平调控的一项重要指标。

我国的消费者价格指数(居民消费价格指数)是采用固定加权算术平均指数方法来编制的。具体编制方法如下:

第一步,确定 CPI 包含的内容。按照国际上通行的做法,我国 CPI 包含的内容为食品,烟酒及用品,衣着,家庭设备用品及服务,医疗保健及个人用品,交通和通信,娱乐教育文化用品及服务,居住八大类,共 263 个基本分类,约 700 个规格品种的商品和服务项目。

第二步,确定 CPI 的权数。权数是指居民消费用在各类商品或服务项目的支出额在消费总支出中所占的比重。国家统计局编制 CPI 所用权数,是依据全国 12 万户城乡居民家庭调查资料中的消费支出构成确定的。

第三步,确定每一个时点上所调查的物品和劳务的价格。为了保证统计数据的准确,按照经济区域和地区分布合理的原则,国家采用抽样方法,在 31 个省(区、市)的 500 多个市县确定了 50 000 多个调查网点。3 000 多名专职物价调查员采取"定人、定点、定时和直接调查"的方法,到不同类型、不同规模的农贸市场和商店现场采集价格资料。

第四步,计算所调查的物品和劳务的总费用,得出全国 CPI 数据。国家统计局根据各地报上来的数据进行汇总,与基年的数据对比,所得数字就是全国居民消费价格指数。全国居民消费价格指数由国家统计局按月向社会公众公布。

其计算公式为

$$K_p = \frac{\sum kW}{\sum W} \tag{8.25}$$

式中,k 为类指数;W 为权数。

CPI 是政府制定物价政策和工资政策的重要依据,具体表现在以下几个方面:

1. 反映通货膨胀状况

通货膨胀的严重程度是用通货膨胀率来反映的,它说明了一定时期内商品价格持续上升的幅度。通货膨胀率的公式为

$$通货膨胀率 = \frac{报告期居民消费价格指数 - 基期居民消费价格指数}{基期居民消费价格指数} \times 100\% \tag{8.26}$$

2. 反映货币购买力的变动

货币购买力指数通常用居民价格消费指数的倒数来计算,反映单位货币能够购买到的消费品和服务的数量。其计算公式为

$$货币购买力指数 = \frac{1}{居民消费价格指数} \times 100\% \tag{8.27}$$

可见,居民消费价格指数上涨,货币购买力就会下降;反之,则上升。

3. 反映职工实际工资水平

其计算公式为

$$实际工资 = \frac{名义工资}{消费价格指数} \times 100\% \tag{8.28}$$

可见,消费价格指数的提高意味着实际工资的减少,消费价格指数下降意味着实际工资的提高。

三、股票价格指数

证券市场上股票行情千变万化,有些股票价格上涨,有些股票价格下跌,而判断股价的涨跌变化及其幅度就要有适当的指标。股票价格指数是衡量股票价格水平和股价波动的一种技术工具,在股票价格分析中得到广泛的运用。

股票价格指数是反映某一股票市场上多种股票价格综合变动程度的相对数,简称股价指数。在成熟的市场经济中,股价指数不仅是投资者决策的重要依据,也是国民经济的晴雨表。

股价指数一般采用综合指数编制方法,以发行量为权数。其计算公式为

$$K_p = \frac{\sum p_{1i}q_i}{\sum p_{0i}q_i} \tag{8.29}$$

式中,p_{1i}为第i种样本股票报告期价格;p_{0i}为第i种股票的基期价格;q_i为第i种股票的发行量(或交易量),可以固定在基期(拉氏公式),也可以固定在报告期(帕氏公式),但大多数股价指数是以报告期发行量(或交易量)为权数计算的。

股价指数是用百分比来表示多数股票价格的一般波动趋势的指数。计算股价指数时,先假定某一时点为基期,基期的股价指数为100,然后用计算期股价与基期股价相比,并用百分比表示。股价指数的升降单位为"点"。点是衡量股票价格升降起落的相对尺度。

【例8.9】 四种股票的价格和发行量资料见表8.16,计算股票价格指数。

表8.16 四种股票的价格和发行量资料

股票名称	股票价格(元)	本日收盘价(元)	报告期发行量(万股)
A	18	19.5	4 000
B	6	6.9	6 400
C	13	12.5	5 000
D	40	42.8	4 500

解 股票价格指数相关计算表见表8.17。

表 8.17　股票价格指数相关计算表

股票名称	股票价格 p_{0i}（元）	本日收盘价 p_{1i}（元）	报告期发行量 q_i（万股）	$p_{1i}q_i$	$p_{0i}q_i$
A	18	19.5	4 000	78 000	72 000
B	6	6.9	6 400	44 160	38 400
C	13	12.5	5 000	62 500	65 000
D	40	42.8	4 500	192 600	180 000
合计	—	—	—	377 260	355 400

根据表 8.17 计算股票价格指数为

$$K_p = \frac{\sum p_{1i}q_i}{\sum p_{0i}q_i} = \frac{377\,260}{355\,400} \approx 106.15\%$$

计算结果说明:四种股票价格综合上涨了 6.15%,即股价指数上涨了 6.15 个百分点。

四、几种常用股票价格指数

1. 美国道·琼斯平均股价指数

美国道·琼斯平均股价指数简称道·琼斯平均指数。目前入编的股票为 75 种(其中包括 30 种工业股、30 种运输业股和 15 种公用事业股),计算方法是采用对入编指数的各种股票价格按时间不同进行简单算数平均,再将两个不同时间的平均价格对比。道·琼斯指数在世界上久负盛名,为世界各股票交易所和股票投资者所注重。这是因为它所选择的大都是美国具有举足轻重地位的大公司,它的编制历史悠久,从未间断,而且发表在全世界最有影响的金融刊物《华尔街日报》上,是目前世界金融市场上影响最大的一种股票价格指数。

2. 美国标准·普尔 500 指数

美国标准·普尔 500 指数是由美国标准·普尔公司编制的反映美国股票市场行情变动的股票价格平均数。它分为:①工业股价指数(包括 85 个行业的 400 种股票);②运输业股价指数(包括航空、铁路、汽车运输业的 20 种股票);③公用事业股价指数(包括 5 个行业的 40 种股票);④金融业股价指数(包括银行储蓄和放款协会、保险、金融公司等 40 种股票);⑤综合股价指数(包括全部 500 种股票)。其计算方法是采用拉氏指数计算公式,它以 1941～1942 年为基期,基期指数定为 10。该指数具有采样面广、代表性强、精确度高、连续性好的特点,是美国股票市场涨跌的基本标准之一。

3. 东京证券交易所股票价格指数

东京证券交易所股票价格指数由东京证券交易所编制。东京证券交易所的股票价格指数虽然设立的时间比较短,但由于日本经济在 20 多年中的飞速发展,使得日本证券市场在世界领域内越来越居于重要地位,从而东京股票交易所股票价格指数的变化速度和幅度也异常快速。

4. 香港恒生股票价格指数

香港恒生股票价格指数是香港股票市场衡量股市行情的一种综合指标。它是由恒生银行根据各行业具有代表性的33种股票(其中包括4种金融业股、6种公共事业股、9种地产业股和14种其他工商业股)市值加权计算出来的。它主要采用帕氏指数公式计算,以发行量为权数,最初以1964年7月31日为基期,基点是100,后由于技术原因改为以1984年1月13日为基期,基期指数定为975.47。恒生指数是目前香港股票市场上最具有代表性的一种价格指数。

5. 上证综合指数和上证成分指数

上证综合指数和上证成分指数(简称上证180指数),是反映上海证券市场股票价格变化的指数。其中,上证综合指数包括上海证券交易所的全部上市股票,以报告期发行量为权数,以1990年12月19日为基期,基点为100。上证180指数是从上海证券市场所有A股股票中选取最具市场代表性的180种股票,以报告期流通量为权数,以2002年6月28日上证30指数的收盘点数3 299.0为基点。

6. 深圳综合指数和深证成分指数

深圳综合指数和深证成分指数(简称深证100指数),是反映深圳证券市场股票价格变化的指数。其中,深圳综合指数包括深圳证券交易所的全部上市股票,以报告期发行量为权数,以1991年4月3日为基期,基点为100。深证100指数是从深圳证券市场所有A股股票中选取最具市场代表性的100种股票,并保证中小企业成分股数量不少于10只,以报告期流通量为权数,以2002年12月31日为基期,基点为1 000。

【小资料】

统计指数编制方法的发展概况

统计指数的产生,起源于物价指数,距今约有300多年的历史。1675年美国经济学家伏享,曾编制谷物、家畜、布帛等物价指数,首创了物价指数。1707年,英国主教佛里特伍德,也曾编制39种物品的价格指数,属于广义的指数范畴。1738年,法国学者杜托,则将商品集团的两个时期各自单价纯加总进行对比,综合反映商品集团的价格变化情况,其计算公式为:$\sum p_1 / \sum p_0$,称为综合指数法(又称为总和指数法)之初端,从此指数编制便从广义指数发展为狭义指数。但杜氏指数法提出后,因方法本身存在严重缺陷,采用者不多。

1750年,意大利贵族卡里用公式 $\dfrac{\sum (p_1/p_0)}{n}$ 计算多种商品的物价指数,为用平均法计算物价指数之首创。在平均法指数初期,所采用的 $\dfrac{\sum (p_1/p_0)}{n}$ 公式,虽有综合反映多种商品价格变动状况的一面,但另一方面却因未进行加权的简单平均,又不能正确反映物价水平的平均变动。所以西方物价指数编制方法的进一步发展,就集中在对各商品物价变动的个体指数的加权问题上。不过在解决加权问题上,又经历了从主观权数法到客观权数法的重大转折。初期,虽然认识到需要加权,但又不知道如何加权。于是有些人在计算物价总指数时,便主观决定某种商品的价格计算一次,另外一些商品价格则计算二次、三次、四次等,这就是所谓主观加权法,它缺乏客观的依据,故遭到各方面的责难。在客观权数方面,德国统计学家拉斯佩利斯和帕煦曾作出重大的贡献。1864 年,拉氏主张以基期数量为权数计算物价指数,一般简称为 L 式;1874 年,帕氏则主张以报告期数量为权数,计算物价指数,一般简称为 P 式。尽管拉氏指数和派氏指数有一定缺陷,不是优良指数,但从它们创立迄今一直在西方统计实践中被广泛应用。19 世纪 90 年代美国经济学家马歇尔与另一美国统计学家埃奇沃斯,曾先后提出过修正公式,后被合称为"马歇尔－埃奇沃斯公式"。在西方指数理论发展史上最有名的代表人物,美国统计学家、经济学家耶鲁大学教授费雪,曾在 1911 年出版的《货币购买》一书中提出拉氏指数和派氏指数均不理想,并给出了改良公式,即用交叉法将两者指数相乘,并用几何法将其乘积开平方,得出了优良的指数数值。他认为用这一公式计算得到的指数值,虽然不是指数真值,但是已非常理想地接近真值。

前面以物价指数为代表,简单回顾了西方指数的发展历史。从中可以看出西方指数理论研究主要集中在三个问题上:第一,从个体指数出发,将平均数作为计算总指数的基本形式;第二,选择平均数的形式问题;第三,选择加权平均数的权数问题。这就充分反映出西方指数在方法论上严重脱离经济意义,带有浓厚的数学形式主义色彩。

东方指数理论是前苏联在 20 世纪 30 年代建立起来的,是在总结以往的指数理论和实践的基础上,结合当时的社会条件,经过理论研究而创建的。其指数理论有以下几个特点:首先,扬弃了西方指数以平均数作为计算总指数的基本形式,而主张采用综合公式计算。因而综合指数便成为计算总指数的基本形式,而平均数指数则视为综合指数的变形。这解决了指数两个发展方向的关键问题。其次,用互相联系的观点,分析社会经济现象的变动状况,从而创立了"指数体系"的概念和编制方法,并且在总量指标指数体系的基础上,将指数体系的理论,推广到平均指标指数,从而进一步确立了平均指标指数体系(可变组成指数体系)的概念和编制方法。最后,拓宽了指数的概念和运用范围,从动态比较发展到静态比较、计划比较等,从而提高了指数的作用和功能。这个指数理论的不足之处在于僵化运用综合指数,忽视平均数指数的灵活应用。

我国于晚清时代开始编制指数,迄今约有 100 多年的历史。新中国成立前,我国统计指数,主要因袭西方的指数理论,只编制过极少数经济指数。新中国成立后,我国统计指数理论主要向前苏联学习,排斥了西方指数理论和方法。运用东方指数理论,结合我国的实践情况,编制了一些重要的经济指数,取得了许多宝贵的经验。改革开放以来,在统计学术上对统计指数理论进行了广泛探讨,在实践上也编制一些重要的经济指数,并吸收了西方统计指数理论中许多对我们有用的东西。例如,综合经济效益指数等,就是采用平均法编制的。

(资料来源:百度文库.)

本章小结

指数主要是用来反映复杂现象总体的数量变动。指数按反映的内容不同,分为数量指数和质量指标指数;按计入指数的项目多少不同,分为个体指数和总指数;按反映时间不同,可分为动态指数和静态指数;按指数的编制方法不同,可分为综合指数和平均指数。

编制总指数的方法有综合指数法和平均数指数法。其中,综合指数法是先综合,后对比;平均指数法是先对比,后平均。

编制综合指数的关键是确定同度量因素和固定同度量因素的时期。常用的同度量因素的固定时期的选择方法是:编制数量指标综合指数时,将同度量因素固定在基期水平;编制质量指标综合指数时,将同度量因素固定在报告期水平。

编制平均指数的关键是选择平均的方法和确定权数。平均指数的计算形式有两种:加权算术平均指数和加权调和平均指数。在我国的统计实践中,数量指标指数一般采用加权算术平均指数计算,计算时一般以基期价值总量为权数;质量指标指数一般采用调和平均指数计算,计算时一般以报告期价值总量为权数。

指数体系是由总量指数和若干个因素指数构成的数量关系式,它要求保持两个对等关系:①相对数关系,即各影响因素指数的乘积等于现象总量指数;②绝对数关系,即各影响因素变动额之和等于现象总量变动额。指数体系的作用主要表现在两个方面:一是进行因素分析;二是用于指数之间的相互推算。

因素分析是利用指数体系来测定各个因素变动对总变动的影响程度以及影响数额。因素分析的具体方法包括总量指标因素分析和平均指标因素分析两种。

工业生产指数、消费者价格指数、股票价格指数都是重要的经济指数,了解它们的含义和编制方法,有助于人们认识和研究实际经济问题。

关键概念

狭义指数　　数量指标指数　　质量指标指数　　综合指数　　平均指数
同度量因素　指数体系　　　　因素分析法

案例分析

兴邦针织厂成本变动分析

兴邦针织厂所属三个分厂生产的主要产品是棉质内衣,市场定位是物美价廉。由于企业质量控制得当,在市场上有较稳定的市场份额,经营业绩较好。但是最近,企业领导者发现,各个分厂单位成本有上升的趋势,这一情况引起该企业领导层高度重视。为确定该厂总成本的变动情况(表8.18),请你用所学知识帮助该厂分析总成本的变动情况,并对平均单位成本进行因素分析。

表8.18　兴邦针织厂单位成本及产量资料

分厂名称	单位成本(元)		产量(万件)	
	三季度	四季度	三季度	四季度
针织一厂	35	38	120	112
针织二厂	42	50	80	76
针织三厂	65	72	69	52

根据些资料,作如下分析:

(1) 考察该厂的总成本变动情况。
(2) 分析总成本变动的影响因素。
(3) 进行平均单位成本分析。
(4) 平均单位成本影响因素分析。

实训题

1. 上网查找 CPI 的相关资料,并分析我国近几年来 CPI 的变化情况。
2. 上网查找股票价格指数的相关资料。

第九章

Chapter 9

相关与回归分析

【学习要点及目标】
1. 掌握相关与回归分析的基本概念与基本方法；
2. 掌握相关性的分析方法；
3. 掌握线性回归的方法；
4. 掌握利用回归方程预测的方法。

【引导案例】
美国宾夕法尼亚的一个研究机构对 30 名不同年龄（18~82 岁）的司机进行调查，调查项目是他们能够清晰地看到高速公路上指示牌的最大距离。研究目的是找到年龄与最大可视距离的具体关系，以保证老年驾驶者的安全。

研究结果显示，两者的相关系数 $r=-0.8$，表明年龄与最大可视距离具有显著的负相关性。同时平均最大可视距离 y（英尺）与驾驶者年龄 x（岁）之间的具体关系为：$y_c=577-33x$。根据这一关系，高速公路管理部门就可以在不同年龄限制路段设置不同距离的指示牌，从而保证了驾驶的安全。

在案例中，该研究机构证明了年龄与最大可视距离这种不确定性关系的存在，并且求出了这种关系的具体形式。案例中的统计分析方法就是相关与回归分析，本章将介绍与相关及回归有关的知识。

第一节 相关与回归分析的基本概念

一、相关关系的概念

在客观现实中，许多现象之间都是相互联系和制约的。例如，人的身高与体重之间的关系,居民收入与物价指数之间的关系,利率与收益率之间的关系等。人们将这种事物或现象之间相互联系、相互依赖、相互制约的关系称为依存关系。现象与现象之间的依存关系如果能用数量表示出来,就表现为变量之间的依存关系。再进一步考察可以发现,变量之间的依存关系可以分为两种不同的类型。

(一)函数关系

在变量依存关系中,对于某一变量的每一数值,都有另一个变量的唯一确定值与之相对应,称这种变量之间严格的依存关系为确定性函数关系。例如,圆的周长 L 与半径 R 的关系就是函数关系,可用数学公式 $L=2\pi R$ 清晰地表达出来。这里,圆的周长是随着圆的半径大小而变化的。有一个半径值,就有一个确定的周长与之严格对应。类似地,当某种商品的销售价格保持不变时,销售额与销售量也可以看作是函数关系。给定销售量就可以知道销售额,有了销售额就可以知道销售量。变量之间的函数关系在自然科学中是普遍存在的,在数学、物理学和化学中有许多严格的定理和公式,这些定理和公式揭示了变量之间存在的函数关系。冥王星的发现就是万有引力定律这种函数关系的最好应用。

(二)相关关系

在依存关系中,如果某一变量取某一确定数值,另一变量取值并不确定,但有确定的概率分布与其对应,人们称这种变量之间随机性的依存关系为相关关系。例如,人的体重与身高的关系就是相关关系。一般而言,身高越高,体重越重。我们测量一组人的体重与身高数据时会发现:有一个身高值也会有一个体重值与之对应,但这种关系不是确定的。了解了某人的身高,并不能准确地推断出他的体重,但是如果有经验,就能推断出他的体重在哪一个范围的概率比较大。

相关关系大量存在于自然界和社会经济生活中。例如,每亩耕地的施肥量与亩产量,家庭收入与生活费支出,企业固定资产值与企业产值之间的关系都是相关关系。

相关关系与函数关系之所以表现出不同的数值对应关系,其原因就在于:在函数关系中,自变量是影响因变量数值大小的唯一因素,如圆的周长只受其半径大小影响。而在相关关系中,人们所研究的自变量只是影响因变量数值大小的众多因素之一。如生活费用支出除了受家庭收入多少影响外,还受家庭资产总量、年龄、对未来的预期等因素的影响。当人们忽略其他因素,而只考虑一种或少数几种因素对某一变量的影响时,变量之间就表现出了非确定性的数量对应关系。

函数关系与相关关系是两种不同类型的关系,但是它们之间并不存在严格的界限。由于在观察或实验中出现的误差,函数关系有时也会通过相关关系反映出来。而当人们对现象之间的内在联系和规律性了解得更加清楚的时候,有些相关关系可能转化为函数关系。

如果变量之间存在相关关系,可能包含以下几种情况:一是变量之间存在着因果关系。例如,产量与单位成本的相关关系就是一种因果关系,其中产量变动在前是原因,单位成本的变动在后是结果。粮食的产量与施肥量的关系也是一种因果关系,施肥量是原因,产量是结果。二是变量之间存在着相互依存的关系。例如,一个城市的货运量与该城市的国内生产总值具有相关关系,但在货运量与国内生产总值的变动中,很难确定哪一个是原因哪一个是结果,两个变量之间是相互依存的关系。三是变量之间只是存在着数值上的统计关系,或者说是虚假关系。例如,有人将某段时间的香烟销售量与人口的期望寿命数据进行计算,发现两个变量之间具有正的相关关系:香烟销售量越来越多,人口的期望寿命也越来越高。这种相关关系就是典型的虚假相关。两者只是数值上存在统计关系,而不存在内在的联系。对于这样的相关关系,首先要定性分析,只有在科学理论上能够解释变量之间确实有联系,才能认为变量的数值之间存在着相关关系。否则,不能使用这种虚假的相关关系作任何的推测或预测。

二、相关关系的种类

现象之间的相互关系是很复杂的,它们以不同方向、不同程度相互作用着,并表现出不同的类型。

(一)单相关与复相关

按所研究影响因素的多少可以分为单相关和复相关。在具有相关关系的变量中,把作为变化根据的变量称为自变量,被影响而对应变化的变量称为因变量。如果所研究的相关关系中只涉及两个变量,就是说,因变量的变化只由一个主要因素的变动引起,即只有一个自变量,就称为单相关。前面所举的相关关系的例子都是单相关。如果研究的相关关系中涉及三个或三个以上变量,即因变量的变化受两个或两个以上的自变量影响,就称为复相关。如某地区零售商品销售额主要受该地区人口数与该地区家庭人均收入两个因素影响,则人口数、人均收入与零售商品销售额之间的相关关系为复相关。需要指出的是,无论单相关还是复相关,因变量都不只受一个或几个因素的影响,只不过这一个或几个变量是主要影响因素,是数量关系的主导原因,因此在研究中被看作是自变量。而其他因素因为众多、影响较小且无法控制,是数量关系表现为不确定性的原因,因此在研究中被看作随机变量。

(二)线性相关与非线性相关

对于两个具有相关关系的现象进行实际调查,获得一系列配对的数据,将一种现象的数量与另一种现象的数量,一一对应在直角坐标系中可显示为一系列的点。如果这些点的分布大致散布在一条直线的周围,则称这两种数量关系为线性相关或直线相关;反之,若现象的一系列点(也称为相关点)的分布并不表现为直线变动关系,而近似于某种曲线方程的关系,则称这种相关关系为非线性相关或曲线相关。例如,人均消费水平与人均收入水平通常为线性相关,而人口死亡率与人口年龄之间则表现为非线性相关。常见的相关曲线有抛物线、指数曲线等。实际上,绝大多数相关关系属于非线性相关关系。但是直线相关关系分析既是最简单的相关关系形式,又是相关分析的研究基础。

(三)正相关与负相关

两个现象存在相关关系,当一个现象的数量由小变大,另一个现象的数量也随之变大,即两种数量变动的方向一致,就称这种相关关系为正相关。例如,社会商品零售额与居民收入水平之间的数量关系就是正相关关系。当一个现象的数量由小变大,而另一个现象的数量由大变小,即两种相关变量的变动方向恰好相反,就称这种关系为负相关。例如,销售额与流通费用水平,肺病患者痊愈率与吸烟时期的长短等数量变动关系均属于负相关关系。必须注意的是,许多现象正负相关的关系仅在一定范围内存在。例如,施肥量在一定的限度内,粮食产量会随着施肥量的增加而提高,表现为正相关。但是施肥量超过了生物学上所允许的限量,粮食产量就会随着施肥量的增加而下降,表现为负相关。

(四)完全相关、不完全相关与不相关

按相关关系的密切程度可分为完全相关、不完全相关和不相关。如果某一变量的值完全由另一个或一些变量的值所决定,则称变量之间的这种相关为完全相关。例如,圆的周长决定于它的半径。在这种情况下,相关关系即成为函数关系,也可以说,函数关系是相关关系的一个特例。如果某一变量的值完全不受另一个或一些变量值的影响,彼此独立,则称变量之间不相关。例如,棉纱的纤维强度与工人出勤率一般认为是不相关的。不相关也可以看作是相关关系的特例。如果某一变量值不但与另一个或一些变量的值有关,而且受随机因素的影响,则称变量之间的这种相关为不完全相关,如前述的相关关系。大量的社会经济现象之间的关系都是这种不完全相关关系,它是相关分析的研究对象。

三、相关关系研究的内容

对客观现象具有的相关关系进行分析研究所采用的统计方法称为相关分析法。运用相关分析法的目的在于对相关现象间的密切程度和变化规律有一个具体的数量上的认识,以便作出某种判断,并进行相关的推算和预测。相关分析的主要内容如下。

(一)相关性分析

变量间的相关密切程度是不同的,有些变量间的关系非常密切,有些不是很密切。因此,相关关系分析的首要任务就是要通过定性分析与定量分析相结合的方式判断相关变量间关系的密切程度,为下一步的分析奠定基础。

(二)回归分析

对具有比较密切相关关系的变量进行回归分析,可以测定变量之间具体的数量关系,即用含有函数关系的数学公式来反映因变量随自变量变化而变化的规律,从而为利用相关关系进行预测奠定基础。

(三)估计误差分析

运用回归方程进行预测,实际上是用确定性的函数关系表达不确定的相关关系,因而必然

存在误差。用自变量的取值代入回归方程,可求得因变量相应的值,即预测值。实际值(或称观察值)与计算值一般是有差异的,通过计算标准误差可得知这种误差的平均值。依据标准误差还可以计算预测值的置信区间,分析预测值的可靠程度。

第二节　相关分析

对于单相关和复相关,相关分析的难易程度不同,所用方法也不同。单相关关系的相关性分析方法主要有相关表、相关图和相关系数法三种。

一、相关表

将相关变量的对应数值按一定顺序表现在一张表格上,这张表格就称为相关表。通过对表中数据的观察,可以直观地判断现象之间大致上有无相关性。

例如,把表9.1中的数据按照利润排序就形成了一张相关表(表9.2)。

表9.1　某企业十家分公司销售额与利润额对照表　　　　　　　　单位:万元

利润	9.3	4.8	8.9	6.5	4.2	6.2	7.4	6.0	7.6	6.1
销售额	160	80	161	101	80	128	120	105	145	145

表9.2　销售额与利润额相关表　　　　　　　　单位:万元

利润	4.2	4.8	6.0	6.1	6.2	6.5	7.4	7.6	8.9	9.3
销售额	80	80	105	145	128	101	120	145	161	160

从表9.2中可以直观地发现,随着各分公司销售额的增加,其利润也相应增加,二者表现出了较强的正相关。

二、相关图

相关表能在一定程度上反映出两变量间是否存在相关关系、正相关还是负相关,但难以反映出变量间是线性相关还是曲线相关,也不能反映出变量关系的密切程度。如果把两个变量的对应值在直角坐标系上表现出来,则形成了相关图。相关图,也叫做散点图,能较直观地看出变量间的相关形式,即是直线相关还是曲线相关,如果是曲线相关,大致能看出是哪一种曲线。如图9.1所示,显示了单相关的几种典型类型。

三、相关系数

相关表和相关图都不能精确反映出变量间相关关系的密切程度。相关系数是说明两个变量之间相关关系密切程度的统计分析指标,这里只介绍线性相关系数,即相关系数用 r 表示。

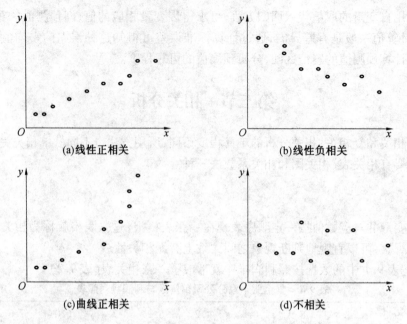

图 9.1 单相关的几种典型类型

相关系数的基本公式为

$$r = \frac{\frac{\sum (x - \bar{x})(y - \bar{y})}{n}}{\sqrt{\frac{\sum (x - \bar{x})^2}{n}} \sqrt{\frac{\sum (y - \bar{y})^2}{n}}} \tag{9.1}$$

式中分母为自变量与因变量标准差的积,分子为变量 x 与变量 y 的协方差。公式(9.1)在计算时可以简化为

$$r = \frac{\sum (x - \bar{x})(y - \bar{y})}{\sqrt{\sum (x - \bar{x})^2} \sqrt{\sum (y - \bar{y})^2}} \tag{9.2}$$

或变形为下面的公式,即

$$r = \frac{n\sum xy - \sum x \sum y}{\sqrt{n\sum x^2 - (\sum x)^2} \sqrt{n\sum y^2 - (\sum y)^2}} \tag{9.3}$$

可以证明,r 的取值为 $-1 \sim +1$,即 $-1 \leq r \leq +1$。$r > 0$ 表示正相关,$r < 0$ 表示负相关,r 等于 -1 或 $+1$ 表示两变量完全相关,即是函数关系。相关系数的绝对值越大,表明两变量之间线性相关关系越密切;相关系数的绝对值越小,表明两变量之间线性相关程度越低。但需要注意的是:相关系数 r 只表示两变量 x 与 y 的直线相关密切程度。当 r 的绝对值很小甚至等于

0 时,并不一定表示 x 与 y 之间就不存在其他类型的关系。

一般当 $|r| \geq 0.8$ 时,视为高度相关;$0.5 \leq |r| < 0.8$ 时,视为中度相关;$0.3 \leq |r| < 0.5$ 时,视为低度相关;若 $|r| < 0.3$,则认为关系极弱,可以看作是不相关。

【例 9.1】 为评价企业的经营效果,某集团对下属十家分公司的销售额与利润额进行了调查,调查结果见表 9.1。试计算销售额与利润额的相关系数。

解 利用公式(9.3)列出相关系数计算表,见表 9.3。

表 9.3 相关系数计算表 单位:万元

序号	x	y	xy	x^2	y^2
1	160	9.3	1 488.0	25 600	86.49
2	80	4.8	384.0	6 400	23.04
3	161	8.9	1 432.9	25 921	79.21
4	101	6.5	656.5	10 201	42.25
5	80	4.2	336.0	6 400	17.64
6	128	6.2	793.6	16 384	38.44
7	120	7.4	888.0	14 400	54.76
8	105	6.0	630.0	11 025	36.00
9	145	7.6	1 102.0	21 025	57.76
10	145	6.1	884.5	21 025	37.21
合计	1 225	67.0	8 595.5	158 381	472.80

将表 9.3 中数据代入公式,得

$$r = \frac{n\sum xy - \sum x \sum y}{\sqrt{n\sum x^2 - (\sum x)^2}\sqrt{n\sum y^2 - (\sum y)^2}}$$

$$= \frac{10 \times 8\,595.5 - 1\,225 \times 67}{\sqrt{10 \times 158\,381 - (1\,225)^2}\sqrt{10 \times 472.8 - (67)^2}} \approx 0.87$$

相关系数大于 0.8,说明销售额与利润额高度线性正相关。

第三节 一元回归分析

一、回归分析概述

相关性分析的目的是研究客观现象之间的相关方向和相关密切程度,主要分析手段是相关系数,而相关系数并不能反映客观现象之间具体的数量关系,也无法从一个变量的变化推测另一个变量的变化情况。例如,当人们知道居民总收入与社会商品零售总额的相关系数是0.8时,只能了解它们高度正相关,不能了解当居民总收入增加1亿元会导致商品零售额发生怎样的变化。在统计实践中,根据一个或几个变量的值来推测另一个变量的值是非常必要的,要达到这一目的,可以应用回归分析方法。

回归分析就是对具有相关关系的两个或两个以上变量之间数量变化的一般关系进行测定,选择一个合适的数学模型,以便从一个已知量来推测另一个未知量,为预测提供一种方法。用回归分析方法得出的数学表达式称为回归方程。

与相关关系的种类相对应,回归也有多种类型。与单相关、复相关相对应,有一元回归与多元回归;与线性相关、非线性相关相对应,有线性回归与非线性回归。一元回归是最基本的回归形式,一元线性回归与一元非线性回归求解回归方程的计算方法是不同的,求解一个一元回归方程通常需要以下步骤:

(一)确定变量之间相关类型

变量的相关类型不同,确定回归方程的方法也不同。因此在进行一元回归之前,首先要确定变量是否线性相关,如果非线性相关,还需要确定相关的曲线形式。具体方法可以采用绘制散点图观察相关类型。

(二)确定因变量和自变量

相关分析中变量之间的地位是对等的,可以互相转换,变量x与变量y的相关系数必然等于变量y与变量x的相关系数;而回归分析中变量之间的关系是不对等的,不能相互转换。在回归模型中,等式右边的变量x称为自变量,也称为解释变量,可以有一个或多个;等式左边的变量y称为因变量,也称为被解释变量。判断因变量和自变量首先可以考察变量之间的因果关系,如果有唯一因果关系,那么原因变量为自变量,结果变量为因变量。如果互为因果关系,则应视具体研究目的决定。

(三)确定方程的参数

在确定回归类型、因变量和自变量之后,就可以应用相应的数学方法确定回归方程。方程由变量和参数组成,一旦参数确定,那么方程也就确定,因此求回归方程实际上就是确定方程参数的过程。回归方程参数的确定方法,将在后面内容具体介绍。

二、一元线性回归方程的建立

通过定性分析和相关图表及相关系数分析,判断现象间存在显著直线相关后,如果确定y为因变量,x为自变量,就可以进行线性回归分析,即建立回归方程

$$y_c = a + bx \tag{9.4}$$

式中,y_c表示y的估计值;a为直线在y轴上的截距;b表示自变量增加一个单位时因变量的平

均增加值,也称回归系数。a 和 b 都叫做待定参数。可以看出,求解回归方程,实际上就是确定待定参数的过程。

利用回归方程,可以把 y 与 x 真实值之间的关系表达为

$$y = y_c + \varepsilon \tag{9.5}$$

式中,ε 叫做残差,是一个随机变量,表示随机误差。这样就把 y 与 x 之间的不确定性关系分成了两个部分:一部分是能由回归方程解释的确定关系;另一部分是其他随机因素引起的随机误差。二者叠加在一起就形成了不确定的相关关系。

如图9.2所示,表示回归方程、变量真实值与残差的关系。图9.2中直线表示回归方程,各个离散点表示实际调查所得到的 x 与 y 的真实值。

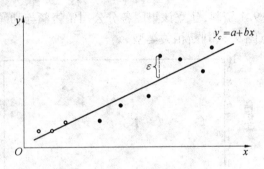

图9.2　回归方程与残差

对线性关系而言,回归方程式应当满足这样的要求:根据方程所确定估计值 y_c 应对所有观察值 y 的全体最具有代表性,即按照回归方程求出的估计值 y_c 与各观察值之间应达到最大限度的接近。换句话说,如果用这条直线来代表 y 与 x 的关系,所带来的总随机误差最小,那么满足这个条件的回归方程所表示的线性函数就是 y 与 x 之间关系的较为合理的一个估计。

最小平方法(又叫做最小二乘法)是估计参数 a 和 b 的最常用方法,根据这一方法,回归方程中的参数 a,b 应当满足下列条件

$$\sum (y - y_c)^2 = 最小值$$

即

$$\sum (y - a - bx)^2 = 最小值$$

也就是说,因变量各个观察值与估计直线方程对因变量估计值的离差平方和是最小的。

令

$$Q = \sum (y - a - bx)^2$$

其中 x 和 y 是统计调查获得的已知数据,a 和 b 是需要确定的未知参数,那么 Q 是 a 和 b 的函数。这样问题转化为确定适当的 a 与 b 使 Q 达到最小值。若使 Q 具有最小值,则其对 a 和 b 的偏导数必然等于 0,即

统 计 学

$$\frac{\partial Q}{\partial a} = -2\sum(y - a - bx) = 0$$

$$\frac{\partial Q}{\partial b} = 2\sum(y - a - bx)(-x) = 0$$

解方程组,得

$$b = \frac{n\sum xy - \sum x \sum y}{n\sum x^2 - (\sum x)^2} \tag{9.6}$$

$$a = \frac{\sum y}{n} - b\frac{\sum x}{n} = \bar{y} - b\bar{x} \tag{9.7}$$

【例 9.2】 根据表 9.1 资料,建立该集团各分公司销售额与利润额之间的回归方程。

解 首先绘制散点图 9.3,判断相关类型。

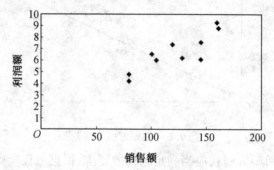

图 9.3 利润额与销售额散点图

经观察可以发现,变量间线性相关,故可以采用上述公式计算。

由于利润产生于销售额,确定利润额为 y,销售额为 x。

列出计算表,见表 9.4。

表 9.4 一元线性回归方程计算表　　　　　　　　单位:万元

序号	x	y	xy	x^2
1	160	9.3	1 488.0	25 600
2	80	4.8	384.0	6 400
3	161	8.9	1 432.9	25 921
4	101	6.5	656.5	10 201
5	80	4.2	336.0	6 400
6	128	6.2	793.6	16 384
7	120	7.4	888.0	14 400

续表 9.4

序号	x	y	xy	x^2
8	105	6.0	630.0	11 025
9	145	7.6	1 102.0	21 025
10	145	6.1	884.5	21 025
合计	1225	67.0	8 595.5	158 381

将表 9.4 中数据代入公式,有

$$b = \frac{n\sum xy - \sum x \sum y}{n\sum x^2 - (\sum x)^2} = \frac{10 \times 8\,595.5 - 1\,225 \times 67}{10 \times 158\,381 - 1\,225^2} \approx 0.046\,6$$

$$a = \frac{\sum y}{n} - b\frac{\sum x}{n} = \frac{67}{10} - 0.046\,6 \times \frac{1\,225}{10} = 0.991\,5$$

所以回归方程为

$$y_c = 0.991\,5 + 0.046\,6x$$

回归方程表示,销售额每增加 1 万元,利润增加 0.046 6 万元。

如果要估计销售额为 100 万元时的利润,可将 $x = 100$ 带入方程,得

$$y_c = 0.991\,5 + 0.046\,6 \times 100 = 5.651\,5(万元)$$

这种估计是一个点估计。点估计的把握程度和误差都是未知的,要了解估计的把握程度和误差范围,必须进行区间估计。而进行区间估计,首先要确定估计标准误差。

三、估计标准误差与显著性检验

(一)估计标准误差

线性回归求得的直线是在线性相关条件下,反映变量之间一般数量关系的平均关系线,根据自变量的数值就可以推算出因变量相应的数值。但推算出来的因变量的数值并不是一个精确值,这是一个点估计值,估计的精确程度可以用估计的标准误差来间接衡量。估计的标准误差就是用来说明回归方程推算结果的准确程度的统计分析指标,或者说是反映回归直线代表性大小的统计分析指标。

回归方程估计误差的计算可以用回归的残差平方和除以自由度来表示,称为剩余方差,用公式表示为

$$S_{yx}^2 = \frac{\sum(y - y_c)^2}{n - 2}$$

剩余方差的平方根即为估计的标准误差,即

$$S_{yx} = \sqrt{\frac{\sum(y-y_c)^2}{n-2}} \qquad (9.8)$$

从定义上来看,估计的标准误差就是以回归直线为中心,反映各观察值与估计值之间平均离散程度的大小,是观察值 y 对估计值 y_c 的平均距离。距离越小,所有观察点越靠近回归直线,即关系越密切;距离越大,所有观察点离回归直线越远,即关系越不密切。所以这个指标从另一侧面反映了相关关系的密切程度。

在计算中,公式(9.8)常转化成下面形式

$$S_{yx} = \sqrt{\frac{\sum y^2 - a\sum y - b\sum xy}{n-2}} \qquad (9.9)$$

【例9.3】 根据表9.1资料,利用销售额与利润额之间的回归方程的估计标准误差。

解 将回归方程参数和表9.3中资料代入公式(9.9),得

$$S_{yx} = \sqrt{\frac{472.80 - 0.9915 \times 67.0 - 0.0466 \times 8595.5}{10-2}} \approx 0.852$$

计算结果反映出,用该回归方程进行估计,平均会产生0.852万元的误差。

利用回归方程和估计标准误差可以对自变量为 x_0 时因变量的值进行区间估计

$$y_{c0} - t_{\frac{\alpha}{2}}(n-2)S_{yx}\sqrt{1+\frac{1}{n}+\frac{(x_0-\bar{x})^2}{\sum(x-\bar{x})^2}} \leq y \leq y_{c0} + t_{\frac{\alpha}{2}}(n-2)S_{yx}\sqrt{1+\frac{1}{n}+\frac{(x_0-\bar{x})^2}{\sum(x-\bar{x})^2}}$$

通过上式可以看出,估计的极限误差与估计标准误差、样本容量以及 x_0 距离自变量均值的距离都有关系。估计标准误差越小,样本容量越大,估计精度越高;自变量离求解回归方程数据范围中心越近,估计的精度也越高。

在大样本条件下,如果估计的自变量距离其均值较近,可用正态分布近似估计,即

$$y_c - Z_{\frac{\alpha}{2}}S_{yx} \leq y \leq y_c + Z_{\frac{\alpha}{2}}S_{yx} \qquad (9.10)$$

(二)方程的显著性检验

前面已给出了一元线性回归方程的建立方法,还给出了根据方程和估计标准误差对因变量区间估计的方法。这些计算都是建立在变量之间高度相关的假设的基础上的。因此,用回归方程预测之前,应该对方程是否显著进行检验,否则利用回归方程预测是没有意义的。

对方程的显著性检验采用的是假设检验方法。即假设方程不显著,也就是不相关,然后计算现有数据发生的可能性大小。如果概率很小,则推翻假设,认为方程是显著的。

回归方程的显著性检验可以分为方程整体的检验和回归系数的检验两类。方程的显著性检验的原假设是假设所有自变量的系数都等于0,即因变量不受任何自变量的影响;回归系数的显著性检验的原假设是假设某个自变量的系数等于0,即因变量不受该自变量的影响。

由于手工计算比较复杂,这里仅介绍用Excel计算的结果判别。用Excel进行回归分析

时,会在相应表格中产生两个值:Significance F 值和 P-value 值。Significance F 值表示方程的不显著的概率,如果足够小(小于显著性水平),则认为方程很显著。P-value 表示对应某个自变量不显著的概率,如果足够小(小于显著性水平),则认为该自变量很显著。Excel 具体操作将在最后一节进行介绍。

四、一元非线性回归方程

经济和社会现象间的相互关系有很多并不表现出线性关系。在这种情况下,需要根据变量之间关系的不同情况,用不同的非线性方程来表示。

在建立非线性回归方程时,最重要的问题是确定关系的具体类型,这需要该研究领域的专业知识,并通过对散点图的观察,结合一些已知函数图形来选择合适的公式进行回归。当回归方程的形式确定后,接下来的任务就是求出方程中的参数,其计算方法同样可以采用最小平方法,通过求解方程组来得到参数值。

很多非线性回归模型可以通过转化为线性回归模型来简化计算。常见转换模型见表9.5。

表9.5 常见曲线函数线性化变换表

曲线形式	原方程式	转换函数	新方程式
幂函数	$y_c = ax^b$	$y' = \lg y, \quad x' = \lg x$	$y'_c = \lg a + bx'$
双曲线函数	$y_c = a + \dfrac{b}{x}$	$x' = \dfrac{1}{x}$	$y_c = a + bx'$
指数函数	$y_c = ab^x$	$y' = \lg y$	$y'_c = \lg a + x\lg b$
对数曲线	$y_c = a + b\lg x$	$x' = \lg x$	$y_c = a + bx'$
S 曲线函数	$y_c = \dfrac{1}{a + be^{-x}}$	$y' = \dfrac{1}{y} \quad x' = e^{-x}$	$y'_c = a + bx'$
抛物线函数	$y_c = a + bx + cx^2$	$x_1 = x \quad x_2 = x^2$	$y_c = a + bx_1 + cx_2$

【例9.4】 有10家生产同类产品企业月产量与利润额之间关系见表9.6,用回归方程反映该产品月产量与利润的关系。

表9.6 产量与利润额关系对照表

企业编号	月产量 x(吨)	利润额 y(万元)
1	50	896
2	60	1 020
3	70	1 235
4	80	1 492
5	100	1 855

续表9.6

企业编号	月产量 x(吨)	利润额 y(万元)
6	120	2 665
7	140	4 676
8	150	5 850
9	170	7 550
10	180	8 000

绘制散点图可以看出,产量与利润额呈指数相关。则回归方程为

$$y_c = ab^x$$

为确定参数,两边取对数变形为

$$\lg y_c = \lg a + x \lg b$$

令 $y' = \lg y, a' = \lg a, b' = \lg b$,方程变形为

$$y'_c = a' + b'x$$

根据表9.6,将因变量 y 利润额取对数得到的结果见有9.7:

表9.7 产量与利润额对数关系对照表

企业编号	月产量 x(吨)	$y' = \lg y$
1	50	2.95
2	60	3.00
3	70	3.09
4	80	3.17
5	100	3.27
6	120	3.43
7	140	3.67
8	150	3.77
9	170	3.88
10	180	3.90

这时,y' 与 x 呈线性相关关系,即

$$y'_c = \lg a + x \lg b$$

或

$$y'_c = a' + b'x$$

利用最小平方法，求解线性回归方程，得

$$b' = \lg b = 0.008$$
$$a' = \lg a = 2.54$$

求反对数可得

$$b = 1.02, \quad a = 346.74$$

相应的曲线关系为

$$y_c = ab^x = 346.74 \times 1.02^x$$

五、相关关系分析中的注意事项

通过相关关系分析研究变量之间的关系，是一种有效的科学分析方法，在自然、技术和社会经济领域中被普遍应用。在应用这一方法时应注意以下几个问题：

（一）要在定性分析的基础上进行定量分析

在确定对某一现象是否适于应用相关关系分析之前，必须对所研究的具体现象进行充分的认识和分析，需要有足够的理论知识、专业知识和必要的经验作为定性分析的基础。由于受偶然性因素的影响，某些毫无关系的变量间在数量上可能也会表现出一种"依存"关系，甚至也可以计算出数值不算很小的相关系数。但这种定量分析是没有任何价值的，因为变量间在客观上没有联系。因此，只有当确认变量之间具有实质性联系之后，才可以着手进行相关计算和分析。

（二）相关分析与回归分析的关系

作为相关关系分析的两个主要部分，回归分析与狭义的相关分析之间，一方面存在着密切的联系，另一方面又各自形成具有独立内容的研究体系。一般来说，回归分析指的是通过回归方程反映变量之间的依存关系，要有明确的自变量与因变量。其中自变量是可控的、非随机的，而因变量在理论上设想为服从正态分布的随机变量。在狭义的相关分析中，主要目的是测定变量之间关系的密切程度，变量都看成是随机的，其相互之间既有可能是因果关系，也可能是相伴关系。当具体分析某一问题时，根据需要，有时也单独应用其中的一种，但在多数情况下是将这两部分内容结合起来应用的。在经济模型的建立过程中，首先需要确定哪些变量应包括在模型中，哪些变量可以归入随机项，这一任务的完成要通过相关分析，在此基础上，再应用回归分析，确定变量之间的数量对应关系。

（三）回归系数不直接反映相关变量的关系密切程度

在回归方程中，回归系数只是表示自变量与因变量之间的数量对应关系，其数值大小与变量所用计量单位有关，尤其是在多元回归方程中，不能根据某一变量的回归系数绝对值大于其他变量回归系数绝对值，而得出该变量对因变量的影响程度大的结论。

（四）回归方程用于外推预测时应谨慎

回归方程的建立都是根据一定范围内的有限资料完成的。因此,该回归方程所反映出的变量间的数量对应关系也只是在该资料范围内有效。超出了给定资料的范围,不仅参数值会有变化,甚至关系的类型也可能发生变化。因此,回归方程主要适用于内插计算,即在给定的资料范围之内进行分析和评价。若将其用于外推预测,必须经过严格的分析和检验之后,才可应用。

第四节 Excel 在回归分析中的应用

本节以表 9.1 内容为例介绍如何运用 Excel 进行相关和回归分析。

一、利用 Excel 的图表功能绘制相关图

相关图的制作步骤如下：

(1)将表 9.1 的数据输入 Excel 工作表中。"A2-A11"为销售额,"B2-B11"为对应利润额,见图 9.4。

	A	B
1	销售额x	利润额y
2	160	9.3
3	80	4.8
4	161	8.9
5	101	6.5
6	80	4.2
7	128	6.2
8	120	7.4
9	105	6
10	145	7.6
11	145	6.1

图 9.4 销售额与利润对照表

(2)单击"插入"→"图表"命令,或单击常用工具栏的"图表"按钮,在弹出的"图表向导"对话框的"图表类型"中选择"XY 散点图",在"子图表类型"中选择第一种散点图,单击"下一步"按钮,见图 9.5。

(3)在"图表源数据"对话框中,在"数据区域"中输入"A2:B11",在"系列产生在"中选择"列",见图 9.6,单击"下一步"按钮。

通过散点图可以看出各个点分布在一条上升直线周围,说明两个变量线性正相关。

二、利用 Excel 的"数据分析"计算相关系数

(1)将表 9.1 的数据输入 Excel 工作表,见图 9.4。

图9.5 "图表类型"对话框

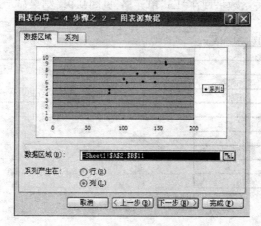

图9.6 "图表源数据"对话框

(2)单击"工具"→"数据分析"命令,在弹出的"数据分析"对话框中选择"相关系数"单击"确定"按钮,见图9.7。

图9.7 "数据分析"对话框

(3)在出现"相关系数"对话框的"输入区域"中输入"A2:B11";"分组方式"中选择"逐列",选中"标志位于第一行"复选框;在"输出区域"中选择"E3",也可根据需要选择其他区域,见图9.8。

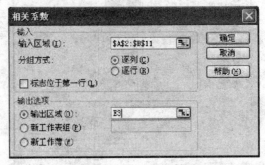

图9.8 "相关系数"对话框

单击"确定"按钮,相关系数呈现在"E3"单元格,见图9.9。结果显示,相关系数为0.870 182。

	A	B	C	D	E	F	G
1	销售额x	利润额y					
2	160	9.3					
3	80	4.8				列1	列2
4	161	8.9			列1	1	
5	101	6.5			列2	0.870182	1
6	80	4.2					
7	128	6.2					
8	120	7.4					
9	105	6					
10	145	7.6					
11	145	6.1					

图9.9 相关系数计算结果

三、利用Excel的数据分析进行一元回归分析

(1)将表9.1的数据输入Excel表后,单击"工具"→"数据分析"命令。

(2)在"数据分析"对话框中,分析工具中选择"回归",单击"确定"按钮,见图9.10。

(3)在出现的"回归"对话框中,在"Y值输入区域"中输入"B2:B11";在"X值输入区域"中输入"A2:A11";选中"标志"复选框;如果要求回归直线通过坐标原点可选中"常数为零";在"残差"中选中"线性拟合图";在"输出选项"中选择"新工作表组",见图9.11。

单击"确定"按钮,结果见图9.12。结果显示自变量X的系数为0.046 643,常数项为0.986 229,估计标准误差为0.851 653。方差分析表中的Significance F=0.001 059,小于显著性水平0.05,显示方程显著。最下面表中变量X的P-value=0.001 059,小于显著性水平0.05,显示变量x显著。

图 9.10　“数据分析”对话框

图 9.11　“回归”对话框

	A	B	C	D	E	F	G	H	I
1	SUMMARY OUTPUT								
2									
3	回归统计								
4	Multiple	0.870182							
5	R Square	0.757217							
6	Adjusted	0.726869							
7	标准误差	0.851653							
8	观测值	10							
9									
10	方差分析								
11		df	SS	MS	F	gnificance F			
12	回归分析	1	18.09749	18.09749	24.95128	0.001059			
13	残差	8	5.802506	0.725313					
14	总计	9	23.9						
15									
16		Coefficien	标准误差	t Stat	P-value	Lower 95%	Upper 95%	下限 95.0	上限 95.0
17	Intercept	0.986229	1.175146	0.83924	0.425701	-1.72366	3.696121	-1.72366	3.696121
18	X Variabl	0.046643	0.009338	4.995125	0.001059	0.02511	0.068176	0.02511	0.068176

图 9.12　回归结果输出

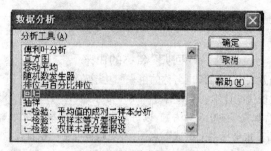

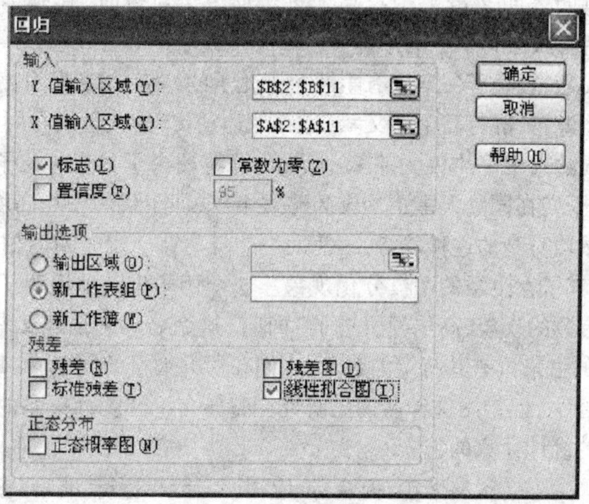

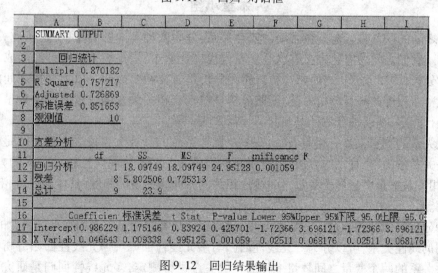

【小资料】

"回归"名称的由来

回归分析的基本思想和方法以及"回归"名称的由来归功于英国统计学家 F·高尔顿(F. Galton,1822—1911)。高尔顿和他的学生、现代统计学的奠基者之一 K·皮尔逊(K. Pearson,1856—1936)在研究父母身高与其子女身高的遗传问题时,观察了 1 078 对夫妇,以每对夫妇的平均身高作为 x,而取他们的一个成年儿子的身高作为 y,将结果在平面直角坐标系上绘成散点图,发现趋势近乎一条直线。计算出的回归直线方程为

$$y_c = 33.73 + 0.516$$

这种趋势及回归方程总的表明父母平均身高 x 每增加 1 个单位时,其成年儿子的身高 y 也平均增加 0.516 个单位。这个结果表明,虽然高个子父辈确有生高个子儿子的趋势,但父辈身高增加一个单位,儿子身高仅增加半个单位左右。反之,矮个子父辈确有生矮个子儿子的趋势,但父辈身高减少一个单位,儿子身高仅减少半个单位左右。通俗地说,一群特高个子父辈(如排球运动员)的儿子们在同龄人中平均仅为高个子,一群高个子父辈的儿子们在同龄人中平均仅为略高个子;一群特矮个子父辈的儿子们在同龄人中平均仅为矮个子,一群矮个子父辈的儿子们在同龄人中平均仅为略矮个子,即子代的平均高度向中心回归了。正是因为子代的身高有回到同龄人平均身高的这种趋势,才使人类的身高在一定时间内相对稳定,没有出现父辈个子高其子女更高,父辈个子矮其子女更矮的两极分化现象。这个例子生动地说明了生物学中"种"的概念的稳定性。正是为了描述这种有趣的现象,高尔顿引进了"回归"这个名词来描述父辈身高 x 与子代身高 y 的关系。尽管"回归"这个名称的由来具有其特定的含义,人们在研究大量的问题中,其变量 x 与 y 之间的关系并不总是具有这种"回归"的含义,但借用这种名词把研究变量 x 与 y 间统计关系的量化方法称为"回归"分析也算是对高尔顿这个伟大的统计学家的纪念。

(资料来源:何晓群.应用回归分析[M].北京:中国人民大学出版社,2001.)

本章小结

现象之间的联系表现为变量之间的依存关系,分为两种不同的类型:一是函数关系;二是相关关系。它们之间既有区别又有联系。在现代统计学中,围绕相关关系已经形成了两个重要的统计分析,即相关分析与回归分析。相关分析是研究两个或两个以上变量之间的相关方向和相关密切程度的统计分析方法,回归分析是对具有相关关系的变量之间的数量变化的一般关系进行测定,据以进行估计或预测的统计方法。

相关关系的测定主要有相关表、相关图及相关系数的计算。相关表与相关图是研究现象之间相关关系最简单、直观的方法,只是粗略地刻画两个变量之间线性相关关系的方向、强度和形式;相关系数是度量两个变量之间线性相关的方向和强度的测度,具体地度量相关关系的密切程度。

回归分析实质就是通过建立数学方程,研究因变量与自变量之间的变动关系,如果是研究变量之间的线性关系,可以分为一元线性回归与多元线性回归。一元线性回归分析是对具有线性相关关系的两个变量之间数量变化的一般关系进行测定,多元线性回归是研究两个或两个以上的自变量与一个因变量之间的数量变化关系。曲线回归分析通常会通过等量变换转化

为直线回归分析。

估计标准误差反映了回归方程的平均预测误差,用估计标准误差可以对因变量进行区间估计。在用回归方程进行预测前要首先对方程进行显著性检验。

关键概念

相关关系   线性相关   相关系数   回归分析   估计标准误差   显著性检验

应用范例

应用回归分析进行股票估值

股票估值一直是投资者关注的问题,因为准确的股票估值可以帮助投资者判断股票是否存在买入机会。为了研究股票价格的影响因素,搜集了2011年6月13日沪深两市16只银行股收盘价格和预计每股收益资料如表9.8所示:

表9.8　沪深银行股6月13日股价每股收益对比表

股票名称	股价(元)	预计每股收益(元)
深发展	16.70	2.76
宁波银行	11.01	1.13
浦发银行	9.96	1.30
华夏银行	11.15	0.99
民生银行	5.83	0.93
招商银行	12.90	1.63
南京银行	9.15	1.06
兴业银行	13.52	1.94
北京银行	10.06	1.62
农业银行	2.73	0.42
交通银行	5.62	0.94
工商银行	4.48	0.62
光大银行	3.46	0.48
建设银行	4.93	0.75
中国银行	3.14	0.47
中信银行	4.94	0.67

其中的预计每股收益是根据上市公司一季报每股收益,对全年每股收益估算得到的。

为了解股价与每股收益的相关类型,用 Excel 绘制散点图如下:

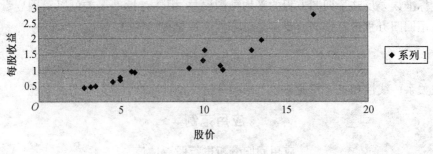

图 9.13

根据散点图可以判断,每股收益与股价为线性正相关,由 Excel 计算相关系数可得到相关系数见表 9.9。

表 9.9 相关系数表

	股价	每股收益
股价	1	—
每股收益	0.926 387	1

由相关系数表可以看出,股价与每股收益相关系数为 0.926 387,表现为高度线性正相关。为求出银行股股价与每股收益的具体关系,需要进行回归分析。由于两者之间相关关系已经很强,可以用一元线性回归来分析。按照常识,股票收益是影响股价的一个因素,因此可以以股价为因变量,每股收益为自变量,用 Excel 求一元线性回归方程结果表格如表 9.10、表 9.11 所示。

表 9.10 回归统计

Multiple R	0.926 387
R Square	0.858 193
Adjusted R Square	0.848 064
标准误差	1.659 731
观测值	16

表 9.11 方差分析

	df	SS	MS	F	Significance F
回归分析	1	233.395 1	233.395 1	84.725 92	2.58E-07
残差	14	38.565 9	2.754 707		
总计	15	271.961			

续表 9.11

	Coefficients	标准误差	t Stat	P-value
Intercept	1.138 382	0.862 539	1.319 803	0.208 076
X Variable 1	6.288 305	0.683 165	9.204 668	2.58E-07

由上述表格可以看出,回归方程为:

$$y_c = 1.138\ 4 + 6.288\ 3x$$

估计标准误差为 1.659 7 元。

由于 Significance F 和 P-value 均极小,表示方程是显著的,可以根据每股收益对银行股股价进行预测。

根据该方程可以预测,如果明日有一只每股收益为 1 元的银行股上市,其首日合理收盘价格预计为:

$$y_c = 1.138\ 4 + 6.288\ 3 \times 1 \approx 7.42(元)$$

类似预测的平均误差为 1.659 7 元。

案例分析

安科公司一向重视对广告的投入,而这一投入也确实为公司带来了销售额的增长。安科公司的市场研究人员统计了历史上广告投入与销售额的关系见表 9.12。

表 9.12 安科公司广告投入与销售额对照表　　　　　单位:万元

广告投入	21	32	42	61	72	81	109	121	148
年销售额	112	196	235	304	321	348	381	401	422

为了解相关性强弱,研究人员根据上面资料计算了相关系数,得到 $r=0.94$,证明二者高度相关。为了对明年的销售额进行预测,研究人员还进行了回归分析,得到年销售额 y 与广告投入 x 的回归方程为

$$y_c = 12.95 + 2.26x$$

于是该研究人员采用该方程预测,明年如果广告投入增加到 300 万元,销售额将达到

$$12.95 + 2.26 \times 300 = 690.95(万元)$$

要求:分析该案例,谈谈你对该研究人员分析过程的评价。

实训题

1. 在生活中找出两个你认为有因果关系的变量,进行一次抽样调查,根据调查数据求出它们关系的类型、密切程度和关系的具体表达式。

2. 用 Excel 求上面所提到的两个变量的回归方程,并解释 Excel 的计算结果中的每一项。

第十章 Chapter 10

统计决策

【学习要点及目标】
1. 掌握统计决策的概念、原则和程序；
2. 掌握完全不确定型决策的方法；
3. 掌握一般风险型决策的方法；
4. 掌握统计决策方法中的收益矩阵表分析法和决策树法。

【引导案例】
在商务领域中，组织或个人的经营往往处于一个未来发展方向具有不确定性的环境中。例如：某个企业在经营萧条时公司必须决定是否裁员。如果经营活动下滑是短暂的，最好保留这些雇员，因为当需求情况改善时很难找到合适的人替代他们。如果萧条期延长，保留他们会增加成本。不幸的是，经营预测技术还没有达到能够准确预测经济萧条时间长短和严重性的阶段。再如：某投资者可能认为目前的利率达到了一个高峰。如果那样的话，长期债券看起来比较吸引人。但是，他不可能确切地知道利率未来的走势，如果利率继续上升，将资金投在长期债券上将不是最好的决策。

（资料来源：保罗·纽博尔德. 商务与经济统计[M]. 北京：机械工业出版社，2008，564~565.）

统计决策理论是第二次世界大战后形成和发展起来的，自统计学家瓦尔德（A. Wald）1950年发表了关于统计决策的专著《统计决策函数》（Statistical Decision Functions）以来，关于统计决策的理论和方法的研究发展很快，现在统计决策的思想和方法已经在经济管理领域得到了广泛地应用。在我国，随着市场经济的进一步发展和企业面向国际化开展经营活动，组织或个人面临的经济环境变得愈来愈复杂，在生产经营过程中总会遇到未来事件可能出现的若干种不同情况和问题,需要管理者做出正确决策。因此运用统计决策理论和方法,提供解决问题的备选方案和定量化分析数据,协助决策者选择最佳方案就显得尤为重要。

本章将在介绍统计决策基本概念的基础上,对统计决策(主要包括完全不确定型决策和一般风险型决策)的基本方法及其应用作以简要的介绍。

第一节 统计决策的基本问题

一、统计决策的概念

所谓决策,就是组织或个人为了实现特定目标,在占有一定信息的基础上,利用各种方法,从若干个备选行动方案中选择一个能实现预期目标的最优化方案(也称"最佳方案"或"满意方案")并做出决定的过程。通俗来讲,决策就是做出决定。

一般而言,决策问题需要利用有关的统计信息和相应的统计分析方法。因此统计决策可以从广义和狭义两方面来理解。从广义上讲,所有利用统计方法和统计信息而进行的决策都可以称为统计决策。但本章仅重点介绍狭义的统计决策。狭义统计决策需具备以下基本特点:

(一)它研究的是非对抗性的决策问题

决策问题可分为两大类:对抗性决策问题和非对抗性决策问题。对抗决策是由多个不同的决策主体在相互竞争和对抗中进行决策。进行对抗决策时,必须考虑对方可能采取的策略。我国历史上著名的"田忌赛马"就是一个典型的对抗决策的案例。对抗型决策问题属于运筹学中的博弈论(对策论)所研讨的内容。非对抗型决策只有一个决策主体,进行决策时,只要考虑可能出现的不同状态,而不必考虑对方可能采取的策略。狭义的统计决策是研究非对抗型决策问题的一种方法。

(二)它研究的是不确定型的决策问题

按照对客观环境条件的已知程度不同,决策问题可分为确定型决策和不确定型决策。在有关条件可以完全确定的情况下进行决策,称为确定型决策。求解比较复杂的确定型决策问题,通常运用运筹学中的数学规划方法(本章对此不做具体的讨论)。在有关条件不能确定的情况下进行决策,称为不确定型决策。求解不确定型的决策问题,需要应用概率统计的方法。这是本章讨论的重点。

按照对各种客观条件发生概率的了解程度不同,不确定型决策又可分为完全不确定型决策和风险型决策。完全不确定型决策是指每一可行方案可能出现几种不同情况,究竟属于何种情况都是未知的,其概率也无从估计或只能靠主观判断,最后做出决策除了考虑计算结果外,还要依靠决策者的经验、判断力和创造力。风险型决策也称随机型决策,是决策者根据可行方案的不同自然状态可能发生的概率所进行的决策。决策者所拟定的各可行方案存在着不可控因素,任何行动方案都会遇到两个以上的自然状态,究竟发生哪种情况是不能肯定的,但却可以通过统计资料和科学实验确定出各自然状态的概率。这样,面临决策问题中的情况就是具有概率变化的,所以决策者无论选定哪一种方案都要承担一定的风险。

(三) 它是一种定量决策

统计决策是以统计分析和统计预测为基础的定量决策。利用统计决策可以把握决策问题的具体数量,便于比较、鉴别和选择。

综上所述,狭义的统计决策是一种研究非对抗性和不确定型决策问题的科学的定量分析方法。开展统计决策研究,有助于避免决策的盲目性,提高决策的科学性。

二、统计决策必须具备的条件

一个完整的统计决策必须具备下列四个基本条件:

(一)决策目标必须明确;
(二)存在两个以上的行动方案;
(三)每个行动方案的效果必须是可以计算的;
(四)能够预测出影响决策目标的且决策者无法控制的各种情况以及它们发生的概率。

目标是拟定行动方案的依据,行动方案是达到目标的手段。如果只有一种行动方案,就无决策的必要;方案的效果若不可计算则无决策的可能;方案的效果,取决于实施时的情况。情况是客观的,有许多是决策者无力控制的,如气候条件的变化、市场需求的变化等。在决策理论上称这种客观情况为"自然状态",自然状态变化了,方案效果就会不同。因此,在统计决策时,情况应是可知的,但已知程度可以不同;若一无所知,便难以做出正确决策。

三、统计决策的原则

决策是一项复杂而严肃的工作,其正确与否在很大程度上决定着企业、部门乃至国家的前景。因此,在决策过程中应当遵循以下基本原则:

1. 可靠性原则

决策必须建立在大量的准确、及时和完整的信息资料基础上。信息的准确、及时和完整与否关系到决策的可靠性和时效性。

2. 可行性原则

拟定行动方案时,必须从实际出发认真进行可行性分析。要保证决策可行就必须使决策方案符合经济规律和自然规律的要求。既要考虑到需要,又要考虑到可能;既要考虑到有利因素和成功的机会,又要考虑到不利因素和失败的危险。权衡利弊得失,使决策建立在可靠、可行的基础之上。

3. 效益最佳原则

即通过各方案的分析比较,所选定的行动方案应具有较明显的经济性。实施这一方案比采取其他方案能使企业或部门乃至国家获得更好的经济效益,或免受更大的亏损风险。效益最佳性原则也即最优化原则。

4. 合理性原则

决策的直接目的是选出合理的方案。方案是否合理取决于方案的效果,但是,对合理的理解只能是相对的。比如,衡量方案是否合理,常常看经济效益是否最佳。但局部的、暂时的经济效益好,不等于全局的长远的经济效益也好。方案的经济效益好,不等于其他效果都好。因此,对方案的合理性,不能简单地理解为"最大"或"最小"。

四、统计决策的程序

一个完整的统计决策过程一般包括以下基本步骤:

(一)确定决策目标

所谓决策目标是在一定条件制约下,决策者希望达到的结果。它是分析和研究决策问题的出发点和归宿。决策目标应根据所研究问题的具体特点来确定。合理的统计决策目标应当尽可能简单明确,并且要以具有可测量性的数量指标来体现其内容与含义。反映决策目标的变量,称为目标变量。

按照决策目标的多少,决策问题可分为单目标决策和多目标决策。当决策所要求达到的目标只有一个时,称为单目标决策。例如,在个人的证券投资决策中,一般以投资收益的最大化作为唯一的目标,这就是典型的单目标决策问题。当决策所要求达到的目标不止一个时,称为多目标决策。例如,对某产业项目进行投资决策,不仅要求其能够获得尽可能大的净收益,而且希望将环境污染控制在尽可能小的程度上,这就属于多目标决策问题。求解多目标决策问题比较复杂,一般需要先利用一定方法,将多个决策目标加权综合成一个总目标或构造一个新的综合目标函数,然后再利用单目标决策的方法求解。限于篇幅,本章只着重讨论单目标决策的问题。

(二)拟定备选方案

目标确定之后,需要分析实现目标的各种可能途径,这就是所谓的拟订备选方案。一般来说,备选方案应在两个以上。如果某一问题只有一种可能的解决方案,就不存在所谓决策问题。备选方案是决策者可以调控的因素,备选方案中所调控的变量称为行动变量。所有备选方案的集合称为行动空间。为了拟订合适的备选方案,必须广泛收集有关的信息,认真听取各方面人员的意见,充分发挥人员的主动性和创造性。

(三)列出自然状态

自然状态简称状态,是指实施行动方案时,可能面临的客观条件和外部环境。对于同一个决策问题,各种状态不会同时出现,也就是说,它们之间是互相排斥的。例如,投资建设某种产品的生产线,该产品未来的市场销售情况可分为好、中、差三种。在这里,好、中、差就是关于市场销售的三种状态,三者不可能同时出现。虽然各种状态是决策过程中客观存在的,其是否出现并不以决策者的主观意志为转移,但是,为了提高决策的科学性,人们总是尽可能地设法估计各种状态有可能出现的概率。所有可能出现的状态的集合称为状态空间,而相应的各种状态可能出现的概率的集合称为状态空间的概率分布。

(四)选择"最佳"或"满意"的方案

为了从各种备选方案中挑选出合适的方案,需要测算不同方案在各种状态下的结果,即不同方案在各种状态下可能实现的目标变量值,所有的结果构成结果空间。决策者可在对各种方案可能产生的结果进行比较分析的基础上,按照一定的标准(准则),选择"最佳"或"满意"的方案。

(五)实施方案

方案确定之后,必须组织人力、物力和财力将其付诸实施。由于以上的决策是根据对未来的预计做出的,因此,所选择的方案是否真正合适,还需要通过实践的检验。同时,应将实施过程中的信息及时反馈给决策者。如果实施结果出乎意料,或者自然状态发生重大变化,应暂停实施,并及时修正方案,重新决策。

五、统计决策问题的定量分析工具

收益矩阵表和决策树是求解统计决策问题的重要工具。收益矩阵表是求解不确定型决策问题的重要工具。它是由自然状态、决策方案和收益值三个要素构成的。收益矩阵表的作用在于可以将各种备选方案在不同状态下的结果以及产生有关结果的可能性一目了然地列示出来,从而便于决策者从中选择最满意的方案。决策树是求解风险型决策问题的重要工具,它是一种将问题模型化的树形图。我们将在第二节和第三节中详细介绍应用收益矩阵表和决策树求解统计决策问题的具体方法。

第二节 完全不确定型决策

完全不确定型决策是指决策者所要解决的问题有若干个方案可供选择,但对事件发生的各种自然状态缺乏概率资料。它只能依赖于决策者的主观经验,选择一定的标准(即所谓的决策准则)去选择其满意的方案。完全不确定型决策常用的准则主要有:乐观准则、悲观准则、最小的最大后悔值准则、折中准则和等可能性准则。下面就分别介绍运用下列各种准则进行决策的方法及各种准则的应用条件。

一、乐观准则

该准则又称为"最大的最大收益值"准则或"好中求好"准则。其特点是决策者对未来形势比较乐观,决策者富于冒险精神。在决策时,先选出各种状态下每个方案的最大收益值,然后再从中选择最大者,并以其相对应的方案作为所要选择的方案。该准则的数学表达式为:

$$A^* = \max_i \max_j \{x_{ij}\} \tag{10.1}$$

式中　x_{ij}——第 i 个方案在第 j 种状态下的收益值;
　　　A^*——所要选择的方案。

【例 10.1】 某企业准备生产一种新产品,未来的市场状况只能预测出现销路好、销路一般、销路差三种自然状态,企业拟定了三种方案供选择:A_1:扩建生产线;A_2:新建生产线;A_3:对生产线进行技术改造。三个方案在不同自然状态下的收益值如表 10.1 所示。假设有关市场状态的概率完全未知,试根据乐观准则进行方案决策。

表 10.1　各方案的收益矩阵表　　　　　　　　　　单位:万元

方案	自然状态		
	销路好	销路一般	销路差
A_1:扩建生产线	230	190	−30
A_2:新建生产线	300	180	−60
A_3:技术改造	170	120	30

解　在表 10.1 中,首先找出各方案在不同状态下的最大收益值,然后对表 10.1 中各方案最大收益值加以比较,因为方案 A_1、A_2 和 A_3 的最大收益值分别为 230、300 和 170,取其中最大者,得 $\max\{230,300,170\} = 300$。因此应选择 A_2 方案,即在最有利市场情况下新建生产线方案为最优方案。

二、悲观准则

该准则又称"最大的最小收益值"准则或"坏中求好"准则。它正好与乐观准则相反,决策者对未来形势比较悲观,从最不利处着想,以不造成大的损失或风险性最小为原则,决策者不愿冒太大的风险而比较保守,它是力求从不利的情况下,寻求较好的方案,即从坏处着想,向好处努力。在决策时,先选出各种状态下每个方案的最小收益值,然后再从中选择最大者,并以其相对应的方案作为所要选择方案。该准则的数学表达式为:

$$A^* = \max_i \min_j \{x_{ij}\} \tag{10.2}$$

【例 10.2】 对表 10.1 资料,试根据悲观准则进行方案决策。

解　在表 10.1 中首先找出各方案在不同状态下的最小收益值,然后对各方案最小收益值加以比较,即在 A_1、A_2 和 A_3 三个方案遇到最不利市场情况时的最小收益值分别为 -30、-60 与 30,取其中最大值,即 $\max\{-30,-60,30\}=30$,因此应选择 A_3 方案,也就是说在最不利市场情况下技术改造方案为最优方案。

三、最小的最大后悔值准则

该准则又称"大中取小后悔值准则"。在决策过程中,当某种自然状态出现时,决策者由于未选择到最佳方案而常常感到后悔。此种方法就是为了避免出现太大后悔而采用的一种决策方法。后悔值又称机会损失值,即所选方案的收益值与该状态下真正的最优方案的收益值之差。后悔值法就是以方案的后悔值大小来判别方案优劣的一种决策方法。显然,后悔值越小,所选方案就越接近最优方案。

具体方法是:先求出每种自然状态下各方案的最大收益值与该状态下各方案的收益值之差;然后求出每个方案对应不同状态下的最大后悔值,最后再从几个方案的最大后悔值中选出最小的后悔值,与其对应的方案即为最佳方案。

【例 10.3】 对表 10.1 资料,应用最小的最大后悔值准则进行方案决策。

解 从表 10.1 可知,在市场不同自然状态下的最大收益值分别为 300 万元、190 万元、30 万元,计算各方案的后悔值见表 10.2。

表 10.2 最大后悔值计算表 单位:万元

方案	自然状态			最大后悔值
	销路好	销路一般	销路差	
A_1	300 - 230 = 70	190 - 190 = 0	30 - (-30) = 60	70
A_2	300 - 300 = 0	190 - 180 = 10	30 - (-60) = 90	90
A_3	300 - 170 = 130	190 - 120 = 70	30 - 30 = 0	130

从表中可以看出,最大后悔值中最小者是 70 万元,其对应的 A_1 方案即为最优方案。

四、折中准则

决策者应用这种决策准则时,对客观情况的估计既不过于乐观,也不过于悲观,而是处于折中状态。其基本原则是对未来可能发生的情况采取一定的乐观态度,并用乐观系数 $\alpha(0<\alpha<1)$ 表示决策者的乐观程度。

决策时先计算各个方案在各状态下的折中收益值,然后比较各方案的折中收益值,收益值最大的方案就是最优方案。

$$\text{折中收益值} = \alpha \times \text{最大收益值} + (1-\alpha) \times \text{最小收益值} \tag{10.3}$$

【例 10.4】 对表 10.1 资料,根据经验判断的乐观系数为 0.5,试根据折中准则进行方案决策。

解 乐观系数 $\alpha = 0.5$，这是个典型的折中系数；然后计算和比较各方案的折中收益值，结果如表 10.3 所示。

表10.3　折中收益值计算表　　　　　　　　　　　　　　　单位:万元

方案 (甲)	最大收益值 (1)	最小收益值 (2)	折中收益值($\alpha = 0.5$) (3) = $\alpha \times$ (1) + (1 - α) $\times$ (2)
A_1	230	-30	100
A_2	300	-60	120
A_3	170	30	100

计算结果表明，以 A_2 方案的折中收益值 120 万元为最大，因此，按照折中准则应选 A_2 方案。

如果乐观系数 $\alpha = 1$，即认定情况完全乐观，则每个方案的折中收益值就是该方案在最有利情况下的最大收益值，也就是乐观法决策；如果 $\alpha = 0$，就是悲观法决策。在 $0 < \alpha < 1$ 时，也会因 α 的取值不同而使折中决策结果不同。

五、等可能性准则

又称"等概率准则"，这是著名数学家拉普拉斯提出的决策准则。其基本原则是假定各种自然状态出现的概率相等。即如果有 n 个自然状态，则认为每一个自然状态出现的概率均为 $p = 1/n$，然后求出各方案的期望收益值，取其最大者作为最优决策方案。

【例 10.5】 对表 10.1 资料，根据等可能性准则进行方案决策。

解 根据等可能性准则，对 A_1、A_2、A_3 方案的三种自然状态都给定同等的概率 $p = 1/3$，则三个方案的期望收益值分别为：

A_1 方案的期望收益值 = [230 + 190 + (-30)] × 1/3 = 130 万元

A_2 案的期望收益值 = [300 + 180 + (-60)] × 1/3 = 140 万元

A_3 方案的期望收益值 = [170 + 120 + 30] × 1/3 = 106.7 万元

计算结果表明，A_2 方案的期望收益值最大(140 万元)，因此，选择 A_2 方案为最优方案。

通过等概率的假设，完全不确定型决策已变成了风险型决策。等概率准则事实上就是风险型决策的期望值法。

六、各种准则的特点及应用条件

应当指出，最佳方案的准确与所选用的决策准则有很大关系。表 10.4 列出了前面的例子中根据不同准则选取的最佳方案。

表 10.4　各种准则决策结果的比较

所依据的准则	选择的最佳方案
乐观准则	方案 A_2
悲观准则	方案 A_3
最小的最大后悔值准则	方案 A_1
折中准则	方案 A_2
等可能性准则	方案 A_2

由表 10.4 可以看出,尽管前面的例子中所利用的基础资料都是表 10.1 给出的收益矩阵,但是由于依据的决策准则不一样,选出的最佳方案确实不同的。显而易见,这些决策结果不可能都是正确的。那么究竟应如何选择决策准则,以保证决策结果的正确性呢?由于完全不确定型决策问题相对复杂,而决策者掌握的信息又非常有限,因此,在实际决策时,决策准则的选择往往取决于决策者的风险偏好,也就是说对准则的选择仍带有相当程度的主观随意性。为了提高决策的科学性,减少盲目性,在选用准则时,应注意分析各种准则隐含的假定和决策时的各种客观条件。客观条件越接近于某一准则的隐含假定,则选用该准则进行的决策结果就越正确。

(一) 乐观准则

事实上是假定未来最理想状态(有可能出现最大收益值的状态)发生的可能性很大,并在这一前提下来选择收益最大的方案。这是一种比较冒进的决策准则。一般只有在客观情况确实很乐观,或者即使决策失误,也完全可以承受损失的场合采用。这是因为,按照这一准则决策,固然有可能带来最大的收益,但是如果一旦出现其他状态,则可能造成较大的损失。例如,在前面的例子中,如果实际出现市场销路差的状态,则按此准则决策带来的损失最大。

(二) 悲观准则

事实上是假定未来最不理想状态(有可能出现最小收益值的状态)发生的可能性很大,并在这一前提下来选择收益最大的方案。这是一种比较保守的决策准则。采用这一准则,往往选择无所作为的方案,这样虽然可以避免出现的损失,但是也可能损失获利的机会。例如,在前面的例子中,如果实际出现市场销路好的状态,则按此准则选择的方案 A_3 是最差的方案。因此,这一准则适用于对未来非常没有把握,或者难以承受决策失误损失的场合。

(三) 最小的最大后悔值准则

是将能够获利而未获利看成是一种机会损失,并假定发生较大的机会损失值的状态出现的可能性也较大,在这一前提下选择机会损失值最小的方案。采用该准则进行决策,可以抓住获利的机会,避免出现大的后悔。但是,如果一旦出现其他状态,则按此准则选择的方案也可能带来较大损失。例如,在前面的例子中,如果实际出现市场销路差的状态,则按此准则选择

的方案 A_1 将比其他方案带来更大的损失。因此,这一准则适用于不愿放过较大的获利机会,同时又对可能出现的损失有一定承受力的场合。

(四)折中准则和等可能性准则

都是以各种方案的收益的期望值作为选择方案的标准。这一点与第三节将要介绍的风险型决策的期望值准则类似。所不同的是,这两个准则只是对各种状态发生的概率作出假定,而这些假定并没有充分的理由和依据。折中准则事实上假定未来可能发生的状态只有两种:即最理想状态和最不理想状态。前者发生的概率是 α,后者发生的概率是 $(1-\alpha)$;当 $\alpha=1$ 时,该准则等价于乐观准则;而当 $a=0$ 时,该准则等价于悲观准则。实际应用该准则时,应根据风险的大小、对未来状态的预计以及对决策失误的承受力,调整 a 的赋值。等可能性准则事实上是假定各种状态出现的概率相等。该准则适用于对未来各种状态发生的可能性完全没有把握的场合。

第三节 一般风险型决策

一、自然状态概率分布的估计

风险型决策与完全不确定型决策不同之处在于:它是在估计出状态空间的概率分布的基础上进行决策。一般风险型决策中,所利用的概率包括客观概率与主观概率。客观概率是一般意义上的概率,可来源于频率估计,通常是由自然状态的历史资料推算或按照随机实验的结果计算出来的。例如,购买体育彩票的中奖概率就属于客观概率。主观概率是决策者基于自身的学识、经验做出的对某一事件发生的可能性的主观判断。在很多场合,人们缺乏有关自然状态的历史资料,同时又不可能通过大量独立的随机实验去取得资料,难以用频率或一定的理论分布来估计客观概率。因此,有必要引进主观概率。虽然主观概率有相当大的主观成分,但它不是纯粹的猜测,决策者必须具备相关的知识和经验才能给出主观概率的合理估计。

二、风险型决策的准则

利用状态的概率分布,可以对决策问题作比较细致的计算和分析,在此基础上再根据一定的准则进行选择和判断。风险型决策常用的决策准则有以下几种:

(一)期望值准则

该准则是一般风险型决策中应用最广泛的一个准则。它是以各方案收益的期望值的大小为依据,来选择合适的方案。具体决策时,可按下列公式计算收益的期望值:

$$E_i = \sum_{j=1}^{n} x_{ij} p_j \quad (i=1,2,\cdots,m) \tag{10.4}$$

式中　E_i——第 i 个方案收益的期望值；
　　　x_{ij}——第 i 个方案在出现第 j 种状态时的收益值；
　　　P_j——第 j 种状态出现的概率；
　　　j——自然状态的个数（$j = 1, 2, \cdots, n$）；
　　　i——备选方案的个数（$i = 1, 2, \cdots, m$）。

收益的期望值越大，表明平均来说，该方案获得的收益也越大。因此，可将各方案中收益期望值较大的方案作为最佳方案。

（二）变异系数准则

应当指出，单纯以期望值作为判断标准往往是不够充分的。这是因为收益的期望值所反映的只是一种平均趋势，在进行决策时还应考虑其离散程度。如果某一方案虽然期望值较大，但是其标准差也较大，这就表明该方案具有较大的风险性。所以，当出现两个方案收益的期望值相差不大的情况时，应进一步观察各方案的标准差，选择其中标准差较小的方案。也可以分别计算各方案收益值的变异系数作为选择方案的标准，以变异系数较低的方案作为所要选择的方案。

每个方案收益值的标准差和变异系数的计算公式如下：

$$\sigma_i = \sqrt{\sum_{j=1}^{n}(x_{ij} - E_i)^2 P_j} \quad (i = 1, 2, \cdots, m) \tag{10.5}$$

$$V_{\sigma_i} = \frac{\sigma_i}{E_i} \times 100\% \quad (i = 1, 2, \cdots, m) \tag{10.6}$$

【例 10.6】 某企业准备生产一种新产品，企业拟定了三种方案供选择：A_1：扩建生产线；A_2：新建生产线；A_3：对生产线进行技术改造。假设未来的市场状况有销路好、销路一般、销路差三种可能，其出现的概率分别为 0.5、0.3、0.2。三个方案在不同自然状态下的预计收益值如表 10.5 所示。试根据期望值准则和变异系数准则选择最佳的投资方案。

表 10.5　各方案的收益矩阵表　　　　　　　　　　　　单位：万元

状态		销路好	销路一般	销路差
概率		0.5	0.3	0.2
方案	方案 A_1	230	190	-30
	方案 A_2	300	180	-60
	方案 A_3	170	120	30

解　（1）首先计算各方案收益的期望值：

$E_1 = 230 \times 0.5 + 190 \times 0.3 + (-30) \times 0.2 = 166$

$E_2 = 300 \times 0.5 + 180 \times 0.3 + (-60) \times 0.2 = 192$

$E_3 = 170 \times 0.5 + 120 \times 0.3 + 30 \times 0.2 = 127$

计算结果表明,如果单纯根据收益期望值大小为标准,应选择方案 A_2。

(2) 再计算各方案收益值标准差和变异系数:

$$\sigma_1 = \sqrt{(230-166)^2 \times 0.5 + (190-166)^2 \times 0.3 + (-30-166)^2 \times 0.2} = 99.52$$

$$\sigma_2 = \sqrt{(300-192)^2 \times 0.5 + (180-192)^2 \times 0.3 + (-60-192)^2 \times 0.2} = 136.29$$

$$\sigma_3 = \sqrt{(170-127)^2 \times 0.5 + (120-127)^2 \times 0.3 + (30-127)^2 \times 0.2} = 53.11$$

$$V_{\sigma_1} = \frac{\sigma_1}{E_1} \times 100\% = \frac{99.52}{166} \times 100\% = 59.95\%$$

$$V_{\sigma_2} = \frac{\sigma_2}{E_2} \times 100\% = \frac{136.29}{192} \times 100\% = 70.98\%$$

$$V_{\sigma_3} = \frac{\sigma_3}{E_3} \times 100\% = \frac{53.11}{127} \times 100\% = 41.81\%$$

计算结果表明,方案 A_1 和方案 A_2 的收益期望值虽有差别,但差别不是很大,而方案 A_1 的变异系数较小,说明选择方案 A_1 风险较小,所以应选择方案 A_1 比较合适。

(三) 最大可能准则

该准则主张以最可能状态作为选择方案时考虑的前提条件。所谓最可能状态,是指在状态空间中具有最大概率的那一状态。按照最大可能准则,在最可能状态下,可实现最大收益值的方案为最佳方案。

最大可能准则是将风险条件下的决策问题,简化为确定条件下的决策问题。它不考虑其他状态下各行动方案收益值的差异对决策结果的影响。因此,只有当最可能状态的发生概率明显大于其他状态时,应用该准则才能取得较好的效果。

【例 10.7】 试利用例 10.6 中给出的收益矩阵表的资料,根据最大可能准则选择最佳的方案。

解 该例的各种自然状态中,"销路好"的概率最大,因此,该状态为最可能状态。在销路好的状态下,方案 A_2 可以获得最大的收益。所以,根据最大可能准则,应选择方案 A_2。

应当指出,在本例的概率虽然大于其他状态,但大得不多,其概率只有 0.5。也就是说,其他状态发生的可能性还有一半。所以,这时应用该准则决策失误的可能性相当大。

(四) 满意准则

利用这一准则进行决策,首先要给出一个满意水平。所谓满意水平,是指决策者认为比较合理、可以接受的目标值。然后,将各种方案在不同状态下的收益值与目标值相比较,并以收益值不低于目标值的累积概率为最大的方案作为所要选择的方案。该准则的数学表达式如下:

$$A^* = \max p\{x_{ij} \geq A\} \quad (i=1,2,\cdots,m; j=1,2,\cdots,n) \tag{10.7}$$

式中　A——给定的满意水平;

x_{ij}——第 i 个方案在 j 种状态下的收益值;

$P\{x_{ij} \geq A\}$——各方案收益值不低于目标值状态的累积概率。

应当指出:利用该准则的决策结果,与满意水平的高低有很大关系。满意水平一旦改变,所选择的最佳方案也将随之改变。

【例10.8】 是利用例10.6中给出的收益矩阵表的资料,根据满意准则选择满意的方案,假定给出的满意水平有200万元和300万元两种。

解 (1)假定给出的满意水平为200万元,则

$$P\{x_{1j} \geq 200\} = 0.5$$
$$P\{x_{2j} \geq 200\} = 0.5$$
$$P\{x_{3j} \geq 200\} = 0$$

计算结果表明,在备选的三个方案中,方案 A_1 和方案 A_2 达到满意水平的累积概率最大且相等,所以应选择方案 A_1 或方案 A_2。

(2)假定给出的满意水平为300万元,则

$$P\{x_{1j} \geq 300\} = 0$$
$$P\{x_{2j} \geq 300\} = 0.5$$
$$P\{x_{3j} \geq 300\} = 0$$

计算结果表明,在备选的三个方案中,方案 A_2 达到满意水平的积累概率最大,所以应选择方案 A_2。

三、利用决策树进行风险型决策

决策树是进行风险型决策时常用的方法。决策树是辅助决策用的一种树形结构图,又称决策图,是以其图形酷似大树而得名。决策树是一种图解法,其既可以解决单阶段的决策问题,亦可解决收益矩阵表无法解决的多阶段决策问题。决策树分析通常采用期望值准则,它把各种方案在未来的自然状态、出现的概率、损益值等决策因素,画成有分枝的树形图,通过计算比较各方案在各种状态下的期望值来选择期望值最大的方案为最优方案。

决策树由决策点、方案枝、状态结点(机会点)、概率枝和结果点五要素组成。决策树的具体结构如图10.1所示。

从图上可清楚看出,决策树以决策点 □ 为出发点,同时也是决策的归结点,表明决策的结果;从决策点引出若干方案枝,每条方案枝代表一个方案。在方案枝的末端有一个状态结点(机会点)○,用以表示各种自然状态下的期望值;从状态结点引出若干条概率枝,每条概率枝代表一种自然状态及其概率,在概率枝的最末端,列出各自然状态的收益值(就是收益矩阵表中的 x_{ij})。利用决策树进行风险型决策的主要步骤如下:

第一步:绘制决策树图。绘图时,从决策点开始,由左向右,逐步进行。

第二步:计算各状态结点的期望值。采用逆向分析法,即由右到左、逐步后退,根据右端的

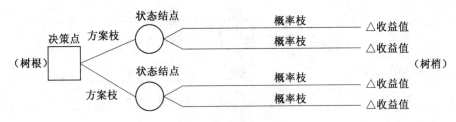

图 10.1　决策树构成图

收益值 x_{ij} 和概率枝上的概率 P_{ij},计算出第 i 个方案在多种自然状态下收益的期望值 E_i,并将它列在状态结点上方。

$$E_i = \sum_{j=1}^n x_{ij} P_{ij} \quad (不需投资)$$

若需投资,上式 E_i 就需扣除该方案的投资额 I_i:

$$E_i = \sum_{j=1}^n x_{ij} P_{ij} - I_i \quad (需投资)$$

第三步:剪枝。又称修枝,就是根据不同方案的期望值大小舍去期望值较小的方案,在舍弃的方案枝上画"//",以示剪掉。最后,在决策树上只留下一条方案枝就是所要选择的最佳或满意方案。最佳方案的期望收益值可标在相应的决策点的上方。

下面举例说明决策树的应用。

(一)求解单阶段风险型决策问题

【例 10.9】　某企业对产品更新换代做出决策。现拟定三个可行方案:

方案一,上新产品 A,须追加投资 500 万元,经营期 5 年。若产品销路好,每年可获利 500 万元;若销路不好,每年将亏损 30 万元。据预测,销路好的概率为 0.7;销路不好的概率为 0.3。

方案二,上新产品 B,须追加投资 300 万元,经营期 7 年。若产品销路好,每年可获利 200 万元;若销路不好,每年可获利 20 万元。据预测,销路好的概率为 0.8;销路不好的概率为 0.2。

方案三,上新产品 C,需追加投资 400 万元,经营期 8 年。若产品销路好,每年可获利 180 万元;若销路不好,每年可获利 30 万元。据预测,销路好的概率为 0.7;销路不好的概率为 0.3。

试用决策树方法选出最优方案。

解　此问题决策树如图.

机会点 $2:E_2 = [500 \times 0.7 + (-30 \times 0.3)] \times 5 - 500 = 1205$

机会点 $3:E_3 = (200 \times 0.8 + 20 \times 0.2) \times 7 - 300 = 848$

机会点 $4:E_4 = (180 \times 0.7 + 30 \times 0.3) \times 8 - 400 = 680$

根据期望值方案选择,方案二、三上 B 产品、C 产品的方案期望值不是最大,因此被剪枝,方案一期望值最大。故方案一上 A 产品为最优方案。

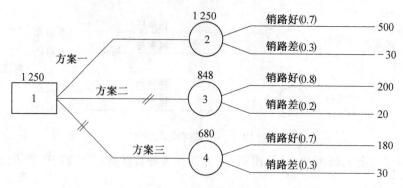

图 10.2 决策树的计算

(二)求解多阶段风险型决策问题

【例 10.10】 某电视机厂为增强市场竞争能力,以便在国内外市场的三种不同销售状态下(高、中、低需求)取得较好收益,拟通过国内联营或中外合资经营渠道方式达到目的。并估计国内联营和中外合资经营签约成功的可能性均为 100%。不论哪种经营签约成功,下一步都考虑两种生产方案:一是产量增加 50%,全部内销;二是产量增加 150%,部分外销,其余全部内销。

根据调查预测,得到各方案在不同市场销售状态下的收益值如表 10.6 所示,试用决策树法进行方案决策。

表 10.6 各方案收益值表   单位:万元

状态		高需求($p_1 = 0.5$)	中需求($p_2 = 0.3$)	低需求($p_3 = 0.2$)
国内联营	增产 50%	200	105	−350
	增产 150%	350	120	−500
中外合资经营	增产 50%	280	0	−400
	增产 150%	850	−300	−560

解 这是一个多阶段决策问题。根据题意,绘制决策树图 10.3。首先计算第一级决策点的期望值,即判断增产 50% 的方案还是增产 150% 的方案好。

机会点 4:$E_4 = 200 \times 0.5 + 105 \times 0.3 + (-350) \times 0.2 = 61.5$ 万元

机会点 5:$E_5 = 350 \times 0.5 + 120 \times 0.3 + (-500) \times 0.2 = 111$ 万元

这表明在国内联营时增产 150% 的方案较优,因此剪掉机会点 4,并将 E_5 转移到决策点 2 上。

机会点 6:$E_6 = 280 \times 0.5 + 0 \times 0.3 + (-400) \times 0.2 = 60$ 万元

机会点 7:$E_7 = 850 \times 0.5 + (-300) \times 0.3 + (-560) \times 0.2 = 223$ 万元

比较机会点 6 与机会点 7,剪掉机会点 6,并将 E_7 转移到决策点 3 上。

最后比较点 2 和点 3,点 3 较优,剪掉点 2,并将 $E_3 = E_7 = 223$ 万元列在决策点 1 上。

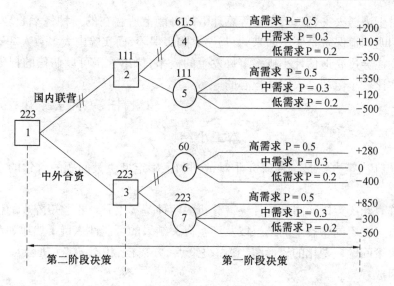

图 10.3　决策树图

因此,该电视机厂宜采用"中外合资经营"方案,并用增产 150% 的生产方案进行生产,部分外销,其余全部内销,可得期望收益 223 万元。

【小资料】

期望值与决策

社会学家一直想揭开人类决策之谜,为此也开展了许多研究。在 20 世纪三、四十年代,在早期研究人员中最普遍的理论是:决策是为了使效用最大化。这里的效用最大可以是但不仅限于金钱数目最大。因此,在决策之前,人们通常对所有可能出现的结果都赋予一定的价值或者效用,然后尝试各种可能的方案,从中找出使期望值最高的一种。

但是,近来有更多的研究表明决策受多种因素的影响,决策过程比较复杂,有人做过一种实验,这个实验向参加者提供下列选择:

A. 稳获价值 240 元的礼物

B. 有 25% 的可能获得 1000 元,75% 可能一无所获

C. 一定会输 740 元

D. 75% 的可能输 1000 元,25% 的可能不输 1 分钱

结果,尽管选项 B 的期望值为 250 元,要高于选项 A 稳获得 240 元,但如果只能从 A 和 B 中选一项,大多数人还是希望落袋为安而选择了 A。

相反,如果只能从 C 和 D 中选一项,大多数人却志在一搏,选择了 D,尽管 D 的期望值为 750 元,要比 C 多输 10 元。这说明,在以上选项中的金额和概率条件下,人们在为了不冒风险而少赚钱的同时,也为了少输钱而宁愿冒风险。

选项 C 与选项 D 和生活中是否买保险是相类似的。保费相当于肯定会输掉的钱,选项 D

则代表了人们对于遭遇火灾、盗窃、车祸等意外事故可能上所存在的一种侥幸心理。但是,为什么生活中人们明知道保费是要不回来的,却愿意购买保险,而实验中大多数人却选择了D?这是因为人们往往会过高地估计小概率事件发生的概率,保单承诺可以赔偿的损失在实际中发生的概率往往比较小但却是人们所担心的。

(资料来源:陆立强.让数据告诉你.)

本章小结

1. 狭义的统计决策方法是一种研究非对抗型和不确定型决策问题的科学的定量分析方法。

2. 收益矩阵表和决策树形图是统计决策分析的两种基本工具。收益矩阵表的作用在于可以将各种备选方案在不同状态下的结果以及产生有关结果的可能性一目了然地列示出来。决策树是一种将决策问题模型化的树形图,它由决策点、方案枝、状态结点(机会点)、概率枝和结果点五要素组成。

3. 完全不确定性决策是在对自然状态的概率分布一无所知的情况下进行决策分析。其决策准则有:乐观准则、悲观准则、最小的最大后悔值准则、折中准则和等可能性准则。

4. 一般风险型决策是在估计出各种自然状态的概率分布的基础上进行决策。其主要决策准则有:期望值准则、变异系数准则、最大可能准则、满意准则。

5. 上述各种决策准则具有不同的特点,适用于不同的场合。

关键概念

决策　广义的统计决策　狭义的统计决策　完全不确定型决策　一般风险型决策　收益矩阵表　决策树

第十一章

Chapter 11

国民经济统计的常用指标

【学习要点及目标】
1. 了解我国国民经济核算体系的基本构成和国民经济统计的主要分类；
2. 掌握并学会计算国民经济统计中常用的总量指标和分析指标。

【引导案例】
每年年初，国家统计局都会发布上一年度国民经济和社会发展统计公报。以 2014 年 2 月 24 日国家统计局发布的《中华人民共和国 2013 年国民经济和社会发展统计公报》为例，该公报包括 12 个方面的统计数字：综合；农业；工业和建筑业；固定资产投资；国内贸易；对外经济；交通、邮电和旅游；金融；人民生活和社会保障；教育、科学技术和文化；卫生和社会服务；资源、环境和安全生产。通过该文件可以从总体上把握 2013 年国民经济总体的运行状况，经济和社会发展中取得的成绩和存在的问题。以下我们摘抄了该文件的部分内容。

"初步核算，全年国内生产总值 568 845 亿元，比上年增长 7.7 %。其中，第一产业增加值 56 957 亿元，增长 4.0%；第二产业增加值 249 684 亿元，增长 7.8%；第三产业增加值 262 204 亿元，增长 8.3%。第一产业增加值占国内生产总值的比重为 10.0%，第二产业增加值比重为 43.9%，第三产业增加值比重为 46.1%，第三产业增加值占比首次超过第二产业。"

"全年农村居民人均纯收入 8 896 元，比上年增长 12.4%，扣除价格因素，实际增长 9.3%；农村居民人均纯收入中位数为 7907 元，增长 12.7%。城镇居民人均可支配收入 26 955 元，比上年增长 9.7%，扣除价格因素，实际增长 7.0%；城镇居民人均可支配收入中位数为 24 200 元，增长 10.1%。"

就上述内容而言,我们要读懂它,至少要理解一些问题:
(1)国内生产总值是什么,为什么用它来反映经济增长?
(2)第一产业、第二产业、第三产业都是什么?
(3)什么是可支配收入?

只有了解了这些问题,才能从统计上分析和把握经济和社会总体的运行情况。所以说我们必须要学习一些国民经济统计的知识,本章我们就将学习一些国民经济统计的基本知识和常用指标。

第一节 国民经济统计的基本知识

一、国民经济统计的基本内容

（一）国民经济统计

首先从两个方面了解"国民经济"的概念。从横向看,国民经济是由全社会各单位、各部门构成的,是各单位、各部门的总和;从纵向看,国民经济是全社会的经济单位和部门所从事的各种各样经济活动,如生产、分配、流通和使用,这些经济活动是彼此依存,相互衔接,不断地周转循环,形成国民经济的运行或社会再生产各环节的总和,是一个不断循环的宏观经济运行过程。

国民经济统计也称为国民经济核算,是以整个国民经济为对象而进行的一种统计核算,它是从数量的角度研究国民经济运行的条件、过程及其内在联系的。

国民经济统计是研究国民经济系统的运行状况,人们依据国民经济核算来取得相应的大量统计资料,进行分析、判断和检测,正确地把握国民经济运行的基本情况,并运用各种杠杆进行宏观调控,从而科学地实施对宏观经济的管理与调控,因此,国民经济统计已成为各国政府统计的一项重要任务。

（二）国民经济核算体系

国民经济核算体系是国家或国际组织为统一规定国民经济核算而制定的一套反映国民经济运行的指标体系和核算方法。

国际上存在着两种不同的国民经济体系:一种是起源于英、美等国的"国民经济账户体系"(简称SNA);另一种是发源于前苏联的"物质产品平衡体系"(简称MPS)。两者区别的渊源是生产概念的含义不同,前者采用市场性生产概念,后者采用限制性生产概念。SNA的形成和发展经历了以下阶段:

SNA 形成：

第一时期(1920 年前)：威廉·配弟《政治算术》(1676)

第二时期(1920—1939 年)：官方机构参与国民收入统计

第三时期(1939—1953 年)：国际组织参与,制定有关规范

SNA 发展：

1953 年,联合国《国民经济账户体系及辅助表》

1968 年,联合国《国民经济账户体系(SNA)》

1993 年,重新修订 SNA,全面取代 MPS

近年来,SNA 已成为世界各国国民经济核算的国际标准,鉴于国际经济的一体化趋势和中央计划经济国家已经开始的市场经济进程,1993 年召开的联合国统计委员会第 27 届会议,确定推行一种核算体系,即最新版本的 SNA 核算体系(1993 年版),称为一种核算制度。MPS 体系可以说已经不复存在。

MPS 体系存在明显的缺陷：只核算物质生产部门物质产品(含流通环节的物质性劳务)的生产,不核算非物质生产部门的服务性生产；没有资金流动的核算；体系内缺少衔接,特别是在再生产核算,即存量与流量的衔接方面,没有资产负债核算。因此,MPS 体系不能全面地反映国民经济运行的总体状况。而且,MPS 体系的指标在进行国际比较分析时很不方便。原先采用 MPS 体系的国家,为了适应向市场经济过渡,其核算体系纷纷由 MPS 向 SNA 过渡,开始运用 SNA 的原理和方法,结合本国经济运行的实际进行国民经济核算体系的改革。

SNA 的账户体系结构庞大复杂,结合具体分析领域,可以归纳简化为"国民经济五大核算"：

(1)国内生产总值核算(考察关键总量,如产出、消耗、消费、投资等)；

(2)投入产出核算(考察部门间技术经济联系,如相互提供、消耗产品)；

(3)资金流量核算(考察部门间经济收支关系,如分配、转移、金融)；

(4)资产负债核算(考察资产负债存量,如总量和结构)；

(5)国际收支核算(考察对外经济往来)。

我国很早也是采用 MPS 这个核算体系,为了适应向市场经济过渡,从 1984 年开始,在国务院的领导下几经修改,于 1992 年制定了《中国国民经济核算体系(试行方案)》,并经过近 10 年的实践和修改,最终在 2002 年正式形成了《中国国民经济核算体系(2002)》。这个核算体系更适合我国目前的实际情况,同时与联合国提出的 SNA 更有可比性。我国现行的国民经济核算体系的基本框架见表 11.1。

表 11.1 国民经济核算体系的基本框架

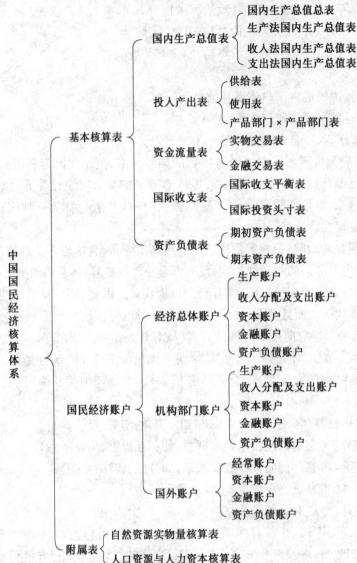

由表 11.1 可见,《中国国民经济核算体系(2002)》由 5 套基本核算表、3 套国民经济账户和 2 张附属表组成。基本核算表和国民经济账户是本体系的中心内容,它们通过不同的方式对国民经济运行过程进行全面的描述。附属表是对基本核算表和国民经济账户的补充,它对国民经济运行过程所涉及的自然资源和人口资源与人力资本进行描述。

"基本核算表"所包含的五大核算是国民经济统计最基本的内容。对于其中最主要的统计指标的定义、相互联系和计算方法,将在本章第二节作进一步的阐述。

1. 国内生产总值核算

国内生产总值核算主要以国内生产总值为核心指标,对国民经济中的生产和使用指标进行全面系统地核算,综合反映国民经济发展的规模、速度和结构。

2. 投入产出核算

投入产出核算是对国内生产总值核算的延伸,它通过在矩阵形式平衡表格中,运用投入产出分析法,反映出国民经济各部门生产中各投入品来源与产品去向。

3. 资金流量核算

资金流量核算是以全社会资金运动为对象,核算各部门资金的来源和运用,反映全社会各部门收入的形成、分配、使用、资金的筹集和运用以及各机构部门间资金流入、流出情况。

4. 国际收支核算

国际收支核算以对外经济交易为对象,对一定时期一国与国外之间的贸易、非贸易往来进行系统核算,综合反映国家的国际收支平衡状况、收支结构和外汇储备状况。

5. 资产负债核算

资产负债核算是以经济资产存量为对象的核算,它反映一个国家在一定时点上的国民经济资产和负债总量、结构,为研究国民财产状况和经济实力,制定产业发展政策和调整产业结构提供依据。

(三)国民经济统计的主要分类

国民经济是一个复杂的有机整体,包括极其众多的组成部分,要探寻其内部结构、数量关系和动态循环过程,就必须对国民经济进行分类。通过分类,就把大量的国民经济统计资料条理化、系统化,进而进行分析、研究,了解国民经济的内在结构机制和运行规律性。由此可见,国民经济分类是国民经济统计和宏观经济分析的重要基础工作。

国民经济的分类,一方面根据考核对象和研究目的的不同,从不同的角度对国民经济进行分类;另一方面国民经济的结构本身随着社会生产力和社会经济制度的不断发展而变化,因此,国民经济的分类并不是单一的、绝对的、固定不变的,而是多层次的、相对的、不断演进的。下面介绍国民经济核算中一些最常用的分类。

1. 机构部门分类

机构部门是由机构单位组成的。机构单位是指有权拥有资产和承担负债,能够独立地从事经济活动并为其他实体进行交易的经济实体。同类机构单位构成机构部门。我国国民经济核算体系中,常住机构单位分为四个机构部门:非金融企业部门、金融机构部门、政府部门和住户部门。

(1)非金融企业部门。非金融企业部门是指主要从事各种非金融生产经营活动的独立核算企业所组成的部门,如除金融服务企业之外的国有企业、三资企业、建筑企业等。

(2)金融机构部门。金融机构部门是指主要从事金融中介活动的部门,如中国人民银行、各专业银行、保险公司、证券交易公司等。

(3)政府部门。政府部门是指从事国家管理活动的中央政府行政机关、地方政府行政机关、军队、警察等。此外还包括由国家财政差额预算拨款的非营利事业单位以及群众团体,如医院、学校、科研机构等。

(4)住户部门。住户部门由所有常住居民住户组成,其中包括住户拥有的个体经济。

2. 三次产业分类

三次产业分类是英国经济学家阿·费希尔于20世纪30年代提出的。它是就产业形成的时序加以划分,同时反映了劳动对象的特点及其满足人类需求的层次。三次产业分类在国际上已经通用,但各国的分类标准不完全相同,我国现行的三次产业分类是:

(1)第一产业:农业(农、林、牧、渔业);

(2)第二产业:工业(采掘业、制造业、电气水业)和建筑业;

(3)第三产业:除上述第一、第二产业以外的其他行业。

由于第三产业包括的范围广,我国把第三产业具体分为四个层次,分别是流通部门(商业和运输邮电业等);为生产和生活服务的部门(金融、保险业、旅游业等);为提高科学文化水平和居民素质服务的部门(教育、文化、卫生、社会福利事业等);为社会公共需要服务的部门(国家机关、社会团体等)。

3. 国民经济行业分类

行业分类是一个相对完备的国民经济分类体系,它是国民经济分类中最基本、最重要的分类。国民经济行业分类与三次产业分类相比,更为系统、完整,它是构成三次产业和其他一些重要的国民经济分类的基础。

世界各国和很多国际组织都制定了专门的行业分类标准,我国也有相应的国民经济行业分类,经多次修改后,于2002年国家统计局公布新修订后的《国民经济行业分类》,其中有20个门类,具体门类如下:

(1)农、林、牧、渔业;

(2)采矿业;

(3)制造业;

(4)电力、煤气及自来水的生产和供应业;

(5)建筑业;

(6)交通运输、仓储及邮政业;

(7)信息运输、计算机服务及软件业;

(8)批发和零售业;

(9)住宿和餐饮业;

(10)金融、保险业;

(11)房地产业;

(12)租赁和商务服务业;

(13)科学研究、技术服务和地质勘察业；

(14)水利、环境和公共设施管理业；

(15)居民服务和其他服务业；

(16)教育；

(17)卫生、社会保障和社会福利业；

(18)文化、体育和娱乐业；

(19)公共管理和社会组织；

(20)国际组织。

4. 经济类型分类

将国民经济按照经济类型或所有制形式进行划分,对于深入研究一个国家的社会经济结构具有不可替代的作用。在我国,将经济类型划分为九种：

(1)国有经济,即生产资料归国家所有的经济类型,如国有企业、国有联营企业。

(2)集体经济,即生产资料归公民集体所有的经济类型,如集体企业、集体联营企业。

(3)私营经济,即生产资料归公民私人所有并以雇佣劳动为基础的经济类型,如私营的独资、合伙企业及私营有限责任公司。

(4)个体经济,即生产资料归个人所有,以个人劳动为基础,并由劳动者个人占有和支配生产成果的经济类型,如个体工商户。

(5)联营经济,即由国有、集体和私营经济之中两方或三方共同投资兴办企业而形成的经济类型。

(6)股份制经济,即全部注册资本由全体股东共同出资并以股份形式投资兴办企业而形成的经济类型,如股份有限公司。

(7)外商投资经济,即外国投资者根据我国的法律法规在大陆境内开办企业而形成的经济类型,如中外合资企业、三资企业。

(8)港、澳、台投资经济,即上述地区的投资者在内地开办企业而形成的经济类型,也包括合资、合作和独资三种形式。

(9)其他经济,即不便归类的或新近出现的经济类型。

第二节　国民经济统计的常用指标

一、国民经济统计指标体系

国民经济统计需要通过设置一系列专门的经济指标,反映国民经济的有关数量特征。根据考核对象的特点,国民经济统计指标应该针对宏观经济运行的不同环节、不同方面来加以设置,形成相对完整的指标体系。完整的指标体系包括经济流量和经济存量两大部分。经济流量是指反映某一些社会现象在一段时间内所发生的可以累加的量,具有时间长度量纲。经济存量是指反映某一些经济现象在某一特定时点(或时刻)上的状况的量,没有时间量纲。现将最常用的国民经济总量指标体系列示如下(表11.2):

表11.2 常用的国民经济统计指标

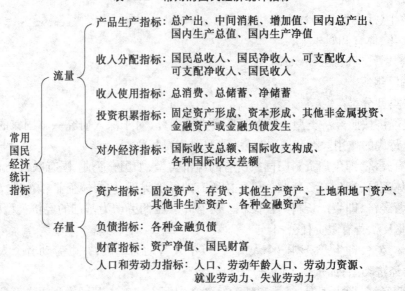

下面仅就若干最基本、最常用的国民经济统计指标进行介绍。

二、国民经济生产指标

(一)国内总产出

国内总产出是指一定时期内国民经济各部门或所有常住生产者生产的社会总产品的价值总量。

从实物形态看,社会生产活动的总成果即社会总产品可分为货物和服务两大类。货物是生产出来满足人们需要的,能够确定其所有权的有形实体,如工业品、农产品等。服务是直接用于满足使用者需要的无形产品,它的生产和使用过程是同时进行的,生产的完成也就是使用的结束,所以不能存储和脱离生产进行交易。从理论上说,国内总产出是社会总产品完全价值的总和,其价值构成为:①生产资料转移价值C,包括劳动手段转移价值(即固定资产折旧)C_1和劳动对象转移价值(即中间消耗)C_2;②活劳动新创价值,包括必要劳动价值V和剩余劳动价值M。

从经济用途看,国内总产出的实物构成中应该包括各种生产资料和消费品,此外还要考虑货物和服务的出口和进口。依据社会产品供需平衡关系,有以下核算恒等式

国内总产出 + 商品进口 = 中间消耗 + 消费 + 投资 + 商品出口

国内总产出 = 中间消耗 + 消费 + 投资 + 商品净出口 = 国内使用 + 商品净出口

由于各部门、各企业之间存在着相互提供和相互消耗产品的技术经济联系，每一部门或企业的产出价值中都会包括一些由其他部门或企业提供而被自己消耗掉的生产资料的转移价值。例如，棉农种植棉花，纺纱厂将棉花纺成纱线，织布厂将纱线织成布匹，印染厂将布匹印上花色，最后，制衣厂再用印染后的布匹裁制服装。在这个生产序列中，纱线的价值中包含了棉花的价值，布匹的价值中包含了纱线的价值，服装的价值中又包含了布匹的价值。可见，作为一个宏观经济生产指标，当把各部门、各企业的产出综合为国内总产出时，其中就包括了生产资料转移价值的大量重复计算。

这里介绍两个概念——中间产品和最终产品。

中间产品是指在核算期内生产出来，又在本核算期内被消耗掉或被进一步加工形成其他新产品的那些生产资料。中间产品通常包括生产过程中消耗的各种原材料、辅助材料、燃料、动力和为生产的有关服务活动等。

最终产品是指在核算期内生产出来且在本核算期内未被加工或消耗，可供最终使用的那些产品。最终产品一般包括：①用于消费的各种货物和服务；②用于固定资产投资以及增加存货的有关货物；③用于出口的有关货物和服务。中间产品和最终产品是一组理论范畴，它们还要具体化为相应的指标，前者就表现为"中间消耗"，后者则表现为"国内生产总值"。

因此可以看出，国内总产出只是一个有关国民经济生产过程的"总周转量"指标，它能够表明全社会生产活动的总规模，并能用于对国民经济各部门间的技术经济联系进行投入产出分析，但是，它不能说明国民经济生产活动的最终成果。

(二) 国内生产总值

国内生产总值（Gross Domestic Product，GDP）是指由一个国家所有常住单位在一定时期内所创造的社会最终产品的价值总量。GDP囊括了国民经济各行各业，并且在价值构成上避免了中间产品的重复计算，因而能够全面、确切地反映全社会经济活动的最终成果，并具有国际可比性，所以成为社会生产与使用核算的核心指标。

1. 国内生产总值的表现形态

国内生产总值有三种不同的表现形态：产品形态、价值形态和收入形态。

从产品形态看，国内生产总值表现为所有最终产品的价值之和。这里所谓的"产品"，不仅包括有形的货物，如食物、衣服等，而且还包括无形的服务，如教育、卫生等。所谓"所有的"是指国内生产总值所包括的全面性，它不仅包括所有经过市场交易的最终产品的价值，而且包括所有未经市场交易的最终货物的价值，如农民自产自用的粮食，以及部分未经过市场交易的最终服务的价值，如住户自有住房提供的服务的价值。

从价值形态看，国内生产总值表现为一个国家的所有常住单位在一定时内生产的全部产品的价值与同期投入的中间产品的价值的差额，即所有常住单位的增加值之和。

从收入形态看，国内生产总值表现为一个国家的所有常住单位在一定时期内的生产活动所形成的原始收入之和。它包括常住单位因从事生产活动而对劳动要素的支付、对政府的支持、对固定资产的价值补偿以及获得的盈余。

2. 国内生产总值核算的意义

国内生产总值核算是国民经济核算体系的核心部分,是国民经济核算的基础。在我国搞好国内生产总值核算的重要意义在于:

第一,为判断宏观经济运行状况提供重要依据。在现实中,经济增长率即指国内生产总值增长率;通货膨胀率一般是用国内生产总值缩减指数或居民消费价格指数来衡量;失业率与国内生产总值增长率有密切联系。可以看出,以上三个判断宏观经济运行状况的主要指标均与国内生产总值有十分密切的联系。

第二,为宏观经济管理工作发挥重要作用。自1985年国家统计局建立起相应的核算制度以来,国内生产总值核算已成为我国宏观经济管理部门了解经济运行状况的重要手段,成为制定经济发展战略、中长期规划、年度计划和各种宏观经济政策的重要依据。

第三,在我国对外交往中具有重要意义。例如,据有关部门估计,我国国内生产总值每增加10%,在联合国的会费比率将增加20%以上;我国在世界银行和国际货币基金组织的股金的升降与国内生产总值也有密切联系。因此,国内生产总值核算直接关系到我国在国际上所应发挥的重要作用。

然而,应当指出的是,国内生产总值并不是万能的,它是欠全面的。其主要缺陷是:计算生产成果时,未将本来应该由企业承担却让外部承担的成本加以抵消,如生产过程中自然资源的消耗和生态环境的破坏和污染等。因此,如果片面地追求国内生产总值,必然会付出破坏自然资源和生态环境的代价,这样就会危及人类生存健康和社会经济的可持续发展。因此,应把环境、资源核算纳入核算体系中,建立中国综合经济与资源环境核算体系,推进可持续发展。

3. 国内生产总值的基本核算方法

国内生产总值可以从生产、分配和使用等角度来计算,基本上有三种核算方法,即生产法、分配法和使用法。用分配法计算GDP将在"国民收入分配指标"这一部分中介绍,本节只就生产法和支出法作简要说明。

(1) 生产法。生产法的基本原理是:首先计算国民经济各部门的总产出,再从总产出中扣除相应部门的中间消耗,得到各部门的增加值,最后汇总所有各部门的增加值,得出国内生产总值,即:

$$GDP = \sum (各部门的总产出 - 该部门的中间消耗) = \sum (各部门的增加值)$$

(2) 分配法(或收入法)。分配法的基本原理是:从生产过程创造收入的角度,对常住单位增加值构成项目进行核算。分配法的计算公式是

$$GDP = \sum (各部门的增加值) = \sum (劳动者报酬 + 生产税净额 + 固定资产折旧 + 营业盈余)$$

从上式也可看出,部门的增加值的构成为

$$增加值 = 劳动者报酬 + 生产税净额 + 固定资产折旧 + 营业盈余$$

增加值的四个构成项目分别反映了参与GDP初次分配的劳动者、政府、固定资产和企业

经营者四个方面各自在 GDP 初次分配中所得的份额。

劳动者报酬是指劳动者因从事生产活动而获得的全部报酬。它包括劳动者得到的各种形式的工资、奖金和津贴,所享受的公费医疗和由单位支付的社会保险费等,还包括劳动者自产自用的产品价值。

生产税净额是指生产税减去生产补贴后的差额。生产税指政府对生产单位从事生产、销售和经营活动以及因从事生产经营活动而使用生产要素所征收的各种税费,如销售税及附加费、增值税、应缴纳的养路费,排污费和水电费附加,烟酒专卖上缴政府的专项收入等。生产补贴指政府对生产单位政策性的单方面转移支付,因此视为负生产税处理,如政策性亏损补贴、价格补贴、外贸企业出口退税等。

固定资产折旧是指一定时期内为弥补固定资产损耗按照一定的折旧率计提的固定资产折旧。其中政府机关、非企业化管理的事业单位和居民自有住房等,按照统一规定的折旧率虚拟计算固定资产折旧。

营业盈余是指常住单位创造的增加值扣除劳动者报酬、生产税净额和固定资产折旧后的余额,是企业的经营利润及其他盈余。

(3)使用法(或支出法)。使用法的基本原理是:从全社会的角度出发,直接将各种货物和服务的最终使用额都加起来,再减去商品进口,得到国内生产总值。使用法的计算公式是

GDP =(居民消费+政府消费)+(固定资产形成总额+存货增加)+出口−进口 =
　　　总消费+总投资+净出口

在公式中,总消费包括居民消费支出和政府消费支出两部分。居民消费是指常住住户对货物和服务的全部最终消费支出,政府消费是指政府部门为全社会提供公共服务的消费支出和向住户以免费或较低价格提供货物和服务的支出。总投资是指常住单位在一定时期内投资支出的合计,包括固定资本形成总额和存货增加两项。固定资本形成是指常住单位在一定时期内获得的固定资产减处置的固定资产的价值总额。存货增加是指常住单位在一定时期内存货物量变化的市场价值。净出口是指货物和服务出口额减进口额的差额。

【例 11.1】 现有某地区国民经济核算资料如下:

(1)总产值和中间消耗情况见表 11.3。

表 11.3　某地区国民经济总产值和中间消费情况

部门	总产出(亿元)	中间消耗率(%)
农业	500	30
工业	2 320	50
建筑业	400	60
运输业	60	20
商业	160	45
服务企业	160	25
政府服务业	160	30

(2) 收入分配情况(单位：亿元)：

劳动报酬	1 200
生产税净额	398
营业盈余	350
固定资产折旧	90

(3) 产品使用或支出情况(单位：亿元)：

居民个人消费	1 010
政府消费	200
固定资产投资	710
库存增加	68
净出口	50

试用生产法、分配法和支出法计算国内生产总值。

解 (1) 生产法。

$$GDP = \sum (各部门的总产出 - 该部门的中间消耗) =$$
$$500(1-30\%)+2\ 320(1-50\%)+400(1-60\%)+60(1-20\%)+160(1-45\%)+$$
$$160(1-25\%)+160(1-30\%) = 2\ 038(亿元)$$

(2) 分配法。

$$GDP = 劳动者报酬 + 生产税净额 + 固定资产折旧 + 营业盈余 =$$
$$1\ 200 + 398 + 90 + 350 = 2\ 038(亿元)$$

(3) 使用法。

$$GDP = (居民消费 + 政府消费) + (固定资产形成总额 + 存货增加) + 净出口 =$$
$$(1\ 010+200)+(710+68)+50 = 2\ 038(亿元)$$

依据国民经济核算的平衡原理，分别采用三种方法计算的国内生产总值在理论上应该是相等的。但在核算实践中，由于各种方法的资料来源不同、数据加工换算方式不同，以及资料搜集过程中难以避免的重复、遗漏和其他偏差，往往会使三种方法的实际计算结果出现差异，这在一定范围内通常是允许的。

4. 国内生产净值

国内生产净值(Net Domestic Product, NDP)等于国内生产总值减去国民经济所有部门的固定资产折旧。固定资产折旧本质上仍然属于生产资料的转移价值，包含在社会最终产品之中，也是一种重复计算。因此，可以看出国内生产总值是一个包含了部分重复计算的社会生产成果指标，而国内生产净值则是一个没有重复计算的社会成果指标，但由于在实际核算中，固定资产损耗的影响因素很多，折旧的计算方法也很多，每个方法都有一定的假设性，在计算折旧时很难做到客观准确，所有这些都影响了该指标的客观性和稳定性。

三、国民经济分配指标

1. 国民总收入和国民净收入

国民总收入(Gross National Income,GNI)是指一个国家或地区在一定时期内所有常住单位在国内或国外取得的初次分配收入的总和,该指标过去被称为国民生产总值(GNP)。

GNI 与 GDP 有密切的联系,但却是两种不同内涵的总量指标。GDP 包括非常住单位在本国从事经济活动所创造的增加值,但不包括本国常住单位在国外从事经济活动所创造的增加值;GNI 则相反。两者的关系是

GNI = GDP−付给国外的要素收入+ 来自国外的要素收入=
GDP+来自国外的要素收入净额

其中,要素收入是指由于提供劳动、资本、有形资产(土地等)、特许使用权(专利等)所取得的收入,包括工资、薪金、利润、利息、股息、租金、特许使用费及转让费等。

从该公式可以看出,GNI 实际上并不是生产指标,而是一个收入指标。与 GNI 有关的另一个指标是国民净收入(Net National Income,NNI),它等于国民总收入减去国民经济所有部门的固定资产折旧,即

NNI = GNI−固定资产折旧

2. 国民可支配收入

在宏观经济分析中,最常用的"收入"概念就是国民可支配收入(National Disposable Income,NDI)。所谓"可支配收入"是指各机构单位或机构部门在一定核算期内通过初次分配和再分配最终得到的可以自主支配的全部收入;而"国民可支配收入"则是指一个国家的所有常住单位或所有机构部门的可支配收入之和。

国民可支配收入可以用两种方式计量:一种是包括固定资产折旧因素的"国民可支配总收入(Gross National Disposable Income,GNDI)"指标;另一种是扣除了折旧因素的"国民可支配净收入(Net National Disposable Income,NNDI)"。它们的计算公式是

国民可支配总收入(GNDI)= 国民经济各部门可支配总收入之和=
国民总收入 + 来自国外的经常转移收入净额=
国内生产总值 + 来自国外的要素收入和经常转移收入净额=
最终消费支出 + 总储蓄

国民可支配净收入(NNDI)= 国民经济各部门可支配净收入之和=
国民可支配总收入− 固定资产折旧

转移是指一个机构单位向另一机构单位提供货物、服务和资产,而没有取得相应的货物、服务和资产的交易活动。经常转移指除资本转移外的所有转移收支,具体包括:所得税、财产税等税收收支,社会保险和社会福利收支,其他经常转移收支,如援助、捐赠、会费缴纳等。

在实际经济生活中,可支配收入既可用于消费,也可用于投资。但在国民经济核算和宏观

经济分析中,必须将消费性开支和投资性开支区分开来,以便进一步考察实物投资活动的资金来源与资金需要是否平衡以及资金余缺的调剂过程。各部门的可支配收入与消费支出的差额就是"储蓄",包含固定资产折旧因素的称为"总储蓄",扣除折旧因素的则称做"净储蓄"。国民经济各部门的储蓄之和就是"国民储蓄",它代表着本国所有常住经济单位的储蓄总规模。国民储蓄同样分为"国民总储蓄"和"国民净储蓄"两种形式。

四、资产负债和国民财富指标

资产负债和国民财富指标是针对国民经济的各种物力资源和财力资源的存量进行统计的结果。从指标计量的角度看,经济流量和经济存量的区分,其实就是统计上关于时期指标与时点指标的区别。流量指标所反映的是关于经济运行过程或变化过程本身的情况,存量指标则是反映关于经济运行条件和变化结果。存量指标和流量指标通常存在以下数量关系

期初存量 + 期内流入量 - 期内流出量 = 期末存量

期末存量 - 期初存量 = 期内净流入(+)或期内净流出(-)

资产负债统计包括资产和负债两个方面。资产通常是指那些具有经济利用价值、能够为其所有者带来某种经济收益的资源或权益。经济资产具备两个基本特征:一个是任何一种经济资产都有明确的所有者,尚未明确所有权的资源不是经济资产;另一个是任何资源必须具有经济利用价值才可称之为经济资产,也就是说,要能够为其所有者带来一定的经济收益,没有经济价值的资源不是经济资产。

全部的经济资产包括的内容十分庞杂,依照其经济属性的不同可以分为金融资产和非金融资产两大类。

金融资产是指以货币信用的形式产生和存在的各种资产,如货币黄金、流通货币、存款、贷款、股票、证券等。

非金融资产是指以其他实物或非实物的形态存在的资产。它又可进一步分为生产资产和非生产资产两类。生产资产是指通过人类生产活动的作用之后,作为某种"产品"创造出来的有形或无形的经济资产,如机器设备等固定资产、商品物资等存货。非生产资产是指那些自然界天然存在具有经济价值的自然资源,以及其他不是通过生产活动、不是作为产品创造发明出来的无形非生产资产,如土地、地下资源、专利、商标权等。

除货币黄金等金融资产外,大部分金融资产都是"金融债权",它们代表了一种要求按照事先约定的条件给予偿付的经济权利,与之对应就产生了"金融负债"。

它是指一个机构单位或部门对其他机构单位或部门的债务,负债是金融债权的对应体,例如,居民在银行的存款就表现为居民的债权,同时也是金融机构的负债。

在国民经济统计中,有关经济存量的最为概括的指标就是国民财富。国民财富是指某个国家在特定时点上所拥有的各种生产资产、非生产资产和净金融资产的总和。其中,"净金融资产"等于国民经济总体的金融资产总额减去金融负债总额,或者等于"对外债权净额"与非

债权性质的"货币黄金和特别提款权"之和。国民财富指标是一个反映了整个国家的经济实力和富裕程度的重要指标,它与国内生产总值等流量指标所说明的问题不完全相同,彼此之间具有相互补充的作用。

五、国民经济统计的常用分析指标

前面介绍了一些国民经济统计的基本总量指标。如果将有关总量指标按适当的方式进行对比,还可以得到许多平均数或相对数形式的分析指标。利用这些分析指标可以对国民经济的各个领域作进一步深入分析,下面就介绍几个常用的分析指标。

(一) 国民生产分析指标

1. 经济增长速度

不同时期计算当年 GDP 数量变化时,存在着价格变动因素,因此不能准确地反映实际生产水平的变化,在用 GDP 来反映经济发展速度时必须注意价格因素。

各个时期的 GDP 都是采用当年价格计算的,称为"名义的 GDP"。如果消除了价格变动因素,各个时期的 GDP 都采用固定价格、可比价格或某个特定时期的价格来计算,则称为"实际 GDP"。

根据统计指数理论,用名义 GDP 与实际 GDP 相除,可以得到 GDP 紧缩价格指数。它可以综合地反映国民经济的价格水平和通货膨胀的情况。如果事先已编制了 GDP 紧缩价格指数,就可以利用名义 GDP 和紧缩价格指数求得实际 GDP,用公式表示如下:

$$实际\ GDP = \frac{名义\ GDP}{GDP\ 紧缩价格指数}$$

经济增长速度可以通过对比不同时期的实际 GDP 求得,公式如下

$$经济增长速度 = \frac{报告期实际\ GDP}{基期实际\ GDP} - 100\%$$

2. 社会劳动生产率

社会劳动生产率是用来反映一个国家经济活动效率的一个指标。由于一个国家的总人口中,已经退休的老年人口和儿童人口不直接参与社会生产活动,但直接参与 GDP 消费,通过社会劳动生产率的计算,得到每一个劳动者提供的国民经济最终产品数量。社会劳动生产率的计算公式如下

$$社会劳动生产率 = \frac{GDP}{社会劳动者人数}$$

(二) 收入分配分析指标

1. 人均国内生产总值

国内生产总值是反映一个国家经济总规模的统计指标,它表明了一个国家的经济规模和发展水平,但一个国家的国土面积和人口数量也影响着国家的经济规模和发展水平,因此在对

不同国家经济发展水平进行横向对比时,不仅要看总量,更要看人均水平。人均 GDP 就是反映了一个国家国民经济生产总量与本国人口比较的相对强度。其计算公式如下

$$人均 GDP = \frac{GDP}{人口总数}$$

2. 人均国民总收入

人均国民总收入是一个反映国家国民经济发展水平和人民生活福利水平的指标,也是一个国际上判定一个国家经济发展所处阶段和进行横向对比的重要依据。一个国家中每一个人虽然不能都与国内生产总值有直接关系,但却都能与国民总收入有直接关系。人均国民总收入就是同期 GNI 与全国人口的比值,公式如下

$$人均 GNI = \frac{GNI}{人口总数}$$

(三) 最终消费和投资分析指标

1. 最终消费分析指标

消费是对货物和服务的使用,用以满足生活的需要,它是生产的最终目的,这种消费需求也称作最终消费。在每个国家的 GDP 中,用于最终消费的比例都很高,至少都在 50% 以上。

测定消费规模的统计指标是最终消费总额,它等于居民消费和政府消费的总和。最终消费总额与国民可支配总收入(或 GDP)的比值称为消费率,它反映了国民可支配总收入(或 GDP)中用于消费的比重。其公式如下

$$消费率 = \frac{最终消费总额}{国民可支配总收入或 GDP} \times 100\%$$

反映国民可支配总收入或 GDP 中用于储蓄的比重的指标是储蓄率,它等于储蓄总额与 GDP 的比值。如果储蓄率和消费率均按国民可支配总收入计算,储蓄率 = 1−消费率,两者是此消彼长的关系。

在消费分析中,另一个重要指标就是恩格尔系数,它是以德国统计学家恩格尔的名字命名的。其计算公式为

$$恩格尔系数 = \frac{食品支出额}{消费支出总额} \times 100\%$$

随着人们收入水平的提高,恩格尔系数不断下降已经是一个普遍的规律。联合国统计局根据恩格尔系数为数量界限作为辅助指标,对一个国家的发展水平和居民收入进行如下判断:恩格尔系数在 60% 以上为生活绝对贫困;系数在 50% ~60% 为勉强度日;系数在 40% ~50% 为小康水平;系数在 20% ~40% 为富裕;系数在 20% 以下为最富裕。

2. 投资分析指标

有关投资规模测定的指标是社会资本形成总额和投资率。社会资本形成总额是指国内生产总值最终使用中用于投资的部分,是年度固定资产投资规模和库存增加的总和,即总投资。

投资率是指社会资本形成总额与国内生产总值的比值,用公式表示如下

$$投资率 = \frac{总投资}{GDP} \times 100\%$$

改革开放以后,随着我国 GDP 规模的不断扩大,最终消费规模和资本形成总额的规模也都逐年增大,消费率在 60% 左右,投资率在 40% 左右。目前,我国投资率属世界最高的国家之一。

【小资料】

国民经济景气监测

国民经济景气监测是通过建立国民经济监测网络,利用监测指标体系、监测和预警模型,对国民经济运行实施有效地监测和预警统计的常用方法之一。这种方法就是在所选择的一组反映经济发展状况的敏感性指标中,运用有关的数据处理方法,选择若干指标组成为一个综合性的指标体系,并通过类似于交通管制信号红、黄、绿灯的一组标志,对这组指标和综合指标反映的当时国民经济状况,发出不同的信号,最后,通过观察分析信号的变动情况,来判断未来经济发展态势的方法。

运用这种方法的基本步骤如下:①选择和确定能够反映国民经济运行状况的监测指标,这些指标最好是按月度或季度收集整理的;②计算各指标本期的实际值与上年同期的数值比值,然后对其结果进行季节调整,消除季节因素和不规则因素,用以制订预警信号;③确定各个灯区的临界限范围,将各指标指数按照各种临界限划分为红灯区、黄灯区、绿灯区、浅蓝灯区和蓝灯区五个区间,并将五个区间依次赋值为 5 分、4 分、3 分、2 分和 1 分;④根据确定灯号分数的标准,将消除季节因素和不规则因素的各指标的指数转换为灯号分数;⑤综合各指标的灯号分数,求得整个国民经济动态平均灯号分数;⑥根据整个国民经济动态平均灯号分数进行预警信号的分析。

当预警信号亮出绿灯,表示当时的经济景气比较稳定,可在稳定中采取一定的促进经济增长的措施;当预警信号亮出黄灯,说明经济尚稳,但短期内有转热或趋稳的可能;当预警信号亮出红灯时,表明经济已经过热,必须采取有力的紧缩措施;蓝灯表示已进入萧条,必须采取强力刺激经济复苏的对策。

目前国家统计局采用的宏观经济运行监测指标体系,是选择以下 12 个指标组成:工业总产值、预算内工业企业销售收入、基础产品产量指数、商品流转次数、社会商品零售总额、商业国内工业品纯购进、固定资产投资额、狭义货币 M1(现金+企业、机关活期存款)、企业存款、银行现金总支出、出口额、全国生活费用价格指数。

以上指标得分相加,48 分以上为红灯区(过热);42~48 分为黄灯区(偏热);30~42 分为绿灯区(正常);24~30 分为浅蓝灯区(偏冷);24 分以下为蓝灯区(冷)。

采用经济景气打分和综合评分的方法比较直观,应用方便,易于理解。近年来很多国家都运用这种方法对宏观经济运行状况进行监测和预警。值得注意的是:对于极其复杂的整个国民经济系统来说,必须定量与定性分析相结合,不宜片面强调这种方法的作用。

(资料来源:郭风艳,申斯.统计学[M].北京:北京理工大学出版社,2006.)

本章小结

国民经济统计也称国民经济核算,是以整个国民经济为对象而进行的一种统计核算,它是

从数量的角度研究国民经济运行的条件、过程及其内在联系的。

我国现行国民经济核算体系由5套基本核算表、3套国民经济账户和2张附属表组成,基本核算表和国民经济账户是本体系的中心内容。

国民经济统计常用的基本分类有:①机构部门分类;②三次产业分类;③经济类型分类。

国民经济生产指标主要包括:①国内总产出;②国内生产总值;③国内生产净值。

国内生产总值的三种不同计算方法:

(1)生产法。

$$GDP = \sum (各部门的总产出-该部门的中间消耗) = \sum (各部门的增加值)$$

(2)分配法。

$$GDP = \sum (各部门的增加值) = \sum (劳动者报酬+生产税净额+固定资产折旧+营业盈余)$$

(3)使用法。

$$GDP = (居民消费+政府消费)+(固定资产形成总额+存货增加)+出口-进口$$
$$= 总消费+总投资+净出口$$

国民经济分配指标主要包括:①国民总收入;②国民净收入;③国民可支配收入。

资产负债统计包括资产和负债两个方面。经济资产可分为金融资产和非金融资产两大类。

国民财富是指某个国家在特定时点上所拥有的各种生产资产、非生产资产和净金融资产的总和。

常用国民生产分析指标有:经济增长速度和社会劳动生产率。

常用收入分配分析指标有:人均国内生产总值和人均国民总收入。

常用最终消费和投资分析指标有:消费率、恩格尔系数和投资率。

关键概念

国民经济统计　国民经济核算体系　三次产业分类　国内生产总值　国民总收入　国民可支配收入　人均国内生产总值　恩格尔系数

案例分析

对于任何国家来说,经济发展都是非常重要的,只有经济发展了,人民生活水平和综合国力才会提高,因此能够反映经济发展的中心指标得到了各个国家的关注。

新中国成立以来,我国考核经济发展的中心指标根据经济的发展不断变化,改革开放前,我国曾以工农业总产值作为考核经济发展的中心指标,20世纪70年代后期,MPS口径的国民收入开始取代工农业总产值。随着改革开放的不断推进,从1985年起开始把GDP作为经济发展的一个中心指标,并建立了适合我国的国民经济核算体系。目前,GDP作为国民经济的中心指标被全世界所关注。

但近年来,随着经济的发展,环境和生态问题日益引起全世界的关注,GDP 指标存在着一定的局限性,人们希望寻求新的中心指标来代替 GDP。目前,已经提出了几种主要指标,现简单介绍一下:

1. 经济净福利

经济净福利是在考虑国民经济最终产品的基础上,加入对生产与环境、劳动与闲暇等影响人民福利因素的考虑,较好地衡量经济社会发展水平及居民生活水平。其计算公式为

经济净福利＝国内生产总值＋为改善环境资源质量的投入－以破坏环境为代价而得到的产出＋虚拟的闲暇时间内活动价值福利

2. 绿色 GDP

由于 GDP 没有充分考虑资源与环境因素,随着可持续发展战略的实施,资源、环境、经济之间协调发展提到议事日程,绿色 GDP 也应运而生。绿色 GDP 分为总值和净值。

绿色 GDP 总值＝GDP－中间消耗性质的自然资源耗减成本

绿色 GDP 净值＝GDP－固定资产折旧－自然资源耗减成本－环境降级成本

3. 新国民财富和积蓄财富

世界银行 1995 年制定了《新国民财富计算法》,将"国民财富"从原来理解的人造资产、自然资源等领域扩展到人力资源和社会资本各方面。依照这种新的财富观,世界银行还制定了一个反映可持续发展要求的"积蓄财富"指标,它等于一个国家的 GDP 减去本期的消费、人造资产的折旧损耗以及自然资源的耗减之后的余额。

4. 可持续发展综合指数

该指标弥补了 GDP 单一指标的不足,它选择反映经济、社会、环境等多层面的若干指标,形成指标体系,并利用统计综合评价的方法,编制综合指数。

问题:

(1) 简述 GDP 作为经济发展中心指标的作用和局限性。

(2) 简述经济净福利等四种指标的理论内涵及其与科学发展观的联系。

(3) 分析上述新指标的可行性。

(4) 简述对我国就近期和中长期应选择何种指标作为经济发展中心指标提出自己的看法。

实训题

根据下面三个表的有关数据,试用生产法、分配法和使用法计算 GDP,并计算国内生产净值、国民总收入、国民可支配总收入、国民可支配净收入、消费率、储蓄率和投资率。

(1) 生产和消耗数据见表 11.5。

表 11.5 生产和消耗数据

部门	总产值(亿元)	中间消耗率(%)	折旧率(%)
农业	3 260	25	5
工业	12 460	45	10
建筑业	2 050	55	10
运输业商业	1 375	30	6
政府公共服务	980	12	3
其他服务业	5 820	17	3

(2) 收入分配情况(单位:亿元):

劳动报酬	10 070
生产税净额	2 382
营业盈余	2 523
国外要素收入净额	−318
国外经常转移净收入	192

(3) 使用或支出情况(单位:亿元):

居民消费	8 000
政府消费	3 381
固定资产形成总额	3 825
库存增加	382
出口	300
进口	481

第十二章

Chapter 12

现代企业统计

【学习要点及目标】

1. 了解现代企业统计的职能和任务、统计内容的构成,以及企业统计组织结构和各级统计岗位职责;
2. 掌握现代企业统计工作的程序和方法;
3. 掌握现代企业主要经济统计指标的含义和计算方法;
4. 学会撰写现代企业统计分析报告。

【引导案例】
某生产型企业招聘统计人员的信息

公司行业:建筑与工程,建筑材料及加工

公司性质:私营企业

公司规模:500人左右

聘用人员职责:

1. 负责生产过程中的各类数据的统计核算;
2. 及时提供日报、周报及月报;
3. 针对生产统计过程中出现的问题,及时上报沟通;
4. 计算工时、工作效率、工人工资等。

任职资格:

1. 大学本科以上学历,会计、统计或工商管理专业;
2. 有统计员资格证者优先;

3. 2年以上工作经验,1年以上生产型企业工作经验;

4. 熟练应用Excel软件及其他常用办公软件;

5. 工作踏实,责任心强,能够承受较大的工作压力。

通过阅读上面企业统计岗位的招聘信息,想一想,你对现代企业的统计工作有哪些认识?(现代企业统计工作在企业的生产经营过程中的职能和作用如何?如何有效地组织和开展现代企业的统计工作?企业统计人员都有哪些工作职责?统计工作人员应具备哪些核心素质?)

企业是为社会消费而从事货物产品生产或提供服务活动,谋求盈利,在经济上实行独立核算,自负盈亏,具有法人资格的经济组织。企业作为社会经济活动的基本单位,通过各种形式的经济联系,构成国民经济的统一体。因此,人们常将"企业"视为"微观经济主体",而将"国民经济整体"视为"宏观经济主体"。统计学以其科学的研究方法、完整的指标体系和先进的技术手段,在企业微观管理中有着广泛、深入的应用,对于加强企业经营决策与指挥的科学性和提高企业的经济效益发挥着重要的、基础性的作用。本章在统计学基础理论的基础上,进一步介绍统计在现代企业微观管理领域中的实际应用。

第一节 现代企业统计概述

在市场经济条件下,企业是市场竞争的主体,企业从事生产经营活动,实现企业目标,必须有与之相适应的组织机构,并拥有生产某种产品,提供某种服务所需的劳动力、劳动对象、劳动资料以及获得它们的资金、隐含于它们的科学技术和伴随于它们的内部与外部信息。由于在企业生产经营活动中,内部信息伴随产生,其信息反馈以及对外界信息的不断搜寻是企业继续其生产经营活动所必需的,企业内部与外部信息的收集、整理和分析都需要用到统计学的知识。

一、现代企业统计的概念

现代企业统计是以企业生产经营活动的数量方面为研究对象,通过一系列科学的统计方法和统计指标体系,对企业生产经营活动中产生的有关数据进行收集、整理和分析,以达到对企业生产经营活动的本质与规律的认识,并参与企业管理。

需要指出的是,本章研究的现代企业统计属于狭义的企业经济统计的范畴。即现代企业统计研究的是企业生产经营活动中有关数据收集、整理和分析企业经济活动数量方面的统计方法论,涉及统计指标体系的设计,而不是研究企业内部如何管理的问题。

二、现代企业统计的职能和任务

现代企业统计的职能取决于企业统计的服务对象。在社会主义市场经济条件下,企业统计的服务对象分别是企业的投资者、决策管理层、主管部门、政府统计机构等,但重点对象是企业决策管理层,为企业的生产经营服务。由此,企业统计的职能可具体化为信息职能、咨询职能、评价与监督职能。

(一)现代企业统计的职能

1. 现代企业统计的信息职能

现代企业统计的信息职能,就是现代企业统计利用各种统计指标和一系列科学的统计方法把企业生产经营过程中的人、财、物,产、供、销的一切数量表现和数量关系记录下来,经过汇总、加工、处理,为企业生产经营管理和国家宏观调控提供有用的信息,这是现代企业统计最基本的职能。

2. 现代企业统计的咨询职能

现代企业统计的咨询职能主要体现在两个方面:一是,现代企业统计在为企业决策管理层提供生产经营信息的基础上,运用统计分析方法,对企业经营管理中存在的问题进行深入地分析研究,找出产生问题的原因,提出切实可行的改进方案;二是,现代企业统计可以通过企业内部统计信息和外部情报信息为企业经营决策提供可供参考的依据,并提出各种基本分析论据和建议,参与企业决策,为企业决策提供咨询服务。

3. 现代企业统计的评价与监督职能

统计数据(指标)可以用来检查企业经营决策、计划和各种制度(标准)在企业各部门的贯彻执行情况,及时发现经营中的偏差并加以纠正。由于某项统计指标只能反映企业某一方面的经营状况,为了全面反映企业生产经营活动的整体情况,企业往往还通过建立指标体系来对其经营过程和成果作出综合的评价,对企业各部门起到考核、监控的作用。

对于已运行企业信息管理系统的企业,由于信息数据的透明化,还可监督财务做账、企业采购等方面的情况,杜绝腐败现象发生;也可以监督检查企业经营过程中满足市场需求的情况,及时揭露问题,并提出有效的纠正措施,保证企业生产经营的方向正确。

上述三项职能是相互联系、相辅相成的。其中,提供信息的职能是最基本的,统计的咨询职能是对信息职能的延续和深化,而提供信息的最终目的是为了进一步通过数据间的横向和纵向比较,通过评价来监督企业生产经营活动的运行,促使企业经济健康、快速地发展,也就是说,提供信息的目的是为了监督。

(二)现代企业统计的任务

1. 为企业生产经营管理提供准确、全面、及时的统计信息,进行综合评价与诊断,参与企业管理决策

从总体上反映企业生产经营活动的过程和成果,提供与企业发展有关的同行业情况、市场供求信息和国内国际政治经济信息,为企业确定经济发展方向和发展模式、制订生产经营计划提出切实可行的咨询建议;从具体内容上反映和监督企业生产经营活动中各种投入要素之间的协调数量关系,反映产出成果的数量、质量以及适应社会需要的情况,反映企业投入产出相比较的经济效益,反映一定时间内企业新创造价值的分配等,为加强企业内部生产经营管理、减少消耗、降低成本、不断提高经济效益提出咨询建议。

2. 为国家宏观调控提供准确、全面、及时的统计信息资料

依据《中华人民共和国统计法》向国家提供统计信息资料是企业统计应尽的义务。国民经济的宏观信息、行业信息是在企业提供的统计信息的基础上综合汇总得到的,它是国家制定宏观经济政策的依据,同时,也是企业进行正确的经营决策和加强管理的重要参考信息。准确的信息是正确决策的前提,要使企业良性发展、国民经济保持结构合理、健康发展,提供企业统计信息的工作者担负着重要的历史使命。

三、现代企业统计的内容

企业生产经营过程,既是生产货物产品和提供服务的劳动过程,又是产品价值的形成过程。劳动过程是指劳动者运用劳动手段作用于劳动对象,创造出具有使用价值的产品和服务的过程。作为价值形成过程,一方面物化劳动价值转移到产品价值中,另一方面活劳动消耗新创造价值,两者形成产品总价值。企业生产经营过程同时又是实物运动与资金运动过程的统一。任何企业的生产经营活动都要投入财力、人力、物力,生产出货物产品或提供服务。

在市场经济条件下,企业是独立的商品生产者和经营者,从生产资料的采购到生产过程的组织以及产品销售,都是企业自主完成。企业为了在市场竞争中取胜,必须根据市场需要,确定生产经营目标,科学地组织生产,有效地促进营销,使产品畅销不衰,生产不断发展。企业的生产经营过程又是供、产、销的统一。

企业是以盈利为目的的经济组织,任何企业都力求少投入、多产出、争取最大的经济效益。

根据企业生产经营活动的经济运行以及企业生产经营的目的,现代企业统计的内容应包括:投入统计,产出统计,销售与市场统计,财务统计,经济效益统计五部分内容。

四、现代企业的统计组织结构和各级统计岗位职责

为保证现代企业统计工作的顺利开展,及时提供统计信息,反馈企业经营活动中存在的问题,加强管理,提高企业经济效益,必须建立与企业的组织结构相适应的、以企业厂部(公司、总厂)统计为中心的企业统计组织结构,并明确规定各级统计岗位的工作职责。

(一)现代企业的统计组织结构

我国企业组织结构一般分为三级管理,即厂部、车间、班组三级;大型或特大型企业可分为四级或五级,即总厂、分厂、车间、工段及班组四级或五级。因此,企业统计组织结构与之相适应也有三级、四级或五级的设置(图12.1)。现代企业组织结构设置明确了现代企业的统计工作应以公司综合统计为龙头,各职能部门的专业统计和各分厂(车间)的统计要分工合作,各尽其职,才能保证企业内、外各项统计任务的顺利完成。

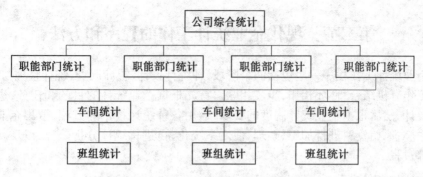

图 12.1 现代企业统计的组织结构

(二)企业内部各级统计岗位职责

1. 公司综合统计

公司综合统计一般在企业经营计划部或生产部综合统计处(科)。其主要职责是:①负责全厂生产经营活动的全面统计工作。根据国家统计局报表制度的有关规定和企业管理工作的要求制订企业内部统计制度,包括原始记录、统计台账及内部报表,并负责检查监督和指导各职能部门及分厂(车间)的统计工作。②收集汇总企业生产经营活动的有关资料,撰写统计分析报告,为企业领导决策和有关部门分析研究提供翔实的统计信息和咨询意见。③按照国家统计局和上级主管部门的要求,及时上报统计报表,为国民经济核算和宏观决策提供准确、可靠的统计信息。

2. 职能部门统计

职能部门统计也是企业生产经营管理部门相对应的统计。企业管理由计划管理、劳动管理、物资设备管理、技术管理、生产管理、质量管理、市场营销管理、财务成本管理等职能管理部门组成。因此,企业统计也应和各项专业管理相结合,建立相应的职能管理统计,如劳动管理统计、物资设备管理统计、技术管理统计、生产管理统计、质量管理统计、市场营销管理统计、财务成本管理统计等专业统计。职能部门统计负责完成企业需要的各项统计调查任务,收集、整理、分析、研究本专业的有关统计资料,编制专业统计报表,积累有关统计资料,按照企业内部统计制度的规定,向综合统计部门报送统计报表。

3. 车间统计

车间统计工作视具体情况,可设专职或兼职统计人员,负责完成厂部(公司)综合统计部门和职能管理部门的统计工作任务,向下对班组收集、监督本单位生产计划的执行情况,并及时向有关职能部门和单位领导提供统计资料。

4. 班组统计

班组统计工作是建立在全体生产人员的基础上,在班组内设置兼职统计员,负责帮助及督促生产人员填写好原始记录,上报车间,同时为劳动竞赛和班组经济活动分析提供可靠依据。

第二节 现代企业统计工作的程序和方法

现代企业统计工作程序一般包括四个阶段,即统计设计、统计调查、统计整理与统计分析。四个阶段工作有机结合,环环相扣,步步相联。首先根据企业统计的目的和任务,进行企业统计制度的设计,然后根据企业统计制度的要求,运用各种统计技术和方法,搜集企业经济统计所需资料,并对原始资料进行加工、整理,使之系统化,再进行统计分析研究,以反映企业经济活动的全部过程。

一、企业统计设计

企业的统计设计主要体现在企业统计制度的设计上。在企业的统计制度中应明确规定企业统计的目的、各部门的职责分工、企业需要定期或不定期收集哪些数据资料、通过收集和整理最终形成哪些报表和分析材料、统计报表的规范表式以及统计报表(分析材料)报送的程序和时间要求等。

二、企业统计调查

统计调查是企业采用各种调查方法搜集统计资料的过程,是企业经济统计工作的第一阶段,也是统计整理和统计分析的前提。调查的形式多样,按照调查对象的范围不同可分为全面调查和非全面调查(主要为抽样调查)。企业统计资料,主要来源于企业内部车间和专业职能部门所提供的经济统计资料及企业外部搜集的统计资料。

(一)企业外部统计资料的收集

对于企业外部经营环境的初级资料,企业一般无能力也没有必要进行全面调查,通常采取抽样调查。

企业外部统计信息分为外部间接统计信息和外部直接统计信息。外部间接统计信息是指公开出版和不公开出版的各种年鉴和资料汇编,即经他人搜集整理加工过的现有统计资料,故也称之为次级统计资料。间接统计信息来源浩瀚丰富、采集方便、费用低廉、可信度高,尤其是政府部门出版的统计资料具有权威性、系统性、连续性、准确性等特点,能满足企业对非时效性统计信息的需要,特别是能满足现代企业对宏观经济信息的需求。但是,间接统计资料的编辑意图、分类体系不可能完全适用于企业对统计信息的需求。因此,企业必须对间接统计资料进行再加工,例如,统计口径、统计分类的调整,使之成为符合其特定需求的信息。

外部直接统计信息是指企业派人员或委托专业调查公司采集调查对象的原始记录经整理汇总所得的统计资料,故也称之为初级统计资料。直接统计资料主要来源于市场调查,主要采用抽样调查方法。外部直接统计信息是企业根据特定需要直接从客户市场或要素供应市场采集的,无论是采集的目的、方法,还是采集的项目、时间等均由企业自主决定,所以直接统计信息的针对性、实用性、时效性优于间接统计信息,但是投入较多的人力、时间和费用相对较高。

另外,在企业市场调查技术力量不足的情况下,宜委托专业调查公司调查采集,以保证直接统计信息的质量。

(二)企业内部统计资料的收集

企业内部统计资料的收集主要采用全面调查,仅有个别领域依靠抽样调查,如质量检验、工作定额的制订、从业人员民意测验等。全面调查主要通过建立统计报表制度来组织实施。公司综合统计部门(人员)根据国家统计局报表制度的有关规定和企业管理工作的实际要求制定企业统计报表制度,明确规定原始记录、统计台账及企业内部统计报表的规范格式和使用要求。公司综合统计部门(人员)负责检查、监督和指导各职能部门及分厂(车间)按要求规范填写原始记录、汇总统计台账,按时编制内部统计报表,并按统计报表的报送程序要求自下而上地报送统计资料。在企业内部,统计资料的归口管理部门为公司统计部门(人员)。企业内部统计信息的采集路径一般为:原始记录→统计台账(汇总表)→企业内部统计报表。

原始记录是企业收集生产经营活动初级资料的重要工具。它是按照统计、会计和业务三种核算的要求,通过一定的表格形式,对企业生产经营活动的情况所做的最初的数字和文字记载。如企业生产经营中最初的各种表、卡、单、票等记录。但根据第一次记录而转录的资料及根据有关资料加以间接推算、估测出来的资料,都不是原始记录,只能称为"整理表"、"汇总表"或"台账"等。原始记录需要随企业生产经营活动的发生而由相应部门(岗位)的人员随时进行记载,为企业统计核算提供依据。

原始记录是为满足企业经济核算和管理需要而设置的,不同生产特点和经营方式的企业之间原始记录的形式和内容不尽相同。以制造业为例,企业的原始记录主要有:产品订货单,原材料、产成品、备品备件等的出、入库单,投料单,员工考勤记录,个人生产记录单,设备使用记录单,质量检验记录等。企业原始记录范例见表12.1、表12.2、表12.3和表12.4。

表12.1 订货单

品名: 年 月 日

规格	单位	数量	单价	金额	交货期	运输方式	结算方式	定金	履约状况

经手人:

表12.2 出库单

品名: 年 月 日

单位	规格	数量	单价	金额	结算状况	用途分类	客户(部门)	履约状况

经手人签名:

表12.3 产品入库单

年　月　日　　　　　　　　　　　　　　　　　　　　　第　　号

编号	产品名称	规格	单位	入库量				备注
				合计	一等品	二等品	三等品	
合　　计								

仓库盖章：　　　　　　　　　　交库单位：　　　　　　　　制表：

表12.4 投料单

产品名称：　　　产品批号：　　　计划产量：　　　　年　月　日

材料名称	规格	计量单位	投入量	投入时间	单价	金额	产出量(单位)

经手人签名：

三、企业统计资料的整理

通过企业统计调查，所取得的大量原始记录和其他原始材料是分散的、不系统的，必须按照科学的方法加以整理，使之条理化和系统化，成为便于储存和传递的、反映总体特征的数据。企业统计整理的步骤主要包括以下几步。

1. 原始资料的审核

在加工整理之前，首先要对原始资料进行审核。看其有无错漏、是否及时、口径是否一致，即要对资料进行正确性、完整性和及时性审核。

(1) 对资料正确性的审核。

①逻辑检查。统计资料的逻辑检查是在充分熟悉企业经济工作，也就是在了解各项业务的基础上，审查调查资料的内容是否合理，有无违背常规的地方，各种指标间的数字有无矛盾，是否符合逻辑和规律。在指标动态对比上，有无突增突减的现象；在计划数字上有无与上级下达不符的情况等。

②计算检查。计算检查主要从数字计算上进行检查，如数字的合计是否是各个小计的加总，计量单位是否符合规定的要求，各项指标的计算方法是否正确。

在实际工作中，逻辑检查和计算检查两种检查方法常常结合使用。例如，在逻辑检查发现错误以后,就必须再做计算检查,找出错误原因,直到修正为止。

③对比检查。对比检查包括有关项目之间的对比,表与表之间的对比,汇总资料与实际情况的对比等。

(2)对资料完整性、及时性的审核。

对资料完整性、及时性的审核。主要是看应该调查的单位是否有遗漏,调查表所规定的项目是否填写齐全,调查资料是否按照规定的时间上报等。通过以上检查,如果发现有缺报、缺份和缺项,应及时催报、补报;若发现有不正确之处,应按照有关规定进行处理和订正。

2. 原始资料的分类和汇总

在原始资料审核的基础上,对原始资料进行分类分组,分别登记相应的统计台账。期末对统计台账上记载的本报告期内的数据进行汇总、结算,编制成汇总表,作为编制企业各种统计报表的依据。

所谓统计台账是指企业为统计整理和统计分析需要而设置的一种汇总资料和积累资料的账册。通过统计台账,对统计资料加以分类、归纳、综合,按日、月、季、年进行登记,使资料积累做到"每日资料条理化,月度统计资料系统化,年度统计资料档案化",以适应企业制定发展战略、研究生产经营规律的需要。统计台账按企业统计组织系统的不同,一般可分为车间统计台账和职能部门统计台账;统计台账按其内容不同,又可分为综合性台账和专用台账两大类。

统计台账与汇总表不同。统计台账是原始记录根据时间顺序、经常地按时序(如日、旬)登记,期末进行汇总、结算的账册。而企业汇总表则是在一定时点上,把报告期各单位的数字,按一定要求排列在一起,经综合汇总而成的表式。

企业统计资料汇总方式一般有两种:一是采用单式或日报式的原始记录,登记台账、加总编报汇总表;二是采用台账式的原始记录,到期末在台账上汇总,据此编制汇总表。统计台账和汇总表是各车间和职能部门编报企业内部统计报表的依据。

过去统计汇总大多采用手工汇总,辅之以算盘和计算器。随着科学技术的进步,现代化的设备——计算机已经较为普遍地被运用到企业信息统计工作中,统计汇总工作正逐步走向现代化。运用计算机对原始数据进行加工、存储、合并、分类、运算、打印报表等。其数据的处理过程,一般是编制程序、数据录入、逻辑检查、运算、编制报表等。

3. 企业内部统计报表的编制和报送

企业内部统计报表的编制、报送过程,也就是企业统计信息的传输过程。企业内部统计报表根据原始记录或统计台账的资料汇总编制。企业内部统计报表按报送时间不同,可分为日报、周报、旬报、月报、季报等。对于主要经济指标,如产品产量、产值、质量等领导需要经常了解生产完成情况,一般采用日报、旬报的形式。某企业厂内生产日报表见表12.5。

表12.5 生产日报

车间：　　　　　　　　　　　　　　　　　　　　　　　　　　　　月　　日

产品名称	规格	单位	产品产量指标(件)						产品质量指标			累计完成计划(%)	备注
			计划	实际完成					一级品率(%)	合格品率(%)	废品率(%)		
				合格品			不合格品						
				合计	一级品	二级品	次品	废品					

负责人：　　　　　　　　　　　　　　　　　　　　　　　　　　　制表：

企业内部统计报表按编报部门不同可分为：车间统计报表、各职能部门统计报表和综合统计部门编制的综合统计报表。企业各车间和各职能部门所要提供的统计报表资料的内容因各部门分管的工作内容不同而不同。

（1）车间及各职能部门提供的统计资料内容。车间所提供的统计资料主要包括：产品产量、品种、质量、劳动时间利用、劳动生产率、设备利用、原材料和能源消耗，并提出车间计划完成情况的统计分析报告。

各职能部门所提供的统计资料与部门分管的专业职能相对应。具体内容参见表12.6所示。

表12.6 各职能部门所提供的统计资料内容

企业统计资料类别	包括的内容	提供资料的部门
产量统计资料	包括产量、品种、产值等统计资料	由车间或生产部门提供
质量统计资料	包括反映产品质量特性、工作质量统计指标等统计资料	由质检部门提供
劳动工资统计资料	包括劳动力、劳动时间利用、劳动生产率和工资统计资料	由人力资源部门提供
生产设备统计资料	包括设备的数量、能力、完好情况、利用程度、维修等方面的统计资料	由设备管理部门提供
原材料统计资料	包括原材料的收、拨、存、单耗（或利用率）等统计资料	由供应部门提供
能源统计资料	包括能源的收、拨、结存、消耗、利用等统计资料	由能源管理部门提供
产品销售统计资料	包括产品销售、库存、合同执行情况、产品销售价格、产品销售预测等统计资料	由销售部门提供

续表 12.6

企业统计资料类别	包括的内容	提供资料的部门
技术进步统计资料	包括技术改造、设备现代化和工艺状况等统计资料	由工艺科或技术部门提供
财务成本统计资料	包括资金、收入、成本、利润或税金等统计资料	由财务部门提供
企业外部统计资料的收集	通过企业外部统计资料,考察本企业在同行业、在市场中的位置,如产品市场占有率、替代产品种类、数量等指标等	由市场部门或综合统计部门提供

(2)企业统计信息的传输路径。企业统计信息的传输路径一般为:由车间汇总班组原始资料形成车间报表,报送相关职能部门和公司综合统计部门;公司各职能部门统计报表统一归口报送公司综合统计部门。公司综合统计部门依据各部门报送的统计报表,一方面编制企业内部综合统计报表,并开展综合统计分析,为企业领导经营调控提供依据;另一方面,依据内部统计报表及会计核算资料填报国家企业统计报表制度要求的有关统计报表,按时上报国家统计部门或行政主管部门。

我国的企业统计报表制度是我国统计调查方法体系中的一种重要的组织方式。它是根据国家的统一规定,按统一的表格形式,统一的指标内容,统一的报送时间,逐级提供统计资料的统计报告制度。目前,我国现行的企业统计报表中的各项指标主要包括:企业生产经营成果产出、人力物力投入、经济效益、财务状况、技术进步等方面,已形成了比较完整的指标体系。以工业统计报表制度为例,对于规模以上工业企业(指全部年主营业务收入 500 万元及以上的工业法人企业)的统计调查采用全面调查的方式,所有符合条件的工业企业都必须填报国家统计局制发的统一的统计报表,包括基层定期报表和年报等。基层定期报表的表式见表 12.7 和表 12.8。对于规模以下工业企业(指全部年营业收入 500 万元以下的工业企业和个体经营工业单位)主要采用抽样调查的方式进行。

与统计汇总工作的现代化相适应,统计信息的向上传输工作,目前也由过去报送手工报表的方式,转为报送磁盘或计算机联网传送。计算机的普及和应用,使得汇总迅速准确、存储运用极为方便,大大提高了统计加工整理及统计分析工作的效率。

4. 统计数据的管理

统计原始数据必须保持其完整性和准确性,才能够为统计数据分析和服务提供准确的信息,为此建立完善的统计数据库是必要的。数据库包括数字、指标、指标体系、数学模型、统计图表、代码、标准、文件,具有对数据进行检索、存储、修改、增删等功能。统计数据库是各基层单位运用现代技术手段对统计资料采集、存储、分析和开发,提供基础信息的系统。它可以供给不同的用户使用,通过网络实施传递,实现统计资源共享,为企业的科学决策和管理提供可靠地依据。

表12.7 工业企业产销总值及销售、库存、订货量

表号：B201、B203表
制表机关：国家统计局
文号：国统字[2009]106号
有效期至：2011年1月

组织机构代码：
企业详细名称（盖章）：

指标名称	指标代码	计量单位	本年实际		上年同期		指标名称	计量单位	指标代码	本年实际		上年同期	
			本月	1—本月	本月	1—本月				本月	1—本月	本月	1—本月
一、工业总产值（当年价格）	01	千元					五、分行业产值（大中型企业填报）	千元					
其中：新产品产值	02	千元						千元					
二、工业销售产值（当年价格）	03	千元						千元					
其中：出口交货值	04	千元						千元					
三、企业用电量	05	万千瓦·小时											

工业产品名称	计量单位	年初库存量	本年实际生产量		上年同期生产量		累计销售量		期末库存量	企业累计自用及其他	累计订货量*	累计订货额*（千元）
			本月	1—本月	本月	1—本月	今年	去年			今年去年	今年去年

企业负责人：　　统计负责人：　　填表人：　　联系电话：　　传真：　　报出日期：2010年　月　日

说明：
1. 报送时间：本表月报为月后1日前报出，1月份免报。报送方式：月报为纸质报表或网上报送。
2. 本表取整数，主要逻辑审核关系：01>02,03>04；年初库存+本年实际生产量－累计销售量－累计自用及其他＝期末库存量。
3. 打"*"号的指标由大中型企业季度填报。

表12.8 工业企业财务状况

表号：B 202表
制表机关：国家统计局
文号：国统字[2009]106号
有效期至：2011年1月

组织机构代码：
企业详细名称（盖章）：

2010年1—　月

指标名称	代码	计量单位	本年1-本月	上年同期
甲	丙	乙	1	2
应收账款	001	千元		
存货	002	千元		
其中：产成品	003	千元		
流动资产合计	004	千元		
资产总计	009	千元		
负债合计	013	千元		
主营业务收入	124	千元		
主营业务成本	125	千元		
主营业务税金及附加	126	千元		
营业费用	052	千元		
管理费用	076	千元		
财务费用	119	千元		
其中：利息支出	120	千元		
利润总额	136	千元		
应交增值税	138	千元		
全部从业人员平均人数	145	人		

单位负责人：　　统计负责人：　　填表人：　　联系电话：　　报出日期：2010年　月　日

四、企业统计分析

企业统计分析是指在科学理论的指导下,运用统计方法,根据所收集、整理的统计资料,对企业经济活动的条件、过程、生产经营成果以及其他有关情况进行进一步的分析和研究,从而使统计信息量得以倍增的过程。通过统计分析,可以弄清企业经营活动的基本情况,从中发现问题,找出原因,并提出解决问题的对策及建议,以达到对企业经济活动本质及客观经济规律的深刻认识。

(一)企业统计分析方法

企业统计分析要将定量分析与定性分析相结合。定性分析是以科学理论为基础,对事物本身的性质和发展规律进行的分析;定量分析是在定性分析的基础上,对事物的数量表现、数量关系以及质量互变的数量界限进行的分析。统计学所提供的定量分析方法主要有:统计分组法、综合指标法、时间数列法、指数法、抽样推断法、相关与回归分析法、统计预测法等多种统计分析方法。在进行综合统计分析时,应根据研究的目的,将各种分析方法加以综合地运用。

除上述统计分析方法之外,统计综合分析研究中常用的基本方法还有:统计比较分析和统计综合评价。现重点对统计比较分析和综合评价作简要介绍。

1. 统计比较

统计比较是一种传统的统计分析方法,通常用来研究现象之间的差别关系。由于这种方法适应范围广,可以对研究对象进行简单评价,因此,在企业统计分析中一直被广泛地运用。

(1)统计比较的概念。所谓统计比较,就是将统计指标所反映的现象的实际水平与有关标准进行对照,计算出数量上的差别和变化,进而作出评价和判断的统计分析方法。

(2)统计比较的作用。

①通过比较分析,可以从事物的差别和变化中更加深入地认识事物;

②通过比较分析,可以监督检查企业各项计划(标准)的执行情况,深入分析原因,找出解决问题的办法;

③通过比较分析,可以在各单位(部门)之间产生督促后进的作用。

(3)统计比较的分类。

①按统计比较的时间状况,统计比较分为静态比较(横向比较)和动态比较(纵向比较)。横向比较,是同一时间、不同地区、部门或单位之间进行的比较,反映事物发展的平衡状况;纵向比较,是同一统计指标不同时间上统计数值的比较,反映现象发展的过程和速度。

②按统计比较的方式不同,统计比较分为相对数比较和绝对数比较。相对数比较是将分析对象的指标数值和比较标准相除而进行的比较,比较的结果表现为相对数,如倍数、系数、百分数、成数等;表明静态差别的比率或动态变化的程度,如计划完成程度指标、发展速度指标等。绝对数比较是分析比较对象和比较标准相减而进行的比较,相减结果表明两者相差的绝对量。在实际比较工作中,通常将相对数比较和绝对数比较两种方式结合起来使用,使人们对

事物的认识更加全面和完整。

③按比较对象的内容范围不同,统计比较分为单项比较和综合比较。单项(局部)比较是指比较总体现象的某一方面、某一局部,根据比较要求的不同,可以是单独一项统计指标,也可以将反映某一方面、某一局部的若干指标联系起来进行分析研究,例如,同类企业之间资产负债率的比较。综合比较是指对整个总体或若干方面的全面评价与分析,通常称为综合评价。例如,同类企业经济效益综合考察与评价,某项产品质量的综合评价和比较等。

(4)统计比较的标准。在统计比较过程中,作为比较依据或比较尺度的统计数据称为比较标准,也称为比较基数。常用的比较标准有:

①计划(或政策)标准。计划(或政策)标准是以企业所制订的有关计划、政策作为比较标准,如企业制订的生产计划、销售计划、财务计划(预算)等。计划或政策标准通常用于检查、监督计划或政策的执行情况。

②时间数据标准。时间数据标准是纵向比较的比较标准,主要有前期数据标准、历史最好时期标准等。前期数据标准,如本期水平与上年同期水平相比较时,上年同期水平就是前期数据标准。历史最好时期标准,即以较长一段时间内水平最高时期的数据作为比较标准。

③空间数据标准。空间数据标准是横向比较的比较标准,主要有平均水平标准、先进水平标准、相似空间标准等。

④经验(或理论)数据标准。经验数据标准是在常规性条件下,社会经济现象应该达到的一般水平。理论数据标准是根据理论研究确定的比较和评价标准。

(5)统计比较应注意的问题。

①统计比较事物之间的联系性。统计比较的目的在于通过比较和对照,显现事物的差别、比例、联系程度和变化速度。因此,统计比较的事物必须要具有内在、客观的联系。

②统计比较指标之间的可比性。无论是进行纵向比较还是横向比较,所对比的统计指标之间必须具有可比性,即要在统计指标的含义、计算口径、时间范围、空间范围、计算方法和计量单位方面均保持一致。

2. 统计综合评价

在企业综合统计分析中,不仅可以用单项指标的统计比较分析(横向比较和纵向比较)来对企业的经营状况作出评价,还可以将若干反映企业生产经营状况的重要经济指标结合起来,对企业生产经营状况及经济效益进行全面的综合评价。统计综合评价的结果表现为对分析对象作出好坏优劣的评价、排出名次顺序、分出等级等。综合评价的主要方法有:关键指标法、简易评分法、加权平均法及综合指数法。由于篇幅所限,本书将重点介绍企业常用的综合评价方法之一——综合指数法。

综合指数法,是指对反映企业生产经营状况或经济效益的评价指标设定比较标准值,然后用各指标实际值与相应的标准值进行对比,计算出各项指标的个体指数,再加权平均计算出综合指数,以反映企业经营状况或工业企业经济运行质量的好坏。

下面运用工业企业经济效益评价指标体系,说明这种方法的具体计算步骤。工业企业经济效益评价指标体系包括的七项指标(各项指标在本章第三节进行具体介绍)以及权数、标准值见表12.9。标准值参照全国平均水平确定。

【例12.1】 假定甲、乙两企业2009年的经济效益指标资料见表12.9,要求运用综合指数法对甲、乙两企业的经济效益进行综合评价。

表12.9 甲、乙两企业综合指数法经济效益评价计算表

指标	全国标准值	权数(%)	甲企业			乙企业		
			实际值	个体指数(%)	加权得分(%)	实际值	个体指数(%)	加权得分(%)
甲	1	2	3	4=3/1 或=1/3	5=4×2	6	7=6/1 或=1/6	8=7×2
1.总资产贡献率	10.7%	20	13.0%	121.5	24.3	11.0%	102.8	20.56
2.资本保值增值率	120%	16	130%	108.3	17.33	105%	87.5	14
3.资产负债率	60%	12	70%	85.7	10.28	50%	120	14.4
4.流动资产周转率	1.52次	15	1.2次	78.9	11.84	1.55次	102	15.3
5.成本费用利润率	3.71%	14	4.0%	107.8	15.09	4.5%	121.3	16.98
6.全员劳动生产率	16 500万/人	10	13 500万/人	81.8	8.18	12 000万/人	72.7	7.27
7.产品销售率	90%	13	95%	105.6	14.04	99%	110	14.3
合计		100		—	101.06		—	102.81

解 (1)计算各指标的个体指数。其公式为

$$\text{某项指标个体指数} = \frac{\text{报告期某项经济效益指标实际值}}{\text{该项指标全国标准值}}$$

如:甲企业总资产贡献率个体指数 $= \frac{13}{10.7} \approx 121.5\%$

其他依次计算,结果如表12.7第5和第8栏所示。

(2)确定各评价指标的权数。通常采用专家意见法确定。

(3)计算经济效益综合指数。其公式为

$$\text{经济效益综合指数} = \frac{\sum(\text{某项指标个体指数} \times \text{该项指标权数})}{\sum \text{各项指标权数}}$$

具体计算结果见表12.7第6和第9栏合计数。

(4)对企业经济效益进行综合评价。由于经济效益评价指标体系中的6项指标(资产负债率按逆指标处理)均为正指标,故当企业经济效益综合指数等于或大于100%时,表明本企业综合经济效益水平达到或超过了全国平均水平;小于100%时,表明低于全国平均水平。

从计算结果来看,甲企业经济效益综合指数为101.06%、乙企业经济效益综合指数为102.81%,均高于全国平均水平,说明甲、乙两企业2009年的经济运行质量均较好,乙企业比甲企业还要稍好一些。

(2)企业统计分析的内容。企业统计分析的内容一般包括:生产经营条件的分析、生产经营过程和生产经营结果的分析。企业统计分析涉及的内容较多,具体参见表12.10。

表12.10 企业统计分析的主要内容

项目	内容
企业产出分析	生产和销售情况分析,包括产品产量、产值和品种的分析,发展规模速度分析,计划完成情况分析,产品质量变动分析,产品生产均衡和配套性分析以及产品销售预测分析等
劳动分析	主要分析劳动力的配备及构成状况,劳动时间利用情况,劳动生产率提高情况,劳动报酬执行情况,工资及奖金的构成,职工平均工资,工伤事故情况等。
原材料分析	主要分析原材料的购进、储存及对生产的保证程度,原材料、燃料、动力的使用和节约情况,综合利用情况等。
设备分析	分析设备的配套及利用情况,设备完好及维修计划完成情况,设备事故等。
产品成本分析	主要分析全部产品总成本和单位产品成本降低计划完成情况,成本项目的构成情况等
财务分析	主要分析收入情况,利润留成及使用情况,固定资产、流动资金结构和利用情况等
综合分析	综合分析企业的投入情况,就是要对企业的投入产出进行综合对比,以及对财务成本进行分析。

以上列举的分析内容,可从某几方面进行分析,也可以以企业为总体,进行全面的综合分析。只有通过分析,才能对企业的生产经营活动和经济效益作出全面的、科学的评价。

企业经济统计分析的最终成果要写成统计分析报告,提交领导和有关部门,以发挥领导决策的参谋和助手作用,为加强企业管理,提高企业管理水平和经济效益水平服务。统计分析报告的写作要求与技巧将在本章第四节进行详细阐述。

第三节 企业主要经济统计指标及其核算方法

现代企业统计研究企业经济活动的数量特征和数量关系,所有数量特征和数量关系都是通过统计指标和指标体系来反映。统计指标和指标体系也是现代企业统计认识企业经济现象的主要手段,只有建立起科学的指标体系,才能对企业经营活动的现象进行全面、深刻地反映,并通过分析获得规律性的认识。本节将以工业企业为例,重点介绍工业企业的主要经济统计指标。

工业企业是指《国民经济行业分类和代码》中属于采掘业、制造业以及电力、煤气及水的生产和供应业的独立核算工业企业和附营工业活动单位(即事业单位、行政单位所属的工业活动单位);包括城市和农村各种经济类型的独立核算的法人工业企业和附营工业活动单位。

一、工业企业统计指标的分类

(一)按指标的性质分类

根据指标的性质不同,可分为总量指标和分析指标两大类。

1. 总量指标

总量指标也称为绝对数,是反映企业在一定时期或一定时点上达到的总规模、总水平和工作总量,是从企业生产经营活动中收集、汇总和计算取得的。总量指标是计算分析指标的基础。它包括:实物量指标、价值量指标和劳动量指标。例如,企业产品的生产量、销售量和库存量,以及工业总产值、工业销售产值、工业增加值、产品销售额、从业人员劳动报酬总额等。

2. 分析指标

分析指标是两个总量指标的比值,具体分为相对数和平均数。分析指标是从企业管理需要出发,计算的一系列反映企业经营效率或经营效果的统计指标。例如,工业产品产销率、产品合格率、产品市场占有率、总资产贡献率、资产保值增值率、全员劳动生产率、单位产品原材料消耗量(简称单耗)等。

(二)根据指标反映的内容分类

根据指标反映的内容不同,可分为产出指标,产品销售与市场指标,投入指标,财务统计指标,经济效益指标五大类(表12.11)。

表 12.11　工业企业经济统计指标的内容构成

指标分类	经济统计指标名称
企业产出方面的统计指标	(1)总量指标:产品生产量、工业总产值、工业增加值等 (2)分析指标:产品合格率、产品废品率、产品返修率等
产品销售与市场统计指标	(1)总量指标:产品销售量、产品库存量、工业销售产值、产品销售额、新产品销售收入和利润额等 (2)分析指标:产品销售率、产品市场占有率、产品市场覆盖率等
企业投入方面的统计指标	(1)总量指标:企业从业人员人数、企业职工工资总额、原材料收入量、原材料消费量(拨出量)、原材料库存量、企业综合能源消费量等 (2)分析指标:企业劳动生产率、单位产品原材料消耗量、企业增加值综合能耗、生产设备综合利用率、产品生产能力利用率等
企业财务统计指标	(1)总量指标:主营业务收入、主营业务成本、期间费用、利润总额、净利润、期末资产总额、期末负债总额等 (2)分析指标:流动比率、速动比率、资产负债率、流动资产周转率、存货周转率、总资产贡献率等
企业经济效益方面的统计指标	(1)总量指标:无 (2)分析指标:总资产贡献率、资产保值增值率、资产负债率、流动资金周转率、成本费用利润率、全员劳动生产率、产品销售率等

二、企业主要经济统计指标简介

(一)工业企业产出方面的统计指标

在介绍工业企业产出方面的统计指标时,首先要明确工业产品的概念、特征及其分类。所谓工业产品,是指工业企业在一定时期内从事工业生产活动所取得的直接有效成果。工业产品必须同时具有以下特征:①它必须是本企业生产的劳动成果。未经本企业生产活动取得的成果不属于本单位的工业产品。②它必须是本企业生产的直接成果。只有企业按预定目的生产出来的产品才能统计为本企业的产品,对于生产过程中产生的"三废"(废液、废气和废渣)虽然可以利用并取得经济收入,但不能统计为本企业的产品。③它必须是本企业生产的有效成果,即工业品必须是合格品。废品不是工业产品,但有些行业的次品可计入工业产品。

工业产品的分类:①工业产品按表现形态不同分为实物产品和工业性作业。实物产品是指企业生产出的具有新的物质形态和使用价值的产品;工业性作业是指工业生产活动的成果表现为恢复或增加原有产品的使用价值。②工业产品按完工程度不同分为成品、半成品和在制品。成品是指已完成所有加工工序,经检验合格,包装入库,可供出售的产品;半成品是指在某车间加工完毕,经检验合格,待交下一车间继续加工的产品;在制品是指在各车间工序上正在被加工的产品。③工业产品按使用去向不同分为中间产品和最终产品。中间产品是指企业本期生产而又在本期继续加工的产品;最终产品是指企业本期生产,本期不再进行加工,可以作为销售或自用的产品。

1. 工业产品实物产量(生产量)

(1)产品实物产量的概念。产品实物产量是以实物单位计量的企业在一定时期内生产的产品产量。

(2)产品实物产量的核算原则。

①必须符合规定的产品质量标准。计入企业产品实物量的产品,必须要符合规定的质量标准或是订货合同规定的技术条件,即计入产品实物产量的必须是合格品。可销售的次品和等外品,不计入产品实物产量,应另行统计。不符合质量标准要求的废品,不准计入产品实物产量。

②必须是本期生产的产品。为了准确地计算产品实物产量,必须严格确定一个时间界限,计入产品实物产量的必须是报告期生产的产量。时间界限一经确定,必须严格执行,不得修改变动。而且,凡此期间的产量,任何企业必须如实上报,不得虚报、瞒报。

③必须严格按照产品目录的规定填报。计入产品实物产量,必须严格按照国家制定的《产品目录》所规定的要求进行统计。《产品目录》规定了计算产品实物产量的范围、统一了产品的名称、计量单位、分组的排列顺序以及计算方法等。它是统计部门、业务主管部门及基层企业编制产品产量计划、进行产品实物产量统计的依据。

④入库原则。计入产品实物产量,必须是已入库或已办完入库手续的产品产量。未入库或未办入库手续的产品不能计算产量,不能计入产品实物产量。入库是产品从生产领域转入销售领域的分界线。

2. 工业产品价值量指标

(1)工业总产值。

①工业总产值的含义。工业总产值是工业企业在报告期内生产的,以货币表现的工业生产最终有效成果的价值总和,是反映一定时期内工业生产活动的总规模和总水平的指标。它是计算工业增加值的重要依据。

②工业总产值的价值构成。工业总产值的价值构成为:C_1+C_2+V+M。其中,C_1为劳动手段折旧价值;C_2为劳动对象的转移价值;V为必要劳动价值;M为剩余劳动价值。

③工业总产值的计算价格。工业总产值是按"现行价格"计算的。现行价格是指企业在报告期内销售产品的出厂价格(或产品实际销售的平均出厂价格),即不包括应交增值税中的销项税的价格。

④计算方法。工业总产值的计算采用"工厂法"。所谓"工厂法"就是把工业企业作为一个整体,按企业工业生产活动的最终成果来计算,企业内部不允许重复计算,不能把企业内部各车间生产的成果相加,但企业之间存在着重复计算。

⑤工业总产值的内容。工业总产值包括以下三部分内容:

a. 成品价值。成品价值指企业在报告期内已完成全部生产过程,经检验合格、包装入库的全部产成品价值和半成品价值,包括次品价值(规定不合格、不准销售的除外);企业生产的自制设备以及提供给本企业非工业生产单位的产品价值。计算时前一部分采用不含增值税的价格,后一部分按成本价格计算。

b. 对外加工费收入。对外加工费收入指企业在报告期内已完成的对外承做的工业品加工(包括用订货者来料加工生产的成品)的加工费收入和对外工业品修理作业所取得的修理费收入。对外加工费收入中不包括销项税额。可按财务上结算的加工费计算工业总产值。

c. 自制半成品、在制品期末期初差额价值。企业在报告期末一般都有半成品、在制品的结存量,它在下一报告期将继续加工,使之转化为成品。本期末结存的半成品、在制品是本报告期生产的工业产品产量,应该计入本期工业总产值中,而本期初结存的半成品、在制品数量是上一个报告期生产的工业产品产量,它已计入上一个报告期的工业总产值中,因此,应在本期工业总产值中扣除,故工业总产值还应计算差额价值。

自制半成品、在制品期末、期初差额价值的计算原则:会计成本核算中计算自制半成品、在制品成本,统计上就要计算差额价值;反之,则不计算。

工业总产值的计算公式为

工业总产值=成品价值+对外加工费收入+(自制半成品、在制品期末结存价值-自制半成品、在制品期初结存价值)

【例12.2】 某电子厂2021年1月份工业生产活动成果资料如下:

(1)生产某型号POS机2 500台,其中,合格入库2 480台,每台800元(不含销项税),已出售2 500台。次品20台,已按现价七折出售。

(2)本厂生产的智能卡每张15元(不含销项税),月初库存50 000张,本月生产300 000张,已出售330 000张,月末库存20 000张。

(3)用订货者来料生产的智能卡40 000张,每张收取5元(含税)加工费,共收不含销项税加工费170 940元。

(4)本厂某种新型号POS机试产成功,本年小批量投产600台,每台1 200元(不含销项税),有580台验收合格并已入库;

(5)本厂自制专用设备3台,每台成本3 500元,经验收合格并已转入固定资产账户。

(6)返修POS机100台。其中,保修期内返修的有30台;保修期外返修的有70台,每台收取修理费80元。

(注:该企业会计上不计算期末期初结存半成品、在制品成本。)

要求计算:该企业2021年1月份的工业总产值。

解 成品价值=2 480×800+20×800×0.7+300 000×15+580×1 200+3×3 500=
       720.17(万元)

对外加工费收入=170 940+70×80=17.654(万元)

该企业本月工业总产值=成品价值+对外加工费收入=720.17+17.654=737.824（万元）

(2) 工业增加值。

①工业增加值的含义。工业增加值是指工业企业在报告期内以货币表现的工业生产活动的最终成果，是企业全部生产活动的总成果扣除生产过程中消耗或转换的物质产品和服务价值后的余额，是企业生产过程中新增加的价值。

②工业增加值的价值构成。工业增加值的价值构成为：C_1+V+M，即增加值包括 C_1（劳动手段折旧价值）、V（必要劳动价值）和 M（剩余劳动价值）。也可以说，由工业总产值扣除其劳动对象的转移价值 C_2 而求得。

③计算方法。工业增加值的计算有两种方法：生产法和分配法。

a. 生产法。一般情况下，生产法增加值就是总产出与中间投入的差额，即

$$工业增加值=工业总产值-工业中间投入$$

前面已经说明，工业总产值是由不含增值税的价格计算的，中间投入也按不含增值税的价格计算，因此上述公式计算的增加值结果不含增值税。但增值税是增加值的一部分，因此计算工业增加值的公式应调整为

$$工业增加值=工业总产值-工业中间投入+本期应交增值税$$

其中，工业中间投入也称为中间消耗，包括货物消耗和服务消耗。货物消耗指工业生产活动中所消耗的原材料、燃料、动力等货物的价值；服务消耗指工业生产活动中所消耗的运输、邮电、广告、咨询、保险等服务的费用。工业中间投入与按工厂法计算的工业总产出的口径一致，只计算外购的原材料、燃料、动力等工业品的价值，工业企业内部自己生产消耗的原材料、燃料、动力等工业品的价值不包括在内。工业中间投入按不含增值税的购买者价格计算。与企业会计核算科目相对应，工业中间投入包括：直接材料、制造费用中的中间投入、管理费用中的中间投入、销售费用中的中间投入和财务费用中的中间投入五部分组成。应根据会计资料计算。

(a) 直接材料是从产品成本计算表中的直接材料取得。其计算公式为

$$直接材料=外购原料+外购燃料+外购动力+辅助材料$$

(b) 制造费用中的中间投入是根据制造费用明细表计算取得。其计算方法为

$$制造费用中的中间投入=制造费用合计-其中的工资、福利费及折旧费$$

(c) 销售费用中的中间投入是根据销售费用明细表计算取得。其计算方法为

$$销售费用中的中间投入=销售费用合计-其中的工资、福利费及折旧费$$

(d) 管理费用中的中间投入是根据管理费用明细表计算取得。其计算方法为

$$管理费用中的中间投入=管理费用合计-其中的工资、福利费及折旧费、社会保险费（含养老、医疗、失业）、住房公积金及税金（费）$$

(e) 财务费用中的中间投入是根据财务费用明细表计算取得。其计算方法为

$$财务费用中的中间投入=利息支出-利息收入$$

本期应交增值税,是本期生产工业产品应交销项税减去本期生产工业产品消耗的原材料等价值的进项税,而不是会计上的本期应交增值税。在统计上计算该指标工作量较大,也可以用会计上的本期应交增值税代替计算。

【例12.3】 某电子厂综合统计人员根据2021年1月份的会计核算报表汇总的公司各项成本费用资料如下(表12.12):

表12.12 某电子厂2021年1月份成本费用资料

项　　目	金额(元)	项　　目	金额(元)
一、生产成本合计	2 628 000	三、管理费用	464 000
1. 工人工资	300 000	1. 管理人员工资	86 000
2. 工人福利费	42 000	2. 管理人员福利费	12 000
3. 外购原料	1 400 000	3. 管理部门折旧	60 000
4. 外购燃料	125 000	4. 社会保险费	36 000
5. 外购动力	325 000	5. 住房公积金	12 000
6. 辅助材料	125 000	6. 税金	10 000
7. 制造费用	311 000	7. 其他	248 000
(1) 车间管理人员工资	36 000	四、财务费用	203 000
(2) 车间管理人员福利费	5 000	其中:利息支出	200 000
(3) 折旧	120 000	五、应交增值税	211 000
(4) 物料及其他	150 000	销项税额	444 000
二、销售费用	228 000	产品销售税金及附加	13 000
1. 销售人员工资	60 000		
2. 销售人员福利费	8 000		
3. 销售机构折旧	60 000		
4. 物料及其他	100 000		

要求:根据资料计算该企业2021年1月份工业增加值(该企业工业总产值资料见例12.2计算的结果)。

解 (1)工业总产值=737.824(万元)。

(2)应交增值税=21.1(万元)。

(3)工业中间投入。

①直接材料=外购原料+外购燃料+外购动力+辅助材料=
　　1 400 000+125 000+325 000+125 000=197.5(万元)

②制造费用中的中间投入=制造费用合计-其中的工资、福利费、折旧费=
311 000-36 000-5 000-120 000=15(万元)
③销售费用中的中间投入=销售费用合计-其中的工资、福利费、折旧费=
228 000-60 000-8 000-60 000=10(万元)
④管理费用中的中间投入=管理费用合计-其中的工资、福利费、折旧费、社会保险费
(含养老、医疗、失业)、住房公积金、税金(费)=24.8(万元)
⑤财务费用中的中间投入=利息支出-利息收入=20(万元)

工业中间投入等于以上五项之和,即
197.5+15+10+24.8+20=267.3(万元)

生产法工业增加值=工业总产值-工业中间投入+本期应交增值税=
737.824-267.3+21.1=491.624(万元)

b. 分配法。分配法又称为收入法。收入法增加值包括固定资产折旧、劳动者报酬、生产税净额和营业盈余四项内容。其计算公式为

工业增加值=固定资产折旧+劳动者报酬+生产税净额+营业盈余

(a)固定资产折旧。固定资产折旧取自制造费用、产品销售费用、管理费用明细表中的折旧。

(b)劳动者报酬。劳动者报酬取自生产成本中的直接工资及福利,制造费用明细表中的工资福利、销售费用明细表中的工资福利、管理费用明细表中的工资福利、社会保险、住房公积金。

(c)生产税净额。生产税净额指企业向政府交纳的利前税与政府向企业支付的补贴相抵后的差额。生产税包括三种形式:一是含在货物和服务的价格之中的,如产品销售税金及附加;二是不含在生产者价格之中的,如增值税;三是在管理费用中列支的,如房产税、车船使用税、印花税和土地使用税,俗称"四小税"。

(d)营业盈余。其计算公式为

营业盈余=工业总产值-工业中间投入-固定资产折旧-劳动者报酬-生产税净额(扣除增值税)

【例12.4】 根据例12.3的资料用收入法计算该企业2009年1月份的工业增加值。

解 (1)固定资产折旧=120 000+60 000+60 000=24(万元)
(2)劳动者报酬=(300 000+42 000)+(36 000+5 000)+(86 000+12 000+36 000+12 000)=
52.9(万元)
(3)生产税净额=13 000+211 000+10 000=23.4(万元)
(4)营业盈余=737.824-267.3-24-52.9-(23.4-21.1)=391.324(万元)
收入法工业增加值=24+52.9+23.4+391.324=491.624(万元)

(二)产品销售与市场统计指标

1. 产品销售量

(1)产品销售量。产品销售量是指报告期内工业企业实际销售的由本企业生产(包括本期生产及本期以前生产)的符合规定的质量标准或订货合同规定的技术条件的工业产品的实物数量,可用产品的混合量或标准量表示。

用订货者来料加工生产的产品,如果订货者是境内非工业企业和境外企业,其产品销售量由加工企业统计;如果订货者是境内工业企业,产品销售量由委托企业统计,加工企业不统计。

(2)产品销售量的核算原则。产品销售量的核算原则以产品销售实现为核算原则,即在产品已发出,货款已收到或得到了收取货款的凭据时作为销售实现,统计产品销售量。按照企业销售方式的不同,产品销售量统计遵循以下核算原则:

①采用送货制销售的,产品如由本企业运输部门发运,以产品出库单上的数量、日期为准;如委托专业运输部门发运,则以运输部门的承运单上的数量、日期为准。

②采用提货制销售的,以给用户开具的发票和提货单上的数量、日期为准。

③委托其他单位代销的产品,以企业收到代销单位的代销清单为准。

④采用预收货款销售的,在发出产品时作为销售。

⑤企业出口销售的产品,陆运以取得承运货物收据或铁路运单,海运以取得出口装船提单,空运以取得空运运单,并向银行办理出口交单的数量、日期为准。企业自营出口的产品,在委托外贸部门代理出口的情况下,以收到外贸部门代办的运单和银行交单凭证的数量、日期为准。

(3)统计产品销售量时应注意的问题。

①只有企业销售的合格产品才能统计其销售量,销售的次品不能计入产品销售量。

②企业直接从外购进成品,只是更换了标签或包装的,不能作为销售量统计。

③分清产品销售和预售的界限:预售指产品还没有生产出来以前,用户为了购买这种产品事先向工厂支付货款。预售不能算作销售,相反,有些产品采用了分期付款的形式,只要是用户拿到了这个商品,不管货款是否已付清,作为企业已经取得了收取货款的凭证就应作为销售。

④售出产品退货的处理。

a. 退回报告期内销售的合格品,应从报告期销售量中扣除,同时计入库存量;退回报告期内销售的不合格品,要在报告期销售量中扣除,还要同时扣除报告期产量。

b. 退回报告期以前售出的合格品,报告期销售量不变,计入产品库存量中;退回报告期以前售出的不合格品,报告期销售量和报告期生产量均不变。

c. 退回修理的产品,修理后仍交原用户,不作为退货处理,不减少销售量。

⑤对自用量的处理要注意其用途。

企业自用量是指工业企业在报告期内生产的,已作为本企业产量统计的产品,又作为本企业生产另一种产品的原材料所使用的数量以及将产品用于展览、捐赠、借出、报废等方面的数量。例如,钢铁企业用本企业生产的生铁炼钢,其计算了生铁产量又用于炼钢的生铁数量,应作为企业自用量统计。但由本企业验收合格成品入库后,作为商品销售给本企业生活用、基建用或行政部门用的产品数量,不作为自用量统计,而作为销售量统计。例如,钢铁企业将本企业生产的钢材用于生产维修的产品数量作销售量统计。

2. 产品库存量

(1)产品库存量。产品库存量是指报告期期初或期末某一时点上,尚在企业产成品仓库中暂未售出的产品实物数量。

(2)产品库存量核算的原则。

①产品库存必须是处于"实际库存"状态的产品。有的产品虽已结束了生产过程,但还没有验收合格,还没有办理入库手续,不能作为产品库存统计。有的产品已经售出,但按提货制要求,还没有办妥货款结算手续;按送货制的要求,还没有办理承运手续,仍应视为本企业的产品库存进行统计。

②计入产品库存的产品,必须是本企业有权销售的。对于已经销售并已办妥各项手续,但尚未提货的产品,本企业无权支配,这种产品虽然仍存在本企业仓库中,但不应被统计。凡企业有权销售的产品,不论存放在什么地方,均应被统计。

③产品库存不能出现负数。如果产品还没有来得及入库就已售出,应将售出的这部分产品补填入库和出库凭证,并相应计入产品产量中。

期末产品库存量=期初产品库存量+本期累计产品入库量−本期累计产品出库量±盘盈(盘亏)

3. 产品销售额(销售收入)

(1)产品销售额(销售收入)的含义。产品销售额(销售收入)是指企业在报告期内按各种价格销售产品所得到的销售总金额与销售量的口径是一致的,凡是计算了销售量的产品都应该计算其销售额。

(2)产品销售额(销售收入)的计算方法。产品销售总额是工业企业在报告期内实现的工业产品的总价值量。其计算公式为

$$\text{工业产品销售额} = \sum (\text{工业产品销售量} \times \text{工业产品实际销售单价})$$

(3)核算工业产品销售总额(销售收入)时的注意事项。

①产品销售额(销售收入)是按不含增值税(销项税)的价格计算的;

②用订货者来料加工生产的成品(半成品)的销售额按加工费收入计算。

4. 工业销售产值

(1)工业销售产值的含义。工业销售产值是以货币表现的工业企业在一定时期内销售的工业产品总量。它包括已销售的成品、半成品价值、对外提供的劳务价值和对本单位基本建设部门、生活福利部门等提供的产品和劳务及自制设备的价值。其中已销售的成品、半成品是指

所有权发生转移,对方已支付货款或已取得向对方索取货款权利的产品,其核算原则与产品销售量核算原则相同。

(2)工业销售产值的计算方法。工业销售产值的计算价格与工业总产值一致。但两者计算的基础不同:工业销售产值计算的基础是工业产品销售量,不论是否本期生产,只要是本期销售的,都应计算工业销售产值;而工业总产值计算的基础是工业产品生产总量,只要是本期生产的,不论是已销售的或尚未销售的,都要计算工业总产值。

5. 出口交货值

出口交货值指工业企业交给外贸部门或自营(委托)出口(包括销往香港、澳门、台湾)用外汇价格结算的产品价值,以及外商来样、来料加工、来件装配和补偿贸易等生产的产品价值。在计算出口交货值时,要把外汇价格交易时的汇率折成人民币计算。

6. 产品销售率

(1)产品销售率(产销率)。产品销售率是指工业企业在一定时期已经销售的产品总量与可供销售的工业产品总量之比,它反映工业产品生产实现销售的程度,即生产与销售衔接的程度,是研究工业企业生产经营好坏的重要指标之一。这一比率越高,说明产品符合社会现实需要的程度越大;反之,则越小。

(2)产品销售率的计算方法。

$$工业产品销售率 = \frac{报告期现价工业销售产值(或产品销售量)}{报告期现价工业总产值(或生产产品产量)} \times 100\%$$

一般来说,工业产品销售率的理想值应为100%,即生产的产品全部被销售。但在实际统计中,产销率可能高于100%,也可能低于100%。当产销率>100%,表明销售速度高于当期生产速度;产销率<100%,表明销售速度低于当期生产速度;产销率低于95%,说明存在一定程度的滞销;产销率在95%到100%之间,说明产销衔接良好。

7. 产品市场占有率

(1)市场占有率的定义。市场占有率又称为市场占有份额,是指本企业的产品在同类产品的全部销售量中所占的比重,表明企业占有市场的深度。

(2)市场占有率的计算方法。市场占有率的计算公式为

$$企业某种商品的市场占有率 = \frac{本企业某种商品销售量}{该种商品市场销售总量} \times 100\%$$

市场占有率是分析企业竞争状况的重要指标,也是衡量企业营销状况的综合经济指标。市场占有率高表明企业的经营状况好,竞争力强,在市场上占有有利的地位;反之,表明企业经营状态差,竞争力弱,在市场上处于不利地位。根据不同的市场范围计算的占有率,说明企业市场占有状况的深度。

例如,某企业生产的某种商品在本市的市场占有率高达60%以上,而在本省范围内,占有率仅为5%,说明该企业市场面较小。通过对市场占有率的调查研究,可以分析企业商品市

占有能力及其原因,为企业稳固和扩大市场提供依据。

8. 产品市场覆盖率

(1)市场覆盖率的定义。市场覆盖率是指本企业产品投放地区数与整个市场包含的地区总数的比率,其中的地区可以以省、市、县等为单位。它反映本企业产品在国内外市场销售的广度。

(2)市场覆盖率的计算方法。市场覆盖率的计算公式为

$$市场覆盖率 = A \div B \times 100\%$$

其中,A 表示评价期本企业产品已进入的市场数;B 表示评价期本企业产品应进入的市场数。

例如,某省市场,如果划分七个大区域,一个公司的产品在这七大区域内均有销售,那么这个公司在某省市场覆盖率是 100%。

9. 新产品销售收入和利润额

(1)新产品销售收入。新产品销售收入是指报告期内企业销售自己生产的新产品所实现的销售收入。统计时以投产期在规定的时间内(生产资料类新产品自投产后统计三年、消费类新产品自投产后统计两年)的新产品在报告期实现的销售收入。

(2)新产品利润额。新产品利润额是指企业在报告期内销售新产品所实现的利润总额。统计时以投产期在规定的时间内(生产资料类 3 年、消费类 2 年)的新产品在报告期实现的利润。其计算公式为

当年新产品利润额 = 当年新产品的销售收入 - 新产品的销售成本 - 新产品的销售税金及附加 - 新产品销售应分摊的管理费用、财务费用和销售费用

新产品的利润主要考核企业技术创新在产品销售和利润上的贡献。

注:新产品是指采用新技术原理、新设计构思研制、生产的全新产品,或在结构、材质、工艺等某一方面比原有产品有明显改进,从而显著提高产品性能或扩大使用功能的产品。若产品只在外观、颜色、图案、包装上有改变,或仅在技术上有较小的变化,不作为新产品进行统计。

(三)工业企业投入方面的统计指标

1. 企业人力资源投入统计指标

(1)企业从业人员(或职工)人数。企业从业人员,是指在企业工作、取得工资或其他形式的劳动报酬的全部人员,包括在岗职工和其他从业人员。其他从业人员是指企业聘用的离退休人员、港澳台和外籍人员等。

企业从业人员(或职工)数量指标一般有两类,即期末人数和平均人数。

①期末人数。期末人数指报告期最后一天的实有人数,如月末、季末、年末人数。它反映报告期末这一时点上实际可使用的劳动力数量,所以也称为时点人数。它具体包括:从业人员期末人数、职工期末人数等。

②平均人数。平均人数指报告期内平均每天拥有的从业人员(或职工)人数。它表明报告期内占有从业人员(或职工)的一般水平,是计算劳动生产率、平均工资以及其他有关指标

的基础资料。其计算公式为

$$年平均人数=\frac{1至12月各月全部从业人员平均人数之和}{12}$$

$$月平均人数=\frac{月初全部从业人员合计+月末全部从业人员合计}{2}$$

（2）企业职工工资总额。企业职工工资总额是企业在一定时期（年、季、月）内直接实际支付给全部在岗职工的劳动报酬总额。

企业职工工资总额按照构成应包括以下几部分：计时工资和计件工资，奖金和计件超额工资，津贴和补助，加班加点工资，其他工资（但不包括劳动保险和职工生活福利待遇）。

在统计企业职工工资总额时，应注意以下几点：
①应按在岗职工范围进行统计；
②应按劳动报酬性质进行统计；
③应按实发原则统计；
④应遵循国家统一规定；
⑤不考虑其经费来源。

（3）企业劳动生产率。劳动生产率是指劳动者在一定时期内所创造的劳动成果与其相适应的劳动消耗量的比值。在我国企业统计的实践中，比较常用的是工人劳动生产率和全员劳动生产率指标。其计算公式为

$$工人劳动生产率=\frac{报告期企业劳动成果}{报告期工人平均人数}$$

$$全员劳动生产率=\frac{报告期企业劳动成果}{报告期全部人员的平均人数}$$

工人劳动生产率与全员劳动生产率之间的关系为

$$全员劳动生产率=工人劳动生产率\times 工人在全部职工中所占的比重$$

注：企业劳动成果根据研究任务的不同，分别可用企业产出产品的实物量、价值量、定额工时产量来表示。

（二）企业劳动对象投入统计指标

1. 企业原材料统计指标

企业的原材料由原料和材料两部分组成。一般的，把经过人类劳动直接取之于采掘工业和农业的产品称为原料，如各种矿石、原木、建筑用沙石料等。把这些原料进一步加工后再提供加工的产品称为材料，如钢、铁、棉纱等。所以企业原材料不包括作为劳动对象的自然资源，一定是经过人类劳动参与而生产出来的劳动对象。

企业的材料根据其在企业生产经营中的作用不同，又可分为主要材料和辅助材料。主要材料在生产过程中构成产品的实体，辅助材料只参加产品的形成过程，不构成产品的实体。辅

助材料的划分,在不同的企业和不同的生产经营活动中不完全相同。各种原材料究竟属于哪一类,并不由原材料本身的性质决定,而是视其在产品形成过程中所起的作用去划分。例如,煤炭在炼焦是原料,而在只提供热量的企业就是辅助材料。

(1)原材料收、拨、存统计指标。

①原材料收入量。原材料收入量是指企业在报告期内实际收到并经验收,办理入库手续的原材料数量。

在计算原材料收入量时,须注意以下两条原则:

a. 必须是企业实际收到的。凡是企业实际收到的原材料,不论是购入的,还是订货者来料的或者是借入的,都要计入原材料收入量,即按"谁收入谁统计"的原则进行统计。那些尚在运输途中的原材料不能计入收入量。此外,若实际到货量与发货单(或提货单)上的数字不一致时,一律按实际收到量进行统计。

b. 必须是经验收已办理入库手续的。有些原材料虽已到达本企业,但尚未办理验收入库手续的原材料不能计入收入量。但是,如果企业由于急需而动用了一部分未验收入库的原材料,那么,这部分已动用的原材料应计入原材料收入量中。

车间从企业仓库领取的原材料并不一定全部都投入生产工序,这样就会发生车间领而未用原材料的退料问题。其处理方法视两种情况而定:若收回车间本报告期领用的原材料,则不作收入量处理,而只需冲减本期发料数即可;若收回车间上期领用而未用的材料,则作为其他收入而统计在原材料收入量中。

企业收回借出的原材料的处理方法也分两种情况而定:若收回同期借出的原材料,则不计入收入量而只冲减本期拨出量;若收回以前时期借出有原材料,则作为其他收入而统计在原材料收入量中。

②原材料消耗量。原材料消耗量是指企业在报告期内实际投入使用的原材料数量。

在计算原材料消费量时,须注意以下两条原则:

a. 必须是在本企业内使用的。即按"谁消费谁统计"的原则进行统计,不论是企业自备的原材料还是订货者来料加工的或借来的原材料,只要是要企业消费的,就由本企业统计原材料消费量。相反,委托外单位加工的原材料或借出的原材料则不能计入本企业的原材料消费量,而分别由接受加工单位和借入单位进行统计。由此可知,原材料消费量与原材料的来源和所有权是无关的,而只与是否在企业内部使用有关。

b. 必须是实际投入使用的。原材料消费量以其投入第一道工序的时间为计算时点,凡原材料已投入生产工序,即作消费量统计。有些可重复多次使用的原材料,如用于机器设备的润滑油等,为避免重复统计,只将新料的第一次使用作为消费统计,以后重复使用时,不再计算消费量。而车间已经领取但尚未使用的原材料不能计入消费量。

③原材料拨出量。原材料拨出量是指企业在报告期内实际拨往外单位并已办理出库手续的全部原材料数量。凡已办理出库手续的原材料不论是否提走,均应作拨出量统计,包括拨出

加工、卖出、借出以及无偿援助拨出等原材料。它反映原材料使用权已从本单位移到外单位，说明本单位原材料已减少。原材料拨出量不包括原材料在企业内部各车间、仓库间的拨出转入。

④原材料库存量。原材料库存量是指企业在一定时点上（通常期末、期初）尚未使用而实际存有并归企业所有或支配的原材料数量。计算原材料库存量时，须注意以下两条原则：

a. 必须是企业有权支配动用的。凡是企业有权支配动用的原材料，不论是购入的还是借入的，也不论存放在本单位还是委托外单位代为保管的，都应作为本企业库存量进行统计；反之，若是企业无权动用的原材料、错发到本企业的原材料，不能作为本企业库存量进行统计，即按"谁支配谁统计"的原则计算库存量。

b. 必须是尚未使用而实际结存的。某些原材料虽已被车间领走，但尚未投入第一道工序，则不能作为消费量统计，应办理"假退库"手续而计入库存量。此外，当期末盘点时不管盘盈或盘亏，都按实有数统计而不是按账面数统计。

原材料收入量、消费量、拨出量、库存量之间的关系如下

原材料期末库存量＝原材料期初库存量＋本期原材料收入量－本期原材料消费量－本期原材料拨出量±盘盈（盘亏）

其中，盘盈、盘亏是指实际库存与账面库存的差异，其结果若为正就叫做盘盈，在公式中用加号；其结果若为负就叫做盘亏，在公式中用减号。

（2）单位产品原材料消耗量。

①单位产品原材料消耗量的定义。单位产品原材料消耗量简称单耗，是指生产或提供单位劳动成果平均耗用的原材料数量。

②单位产品原材料消耗量的计算方法。单位产品原材料消耗量的计算公式为

$$单耗 = \frac{生产某种工业产品的某种原材料消耗总量}{某种工业产品入库合格品产量}$$

注：企业原材料消耗总量是指生产某批产品，自开始投料到制成成品的整个生产过程中实际消耗的某种原材料的全部数量。工业企业的原材料消耗总量包括合格品、次品和废品所消耗的原材料数量以及生产过程中的工艺性损耗及边角余料等。

需要指出的是，企业原材料消费量与原材料消耗量并不是同一概念，二者既有区别，又有联系：

①企业原材料消费量是以产品或其他劳动成果为对象计算的，即用于生产某种产品或完成某一劳动成果所消耗的全部原材料。

②企业原材料消耗量则是以企业为对象计算的，凡是企业在报告期内的原材料消费均应计入，既包括企业直接用于产品生产的消耗，也包括非直接产品生产消耗的原材料，如劳动保护、科学试验方面的原材料耗用量。一般情况下，企业的原材料消耗量构成企业原材料消费总量的主要部分。

(四)企业财务统计指标

企业财务统计的有关指标应以财务部门提供的会计核算数据为准。

(五)企业经济效益及其评价指标

1. 企业经济效益的含义

企业经济效益,是指企业在一定时期内经营活动中投入与产出的比率。其中,投入是指企业在生产经营过程中所消耗和占用的人力、物力和财力;产出是指生产经营活动的成果,有产品和服务的数量、总产值、增加值等。提高经济效益,就是要在一定条件下,用同样多的投入获得最大的产出,或者说,用最少的投入获得同样多的产出。

企业经济效益的一般计算公式有以下两种:

(1)企业经济效益正指标。

$$企业经济效益(正指标) = \frac{企业生产经营活动的产出量}{企业生产经营活动相应的投入量}$$

该公式是以等量投入的产出成果大小来反映经济效益的水平,因此,该指标数值越大,说明经济效益就越好。

(2)企业经济效益逆指标。

$$企业经济效益(逆指标) = \frac{企业生产经营活动的投入量}{企业生产经营活动相应的产出量}$$

该公式是以等量产出的投入量大小来反映经济效益的水平,因此,该指标数值越小,说明经济效益越好。

2. 工业企业经济效益综合评价指标

为了提高工业企业的经济效益水平,经过多年反复研究和试用,1997年10月,国家统计局、国家发展计划委员会和国家经贸委等有关部门联合提出了"改进的工业企业经济效益指标体系",并于1998年开始在全国实施。重点评价工业企业的盈利能力,同时对企业的偿债能力、运营能力和发展能力也有所兼顾,既适合宏观管理部门的需要,也适用于企业对自身进行经济效益评价。这套指标体系包括以下七项指标:

(1)总资产贡献率(正指标)。

该指标反映企业全部资产的获利能力,是评价和考核企业盈利能力的核心指标,是企业经营业绩和管理水平的集中体现。其计算公式为

$$总资产贡献率 = \frac{利润总额 + 税金总额 + 利息支出}{平均资产总额} \times 100\%$$

(2)资产保值增值率(正指标)。

该指标反映企业净资产的变动状况,是企业发展能力的集中体现。其计算公式为

$$资产保值率 = \frac{报告期期末所有者权益}{上年同期期末所有者权益} \times 100\%$$

(3) 资产负债率(逆指标)。

该指标反映企业偿债能力和财务风险的大小,也反映企业利用债权人提供的资金从事经营活动的能力。其计算公式为

$$资产负债率=\frac{报告期期末负债总额}{报告期期末资产总额}\times100\%$$

(4) 流动资产周转率(正指标)。

该指标是指一定时期内流动资产所完成的周转次数,反映流动资金的周转速度。其计算公式为

$$流动资产周转率=\frac{销售收入}{流动资产平均余额}(次)$$

(5) 成本费用利润率(正指标)。

该指标反映工业企业投入的生产成本及费用的经营效益,也反映降低成本费用所取得的经济效益。其计算公式为

$$成本费用利润率=\frac{利润总额}{成本费用总额}\times100\%$$

式中,成本费用总额=产品销售成本+销售费用+管理费用+财务费用。

(6) 全员劳动生产率(正指标)。

该指标反映企业劳动投入的经济效益。其计算公式为

$$全员劳动生产率=\frac{工业增加值}{全部职工平均人数}(元/人)$$

(7) 产品销售率(正指标)。

该指标反映工业产品价值已实现销售的程度,是分析企业产品产销衔接和适应市场需求程度的指标。其计算公式为

$$产品销售率=\frac{现价工业销售产值}{现价工业总产值}\times100\%$$

第四节　企业统计分析报告

企业统计分析报告是表述统计分析研究结果的一种书面报告,也是统计工作的最终成果,是企业经济管理的重要工具,在反映、评价与监督企业经济活动中发挥着不可替代的作用。统计要想真正成为企业领导决策的参谋和助手,就需要最大限度地发挥统计分析的作用,撰写好统计分析报告。

一、企业统计分析报告的概念和特点

（一）企业统计分析报告的概念

企业统计分析报告是指运用统计资料和统计分析方法，以独特的表达方法和结构特点，表现所研究企业经济活动的本质特征及其规律性的一种应用性文章。

（二）企业统计分析报告的特点

统计分析报告不同于文艺作品与其他各种论文。它是以企业统计数据为主要依据，以"数据的语言"来直观地反映企业在具体时间、地点、条件下的经营活动过程和成果、问题与教训、各种矛盾及其解决方法，即以统计数字为主体，用简捷的文字来分析叙述企业经济活动的数量表现及其数量关系，也就是进行定量分析。

二、企业统计分析报告的种类及特点

企业统计分析报告的种类，按内容范围不同，可分为综合分析报告和专题分析报告；按分析的时间不同，可分为月度、季度、半年度的进度统计分析报告、年度统计分析报告以及三年或五年战略计划期的统计分析报告等；按功能作用不同，分为进度分析报告、专题分析报告、预测分析报告等。本节将介绍几种常见的统计分析报告。

1. 进度分析报告

进度分析报告，也叫做定期分析报告，是对企业经营计划在执行过程中，逐月或逐季地检查和分析计划的执行进度或完成的程度，并分析其影响和形成原因的一种统计分析报告。由于它的内容主要是检查计划执行情况，故又叫做计划执行情况分析报告。它可以是综合性的，也可以是专题性的，这种分析报告的应用十分广泛，只要有定期报表的单位和部门均可使用。

进度分析报告可以分为期中和期末两种。

（1）期中分析报告。期中分析报告是在计划执行中编写的。如在季度计划执行过程中，按月分析计划的执行进度；在年度计划执行过程中，按季或半年分析计划执行的进度。期中分析报告的写作特点是反映计划执行的进度情况，及时发现问题，采取相应措施，以保证计划的顺利完成。

（2）期末分析报告。期末分析报告是在计划期结束以后编写的。它利用定期统计报表资料和调查得到的实际情况，综合起来进行分析，检查和总结计划的完成情况，如月度分析、季度分析、年度分析。这种分析报告具有总结性的特点，目的是为了总结经验教训，为了提高效益和制订新的计划服务。

进度分析报告有以下特点：

（1）进度性。由于进度分析报告的主要任务是反映计划的执行情况，因此，必须把计划执行的进度与时间的进展结合起来分析，观察两者是否一致，从而判断计划完成的好坏。因此，经常采用统计比较分析的方法,将各项统计指标的实际完成数与计划数进行对比,计算计划完成相对数(百分比),以及实际数与计划数相差的绝对额来突出计划执行的进度情况。

(2)规范性。进度分析报告基本上成了企业统计部门的例行报告,定期向企业领导提供。根据工作的需要,这种分析报告形成了比较规范的结构形式。其一般包括:①反映计划执行的基本情况;②分析完成或未完成计划的原因;③总结计划执行中的成绩和经验,找出存在的问题;④提出措施和建议。这种结构与内容相一致的写法有利于领导阅读和利用。同时,这种分析报告的题目也比较规范,一般变化不大。有时为了保持连续性,标题只变动一下时间,如《某季度企业经营计划完成情况的分析》等。

(3)时效性。进度分析报告是时效性最强的一种分析报告。只有及时提供生产活动进程中的各种信息,才能使领导掌握生产经营与管理的主动权,否则将会坐失良机,贻误工作。为了增强时效性,进度分析报告的篇幅不宜过大,一般以不超过 3 000 字为宜。

2. 综合分析报告

综合分析报告是综合反映和评价一个企业全面情况的一种统计分析报告。它的作用主要是用来反映企业供、产、销、人、财、物的基本状况和各种矛盾,为促进企业生产经营活动的协调发展提供决策的依据。

这种统计分析报告,可以是对企业的人、财、物,供、产、销运营情况进行综合评价。此种分析的目的是对全局作出总评价,反映总变动趋势,从错综复杂的联系和发展中揭示存在的主要问题,找出原因,探寻对策。这种分析要求实事求是,正确总结,科学评价,切不可浮夸虚假。

3. 专题分析报告

专题分析报告是对企业的某一个方面或某一个难点问题进行专门研究的一种统计分析报告。比如,对市场疲软问题的研究,对产品市场占有率问题的研究,对企业核心竞争力问题的研究等。专题性分析的范围可以是一个部门或综合部门,题目可大也可小,内容可多也可少。它的作用主要是为领导制订某项政策,为解决某个问题提供参考和依据。

专题分析报告具有以下特点:

(1)内容的单一性。专题分析报告不要求反映企业经济活动的全貌,只针对某一方面或某一个热点、难点问题进行分析,如产品质量、原材料供应、市场销售等。虽然在分析和写作中,有时涉及的范围较广,研究的问题较复杂,但是它的目标始终集中在某一个方面或某一个问题,不允许转移到其他方面或其他问题上。

(2)分析的深入性。由于专题分析报告内容单一,重点突出,因此,便于集中精力抓住主要问题进行深入分析。它不仅要对现象的原因进行分析,并且要提出切实可行的解决办法。这就要求对事物的认识有一定的深度,由感性上升到理性,切忌泛泛而谈。

(3)选题的灵活性。专题分析报告一般是根据作者对企业经营现象的认识,由自己进行选题。要反映什么,分析什么,写作什么,比较灵活自由,可以不受对象和内容的限制,不受空间和时间的限制,只要是带有突发性、动向性、重要性的问题,都可以作为选题的目标。但是应该注意,正是由于专题分析报告选题灵活,范围广泛,所以课题就必须选准,必须抓住企业经营活动中迫切需要解决的问题。这是专题分析报告能否成功的关键。

4. 预测分析报告

预测分析报告是反映统计预测结果的一种统计分析报告。它是在分析历史和现实的基础上,运用统计预测方法,对所研究事物的未来发展趋势作出的科学判断和定量预计。在进行预测分析的基础上,进行一定的决策分析,为实施正确决策提供参考依据。

预测分析报告的特点:

(1) 预见性。预测分析报告反映的对象不是过去,也不是现在,而是未来。它通过对企业经济现象过去和现在的研究,掌握其发展变化的规律。由于这种规律往往贯穿事物变化过程的始终,因此,它可以超前向人们展示企业发展前景的情况。当然这种超前认识与未来的实际情况不完全相同,会产生一定的误差,但是只要使用的预测方法科学、得当,就可以把误差缩小在一定的范围之内。

(2) 运算性。各种统计预测方法都要建立一定的数学模型,进行数字推断。因此,预测分析报告除了要运用大量的统计数字外,还有较多的数学运算过程。在各种类型的统计分析报告中,预测分析报告这个特点是最突出的。

(3) 论证性。为了使预测结果准确、可靠、具有说服力,必须以大量的数字和事实为论据进行论证。只有论据充分,论证严密,才能得出科学的结论。因此,预测分析报告的论证性较强,既有定性论证,又有定量论证。

三、统计分析报告的质量要求

(1) 选题准确。紧密围绕企业的中心任务,反映企业经营活动中出现的主要问题,对领导决策起到积极作用。

(2) 资料可靠,观点鲜明,分析深刻,提出一定的见解。

(3) 主题突出,结构严谨,条理清晰,文字简捷。

(4) 时效性强,反映情况及时。

上述四条标准可概括为统计分析报告的"四性",即准确性、针对性、逻辑性和时效性。当然,要写出一篇高质量的统计分析报告,还应在"求实"、"求新"和"求深"上下工夫。

所谓"求实",是指要如实反映,实实在在,不能华而不实,装腔作势。所谓"求新",是指要有创新。不仅内容要有新意,形式也要新颖。要有所创新,就要树立新观念,研究新课题,挖掘新事物、新思想,选择新视角,反映新情况、新特点、新动态,写出新成就、新问题,分析新原因,总结新经验,提出新建议。所谓"求深",是指分析要深入透彻。要掌握丰富的资料,进行深入地分析,达到对研究对象有深刻、透彻的认识。

四、统计分析报告的写作要领

统计分析报告是文字和数字相结合的一种特定文体。要写好统计分析报告首先要了解统计分析报告的典型形式和内容结构。统计分析报告的形式根据分析的任务、内容、种类的不同而有所不同,不是一成不变的。统计分析报告的内容应力求做到有数字、有情况、有分析、有建议。数字要准确,情况要清楚,分析要得当,建议要可行。下面介绍一些常见的和典型的进度分析报告、综合分析报告、专题分析报告的形式和内容结构。

【范例一】

常见和典型的进度分析报告的形式和内容:

(1)公司主要经济指标计划完成情况;

(2)影响计划完成或未完成的主要原因分析;

(3)公司经营状况与同行业的比较分析;

(4)当前公司经营过程中存在的主要问题;

(5)提出对策建议。

综合分析报告的形式和内容结构与进度分析报告基本相似。

【范例二】

常见和典型的专题分析报告的形式和内容:

(1)点明基本情况和所要分析的问题;

(2)根据问题和有关资料进行分析;

(3)通过分析得出结论;

(4)提出对策建议。

除了形式和内容结构方面的要求外,要撰写一篇好的统计分析报告还要做到以下几点:

(1)标题要确切、简捷、醒目。确切,就是标题要能够揭示统计分析报告的内容。简洁,就是题目要高度的概括、以最少的文字揭示全文内容。醒目,就是标题要具有较强的吸引力,使读者看后产生阅读欲望。标题是点睛之笔,好的标题会给分析报告添色增辉。

(2)开头要有吸引力。"好的开头是成功的一半",统计报告的开头部分非常重要,它决定着统计分析报告能否引起读者的兴趣,给读者留下深刻的印象。因此,统计分析报告的开篇要短、精、新,力求做到:一要开门见山,直截了当;二要高度概括,简明扼要;三要提纲挈领,统率全文。

(3)主题要突出。撰写分析报告,要确立主题。主题是分析报告的纲,它像一根红线贯穿全篇,成为全文的中心。分析报告的选材、结构、语言表达都要以主题为依据,受主题的约束。一篇分析报告应该只有一个主题,主题要正确、鲜明和集中。

(4)正文要结构严谨,层次分明,条理清晰。统计分析报告在整体的形式和内容结构框架确定下来以后,还要注意分层次和段落。所谓层次,是指内容展开的先后次序。对于层次结构

形式,常见的有:
①并列式:各层次之间是并列关系。
②总分式:先总起来说,然后分开说,第一层和以后几层的关系就是总分关系。或者,前几层先分开说,最后再总起来说,前几层和最后一层的关系,就是分总关系。
③递进式:各层意思之间是一层进一层,层层深入的关系。
④连贯式:按事物发展的经过和时间的先后次序安排层次,各层意思之间是连贯的。

这几种层次结构的形式,有时可以结合起来使用。如篇幅较长的分析报告,有时大层次按一种结构形式安排,而在大层次中安排小层次时,则可以采用另一种结构形式。此外,段落的划分也要力求清楚地表现分析报告的层次。

(5)结尾应是内容发展的必然结果。结尾是分析报告的结束语,好的结尾,既可以帮助读者明确题旨,加深认识,又可以引起读者的联想和思考。分析报告的结尾,一般是总结全文,表明对问题的看法和建议;或是补充、强调导语和正文中未提到的问题;或以饱满的热情、有力的语言做结尾。有的分析报告,从形式上看没有结尾部分,这些分析报告往往把建议分别穿插到各个段落之中。

【范例三】

××年×季度某工业企业经营计划完成情况的统计分析

××年是公司在经营管理方面寻求重大突破和提升,准备迎接更大发展的一年。公司在年初制订的经营计划书中明确提出了"巩固主业,顺势开拓,调整、改革、储备和提高"的年度经营方针,并提出了公司年内拟完成的若干项重点工作任务及具体的实施计划。同时,公司加强了科学管理力度,以责任计划的形式将年度经营计划层层分解,落实到各部门和各驻外分公司,并制订了经营计划执行情况的监督检查和考核评价办法,依靠建立一套科学的计划管理体系来有效地保证公司各项经营工作依计划、有序地向前推进。一季度,公司在销售淡季仍然取得了较好的经营业绩,但与电子信息行业今年头两个月产、销平均增长速度相比还稍显落后。现对公司一季度各项经营活动开展情况及主要经济指标的计划完成情况综合分析如下:

一、主要经济指标计划完成情况及原因分析

(一)产品销售计划完成情况分析

1.市场销售形势分析

从公司各驻外分公司反馈的市场信息分析,一季度,各地市场呈现下列特点:①总体运行基本平稳,销售额比上年同期增长近四成,呈现出淡季不淡的销售景象。但与公司制定的一季度的计划指标相比尚存在一定差距。②代理商队伍有所扩充,公司新出台的营销政策得到了代理商的积极响应。各地新增代理商×家,发展新用户×家。③防止串货和打击假货的举措,使营销渠道进一步规范,部分产品销量较上年同期有较大增长。④标准化售后服务规范出台,各地服务培训工作开始启动。

2. 产品销售计划和销售回款计划完成情况

截止3月末,公司累计销售A产品×台、销售B产品×万件,分别完成一季度销售计划的×%和×%,实现销售额(含税)×万元,完成计划的×%;销售回款(含上年)×万元,完成一季度销货款回收计划的×%。其中,上年销售本年回款额×万元,完成计划的×%,上年末应收账款还有×万元尚未收回。

3. 新品销售情况分析

一季度,累计实现新品销售额×万元,占公司全部销售收入的×%。按新品对销售额的贡献顺序依次为:E产品、F产品和G产品。其中:作为我公司今年重点推广的新产品——E产品的销售工作得到了各分公司的高度重视,通过各分公司的宣传推广,一季度,公司共销售E产品×套,目前已实现了每个辖区均有E产品的重点用户的目标。为研发项目组在试销期间跟踪现场测试结果,进一步完善产品提供了有利的条件。

(二)生产计划和供应计划完成情况分析

1. 生产计划和供应计划完成情况

一季度,公司累计生产A产品×台,比上年同期增长×%,完成计划的×%;累计生产售B产品×万件,比上年同期增长×%,完成计划的×%。一季度材料采购按计划进行,部分产品的材料采购成本有所下降。

2. 新产品试生产情况

一季度,公司安排试产的新品有三种:E产品、F产品和G产品。2月份,E产品试产×台,其中有×台下线后直接入成品库,已全部发货。其余×台由品质部进行了可靠性试验,测试结果反映良好,已全部通过测试,目前已入成品库。

(三)新品立项及在研项目开发进展情况

一季度,公司完成新产品立项×个,还有×个新产品的评审立项工作正在进行之中。到目前为止,研发部门有在研项目×个,目前各项目均按开发计划顺利进行。

(四)一季度财务预算执行情况及原因分析

1. 公司实现收入、成本和利税情况及原因分析

一季度,公司累计实现销售收入×万元,完成计划的×%;销售成本×万元,为计划的×%;发生各项费用合计×万元,计划的×%,其中,发生管理费用×万元,为计划的×%;销售费用×万元,为计划的×%,研发费用×万元,为计划的×%;实现利润总额×万元,完成计划的×%,其中,实现净利润×万元,完成计划的×%。本季度公司在销售收入没能完成计划的情况下,利润总额超额完成计划的主要原因是:①由于产品销售结构的变化导致公司销售毛利润比计划增加×万元;②公司一季度对各项费用支出实行计划控制,取得了显著成效,使各项费用支出比计划减少×万元,对完成利润计划起到了至关重要的作用。

2. 主要财务指标分析

从公司基本财务比率分析:①偿债能力方面,资产负债率为×%,流动比率为×,速动比率

为×,说明公司短期偿债能力比年初有所增强;②盈利能力方面:销售毛利率×%,总资产报酬率×%(一季度)、净资产收益率为×%(一季度),从一季度销售毛利率水平的提高可以看出,公司在去年年底推出的调价政策,对提高公司的盈利水平产生了一定的影响。

(五)员工人数变动情况

一、一季度我公司员工变动较为频繁

尤其是2月份员工总数由×人下降到×人,减员×人。减员主要分布在:研发人员减少×人、管理人员减少×人、销售人员减少×人。3月份,公司新增员工×人(其中:研发人员×人),减员×人,净增×人。员工总数回升为×人。

二、公司经营增长情况与同行业的比较分析

据国家有关部门公布的数据显示,今年头两个月电子信息行业完成工业总产值比去年同期增长×%,其中,我公司所处的生产投资类电子产品的企业由于受我国通信运营业高速发展的拉动,工业总产值增长迅猛,达到×%,产品产销率达×%。同电子信息行业大发展的形势相比,我公司一季度销售额×%的增速在同行业中只处于中下游水平。通过横向对比,使我们清醒地看到了我们企业与同行业平均水平之间存在的差距。同类企业高速发展的经验再一次印证了,企业只有加强技术创新与体制创新,不断开发新技术和新产品,才能保持市场竞争力,产品的品牌效应才能日趋突出,市场占有率才会不断提高,才能真正迎来大的发展。

三、当前经营活动中存在的主要问题及建议

(1)一季度,虽然我公司实现销售额比上年同期有较大幅度的提高,但A产品销量和公司总体销售额均未能完成计划。由于今年公司制订的销售目标较上年有较大幅度的增长,这就对我公司营销体系各驻外分公司的"营销"能力提出了更高的要求。为确保今年经营目标的完成,营销战线上的全体员工必须从现在开始增强紧迫感和使命感,紧紧抓住二、三季度销售旺季的有利时机,努力扩大销售收入,为全面完成公司全年的销售任务而不断努力。

(2)从一季度我公司常规产品市场虽经精耕细作,但仍然发展不大的现状出发,为扩大今年的销售收入,公司应将工作重点放在按计划推出新产品上。保证今年计划内新产品的按时推出,是完成今年经营目标的关键。首先,应保证二季度新品按期投放市场。其次,还应加快计划内研发项目的立项工作。

(3)一季度公司人员变动较为频繁,尤其是研发人员流失较为严重,使公司的研发力量与今年的研发任务相比尤显不足。为稳定骨干员工队伍,建议公司从保证企业长远发展和短期工作的角度出发,先拿出一个临时性的吸引人才、留住人才的办法,同时还应加快建立起一套与企业长远发展相适应的用人机制,这件事情做得越早,对企业的发展越有利。

这是一篇某工业企业的进度统计分析报告,文章开篇对公司的当前经营形势和经营成果进行了高度概括,正文部分运用大量的报表数据和分析数据反映本季度销售、生产、供应、研发等计划的完成情况,以及财务预算的执行情况;并查找了计划执行情况的原因;同时,就公司本期经营业绩与同行业进行了横向比较分析,在此基础上,提出了公司当前经营活动中存在的主要问题并提出了有针对性的措施建议。全篇结构比较严谨,层次比较分明,条理清晰,分析简明恰当,是一篇较好的统计分析报告。文章可改进之处是,分析还可以进一步深入,如能适当运用统计图表来说明问题,则更能增强分析报告的直观性和可读性。

【小资料】

我国现行工业统计报表制度简介

我国现行的工业统计报表制度区分规模以上工业企业和规模以下工业企业(及全部个体经营工业单位)。对于规模以上工业企业的统计调查方法为全面调查,对于规模以下工业企业及全部个体经营工业单位采取抽样调查的方法,并分别制定了相应的统计报表制度。具体规定如下:

1. 规模以上工业统计报表制度

(1)为了解全国工业生产经营活动的基本情况,为各级政府制定政策和计划、进行经济管理与调控提供依据,依照《中华人民共和国统计法》的规定,特制定本统计报表制度。

(2)本制度是国家统计调查的一部分,是国家统计局对各省、自治区、直辖市统计局和国务院各有关部(局、公司)以及国家直接管理的行业协会(以下简称"直管行业协会")的综合要求,各地区和各部门应按照全国统一规定的统计范围、计算方法、统计口径和填报目录,根据国家统计局拟订的工业企业报表制度的内容,认真组织实施,按时报送。地方、部门特殊需要的统计资料应通过地方统计调查和部门统计调查搜集,并尽量避免与国家统计调查内容相重复。

(3)统计范围。统计报表制度分为年报和定期报表,统计范围原则上为规模以上工业法人企业,但有些报表的统计范围也有不同,各表的统计范围详见"报表目录"中的规定。规模以上工业法人企业是指年主营业务收入500万元及以上的工业法人企业。

(4)资料来源及调查方法。除"主要工业产品产量"由国务院有关部(局、公司)及直管行业协会按照各自的调查方法布置和报送外,其他报表均由各省、自治区、直辖市统计局负责组织实施,调查方法为全面调查。

(5)国务院各有关部(局、公司)及直管行业协会的全套工业统计报表制度及年报资料,报国家统计局工交司一份。

2. 规模以下工业抽样调查统计报表制度

(1)调查目的。反映规模以下工业的基本情况、基本总量。

(2)调查范围(总体)。年主营业务收入(产品销售收入)500万元以下的工业企业和全部个体经营工业单位。具体包括,调查年份年初在册的年主营业务收入500万元以下的工业企业、全部个体经营工业单位以及当年新建的年主营业务收入500万元以下的工业企业和新增的全部个体经营工业单位。

(3)调查内容及表式。调查内容包括年主营业务收入500万元以下的工业企业的基本情况,如企业详细名称、地址、组织机构代码、登记注册类型、人员及企业资产与生产经营状况等,个体经营工业单位的基本情况、人员及生产经营状况等。调查分为年报和季报两种。季报包括一季度报表、二季度报表和三季度报表,调查表分为基层表和综合表两种。由样本单位(企业)按要求填报。

(4)调查总体划分。根据国民经济核算要求,将规模以下工业总体划分成两个子总体,即年主营业务收入500万元以下的工业企业和全部个体经营工业单位。

(5)抽取样本单位的方法。保证满足抽样推算精度要求的样本量,按《规模以下工业抽样调查设计》方案要求抽取样本。

①目录企业部分样本量:按照以全国31个地区分别为总体、以全国39个行业大类分别为总体的总量推

算精度要求(95%的概率度,最大相对误差10%),用随机抽样样本量公式,分别测算各总体所需的样本量。以31个地区样本量合计数或39个行业大类样本量合计数的较大者,作为全国的初始样本量,并等比例地扩大另一种分组的样本量。用迭代方法,将全国的初始样本量分配到全国31个地区的39个工业行业大类中,形成"31地区×39行业"目录企业样本分布表。

②非目录企业和个体工业样本量:按照以全国31个地区分别为总体的总量推算精度要求(95%的概率度,最大相对误差10%),以行政村或居委会为基本群单位,用随机整群抽样样本量公式,分别测算各总体所需的样本量。

对目录企业采取分层、随机抽样的方法抽取样本单位,对非目录企业和个体工业单位采取分层、随机、整群抽样的方法抽取样本单位。

(资料来源:国家统计局网站.)

本章小结

现代企业统计是一门以企业生产经营活动的数量方面为研究对象,通过一系列科学的统计方法和统计指标体系,对企业生产经营活动中产生的有关数据进行收集、整理和分析,以达到对企业生产经营活动的本质与规律的认识的应用统计学。

现代企业统计的主要服务对象是企业决策管理层,主要任务量为企业的生产经营服务。企业统计的职能有信息、咨询、评价与监督职能。企业统计的内容包括投入统计、产出统计、销售与市场统计、财务统计和经济效益统计。

现代企业统计工作程序包括四个阶段,即统计设计、统计调查、统计整理与统计分析。各个阶段运用的统计技术和方法主要有:统计数据的收集方法、数据整理的方法、统计分析的方法(描述统计方法和推断统计方法)等。

统计指标和指标体系是现代企业统计认识企业经济现象的主要手段,本章重点介绍了工业企业的主要经济统计指标及其核算方法。

对企业统计分析报告的概念、种类、特点及写作要领加以简要介绍。

关键概念

原始记录　统计台账　企业内部报表　统计比较　统计综合评价　工业总产值　工业增加值　工业销售产值　劳动生产率　企业经济效益　企业统计分析报告

实训题

走访一家工业企业,了解企业统计工作的情况,并根据实际资料撰写一份统计分析报告。

第十三章

大数据分析与数据挖掘

【学习要点及目标】
1. 掌握大数据的含义、特点,了解大数据的来源;
2. 了解常用的大数据技术;
3. 掌握数据挖掘的含义、步骤及面临的困难。

【引导案例】
　　当前,信息技术正处于快速发展期,以云计算、大数据、移动互联网、物联网、人工智能为代表的新一代信息技术得到广泛应用。随着信息技术和人类生产生活的交汇融合,数据的形式和来源越来越趋于多元化、多样化,世界已经进入由数据主导的"大时代"。2016年5月25日,高通公司全球总裁德里克·阿伯利在中国第二届大数据产业峰会上发表主题演讲,指出:"现在的数据是呈指数级发展的,过去两年产生了全球90%的数据量。在2020年以前,整个数据量与5年前相比不可同日而语,而在中国这样的趋势也非常明显。"
　　大数据正在改变各国综合国力,重塑未来国际战略格局。现在,世界各国都把推进经济数字化作为实现创新发展的重要动能,在技术研发、数据共享、安全保护等方面进行前瞻性布局。
　　党和国家一直密切关注大数据的发展,早在2013年7月,习近平主席视察中国科学院时便指出:"大数据是工业社会的'自由'资源,谁掌握了数据,谁就掌握了主动权。"2015年11月,党的十八届五中全会公报提出要实施"国家大数据战略",这是大数据第一次写入党的全会决议,标志着大数据战略正式上升为国家战略。
　　大数据作为一项新技术、新思维和新方法,释放出巨大的能量,对经济发展、社会治理、国家管理、人民生活等各个方面都将产生重大的、甚至颠覆性的影响。

那么究竟什么是大数据,大数据又具有那些特点,在使用过程中又是如何被挖掘出来的,就是我们本章学习的内容。

第一节 什么是大数据

一、大数据的含义

大数据是一个新概念,可能的英文表述有大数据(Big Data)、大规模数据(Large Scale Data)和巨量数据(Massive Data)。麦肯锡(McKinsey Global Institute)、高德纳(Gartner)、国际数据公司(IDC)和 IBM 等研究机构和 IT 业界都曾使用过大数据的概念,但尚未形成统一的定义。

麦肯锡在报告"Big data:The next frontier for innovation,competition,and productivity"中给出的大数据定义是:"大数据"是一种规模大到在获取、存储、管理、分析方面大大超出了传统数据库软件工具能力范围的数据集合,具有海量的数据规模、快速的数据流转、多样的数据类型和价值密度低四大特征。它还特别说明,并不是必须超过特定数量 TB 值的数据集才能算作大数据。

对于"大数据"(Big Data)研究机构 Gartner 给出了这样的定义。"大数据"是高容量、高速度和高多样性的信息资产,是需要新处理模式才能实现洞察力、决策和处理自动化的提升。

国际数据公司把"大数据技术"界定为新一代的技术和架构,旨在更经济地从数量巨大、具有广泛多样性的数据中提取价值,以实现高速获取、发现和分析。该公司认为大数据有三大主要特征:数据本身、数据分析和对分析结果的展示,以及那些能被囊括在这些大数据要素周边的产品和服务。

IBM 指出,我们周围的一切每时每刻都在生成大数据。每一次数字化过程和社交媒体交换都在产生大数据。系统、传感器和移动装置都在传输大数据。大数据以海量的数据规模(Volume)、快速的数据流转(Velocity)和多样的数据类型(Variety)出现在各个渠道。为了从大数据提取有意义的价值,需要最优的处理能力、分析能力和各种技能。

综合上述定义可以认为,大数据是指难以在可接受的时间内,用传统数据库系统或常规应用软件处理的、海量而复杂的数据集。目前所说的"大"数据不仅指数据本身的规模,而且包括采集数据的工具、平台和数据分析系统。

大数据技术的战略意义不在于掌握庞大的数据信息,而在于对这些含有意义的数据进行专业化处理。换而言之,如果把大数据比作一种产业,那么这种产业实现盈利的关键,在于提高对数据的"加工能力",通过"加工"实现数据的"增值"。

二、大数据的特征

大数据主要包括以下五个方面的特征:

1. 数据量巨大(Volume)

数据的大小决定所考虑的数据的价值和潜在的信息。随着各类监控设备的增加,以及手机、平板等个人终端的普及和功能多样化,全球数据总量从 TB 级别跃升到 ZB 级别,以每两年翻一番的速度飞快增长,这与人们熟知的"摩尔定律"极为相似,可以称之为"大数据爆炸定律"。

根据国际数据公司(IDC)的监测数据显示,2013 年全球大数据储量为 4.3 ZB(相当于 47.24 亿个 1 TB 容量的移动硬盘),2014 年和 2015 年全球大数据储量分别为 6.6 ZB 和 8.6 ZB。近几年全球大数据储量的增速每年都保持在 40%,2016 年甚至达到了 87.21% 的增长率。2016 年和 2017 年全球大数据储量分别为 16.1 ZB 和 21.6 ZB,2018 年全球大数据储量达到 33.0 ZB,2019 年全球大数据储量达到 41 ZB。其中中国数据产生量增长最为迅速,平均每年增长速度比全球快 3%,预计到 2025 年我国将成为全球最大的数据圈。全球数据量发展趋势如图 13.1 所示。

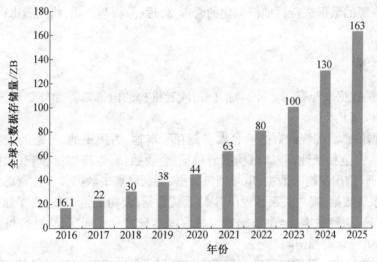

图 13.1　全球数据量发展趋势(单位:ZB)
(资料来源:IDC,兴业证券经济与金融研究院整理)

2. 数据类型多样化(Variety)

数据类型多样化是大数据时代的显著标志。除了常见的结构化数据(如数据表格)外,还有大量的半结构化和非结构化数据(如各类文件、图片、照片、音频、视频、日志和地理位置信息等)。它们的大小、内容、格式和用途可能都完全不同。数据已经不仅仅是计数、计算和语言的标记,而被更多地赋予了约束、控制等多方面的功能。

3. 数据时效性高(Velocity)

数据量的快速膨胀,推动了数据处理方法和手段的提速。以计算机为核心的数据处理设备和相应的软件的发展,大大加快了数据的处理速度和传输速度。随着数据处理和传输速度的不断加快,实现了"静态→批处理→实时处理"的演进。

尽管如此,与数据增长速度相比,人类对于数据的处理能力仍然落后了许多,原有的研究方法已经严重阻碍了科技水平的发展,原有的科学研究范式受到了极大的挑战,一场科学技术方法的革命正在悄然兴起,同时也带动了建模仿真技术的革命。

4. 数据富含价值(Value)

合理运用大数据,以低成本创造高价值。在没有计算机的时代,大数据依然存在,但由于没有能驾驭、分析大数据的技术以及设备,因此无法记录大数据,那些大数据蕴含的价值也被白白地流逝了。随着计算机的产生、互联网时代的到来,各行各业的庞大数据都会被完整地记录下来,这些所有的记录都是有潜在利用价值的数据,合理运用大数据,以低成本创造高价值。

5. 数据真实(Veracity)

强调数据的质量,从大数据分析中获得更大的价值,关键是要努力提高对大数据的加工能力,通过对不同来源的数据进行更加精细化的管理、处理、分析与优化,将创造出巨大的经济价值和社会价值。

三、大数据的来源

大数据分析的数据来源有很多种,包括公司或者机构的内部来源和外部来源。大数据根据信息来源分为以下几类:

(1)传统数据信息。传统的数据信息大多储存于本地,为历史的、静态的数据,属于非全部公开数据资源,价值秘密性高,如市场调研数据、企业数据、生产数据、制造数据、交易数据(包括POS机数据、信用卡刷卡数据、电子商务数据、互联网点击数据、"企业资源规划"(ERP)系统数据、销售系统数据、客户关系管理(CRM)系统数据、公司的生产数据、库存数据、订单数据、供应链数据等)、医疗数据、金融数据等。就数据本身的格式而言,这些数据是结构化的,通过关系型数据进行管理和访问。

(2)移动互联网、物联网信息移动互联网和物联网等新技术的快速发展,能够上网的智能手机等移动设备越来越普遍。移动通信设备记录的数据量和数据的立体完整度,常常优于各家互联网公司掌握的数据。移动设备上的软件能够追踪和沟通无数事件,从运用软件储存的交易数据(如搜索产品的记录事件)到个人信息资料或状态报告事件(如地点变更即报告一个新的地理编码)等。除此之外,可穿戴设备、传感器、二维码以及各种手机应用在内的搜索引擎及智能手机等移动设备的日益普及,互联网支付、位置服务等的广泛运用,都导致各种海量数据的生成。

（3）人际交往信息。社交媒体的发展产生了大量的、鲜活的数据。如新浪微博、Facebook等社交网站上的分享的内容、点"赞"和上传照片等，都代表了一个个具体网民的想法，反映了他们想做的事情。社交网络上的表现人们情绪的数据日益丰富。例如，[笑脸]、[鼓掌]、[握手]、[愤怒]、[纪念]等代表人们心情的表情符号的大量使用，无疑表达了人们对某一事件的总体情绪，可能暗示线下会发生某些行为。这些数据大多数为非结构性数据，需要用文本分析功能进行分析。

（4）机器和传感器数据。来自感应器、量表和其他设施的数据、定位/GPS系统数据等。这包括功能设备会创建或生成的数据，如智能温度控制器、智能电表、工厂机器和连接互联网的家用电器的数据。来自新兴的物联网（IoT）的数据是机器和传感器所产生的数据的例子之一。来自物联网的数据可以用于构建分析模型，连续监测预测性行为（如当传感器值表示有问题时进行识别），提供规定的指令（如警示技术人员在真正出问题之前检查设备）等。

（5）互联网上的"开放数据"来源，如政府机构、非营利组织和企业免费提供的数据。

第二节　大数据技术概述

大数据时代，数据的应用已经渗透到各行各业，大数据研发的目的是发展大数据技术，并将其应用到相关领域，通过解决海量数据处理问题促进其突破性发展。因此，大数据时代的挑战不仅体现在如何处理海量数据，以便从中获取有价值的信息；也体现在如何加强大数据技术研发，从而抢占发展的先机。

数据处理关键技术一般包括大数据采集、大数据预处理、大数据存储及管理、大数据分析及挖掘、大数据展现和应用（大数据检索、大数据可视化、大数据应用、大数据安全等）。解决大数据问题的核心是大数据技术，是指从类型多样的海量数据中，快速获得有价值信息的能力，为企业业务分析和行业发展带来了新的思维角度，将会充分激发数据对社会发展的影响和推动。大数据技术具体包括以下三个技术。

一、大数据存储技术

大数据存储致力于研发可以扩展至PB甚至EB级别的数据存储平台。提到存储，有一个著名的摩尔定律，该定律是由英特尔创始人之一戈登·摩尔（Gordon Moore）提出来的。其大意为：当价格不变时，集成电路上可容纳的电晶体数目，约每隔24个月（现在普遍流行的说法是"每18个月"）会增加一倍，性能也将提升一倍。于是，存储器的成本每18～24个月就下降一半。成本的不断下降也造就了大量数据的可存储性。

在摩尔定律的激励下，经过数十年的发展，处理器（CPU）的性能已经大幅度提升。这使得更多的新技术、新功能以及更快的速度优化功能形成。这些创新不但大幅度降低了成本，而且提升了性能。但不幸的是，与CPU和其他性能的提升相比，传统的机械硬盘的性能并没有太大性能的提升,这就形成了不同设备间的性能差距。

为了克服这种性能之间的差距,传统的做法是集合更多的大批量硬盘,即利用更多的磁盘空间来提供更强的搜索性能,提高存储系统的总体性能。比如,Google 大约管理着超过 50 万台服务器和 100 万块硬盘,而且还在不断地扩大计算能力和存储能力,其中很多扩展都是在廉价服务器和普通存储硬盘的基础上进行的。

随着英特尔技术的不断创新,CPU 的性能不断增加,如今传统的增加硬盘的解决方案已经不再有效果,需要新兴的技术来满足磁盘性能上的差距所造成的瓶颈和麻烦。闪存(Flash Memory)是一种长寿命的非易失性(在断电情况下仍能保持所存储的数据信息)的存储器,数据删除不是以单个字节为单位而是以固定的区块为单位。闪存是一个速度比硬盘驱动器更快的存储介质,能够提供比硬盘高 1 000 倍的每秒输入/输出操作次数(IOPS),使得 CPU 性能和存储性能之间的间隙消失。

随着闪存技术的演变,如今在云数据中心中,闪存这种新型的存储设施已经被应用并取得了非常出色的效果。它能够提供无限扩展的能力,同时能够索引全空间内的信息,能够提供最大计算资源应用程序,同时最大限度地减少延迟率和加速应用。

二、大数据计算技术

大数据常和云计算联系在一起。云计算(Cloud Computing)是分布式计算的一种,又称网格计算,是基于互联网的相关服务的增加、使用和交付模式,通常涉及通过互联网来提供动态易扩展且经常是虚拟化的资源。通过网络"云"将巨大的数据计算处理程序分解成无数个小程序,然后通过多部服务器组成的系统进行处理和分析这些小程序得到结果并返回给用户。云是网络、互联网的一种比喻说法。云计算思想的起源是麦卡锡在 20 世纪 60 年代提出的:把计算能力作为一种像水和电一样的公用事业提供给用户。

云计算对大数据的广泛应用意义重大,云计算为大数据的存储和处理技术提供了技术及经济上可行的工具,是大数据处理基础设施的主流方向。这项技术可以在很短的时间内(几秒钟)完成对数以万计的数据的处理,从而达到强大的网络服务。

大数据常使用的云计算技术包括虚拟化技术、分布式处理技术、海量数据存储技术、海量数据管理技术、实时流数据处理技术、智能分析技术(类似模式识别以及自然语言理解)等。云计算提供基础架构平台,大数据应用运行于此平台上,这是 Google、Amazon、Facebook 等一批互联网企业广泛采纳的模式。

大数据和云计算的结合是一个双赢的局面。大数据的特色是丰富的信息储备,云计算的优点是强大的计算能力,随着云计算技术的不断发展,处理大数据的速度大幅度提升,降低了创新成本,一方面可以提供更多基于海量数据的创新型服务,另一方面可以引导云计算投向更多更好的实际应用领域。

三、大数据分析技术

大数据分析主要包括可视化分析、数据挖掘算法、预测性分析能力、语义引擎、数据质量和主数据管理五个方面。

1. 可视化分析(Analytic Visualizations)

大数据分析的使用者有大数据分析专家,同时还有普通用户,但是他们两者对于大数据分析最基本的要求就是可视化分析,因为可视化分析能够直观呈现大数据特点,同时能够非常容易被读者所接受,就如同看图说话一样简单明了。

2. 数据挖掘算法(Data Mining Algorithms)

大数据分析的理论核心就是数据挖掘算法。各种数据挖掘的算法基于不同的数据类型和格式才能更加科学地呈现出数据本身具备的特点,也正是因为这些被全世界统计学家所公认的各种统计方法(可以称之为真理)才能深入数据内部,挖掘出公认的价值。另外,因为有这些数据挖掘的算法才能更快速地处理大数据,如果一个算法得花上好几年才能得出结论,那大数据的价值也就无从说起了。

3. 预测性分析能力(Predictive Analytic Capabilities)

大数据分析最重要的应用领域之一就是预测性分析,从大数据中挖掘出特点,通过科学的建立模型,之后便可以通过模型带入新的数据,从而预测未来的数据。

4. 语义引擎(Semantic Engines)

大数据分析广泛应用于网络数据挖掘领域,可从用户的搜索关键词、标签关键词或其他输入语义中分析、判断用户需求,从而实现更好的用户体验和广告匹配。

5. 数据质量和主数据管理(Data Quality and Master Data Management)

大数据分析离不开数据质量和数据管理,高质量的数据和有效的数据管理,无论是在学术研究还是在商业应用领域,都能够保证分析结果的真实和有价值。

大数据分析的基础就是以上五个方面,当然若更加深入大数据分析,还有很多更加有特点的、更加深入的、更加专业的大数据分析方法。

第三节 大数据的广泛应用

大数据目前的应用领域非常广泛。线上的大数据正越来越多地与工业、农业、服务业、政府管理等多个线下领域相结合,带动了一系列产业的发展,加速了互联网金融、智能医疗诊断、智能人机交互、自动驾驶、智能无人机、机器人技术等相关领域和产业的技术创新。

一、大数据技术在工业领域的应用

经济发展进入新常态,我国传统制造业面临着由于市场需求多变、劳动力等资源要素成本上升、节能减排约束趋紧所形成的多重压力和困境。在这一背景下,亟待探索转型路径,以寻求新生机、谋求新发展。如何从中国制造走向中国"智造",推动工业企业"智能化"转型升级是必然趋势。

随着信息化与工业化的深度融合,信息技术逐步渗透到工业企业产业链的各个环节。将大数据、云计算等技术与工业深度融合构建完整解决方案,以数据驱动面向产品设备全生命周期的最佳实践,从设计、制造、销售、运营、维护等各个阶段控制生产成本,提升工业企业生产力与运行效率,推动工业企业"智能化"转型升级,这就是德国、美国等制造业发达国家当前正在积极推动的"工业4.0"。"工业4.0"是由德国政府在《德国2020高技术战略》中所提出的十大未来项目之一,本质上是通过信息物理系统实现工厂的设备传感和控制层的数据与企业信息系统融合。

工业企业所拥有的数据日益丰富,如现代化工业制造生产线上安装有数以千计的小型传感器,来探测温度、压力、热能、振动和噪声,这些数据每隔几秒就会收集一次。当然,工业大数据的作用不仅仅局限于生产领域,条形码、二维码、RFID、工业传感器、工业自动控制系统、工业物联网等新一代信息技术使得工业大数据可以渗透到制造业的各个环节,如产品设计、原料采购、产品制造、仓储运输、订单处理、批发经营和终端零售等。

(1)大数据使得产品设计更加优化。借助大数据技术,人们可以对原材料的品质进行监控,发现潜在问题可以立即做出预警,以便能及早解决问题从而维持产品品质。大数据技术还能监控并预测加工设备未来的故障概率,以便让工程师即时执行最优决策。大数据技术还能应用于精准预测零件的生命周期,在需要更换的最佳时机提出建议,帮助制造业者达到品质与成本双赢。

(2)大数据使得工业采购变得更加精准。大数据技术可以从数据分析中获得知识并推测趋势,可以对企业的原料采购的供求信息进行更大范围的归并、匹配,效率更高。由于大数据技术可以跟踪库存和销售价格,因此工业企业可以在价格下跌时买进,从而节约大量的成本。大数据通过高度整合的方式,将相对独立的企业各部门信息汇集起来,打破了原有的信息壁垒,实现了集约化管理。

(3)大数据使得生产流程更加优化。现代化工业制造生产线安装有数以千计的小型传感器,来探测温度、压力、热能、振动和噪声。它们每隔几秒就收集一次数据,工业企业利用这些数据可以实现监控,包括设备诊断、用电量分析、能耗分析、质量事故分析等。利用大数据技术还可以对工业产品的生产过程建立虚拟模型,仿真并优化生产流程,当所有流程和绩效数据都能在系统中重建时,这种透明度将有助于制造商改进生产流程。

(4)大数据改变传统仓储运输。由于大数据能够精准预测出个体消费者的需求以及消费者对于产品价格的期望值,企业在产品设计制造之后,可直接派送到消费者手中。虽然此时消费者还没有下单,但是消费者最终接受产品是一个大概率事件。这使得企业不存在库存过剩的问题,也就没有必要进行仓储运输和批发经营。

（5）大数据改善订单处理方式。大数据技术最为根本的优势就是预测能力。工业企业通过大数据的预测结果，精准了解市场发展趋势、用户需求及行业走向等多方面的数据，得到潜在订单的数量，直接进入产品的设计和制造。

（6）大数据使得批发经营和终端零售畅通无阻。对于一家工业企业来说，供应链方面的业务需求也是整体运作中非常重要的一环，在批发经营和零售行业中的一些企业也开始积极运用大数据技术。这些批发经营和终端零售平台提供的大数据工具，将每家店的卖货和库存情况向各公司相关部门和上游供应商定期分享，这种方式提高了整个供应链条的投入回报率，创造了非常好的商业价值。

将来自各个渠道的产品传感器数据、销售数据和出自各级供应商数据库的数据传到云计算数据中心进行存储、分析。这将会极大地减少工业企业库存、优化供应链，从而助推"工业4.0"，实现从中国制造向中国"智造"的转型。

二、大数据技术在农业领域的应用

农业大数据囊括一切与农业相关的数据，如上游的种子、化肥和农药等农资研发，气象、环境、土地、土壤、作物、农资投入等种植过程数据，以及下游的农产品加工、市场经营、物流、农业金融数据等。由于需要考虑多种因素在不同时间点和不同地域对农业的影响，所以农业大数据的数量既庞大又复杂。大数据在农业中的应用主要体现在以下五个方面。

1. 大数据推进新兴育种技术

传统的育种手段工作量大，成本较高，培育一个品种需要花费10年甚至更久的时间。随着生物技术的迅猛发展，育种家们利用分子标记技术的高通量基因型和第二代DNA测序技术等先进的生物技术与信息技术手段，搭建起了种子基因资源信息衔接庞大数据的桥梁，建立起常规育种与生物育种相结合的平台，大幅度提高了育种效率，使育种工作产生突破性进展，实现了由"经验"向"科学"的根本性转变。

分子育种技术还有着许多具体应用，例如，通过对育种材料进行遗传分析和杂种优势群划分，使得种子公司能更准确地利用现有种子资源；为种业公司进行品种定制改良，有针对性地改良和提高作物品种的抗虫害或抗干旱能力；还可以开发出适应于农民和消费者需求的新产品。

2. 以数据驱动供需精准对接

2016年中央一号文件指出：大力推进"互联网+"现代农业，应用物联网、云计算、大数据、移动互联等现代信息技术，推动农业全产业链改造升级。在2016年全国两会期间，不少委员又给出宝贵的发言或提案，重申了大数据对互联网农业的重要作用。

我国很多地方探索出了适合当地农业发展的大数据道路。例如，山东省寿光市稻田镇的寿光果菜批发市场，以形成蔬菜价格指数体系的方式，用数据"告诉"农民应该"种什么、种多少"，为全国蔬菜产业建立了一个预警平台和化解风险的平台。另外，安徽芜湖的阡陌科技公司在政府部门的支持下,依托协会资源,立足于农业大数据,从农业投入品流通环节切入,以乡镇、县域为试验点,用科技手段指导农业投入品科学使用和农业生产的管理,进而提升农业投入品的流通环节的效率,同时帮助农民大大节省投入成本,提质增效。

可以说,大数据的运用是全方位的,贯穿于整个农业产业链当中,通过数据的沉淀,既可以成为农业决策的依据,也可以成为农产品销售的风向标。农业大数据的广泛应用,将是实现供需两端无缝对接的重要依据。

3. 大数据实现农产品可追溯

根据自 2015 年 10 月 1 日起施行的《中华人民共和国食品安全法》,国家将逐步实行农产品质量安全追溯制度,对农产品实现从农田到餐桌整个过程的有效控制,实施对农产品质量全程监控数据采集、大数据记录,从而保证农产品质量安全。

随着全球供应链越来越长,跟踪和监测农产品的重要性也越来越凸显。农产品的生产方和运输方使用传感技术、扫描仪和分析技术来监测和收集产业链数据。"农产品质量安全追溯系统"的建立与完善对安全食品质量控制具有重要意义,更是目前安全农产品发展过程中的"诚信问题""质量溯源""产销对接"等问题的有效解决手段。通过带有 GPS 功能的传感器实时监测农产品的温度和湿度,当不符合要求时会发出预警,从而加以校正;销售点扫描能够在有问题或有需要时召回农产品,甚至在产品卖出后也可以采取即时、高效的应对措施,从而有效防止农产品变质和应对食源性疾病的传播。通过农产品质量安全追溯系统生成的二维码或数字编码,消费者(或监管者)可以通过互联网、APP 等手段快速查找农产品种养殖、检测、验收等信息,实现快速追根溯源。

简言之,农产品质量安全追溯系统的建立,可以增强消费者的安全感,提高生产企业诚信意识和生产管理水平,提高政府管理部门对农产品质量安全的监管效率,提高农产品质量安全突发事件的应急处理能力,提升我国农产品的国际竞争力。

4. 大数据重组农业供应链

传统的农产品供应链是以农产品批发市场为核心。大数据技术和信息的普及将给种子、作物投入品和食物的供应链带来巨变——从靠天吃饭,到靠数据生产;从工作量繁重的体力活(如播种、施肥、喂养、宰杀等),到依托"互联网+"、物联网、云服务等全新的科学技术,在 PC 端或智能手机 APP 上轻松掌控全面丰富的农业大数据。

大数据在农产品供应链中主要有以下应用:结合历史需求数据和安全库存水平,进行精确的需求预测;建设采供中心,综合平衡订单、产能、调度、库存和成本间的关系;构建农产品冷链物流协同信息平台,实现智慧物流;通过农产品质量追溯平台系统,实现快速追根溯源;等等。

依托遍布行业的智能数据采集系统和不断完善的数据分析模型,农业大数据会引起整个供应链从农资端到种植端,再到加工流通过程,最后引发整个农业供应链的变革。

5. 大数据为扶贫提供新思路

由于信息不对称,传统农业面临着"种植靠猜测、产销碰运气"的尴尬局面,现在有了全新的数据分析和电商渠道,一些贫困地区摸索出了一条用大数据助推大扶贫、用市场化推动大扶贫的精准扶贫新路子,构建"大数据服务公司+村支部+合作社+农户+电商"的扶贫新模式,为土地整合开发、现代农业生产、产业化经营等提供强大助力,系统性解决农民种地难、销售难、融资难等问题,逐步实现了传统农业向大数据农业的转型升级。

三、服务业

1. 交通业

自20世纪以来,城市交通问题一直困扰着工业发达国家。我国在改革开放后各项事业建设进程迅速。随着经济的发展,我国交通业出现了前所未有的发展,也面临着前所未有的挑战。以城市交通拥堵和航班晚点率高为表征的交通困局已成为令人关注的民生问题。交通的核心是"人—车—路",而围绕核心涉及多个部门,同时又关联多个产业和领域,是一个综合性的体系。如何凭借大数据等先进技术解决日益紧迫的交通问题,成为政府与社会各机构研究的热点。

大数据在交通行业的主要应用包括搭建智能交通云平台、利用GPS定位和LBS定位双结合进行交通行为的预测和提供航班动态数据服务等。

2. 零售业

零售业对大数据的应用体现在两个方面:一是通过社交平台上的数据充实客户主数据,识别出两类必须保留的有价值的客户——高消费者和高影响者,从而使业务服务更具有针对性;二是监控客户在店内的走动情况以及与商品互动的情况,将这些数据与交易记录结合起来展开分析,从而在销售哪些商品、如何摆放货品以及何时调整售价上给出建议。

3. 金融业

大数据在金融领域的应用,一般认为有精准营销和大数据风控两个方面。精准营销是基于行为数据去预测用户的偏好和兴趣,继而推荐合适的金融产品。大数据风控的逻辑在于"未来是过去的重复",即用已经发生的行为模式和逻辑来预测未来。大数据风控有两个主要的应用,即信用风险和欺诈风险。

4. 教育

教育大数据分布在包括教育教学管理、教学资源、教学行为、教学评估等在内的综合教育系统的始末。大数据的思维和理念可以为优化教育政策、创新教育教学模式、变革教育测量与评价方法等理论研究提供客观依据及新的研究视角,能够更好地推动教育领域的变革。

大数据技术可以在教育平台上跟踪和关注老师和学生的教学、学习过程,记录老师和学生的课堂表现以及课下行为的数字化痕迹,通过对教育活动中点滴微观行为的捕捉,为教育管理机构、学校、老师和家长提供最直接、客观、准确的教育结果评价。

5. 健康医疗服务

"互联网+益民服务"是国家提出的11个互联网+专项行动之一,而"互联网+医疗""互联网+健康"正是益民服务中的重要内容。利用"互联网+"技术突破时空限制,优化医疗资源的配置利用效率,实现资源共享,组建新的医疗服务网络,加速传统医疗向个性化健康管理转变;提供面向老百姓的全程全实时医疗服务,"让信息多跑腿、让患者少排队,密切医患之间的沟通、重构医疗服务生态"正在逐步从愿景走向现实。

互联网、云计算、大数据、人工智能等新技术的应用,实现了对疑难杂症精准的判断,对流行病、慢性病的趋势预测和分析,由此极大提升了医疗诊治水平和大规模疾病的防控能力。此外,借助可穿戴设备、手机 APP 等电子诊断手段,患者可以随时随地和医生交流,被动就医将转变为主动预防。

6. 政府管理

(1)以大数据破解政府监管缺失难题。随着全面依法治国战略的深入实施,行政体制改革和转变政府职能的不断深化,行政管理正带来一系列深刻变化,为有效破解政府在职能转变中的难题,可借力大数据。

①增强政府监管有效性。建立准确完整的数据信息库,整合各类监管资源,实现监管数据及信息共享。通过大数据再造监管流程,运用大数据创新监管方法。

②广泛动员社会力量参与监管。搭建社会力量参与的市场监督平台,通过对数据信息的整理分析,找出问题与原因,开展有针对性的监管。一方面,能掌握过去在经济活动中的那些不诚实行为和生产假冒伪劣产品的企业信息;另一方面,可以收集社会上长期热心于公益活动、善于揭露虚假产品的人士的信息。

③强化企业自律。通过大数据技术,推动行业协会加强行业自律,制定完善相应的技术、服务标准,建立会员企业信用档案,开展信用评价和信用信息共享应用,强化企业遵纪守法意识,增强社会责任。

(2)大数据辅助警务预测。将大数据理念贯穿到警务活动中,运用大数据预测技术,科学预知和把握未来社会治安形势及警务工作方向,采取前瞻性强的打防管控措施。重点抓好"六个预测",即国家安全预测、维稳态势预测、治安形势预测、社会管理预测、民意导向预测和民生服务预测。

(3)运用大数据反腐。将大数据运用到正风反腐中,有助于推进党风廉政建设和反腐败工作。一方面,网民可以通过网络技术和数据信息对官员的腐败行为进行检举,利用社会的舆论效应引起相关部门对官员的行为进行监察和惩处;另一方面,监管部门把各部门的数据样本进行有机串联,准确分析数据之间的关系,用大数据智能筛选排查信息,有助于找出腐败的"蛛丝马迹"。

需要说明的是,尽管大数据有着上述广泛的应用,但在利用大数据开展分析和预测方面,仍面临着诸多挑战。

(1)大数据来源众多、数量巨大、形式各异,要从中获得一目了然的信息,就需要真正高效、可靠的数据管理和分析平台。大数据的采集和分析是一个主要挑战。

（2）目前在大数据的采集、分析和应用过程中，存在着行业鸿沟、数据孤岛乃至数据丢失等问题。

（3）随着大数据应用的巨大潜力被广泛认知，各地纷纷出台发展大数据产业的规划，并相继启动数以亿元计的投资，容易造成重复投资与恶性竞争。

（4）大量的数据仍然掌握在个别企业和政府机构中，如何既实现共享又保证信息安全，更是一个挑战。

从预测的角度看，事物存在人类难以征服的不可知性和不可预测性，大数据也无法改变这一事实。利用大数据开展预测，仍存在"测不准"现象，依然需要以"人"的智能来弥补预测的缺陷。大数据并非无所不能，我们对此必须持谨慎、理性的态度。

第四节 数据挖掘与数据挖掘技术

一、数据挖掘

随着数据收集和存储技术的快速进步，人们积累的数据越来越多。海量数据背后隐藏着许多重要的信息。然而，如何从海量数据中提取出有用的信息面临着巨大的挑战：①信息过量难以消化；②信息真假难以辨识；③信息安全难以保证；④信息形式不一致，难以统一处理。

数据挖掘大致萌芽于20世纪70年代，它的产生与发展是信息处理技术自然演化的结果。20世纪80年代，人们又在新的神经网络理论的指导下，重新回到机器学习的方法上，并将其成果应用于处理大型商业数据库。人们用数据库管理系统存储数据，用计算机分析数据，并且尝试挖掘数据背后的信息。20世纪90年代，随着数据库系统的广泛应用和网络技术的高速发展，数据库技术也进入一个全新的阶段，即从过去仅管理一些简单数据发展到管理由各种计算机所产生的图形、图像、音频、视频、电子档案、Web页面等多种类型的复杂数据，并且数据量也越来越大。数据库在给我们提供丰富信息的同时，也体现出明显的海量信息特征。信息爆炸时代，海量信息给人们带来许多负面影响，最主要的就是有效信息难以提炼，过多无用的信息必然会产生信息距离（信息状态转移距离）是对一个事物信息状态转移所遇到障碍的测度，简称DIST或DIT）和有用知识的丢失。这也就是约翰·内斯伯特（John Nalsbert）称为的"信息丰富而知识贫乏"窘境。因此，人们迫切希望能对海量数据进行深入分析，发现并提取隐藏在其中的信息，以更好地利用这些数据。但仅以数据库系统的录入、查询、统计等功能，无法发现数据中存在的关系和规则，无法根据现有的数据预测未来的发展趋势，更缺乏挖掘数据背后隐藏知识的手段。正是在这样的条件下，数据挖掘技术应运而生。

1. 数据挖掘的概念

Data Mining译为数据挖掘，又译为资料勘探、数据采矿。"数据挖掘"经常和另一个术语"KDD"一同被提及，是指从大量的、不完全的、有噪声的、模糊的、随机的实际应用数据中，通过算法搜索提取隐藏于其中的人们事先不知道,但又是潜在有用的信息和知识的过程。

数据挖掘是一种技术,通常与计算机科学有关,并通过统计、在线分析处理、情报检索、机器学习、专家系统(依靠过去的经验法则)和模式识别等诸多方法结合,进行高度自动化地分析数据,做出归纳性的推理,从中挖掘出潜在的模式,帮助决策者调整策略,减少风险,做出正确的决策。

2. 数据挖掘与其他领域的联系

数据挖掘并不专属于某一个学科门类,作为一个应用驱动的领域,它吸纳了诸如统计学、机器学习、模式识别、数据库和专业知识等许多应用领域的大量技术,是多学科知识交叉的结果。数据挖掘研究与开发的边缘学科特性极大地促进了数据挖掘的成功和广泛应用。

需要说明的是,统计学家和计算机学家是从不同的角度来看数据挖掘。由于数据挖掘的发展经历较短,初期主要由计算机科学家开创,而且是脱离统计的传统体系而发展的,因此,它通常与计算机科学有关,有其自己的特点。由于知识结构不同,由计算机学家撰写的文献对于统计学家而言有些不习惯。这主要体现在思维方式和术语的不同上。其实,计算机学家眼中的数据挖掘实际上和统计的目标没有什么区别。计算机专家通常具有强大的计算能力和解决问题的直觉,而统计学家擅长于理论分析和问题建模,因此,两者具有很好的互补性。

3. 数据挖掘的对象

数据挖掘的对象可以是任何类型的数据源。可以是关系数据库,此类包含结构化数据的数据源;也可以是数据仓库、文本、多媒体数据、空间数据、时序数据、Web 数据,此类包含半结构化数据甚至异构性数据的数据源。

发现知识的方法可以是数字的、非数字的,也可以是归纳的。最终被发现的知识可以用于信息管理、查询优化、决策支持及数据自身的维护等。

4. 数据挖掘的步骤

在实施数据挖掘之前,先制定采取什么样的步骤,每一步都做什么,达到什么样的目标是必要的,有了好的计划才能保证数据挖掘有条不紊地实施并取得成功。数据挖掘过程模型步骤主要包括定义问题、建立数据挖掘库、分析理解数据、准备数据、建立模型、评价模型和实施。数据挖掘的基本流程如图 13.2 所示。

(1)定义问题。在开始知识发现之前最先的也是最重要的要求就是了解数据和业务问题。必须要对目标有一个清晰明确的定义,即决定到底想干什么。由于问题和数据的复杂性,数据挖掘研究必须紧紧抓住核心问题,在着手做数据模型之前一定要花时间去理解需求,弄清楚真正要解决的问题是什么,根据需求制定工作方案。这个过程需要先明确问题的归属;需要考虑问题的整体性、长期性、基本性、策略性、系统性和风险性;还需要比较多的沟通和调研。比如,若要提高电子信箱的利用率,想做的可能是"提高用户使用率",也可能是"提高一次用户使用的价值",要解决这两个问题而建立的模型几乎是完全不同的,必须做出决定。明确需求后,接下来就是要收集并整理数据建模所需要的数据。

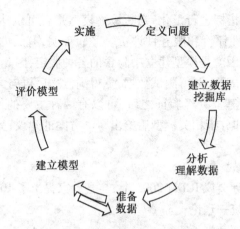

图 13.2　数据挖的掘基本流程

(2) 建立数据挖掘库。建立数据挖掘库包括以下几个步骤：数据收集、数据描述、选择、数据质量评估和数据清理、合并与整合、构建元数据、加载数据挖掘库及维护数据挖掘库。

(3) 分析理解数据。分析的目的是找到对预测输出影响最大的数据字段和决定是否需要定义导出字段。如果数据集包含成百上千个字段，那么浏览分析这些数据将是一件非常耗时和累人的事情，这时需要选择一个具有好的界面和功能强大的工具软件来协助你完成这些事情。数据理解主要包含对数据价值的理解和对数据质量的理解两方面。这个过程通常需要一定的专业背景知识。

(4) 准备数据。准备数据是对用于挖掘的数据的预处理和统计分析过程，有时也称为 ETL 过程。ETL 是三个英文单词 Extract、Transform 和 Load 首字母的缩写，其主要包括数据的抽取、清洗、转换和加载，是整个数据挖掘流程中最耗时的过程，也建立模型之前的最后一步数据准备工作。可以把此步骤再分为以下四个部分：选择变量、选择记录、创建新变量及转换变量。

(5) 建立模型。建立模型是一个反复的过程，是整个数据挖掘流程中最核心的环节。需要在数据理解的基础上使用机器学习算法或统计方法对大量数据进行建模分析，并对算法进行反复调试、实验，需要仔细考察不同的模型以判断哪个模型对面对的商业问题最有用。先用一部分数据建立模型，然后再用剩下的数据来测试和验证这个得到的模型。有时还有第三个数据集，称为验证集，因为测试集可能受模型的特性的影响，这时需要一个独立的数据集来验证模型的准确性。训练和测试数据挖掘模型需要把数据至少分成两个部分，一个用于模型训练，另一个用于模型测试。

(6) 评价模型。模型建立好之后，必须评价得到的结果、解释模型的价值。从测试集中得到的准确率只对用于建立模型的数据有意义。在实际应用中，需要进一步了解错误的类型和由此带来的相关费用的多少。在挖掘算法初期需要制定好最终模型的评测方法、相关指标等，在这个过程中对这些评测指标进行量化,判断最终模型是否可以达到预期目标。通常应涵盖两个方面的内容,即功能性评价和服务性评价。经验证明,有效的模型并不一定是正确的模型。造成这一点的直接原因就是模型建立中隐含的各种假定,因此,直接在现实世界中测试模型很重要。先在小范围内应用,取得测试数据,觉得满意之后再向大范围推广。

(7)实施。最终,模型建立并经验证之后,可以有两种主要的使用方法:一种是提供给分析人员做参考,通过查看和分析相关模型后给出行动方案的建议;另一种是把此模型应用到不同的数据集上。

5. 数据挖掘面临的挑战

在 IEEE 数据挖掘国际会议 ICDM 2005 上,与会专家提出了 10 个挑战性问题。

(1)发展数据挖掘的统一理论;
(2)为高维数据和高速数据流扩容;
(3)挖掘顺序数据和时间序列数据;
(4)从复杂数据中挖掘复杂知识;
(5)网络环境下的数据挖掘;
(6)分布式数据挖掘和挖掘多主体(multi-agent)数据;
(7)针对生物问题和环境问题的数据挖掘;
(8)数据挖掘过程相关问题;
(9)数据挖掘中的信息安全、隐私保护和数据完整性问题;
(10)处理非静态数据、不平衡数据和成本敏感数据。

如今已超过了 10 年,这 10 个问题仍然为人们所关注,并继续推动着数据挖掘理论和应用的发展。

二、常见的数据挖掘技术

通常,数据挖掘任务分为描述性和预测性两大类。描述性任务主要是对现有数据进行理解和整理,从中发现其中的一般特性,是对历史知识的总结和归纳。预测性任务则是利用当前数据对事物的未来发展趋势进行推断,是知识的外延和推理过程。利用数据挖掘进行数据分析常用的技术主要有分类和预测、关联规则、聚类、异常检测和 Web 页挖掘等,它们分别从不同的角度对数据进行挖掘。

1. 分类和预测

这种分析有助于更好地全面理解数据。分类和预测是两种数据分析的形式,可以用于提取模型,以描述重要数据类或预测未来的数据趋势。一般认为,用预测法预测数据归属于哪个类称为分类;而用预测法预测连续值则为预测。

分类技术(或分类法)是一种根据输入数据集建立分类模型的系统方法。分类任务就是通过学习得到一个目标函数把每个属性集 x 映射到一个预先定义的类标号 y。

分类技术非常适合预测或描述二元或标称类型的数据集;因为分类技术不考虑隐含在目标类中的序关系,所以对于序数分类,分类技术不太有效。

分类法的例子包括决策树分类法、神经网络、和贝叶斯分类等方法。这些技术都使用一种学习算法(Learning Algorithm)确定分类模型,该模型能够很好地拟合输入数据中类标号和属性集之间的联系。

其中:决策树分类法在统计决策部分我们已经介绍过,在此不在赘述。神经网络是通过数学算法来模仿人脑思维的,它是数据挖掘中机器学习的典型代表。神经网络是人脑的抽象计算模型,数据挖掘中的"神经网络"是由大量并行分布的微处理单元组成的,它有通过调整连接强度从经验知识中进行学习的能力,并可以将这些知识进行应用。贝叶斯分类方法是非常成熟的统计学分类方法,它主要用来预测类成员间关系的可能性。比如通过一个给定观察值的相关属性来判断其属于一个特定类别的概率。贝叶斯分类方法是基于贝叶斯定理的,朴素贝叶斯分类方法作为一种简单贝叶斯分类算法甚至可以与决策树和神经网络算法相媲美。

分类是预测分类(离散、无序的)标号,即按照已知的分类模式找出数据对象的共同特点,并将样本划分到相应的类别中,是最为基本的数据挖掘技术,广泛用于客户喜好分析、满意度分析等场景。如银行可以根据用户的消费能力和还款记录建立一个分类模型,对用户的信用评级进行划分等。

预测是建立连续值函数模型,即将样本映射到连续的数值型目标值,从而发现属性间的依赖关系。如给定潜在顾客的职业和收入,预测他们在计算机设备上的花费等。

2. 关联规则分析

关联分析(Asociation Analysis)用于发现隐藏在大型数据集中的有意义的联系。所发现的联系可以用关联规则(Asociation Rmule)或频繁项集的形式表示。

关联规则分析使两个或多个项之间的关联以确定它们之间的模式,包括频繁模式挖掘、序列模式挖掘等。应用领域包括物品的实物摆放组织、市场营销和产品的交叉销售和上销,以确定产品之间的共同趋势,其典型应用是用户购物篮分析,发现用户经常一起购买的商品集合或用户购买某商品之后后续最有可能购买的其他商品。前者可以用来指导商场的商品陈列,将用户最可能在一起购买的商品摆列在一起;后者则可以用来对用户的未来消费行为进行推荐引导。

3. 聚类分析

"聚类是将数据记录组合在一起的方法"根据 Alex Berson、Stephen Smith 和 Kurt Thearling 在 *Building Data Mining Applications for CRM* 这本书中所说。"通常这样做是为了让最终用户对数据库中发生的事情有一个高层次的认识。"例如,在金融行业中对不同股票的发展趋势进行归类,找出股价波动趋势相近的股票集合。

聚类分析(Cluster Analysis)简称聚类(Clustering),是一个将数据对象(或观测)划分成子集的过程。每个子集是一个簇(Cluster),使得簇中的对象彼此相似,但与其他簇中的对象不相似。由聚类分析产生的簇的集合称为一个聚类。

聚类分析的目标:组内的对象相互之间是相似的(相关的),而不同组中的对象是不同的(不相关的)。组内的相似性(同质性)越大,组间差别越大,聚类就越好。基本聚类技术,分成如下几类:划分方法、层次方法、基于密度的方法和基于网格的方法。

聚类评估(Cluster Validation)是指估计在数据集上进行聚类的可行性和被聚类方法产生的结果的质量。聚类评估主要包括以下三个方面的任务:估计聚类趋势;确定数据集中的簇数;测定聚类质量。

4. 异常检测

数据库中的数据经常存在一些数据对象,它们与数据的其他部分不同或不一致,不符合数据的一般模型。这种对象称为异常或离群点。所谓异常检测(又称离群点检测)是找出其行为很不同于预期对象的过程。从数据库中检测这些异常值很有意义。异常值包括很多潜在的知识,如分类中的反常实例、不满足规则的特例、观测结果与模型预测值的偏差、量值随时间的变化等。异常可能是度量或执行错误所导致的,也可能是固有的数据变异性的结果。

异常检测有着广泛的应用,如欺诈监测、医疗处理、公共安全、工业损毁检测、图像处理、传感器/视频网络监视和入侵检测等。

异常检测和聚类分析是两项高度相关的任务:聚类发现数据集中的多数模式并据此组织数据,而异常检测则试图捕获那些显著偏离多数模式的异常情况。异常检测和聚类服务于不同目的。

5. Web 页挖掘等其他技术

与 Web 页挖掘相关的其他数据挖掘技术还包括推荐技术、链接分析等。

(1)推荐技术。根据用户的兴趣特点和历史的行为,向用户推荐其感兴趣的信息或商品。其最为成功的应用是在电子商务网站中,向用户推荐其可能购买的商品,从而增加商品的销售规模并提高用户粘性。

(2)链接分析。根据样本或数据对象之间的关联,可以构建对象之间的链接网络。链接分析是指利用图论模型对这些链接网络进行分析挖掘的一系列技术,其中最为知名的当属谷歌通过分析网页之间的跳转关系对页面权威度进行排序的 PageRank 算法。

上述数据挖掘技术在互联网、金融、生物医学、零售业等多个行业和领域得到了广泛应用,并为相关企业带来了丰厚的收益。

【小资料】

大数据应用案例之保险行业

保险行业并非技术创新的指示灯,然而 MetLife 保险公司已经投资 3 亿美金建立一个新式系统,其中的第一款产品是一个基于 MongoDB 的应用程序,它将所有客户信息放在同一个地方。

MongoDB 汇聚了来自 70 多个遗留系统的数据,并将它合并成一个单一的记录。它运行在两个数据中心的 6 个服务器上,目前存储了 24 TB 的数据。这包括 MetLife 的全部美国客户,尽管它的目标是扩大它的国际客户和多种语言,同时也可能创建一个面向客户的版本。它的更新几乎是实时的,当新客户的数据输入时,就好像 Facebook 墙一样。

大多数疾病可以通过药物来达到治疗效果,但如何让医生和病人能够专注参加一两个可以真正改善病人健康状况的干预项目却极具挑战。安泰保险目前正尝试通过大数据达到此目的。安泰保险为了帮助改善代谢综合症患者的预测,从千名患者中选择 102 个完成实验。在一个独立的实验室工作内,通过患者的一系列代谢综合症的检测试验结果,在连续三年内,扫描 600 000 个化验结果和 18 万索赔事件。将最后的结果组成一个高度个性化的治疗方案,以评估患者的危险因素和重点治疗方案。这样,医生可以通过食用他汀类药物及减重 5 磅等建议而减少未来 10 年内 50% 的发病率。或者通过你目前体内高于 20% 的含糖量,而建议你降低体内甘油三酯总量。

(资料来源:https://wenku.baidu.com/view/ab81641a2cc58bd63086bdc2.html)

本章小结

大数据(Big Data)的出现最早是媒体的一种宣传噱头,但随着云时代的来临,大数据渐渐吸引了越来越多的关注。专注"大数据"的研究机构 Gartner 对大数据做出的定义是:"大数据"是需要新处理模式才能具有更强的决策力、洞察发现力和流程优化能力来适应海量、高增长率和多样化的信息资产;而麦肯锡全球研究所给出的定义是:一种规模大到在获取、存储、管理、分析方面大大超出了传统数据库软件工具能力范围的数据集合。大数据的 5V 特点(IBM 提出):Volume(大量)、Velocity(高速)、Variety(多样)、Value(低价值密度)及 Veracity(真实性)。

数据挖掘的定义:数据挖掘是指从数据库的大量数据中揭示出隐含的、先前未知的并有潜在价值的信息的非平凡过程。数据挖掘是一种决策支持过程,它主要基于人工智能、机器学习、模式识别、统计学、数据库、可视化技术等,高度自动化地分析企业的数据,做出归纳性的推理,从中挖掘出潜在的模式。

究其本质,大数据仍然属于一种海量的数据资产,是进行分析的基础;而数据挖掘则是开发这些海量数据背后的信息的一个过程,是一种决策支持技术。两者是相辅相成的。

最后进行一个简单的总结,大数据是资产,是数据信息,而数据挖掘是一种提供结果的技术。但是两者的最终目标都是希望能够从海量的复杂数据中找到有意义的信息,帮助决策者调整市场策略,减少风险,做出正确的决策。

关键概念

大数据　数据挖掘　关联分析　聚类分析　聚类评估　异常检测

附 录

附表 1 标准正态分布表

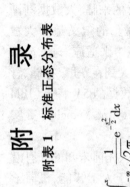

$$\varphi(x) = \int_{-\infty}^{x} \frac{1}{\sqrt{2\pi}} e^{-\frac{x^2}{2}} dx$$

Z	0.00	0.01	0.02	0.03	0.04	0.05	0.06	0.07	0.08	0.09
0.0	0.500 000	0.503 989	0.507 978	0.511 966	0.515 953	0.519 939	0.523 922	0.527 903	0.531 881	0.535 856
0.1	0.539 828	0.543 795	0.547 758	0.551 717	0.555 670	0.559 618	0.563 559	0.567 495	0.571 424	0.575 345
0.2	0.579 260	0.583 166	0.587 064	0.590 954	0.594 835	0.598 706	0.602 568	0.606 420	0.610 261	0.614 092
0.3	0.617 911	0.621 720	0.625 516	0.629 300	0.633 072	0.636 831	0.640 576	0.644 309	0.648 027	0.651 732
0.4	0.655 422	0.659 097	0.662 757	0.666 402	0.670 031	0.673 645	0.677 242	0.680 822	0.684 386	0.687 933
0.5	0.691 462	0.694 974	0.698 468	0.701 944	0.705 401	0.708 840	0.712 260	0.715 661	0.719 043	0.722 405
0.6	0.725 747	0.729 069	0.732 371	0.735 653	0.738 914	0.742 154	0.745 373	0.748 571	0.751 748	0.754 903
0.7	0.758 036	0.761 148	0.764 238	0.767 305	0.770 350	0.773 373	0.776 373	0.779 350	0.782 305	0.785 236
0.8	0.788 145	0.791 030	0.793 892	0.796 731	0.799 546	0.802 337	0.805 105	0.807 850	0.810 570	0.813 267
0.9	0.815 940	0.818 589	0.821 214	0.823 814	0.826 391	0.828 944	0.831 472	0.833 977	0.836 457	0.838 913
1.0	0.841 345	0.843 752	0.846 136	0.848 495	0.850 830	0.853 141	0.855 428	0.857 690	0.859 929	0.862 143
1.1	0.864 334	0.866 500	0.868 643	0.870 762	0.872 857	0.874 928	0.876 976	0.879 000	0.881 000	0.882 977
1.2	0.884 930	0.886 861	0.888 768	0.890 651	0.892 512	0.894 350	0.896 165	0.897 958	0.899 727	0.901 475
1.3	0.903 200	0.904 902	0.906 582	0.908 241	0.909 877	0.911 492	0.913 085	0.914 657	0.916 207	0.917 736
1.4	0.919 243	0.920 730	0.922 196	0.923 641	0.925 066	0.926 471	0.927 855	0.929 219	0.930 563	0.931 888
1.5	0.933 193	0.934 478	0.935 745	0.936 992	0.938 220	0.939 429	0.940 620	0.941 792	0.942 947	0.944 083
1.6	0.945 201	0.946 301	0.947 384	0.948 449	0.949 497	0.950 529	0.951543	0.952 540	0.953 521	0.954 486
1.7	0.955 435	0.956 367	0.957 284	0.958 185	0.959 070	0.959 941	0.960 796	0.961 636	0.962 462	0.963 273
1.8	0.964 070	0.964 852	0.965 620	0.966 375	0.967116	0.967 843	0.968 557	0.969 258	0.969 946	0.970 621
1.9	0.971 283	0.971 933	0.972 571	0.973197	0.973 810	0.974 412	0.975 002	0.975 581	0.976 148	0.976 705
2.0	0.977 250	0.977 784	0.978 308	0.978 822	0.979 325	0.979 818	0.980 301	0.980 774	0.981 237	0.981 691
2.1	0.982 136	0.982 571	0.982 997	0.983 414	0.983 823	0.984 222	0.984 614	0.984 997	0.985 371	0.985 738
2.2	0.986 097	0.986 447	0.986 791	0.987 126	0.987 455	0.987 776	0.988 089	0.988 396	0.988 696	0.988 989

续附表 1

Z	0.00	0.01	0.02	0.03	0.04	0.05	0.06	0.07	0.08	0.09
2.3	0.989 276	0.989 556	0.989 830	0.990 097	0.990 358	0.990 613	0.990 863	0.991106	0.991344	0.991576
2.4	0.991 802	0.992 024	0.992 240	0.992 451	0.992 656	0.992 857	0.993 053	0.993 244	0.993 431	0.993 613
2.5	0.993 790	0.993 963	0.994132	0.994 297	0.994 457	0.994 614	0.994 766	0.994 915	0.995 060	0.995 201
2.6	0.995 339	0.995 473	0.995 604	0.995 731	0.995 855	0.995 975	0.996 093	0.996 207	0.996 319	0.996 427
2.7	0.996 533	0.996 636	0.996 736	0.996 833	0.996 928	0.997 020	0.997110	0.997 197	0.997 282	0.997 365
2.8	0.997 445	0.997 523	0.997 599	0.997 673	0.997 744	0.997 814	0.997 882	0.997 948	0.998 012	0.998 074
2.9	0.998 134	0.998 193	0.998 250	0.998 305	0.998 359	0.998 411	0.998 462	0.998 511	0.998 559	0.998 605
3.0	0.998 650	0.998 694	0.998 736	0.998 777	0.998 817	0.998 856	0.998 893	0.998 930	0.998 965	0.998 999
3.1	0.999 032	0.999 065	0.999 096	0.999 126	0.999 155	0.999 184	0.999 211	0.999 238	0.999 264	0.999 289
3.2	0.999 313	0.999 336	0.999 359	0.999 381	0.999 402	0.999 423	0.999 443	0.999 462	0.999 481	0.999 499
3.3	0.999 517	0.999 534	0.999 550	0.999 566	0.999 581	0.999 596	0.999 610	0.999 624	0.999 638	0.999 651
3.4	0.999 663	0.999 675	0.999 687	0.999 698	0.999 709	0.999 720	0.999 730	0.999 740	0.999 749	0.999 758
3.5	0.999 767	0.999 776	0.999 784	0.999 792	0.999 800	0.999 807	0.999 815	0.999 822	0.999 828	0.999 835
3.6,	0.999 841	0.999 847	0.999 853	0.999 858	0.999 864	0.999 869	0.999 874	0.999 879	0.999 883	0.999 888
3.7	0.999 892	0.999 896	0.999 900	0.999 904	0.999 908	0.999 912	0.999 915	0.999 918	0.999 922	0.999 925
3.8	0.999 928	0.999 931	0.999 933	0.999 936	0.999 938	0.999 941	0.999 943	0.999 946	0.999 948	0.999 950
3.9	0.999 952	0.999,954	0.999 956	0.999 958	0.999 959	0.999 961	0.999 963	0.999 964	0.999 966	0.999 967
4.0	0.999 968	0.999 970	0.999 971	0.999 972	0,999 973	0.999 974	0.999 975	0.999 976	0.999 977	0.999 978
4.1	0.999 979	0.999 980	0.999 981	0.999 982	0.999 983	0.999 983	0.999 984	0.999 985	0.999 985	0.999 986
4.2	0.999 987	0.999 987	0.999 988	0.999 988	0.999 989	0.999 989	0.999 990	0.999 990	0.999 991	0.999 991
4.3	0.999 991	0.999 992	0.999992	0.999 993	0.999 993	0.999 993	0.999 993	0.999 994	0.999 994	0.999 994
4.4	0.999 995	0.999 995	0.999 995	0.999 995	0.999 996	0.999 996	0.999 996	0.999 996	0.999 996	0.999 996
4.5	0.999 997	0.999 997	0.999 997	0.999 997	0.999 997	0.999 997	0.999 997	0.999 998	0.999 998	0.999 998
4.6	0.999 998	0.999 998	0.999 998	0.999 998	0.999 998	0.999 998	0.999 998	0.999 998	0.999 999	0.999 999
4.7	0.999 999	0.999 999	0.999 999	0.999 999	0.999 999	0.999 999	0.999 999	0.999 999	0.999 999	0.999 999
4.8	0.999 999	0.999 999	0.999 999	0.999 999	0.999 999	0.999 999	0.999 999	0.999 999	0.999 999	0.999 999
4.9	1.000 000	1.000 000	1.000 000	1.000 000	1.000 000	1.000 000	1.000 000	1.000 000	1.000 000	1.000 000

注：本表对于 x 给出正态分布函数 $\varphi(x)$ 的数值。

例：对于 $x=1.33$，$\varphi(x)=0.908\ 241$。

附表 2 t 分布表

$$P\{t(n) > t_\alpha(n)\} = \alpha$$

自由度 n \ α	0.25	0.10	0.05	0.025	0.01	0.005
1	1.000 0	3.077 7	6.313 8	12.706 2	31.820 7	63.657 4
2	0.816 5	1.885 6	2.920 0	4.302 7	6.964 6	9.924 8
3	0.764 9	1.637 7	2.353 4	3.182 4	4.540 7	5.840 9
4	0.740 7	1.533 2	2.131 8	2.776 4	3.746 9	4.604 1
5	0.726 7	1.475 9	2.015 0	2.570 6	3.364 9	4.032 2
6	0.717 6	1.439 8	1.943 2	2.446 9	3.142 7	3.707 4
7	0.711 1	1.414 9	1.894 6	2.364 6	2.998 0	3.499 5
8	0.706 4	1.396 8	1.859 5	2.306 0	2.896 5	3.355 4
9	0.702 7	1.383 0	1.833 1	2.262 2	2.821 4	3.249 8
10	0.699 8	1.372 2	1.812 5	2.228 1	2.763 8	3.169 3
11	0.697 4	1.363 4	1.795 9	2.201 0	2.718 1	3.105 8
12	0.695 5	1.356 2	1.782 3	2.178 8	2.681 0	3.054 5
13	0.693 8	1.350 2	1.770 9	2.160 4	2.650 3	3.012 3
14	0.692 4	1.345 0	1.761 3	2.144 8	2.624 5	2.976 8
15	0.691 2	1.340 6	1.753 1	2.131 5	2.602 5	2.946 7
16	0.690 1	1.338 8	1.745 9	2.119 9	2.583 5	2.920 8
17	0.689 2	1.333 4	1.739 6	2.109 8	2.566 9	2.898 2
18	0.688 4	1.330 4	1.734 1	2.100 9	2.552 4	2.878 4
19	0.687 6	1.327 7	1.729 1	2.093 0	2.539 5	2.860 9
20	0.687 0	1.325 3	1.724 7	2.086 0	2.528 0	2.845 3
21	0.686 6	1.323 2	1.720 7	2.079 6	2.517 7	2.831 4
22	0.685 8	1.321 2	1.717 1	2.073 9	2.508 3	2.818 8

续附表 2

自由度 n \ α	0.25	0.10	0.05	0.025	0.01	0.005
23	0.685 3	1.319 5	1.713 9	2.068 7	2.499 9	2.807 3
24	0.684 8	11.317 8	1.710 9	2.063 9	2.492 2	2.796 9
25	0.684 4	1.316 3	1.708 1	2.059 5	2.485 1	2.787 4
26	0.684 0	1.315 0	1.705 6	2.055 5	2.478 6	2.778 7
27	0.683 7	1.313 7	1.703 3	2.051 8	2.472 7	2.770 7
28	0.683 4	1.312 5	1.701 1	2.048 4	2.467 1	2.763 3
29	0.683 0	1.311 4	1.699 1	2.045 2	2.462 0	2.756 4
30	0.682 8	1.310 4	1.697 3	2.042 3	2.457 3	2.750 0
31	0.682 5	1.309 5	1.695 5	2.039 5	2.452 8	2.744 0
32	0.682 2	1.308 6	1.693 9	2.036 9	2.448 7	2.738 5
33	0.682 0	1.307 7	1.692 4	2.034 5	2.444 8	2.733 3
34	0.681 8	1.307 0	1.690 9	2.032 2	2.441 1	2.728 4
35	0.681 6	1.306 2	1.689 6	2.030 1	2.437 7	2.723 8
36	0.681 4	1.305 5	1.688 3	2.028 1	2.434 3	2.719 5
37	0.681 2	1.304 9	1.687 1	2.026 2	2.431 4	2.715 4
38	0.681 0	1.304 2	1.686 0	2.024 4	2.428 6	2.711 6
39	0.680 8	1.303 6	1.684 9	2.022 7	2.425 8	2.707 9
40	0.680 7	1.303 0	1.683 9	2.021 1	2.423 3	2.704 5
41	0.680 5	1.302 5	1.682 9	2.019 5	2.420 8	2.701 2
42	0.680 4	1.302 0	1.682 0	2.018 1	2.418 5	2.698 1
43	0.680 2	1.301 6	1.681 1	2.016 7	2.416 3	2.695 1
44	0.680 1	1.301 1	1.680 2	2.015 4	2.414 1	2.692 3
45	0.680 0	1.300 6	1.679 4	2.014 1	2.412 1	2.689 6

附表3 χ^2 分布表

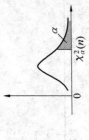

$$P\{\chi^2 > \chi_\alpha^2(n)\} = \alpha$$

α\n	0.995	0.99	0.975	0.95	0.90	0.75	0.25	0.1	0.05	0.025	0.01	0.005
1	0.000	0.000	0.001	0.004	0.016	0.102	1.323	2.706	3.841	5.024	6.635	7.879
2	0.010	0.020	0.051	0.103	0.211	0.575	2.773	4.605	5.991	7.378	9.210	10.597
3	0.072	0.115	0.216	0.352	0.584	1.213	4.108	6.251	7.815	9.348	11.345	12.838
4	0.207	0.297	0.484	0.711	1.064	1.923	5.385	7.779	9.488	11.143	13.277	14.860
5	0.412	0.554	0.831	1.145	1.610	2.675	6.626	9.236	11.072	12.832	15.086	16.750
6	0.676	0.872	1.237	1.635	2.204	3.455	7.841	10.645	12.592	14.449	16.812	18.548
7	0.989	1.239	1.690	2.167	2.833	4.255	9.037	12.017	14.067	16.013	18.475	20.278
8	1.344	1.647	2.180	2.733	3.490	5.071	10.219	13.362	15.507	17.535	20.090	21.955
9	1.735	2.088	2.700	3.325	4.168	5.899	11.389	14.684	16.919	19.023	21.666	23.589
10	2.156	2.558	3.247	3.940	4.865	6.737	12.549	15.987	18.307	20.483	23.209	25.188
11	2.603	3.053	3.816	4.575	5.578	7.584	13.701	17.275	19.675	21.920	24.725	26.757
12	3.074	3.571	4.404	5.226	6.304	8.438	14.845	18.549	21.026	23.337	26.217	28.299
13	3.565	4.107	5.009	5.892	7.041	9.299	15.984	19.812	22.362	24.736	27.688	29.819
14	4.075	4.660	5.629	6.571	7.790	10.165	17.117	21.064	23.685	26.119	29.141	31.319
15	4.601	5.229	6.262	7.261	8.547	11.037	18.245	22.307	24.996	27.488	30.578	32.801
16	5.142	5.812	6.908	7.962	9.312	11.912	19.369	23.542	26.296	28.845	32.000	34.267
17	5.697	6.408	7.564	8.672	10.085	12.792	20.489	24.769	27.587	30.191	33.409	35.718
18	6.265	7.015	8.231	9.390	10.865	13.675	21.605	25.989	28.869	31.526	34.805	37.156
19	6.844	7.633	8.907	10.117	11.651	14.562	22.718	27.204	30.144	32.852	36.191	38.582
20	7.434	8.260	9.591	10.851	12.443	15.452	23.828	28.412	31.410	34.170	37.566	39.997
21	8.034	8.897	10.283	11.591	13.240	16.344	24.935	29.615	32.671	35.479	38.932	41.401

续附表 3

α\n	0.995	0.99	0.975	0.95	0.90	0.75	0.25	0.1	0.05	0.025	0.01	0.005
22	8.643	9.542	10.982	12.338	14.042	17.240	26.039	30.813	33.924	36.781	40.289	42.796
23	9.260	10.196	11.689	13.091	14.848	18.137	27.141	32.007	35.172	38.076	41.638	44.181
24	9.886	10.856	12.401	13.848	15.659	19.037	28.241	33.196	36.415	39.364	42.980	45.559
25	10.520	11.524	13.120	14.611	16.473	19.939	29.339	34.382	37.652	40.646	44.314	46.928
26	11.160	12.198	13.844	15.379	17.292	20.843	30.435	35.563	38.885	41.923	45.642	48.290
27	11.808	12.878	14.573	16.151	18.114	21.749	31.528	36.741	40.113	43.195	46.964	49.645
28	12.461	13.565	15.308	16.928	18.939	22.657	32.620	37.916	41.337	44.461	48.278	50.993
29	13.121	14.256	16.047	17.708	19.768	23.567	33.711	39.087	42.557	45.722	49.588	52.336
30	13.787	14.953	16.791	18.493	20.599	24.478	34.800	40.256	43.773	46.949	50.892	53.672
31	14.458	15.655	17.539	19.281	21.434	25.390	35.887	41.422	44.985	48.232	52.191	55.003
32	15.134	16.362	18.291	20.072	22.271	26.304	36.973	42.585	46.194	49.480	53.486	56.328
33	15.815	17.074	19.047	20.867	23.110	27.219	38.058	43.745	47.400	50.725	54.776	57.648
34	16.501	17.789	19.806	21.664	23.952	28.136	39.141	44.903	48.602	51.966	56.061	58.964
35	17.192	18.509	20.569	22.465	24.797	29.054	40.223	46.059	49.802	53.203	57.342	60.275
36	17.887	19.233	21.336	23.269	25.643	29.973	41.304	47.212	50.998	54.437	58.619	61.581
37	18.586	19.960	22.106	24.075	26.492	30.893	42.383	48.363	52.192	55.668	59.892	62.883
38	19.289	20.691	22.878	24.884	27.343	31.815	43.462	49.513	53.384	56.896	61.162	64.181
39	19.996	21.426	23.654	25.695	28.196	32.737	44.539	50.660	54.572	58.120	62.428	65.476
40	20.707	22.164	24.433	26.509	29.051	33.660	45.616	51.805	55.758	59.342	63.691	66.766
41	21.421	22.906	25.215	27.326	29.907	34.585	46.692	52.949	56.942	60.561	64.950	68.053
42	22.138	23.650	25.999	28.144	30.765	35.510	47.766	54.090	58.124	61.777	66.206	69.336
43	22.859	24.398	26.785	28.965	31.625	36.436	48.840	55.230	59.354	62.990	67.459	70.616
44	23.584	25.148	27.575	29.787	32.487	37.363	49.913	56.369	60.481	64.201	68.710	71.893
45	24.311	25.901	28.366	30.612	33.350	38.291	50.985	57.505	61.656	65.410	69.957	73.166

附表 4 F 分布表

$$P\{F(n_1,n_2) > F_\alpha(n_1,n_2)\} = \alpha$$

$\alpha = 0.10$

n_1 \ n_2	1	2	3	4	5	6	7	8	9	10	12	15	20	24	30	40	60	120	∞
1	39.86	49.50	53.59	55.83	57.24	58.20	58.91	59.44	59.86	60.19	60.71	61.22	61.74	62.00	62.26	62.53	62.79	63.06	63.33
2	8.53	9.00	9.16	9.24	9.29	9.33	9.35	9.37	9.38	9.39	9.41	9.42	9.44	9.45	9.46	9.47	9.47	9.48	9.49
3	5.54	5.46	5.39	5.34	5.31	5.28	5.27	5.25	5.24	5.23	5.22	5.20	5.18	5.18	5.17	5.16	5.15	5.14	5.13
4	4.54	4.32	4.19	4.11	4.05	4.01	3.98	3.95	3.94	3.92	3.90	3.87	3.84	3.83	3.82	3.80	3.79	3.78	3.72
5	4.06	3.78	3.62	3.52	3.45	3.40	3.37	3.34	3.32	3.30	3.27	3.24	3.21	3.19	3.17	3.16	3.14	3.12	3.10
6	3.78	3.46	3.29	3.18	3.11	3.05	3.01	2.98	2.96	2.94	2.90	2.87	2.84	2.82	2.80	2.78	2.76	2.74	2.72
7	3.59	3.26	3.07	2.96	2.88	2.83	2.78	2.75	2.72	2.70	2.67	2.63	2.59	2.58	2.56	2.54	2.51	2.49	2.47
8	3.46	3.11	2.92	2.81	2.73	2.67	2.62	2.59	2.56	2.54	2.50	2.46	2.42	2.40	2.38	2.36	2.34	2.32	2.29
9	3.36	3.01	2.81	2.69	2.61	2.55	2.51	2.47	2.44	2.42	2.38	2.34	2.30	2.28	2.25	2.23	2.21	2.18	2.16
10	3.29	2.92	2.73	2.61	2.52	2.46	2.41	2.38	2.35	2.32	2.28	2.24	2.20	2.18	2.16	2.13	2.11	2.08	2.06
11	3.23	2.86	2.66	2.54	2.45	2.39	2.34	2.30	2.27	2.25	2.21	2.17	2.12	2.10	2.08	2.05	2.03	2.00	1.97
12	3.18	2.81	2.61	2.48	2.39	2.33	2.28	2.24	2.21	2.19	2.15	2.10	2.06	2.04	2.01	1.99	1.96	1.93	1.90
13	3.14	2.76	5.56	2.43	2.35	2.28	2.23	2.20	2.16	2.14	2.10	2.05	2.01	1.98	1.96	1.93	1.90	1.88	1.85
14	3.10	2.73	2.52	2.39	2.31	2.24	2.19	2.15	2.12	2.10	2.05	2.01	1.96	1.94	1.91	1.89	1.86	1.83	1.80
15	3.07	2.70	2.49	2.36	2.27	2.21	2.16	2.12	2.09	2.06	2.02	1.97	1.92	1.90	1.87	1.85	1.82	1.79	1.76
16	3.05	2.67	2.46	2.33	2.24	2.18	2.13	2.09	2.06	2.03	1.99	1.94	1.89	1.87	1.84	1.81	1.78	1.75	1.72
17	3.03	2.64	2.44	2.31	2.22	2.15	2.10	2.06	2.03	2.00	1.96	1.91	1.86	1.84	1.81	1.78	1.75	1.72	1.69
18	3.01	2.62	2.42	2.29	2.20	2.13	2.08	2.04	2.00	1.98	1.93	1.89	1.84	1.81	1.78	1.75	1.72	1.69	1.66
19	2.99	2.61	2.40	2.27	2.18	2.11	2.06	2.02	1.98	1.96	1.91	1.86	1.81	1.79	1.76	1.73	1.70	1.67	1.63
20	2.97	2.59	2.38	2.25	2.16	2.09	2.04	2.00	1.96	1.94	1.89	1.84	1.79	1.77	1.74	1.71	1.68	1.64	1.61

续附表 4

$\alpha = 0.10$

n_2 \ n_1	1	2	3	4	5	6	7	8	9	10	12	15	20	24	30	40	60	120	∞
21	2.96	2.57	2.36	2.23	2.14	2.08	2.02	1.98	1.95	1.92	1.87	1.83	1.78	1.75	1.72	1.69	1.66	1.62	1.59
22	2.95	2.56	2.35	2.22	2.13	2.06	2.01	1.97	1.93	1.90	1.86	1.81	1.76	1.73	1.70	1.67	1.64	1.60	1.57
23	2.94	2.55	2.34	2.21	2.11	2.05	1.99	1.95	1.92	1.89	1.84	1.80	1.74	1.72	1.69	1.66	1.62	1.59	1.55
24	2.93	2.54	2.33	2.19	2.10	2.04	1.98	1.94	1.91	1.88	1.83	1.78	1.73	1.70	1.67	1.64	1.61	1.57	1.53
25	2.92	2.53	2.32	2.18	2.09	2.02	1.97	1.93	1.89	1.87	1.82	1.77	1.72	1.69	1.66	1.63	1.59	1.56	1.52
26	2.91	2.52	2.31	2.17	2.08	2.01	1.96	1.92	1.88	1.86	1.81	1.76	1.71	1.68	1.65	1.61	1.58	1.54	1.50
27	2.90	2.51	2.30	2.17	2.07	2.00	1.95	1.91	1.87	1.85	1.80	1.75	1.70	1.67	1.64	1.60	1.57	1.53	1.49
28	2.89	2.50	2.29	2.16	2.06	2.00	1.94	1.90	1.87	1.84	1.79	1.74	1.69	1.66	1.63	1.59	1.56	1.52	1.48
29	2.89	2.50	2.28	2.15	2.06	1.99	1.93	1.89	1.86	1.83	1.78	1.73	1.68	1.65	1.62	1.58	1.55	1.51	1.47
30	2.88	2.49	2.28	2.14	2.05	1.98	1.93	1.88	1.85	1.82	1.77	1.72	1.67	1.64	1.61	1.57	1.54	1.50	1.46
40	2.84	2.44	2.23	2.09	2.00	1.93	1.87	1.83	1.79	1.76	1.71	1.66	1.61	1.57	1.54	1.51	1.47	1.42	1.38
60	2.79	2.39	2.18	2.04	1.95	1.87	1.82	1.77	1.74	1.71	1.66	1.60	1.54	1.51	1.48	1.44	1.40	1.35	1.29
120	2.75	2.35	2.13	1.99	1.90	1.82	1.77	1.72	1.68	1.65	1.60	1.55	1.48	1.45	1.41	1.37	1.32	1.26	1.19
∞	2.71	2.30	2.08	1.94	1.85	1.77	1.72	1.67	1.63	1.60	1.55	1.49	1.42	1.38	1.34	1.30	1.24	1.17	1.00

$\alpha = 0.05$

n_2 \ n_1	1	2	3	4	5	6	7	8	9	10	12	15	20	24	30	40	60	120	∞
1	161.40	199.50	215.70	224.60	230.20	234.00	236.80	238.90	240.50	241.90	243.90	245.90	248.00	249.10	250.10	251.10	252.30	253.30	254.30
2	18.51	19.00	19.16	19.25	19.30	19.33	19.35	19.37	19.38	19.40	19.41	19.43	19.45	19.45	19.46	19.47	19.48	19.49	19.50
3	10.13	9.55	9.28	9.12	9.01	8.94	8.89	8.85	8.81	8.79	8.74	8.70	8.66	8.64	8.62	8.59	8.57	8.55	8.53
4	7.71	6.94	6.59	6.39	6.26	6.16	6.09	6.04	6.00	5.96	5.91	5.86	5.80	5.77	5.75	5.72	5.69	5.66	5.63
5	6.61	5.79	5.41	5.19	5.05	4.95	4.88	4.82	4.77	4.74	4.68	4.62	4.56	4.53	4.50	4.46	4.43	4.40	4.37
6	5.99	5.14	4.76	4.53	4.39	4.28	4.21	4.15	4.10	4.06	4.00	3.94	3.87	3.84	3.81	3.77	3.74	3.70	3.67
7	5.59	4.74	4.35	4.12	3.97	3.87	3.79	3.73	3.68	3.64	3.57	3.51	3.44	3.41	3.38	3.34	3.30	3.27	3.23
8	5.32	4.46	4.07	3.84	3.69	3.58	3.50	3.44	3.39	3.35	3.28	3.22	3.15	3.12	3.08	3.04	3.01	2.97	2.93
9	5.12	4.26	3.86	3.63	3.48	3.37	3.29	3.23	3.18	3.14	3.07	3.01	2.94	2.90	2.86	2.83	2.79	2.75	2.71
10	4.96	4.10	3.71	3.48	3.33	3.22	3.14	3.07	3.02	2.98	2.91	2.85	2.77	2.74	2.70	2.66	2.62	2.58	2.54
11	4.84	3.98	3.59	3.36	3.20	3.09	3.01	2.95	2.90	2.85	2.79	2.72	2.65	2.61	2.57	2.53	2.49	2.45	2.40

续附表 4

$\alpha = 0.05$

n_1 \ n_2	1	2	3	4	5	6	7	8	9	10	12	15	20	24	30	40	60	120	∞
12	4.75	3.89	3.49	3.26	3.11	3.00	2.91	2.85	2.80	2.75	2.69	2.62	2.54	2.51	2.47	2.43	2.38	2.34	2.30
13	4.67	3.81	3.41	3.18	3.03	2.92	2.83	2.77	2.71	2.67	2.60	2.53	2.46	2.42	2.38	2.34	2.30	2.25	2.21
14	4.60	3.74	3.34	3.11	2.96	2.85	2.76	2.70	2.65	2.60	2.53	2.46	2.39	2.35	2.31	2.27	2.22	2.18	2.13
15	4.54	3.68	3.29	3.06	2.90	2.79	2.71	2.64	2.59	2.54	2.48	2.40	2.33	2.29	2.25	2.20	2.16	2.11	2.07
16	4.49	3.63	3.24	3.01	2.85	2.74	2.66	2.59	2.54	2.49	2.42	2.35	2.28	2.24	2.19	2.15	2.11	2.06	2.01
17	4.45	3.59	3.20	2.96	2.81	2.70	2.61	2.55	2.49	2.45	2.38	2.31	2.23	2.19	2.15	2.10	2.06	2.01	1.96
18	4.41	3.55	3.16	2.93	2.77	2066	2.58	2.51	2.46	2.41	2.34	2.27	2.19	2.15	2.11	2.06	2.02	1.97	1.92
19	4.38	3.52	3.13	2.90	2.74	2.63	2.54	2.48	2.42	2.35	2.31	2.23	2.16	2.11	2.07	2.03	1.98	1.93	1.88
20	4.35	3.49	3.10	2.87	2.71	2.60	2.51	2.45	2.39	2.33	2.28	2.20	2.12	2.08	2.04	1.99	1.95	1.90	1.84
21	4.32	3.47	3.07	2.84	2.68	2.57	2.49	2.42	2.37	2.32	2.25	2.18	2.10	2.05	2.01	1.96	1.92	1.87	1.81
22	4.30	3.44	3.05	2.82	2.66	2.55	2.46	2.40	2.34	2.30	2.23	2.15	2.07	2.03	1.98	1.94	1.89	1.84	1.78
23	4.28	3.42	3.03	2.80	2.64	2.53	2.44	2.37	2.32	2.27	2.20	2.13	2.05	2.01	1.96	1.91	1.86	1.81	1.76
24	4.26	3.40	3.01	2.78	2.62	2.51	2.42	2.36	2.30	2.25	2.18	2.11	2.03	1.98	1.94	1.89	1.84	1.79	1.73
25	4.24	3.39	2.99	2.76	2.60	2.49	2.40	2.34	2.28	2.24	2.16	2.09	2.01	1.96	1.93	1.87	1.82	1.77	1.71
26	4.23	3.37	2.98	2.74	2.59	2.47	2.39	2.32	2.27	2.22	2.15	2.07	1.99	1.95	1.90	1.85	1.80	1.75	1.69
27	4.21	3.35	2.96	2.73	2.57	2.46	2.37	2.31	2.25	2.20	2.13	2.06	1.97	1.93	1.88	1.84	1.79	1.73	1.67
28	4.20	3.34	2.95	2.71	2.56	2.45	2.36	2.29	2.24	2.19	2.12	2.04	1.96	1.91	1.87	1.82	1.77	1.71	1.65
29	4.18	3.33	2.93	2.70	2.55	2.43	2.35	2.28	2.22	2.18	2.10	2.03	1.94	1.90	1.85	1.81	1.75	1.70	1.64
30	4.17	3.32	2.92	2.69	2.53	2.42	2.33	2.27	2.21	2.16	2.09	2.01	1.93	1.89	1.84	1.79	1.74	1.68	1.62
40	4.08	3.23	2.84	2.61	2.45	2.34	2.25	2.18	2.12	2.08	2.00	1.92	1.84	1.79	1.74	1.69	1.64	1.58	1.51
60	4.00	3.15	2.76	2.53	2.37	2.25	2.17	2.10	2.04	1.99	1.92	1.84	1.75	1.70	1.65	1.59	1.53	1.47	1.39
120	3.92	3.07	2.68	2.45	2.29	2.18	2.09	2.02	1.96	1.91	1.83	1.75	1.66	1.61	1.55	1.50	1.43	1.35	1.25
∞	3.84	3.00	2.60	2.37	2.21	2.10	2.01	1.94	1.88	1.83	1.75	1.67	1.57	1.52	1.46	1.39	1.32	1.22	1.00

续附表 4

$\alpha = 0.025$

n_1 \ n_2	1	2	3	4	5	6	7	8	9	10	12	15	20	24	30	40	60	120	∞
1	647.8	799.5	864.2	899.6	921.8	937.1	948.2	956.7	963.3	968.6	976.7	984.9	993.1	997.2	1001	1006	1010	1014	1018
2	38.51	39.00	39.17	39.25	39.30	39.33	39.36	39.37	39.39	39.40	39.41	39.43	39.45	39.46	39.46	39.47	39.48	39.49	39.50
3	17.44	16.04	15.44	15.10	14.88	14.73	14.62	14.54	14.47	14.42	14.34	14.25	14.17	14.12	14.08	14.04	13.99	13.95	13.90
4	12.22	10.65	9.98	9.60	9.36	9.20	9.07	8.98	8.90	8.84	8.75	8.66	8.56	8.51	8.46	8.41	8.36	8.31	8.26
5	10.01	8.43	7.76	7.39	7.15	6.98	6.85	6.76	6.68	6.62	6.52	6.43	6.33	6.28	6.22	6.18	6.12	6.07	6.02
6	8.81	7.26	6.60	6.23	5.99	5.82	5.70	5.60	5.52	5.46	5.37	5.27	5.17	5.12	5.07	5.01	4.96	4.90	4.85
7	8.07	6.54	5.89	5.52	5.29	5.12	4.99	4.90	4.82	4.76	4.67	4.57	4.47	4.42	4.36	4.31	4.25	4.20	4.14
8	7.57	6.06	5.42	5.05	4.82	4.65	4.53	4.43	4.36	4.30	4.20	4.10	4.00	3.95	3.89	3.84	3.78	3.73	3.67
9	7.21	5.71	5.08	4.72	4.48	4.32	4.20	4.10	4.03	3.96	3.87	3.77	3.67	3.61	3.56	3.51	3.45	3.39	3.33
10	6.94	5.46	4.83	4.47	4.24	4.07	3.95	3.85	3.78	3.72	3.62	3.52	3.42	3.37	3.31	3.26	3.20	3.14	3.08
11	6.72	5.26	4.63	4.28	4.18	3.88	3.76	3.66	3.59	3.53	3.43	3.33	3.23	3.17	3.12	3.06	3.00	2.94	2.88
12	6.55	5.10	4.47	4.12	3.89	3.73	3.61	3.51	3.44	3.37	3.28	3.18	3.07	3.02	2.96	2.91	2.85	2.79	2.72
13	6.41	4.97	4.35	4.00	3.77	3.60	3.48	3.39	3.31	3.25	3.15	3.05	2.95	2.89	2.84	2.78	2.72	2.66	2.60
14	6.30	4.86	4.24	3.89	3.66	3.50	3.38	3.29	3.21	3.15	3.05	2.95	2.84	2.79	2.73	2.67	2.61	2.55	2.49
15	6.20	4.77	4.15	3.80	3.58	3.41	3.29	3.20	3.12	3.06	2.96	2.86	2.76	2.70	2.64	2.59	2.52	2.46	2.40
16	6.12	4.69	4.08	3.73	3.50	3.34	3.22	3.12	3.05	2.99	2.89	2.79	2.68	2.63	2.57	2.51	2.45	2.38	2.32
17	6.04	4.62	4.01	3.66	3.44	3.28	3.16	3.06	2.98	2.92	2.82	2.72	2.62	2.56	2.50	2.44	2.38	2.32	2.25
18	5.98	4.56	3.95	3.61	3.38	3.22	3.10	3.01	2.93	2.87	2.77	2.67	2.56	2.50	2.44	2.38	2.32	2.26	2.19
19	5.92	4.51	3.90	3.56	3.33	3.17	3.05	2.96	2.88	2.82	2.72	2.62	2.51	2.45	2.39	2.33	2.27	2.20	2.13
20	5.87	4.46	3.86	3.51	3.29	3.13	3.01	2.91	2.84	2.77	2.68	2.57	2.46	2.41	2.35	2.29	2.22	2.16	2.09
21	5.83	4.42	3.82	3.48	3.25	3.09	2.97	2.87	2.80	2.73	2.64	2.53	2.42	2.37	2.31	2.25	2.18	2.11	2.04
22	5.79	4.38	3.78	3.44	3.22	3.05	2.93	2.84	2.76	2.70	2.60	2.50	2.39	2.33	2.27	2.21	2.14	2.08	2.00
23	5.75	4.35	3.75	3.41	3.18	3.02	2.90	2.81	2.73	2.67	2.57	2.47	2.36	2.30	2.24	2.18	2.11	2.04	1.97
24	5.72	4.32	3.72	3.38	3.15	2.99	2.87	2.78	2.70	2.64	2.54	2.44	2.33	2.27	2.21	2.15	2.08	2.01	1.94
25	5.69	4.29	3.69	3.35	3.13	2.97	2.85	2.75	2.68	2.61	2.51	2.41	2.30	2.24	2.18	2.12	2.05	1.98	1.91
26	5.66	4.27	3.67	3.33	3.10	2.94	2.82	2.73	2.65	2.59	2.49	2.39	2.28	2.22	2.16	2.09	2.03	1.95	1.88

续附表 4

$\alpha = 0.025$

n_1 \ n_2	1	2	3	4	5	6	7	8	9	10	12	15	20	24	30	40	60	120	∞
27	5.63	4.24	3.65	3.31	3.08	2.92	2.80	2.71	2.63	2.57	2.47	2.36	2.25	2.19	2.13	2.07	2.00	1.93	1.85
28	5.61	4.22	3.63	3.29	3.06	2.90	2.78	2.69	2.61	2.55	2.45	2.34	2.23	2.17	2.11	2.05	1.98	1.91	1.83
29	5.59	4.20	3.61	3.27	3.04	2.88	2.76	2.67	2.59	2.53	2.43	2.32	2.21	2.15	2.09	2.03	1.96	1.89	1.81
30	5.57	4.18	3.59	3.25	3.03	2.87	2.75	2.65	2.57	2.51	2.41	2.31	2.20	2.14	2.07	2.01	1.94	1.87	1.79
40	5.42	4.05	3.46	3.13	2.90	2.74	2.62	2.53	2.45	2.39	2.29	2.18	2.07	2.01	1.94	1.88	1.80	1.72	1.64
60	5.29	3.93	3.34	3.01	2.79	2.63	2.51	2.41	2.33	2.27	2.17	2.06	1.94	1.88	1.82	1.74	1.67	1.58	1.48
120	5.15	3.80	3.23	2.89	2.67	2.52	2.39	2.30	2.22	2.16	2.05	1.94	1.82	1.76	1.69	1.61	1.53	1.43	1.31
∞	5.02	3.69	3.12	2.79	2.57	2.41	2.29	2.19	2.11	2.05	1.94	1.83	1.71	1.64	1.57	1.48	1.39	1.27	1.00

$\alpha = 0.01$

n_1 \ n_2	1	2	3	4	5	6	7	8	9	10	12	15	20	24	30	40	60	120	∞
1	4 052	4 999.5	5 403	5 625	5 764	5 859	5 928	5 982	6 022	6 056	6 106	6 157	6 209	6 235	6 261	6 287	6 313	6 339	6 366
2	98.50	99.00	99.17	99.25	99.30	99.33	99.36	99.37	99.39	99.40	99.42	99.43	99.45	99.46	99.47	99.47	99.48	99.49	99.50
3	34.12	30.82	29.46	28.71	28.24	27.91	27.67	27.49	27.35	27.23	24.05	26.87	26.69	26.60	26.50	26.41	26.32	26.22	26.13
4	21.20	18.00	16.69	15.98	15.52	15.21	14.98	14.80	14.66	14.55	14.37	14.20	14.02	13.93	13.84	13.75	13.65	13.56	13.46
5	16.26	13.27	12.06	11.39	10.97	10.67	10.46	10.29	10.16	10.05	9.89	9.72	9.55	9.47	9.38	9.29	9.20	9.11	9.02
6	13.75	10.92	9.78	9.15	8.75	8.47	8.26	8.10	7.98	7.87	7.72	7.56	7.40	7.31	7.23	7.14	7.06	6.97	6.88
7	12.25	9.55	8.45	7.85	7.46	7.19	6.99	6.84	6.72	6.62	6.47	6.31	6.16	6.07	5.99	5.91	5.82	5.74	5.65
8	11.26	8.65	7.59	7.01	6.63	6.37	6.18	6.03	5.91	5.81	5.67	5.52	5.39	5.28	5.20	5.12	5.03	4.95	4.86
9	10.56	8.02	6.99	6.42	6.06	5.80	5.61	5.47	5.35	5.26	5.11	4.96	4.81	4.73	4.65	4.57	4.48	4.40	4.31
10	10.04	7.56	6.55	5.99	5.64	5.39	5.20	5.06	4.94	4.85	4.71	4.56	4.41	4.33	4.25	4.17	4.08	4.00	3.91
11	9.65	7.21	6.22	5.67	5.32	5.07	4.98	4.77	4.63	4.54	4.40	4.25	4.10	4.02	3.94	3.86	3.78	3.69	3.60
12	9.33	6.93	5.95	5.41	5.06	4.82	4.64	4.50	4.39	4.30	4.16	4.01	3.86	3.78	3.70	3.62	3.54	3.45	3.36
13	9.07	6.70	5.74	5.21	4.86	4.62	4.44	4.30	4.19	4.10	3.96	3.82	3.66	3.59	3.51	3.43	3.34	3.25	3.17
14	8.86	6.51	5.56	5.04	4.69	4.46	4.28	4.14	4.03	3.94	3.80	3.66	3.51	3.43	3.35	3.27	3.18	3.09	3.00
15	8.68	6.36	5.42	4.89	4.56	4.32	4.14	4.00	3.89	3.80	3.67	3.52	3.37	3.29	3.21	3.13	3.05	2.96	2.87
16	8.53	6.23	5.29	4.77	4.44	4.20	4.03	3.89	3.78	3.69	3.55	3.41	3.26	3.18	3.10	3.02	2.93	2.84	2.75
17	8.40	6.11	5.18	4.67	4.34	4.10	3.93	3.79	3.68	3.59	3.46	3.31	3.16	3.08	3.00	2.92	2.83	2.75	2.65

续附表 4

α=0.10

n_1 \ n_2	1	2	3	4	5	6	7	8	9	10	12	15	20	24	30	40	60	120	∞
18	8.29	6.01	5.09	4.58	4.25	4.01	3.84	3.71	3.60	3.51	3.37	3.23	3.08	3.00	2.92	2.84	2.75	2.66	2.57
19	8.18	5.93	5.01	4.50	4.17	3.94	3.77	3.63	3.52	3.43	3.30	3.15	3.00	2.92	2.84	2.76	2.67	2.58	2.49
20	8.10	5.85	4.94	4.43	4.10	3.87	3.70	3.56	3.46	3.37	3.23	3.09	2.94	2.86	2.78	2.69	2.61	2.52	2.42
21	8.02	5.78	4.87	4.37	4.04	3.81	3.64	3.51	3.40	3.31	3.17	3.03	2.88	2.80	2.72	2.64	2.55	2.46	2.36
22	7.95	5.72	4.82	4.31	3.99	3.76	3.59	3.45	3.35	3.26	3.12	2.98	2.83	2.75	2.67	2.58	2.50	2.40	2.31
23	7.88	5.66	4.76	4.26	3.94	3.71	3.54	3.41	3.30	3.21	3.07	2.93	2.78	2.70	2.62	2.54	2.45	2.35	2.26
24	7.82	5.61	4.72	4.22	3.90	3.67	3.50	3.36	3.26	3.17	3.03	2.89	2.74	2.66	2.58	2.49	2.40	2.31	2.21
25	7.77	5.57	4.68	4.18	3.85	3.63	3.46	3.32	3.22	3.13	2.99	2.85	2.70	2.62	2.54	2.45	2.36	2.27	2.17
26	7.72	5.53	4.64	4.14	3.82	3.59	3.42	3.29	3.18	3.09	2.96	2.81	2.66	2.58	2.50	2.42	2.33	2.23	2.13
27	7.68	5.49	4.60	4.11	3.78	3.56	3.39	3.26	3.15	3.06	2.93	2.78	2.63	2.55	2.47	2.38	2.29	2.20	2.10
28	7.64	5.45	4.57	4.07	3.75	3.53	3.36	3.23	3.12	3.03	2.90	2.75	2.60	2.52	2.44	2.35	2.26	2.17	2.06
29	7.60	5.42	4.54	4.04	3.73	3.50	3.33	3.20	3.09	3.00	2.87	2.73	2.57	2.49	2.41	2.33	2.23	2.14	2.03
30	7.56	5.39	4.51	4.02	3.70	3.47	3.30	3.17	3.07	2.98	2.84	2.70	2.55	2.47	2.39	2.30	2.21	2.11	2.01
40	7.31	5.18	4.31	3.83	3.51	3.29	3.12	2.99	2.89	2.80	2.66	2.52	2.37	2.29	2.20	2.11	2.02	1.92	1.80
60	7.08	4.98	4.13	3.65	3.34	3.12	2.95	2.82	2.72	2.63	2.50	2.35	2.20	2.12	2.03	1.94	1.84	1.73	1.60
120	6.85	4.79	3.95	3.48	3.17	2.96	2.79	2.66	2.56	2.47	2.34	2.19	2.03	1.95	1.86	1.76	1.66	1.53	1.38
∞	6.63	4.61	3.78	3.32	3.02	2.80	2.64	2.51	2.41	2.32	2.18	2.04	1.88	1.79	1.70	1.59	1.47	1.32	1.00

参考文献

[1] 卞毓宁. 统计学概论[M]. 2版. 北京:高等教育出版社,2004.

[2] 卞毓宁. 统计学概论[M]. 3版. 北京:高等教育出版社,2008.

[3] 卞毓宁. 统计学概论习题集[M]. 2版. 北京:高等教育出版社,2008.

[4] 卞毓宁. 统计学[M]. 北京:科学出版社,2005.

[5] 栗方忠. 统计学原理[M]. 2版. 大连:东北财经大学出版社,2004.

[6] 栗方忠. 统计学原理标准化题型习题集[M]. 2版. 大连:东北财经大学出版社,2004.

[7] 刘建萍,黄思霞,熊应进. 新编统计学原理学习指导[M]. 2版. 北京:中国市场出版社,2008.

[8] 梁前德,陈万江. 统计学[M]. 2版. 北京:高等教育出版社,2008.

[9] 曾五一. 统计学概论[M]. 北京:首都经济贸易大学出版社,2005.

[10] 黄良文. 统计学原理[M]. 北京:中国统计出版社,2000.

[11] 李洁明,祁新娥. 统计学[M]. 2版. 上海:复旦大学出版社,1999.

[12] 李成瑞. 社会经济统计学原理教程[M]. 北京:中国统计出版社,1992.

[13] 曹刚,李文新. 统计学原理[M]. 上海:上海财经大学出版社,2006.

[14] 贾俊平,何晓群,金勇进. 统计学[M]. 7版. 北京:中国人民大学出版社,2018.

[15] 袁卫,庞皓,曾五一,等. 统计学[M]. 2版. 北京:高等教育出版社,2005.

[16] 宋廷山,葛金田. 统计学——以Excel为分析工具[M]. 北京:北京大学出版社,2009.

[17] 郭凤艳,申斯. 统计学[M]. 北京:北京理工大学出版社,2006.

[18] 王富民,田皓,周亚莉. 应用统计学[M]. 西安:西安交通大学出版社,2009.

[19] 凌明雁,柳秀春. 统计学[M]. 2版. 北京:高等教育出版社,2008.

[20] 陆立强. 让数据告诉你[M]. 上海:复旦大学出版社,2009.

[21] 贾俊平,金勇进,易丹辉.《统计学》教学案例和教学项目汇编[M]. 北京:中国人民大学出版社,2004.

[22] 颜泳红. 生活中的统计学[M]. 长沙:湖南大学出版社,2008.

[23] 张伟. 统计学习题集[M]. 2版. 北京:经济科学出版社,2008.

[24] 米荷芳. 统计基础知识习题集[M]. 北京:经济科学出版社,2008.

[25] 袁卫,庞皓. 统计学:第一册[M]. 北京:高等教育出版社,2000.

[26] 贾俊平. 统计学:第一册[M] 2版. 北京:清华大学出版社,2006.

[27] 刘德智. 统计学:第一册[M]. 北京:清华大学出版社,2007.

[28] 李洁明. 统计学原理:第一册[M]. 4版. 北京:复旦大学出版社,2007.
[29] 孙静娟. 统计学:第一册[M]. 北京:清华大学出版社,2006.
[30] 胡健颖. 实用统计学:第一册[M]. 3版. 北京:北京大学出版社,2004.
[31] 罗洪群,王青华. 统计学:第一册[M]. 2版. 北京:清华大学出版社,2006.
[32] 杨珊. 统计学原理:第一册[M]. 武汉:华中科技大学出版社,2006.
[33] 周荣辅. 统计学原理[M]. 北京:北京工业大学出版社,2003.
[34] 朱洪文. 应用统计[M]. 北京:高等教育出版社,2004.
[35] 何晓群,刘文卿. 应用回归分析[M]. 北京:中国人民大学出版社,2001.
[36] 卢黎霞,陈云玲. 统计学原理[M]. 武汉:武汉理工大学出版社,2007.
[37] 江岭,贾会远. 统计学[M]. 北京:人民邮电出版社,2007.
[38] 魏建国. 统计学[M]. 3版. 武汉:武汉理工大学出版社,2006.
[39] 陈珍珍,罗乐勤. 统计学[M]. 北京:科学出版社,2006.
[40] 徐国祥. 统计学[M]. 北京:高等教育出版社,2004.
[41] 杨家栋. 统计学[M]. 北京:高等教育出版社,2002.
[42] 邵铁柱. 统计学原理与工业统计[M]. 哈尔滨:哈尔滨工业大学出版社,1997.
[43] 滑际洲,刘万军. 企业信息统计与分析[M]. 北京:清华大学出版社,2010.
[44] 董逢谷. 现代企业统计[M]. 上海:东方出版中心,1998.
[45] 彭莉莎,宋廷山,王忠辉,等. 企业经营管理统计[M]. 北京:中国统计出版社,2009.
[46] 冯虹,王静. 现代企业统计分析[M]. 北京:经济管理出版社,2006.
[47] 陈志强. 新编统计分析报告写作方法[M]. 北京:中国统计出版社,2008.
[48] 牛军强. 统计岗位实务[M]. 北京:化学工业出版社,2009.
[49] 邵建利. 企业管理与经济统计学[M]. 上海:格致出版社,2009.
[50] 钱伯海. 企业经济统计学[M]. 2版. 北京:中国统计出版社,2003.
[51] 莱文,斯蒂芬. 商务统计轻松学[M]. 商国印,张丹,董入芳,译. 北京:机械工业出版社,2008.
[52] 纽博尔德,卡尔森,索恩. 商务与经济统计[M]. 庄新田,王世权,刘汝萍,译. 北京:机械工业出版社,2008.
[53] JESSICA M U,ROBERT F. Heckard. Mind on Statistics[M]. 北京:机械工业出版社,2005.
[54] FREEDMAN D, PISAMI R, PURVES R,等. 统计学[M]. 2版. 北京:中国统计出版社,1992.
[55] 王涛,张恩英. 统计学[M]. 北京:科学出版社,2010.
[56] 袁卫,刘超. 统计学——思想、方法与应用[M]. 北京:中国人民大学出版社,2011.
[57] GRIFFITHS D. 深入浅出统计学[M]. 李芳,译. 北京:电子工业出版社,2012.

[58] 张文霖,刘夏璐,狄松.谁说菜鸟不会数据分析[M].北京:电子工业出版社,2011.
[59] 廖颖杰.统计学[M].北京:人民邮电大学出版社,2014.
[60] 苏继伟,黄应绘.统计学原理[M].2版.北京:高等教育出版社,2016.
[61] 宫春子,刘卫东,刘宝,等.统计学原理[M].3版北京:机械工业出版社.2021.
[62] 冯文权,傅征.经济预测与决策技术[M].6版.武汉:武汉大学出版社,2018.

"十四五"应用型本科院校系列教材/经济管理类

Exercise Book on Statistics

统计学习题集

(第5版)

主　编　郑　葵　　陈冰冰
副主编　张　宇　姜　云　邵铁柱　赵福生
　　　　李　伟　赵寅珠　孙　佳

 哈尔滨工业大学出版社
HARBIN INSTITUTE OF TECHNOLOGY PRESS

图书在版编目(CIP)数据

统计学:全两册.统计学习题集/郑葵,陈冰冰主编.—5版.—哈尔滨:哈尔滨工业大学出版社,2022.8

"十四五"应用型本科院校系列教材

ISBN 978-7-5767-0461-7

Ⅰ.①统… Ⅱ.①郑…②陈… Ⅲ.①统计学-高等学校-习题集 Ⅳ.①C8

中国版本图书馆 CIP 数据核字(2022)第 186396 号

策划编辑	杜 燕
责任编辑	刘 瑶
封面设计	卞秉利
出版发行	哈尔滨工业大学出版社
社 址	哈尔滨市南岗区复华四道街10号 邮编150006
传 真	0451-86414749
网 址	http://hitpress.hit.edu.cn
印 刷	哈尔滨市工大节能印刷厂
开 本	787 mm×960 mm 1/16 印张 6.75 字数 151 千字
版 次	2010年8月第1版 2022年8月第5版 2022年8月第1次印刷
书 号	ISBN 978-7-5767-0461-7
定 价	68.00元(全两册)

(如因印装质量问题影响阅读,我社负责调换)

目　录

第一章　总论 ··· 1

第二章　统计数据的收集 ··· 5

第三章　统计数据的整理与显示 ·· 9

第四章　综合指标 ·· 14

第五章　抽样调查与抽样分布 ·· 21

第六章　参数估计和假设检验 ·· 26

第七章　时间序列 ·· 31

第八章　统计指数 ·· 39

第九章　相关与回归分析 ·· 47

第十章　统计决策 ·· 52

第十一章　国民经济统计的常用指标 ································ 55

第十二章　现代企业统计 ·· 59

第十三章　大数据分析与数据挖掘 ··································· 64

模拟试卷一 ·· 69

模拟试卷二 ·· 73

参考答案 ··· 77

第一章

Chapter 1

总 论

一、判断题
1. 统计学的研究对象是社会经济现象总体的各个方面。（　　）
2. 统计一词包含统计工作、统计资料和统计学三个含义。（　　）
3. 推断统计学是现代统计学的核心和关键,但它必须以描述统计学为基础。（　　）
4. 统计调查过程中采用的大量观察法,是指必须对研究对象的所有单位进行调查。（　　）
5. 总体单位是标志的承担者,标志是依附于总体单位的。（　　）
6. 若研究三名大学生的生活支出状况,则这三名大学生就构成一个统计总体。（　　）
7. 统计指标和数量标志都可以用数值表示,因此两者反映的内容是相同的。（　　）
8. 数量指标的表现形式是绝对数,质量指标的表现形式是相对数和平均数。（　　）
9. 数量指标就是变量。（　　）
10. 某学生的性别是男,"男"是品质标志。（　　）

二、单选题
1. 研究某市工业企业生产设备使用情况,那么统计总体是(　　)。
   A. 该市全部工业企业
   B. 该市每一个工业企业
   C. 该市全部工业企业每一台设备
   D. 该市工业企业全部生产设备
2. 进行全市百货商店售货人员工作情况研究,则总体单位是(　　)。
   A. 各百货商店
   B. 一个百货商店的所有售货人员
   C. 一个百货商店
   D. 每位售货员
3. 标志是(　　)。
   A. 总体单位的某种属性或特征名称
   B. 总体单位数量特征的名称

C. 总体数量特征的名称　　　　　　　　D. 总体质的特征的名称

4. 标志按特征不同,可分为(　　)。
   A. 品质标志和数量标志　　　　　　　B. 数量指标和质量指标
   C. 数量标志和变量　　　　　　　　　D. 品质标志

5. 某班有60名学生,把他们某门课成绩加起来除以60,这是(　　)。
   A. 对60个变量求平均数　　　　　　　B. 对60个标志求平均数
   C. 对60个变量值求平均数　　　　　　D. 对60个指标求平均数

6. 下列变量中属于连续变量的是(　　)。
   A. 高等学校数　　　　　　　　　　　B. 国营企业数
   C. 在校学生人数　　　　　　　　　　D. 在校学生身高

7. 统计总体的主要特征表现为(　　)。
   A. 综合性、具体性、数量性　　　　　B. 社会性、工具性、广泛性
   C. 同质性、大量性、变异性　　　　　D. 大量性、具体性、实用性

8. 人口密度、出生率、单位产品成本、销售收入、社会总产值等5个指标中,属于数量指标的有(　　)。
   A. 2个　　　　B. 3个　　　　C. 4个　　　　D. 5个

9. 要了解某企业职工的文化水平情况,则总体单位是(　　)。
   A. 该企业的全部职工　　　　　　　　B. 该企业每个职工的文化程度
   C. 该企业的每个职工　　　　　　　　D. 该企业全部职工的平均文化程度

10. 某县农民的年平均收入10 000元,是(　　)。
    A. 离散变量　　　　　　　　　　　　B. 连续变量
    C. 统计指标　　　　　　　　　　　　D. 标志

11. 某行政人员的月工资是2 500元,则"工资"是(　　)。
    A. 数量指标　　　　　　　　　　　　B. 质量指标
    C. 数量标志　　　　　　　　　　　　D. 品质标志

12. 2010年末某市职工总体中有工业职工280万人,则"280万"是(　　)。
    A. 数量指标　　　　　　　　　　　　B. 质量指标
    C. 数量标志　　　　　　　　　　　　D. 品质标志

13. 总体数量指标一般表现为(　　)。
    A. 平均数　　　B. 相对数　　　C. 绝对数　　　D. 众数

14. 反映社会经济资源条件和基本情况的指标是(　　)。
    A. 评价指标　　B. 描述指标　　C. 质量指标　　D. 预警指标

15. "统计"一词的基本含义是(　　)。
    A. 统计调查、统计整理、统计分析

B. 统计设计、统计分组、统计计算
C. 统计方法、统计分析、统计计算
D. 统计科学、统计工作、统计资料

三、多选题
1. 统计学运用的各种研究方法,包括(　　)。
   A. 大量观察法　　　B. 统计分组法　　　C. 统计指标法
   D. 模型推断法　　　E. 采访法
2. 总体和总体单位的区别是相对的,若研究目的不同,则(　　)。
   A. 总体有可能变成总体单位　　　B. 总体不可能变成总体单位
   C. 总体单位有可能变成总体　　　D. 总体单位不可能变成总体
   E. 总体与总体单位可以同时发生相互转化
3. 如果企业职工作为总体单位,下列标志属于品质标志的是(　　)。
   A. 年龄　　　B. 性别　　　C. 民族
   D. 工资　　　E. 工种
4. 如果将设备作为总体单位,下列标志属于数量标志的是(　　)。
   A. 设备产地　　　B. 设备原值　　　C. 设备转速
   D. 设备使用年限　　　E. 设备生产能力
5. 在工业普查中(　　)。
   A. 工业企业总数是统计总体　　　B. 每一个工业企业是总体单位
   C. 固定资产总额是统计指标　　　D. 机器台数是连续变量
   E. 职工人数是离散变量
6. 下列总体中属于有限总体的是(　　)。
   A. 全国人口　　　B. 某池塘里的鱼
   C. 某地区的工业企业　　　D. 某企业的全部设备
   E. 某车间生产线上连续生产的产品
7. 如果企业作为总体单位,下列属于数量标志的是(　　)。
   A. 企业的工人人数　　　B. 企业的党员人数　　　C. 企业所有制形式
   D. 企业现有的设备台数　　　E. 企业管理人员数
8. 下列属于离散变量的是(　　)。
   A. 人口数　　　B. 播种面积　　　C. 钢铁产量
   D. 工资总额　　　E. 某市工业企业个数
9. 下列关于描述统计学和推断统计学的叙述中,正确的有(　　)。
   A. 描述统计学是现代统计学的基础　　　B. 推断统计学是现代统计学的基础
   C. 推断统计学是现代统计学的核心　　　D. 两者相辅相成,缺一不可

10. 指标与标志之间存在着转换关系是指(　　)。

　　A. 在同一研究目的下,指标和标志可以相互对调

　　B. 指标有可能成为数量标志

　　C. 数量标志有可能成为指标

　　D. 在不同研究目的下,指标和标志可以相互对调

　　E. 在任何情况下,指标和标志都可以互相对调

四、简答题

1. 什么是统计总体、总体单位？二者关系如何？
2. 什么是标志、统计指标？标志与指标有何区别？
3. 简要说明统计研究的基本方法。
4. 统计学的研究对象是什么？如何认识其特点？
5. 简述统计工作过程的阶段。

第二章

统计数据的收集

一、判断题

1. 全面调查和非全面调查是根据结果所得到的资料是否全面来划分的。（　　）
2. 调查方案的首要问题是确定调查对象。（　　）
3. 对有限总体进行调查只能采用全面调查。（　　）
4. 调查单位和填报单位在任何情况下都不可能一致。（　　）
5. 典型调查和抽样调查的根本区别是选择调查单位的方法不同。（　　）
6. 我国的人口普查每10年进行一次，因此它是一种连续性调查方法。（　　）
7. 在统计调查中，调查标志的承担者是调查单位。（　　）
8. 一般而言，当调查项目较多时，宜用一览表。（　　）
9. 重点调查中的重点单位是标志值较大的单位。（　　）
10. 统计调查是统计工作的基础环节，是统计数据整理和分析的前提。（　　）

二、单选题

1. 统计调查中的专门调查有（　　）。
   A. 统计报表、重点调查和抽样调查　　　B. 经常性调查和一次性调查
   C. 全面调查和非全面调查　　　　　　　D. 普查、重点调查和典型调查
2. 统计调查方案中的调查期限是指（　　）。
   A. 调查工作的起讫时间　　　　　　　　B. 收集资料的时间
   C. 时期现象资料所属的时间　　　　　　D. 时点现象资料所属的时间
3. 某些产品在检验和测量时常有破坏性，一般宜采用（　　）。
   A. 全面调查　　　B. 典型调查　　　C. 重点调查　　　D. 抽样调查

4. 不仅能将事物区分为不同类型并进行排序,而且可以准确地指出类别之间的差距是多少的计量尺度是( )。
   A. 定类尺度　　　　B. 定序尺度　　　　C. 定比尺度　　　　D. 定距尺度
5. 既可进行加减运算,也可进行乘除运算的( )是计量尺度。
   A. 定类尺度　　　　B. 定序尺度　　　　C. 定比尺度　　　　D. 定距尺度
6. 下列调查中,最适合采用重点调查的是( )。
   A. 了解全国钢铁生产的基本情况　　　　B. 了解全国人口总数
   C. 了解上海市居民家庭的收支情况　　　D. 了解某校学生的学习情况
7. 普查是为了某种特定的目的而( )。
   A. 专门组织的一次性的全面调查　　　　B. 专门组织的经常性的全面调查
   C. 非专门组织的一次性的全面调查　　　D. 非专门组织的经常性的全面调查
8. 下列调查中,不属于专门调查的是( )。
   A. 统计报表制度　　B. 重点调查　　　　C. 典型调查　　　　D. 抽样调查
9. 调查单位与填报单位的关系是( )。
   A. 二者是一致的　　　　　　　　　　　B. 二者有时一致有时不一致
   C. 二者没有关系　　　　　　　　　　　D. 调查单位一定是填报单位
10. 调查时间的含义是( )。
    A. 调查资料所属的时间　　　　　　　　B. 进行调查的时间
    C. 调查工作的期限　　　　　　　　　　D. 调查资料报送的时间
11. 对百货商店工作人员进行普查,调查对象是( )。
    A. 各百货商店　　　　　　　　　　　　B. 各百货商店的全体工作人员
    C. 一个百货商店　　　　　　　　　　　D. 每位工作人员
12. 全国人口普查中,调查单位是( )。
    A. 全国人口　　　　B. 每一个人　　　　C. 每一户　　　　　D. 工人工资
13. 重点调查中的重点单位是指( )。
    A. 这些单位是工作中的重点
    B. 这些单位在全局工作中处于重要位置
    C. 这些单位的数量占总体单位数的很大比重
    D. 这些单位的标志值在标志总量中占有很大比重
14. 有意识地选择三个农村点调查农业收入情况,这种调查方式是( )。
    A. 普查　　　　　　B. 典型调查　　　　C. 抽样调查　　　　D. 重点调查
15. 某市规定 1994 年工业经济活动成果年报呈报时间是 1995 年 1 月 31 日,则调查期限为( )。
    A. 一天　　　　　　B. 一个月　　　　　C. 一年　　　　　　D. 一年零一个月

三、多选题

1. 统计数据的计量尺度包括( )。
   A. 定类尺度　　　B. 定序尺度　　　C. 定距尺度　　　D. 定比尺度

2. 定序尺度遵循的原则有( )。
   A. 互斥　B. 穷尽　C. 有序　　D. 可加减　　　E. 可乘除

3. 下列调查中,调查单位与填报单位不一致的有( )。
   A. 关于全国冶金企业炼钢设备的情况调查　　B. 全国工业企业的生产情况调查
   C. 城镇家庭生活水平调查　　　　　　　　　D. 学校教学设备普查
   E. 城市食品部门食品质量调查

4. 我国第五次人口普查规定的标准时间是 2000 年 11 月 1 日 0 时,下列人口现象不应计算在人口总数之内的是( )。
   A. 2000 年 11 月 1 日出生的婴儿
   B. 2000 年 10 月 31 日 8 时出生,20 时死亡的婴儿
   C. 2000 年 10 月 31 日 21 时出生,11 月 1 日 8 时死亡的婴儿
   D. 2000 年 10 月 31 日 3 时死亡的人口
   E. 2000 年 11 月 1 日死亡的人口

5. 普查是一种( )。
   A. 非全面调查　　　　　B. 专门调查　　　　　C. 全面调查
   D. 一次性调查　　　　　E. 经常性调查

6. 我国工业企业设备普查中( )。
   A. 每台设备是调查单位　　　　　B. 每台设备是填报单位
   C. 每台设备是调查对象　　　　　D. 每个工业企业是填报单位
   E. 所有设备是调查对象

7. 统计调查对象是指( )。
   A. 普查登记的所有单位　　　　　B. 负责向上汇报资料的总体
   C. 进行调查的那些现象的总体　　D. 统计标志承担者的总体
   E. 应搜集资料的所有单位的总体

8. 统计报表要( )。
   A. 自上而下统一布置　　　　　　B. 自下而上逐级填报
   C. 按照规定的报送时间报出　　　D. 按照统一的表式和项目填报
   E. 以一定的原始记录为根据

9. 普查和统计报表这两种调查方式( )。
   A. 可以都是全面调查　　　　　　B. 都是经常性调查
   C. 调查对象都要根据调查目的选择　D. 都是专门组织的一次性调查

7

E. 普查资料可以采用统计报表形式收集

10. 统计调查表的表式一般有(　　)。
    A. 一览表　　B. 单一表　　C. 综合表　　D. 明细表　　E. 汇总表

11. 抽样调查的优越性表现在(　　)。
    A. 经济性　　B. 时效性　　C. 准确性　　D. 全面性　　E. 灵活性

12. 统计调查的基本要求有(　　)。
    A. 准确性　　B. 及时性　　C. 完整性　　D. 系统性　　E. 客观性

13. 通过对大同、抚顺、攀枝花等几个大型矿务局的调查,了解我国煤炭生产的基本情况,这种调查属于(　　)。
    A. 典型调查　　　　　B. 重点调查　　　　　C. 抽样调查
    D. 全面调查　　　　　E. 非全面调查

14. 某市为了解本年年末的煤炭库存情况,特别向各单位颁发调查表要求填报,这种调查属于(　　)。
    A. 统计报表制度　　　B. 普查　　　　　　　C. 专门调查
    D. 经常性调查　　　　E. 一次性调查

15. 我国进行的五次人口普查属于(　　)。
    A. 全面调查　　　　　B. 不定期调查　　　　C. 定期调查
    D. 经常性调查　　　　E. 一次性调查

四、简答题

1. 数据的计量尺度分为哪几种?不同计量尺度各有什么特点?
2. 定距尺度和定比尺度有何区别?
3. 统计数据可分为哪几种类型?不同类型的数据各有什么特点?
4. 简述各种调查组织方式的特点。
5. 简述普查和抽样调查的特点。
6. 统计数据的具体搜集方法有哪些?
7. 完整的统计调查方案应包括哪些内容?

第三章

Chapter 3

统计数据的整理与显示

一、判断题

1. 统计整理的核心是统计分组。（   ）
2. 统计分组的关键在于划分各组界限。（   ）
3. 按品质标志分组十分容易，因为其组限明确、组数一定。（   ）
4. 按数量标志进行分组的目的，就是要区别各组在数量上的差异。（   ）
5. 连续变量可以进行单项式分组和组距式分组，而离散变量只能进行组距式分组。（   ）
6. 在等距数列中，组距的大小与组数的多少成反比。（   ）
7. 变量分组时组的排列顺序是按变量值由小到大排列的。（   ）
8. 组中值是组内变量值的平均数。（   ）
9. 在组距式分组中，若某一总体单位标志值等于相邻组的上下限数值，则把这一总体单位归在上限组。（   ）
10. 折线图是将条形图中各柱状的中点连接起来形成的。（   ）

二、单选题

1. 统计整理作为一个相对独立的统计工作阶段来说主要指（   ）。
   A. 对历史资料的整理   B. 对次级统计资料的整理
   C. 对原始调查资料的整理   D. 对统计分析资料的整理
2. 将统计总体按照一定标志划分为若干个组成部分的统计方法是（   ）。
   A. 统计整理   B. 统计分析   C. 统计调查   D. 统计分组
3. 企业按资产总额分组可以（   ）。
   A. 只能使用单项式分组   B. 只能使用组距式分组

C. 可以用单项式分组,也可以用组距式分组　　　D. 无法分组

4. 在分配数列中,频率是指(　　)。
   A. 各组的频率相互之比　　　　　　　　　B. 各组次数相互之比
   C. 各组分布次数与频率之比　　　　　　　D. 各组分布次数与总次数之比

5. 利用组中值反映分布在该组中各单位变量值的一般水平是因为(　　)。
   A. 组中值就是组平均数　　　　　　　　　B. 组中值比组平均数更有代表性
   C. 无法计算组的平均数　　　　　　　　　D. 组中值更有说服力

6. 钟形分布的特征是(　　)。
   A. 次数分布两头小,中间大　　　　　　　B. 次数分布两头大,中间小
   C. 次数分布一边小,一边大　　　　　　　D. 左偏

7. 当统计表中某项没有数值时(　　)。
   A. 用符号"—"表示　　　　　　　　　　B. 用符号"…"表示
   C. 不需要填写　　　　　　　　　　　　D. 用符号"×"表示

8. 直方图用于反映下面一种数列的分布特征的是(　　)。
   A. 品质数列　　　　　　　　　　　　　　B. 单项数列
   C. 重叠组限的组距数列　　　　　　　　　D. 间断组限的组距数列

9. 下面的图形最适合描述结构性问题的是(　　)。
   A. 雷达图　　　　B. 茎叶图　　　　C. 环形图　　　　D. 饼图

10. 某企业所属的3个生产同一产品的车间将其同月产量绘制图形最好选用(　　)。
    A. 箱线图　　　　B. 折线图　　　　C. 直方图　　　　D. 条形图

11. 在进行组距式分组时,凡遇到某单位的标志值刚好等于相邻两组上下限的数值时,一般将(　　)。
    A. 此值归于上限组　　　　　　　　　　B. 此值归于下限组
    C. 此值归于上限组或下限组均可　　　　D. 另行分组

12. 在分配数列中(　　)。
    A. 某组频数越小,其反映标志值作用越大
    B. 某组频率越大,其反映标志值作用越小
    C. 某组频数越大,其反映标志值作用越大
    D. 频数与频率大小,不能反映标志值作用的大小

13. 在一些考试中,若题目偏难,多数考分偏低时,则次数分布常呈(　　)。
    A. J型分布　　　B. 右偏分布　　　C. 左偏分布　　　D. 正态分布

14. 划分连续变量的组限时,相邻组的组限一般要(　　)。
    A. 交叉　　　　　B. 不等　　　　　C. 重叠　　　　　D. 间断

15. 划分离散变量的组限时,相邻组的组限一般要(　　)。

A. 交叉　　　　　　B. 相等　　　　　　C. 重叠　　　　　　D. 间断

三、多选题

1. 统计整理是(　　)。
   A. 统计调查的继续　　　　　　B. 统计设计的继续
   C. 统计调查的基础　　　　　　D. 统计分析的前提
   E. 对社会经济现象从个体量的观察到总体量的认识的连接点

2. 统计数据的预处理包括(　　)。
   A. 审核　　　　　　B. 计算　　　　　　C. 筛选
   D. 排序　　　　　　E. 估计

3. 在分配数列中(　　)。
   A. 各组频数之和等于100　　　　　B. 总次数一定,频数与频率成反比
   C. 各组频率均大于0　　　　　　　D. 各组频率之和等于100%
   E. 频数越小,则该组在总体中所占份额越少

4. 按分组标志特征不同,分布数列可分为(　　)。
   A. 等距数列　　　　B. 异距数列　　　　C. 品质数列
   D. 变量数列　　　　E. 单项数列

5. 下列表述正确的是(　　)。
   A. 品质数列各组的组名就是标志表现　　B. 单项数列各组的组名就是变量值
   C. 组距数列各组的组名就是变量值　　　D. 品质数列各组从小到大排列
   E. 变量数列各组从小到大排列

6. 分布在各组的总体单位数称为(　　)
   A. 次数　　　　　　B. 频率　　　　　　C. 比率
   D. 次数密度　　　　E. 频数

7. 常见的频率分布类型主要有(　　)
   A. 钟型分布　　　　B. χ 型分布　　　C. U 型分布
   D. J 型分布　　　　E. F 型分布

8. 统计分组的关键是(　　)。
   A. 选择分组标志　　　　　　B. 划分各组界限
   C. 确定组数　　　　　　　　D. 计算组距
   E. 将性质相同的单位划到同一组中

9. 对于组距数列以下各项表述正确的有(　　)。
   A. 最小组下限要低于最小变量值　　B. 最大组上限要高于最大变量值
   C. 组的确定要有利于表现总体分布规律　　D. 连续变量相邻组限一般要重合
   E. 离散变量相邻组限一般要间断

10. 下面( )适合于组距式分组。
   A. 分布比较集中的离散型数据　　　　B. 分布比较分散的离散型数据
   C. 分布比较集中的连续型变量　　　　D. 分布比较分散的连续型变量

四、简答题
1. 简述统计数据整理的步骤。
2. 什么是统计分组，选择分组标志应遵循哪些原则？
3. 如何编制变量数列？
4. 常见的次数分布有几种类型？
5. 什么是统计表，编制统计表时应注意哪些问题？
6. 直方图与条形图有什么不同？两者之间有何联系？

五、计算题
1. 某工厂50名工人某月份生产某种产品件数的资料如下：

118	114	98	110	129	104	114	105	116	117
108	125	106	113	90	103	134	121	115	124
86	113	91	124	107	114	103	101	125	104
110	94	86	138	98	105	84	90	133	126
124	100	106	104	85	128	71	102	118	98

要求：
(1) 根据上述资料编制频数分布数列。
(2) 编制向上和向下累计频数分布数列。
(3) 根据编制的频数分布数列绘制直方图。
(4) 根据直方图说明工人生产某种产品件数的分布属于哪一种类型？

2. 为评价某高校饮食中心的服务满意程度，随机抽取了该校100名大学生构成一个样本进行调查。服务满意程度分为：A.非常满意　B.满意　C.一般　D.不满意　E.非常不满意。调查结果如下：

A	D	B	C	C	A	E	D	C	B
B	E	C	C	A	D	C	B	A	E
D	A	C	B	C	D	E	C	E	E
B	A	C	D	E	B	A	B	D	E
C	B	C	E	D	B	C	C	E	B
D	A	C	B	C	B	D	A	E	B
B	E	B	C	A	C	D	C	B	A
B	A	C	D	E	A	B	D	C	C
A	D	B	C	C	A	E	D	C	B
C	B	C	D	D	B	A	E	C	C

12

要求:
(1)指出上面的数据属于什么类型?
(2)用 Excel 软件制作频数分布数列。
(3)根据编制的频数分布数列绘制直方图和饼图。

3. 为确定灯泡的使用寿命,在一批灯泡中随机抽取 50 只进行测试,所得结果如下(单位:小时):

893	900	800	938	864	919	863	981	916	818
866	905	954	890	1006	926	900	999	886	1120
946	926	895	967	921	978	821	924	652	850
886	928	999	946	950	864	1050	927	949	852
1027	928	978	816	1000	918	1040	854	1100	900

要求:
(1)利用 Excel 制作频数分布数列。
(2)根据编制的频数分布数列绘制直方图。
(3)说明数据分布的特点。

第四章

Chapter 4

综合指标

一、判断题

1. 某地区某年人口出生数是时点指标。（   ）
2. 计划完成程度相对指标大于100%，则肯定完成计划任务。（   ）
3. 某县工商银行2009年末共有10 000存款户，年末存款额为50 000万元，平均每户存款5万元，这是一个强度相对指标。（   ）
4. 算术平均数的大小只受总体各单位标志值大小的影响。（   ）
5. 当变量值的连乘积等于总比率或总速度时，适合用几何平均数法计算平均数。（   ）
6. 众数是总体中出现最多的次数。（   ）
7. 标志变异指标与平均指标是一对既有联系，又有区别，更具有互补性的指标。（   ）
8. 总体变异程度越高，平均指标的代表性就越高，反之就越低。（   ）
9. 标准差是总体各单位变量值与总体算术平均数离差平方的算术平均数。（   ）
10. 比较不同总体变异程度的高低，既可以用变异系数（离散系数），也可以用标准差或其他变异指标。（   ）

二、单选题

1. 不同时间上指标数值能够相加的指标是(   )。
   A. 时期指标　　　　　B. 时点指标　　　　　C. 平均数　　　　　D. 相对数
2. 下列指标属于比例相对指标的是(   )。
   A. 农业、轻工业、重工业的比例关系　　　B. 工人出勤率
   C. 每百元产值利税率　　　　　　　　　　D. 产品合格率
3. 某企业2009年销售计划比上年增长10%，实际增长14%，其超出计划完成程度为(   )。

第四章　综合指标

   A. 103.70%　　　　B. 50%　　　　　　C. 150%　　　　　　D. 3.6%
4. 平均指标反映了总体分布的(　　)。
   A. 集中趋势　　　B. 离散趋势　　　C. 变动趋势　　　D. 长期趋势
5. 根据下列样本数据 3,5,12,10,8,22,30 计算的中位数为(　　)。
   A. 9　　　　　　B. 10　　　　　　C. 12　　　　　　D. 11
6. 已知一组数据的均值为 500,变异系数为 0.3,则方差为(　　)。
   A. 225　　　　　B. 500　　　　　C. 50 000　　　　D. 22 500
7. 某班学生的统计学平均成绩是 70 分,最高分是 96 分,最低分是 62 分。根据这些信息,可以计算的离散程度的测度指标是(　　)。
   A. 方差　　　　　B. 极差　　　　　C. 标准差　　　　D. 变异系数
8. 对于右偏分布,均值、中位数和众数之间的关系是(　　)。
   A. 均值>中位数>众数　　　　　　B. 中位数>均值>众数
   C. 众数>中位数>均值　　　　　　D. 众数>均值>中位数
9. 计算方差所依据的中心数据是(　　)。
   A. 众数　　　　　B. 中位数　　　　C. 均值　　　　　D. 几何平均数
10. 在对总体进行变异情况分析过程中,最常用的变异指标是(　　)。
    A. 全距　　　　　B. 平均差　　　　C. 标准差　　　　D. 变异系数
11. 总体标志总量(　　)。
    A. 说明总体单位特征　　　　　　B. 表示总体本身的规模大小
    C. 是指总体各单位标志值的总和　D. 是指总体单位总量
12. 某厂 2010 年职工劳动生产率为 20 000 元,是历史最高水平的 1.25 倍。这里 1.25 倍是(　　)。
    A. 比例相对数　　　　　　　　　B. 计划完成相对数
    C. 强度相对数　　　　　　　　　D. 动态相对数
13. 2003 年末某市总人口 324 万人,其中,城镇人口占总人口的 86.8%。这两个指标(　　)。
    A. 前者是时期指标,后者是时点指标
    B. 前者是时点指标,后者是时期指标
    C. 前者是时点指标,后者是结构相对数
    D. 前者是时期指标,后者是结构相对指标
14. 有名数表示的相对指标是(　　)。
    A. 结构相对数　　B. 比例相对数　　C. 比较相对数　　D. 强度相对数
15. 已知 12 个超市苹果的单价和销售额,要求计算 12 个超市苹果的平均单价,应采用(　　)。
    A. 简单算术平均数　　　　　　　B. 加权算术平均数

C. 加权调和平均数　　　　　　　D. 几何平均数

三、多选题

1. 下列指标中属于结构相对指标的有(　　)。
   A. 某学校的女生占学生总人数的58%
   B. 某学校的女生是男生人数的1.4倍
   C. 某学校一年级新生入学英语考试的不及格率为3.5%
   D. 某学校2009年秋季招生人数占在校学生人数的26%
   E. 某学校2009年秋季招生人数是2008年秋季招生人数的105%

2. 下列指标中属于强度相对指标的有(　　)。
   A. 人均国民收入　　B. 人均钢铁产量　　C. 人均粮食产量
   D. 人均生活费支出　　E. 职工月平均工资

3. 相对指标中,分子分母可以互换位置的有(　　)。
   A. 结构相对数　　B. 比例相对数　　C. 强度相对数
   D. 比较相对数　　E. 动态相对数

4. 标志变异指标中的标准差(　　)。
   A. 也称均方差
   B. 也称方差
   C. 是各变量值对其算术平均数离差平方平均数的平方根
   D. 是各变量值对其算术平均数离差的平均数
   E. 是各变量值对其算术平均数离差平方的平均数

5. 以下表述不正确的是(　　)。
   A. 所有总量指标都具有可加性
   B. 相对指标必须就同质总体计算
   C. 计算相对指标的两个指标计量单位必须相同
   D. 平均指标必须就同质总体进行计算
   E. 所有指标都具有可加性

6. 下列属于时点指标的有(　　)。
   A. 某地区人口数　　B. 某地区死亡人口数　　C. 某地区出生人口数
   D. 某地区生产总值　　E. 某地区的学校数

7. 下列指标中属于平均指标的有(　　)。
   A. 人均国民收入　　B. 人口平均年龄　　C. 粮食亩产量
   D. 人口密度　　E. 人口自然增长率

8. 中位数是(　　)。
   A. 根据各标志值计算的　　B. 标志值按顺序排队后,位于中间位置的变量值

C. 最大的标志值　　　　D. 不受极端值影响　　　E. 最小的变量值
9. 由总体所有单位的标志值计算的平均数有(　　　)。
　　A. 算术平均数　　B. 调和平均数　　C. 几何平均数　　D. 中位数　　E. 众数
10. 属于绝对数指标的是(　　　)。
　　A. 某商场月末商品库存额　　　B. 某地区人口净增加数
　　C. 某高等学校历年毕业生人数　D. 某合资企业月末在册人数
　　E. 按人口平均钢产量

四、简答题

1. 简述时期指标与时点指标的区别。
2. 怎样区分算术平均数和强度相对数?
3. 在统计分析中,相对数分析为什么要与绝对数分析结合运用?
4. 简述均值、中位数和众数的特点及应用场合。
5. 为什么要计算离散系数?

五、计算题

1. 某工业企业有关资料如下表所示。

单位:万元

产品名称	2009 年计划销售额	2009 年实际销售额	
		一季度	二季度
甲	800	150	220
乙	300	60	85
丙	100	20	35

要求:
(1)假定 2009 年计划销售额在各季度的分配是均匀的,试分别计算第二季度各种产品销售额的计划完成情况。
(2)计算各种产品累计至第二季度末销售额全年完成情况。

2. 在某地区抽取 50 家企业,按利润额进行分组,结果如下:

按利润额分组(万元)	企业数(个)
70～80	5
80～90	30
90～100	15
合计	50

要求:计算 50 家企业利润额的平均数。

3. 某县去年对该地区的粮食产量进行调查,得到资料如下:

按面积产量分组(千克·公顷$^{-1}$)	播种面积比重(%)
3 000 以下	5
3 000 ~ 3 750	35
3 750 ~ 6 000	40
6 000 以上	20
合计	100

求该县粮食作物的平均单位面积产量。

4. 某企业计划完成情况如下:

计划完成程度(%)	实际产值(万元)
80 ~ 90	68
90 ~ 100	57
100 ~ 110	126
110 ~ 120	184

要求:
(1) 计算企业平均计划完成程度。
(2) 若题中的实际产值改为计划产值,那么企业平均计划完成程度会变化吗?

5. 某企业1月份甲、乙两个市场某产品价格及成交量、成交额资料如下:

品种	价格(元·千克$^{-1}$)	甲市场成交额(万元)	乙市场成交量(万千克)
A	1.2	1.2	2
B	1.4	2.8	1
C	1.5	1.5	1
合计	—	5.5	4

试问:哪一个市场的产品平均价格高?请说明原因。

6. 某工业局所属企业有关资料如下:

按工人劳动生产率分组(万元·人$^{-1}$)	企业数(个)	各组产值(万元)
5 ~ 6	2	220
6 ~ 7	5	650
7 ~ 8	8	825
8 ~ 9	3	255
9 ~ 10	2	190

求工人的平均劳动生产率。

7. 某超市第二季度出售某种商品的价格和销售资料如下表：

等级	价格（元·千克$^{-1}$）	销售额（万元）
一级	20	216
二级	16	115.2
三级	12	72

计算：
(1) 该商品的平均销售价格；
(2) 该超市在第二季度销售的这批商品的平均等级。

8. 某企业生产一种产品需要顺次经过 4 个车间，这 4 个车间的废品率分别是 1.5%、2.0%、2.0% 和 1.0%。该企业生产这种产品的平均废品率是多少？

9. 某地区家庭人均月收入资料如下表所示：

人均月收入（元）	家庭户数（户）
300 ~ 400	200
400 ~ 500	300
500 ~ 600	1 200
600 ~ 700	800
700 ~ 800	500
800 ~ 900	150
合计	3 150

要求：根据资料计算职工家庭人均月收入的均值、众数和中位数。

10. 甲、乙两组工人按日产量分组资料如下表所示：

甲 组		乙 组	
日产量（件）	工人数（人）	日产量（件）	工人人数（人）
20 件以下	4	20	6
20 ~ 30	8	25	8
30 ~ 40	10	28	10
40 ~ 50	12	30	12
50 以上	6	35	4

要求：
(1) 计算甲、乙两组平均日产量各是多少？
(2) 计算甲、乙两组的标准差各是多少？
(3) 试说明甲、乙两组的平均日产量哪个代表性高。

六、案例分析

"平均工资"二万九　老百姓越看越"糊涂"

据国家统计局网站公布:"2008年,全国城镇单位在岗职工平均工资年均为29 229元,与2007年相比,增加了4 297元,增长17.2%"。这个数据一公布,立即引来网友一片质疑声。他们认为,这个统计数据与大多数人的实际工资差距很大。以这样的数据作为国家制定政策的参考指标,难以代表大多数人的利益。

有人打了一个生动的比方:张家有钱1 000万,邻居9个穷光蛋,平均起来算一算,个个都是张百万。事实上,这份平均工资掩盖了很大一部分下岗工人、低收入在岗者及农民工等人群的生活现状,引起人们的不满,在所难免。

国家统计局有关部门的领导在接受采访时也承认,工资统计中的问题就是现在我们平均工资的数据不能够充分反映出差异,而且大家一个普遍的感受就是"平均工资"掩盖了工资分配中的差异,或者说是不平等的。

事实上,在国家统计局公布的这份统计表中,已经透露出这种"不平等"。统计表显示:按省看,2008年城镇单位在岗职工平均工资高于全国平均水平的有9个省(区、市),占全部城镇单位在岗职工的30%;低于全国平均水平的有22个省(区、市),占全部城镇单位在岗职工的70%。也就是说,大多数城镇单位在岗职工无法达到全国平均工资水平。

(资料来源:摘自2009年4月11日哈尔滨《新晚报》)

问题:
1. 请你就国家统计局公布的全国城镇单位在岗职工年平均工资与大多数人的实际工资差距大的问题发表看法。
2. 你认为"平均工资"掩盖了工资分配中的差异的原因是什么?说明我国目前全国城镇单位在岗职工的年工资收入呈何种分布?
3. 结合所学的统计指标,谈一谈选择哪个指标作为全国城镇单位在岗职工的年工资收入一般水平的代表值代表性会更好一些?

第五章

Chapter 5

抽样调查与抽样分布

一、判断题
1. 抽样调查所有市民收入时,可以在某饭店门前随意选择市民进行调查。(　　)
2. 重点调查可以进行统计推断。(　　)
3. 调查所有市民收入时可以用电话号码作为抽样框。(　　)
4. 在其他条件相同的情况下,不重复抽样的抽样误差通常要大于重复抽样的误差。(　　)
5. 随机抽样就是遵循随意性原则抽选样本。(　　)
6. 全面调查不会产生任何误差。(　　)
7. 抽样误差产生的原因是破坏了随机原则。(　　)
8. 在其他条件不变时,抽样平均误差要减少为原来的1/2,样本容量需增加到原来的4倍。(　　)
9. Z值的本质是变量与均值的标准化离差。(　　)
10. 各种抽样组织方式下样本平均数的抽样分布完全一致。(　　)

二、单选题
1. 下面情况必须采用抽样调查的是(　　)。
    A. 产品寿命检验　　　　　　B. 产品重量检验
    C. 平均收入调查　　　　　　D. 产品合格率检验
2. 下面调查误差中不可避免的是(　　)。
    A. 登记性误差　　　　　　　B. 抽样误差
    C. 系统误差　　　　　　　　D. 偏差
3. 以下统计调查方法中,不可能产生代表性误差的是(　　)。

A. 重点调查 B. 抽样调查
C. 全面调查 D. 典型调查

4. 整群抽样是对抽中的群作全面调查,所以整群抽样是(   )。
   A. 全面调查 B. 一次性调查
   C. 非全面调查 D. 经常性调查

5. 样本容量是100,则样本平均数的标准差是总体标准差的(   )。
   A. 100 倍　　　　　B. 1 倍　　　　　C. 1/10　　　　　D. 1/100

6. 抽样推断必须遵循的原则是(   )
   A. 准确性原则 B. 灵活性原则
   C. 随机性原则 D. 可靠性原则

7. 当可靠程度大于 0.682 7 时,抽样极限误差(   )。
   A. 等于抽样平均误差 B. 小于抽样平均误差
   C. 大于抽样平均误差 D. 为抽样平均误差的 2 倍

8. 某工厂连续生产,在一天中每隔半小时取出一分钟的产品进行全部检查,这是(   )。
   A. 纯随机抽样 B. 分层抽样
   C. 等距抽样 D. 整群抽样

9. 所谓大样本是指样本单位数在(   )及以上。
   A. 50 个　　　　　B. 30 个　　　　　C. 80 个　　　　　D. 100 个

10. 根据重复抽样的资料,大一的优秀生比重为8%,大二为18%,若抽样人数相等时,优秀生比重的抽样误差(   )。
    A. 大一较大 B. 大二较大
    C. 误差相同 D. 无法判断

三、多选题

1. 抽样推断的特点有(   )。
   A. 建立在随机抽样原则基础上 B. 深入研究复杂的专门问题
   C. 用样本指标来推断总体指标 D. 抽样误差可以事先计算
   E. 抽样误差可以事先控制

2. 抽样推断适用于(   )。
   A. 生产过程中的质量控制 B. 对总体的某种假设进行检验
   C. 对全面调查的结果进行验证 D. 了解无限总体的数量特征
   E. 任何调查

3. 影响抽样误差的因素有(   )。
   A. 样本容量的大小 B. 是有限总体还是无限总体
   C. 总体单位的标志变动度 D. 抽样方法

E. 抽样组织方式

4. 抽样方法根据取样的方式不同分为( )。
   A. 重复抽样   B. 等距抽样
   C. 整群抽样   D. 分层抽样
   E. 不重复抽样

5. 从 1 000 户居民中随机抽取 100 户调查其收入情况,则( )。
   A. 样本单位数为 100 户   B. 样本容量为 100 户
   C. 样本可能数目为 100 个   D. 总体单位数为 1 000 户
   E. 样本容量为 1 000 户

6. 代表性误差包括( )。
   A. 登记性误差   B. 系统性误差
   C. 随机性误差   D. 偶然性误差
   E. 抽样误差

7. 按组织方式不同,抽样调查有( )。
   A. 纯随机抽样   B. 等距抽样
   C. 类型抽样   D. 整群抽样
   E. 不重复抽样和重复抽样

8. 抽样框的形式包括( )。
   A. 顺序抽样框   B. 完整抽样框
   C. 名单抽样框   D. 区域抽样框
   E. 时间表抽样框

9. 下列属于随机抽样的方法有( )。
   A. 直接抽选法   B. 抽签法
   C. 随机数表法   D. 等比例抽样法
   E. 有关标志顺序抽样法

10. 下列属于单阶段抽样的方法有( )。
    A. 简单随机抽样   B. 等距抽样
    C. 类型抽样   D. 整群抽样
    E. 等比例抽样

四、简答题

1. 什么是随机原则?抽样调查中为什么要遵循随机原则?
2. 类型抽样中的分组与整群抽样的分群有什么不同的意义和要求?
3. 什么是抽样误差?它受哪些因素影响?
4. 如何理解正态分布?如何将普通正态分布转化为标准正态分布?

五、计算题

1. 已知某产品的加工时间服从均值为 20 分钟,标准差为 2 分钟的正态分布。
计算:
(1)加工时间在 22 分钟以上产品所占百分比。
(2)随机观察一件产品加工,加工时间在 19~21 分钟之间的概率。

2. 已知某地区工人的收入服从均值为 1 200 元,标准差为 200 元的正态分布。
计算:
(1)90% 的工人收入在哪个范围内?
(2)随机抽取 100 名工人进行调查,他们的平均收入有 90% 的可能性在哪个范围内?

3. 在某大学工商管理系 2 000 名学生中随机抽取 200 名调查,调查的结果是:平均体重 58 千克,又据历史资料已知大学生体重的标准差是 10 千克。
要求:用重复抽样和不重复抽样两种方法计算抽样平均误差。

4. 随机从某分厂 2 000 名职工中抽出 40 人进行调查,调查结果如下:

工资(元)	人数(人)
350~450	8
450~550	20
550 以上	12
合计	40

要求:计算抽样平均误差(重复抽样和不重复抽样)。

5. 一批产品(3 600 箱,24 件/箱)运到某超市,随机抽取 1% 进行检验,获得如下数据:

平均每件质量(克)	抽样个数(箱)
500~540	3
540~580	5
580~620	6
620~660	10
660~700	7
700~740	5
合计	40

要求:计算抽样平均误差。

6. 已知某企业在某商品市场的占有率为 90%,现随机在市场上抽取 100 件该商品。
计算:
(1)样本中该企业产品比例的抽样平均误差。
(2)样本中该企业产品比例有 95% 概率在哪个范围内?

7. 已知 100 名学生的统计学成绩服从均值为 75 分、标准差为 10 分的正态分布。现用学号排序，采用等距抽样抽取了 10 名学生，求抽样平均误差。

8. 大学英语四级考试的成绩服从均值为 500 分，标准差为 70 分的正态分布，试计算成绩低于 425 分的人数比例。

六、案例分析

中国知识分子真的短命吗？

"中国知识分子短命"是个长盛不衰的话题。《北京晨报》2005 年 11 月 17 日报道：卫生部副部长殷大奎在北京论坛上透露，中国知识分子中存在着严重的"过劳死"现象，知识分子的平均寿命仅为 58 岁，比普通人平均寿命短 10 岁。由于这番言论将此前各种有关"知识分子短命"的说法从民间上升到官方，从而在社会上引起了一场轩然大波。

支持这种观点的人不乏理由。1998 年年底，国家体委研究所发表了一篇关于中关村知识分子健康状况的调查报告，该报告收集了中国科学院下属 7 个研究所，以及北京大学共 8 个单位，从 20 世纪 80 年代末到 90 年代初 5 年的时间内共 134 名死亡人口的资料，统计后得出结论："中关村知识分子的平均死亡年龄为 53.34 岁，低于北京 1990 年人均期望寿命 73 岁，比 10 年前调查的 58.52 岁也低了 5.18 岁"。2005 年 1 月各地媒体接二连三地出现了一些三四十岁知识分子英年早逝的报道。凑巧的是，据媒体报道，他们的死亡原因都是过度劳累以及工作、生活和心理压力过大，这种解释更加支持了上述结论。

但是另一些的评论者认为，媒体报道是为了突出"中年知识分子死亡"这一事实，国家体委的报告则可能漏掉了大量退休的知识分子，导致计算出的 53 岁可能主要代表了在职死亡的知识分子的平均年龄。同时，他们在 2004 年 7 月开始了一项"中年高级知识分子健康状况调查"，这个调查搜集了中国科学院下属的中关村地区附近 18 个院所和北大、清华两所高校在 2000 年 1 月至 2004 年 12 月之间死亡的 436 名知识分子（副高级职称以上）的年龄、性别等数据，对死亡的知识分子平均年龄进行了重新计算。结果显示，由 3 个单位汇总得到的全部死亡知识分子（包括在职、离休两类）的平均年龄为 70.27 岁。

问题：

1. 你同意哪种观点？为什么？
2. 请说出抽样调查的工作程序和各工作阶段的要求。

第六章
Chapter 6

参数估计和假设检验

一、判断题

1. 如果要以一定把握程度统计推断总体参数,则要用区间估计。(　　)
2. 参数点估计可以说明估计误差与把握程度。(　　)
3. 置信度越大,估计的极限误差就越大。(　　)
4. 采用重复抽样和不重复抽样,对样本容量的要求是不同的。(　　)
5. 假设检验和区间估计之间没有必然联系。(　　)
6. 允许误差越大,则抽样估计的可靠性越小。(　　)
7. 进行随机重复抽样,要使允许误差减少50%,如果其他条件不变,则样本容量应增加1倍。(　　)
8. 假设检验的两种错误的概率不可能同时变小。(　　)
9. 单侧检验时,原假设和备择假设设置不同,结果也可能不同。(　　)
10. 参数估计的前提是样本的取得是随机的。(　　)
11. 抽样误差是由于抽样的偶然因素而产生的,它既可以避免,也可以控制。(　　)
12. 点估计是以样本实际值直接作为总体参数的估计值的一种抽样推断方法。(　　)
13. 抽样估计的置信度就是表明样本指标和总体指标的误差不超过一定范围的概率保证程度。(　　)
14. 当我们冒5%的风险拒绝了本来为真的原假设时,则称5%为显著性水平。(　　)
15. 假设检验的基本思想是应用小概率原理。(　　)

二、单选题

1. 其他条件不变时,参数估计的置信度变大,则必要的样本容量需(　　)。

A. 变大 B. 变小 C. 不变 D. 无法确定

2. 参数区间估计中,总体变异程度越大,则需要的样本容量(　　)。

   A. 越大 B. 越小 C. 无法确定 D. 不变

3. 样本指标和总体指标(　　)。

   A. 前者是个确定值,后者是个随机变量

   B. 前者是个随机变量,后者是个确定值

   C. 两者均是确定值

   D. 两者均是随机变量

4. 抽样调查中,估计把握程度越高,估计区间范围(　　)。

   A. 越大 B. 越小 C. 无法确定 D. 不变

5. 参数估计时,如有多个样本标准差资料,应选用(　　)来计算。

   A. 最小一个 B. 最大一个 C. 中间一个 D. 平均值

6. 在其他条件不变的情况下,提高抽样估计的可靠程度,其精确度将(　　)。

   A. 保持不变 B. 随之扩大 C. 随之缩小 D. 无法确定

7. 对于某一项调查来说,根据客观要求应有一个允许的误差限度,这个"允许的误差限度"是(　　)。

   A. 抽样平均误差 B. 抽样极限误差

   C. 概率保证程度 D. 概率度

8. 总体平均数和样本平均数的关系是(　　)。

   A. 总体平均数是确定值,样本平均数是随机变量

   B. 总体平均数是随机变量,样本平均数是确定值

   C. 总体平均数和样本平均数都是确定值

   D. 总体平均数和样本平均数都是随机变量

9. 下列不属于假设检验一般程序的是(　　)。

   A. 提出关于总体的假设 B. 选择显著性水平

   C. 给出允许误差 D. 计算检验统计量

10. 在假设检验中,α 值称为(　　)。

    A. 第一类错误的概率 B. 第二类错误的概率

    C. 检验统计量 D. 备择假设

11. 假设检验中,α 取值越小,说明显著性水平(　　)。

    A. 越低 B. 越高 C. 不变 D. 适中

12. 如果提出的原假设是总体参数不大于某一数值,则检验形式为(　　)。

    A. 双尾检验 B. 左单尾检验

    C. 右单尾检验 D. 左右均可

13. 在一定的样本容量下,要减小第一类错误发生的概率,则( )。
   A. 必然增大犯第二类错误的概率
   B. 必然减小犯第二类错误的概率
   C. 可能增大也可能减小犯第二类错误的概率
   D. 两者无必然联系

14. 对一个假设检验问题而言,检验统计量是一个( );对一组特定的样本观测值而言,检验统计量是一个( )。
   A. 确定的量,随机变量   B. 随机变量,确定的量
   C. 确定的量,确定的量   D. 随机变量,随机变量

15. 一种零件的标准直径是 15 厘米,质量监测员对所生产的零件是否符合标准要求进行检验时,应该采取的假设形式为( )。
   A. $H_0:\mu \geq \mu_0$ $H_1:\mu < \mu_0$ B. $H_0:\mu \leq \mu_0$ $H_1:\mu > \mu_0$
   C. $H_0:\mu = \mu_0$ $H_1:\mu \neq \mu_0$ D. $H_0:\mu = \mu_0$ $H_1:\mu \geq \mu_0$

三、多选题

1. 影响抽样误差的因素有( )。
   A. 样本容量的大小   B. 是有限总体还是无限总体
   C. 总体单位的标志变动度   D. 抽样方法
   E. 抽样组织方式

2. 优良的统计量的性质有( )。
   A. 无偏性   B. 同质性   C. 一致性
   D. 随机性   E. 有效性

3. 影响必要样本容量的主要因素有( )。
   A. 总体方差的大小   B. 抽样方法
   C. 抽样组织方式   D. 允许误差范围大小
   E. 要求的概率保证程度

4. 区间估计的步骤有( )。
   A. 抽取样本计算样本指标   B. 搜集关于总体方差的资料
   C. 计算抽样平均误差   D. 给出概率保证程度要求计算允许误差
   E. 计算出估计的上限和下限

5. 在区间估计中,如果其他条件保持不变,概率保证程度与精确度之间存在下列关系( )。
   A. 前者越低,后者也越低   B. 前者越高,后者也越高
   C. 前者越低,后者越高   D. 前者越高,后者越低
   E. 两者呈反方向变化

6. 要提高抽样推断的精确度,可采用的方法有( )。

A. 增加样本容量 B. 减少样本容量
C. 缩小总体被研究标志的变异程度 D. 改善抽样的组织方式
E. 改善抽样的方法

7. 要增大抽样推断的概率保证程度,可采用的方法有(　　)。
A. 增加样本容量 B. 增大概率度
C. 增大抽样误差范围 D. 缩小抽样误差范围
E. 减小概率度

8. 假设检验中 α 表示(　　)
A. 显著性水平 B. 小概率标准
C. 犯第二类错误的概率 D. 犯第一类错误的概率
E. "弃真"概率

四、简答题
1. 什么是点估计?点估计的优良统计量有哪些标准?
2. 为什么要在抽样前确定样本容量?确定样本容量需要考虑哪些因素?
3. 假设检验的基本思想是什么?假设检验包括哪些步骤?
4. 假设检验统计量的结果如果落在接受域,我们有充分的理由接受它吗?为什么?
5. 确定样本容量需要掌握总体标准差,可是总体的标准差通常是未知的。此时应怎么办?

五、计算题
1. 某企业 2009 年末登记职工总数为 10 000 人,为了解该企业职工工资情况,按照 1% 的比例对职工进行抽样调查。计算样本职工平均工资为 1 250 元,标准差为 130 元。
要求:
(1)在 95% 的概率保证程度下,估计企业全体职工的平均工资范围。
(2)如果样本容量扩大到 400 人,企业全体职工的平均工资在哪个范围?
2. 为了解某城市电冰箱的价格,随机抽取若干个商场中的 40 台电冰箱,平均价格是 3 800 元,样本标准差 400 元。
要求:
(1)计算抽样平均误差。
(2)以 99.73% 的可靠性估计该城市电冰箱的价格空间。
3. 某企业某日生产出 10 000 件产品,为了解该产品合格率,随机抽取 100 件产品进行抽样调查,其中有 90 件为合格产品。
要求:
(1)在 95% 的概率保证程度下,估计这批产品的合格率。
(2)如果把估计的区间缩小一半,应如何调整抽样方案?

4. 在4 000件工艺品商品中按照不重复方法抽选200件进行检查,结果有赝品8件,当置信度为95.45%时,试估计这批工艺品中赝品量的范围。

5. 某大学有5 000名学生,采用不重复随机抽样抽取100人,测得某公共课平均分68分,标准差6分,其中80分以上的学生有10人,试在95.45%的置信度下计算:

(1)估计该校学生该学科的平均分范围。

(2)估计该校学生该学科80分以上学生所占比重的范围。

6. 建筑工地有打土方工人4 000人,需测定每人平均工作量,要求估计误差不超过0.3立方米,并需有99.73%保证程度。根据过去资料工人工作量的标准差 $\sigma = 1.5$ 立方米,问需要抽样调查多少工人?

7. 假定某统计总体被研究标志的标准差为30,若要求抽样极限误差不超过3,概率度为3的情况下,采用重复抽样应抽取多少样本单位?若抽样极限误差变为原来的1/2,在同样的条件下应抽取多少样本单位?

8. 一批电子元件,要求其使用寿命不得低于10 000小时。已知这种产品服从标准差为150小时的正态分布。现在随机抽取100件,测得平均使用寿命为9 965小时。试在5%显著性水平下,判断该批产品使用寿命是否合格。

9. 某次考试前预计成绩优良率为60%。考试后随机评判了400张试卷,其中有230张为优良。试以0.05显著性水平验证事前的估计是否准确?

六、案例分析

A企业作为供应商与B企业签订了某元器件的购销合同。合同中约定:该元器件的合格率应该达到95%,否则无条件退货,检验采用抽样检查方式。首批元器件A供应商提供了10万件,B企业抽取了100件进行检验,合格率为94%。由于该元器件要求的合格率是95%,B企业认为样本合格率未达到95%,不予接收。可是A企业有自己的看法:按原假设为合格率达到95%,备择假设为合格率不足95%,做了一次假设检验分析,发现统计量落在接受域,得出结论为不能拒绝接受。供应商当然不同意B企业的说法。双方争执不休。

请分析:到底谁的判断正确?遇到这种情况应该怎么办?

第七章 Chapter 7

时间序列

一、判断题

1. 时间序列中的发展水平是报告期指标值除以基期指标值。（　）
2. 时期时间序列中的数值相加没有实际意义。（　）
3. 环比发展速度减 1 等于定基增长速度。（　）
4. 平均发展速度就是环比发展速度的算术平均数。（　）
5. 季节变动是变动周期大于 1 年的变动。（　）
6. 时点时间序列的平均发展水平算法与时期时间序列的平均发展水平相同。（　）
7. 只有增长速度大于 100%，才能说明事物的变动是增长的。（　）
8. 采用几何平均法计算平均发展速度时，每一个环比发展速度都会影响到平均发展速度的大小。（　）
9. 奇数项移动平均只要移动一次即可。（　）
10. 季节变动是无法进行趋势分析的。（　）
11. 按品质标志分组形成的数列不属于动态数列。（　）
12. 逐期增长量的积等于相应年份的累计增长量。（　）
13. 两个相邻的定基发展速度，用后者除以前者等于后期的环比发展速度。（　）
14. 平均增长速度是环比增长速度的几何平均数。（　）
15. 若将 2005～2010 年末国有企业固定资产净值按时间先后顺序排列，此种动态数列为时期数列。（　）
16. 发展水平就是动态数列中的每一项具体指标数值，它只能表现为绝对数。（　）
17. 各环比增长速度的连乘积加 1 等于相应的定基增长速度加 1。（　）

18. 用移动平均法测定长期趋势时,移动平均项数越多越好。(   )
19. 已知某地级市工业总产值 2005~2010 年年增长速度分别是 4%、5%、9%、11% 和 6%,则这五年的平均增长速度是 6.97%。(   )
20. 某经济现象处于"淡季"时的季节指数小于 1。(   )

二、选择题
1. 时间序列的构成要素是(   )。
   A. 时间和频数   B. 分组和指标值   C. 时间和指标值   D. 分组和频数
2. 在时间序列中,数值大小与时间长短没有直接关系的是(   )。
   A. 平均数时间序列   B. 时期序列   C. 时点序列   D. 相对数时间序列
3. 在时间数列中,各指标数值可以相加的是(   )。
   A. 相对数时间数列   B. 平均数时间数列
   C. 时期数列   D. 时点数列
4. 某地区 2000~2003 年按年排列的人均 GDP 数列是(   )。
   A. 绝对数时点数列   B. 相对数时间数列
   C. 平均数时间数列   D. 绝对数时期数列
5. 发展速度属于(   )。
   A. 动态相对数   B. 比较相对数
   C. 比例相对数   D. 强度相对数
6. 环比发展速度的连乘积等于(   )。
   A. 定基发展速度   B. 环比发展速度
   C. 无意义   D. 相应的定基发展速度
7. 某车间月初员工人数资料如下:

月份	1	2	3	4	5	6	7
月初人数(人)	100	104	110	112	115	120	126

则该车间上半年的平均人数约为(   )。
   A. 110 人   B. 112 人   C. 114 人   D. 116 人
8. 由一个 6 项的时间序列可以计算的环比发展速度有(   )。
   A. 5 个   B. 6 个   C. 7 个   D. 8 个
9. 发展速度和增长速度的关系是(   )。
   A. 环比发展速度 = 定基发展速度 -1
   B. 增长速度 = 发展速度 -1
   C. 定基增长速度的连乘积等于定基发展速度
   D. 环比增长速度的连乘积等于环比发展速度

10. 平均发展水平又称为动态平均数或( )。
    A. 序时平均数   B. 一般平均数
    C. 算术平均数   D. 静态平均数
11. 几何平均法平均发展速度数值的大小( )。
    A. 不受最初水平和最末水平的影响
    B. 只受中间各期水平的影响
    C. 只受最初水平和最末水平的影响
    D. 既受最初水平和最末水平的影响,也受中间各期水平的影响
12. 某地区 2000 年社会消费品零售总额比 1995 年增长了 92.53%,则"九五"期间年平均增长速度是( )。
    A. 11%   B. 12%   C. 13%   D. 14%
13. 循环变动是指变动周期为( )的有规律的重复变动。
    A. 1 个月以上   B. 3 个月以上   C. 6 个月以上   D. 12 个月以上
14. 统计工作中,为了消除季节变动的影响可以计算( )。
    A. 逐期增长量   B. 累积增长量   C. 平均增长量   D. 年距增长量
15. 以 2000 年为最初水平,2003 年为最末水平,计算某指标年平均发展速度需要开( )。
    A. 2 次方   B. 3 次方   C. 4 次方   D. 5 次方
16. 某企业某产品的单位成本是连年下降的,已知以 1998 为基期,到 2003 年总的降低了 60%,则平均每年的降低速度为( )。
    A. 83.3%   B. 60%   C. 85.8%   D. 40%
17. A 公司 2002 年总产值为 2 000 万元,2010 年总产值为 2002 年的 150%,则( )。
    A. 年平均增长速度的 6.25%   B. 年平均增长速度为 5.2%
    C. 年平均增长速度为 4.6%   D. 年平均增长量为 111.11 万元
18. 关于增长速度以下表述不正确的有( )。
    A. 增长速度是增长量与基期水平之比   B. 增长速度是发展速度减 1
    C. 增长速度有环比和定基之分   D. 增长速度只能取正值
19. 某经济现象不存在季节变动时的季节指数( )。
    A. 大于 1   B. 小于 1   C. 等于 1   D. 等于 0
20. 某经济现象处于"旺季"时的季节指数( )。
    A. 大于 1   B. 小于 1   C. 等于 1   D. 等于 0

三、多选题

1. 下列动态数列中,属于时期数列的是( )。
    A. 全国每年大专院校毕业生人数   B. 全国每年大专院校年末在校生数
    C. 某商店各月末商品库存额   D. 某企业历年工资总额

E. 全国每年末居民储蓄存款余额
2. 编制时间数列的原则有（　　）。
   A. 时期长短应一致　　　　　　B. 总体范围应该统一
   C. 计算方法应该统一　　　　　D. 计算价格应该统一
   E. 经济内容应该统一
3. 发展水平有（　　）。
   A. 最初水平　　　　　　　　　B. 最末水平
   C. 中间水平　　　　　　　　　D. 报告期水平
   E. 基期水平
4. 简单算术平均数适合于计算（　　）的序时平均数。
   A. 时期数列　　　　　　　　　B. 间隔不等的间断时点数列
   C. 间隔相等的间断时点数列　　D. 间隔不等的连续时点数列
   E. 间隔相等的连续时点数列
5. 时间数列水平分析指标有（　　）。
   A. 发展速度　　　　　　　　　B. 发展水平
   C. 增长量　　　　　　　　　　D. 平均发展水平
   E. 平均增长量
6. 定基增长速度等于（　　）。
   A. 定基发展速度−1
   B. 环比发展速度的连乘积
   C. 环比增长速度的连乘积
   D. 环比增长速度加1后的连乘积再减1
   E. 定基增长量除以最初水平
7. 1%增长量（　　）。
   A. 表示增加一个百分点所增加的绝对量
   B. 表示增加一个百分点所增加的相对量
   C. 等于前期水平除以100
   D. 等于前期水平除以100%
   E. 等于环比增长量除以环比增长速度
8. 测定长期趋势的方法有（　　）。
   A. 时距扩大法　　　　　　　　B. 移动平均法
   C. 数学模型法　　　　　　　　D. 同期平均法
   E. 移动平均趋势剔除法
9. 测定季节变动的方法有（　　）。

A. 时距扩大法 B. 移动平均法
C. 数学模型法 D. 同期平均法
E. 移动平均趋势剔除法

10. 某现象的季节指数为250%,说明该现象(　　)。
A. 有季节变化 B. 说明该现象无季节变化
C. 现阶段是旺季 D. 现阶段是淡季
E. 市场前景好

四、简答题

1. 什么是时间序列?其构成要素有哪些?
2. 简述时点序列和时期序列的特点。
3. 时间序列的变动形式有哪些?
4. 测定长期趋势的方法有哪些?
5. 季节变动的测定常用什么方法?简述其基本原理。

五、计算题

1. 某地区1997~2001年国民生产总值数据如下:

年份		1997年	1998年	1999年	2000年	2001年
国民生产总值(亿元)		50		78.3	85.4	
发展速度(%)	环比	—				
	定基	—				161.7
增长速度(%)	环比	—	12.3			
	定基	—				

要求:
（1）计算并填列表中所缺数字。
（2）计算该地区1997~2001年间的平均国民生产总值。
（3）计算1999~2001年间国民生产总值的平均发展速度和平均增长速度。

2. 某商场2005~2010年商品销售额统计数据如下:

年份	2005	2006年	2007年	2008年	2009年	2010年
商品销售额(万元)	1 000	1 200	1 500	1 842	2 020	2 668

求2005~2010年的平均年商品销售额。

3. 哈尔滨某农户2011年6月1日饲养的獭兔320只,6月6日出售70只,6月18日购进120只,6月26日出售80只,直至月末再未发生变动,求该农户2011年6月份兔子的平均饲养量是多少只?

4. 某企业2010年职工人数资料如下：

时间	1月1日	5月1日	8月1日	12月31日
职工人数（人）	440	482	490	510

要求：试计算该企业2010年平均职工人数。

5. 某企业资料如下：

月份	3月	4月	5月	6月
销售额（万元）	—	650	720	830
月末职工人数（人）	120	150	182	190

计算：
(1)第二季度平均每月销售额。
(2)第二季度平均每月职工人数。
(3)第二季度平均每月人均销售额。
(4)第二季度人均销售额。

6. 根据下列资料计算某地区第四季度在业人口数占劳动力资源人口的平均比重。

单位：万人

日期	9月30日	10月31日	11月30日	12月31日
在业人口	280	285	280	270
劳动力资源人口	680	685	684	686

7. 某超市2010年各季度的销售情况及其计划完成程度资料如下：

季度	第一季度	第二季度	第三季度	第四季度
实际销售额（万元）	860	887	875	898
计划完成情况（%）	130	135	138	125

计算该超市年度计划平均完成百分比。

8. 若7题的数据中，"实际销售额"改为"计划销售额"，试计算该超市年度计划平均完成百分比。

9. 某乡镇企业2010年下半年工业总产值和劳动生产率资料如下：

月份	7	8	9	10	11	12
工业总产值（万元）	360	384.4	416	456.4	482.48	500
工人劳动生产率（万元·人$^{-1}$）	0.60	0.62	0.65	0.70	0.74	0.80

要求：试计算该企业下半年工人平均每月劳动生产率。

10. 某 T 恤品牌专卖店各月商品销售额及月末库存额资料如下：

月份	3	4	5	6
销售额（万元）	150	200	240	276
库存额（万元）	45	55	45	75

计算：第二季度平均每月的商品流转次数。

11. 某商场 2000~2005 年商品销售额统计数据如下：

年份	2000	2001	2002	2003	2004	2005
销售额（万元）	800	895	1 070	1 342	1 785	2 356

计算：
(1)各年逐期增长量及累计增长量。
(2)各年环比发展速度、定基发展速度及相应的增长速度。
(3)增长 1% 的绝对值。
(4)以 2000 年为基期，2001~2005 年的年平均增长量、年平均发展速度和年平均增长速度。

12. 某企业 2010 年的投资回收额为 520 万元，如果以后每年增长 25.3%，问多少年才能达到 1 000 万元？

13. 黑龙江省某农场大豆产量 2004 年是 2000 年的 135.98%，2006 年较 2004 年增长 30.12%，2006~2010 年每年递增 6%，试求 2001~2010 年的平均发展速度。

14. 某企业 1991~2000 年历年产品产量如下：

单位：万吨

年份	1991 年	1992 年	1993 年	1994 年	1995 年	1996 年	1997 年	1998 年	1999 年	2000 年
产量	48.4	51.4	54.4	51.8	57.4	58.6	59.8	64.4	69.0	71.6

要求：
(1)根据上表资料做三项移动平均计算。
(2)利用最小二乘法建立趋势方程，预测 2003 年产品产量。

15. 某对外出口公司各年出口额如下：

单位：亿元

年份	2001 年	2002 年	2003 年	2004 年	2005 年
出口额	10	12	15	18	20

计算：用最小二乘法拟合合适的趋势方程并预测 2006 年出口额。

16. 某企业某产品连续四年各季度的销售额资料如下:

单位:万元

季 度	一	二	三	四
第1年	20	5	6.2	60
第2年	32	4	7.3	75
第3年	45	6.3	10	106
第4年	60	4.1	12	120

要求:用移动平均趋势剔除法计算该企业该产品销售额的季节比率,并对其季节变动情况作简要分析。

六、案例分析

成立于1985年的上海大众汽车有限公司(以下简称上海大众)是一家中德合资企业,双方投资比例各为50%。公司总部位于上海安亭国际汽车城,占地面积333万平方米。新成立的上海大众南京分公司为第四个整车生产基地,位于南京市江宁经济技术开发区,占地面积63.5万平方米。

上海大众目前具备了年生产60万辆的能力,是国内规模最大的现代化轿车生产基地之一。2009年,部分产品销售量资料如下:

单位:辆

月份	朗逸	波罗	帕萨特	桑塔纳	途安	明锐	晶锐
1月	10 095	4 266	7 471	9 909	652	5 227	523
2月	6 900	5 592	7 283	15 176	767	4 027	1 615
3月	12 299	8 707	7 359	16 299	1 465	6 799	2 049
4月	14 814	9 832	8 165	16 916	1 484	7 560	1 654
5月	14 968	10 186	8 833	16 828	1 273	5 506	2 160
6月	12 016	10 476	9 815	20 557	2 144	7 509	2 507
7月	13 433	10 784	9 237	15 113	1 370	9 993	2 215
8月	13 146	10 908	9 719	18 587	1 490	7 674	2 800
9月	11 563	12 420	11 594	22 920	2 011	10 001	3 003
10月	6 547	12 510	9 258	16 354	1 860	9 327	3 075
11月	14 054	10 470	10 730	15 100	1 651	5 095	3 089
12月	19 153	10 471	12 071	19 980	2 340	9 719	3 856

问题:

1. 利用水平分析和速度分析相关理论,对比帕萨特和桑塔纳在2009年销售量的增长水平和发展速度。
2. 上表中七个品牌汽车2009年销售量发展速度最快的是哪一个?
3. 对于时间序列长期趋势分析的方法有哪些?选择其中一种方法,对上海大众汽车的一个品牌进行长期趋势分析。

第八章

Chapter 8

统计指数

一、判断题

1. 常用的编制综合指数方法是:编制数量指标综合指数,将同度量因素固定在基期;编制质量指标综合指数将同度量因素固定在报告期。(　　)
2. 计算某类商品销售量指数时,指数化指标是商品价格。(　　)
3. 简单指数是度量一种商品价格或数量变动的相对数。(　　)
4. 常用编制数量指标综合指数的计算公式为:$K_q = \dfrac{\sum q_1 p_1}{\sum q_0 p_1}$(　　)
5. 如果价格指数上涨,销售量指数下降,则销售额指数不变。(　　)
6. 总指数是反映复杂现象综合变动的相对数,具有平均的意义。(　　)
7. 综合指数是计算总指数的基本形式。(　　)
8. 若某企业的产量指数和单位成本指数都没有变,则该企业的总成本指数也没有发生变化。(　　)
9. 已知销售量指数是100%,销售额指数121%,则价格指数是21%。(　　)
10. 指数体系包括相对数形式和绝对数形式两种。(　　)

二、单选题

1. 根据编制总指数方法的不同,可把它分为(　　)。
   A. 个体指数和总指数　　　　　　　B. 综合指数和平均指数
   C. 数量指数和质量指数　　　　　　D. 动态指数和静态指数
2. 说明单项事物动态变动的比较指标是(　　)。
   A. 个体指数　　　　　　　　　　　B. 类指数

C. 质量指标指数　　　　　　　　　　D. 数量指标指数

3. 环比指数的基期是(　　)。
   A. 固定不变的　　　　　　　　　　B. 任意的
   C. 各期的前一时期　　　　　　　　D. 特定的

4. 编制综合指数时要引入(　　)。
   A. 数量指数　　　　　　　　　　　B. 质量指数
   C. 同度量因素　　　　　　　　　　D. 个体指数

5. 平均指数是计算总指数的一种形式,计算的基础是(　　)。
   A. 数量指数　　B. 质量指数　　C. 总体指数　　D. 个体指数

6. 设 p 表示商品的价格,q 表示商品的销售量,$\dfrac{\sum p_1 q_1}{\sum p_0 q_1}$ 说明了(　　)。

   A. 在报告期销售量条件下,价格综合变动的程度
   B. 在基期销售量条件下,价格综合变动的程度
   C. 在报告期价格水平下,销售量综合变动的程度
   D. 在基期价格水平下,销售量综合变动的程度

7. 综合指数的特点是(　　)。
   A. 先综合,后对比
   B. 先对比,后综合
   C. 只对比,不综合
   D. 既可以先综合,后对比;也可以先对比,后综合

8. 根据常用编制指数的方法,编制质量指标综合指数时,同度量因素数量指标应固定在(　　)时期。
   A. 基期　　　　B. 报告期　　　　C. 任意时期　　　　D. 无需固定

9. 在一般情况下,商品销售量指数和工资水平指数的同度量因素分别为(　　)。
   A. 商品销售量、平均工资水平　　　B. 商品销售量、职工人数
   C. 单位商品销售价格、职工人数　　D. 单位商品销售价格、平均工资水平

10. 编制数量指标平均指数时,常使用的权数为(　　)。
    A. $p_0 q_0$　　　B. $p_1 q_1$　　　C. $p_0 q_1$　　　D. $p_1 q_0$

11. 某超市2009年春节商品销售额指数为120%,销售量指数为125%,则销售价格指数为(　　)。
    A. 95%　　　　B. 96%　　　　C. 97%　　　　D. 98%

12. 若价格增长5%,销售量增长4%,则销售额增长(　　)。
    A. 20%　　　　B. 9%　　　　C. 9.2%　　　　D. 8%

13. 某企业报告期与基期相比,产品销售额增长了16%,产品产量增长了18%,则产品销售价格变动了( )。
    A. 1.7%　　　　　　B. -1.7%　　　　　C. 2.7%　　　　　　D. -2.7%
14. 下列指数中,质量指标指数是( )。
    A. 产量指数　　　　　　　　　　　B. 销售量指数
    C. 职工人数指数　　　　　　　　　D. 就业率水平指数
15. 下列指数中属于数量指标指数的是( )。
    A. 产品价格指数　　　　　　　　　B. 单位成本指数
    C. 产量指数　　　　　　　　　　　D. 劳动生产率指数
16. 在材料单耗综合指数中,每种产品的材料单耗指标是( )。
    A. 质量指标　　　　　　　　　　　B. 数量指标
    C. 相对指标　　　　　　　　　　　D. 总量指标
17. 某集团公司为了反映所属各企业劳动生产率水平的提高情况,需要编制( )。
    A. 质量指标综合指数　　　　　　　B. 数量指标综合指数
    C. 可变构成指数　　　　　　　　　D. 固定构成指数
18. 如果物价上涨了20%,则现在的1元钱( )。
    A. 相当于原来的0.8元　　　　　　B. 相当于原来的0.83元
    C. 与原来的1元钱等值　　　　　　D. 相当于原来的1.2元

三、多选题

1. 下列属于数量指标指数的有( )。
    A. 产量指数　　　　　B. 进货量指数　　　　C. 零售价指数
    D. 单位产品成本指数　　E. 职工人数指数
2. 某企业今年与去年对比所有不同,产品销售价格指数是115%,这个百分数是( )。
    A. 综合指数　　　　　B. 个体指数　　　　　C. 平均指标指数
    D. 数量指标指数　　　E. 质量指标指数
3. 下列属于质量指标指数的有( )。
    A. 产量指数　　　　　B. 价格指数　　　　　C. 单位产品成本指数
    D. 销售量指数　　　　E. 劳动生产率指数
4. 同度量因素的作用有( )。
    A. 同度量作用　　　　B. 联系作用　　　　　C. 权数作用
    D. 比较作用　　　　　E. 媒介作用
5. 在平均指标变动的因素分析中,需要编制的指数有( )。
    A. 算术平均指数　　　B. 可变构成指数　　　C. 固定构成指数
    D. 调和平均数指数　　E. 结构影响指数

6. 将质量指标作为同度量因素时采用的指数是( )。
   A. 数量指标指数   B. 质量指标指数
   C. 拉式指数   D. 帕式指数

7. 对某商店某时期商品销售额的变动情况进行分析,其指数体系包括( )。
   A. 销售量指数   B. 销售价格指数
   C. 总平均价格指数   D. 销售额指数
   E. 个体指数

8. 某外贸企业的产品出口额报告期为 183 150 元,比基期增长 10%,出口价格综合指数为 104%,则( )。
   A. 出口额指数为 110%   B. 出口量增长了 5.77%
   C. 基期出口额为 166 500 元   D. 出口价格上升使出口额增加了 7 044 元
   E. 出口量增加使出口额增加了 9 606 元

9. 黑龙江省某县粮食播种面积比上年减少 6%,平均亩产比上年提高了 6%,该县粮食总产量和上年( )。
   A. 持平   B. 上升 0.36%
   C. 下降 0.36%   D. 相当于上年的 99.64%
   E. 相当于上年的 100.36%

10. 综合指数是( )。
    A. 总指数的一种形式
    B. 由两个总量指标对比形成的指数
    C. 可变形为平均指数
    D. 由两个平均指标对比形成的指数
    E. 一切现象的动态相对数

11. 在综合指数编制中,确定同度量因素时期的一般规则是( )。
    A. 数量指标指数以基期质量指标作同度量因素
    B. 质量指标指数以报告期数量指标作同度量因素
    C. 质量指标指数以基期数量指标作同度量因素
    D. 数量指标指数以报告期质量指标作同度量因素

12. 如果产品产量增加 20%,单位成本下降 12%,则( )。
    A. 生产费用指数为 108%
    B. 生产费用指数为 105.6%
    C. 生产费用增长为 8%
    D. 生产费用增长为 5.6%
    E. 生产费用增长为 32%

13. 某市商品物价指数为112%,其分子与分母之差为232万元,这表明(　　)。
   A. 该市所有商品的价格平均上涨12%
   B. 该市由于物价上涨使销售额增加232万元
   C. 该市商品物价上涨112%
   D. 该市由于物价上涨使商业多收入232万元
   E. 该市由于物价水平的上涨使居民多支出232万元
14. 进行总量指标的因素分析时,因素指数是(　　)。
   A. 可变指数
   B. 结构指数
   C. 固定指数
   D. 数量指标指数
   E. 质量指标指数
15. 可变构成指数反映总体标志平均水平的变动受(　　)。
   A. 总体单位总量变动的影响
   B. 总体标志总量变动的影响
   C. 总体中各组单位结构变动的影响
   D. 总体中各组标志平均水平变动的影响
   E. 总体中各组标志总量结构变动的影响

四、简答题
1. 统计指数的作用有哪些?
2. 综合指数和平均数指数有哪些区别和联系?
3. 什么是指数体系?指数体系有什么作用?

五、计算题
1. 某超市3种食品销售情况的资料,如下表所示:

商品名称	计量单位	价格(元)		销售量	
		基期(p_0)	报告期(p_1)	基期(q_0)	报告期(q_1)
无水蛋糕	千克	11	12	5 000	4 800
木耳	盒	35.8	32.9	3 000	4 200
衬衫	件	79	69	4 000	4 500

计算:
(1)三种商品的销售量综合指数。
(2)三种商品的价格综合指数。
(3)三种商品销售额的变动情况是怎样的?

2. 市场上四种蔬菜的价格和销售量如下：

商品名称	价格(元·千克$^{-1}$)		销售量(千克)	
	基期(p_0)	报告期(p_1)	基期(q_0)	报告期(q_1)
土豆	2	3	600	560
白菜	1.5	2	400	380
茄子	7	9	650	500
豆角	9	10	300	280

计算：
(1) 用拉式公式编制四种蔬菜的销售量总指数和价格总指数。
(2) 用帕氏公式编制四种蔬菜的销售量总指数和价格总指数。
(3) 比较两种公式编制出来的销售量总指数和价格总指数的差异。

3. 某厂生产总费用及产品产量有关资料如下：

产品名称	计量单位	生产总费用(万元)		2010年较2009年产量增加百分比(%)
		2009年	2010年	
A	套	20	26	25
B	组	45	48	20
C	件	35	46	30
合计	—	100	120	—

计算：
(1) 该厂3种产品产量总指数及由于产量增长而增加的生产费用。
(2) 3种产品单位成本总指数及单位成本变动影响的生产费用。

4. 某商店三种商品销售资料如下：

商品名称	计量单位	实际销售额(万元)		2010年较2009年价格降低率(%)
		2009年	2010年	
甲	件	80	115	10
乙	套	20	38	5
丙	只	150	187	8
合计	—	250	340	—

计算：
(1) 3种商品销售价格总指数及由于价格下降而减少的销售额。
(2) 3种商品销售量总指数及销售量变动影响的销售额。

5. 利用指数体系计算下列各题:
(1)已知商品销售额报告期比基期增加10%,销售价格下降10%,问商品销售量有何变化?
(2)某工厂2010年较2009年单位产品成本下降2%,产量增长20%,问该厂产品总成本将有何变化?
(3)某企业报告期比基期职工人数增加5%,全员劳动生产率(千元/人)提高3%,计算工业总产值提高幅度。
6. 某企业生产甲、乙、丙3种产品,2010年产品产量分别比2009年增长2%、5%、8%,2009年甲、乙、丙3种产品产值分别为5 000万元、12 000万元、24 000万元,问2010年甲、乙、丙3种产品产量比2009年增长多少?
7. 某商店销售的3种商品2010年价格分别是2009年的106%、94%、110%,3种商品销售额2010年分别为80 000元、25 000元、14 000元。3种商品物价指数是多少?
8. 一个菜农3种商品销售量资料如下:

品种	销售量(千克)		销售价格(元·千克$^{-1}$)	
	基期	报告期	基期	报告期
黄瓜	100	120	1.5	1.3
西红柿	150	170	2	1.5
豆角	80	100	4	3.5

要求:对3种蔬菜销售额的变动进行因素分析。

9. 某年某企业职工的平均工资与人数资料如表所示:

职称	平均工资(元)		职工人数(人)	
	基期(x_0)	报告期(x_1)	基期(f_0)	报告期(f_1)
初级技术职称	1 000	1 200	120	152
中级技术职称	1 400	1 600	220	245
高级技术职称	1 600	1 800	200	218

计算:
(1)可变构成指数、结构变动影响指数和固定构成指数。
(2)建立指数体系,从绝对数和相对数角度对该企业总平均工资的变动进行因素分Z析。

六、案例分析

兴邦针织厂成本变动分析

兴邦针织厂所属3个分厂生产的主要产品是棉质内衣,市场定位是物美价廉。由于企业质量控制得当,在市场上有较稳定的市场份额,经营业绩较好。但是,最近企业领导者发现,各个分厂单位成本有上升的趋势(见下表),这一情况引起该企业领导层高度重视。为确定该厂总成本的变动情况。请你用所学知识帮助该厂分析总成本的变动情况,并对平均单位成本进行因素分析。

分厂名称	单位成本(元)		产量/万件	
	三季度	四季度	三季度	四季度
针织一厂	35	38	120	112
针织二厂	42	50	80	76
针织三厂	65	72	69	52

问题：

根据以上这些资料,作如下分析：

(1)考察该厂的总成本变动情况；

(2)分析总成本变动的影响因素；

(3)进行平均单位成本分析；

(4)平均单位成本影响因素分析。

Chapter 9

第九章

相关与回归分析

一、判断题

1. 相关关系是变量间的一种数量关系。（　　）
2. 相关系数为0,说明两个变量间不相关。（　　）
3. 回归系数 b 大于0,则相关系数 r 也大于0。（　　）
4. 因变量和自变量单相关,说明因变量只受自变量一个因素影响。（　　）
5. 如果两个变量的相关系数为0.92,那么它们之间一定有很强的因果关系。（　　）
6. 回归系数 b 越大,说明变量间线性关系越强。（　　）
7. 回归方程估计标准误差越小,说明变量间相关性越强。（　　）
8. 如果两个变量的相关系数 r 为0.82,那么它们之间的线性关系最强。（　　）
9. 通过显著性检验是利用回归方程预测的前提。（　　）
10. 用 Excel 求回归方程所得 P-value 越大说明变量间关系越强。（　　）

二、选择题

1. 两个变量的相关系数 r 等于-1,说明它们（　　）。
   A. 不存在任何关系　　　　　　　　B. 不存在线性关系
   C. 完全正相关　　　　　　　　　　D. 完全负相关
2. 对变量 x 与 y 的取值见下表：

x	2	4	6	8	10	12	14	16	18	20
y	45	41	37	33	29	25	21	17	13	9

则 x 与 y 的相关系数为（　　）。

A. 0.92   B. -0.92   C. -0.81   D. -1

3. 以下计算结果中错误的是(　　)。

   A. $y_c = 12 + 3x, r = -0.01$ B. $y_c = 12 - 3x, r = -0.91$

   C. $y_c = 12 + 0.1x, r = 0.01$ D. $y_c = 12 - 3x, r = -0.51$

4. 在用回归方程估计推算时,(　　)。

   A. 只能用自变量推算因变量

   B. 只能用因变量推算自变量

   C. 既可以用自变量推算因变量,也可以用因变量推算自变量

   D. 不需要考虑自变量和因变量问题

5. 回归方程 $y_c = a + bx$ 中,如果 $b = 0$,则说明(　　)。

   A. y 对 x 的影响是不显著的   B. y 对 x 的影响是显著的

   C. x 对 y 的影响是不显著的   D. x 对 y 的影响是显著的

6. 某企业的运动鞋产量和生产成本有直接关系,在生产成本对运动鞋产量的回归直线上,当产量为 1 000 双时,其生产成本为 30 000 元,其中不变成本 6 000 元,该直线的回归方程为(　　)。(y 以元为单位,x 以双为单位)

   A. $y_c = 6\ 000 + 24x$ B. $y_c = 6 + 0.24x$

   C. $y_c = 24\ 000 + 6x$ D. $y_c = 24 + 6\ 000x$

7. 当自变量的数值确定后,因变量的数值也随之完全确定,这种关系属于(　　)。

   A. 相关关系   B. 函数关系   C. 回归关系   D. 随机关系

8. 相关系数的取值范围是(　　)。

   A. [0,1]   B. [-1,1]   C. (-1,1)   D. [-1,0]

9. 变量之间的线性相关程度越低,则相关系数的数值(　　)。

   A. 越小

   B. 越接近于 0

   C. 越接近于 -1

   D. 越接近于 1

10. 在价格不变的条件下,商品销售额和销售量之间存在着(　　)。

    A. 不完全的依存关系   B. 不完全的随机关系

    C. 完全的随机关系   D. 完全的依存关系

11. 下列变量之间的相关程度最高的是(　　)。

    A. 商品销售额和销售量的相关系数是 0.9

    B. 商品销售额与商业利润率的相关系数是 0.84

    C. 平均流通费用率与商业利润率的相关系数是 -0.94

    D. 商品销售价格和销售量的相关系数是 -0.91

12. 每一吨铸铁成本(元)依铸件废品率(%)变动的回归方程为:$y_c = 56 + 12x$,这意味着(　　)。

A. 废品率每增加 1%，成本每吨增加 68 元
B. 废品率每增加 1%，成本每吨增加 12%
C. 废品率每增加 1%，成本每吨增加 12 元
D. 如果废品率每增加 1%，则每吨成本为 68 元

三、多选题

1. 相关系数等于零，说明两变量之间的关系（   ）。
   A. 可能完全不相关   B. 可能是曲线相关   C. 高度相关
   D. 中度相关   E. 以上都不对

2. 当现象完全相关时，（   ）。
   A. $r=0$ B. $r=-1$ C. $r=1$
   D. $r=0.5$ E. $r=-0.5$

3. 直线回归分析中（   ）。
   A. 自变量是可控制的量，因变量是随机的
   B. 两个变量不是对等的关系
   C. 利用一个回归方程，两个变量可以互相推算
   D. 根据回归系数可判定相关的方向
   E. 对于没有明显因果关系的两变量可求得两个回归方程

4. 下列属于正相关的现象是（   ）。
   A. 家庭收入越多，其消费支出也越多
   B. 某产品产量随工人劳动生产率的提高而增加
   C. 流通费用率随商品销售额的增加而减少
   D. 生产单位产品所消耗工时随劳动生产率的提高而减少
   E. 产品产量随生产用固定资产价值的减少而减少

5. 直线回归方程 $Y_c=a+bX$ 中的 b 称为回归系数，回归系数的作用是（   ）。
   A. 可确定两变量之间因果的数量关系
   B. 可确定两变量的相关方向
   C. 可确定两变量相关的密切程度
   D. 可确定因变量的实际值与估计值的变异程度
   E. 可确定当自变量增加一个单位时，因变量的平均增加值

四、简答题

1. 试简述函数关系与相关关系的联系与区别。
2. 试简述相关分析与回归分析的联系与区别。
3. 如何判断、分析现象之间的相关关系？
4. 一元线性回归分析中的回归系数与相关系数各有什么作用？

5. 运用相关与回归分析进行推断应注意哪些问题？

五、计算题

1. 10 名学生身高和体重的关系如下表所示：

学生编号	身高(厘米)	体重(千克)
1	170	53
2	168	55
3	179	65
4	155	50
5	168	55
6	172	62
7	163	53
8	152	46
9	174	59
10	161	52

要求：

(1) 计算相关系数并说明相关程度。

(2) 求出体重和身高之间的回归方程。

(3) 计算估计标准误差。

(4) 利用 Excel 求出上面结果，并与手工计算结果比较。

(5) 利用 Excel 判别方程的显著性。

2. 在其他条件不变的情况下，某种商品的需求量与该商品的价格有关。现对给定时期内的价格与需求量进行观察，得到如下数据：

价格 x	100	110	120	125	130	135	138	140	150	155
需求量 y	70	60	58	55	53	50	45	40	37	30

要求：

(1) 绘制价格和需求量相关关系散点图。

(2) 判断 x 和 y 之间是否大致呈线性关系。

(3) 试拟合需求量对价格的回归方程。

六、案例分析

安科公司一向重视在广告的投入,而这一投入也确实为公司带来了销售额的增长。安科公司的市场研究人员统计了历史上广告投入与销售额的关系如下表:

单位:万元

广告投入	21	32	42	61	72	81	109	121	148
年销售额	112	196	235	304	321	348	381	401	422

为了解相关性强弱,研究人员根据上面资料计算了相关系数,得到 $r=0.94$,证明二者高度相关。为了对明年的销售额进行预测,研究人员还进行了回归分析,得到年销售额(万元)y 与广告投入(万元)x 的回归方程为

$$y_c = 12.95 + 2.26x$$

于是该研究人员采用该方程预测,明年如果广告投入增加到 300 万元,销售额将达到 $12.95+2.26\times300=690.95$ 万元。

要求分析该案例,谈谈你对该研究员分析过程的评价。

第十章

Chapter 10

统计决策

一、单选题

1. 最早提出统计决策理论的统计学家是（　　）。
   A. 瓦尔德　　　　　　B. 费希尔　　　　　　C. 拉普拉斯　　　　　　D. 凯特勒
2. 按照对客观条件的不同把握程度，决策可分为（　　）。
   A. 对抗型决策与非对抗型决策　　　　B. 定性决策与定量决策
   C. 确定型决策与不确定型决策　　　　D. 广义统计决策与狭义统计决策
3. 在决策时，先选出各种状态下每个方案的最大收益值，然后再从中选出最大者，并以其相对应的方案作为所要选择的方案。这种选择方式被称为（　　）。
   A. 等可能性准则　　　　　　　　　　B. 乐观准则
   C. 悲观准则　　　　　　　　　　　　D. 折中准则
4. 在决策时，先选出各种状态下每个方案的最小收益值，然后再从中选出最大者，并以其相对应的方案作为所要选择的方案。这种选择方式被称为（　　）。
   A. 等可能性准则　　　　　　　　　　B. 乐观准则
   C. 悲观准则　　　　　　　　　　　　D. 折中准则
5. 敢冒风险的完全不确定型决策是（　　）。
   A. 最大的最小收益值准则　　　　　　B. 等可能性准则
   C. 最大的最大收益值准则　　　　　　D. 折中准则
6. 将能够获利而未获利看成一种机会损失，并假定发生较大的机会损失值的状态出现的可能性也较大，选择机会损失值较小的方案作为最佳方案。这种选择方式被称为（　　）。
   A. 最大的最小收益值准则　　　　　　B. 等可能性准则

C. 最大的最大收益值准则　　　　　　D. 最小的最大后悔值准则

7. 根据经验和判断确定一个乐观系数α,以α和1-α分别作为最大收益值和最小收益值的权数,计算各方案的收益值,并以期望收益值最大的方案作为所要选择的方案。这种选择方式被称为(　　)。
   A. 等可能性准则　　　　　　　　　　B. 乐观准则
   C. 悲观准则　　　　　　　　　　　　D. 折中准则

8. 将各种方案在不同状态下的收益值与目标值相比较,并以收益值不低于目标值的累积概率最大的方案作为所要选择的方案。这种选择方式被称为(　　)。
   A. 最大可能准则　　　　　　　　　　B. 满意准则
   C. 期望值准则　　　　　　　　　　　D. 变异系数准则

9. 在决策时充分考虑了收益的离散程度的风险型决策准则是(　　)。
   A. 最大可能准则　　　　　　　　　　B. 满意准则
   C. 期望值准则　　　　　　　　　　　D. 变异系数准则

10. 当两个方案收益的期望值相差不大时,应进一步观察各方案的标准差,选择其中标准差较小的方案,这种判断方式属于(　　)。
    A. 最大可能准则　　　　　　　　　　B. 满意准则
    C. 期望值准则　　　　　　　　　　　D. 变异系数准则

11. (　　)是收益矩阵表中未包含的内容。
    A. 自然状态　　　　　　　　　　　　B. 收益值
    C. 决策方案　　　　　　　　　　　　D. 机会点

12. 决策树分析(　　)。
    A. 只能采用期望值准则
    B. 特别适合求解复杂的多阶段决策问题
    C. 不能用于贝叶斯决策
    D. 不能用于完全不确定型决策

13. 用决策树进行分析时,采用的方式是(　　)。
    A. 顺推　　　　　　　　　　　　　　B. 逆推
    C. 逻辑推理　　　　　　　　　　　　D. 视情况而定

14. 绘制决策树时,一般用矩形方框和圆圈分别表示(　　)。
    A. 概率和决策点　　　　　　　　　　B. 决策点和概率
    C. 机会点和决策点　　　　　　　　　D. 决策点和机会点

15. 在现实经济生活中,事先给出的各种状态的概率称为(　　)。
    A. 条件概率　　　　　　　　　　　　B. 先验概率
    C. 后验概率　　　　　　　　　　　　D. 既定概率

二、简答题

1. 什么是统计决策？按照对客观条件的不同把握程度，决策问题可分为哪些种类？
2. 统计决策的原则和程序是什么？
3. 什么是完全不确定型决策？什么是风险型决策？它们之间的主要区别是什么？

三、计算题

1. 某企业拟开发生产一种新产品，有 3 个方案可供选择。其收益矩阵表如下表所示：

单位：万元

	状态	需求大	需求中等	需求小
方案	方案一	400	150	−200
	方案二	200	200	−120
	方案三	100	100	50

试根据完全不确定型决策的五种决策准则，选择合适的方案。（假定乐观系数 $\alpha = 0.7$）

2. 生产 VCD 的某企业有如下收益矩阵表：

单位：万元

决策方案	自然状态		
	畅销	一般	滞销
扩建原厂 A_1	100	80	−2
建设新厂 A_2	140	50	−40
转包外厂 A_3	60	30	10

要求：根据悲观准则、乐观准则、折中准则、后悔值准则和等可能性准则分别选择一个方案。

3. 设某贸易公司近期有 3 笔生意可做，其收益矩阵表如下表所示：

单位：万元

	状态	畅销	一般	滞销
	概率	0.4	0.4	0.2
方案	方案一	300	150	−150
	方案二	200	200	−150
	方案三	100	100	80

要求：
(1) 试画出该决策问题的决策树。
(2) 根据期望值准则和变异系数准则进行决策。
(3) 如果该企业急需赚取 200 万元利润用于偿还到期的债务，试问该企业宜采用何种决策准则？应选择何种方案？
(4) 如果该企业必须确保赚取 80 万元利润用于偿还到期的债务，试问该企业宜采用何种决策准则？应选择何种方案？

第十一章

国民经济统计的常用指标

一、判断题
1. 国民账户体系(SNA)和物质产品平衡体系(MPS)曾是国际上存在的两大国民经济核算体系。(　)
2. SNA 的核心指标是国民生产总值。(　)
3. 每个国家的国内的生产总值小于国民可支配收入。(　)
4. 按照 GDP 计算的消费率与储蓄率之和不等于 1。(　)
5. 一个国家的总消费和总投资的总和就是国民生产总值。(　)
6. GDP 和 GNP 反映的经济内容相同,区别在于核算的口径不同。(　)
7. 恩格尔系数越高,说明一国居民的生活质量越高。(　)
8. 基民系数是判断收入或社会财富分配公平程度的一个指标。(　)
9. 在评价一国经济发达程度时,通常采用国内生产总值指标。(　)
10. 采用生产法、收入法和支出法计算的 GDP 从理论上看应当相等。(　)

二、选择题
1. 资金流量表中包括(　)。
   A. 实物交易表　　B. 国际收支平衡表　　C. 供给表　　D. 使用表
2. 下面属于非金融企业部门的是(　)。
   A. 保险公司　　B. 学校　　C. 医院　　D. 建筑公司
3. 可支配收入与消费支出的差额构成的指标是(　)。
   A. 投资　　B. 储蓄　　C. 积累　　D. 负债
4. 用生产法计算增加值的关键在于正确计算(　)。

A. 物耗　　　　　　B. 中间投入　　　　C. 外购货物　　　　D. 外购服务

5. 用最终消费、最终投资和净出口直接计算 GDP 的方法称为(　　)。

A. 吸收法　　　　　B. 生产法　　　　　C. 收入法　　　　　D. 支出法

6. 国民经济核算体系的核心指标是(　　)。

A. GNP　　　　　　B. GDP　　　　　　C. CPI　　　　　　D. PI

7. GNP = GDP + (　　)。

A. 总投资　　　　　B. 总储蓄　　　　　C. 国外要素净收入　D. 净出口

8. GDP 是按(　　)原则计算的,GNP 是按(　　)原则计算的。

A. 领土原则,国民原则　　　　　　　B. 国民原则,领土原则
C. 等价原则,国民原则　　　　　　　D. 平等原则,等价原则

9. 将名义工资用(　　)调整后,就可以得到实际工资。

A. 基民系数　　　　　　　　　　　　B. 消费物价指数
C. 恩格尔系数　　　　　　　　　　　D. 国民生产总值指数

10. 常住单位是指在一国的(　　)上具有经济利益中心的经济单位。

A. 地理领土　　　　B. 经济领土　　　　C. 领海　　　　　　D. 领空

三、简答题

1. 什么是国民经济核算体系?我国国民经济核算体系的主要构成内容是什么?
2. 名义 GDP 和实际 GDP 各自有什么分析意义?二者之间存在什么数量关系?
3. 什么是"三次产业"分类?"第三产业"具体包括哪些部门?

四、计算题

1. 现有某地区有关国民经济核算资料如下:

(1) 总产出和中间消耗情况:

部门	总产出(亿元)	中间消耗率(%)
农业	5 450	36
工业	22 240	72
建筑业	3 058	70
运输业	650	22
商业	1 615	48
服务企业	1 606	27
政府服务业	1 608	28

(2) 收入分配情况（单位：亿元）：

劳动报酬	8 620
生产税净额	2 370
营业盈余	2 197
所得税	350
固定资产折旧	980

(3) 产品使用或支出情况（单位：亿元）：

居民个人消费	7 000
政府消费	1 900
固定资产投资	4 578
库存增加	529
净出口	160

请分别用生产法、分配法和支出法计算国内生产总值。

2. 某地区2008年国民经济统计资料如下：

国民经济总产出6 650万元；中间消耗3 100万元；固定资产折旧250万元；总投资1 000万元；商品与劳务净出口180万元；来自国外的要素收入净额120万元；来自国外的经常转移净额80万元。请计算出该地区的国内生产净值和国民可支配总收入。

五、案例分析

对于任何国家来说，经济发展都是非常重要的，只有经济发展了，人民生活水平和综合国力才会提高，因此能够反映经济发展的中心指标得到了各个国家的关注。

新中国成立以来，我国考核经济发展的中心指标随着经济发展的变化而不断变化。改革开放前，我国曾以工农业总产值作为考核经济发展的中心指标，20世纪70年代后期，MPS口径的国民收入开始取代工农业总产值。随着改革开放的不断推进，从1985年起开始把GDP作为经济发展的一个中心指标，并建立了适合我国的国民经济核算体系。目前，GDP作为国民经济的中心指标被全世界所关注。

但近年来，随着经济的发展，环境和生态问题日益引起全世界的关注，GDP指标存在着一定的局限性，人们希望寻求新的中心指标来代替GDP。目前，已经提出了几种主要指标，现简单介绍一下：

1. 经济净福利

经济净福利是在考虑国民经济最终产品的基础上，加入对生产与环境、劳动与闲暇等影响人民福利因素的考虑，较好地衡量经济社会发展水平及居民生活水平。

计算公式为

经济净福利 = 国内生产总值 + 为改善环境资源质量的投入 − 以破坏环境为代价而得到的产出 + 虚拟的闲暇时间内活动价值福利

2. 绿色 GDP

由于 GDP 没有充分考虑资源与环境因素,随着可持续发展战略的实施,资源、环境、经济之间协调发展提到议事日程,绿色 GDP 也应运而生。绿色 GDP 分为总值和净值。

$$绿色 GDP 总值 = GDP - 中间消耗性质的自然资源耗减成本$$

$$绿色 GDP 净值 = GDP - 固定资产折旧 - 自然资源耗减成本 - 环境降级成本$$

3. 新国民财富和积蓄财富

世界银行 1995 年制定了《新国民财富计算法》,将"国民财富"从原来理解的人造资产、自然资源等领域扩展到人力资源和社会资本各方面。依照这种新的财富观,世界银行还制定了一个反映可持续发展要求的"积蓄财富"指标,它等于一个国家的 GDP 减去本期的消费、人造资产的折旧损耗以及自然资源的耗减之后的余额。

4. 可持续发展综合指数

该指标弥补了 GDP 单一指标的不足,它选择反映经济、社会、环境等多层面的若干指标,形成指标体系,并利用统计综合评价的方法,编制综合指数。

问题:

1. GDP 作为经济发展中心指标的作用和局限性是什么?
2. 经济净福利等四种指标的理论内涵及其与科学发展观的联系。
3. 分析上述新指标的可行性。
4. 对我国就近期和中长期应选择何种指标作为经济发展中心指标提出自己的看法。

第十二章

现代企业统计

一、判断题

1. 企业综合统计要在班组设置。（　　）
2. 统计资料整理前无须进行审核。（　　）
3. 企业资金、成本、利润等统计资料应由企业财务部门提供。（　　）
4. 原始实物量填报时，一定要符合规定的产品质量标准。（　　）
5. 标准实物量 = $\sum$（原始实物量 × 折合系数）。（　　）
6. 工业销售产值计算的基础是工业产品生产总量。（　　）
7. 工业总产值是按可比价格计算的。（　　）
8. "工厂法"计算产值，企业内部允许重复计算。（　　）
9. 原材料消耗量与原材料消费量是同一概念。（　　）
10. 原材料消耗以劳动成果归类统计，而原材料消费总量按照原材料种类归类统计。（　　）

二、单选题

1. 企业销售产品的发票是（　　）。
   A. 企业的原始记录　　　　　　　B. 企业统计台账
   C. 企业厂内报表　　　　　　　　D. 企业外部报表
2. 企业内部报表按照时间分有日报、三日报、五日报、旬报、月报等，对于主要指标一般采用（　　）形式。
   A. 日报、旬报　　　　　　　　　B. 日报、月报
   C. 三日报、五日报　　　　　　　D. 旬报、月报
3. 工业总产值的计算方法是（　　）。

A. 工厂法 B. 产品法
C. 部门法 D. 国民经济法

4. 工业总产值是计算(　　)。
   A. 本期生产本期已经销售的工业产品价值
   B. 本期销售工业产品的价值
   C. 本期生产的全部工业产品的价值
   D. 本期工业生产自用的工业产品价值

5. 工业中间投入必须是(　　)。
   A. 本期自产的中间产品价值
   B. 本期生产消耗的外购原材料、燃料、动力的价值
   C. 本期外购原材料、燃料、动力的价值
   D. 本期外购固定资产的价值

6. 用本企业产品销售量与市场同类产品销售总量进行对比得到的指标称为(　　)。
   A. 产品市场占有率 B. 企业市场占有率
   C. 用户占有率 D. 行业市场占有率

7. 若采用送货制形式,由本企业运输部门发运,应以(　　)为准确认销售量。
   A. 承运单上的日戳 B. 出库单上的日期
   C. 提货单上的日戳 D. 收到货款的日期

8. 工业产品的库存量包括(　　)。
   A. 企业已完成全部生产过程,但尚未检验入库的产品
   B. 采用提货制销售的产品,已经开出提货单但到期末尚未提取的产品
   C. 采用送货制,已经运往码头、车站,但尚未办理托运手续的产品
   D. 外单位代为保管的产品

9. 某工业企业全月工业总产值1 000万元,月初全部职工人数为990人,月末全部职工人数为1 010人,则全员劳动生产率为(　　)。
   A. 1 010元(人) B. 990元(人) C. 1 000元(人) D. 10 000元(人)

10. 下列各项中,不属于职工劳动报酬的是(　　)。
    A. 奖金 B. 计件超额工资 C. 津贴 D. 劳保福利

三、多选题

1. 企业的特征是(　　)。
   A. 具有法人资格的经济组织 B. 独立核算、自负盈亏的经济组织
   C. 集团企业形式 D. 国家财政拨款
   E. 有必要的财产或经费

2. 企业产品按完成程度不同可分为(　　)。

A. 成品　　　　　　B. 半成品　　　　　　C. 合格品　　　　　　D. 在制品

E. 不合格品

3. 企业产品必须具备的特征是( )。

A. 本企业的劳动成果　　　　　　B. 本企业转卖的产品

C. 直接成果　　　　　　　　　　D. 有效成果

E. 生产过程中产生的边角余料

4. 工业总产值采用"工厂法"计算的要求是( )。

A. 以整个企业为单位计算

B. 以工业部门为整体计算

C. 同一产品的价值在企业内不能重复计算

D. 同一产品的价值在企业之间允许重复计算

E. 将企业各车间的产品价值相加

5. 以下应计算工业总产值的项目是( )。

A. 自制自用设备的成本价值

B. 自制产品用于本企业非工业生产部门消耗

C. 本期生产的工业产品又用于本期工业生产消耗

D. 对外企业工业生产设备修理收入

E. 对外运输收入

6. 工业中间投入应根据( )会计科目的内容计算。

A. 生产成本　　　　　B. 制造费用　　　　　C. 销售费用

D. 管理费用　　　　　E. 财务费用

7. 下列属于工业增加值的项目是( )。

A. 工资　　　　　　　　　　　B. 向银行贷款的利息支出

C. 固定资产折旧　　　　　　　D. 应交增值税

E. 营业盈余

8. 工业增加值可以用( )法计算。

A. 生产　　　　　B. 收入　　　　　C. 工厂　　　　　D. 部门

9. 下列应属于企业产品库存量的产品是( )。

A. 企业有权销售的　　　　　　B. 入库后发现质量问题未办理退库手续的

C. 代外单位保管的产品　　　　D. 库存产品盘盈

E. 已生产出来的,但尚未验收入库的产品

10. 企业人力资源部门提供的统计资料包括( )。

A. 劳动力　　　　　　　　　　B. 劳动时间利用

C. 劳动生产率　　　　　　　　D. 工资　　　　　　　E. 产值

四、简答题

1. 什么是现代企业统计？它有哪些职能和任务？
2. 简述现代企业统计的内容。
3. 简述现代企业统计的组织结构。
4. 简述企业原始记录、统计台账的含义。
5. 简述工业总产值的计算价格、方法和内容。
6. 简述工业增加值的概念及计算方法。
7. 产品的销售产值与产品的销售收入有什么不同？
8. 企业统计分析报告的种类及其特点分别是什么？
9. 什么是统计比较？统计比较的标准有哪些？

五、计算题

1. 试根据下表所示资料，计算工业总产值。

项 目	单位	数量	单价（元）	价值（万元）	计入总产值的价值（万元）
（一）自备材料生产的产品					
1. 成品					
A 产品	台	100	3 000	30.00	30.00
2. 出售、准备出售的半成品					
B 产品	台	50	300	1.5	1.5
3. 自制设备					
C 产品	台	4	2 000	0.8	0.8
（二）来料加工					
D 产品	台	6	4 000	2.4	2.4
其中：料价				1.2	—
（三）工业性作业					
对外产品维修	万元			0.5	0.5
（四）自制半成品、在制品期末期初差额	万元			1.1	1.1

2. 某工业企业基期和报告期 7 项经济效益指标数据如下表所示：

序号	指标	单位	标准值	权数(%)	基期	报告期
1	总资产贡献率	%	10	20	11	13
2	资产保值增值率	%	115	16	125	120
3	资产负债率	%	50	12	70	65
4	流动资金周转率	%	1.65	15	1.5	1.3
5	成本费用利润率	%	8.5	14	6.5	5.8
6	全员劳动生产率	万元(人)	36.5	10	26.5	31.5
7	产品销售率	%	95	13	85.5	93.5

要求：试采用综合指数法分别计算该企业基期和报告期的经济效益指数，并对该企业报告期的经济效益作出简要评价和分析。

第十三章
Chapter 13

大数据分析与数据挖掘

一、判断题

1. 对于大数据而言,最基本、最重要的要求就是减少错误,保证质量。因此,大数据收集的信息量要尽量精确。(   )
2. 数据再利用的价值表现为:挖掘数据的潜在价值;实现数据重组的创新价值;利用数据可扩展性拓宽业务领域优化存储设备,降低设备成本;提高社会效益,优化社会管理;等等。(   )
3. 数据仓库的最终目的是为用户和业务部门提供决策支持。(   )
4. 关于大数据的分析理念是指在数据规模上强调相对数据而不是绝对数据。(   )
5. 在数据生命周期管理实践中执行方法是指数据的管理和维护。(   )
6. 具备很强的报告撰写能力,可以把分析结果通过文字图表、可视化等多种方式清晰地展现出来,能够清楚地论述分析结果以及可能产生的影响,从而说服决策者信服并采纳其建议,数据分析能力是对大数据人才的基本要求。(   )
7. 决策树是一种基于树形结构的预测模型,每一个树形分叉代表一个分类条件,叶子节点代表最终的分类结果。其优点在于易于实现,决策时间短,并且适合处理非数值型数据。(   )
8. 简单随机抽样,是从总体 N 个对象中任意抽取 n 个对象作为样本,最终以这些样本作为调查对象。在抽取样本时,总体中每个对象被抽中为调查样本的概率可能会有差异。(   )
9. 啤酒与尿布的经典案例,充分体现了实验思维在大据分析理念中的重要性。(   )
10. 对于企业来说,给用户进行各种促销或者实施运营策略的时机也比较重要,而且对不同兴趣偏好的用户最好集中处理。(   )
11. 关于大数据的内涵:大数据是一种思维方式和新的管理、治理途径。(   )
12. 大数据的来源包指所有数据。(   )

13. 现阶段,人和物之间可以全面互联,客观准确地感知和表达。(　　)
14. 大数指安全的三要素包括安全存、安全传输和安全认证的使用者。(　　)

二、单选题

1. 大数据的起源是(　　)。
   A. 金融　　　　　B. 互联网　　　　　C. 电信　　　　　D. 公共管理
2. 大数据最明显的特点是(　　)。
   A. 数据类型多样　B. 数据规模大　　　C. 数据价值密度高　D. 数据处理速度快
3. 大数据时代,数据使用的最关键是(　　)。
   A. 数据收集　　　B. 数据存储　　　　C. 数据分析　　　D. 数据再利用
4. 大数据技术是由(　　)公司首先提出来的。
   A. 阿里巴巴　　　B. 百度　　　　　　C. 谷歌　　　　　D. 微软
5. 数据的精细化程度是指(　　),越细化的数据,价值越高。
   A. 规模　　　　　B. 活性　　　　　　C. 颗粒度　　　　D. 关联性
6. 数据清洗的方法不包括(　　)。
   A. 噪声数据清除　　　　　　　　　　B. 一致性检查
   C. 重复数据记录处理　　　　　　　　D. 缺失值处理
7. 智能手环的应用开发,体现了(　　)的数据采集技术的应用。
   A. 网络爬虫　　　B. API 接口　　　　C. 传感器　　　　D. 统计报表
8. 下列关于数据重组的说法中,错误的是(　　)。
   A. 数据的重新生产和采集　　　　　　B. 能使数据焕发新的光芒
   C. 关键在于多源数据的融合和集成　　D. 有利于新的数据模式创新
9. 美国海军军官莫里通过对前人航海日志的分析,绘制了新的航海路线图,标明了大风与洋流可能发生的地点。这体现了大数据分析理念中的(　　)。
   A. 在数据基础上倾向于全体数据而不是抽样数据
   B. 在分析方法上更注重相关分析而不是因果分析
   C. 在分析效果上更追究效率而不是绝对精确
   D. 在数据规模上强调相对数据而不是绝对数据
10. 当前社会中,最为突出的大数据环境是(　　)。
    A. 互联网　　　　B. 自然环境　　　　C. 综合国力　　　D. 物联网
11. 在数据生命周期管理实践中,(　　)是执行方法。
    A. 数据存储和各种规范　　　　　　　B. 数据管理和维护
    C. 数据价值发觉和利用　　　　　　　D. 数据应用开发和管理
12. 下列国家的大数据发展行动中,集中体现"重视基础都先行"的国家是(　　)。
    A. 美国　　　　　B. 中国　　　　　　C. 日本　　　　　D. 韩国

13. 万维网之父是( )。
　　A 彼得·德鲁克　　B. 杨振宁　　C. 蒂姆·伯纳斯-李　D. 钱学森
14. 下列关于数据交易市场的说法中,错误的是( )。
　　A. 数据交易市场是大数据产业发展到一定程度的产物
　　B. 商业化的数据交易活动催生了多方参与的第三方数据交易市场
　　C. 数据交易市场通过生产数据、研发和分析数据,为数据交易提供帮助
　　D. 数据交易市场是大数据资源化的必然产物
15. 下列论据中,能够支持"大数据无所不能"的观点是( )。
　　A. 互联网金融打破了传统的观念和行为
　　B. 大数据具有非常高的成本
　　C. 大数据存在泡沫
　　D. 个人隐私泄露与信息安全担忧
16. 数据仓库的最终目的是( )。
　　A 开发数据仓库的应用分析　　B. 收集业务需求
　　C. 建立数据仓库逻辑模型　　D. 为用户和业务部门提供决策支持
17. 信息时代的三大定律不包括( )。
　　A. 牛顿定理　　B. 摩尔定律　　C. 麦特卡尔夫定律　D. 吉尔德定律
18. 云计算的特点不包括( )。
　　A. 高性价比　　B. 服务可计算　　C. 服务可租用　　D. 低使用度
19. 关于大数据在社会综合治理中的作用,以下描述不正确的是( )。
　　A. 大数据的运用有利于走群众路线　　B. 大数据的运用能够维护社会治安
　　C. 大数据的运用能杜绝抗生素的滥用　　D. 大数据的运用能够加强交通管理
20. 大数据的利用过程是( )。
　　A. 搜集—挖掘—清洗—统计　　B. 搜集—统计—清洗—挖掘
　　C. 采集—清洗—挖掘—统计　　D. 采集—清洗—统计—挖掘
21. 大数据的本质是( )。
　　A. 洞察　　B. 采集　　C. 统计　　D. 联系
22. 大数据元年是( )。
　　A. 2010 年　　B. 2011 年　　C. 2012 年　　D. 2013 年
23. ( )提供的支撑技术,有效地解决了大数据分析、研发的问题,如虚拟化技术、并行计算、海量存储及管理等。
　　A. 点计算　　B. 云计算　　C. 面计算　　D. 线计算
24. 当今时代步入了一个信息化助力社会全方位创新的重要时期,具体包括( )。
　　A. 云计算
　　B. 物联网

  C.移动互联和人工智能   D.以上都正确
25.互联网新生业态中新兴经济形态包括(　　)。
  A.网红经济   B.平台经济   C.粉丝经济   D.生态经济
26.以下属于智慧城市范畴的是(　　)。
  A.智慧政务   B.智慧交通   C.智慧医疗   D.以上都正确
27.数据挖掘的挖掘方法包括(　　)。
  A.聚类分析   B.回归分析   C.神经网络   D.以上都正确
28.推荐系统为客户推荐商品,自动完成个性化选择商品的过程,满足客户的个性化需求,推荐基于网站最热卖商品,客户所处城市(　　),推测客户将来可能的购买行为。
  A.客户的朋友   B.客户过去的购买行为和购买记录
  C.客户的兴趣爱好   D.客户的个人信息
29.数据预处理方法主要包括(　　)。
  A.数据清洗   B.数据集成   C.数据归纳   D.以上均包括

三、多选题

1.大数据的四个特征包括(　　)。
  A.海量化   B.快速化   C.价值化   D.多样化
2.云计算网络架构包括(　　)。
  A.存储域   B.计算域   C.交换域   D.管理域   E.核心域
3.大数据相关技术主要包括(　　)。
  A.开发技术   B.挖掘技术   C.大数据运维   D.大数据分析
4.大数据安全与隐私保护技术包括(　　)。
  A.访问控制   B.数据溯源   C.匿名保护   D.角色挖掘
5.人工智能的主要技术包括(　　)。
  A.语音识别   B.图像识别   C.自然语言处理   D.大数据分析
6.虚拟存储系统必须采取(　　)措施来保证系统的高可靠性。
  A.故障预测   B.故障检测   C.故障隔离   D.故障恢复
7.云计算系统管理的通用技术包括(　　)。
  A.大规模集群安装技术   B.故障检测技术
  C.节点动态加入技术   D.节能技术
8.在网络爬虫的爬行策略中,应用最为基础的是(　　)。
  A.反向传轮策略   B.深度优先遍历策略
  C.广度优先遍历策略   D.高度优先遍历策略
9.当前,大数据产业发展的特点是(　　)。
  A.规模较大   B.多产业交叉融合   C.增速很快   D.增速较慢

10. 按照涉及自变量的多少,可以将回归分析分为(　　)。
　　A. 线性回归分析　　　B. 非线性回归分析　　C. 一元回归分析　　　D. 多元回归分析
11. 传统数据密集型行业积极探索和布局大数据应用的表现为(　　)。
　　A. 自行开发数据产品　　　　　　　B. 实现科学决策与运营
　　C. 打通多源跨域数据　　　　　　　D. 提高分析挖掘能力
12. 大数据人才整体上需要具备(　　)等核心知识。
　　A. 特定业务领域的知识　　　　　　B. 数学与统计知识
　　C. 马克思主义知识　　　　　　　　D. 计算机相关知识
13. 大数据的顶层设计要坚持的理念是(　　)。
　　A. 数据是资源　　　　　　　　　　B. 安全是保障
　　C. 应用是核心　　　　　　　　　　D. 产业是目的
14. 下列(　　)因素促动了大数据的发展。
　　A. 更强的算力　　　B. 摩尔定律　　　C. 社交应用　　　D. 数据挖掘
15. 大数据处理流程可以概括为(　　)。
　　A. 采集　　　　　　B. 导入和预处理　　C. 统计和分析　　D. 挖掘

四、简答题

1. 什么是大数据？大数据包括哪几个方面的基本特征？
2. 大数据预测和传统数据预测有何区别和联系？
3. 大数据预测包括哪些基本步骤？
4. 什么是数据挖掘？什么是数据库中的知识发现？
5. 数据挖掘包括哪些基本要素和基本环节？
6. 数据挖掘有哪些重要的技术和任务？

模拟试卷一

一、判断题(本大题共10小题,每小题1分,共10分)

1. 若研究三名大学生的生活支出状况,则这三名大学生就构成一个统计总体。( )
2. 产品的质量等级用一等品、二等品、三等品表示,这是一种定量数据。( )
3. 统计调查是统计工作的基础环节,是统计数据汇总和分析的前提。( )
4. 连续变量可以进行单项式分组和组距式分组,而离散变量只能进行组距式分组。( )
5. 当两个均值不等的总体比较平均数的代表性大小时,可以比较标准差,也可以比较标准差系数。( )
6. 方差和标准差是测度数值型数据离散程度的最主要的方法。( )
7. 抽样误差是由于抽样的偶然因素而产生的,它既可以避免,也可以控制。( )
8. 如果要以一定把握程度统计推断总体参数,则要用区间估计。( )
9. 当我们冒5%的风险拒绝了本来为真的原假设时,则称5%为显著性水平。( )
10. 用来反映不能直接相加和对比的复杂现象总体数量对比关系的相对数称为广义指数。( )

二、单选题(本大题共15小题,每小题1分,共15分)

1. 在全国人口普查中,总体单位是( )。
   A. 每个家庭　　　　B. 每个人　　　　C. 每个地区　　　　D. 全国总人口
2. 统计总体的主要特征表现为( )。
   A. 综合性、具体性、数量性　　　　　　B. 社会性、工具性、广泛性
   C. 同质性、大量性、变异性　　　　　　D. 大量性、具体性、实用性
3. ( )是应用最广的一种调查方式。
   A. 普查　　　　　　　　　　　　　　　B. 抽样调查
   C. 典型调查　　　　　　　　　　　　　D. 重点调查
4. 下列调查中,不属于专门调查的是( )。
   A. 统计报表制度　　　　　　　　　　　B. 重点调查
   C. 典型调查　　　　　　　　　　　　　D. 抽样调查
5. 某考生考试成绩为70分,这个变量值应归入( )。
   A. 60~70组　　　　　　　　　　　　　B. 70~80组

69

C. 60~70 组或 70~80 组 D. 单列一组

6. 当数据分布呈左偏时,均值、中位数和众数之间的关系表现为( )。
   A. 均值最大,众数最小 B. 众数最大,均值最小
   C. 中位数最大,众数最小 D. 均值最大,中位数最小

7. 对于数值型数据,主要是用( )来测度其离散程度。
   A. 极差 B. 平均差
   C. 标准差 D. 四分位差

8. 描述定性数据的两种最常用的图示法是( )。
   A. 条形图和饼图 B. 散点图和饼图
   C. 散点图和条形图 D. 条形图和茎叶图

9. 抽样允许误差越大,抽样估计的精确度( )。
   A. 越高 B. 越低
   C. 无法确定 D. 两者之间没有关系

10. 某百货公司 2010 年与 2009 年相比商品零售价格平均下降 6%,商品零售量平均增长 6%,则商品零售额( )。
    A. 保持不变 B. 平均下降 0.36%
    C. 平均上升 0.36% D. 平均下降 0.64%

11. 各种抽样组织形式中,最符合随机原则的组织形式是( )。
    A. 类型抽样 B. 整群抽样
    C. 简单随机抽样 D. 多阶段抽样

12. 某车间月初员工人数资料如下:

月份	1	2	3	4	5	6	7
月初人数(人)	100	104	110	112	115	120	126

则该车间上半年的平均人数约为( )。
    A. 110 B. 112 C. 114 D. 116

13. 已知各期环比增长速度为 2%、5%、8% 和 7%,则相应的定基增长速度的计算方法为( )。
    A. (102%×105%×108%×107%)-100%
    B. 102%×105%×108%×107%
    C. 2%×5%×8%×7%
    D. (2%×5%×8%×7%)-100%

14. 一种零件的标准直径是 15 厘米,质量监测员对所生产的零件是否符合标准要求进行检验时,应该采取的假设形式为( )。

A. $H_0:\mu \geqslant \mu_0$　　$H_1:\mu < \mu_0$　　　　B. $H_0:\mu \leqslant \mu_0$　　$H_1:\mu > \mu_0$

C. $H_0:\mu = \mu_0$　　$H_1:\mu \neq \mu_0$　　　　D. $H_0:\mu = \mu_0$　　$H_1:\mu \geqslant \mu_0$

15. 单位成本与产品产量的相关关系,以及单位成本与单位产品原材料消耗量的相关关系,表述正确的是(　　)。

　　A. 前者是正相关,后者是负相关　　　　B. 前者是负相关,后者是正相关

　　C. 两者都是正相关　　　　　　　　　　D. 两者都是负相关

三、多选题(本大题共 10 小题,每小题 2 分,共 20 分)

1. 从不同的角度,统计有三层含义,它们是(　　)。

　　A. 统计设计　　　　　　　　　　　　　B. 统计工作

　　C. 统计资料　　　　　　　　　　　　　D. 统计科学

2. 统计学运用的各种研究方法包括(　　)。

　　A. 大量观察法　　　　　　　　　　　　B. 统计分组法

　　C. 统计指标法　　　　　　　　　　　　D. 模型推断法

3. 由(　　)计量形成的数据称为定性数据。

　　A. 定类尺度　　　　　　　　　　　　　B. 定序尺度

　　C. 定距尺度　　　　　　　　　　　　　D. 定比尺度

4. 在分配数列中(　　)。

　　A. 各组频数之和等于 100　　　　　　　B. 各组频率均大于 0

　　C. 各组频率之和等于 100%　　　　　　D. 频数越小,则该组在总体中所占份额越少

5. 常见的次数分布有以下(　　)类型。

　　A. 钟型分布　　　　　　　　　　　　　B. U 型分布

　　C. T 型分布　　　　　　　　　　　　　D. J 型分布

6. 以下表述不正确的是(　　)。

　　A. 所有总量指标都具有可加性

　　B. 相对指标必须就同质总体计算

　　C. 计算相对指标的两个指标计量单位必须相同

　　D. 平均指标必须就同质总体进行计算

7. 影响必要样本容量的因素有(　　)。

　　A. 总体变异程度　　　　　　　　　　　B. 允许误差的大小

　　C. 置信度　　　　　　　　　　　　　　D. 抽样方法和抽样组织方式

8. 采用几何平均法计算平均发展速度时,被开方的数据可以是(　　)。

　　A. 最末水平与最初水平之差　　　　　　B. 最末水平与最初水平之商

　　C. 各期环比发展速度的连乘积　　　　　D. 最后一期的定基发展速度

9. 影响时间序列的因素主要有(　　)。

A. 长期趋势 B. 季节变动
C. 循环变动 D. 不规则变动

10. 判断现象之间有无相关关系的方法有( )。

A. 编制相关表 B. 绘制相关图
C. 计算估计标准误差 D. 计算相关系数

四、简答题(本大题共 3 小题,每小题 5 分,共 15 分)

1. 完整的统计调查方案应包括哪些内容?
2. 什么是统计分组?选择分组标志应遵循哪些原则?
3. 简述测定现象长期趋势的方法有哪些?

五、计算题(本大题共 4 小题,每小题 10 分,共 40 分)

1. 对我国某中等城市进行居民家庭人均年旅游消费支出的调查,随机抽取 400 户居民家庭。调查得知,居民家庭人均年旅游消费支出额为 400 元,总体标准差为 100 元。要求:以 95% 的置信度估计该市居民家庭人均年旅游消费支出额的置信区间。($z_{0.025}=1.96$)

2. 一种罐装饮料采用自动生产线生产,每罐的容量是 255 毫升,标准差为 5 毫升。为检验每罐容量是否符合要求,质检人员在某天生产的饮料中随机抽取了 36 罐进行检验,测得每罐平均容量为 255.8 毫升,取显著性水平 $\alpha=0.05$。检验该天生产的饮料容量是否符合标准要求。($z_{0.025}=1.96$)

3. 某企业三种产品有关资料如下:

产品名称	产量/件		单位产品成本/(万元·件$^{-1}$)	
	基期	报告期	基期	报告期
A	10	14	1	0.8
B	30	28	2	2
C	70	80	1	1
合计	—	—	—	—

要求:试从相对数和绝对数两方面分析产量和单位产品成本的变动对总成本的影响。

4. 某对外出口公司各年出口额见下表:

年份	2006 年	2007 年	2008 年	2009 年	2010 年
出口额(亿元)	10	12	15	18	20

要求:用最小平方法拟合合适的趋势方程,并预测 2011 年出口额。

模拟试卷二

一、判断题(本大题共 10 小题,每小题 1 分,共 10 分)

1. 推断统计学是现代统计学的核心和关键,但它必须以描述统计学为基础。(   )
2. 我国的人口普查每十年进行一次,因此它是一种连续性调查方法。(   )
3. 统计分组的关键在于选择分组标志和划分各组界限。(   )
4. 标准差是总体各单位变量值与总体算术平均数离差平方的算术平均数。(   )
5. 总体变异程度越高,平均指标的代表性就越高;反之,就越低。(   )
6. 抽样平均误差是指所有可能的样本指标与总体指标之间的平均差异程度,即样本估计值的标准差。(   )
7. 当原假设为真时却拒绝了原假设,这种错误称为假设检验中的第二类错误。(   )
8. 某产品产量在一段时期内发展变化的速度,平均来说是增长的,因此该产品产量的环比增长速度也是年年上升的。(   )
9. 数量指标指数编制时,同度量因素应固定在基期;质量指标指数编制时,同度量因素应固定在报告期。(   )
10. 只要两个变量之间存在相关关系,就都可以建立回归模型进行回归分析。(   )

二、单选题(本大题共 15 小题,每小题 1 分,共 15 分)

1. 英国的威廉·配第是(   )的代表人物。
   A. 记述学派   B. 政治算术学派
   C. 图表学派   D. 数理统计学派
2. 统计总体必须同时具有(   )三个特征。
   A. 同质性、广泛性和变异性   B. 同质性、广泛性和特殊性
   C. 同质性、大量性和变异性   D. 同质性、大量性和特殊性
3. 对某市机动车进行普查,则调查单位是(   )。
   A. 该市所有的机动车   B. 该市每辆机动车
   C. 该市所有拥有机动车的单位和个人   D. 该市每一个拥有机动车的单位和个人
4. 某一离散型的统计资料,变量值少、变化幅度小,适于作(   )。
   A. 单项式分组   B. 组距式分组
   C. 相邻的组限重叠式分组   D. 异距式分组
5. 当数据分布呈右偏时,均值、中位数和众数之间的关系表现为(   )。

A. 均值最大,众数最小　　　　　　B. 众数最大,均值最小
C. 中位数最大,众数最小　　　　　D. 均值最大,中位数最小

6. 当需要对不同总体或样本数据的离散程度进行比较时,则使用(　　)指标。
   A. 极差　　　　　　　　　　　　B. 平均差
   C. 四分位差　　　　　　　　　　D. 离散系数

7. 描述定性数据的两种最常用的图示法是(　　)。
   A. 条形图和饼图　　　　　　　　B. 散点图和饼图
   C. 散点图和条形图　　　　　　　D. 条形图和茎叶图

8. 先按一定标志对总体各单位进行分类,然后分别从每一类按随机原则抽取一定单位构成样本的抽样组织形式,被称为(　　)。
   A. 简单随机抽样　　　　　　　　B. 多阶段抽样
   C. 类型抽样　　　　　　　　　　D. 整群抽样

9. 样本容量一定的情况下,抽样估计的精确度和概率保证度之间(　　)变动。
   A. 同方向　　　　　　　　　　　B. 反方向
   C. 有时同方向,有时反方向　　　D. 无法确定

10. 抽样调查中的抽样误差是(　　)。
    A. 随机误差　　　　　　　　　　B. 系统性误差
    C. 代表性误差　　　　　　　　　D. 登记性误差

11. 某洗涤品的使用说明书中声称平均净含量不低于 250 毫升,对这一假设进行检验时,应采用的检验形式是(　　)。
    A. $H_0:\mu \geq 250$　　$H_1:\mu < 250$　　B. $H_0:\mu \leq 250$　　$H_1:\mu > 250$
    C. $H_0:\mu = 250$　　$H_1:\mu \neq 250$　　D. $H_0:\mu = 250$　　$H_1:\mu \geq 250$

12. 时间序列的构成要素是(　　)。
    A. 时间和频数　　　　　　　　　B. 分组和指标值
    C. 时间和指标数值　　　　　　　D. 分组和频数

13. 已知各期环比增长速度为 2%、5%、8% 和 7%,则相应的定基增长速度的计算方法为(　　)。
    A. (102%×105%×108%×107%)−100%　　B. 102%×105%×108%×107%
    C. 2%×5%×8%×7%　　　　　　　　　　D. (2%×5%×8%×7%)−100%

14. 居民消费价格指数反映了(　　)。
    A. 城乡商品零售价格的变动趋势
    B. 城乡居民购买生活消费品价格的变动趋势
    C. 城乡居民购买服务项目价格的变动趋势
    D. 城乡居民购买生活消费品和服务项目价格的变动趋势

15. 年劳动生产率 x(千元)和工人工资 y(元)之间的回归方程为 $y=10+70x$,这意味着年劳动

生产率每提高1 000元,工人工资平均(   )。

A.增加70元　　　B.减少70元　　　C.增加80元　　　D.减少80元

三、多选题(本大题共10小题,每小题2分,共20分)

1. 下列关于描述统计学和推断统计学的叙述中,正确的有(   )。

    A.描述统计学是现代统计学的基础　　B.推断统计学是现代统计学的基础

    C.推断统计学是现代统计学的核心　　D.两者相辅相成,缺一不可

2. 由(   )计量形成的数据称为定量数据。

    A.定类尺度　　B.定序尺度　　C.定距尺度　　D.定比尺度

3. 以下属于非全面调查方式的是(   )。

    A.普查　　B.重点调查　　C.抽样调查　　D.典型调查

4. 统计分组的作用是(   )。

    A.划分现象的类型　　　　　　B.研究同质总体的内部结构

    C.分析现象之间的联系和依存关系　　D.说明总体的基本情况

5. 在组距数列中,组中值(   )。

    A.是上限与下限之间的中点数值　　B.用来代表各组标志值的平均水平

    C.在开放式分组中无法确定　　　　D.在开放式分组中,可以参照邻组的组距确定

6. 标志变异指标中的标准差是(   )。

    A.均方差

    B.各变量值对其算术平均数离差平方平均数的平方根

    C.方差

    D.各变量值对其算术平均数离差的平均数

7. 抽样推断中的抽样误差(   )。

    A.只有在调查以后才能计算　　B.误差大小是可以计算的

    C.误差大小是可以控制的　　　D.是不可避免的

8. 时间序列按其变量值的表现形式不同,可分为(   )。

    A.绝对数时间数列　　　　　B.相对数时间数列

    C.平均数时间数列　　　　　D.时期数列

9. 下列属于序时平均数的有(   )。

    A.一季度平均每月的职工人数　　B.某产品产量某年各月的平均增长量

    C.某商场职工某月人均销售额　　D.某地区近几年出口贸易额平均增长速度

10. 下列相关现象属于正相关的是(   )。

    A.职工家庭收入与消费支出之间的关系

    B.人的身高和体重之间的关系

    C.工人技术水平与劳动生产率之间的关系

    D.职工家庭收入与食物类消费支出占总收入的比重之间的关系

四、简答题(本大题共3小题,每小题5分,共15分)

1. 简述普查和抽样调查的特点。
2. 简述总体、样本、参数和统计量的含义。
3. 为什么要在抽样前确定样本容量?确定样本容量需要考虑哪些因素?

五、计算题(本大题共4小题,每小题10分,共40分)

1. 某企业某日生产出10 000件产品,为了解该产品合格率,随机抽取100件产品进行抽样调查,其中有90件为合格产品。

要求:(1)在95%的概率保证程度下,估计这批产品的合格率。

(2)如果把估计的区间缩小一半,应如何调整抽样方案?($z_{0.025}=1.96$)

2. 蒙牛乳业生产超级女生酸酸乳,标准规格是每瓶容量330毫升。根据以往的经验,标准差是5毫升。现在该厂生产一批这种饮料,从中抽取100瓶检验,其平均容量是332毫升,按规定显著性水平$\alpha=0.05$,问该批饮料是否合乎标准?

3. 3种产品的相关资料如下:

产品	进口量/件		进口价格/(万元·件$^{-1}$)	
	基期	报告期	基期	报告期
A	28	29	10	15
B	180	100	8	14
C	36	53	12	12
合计	—	—	—	—

要求:

从相对数和绝对数两方面分析进口量和进口价格的变动对进口额的影响。

4. 某地区2005~2010年粮食产量资料如下表所示:

年 份	粮食产量/万吨
2005	78
2006	86
2007	84
2008	90
2009	96
2010	110
合计	544

要求:

(1)根据上述资料绘制该县粮食产量分布散点图。

(2)根据上述资料建立直线趋势模型。

(3)用所建立的直线趋势模型预测2011年粮食产量。

参考答案

第一章 总 论

一、判断题

1. × 2. √ 3. √ 4. × 5. √ 6. × 7. × 8. √ 9. × 10. ×

二、单选题

1. D 2. D 3. A 4. A 5. C 6. D 7. C 8. A 9. C 10. C 11. C 12. A 13. C 14. B 15. D

三、多选题

1. ABCD 2. AC 3. BCE 4. BCDE 5. BCE 6. ABCD 7. ABDE 8. AE 9. ACD 10. BC

四、简答题

1. 答:(1)统计总体简称总体,是指根据一定的研究目的,统计所要研究的、客观存在的,并在某一共同性质基础上结合起来的许多个别事物组成的整体。构成统计总体的每个独立的个别事物称为总体单位。

(2)二者的关系:①总体和总体单位的关系是整体同个体、集合同元素的关系。两者相互依存、相互联系。②随着研究目的的变化,总体和总体单位可以相互转化。

2. 答:(1)标志是说明总体单位属性或特征的名称。统计指标是说明现象总体的数量特征的概念及具体数值的总称。

(2)标志与指标的区别:①标志是说明总体单位特征的,而指标是说明总体特征的;②标志有不能用数值表示的品质标志与能用数值表示的数量标志,然而不论什么指标,则都是用数值表示。

3. 答:统计研究的基本方法包括:大量观察法、统计分组法、统计指标法和模型推断法等。

4. 答:(1)统计学的研究对象是客观事物的总体数量特征和数量关系,以反映其发展过程及规律性。

(2)统计学研究对象的特点包括:数量性、总体性、具体性。

5. 答:一个完整的统计工作过程一般可分为统计设计、统计调查,统计整理和统计分析四个主要阶段。

第二章 统计数据的收集

一、判断题

1. × 2. × 3. × 4. × 5. √ 6. × 7. √ 8. × 9. × 10. √

二、单选题

1. D 2. A 3. D 4. D 5. C 6. A 7. A 8. A 9. B 10. A 11. B 12. B 13. D 14. B 15. B

三、多选题

1. ABCD 2. ABC 3. ADE 4. ABD 5. BCD 6. ADE 7. ACDE 8. ABCDE 9. ACE 10. AB
11. ABCE 12. ABCDE 13. BE 14. BCE 15. ACE

四、简答题

1. 答：按照计量学的一般分类方法以及对事物计量的精确程度，可将计量尺度由低级到高级、由粗略到精确分为四个层次：定类尺度、定序尺度、定距尺度和定比尺度。

定类尺度是按照某一品质标志将总体划分为若干部分或组，对属性相同的总体单位进行计量的方法，运用定类尺度方法应以将总体单位进行分组或分类为前提，必须遵循互斥和穷尽两个原则。定类尺度只能按照事物的某种属性对其进行平行的分类或分组。适用于品质标志，适用于离散变量。

定序尺度是按照某一品质标志将总体划分为若干个等级有序的部门或组，对相同等级的总体单位进行计量的方法。用定序尺度以分组或分类为前提、遵循互斥、穷尽、有序的原则。定序尺度不仅可以将客观现象分成不同的类别，而且还可以确定这些类别的优劣或顺序。适用于品质标志，适用于离散变量。

定距尺度是按照某一数量标志将总体划分为若干个顺序排列的部分或组，对事物类别或次序的间距的测量，其结果表现为数值。运用定距尺度需遵循互斥、穷尽、有序和可加减的原则。适用于数量标志，适用于离散变量和连续变量。

定比尺度是在定距尺度的基础上，先确定相应的比较基数，然后将两种相关的数加以对比而形成的相对数（或平均数），用于反映现象的结构、比重、速度、密度等数量关系的方法。运用定距尺度需遵循互斥、穷尽、有序、可加减、可乘除的原则。适用于数量标志，适用于离散变量和连续变量。

2. 答：定序尺度是按照某一品质标志将总体划分为若干个等级有序的部门或组，对相同等级的总体单位进行计量的方法。用定序尺度以分组或分类为前提、遵循互斥、穷尽、有序的原则。定序尺度不仅可以将客观现象分成不同的类别，而且还可以确定这些类别的优劣或顺序。适用于品质标志，适用于离散变量。

定比尺度是在定距尺度的基础上，先确定相应的比较基数，然后将两种相关的数加以对比而形成的相对数（或平均数），用于反映现象的结构、比重、速度、密度等数量关系的方法。运用定距尺度需遵循互斥、穷尽、有序、可加减、可乘除的原则。适用于数量标志，适用于离散变量和连续变量。

3. 答：(1)按不同计量尺度对事物计量的结果不同，统计数据可分为定类数据、定序数据、定距数据和定比数据。

定类数据、定序数据、定距数据和定比数据均是上述计量尺度的计量结果。

(2)按数据的性质不同，统计数据可分为定性数据和定量数据。

①定性数据也称品质数据、属性数据，定类数据和定序数据均属于定性数据；②定量数据也称数量数据、数值型数据，定距数据和定比数据均属于定量数据。

(3)按收集方法不同，统计数据可分为观测数据和试验数据。

(4)按被描述对象与时间之间的关系，统计数据可分截面数据和时间序列数据。

不同类型的数据特点，见教材第二章第一节。

4. 答：(1)统计报表的资料来源于原始数据，统计报表是逐级上报和汇总的，包括全面报表和非全面报表，统计报表一般属于连续调查。

(2)普查是一种专门组织的一次性的全面调查普查规定调查标准时点，时间要求性强，普查主要适用于调查国民经济和社会发展的重要资料，一般属于专门调查、非连续性调查、全面调查。

(3)抽样调查遵循随机原则，具有客观性，是一种非全面调查，抽取的部分总体单位的调查结果可以推断总体的特征，节省人力、物力、财力和时间，适用范围广，可以事先计算并控制误差的大小，一般属于专门调查、非全面调查,既可以是连续调查,也可以是非连续调查。

(4)重点调查是一种非全面调查,具有主观性,不能推断总体的特征,一般属于专门调查,可以是非连续性调查,也可以是连续性调查。

(5)典型调查是一种非全面调查,具有主观性,在一定条件下能估计总体指标数值,一般属于专门调查、非连续调查。

5.答:普查是一种专门组织的一次性的全面调查普查规定调查标准时点,时间要求性强,普查主要适用于调查国民经济和社会发展的重要资料,一般属于专门调查、非连续性调查、全面调查。

抽样调查遵循随机原则,具有客观性,是一种非全面调查,抽取的部分总体单位的调查结果可以推断总体的特征,节省人力、物力、财力和时间,适用范围广,可以事先计算并控制误差的大小,一般属于专门调查、非全面调查,既可以是连续调查,也可以是非连续调查。

6.答:直接观察法、报告法、询问调查法和实验法。具体内容见第二章第三节。

7.答:调查目的,调查对象和调查单位,调查项目,调查问卷设计,选择调查方法,确定调查时间和期限,制定调查的组织实施计划。

第三章 统计数据的整理与显示

一、判断题

1.√ 2.× 3.√ 4.× 5.× 6.√ 7.√ 8.× 9.× 10.×

二、单选题

1.C 2.D 3.B 4.D 5.C 6.A 7.A 8.C 9.D 10.D 11.B 12.C 13.B 14.C 15.D

三、多选题

1.ADE 2.ACD 3.CDE 4.CD 5.ABE 6.AE 7.ACD 8.AB 9.ABCDE 10.BCD

四、简答题

1.答:统计数据的整理一般包括以下步骤:

(1)确定统计整理方案。

(2)统计数据的预处理。

(3)数据分组、汇总和计算。这是统计整理的核心工作。

(4)数据的显示。通过编制统计表和绘制统计图将数据具体、形象地呈现出来。

2.答:(1)统计分组:是统计整理的重要内容和步骤,它是根据统计研究的目的,将统计总体按照一定标志划分为不同性质的若干部分或组的一种统计分析方法。

(2)选择分组标志一般应遵循以下原则:①根据统计研究目的选择分组标志;② 突出现象最关键、最本质的特征;③ 从现象所处的具体条件出发选择分组标志。

3.答:变量数列的编制步骤:

第一步:将原始资料按数值大小依次排列,计算全距(全距=最大变量值−最小变量值)。

第二步:根据变量的类型确定分组方法(单项式分组或组距式分组)。

第三步:确定组数和组距。

第四步:确定组限。

第五步:汇总出各组的单位数,计算频率并整理成频数分布表。

4.答:常见的次数分布大致可以归纳为三种类型:即钟形分布(包括正态分布、右偏分布和左偏分布)、U

型分布和 J 型分布。

5. 什么是统计表？编制统计表时应注意哪些问题？

答：(1)把经过汇总整理得出的系统化的统计数据资料，按一定顺序填列在一定的表格内，形成的就是统计表。

(2)编制统计表时应注意以下问题：① 要合理安排统计表的结构。行标题、列标题、数字资料的位置应安排合理。有时，由于强调的问题不同，行标题和列标题可以互换，但应使统计表的横竖长度比例适当，避免出现过高或过长的表格形式。②表头一般应包括表号、总标题和表中数据的单位等内容。总标题应简明确切地概括出统计表的内容，一般需要表明统计数据的时间(When)、地点(Where)以及何种数据(What)，即标题内容应满足 3W 要求。如果表中的全部数据都是同一计量单位，可放在表的右上角标明，若各指标的计量单位不同，则应放在每个指标后或单列出一列标明。③表中的上下两条横线一般用粗线，中间的其他线要用细线；通常统计表的左右两边不封口；列标题之间一般用竖线分开、而行标题之间通常不必用横线隔开；表中的数据一般右对齐，有小数点时应以小数点对齐，而且小数点的位数应统一；对于没有数据的表格单元一般用"—"表示，一张填好的统计表不应当出现空白单元格。④在使用统计表时，必要时可在表的下方加上注释，特别要注意注明资料的来源，以表示对他人劳动成果的尊重，备读者查阅使用。

6. 答：直方图与条形图的区别在于：

(1)条形图是用条形的长度(横置时)表示各类别频数的多少，其宽度(表示类别)则是固定的；直方图是用面积表示各组频数的多少，矩形的高度表示每一组的频数或频率，宽度则表示各组的组距，因此其高度与宽度均有意义。

(2)由于组距式分组数据具有连续性，直方图的各矩形通常是连续排列的，而条形图则是分开排列的。

(3)条形图主要用于展示品质数据，而直方图则主要用于展示数值型数据。

五、计算题

1.(1)、(2)

某工厂 50 名工人按生产产品件数分组的频数分布表

按生产产品件数分组	频数（人）	频率（%）	向上累计频数	向下累计频数
70～80	1	2	1	50
80～90	4	8	5	49
90～100	7	14	12	45
100～110	14	28	26	38
110～120	12	24	38	24
120～130	9	18	47	12
130～140	3	6	50	3
合计	50	100	—	—

(3)

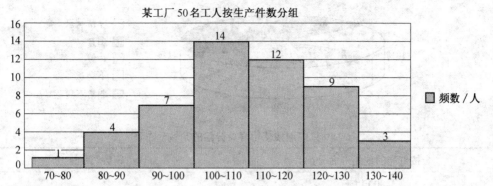

某工厂50名工人按生产件数分组

(4) 大体呈左偏分布。

2.(1) 顺序数据。

(2)

大学生按服务满意程度分组的频数分布表

按服务满意程度分组	频数(人)
非常满意	14
满意	21
一般	32
不满意	18
非常不满意	15
合计	100

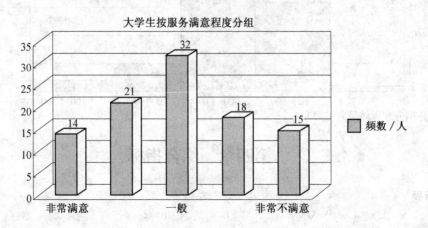

大学生按服务满意程度分组

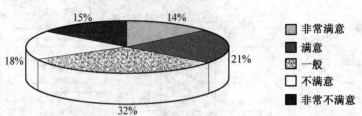

大学生按服务满意程度分组

3.

50 只灯泡按使用寿命分组的频数分布表

按灯泡的使用寿命分组	频数/只
800 以下	1
800～900	16
900～1000	26
1000～1100	5
1100～1200	2
合计	50

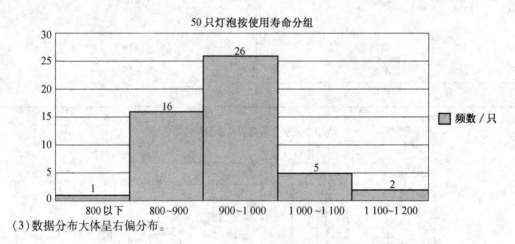

50 只灯泡按使用寿命分组

(3) 数据分布大体呈右偏分布。

第四章　综合指标

一、判断题

　　1.×　2.×　3.×　4.×　5.√　6.×　7.√　8.×　9.×　10.×

二、单选题

　　1.A　2.A　3.D　4.A　5.B　6.D　7.B　8.A　9.C　10.C　11.C　12.D　13.C　14.D　15.C

三、多选题

1. ACD   2. ABC   3. BCD   4. AC   5. ABCE   6. AE   7. BC   8. BD   9. ABC   10. ABCD

四、简答题

1. 答:(1)时期指标具有可加性,而时点指标不具有可加性。

(2)时期指标和时点指标与所属时间的关系不同。时期指标的数值大小与所属时间长短有直接关系,时间越长,数值越大,反之数值越小;而时点指标的数值大小与时间间隔长短没有直接关系。

(3)时期指标是通过连续登记取得,而时点指标则通过间断登记取得。

2. 答:算术平均数和强度相对数都是两个总量指标的比值,也都是有名数,都反映了相互联系的两个现象之间的数量对比关系,计算方法也非常相似。但它们却是两个性质不同的统计指标。二者主要区别有两点:

(1)子项指标与母项指标的关系不同。算术平均数的子项指标与母项指标属于同一个统计总体,是同一统计总体的总体标志总量和单体单位总量的比值,而强度相对数则是来自两个不同总体但有联系的总量指标之比。

(2)算术平均数的子项指标(标志总量)随着母项指标(总体单位数)的变动而变动,两者互相适应;而强度相对数的子项指标与母项指标之间不存在这样的关系。

3. 答:因为相对指标虽可以反映现象之间的差异程度,但把现象的绝对水平抽象化了,说明不了现象之间在绝对数量上的差异。因此,不能只凭相对数的大小来判断事物,大的相对数背后隐藏的绝对数可能很小,而小的相对数背后却可能隐藏着较大的绝对数。为了深入说明问题,在利用相对指标时必须把相对指标和总量指标结合运用来进行分析。

4. 答:(1)均值的计算利用了全部的数据信息,具有优良的数学性质,主要适用于数值型数据的集中趋势测度值。主要缺点是易受极端值的影响。算术平均数是实际中应用最广泛的集中趋势测度值;调和平均数主要用于不能直接计算均值的数据;几何平均数主要用于计算比率或速度数据的平均数。

(2)中位数是一组数据中间位置上的代表值,其特点是不受数据极端值的影响,主要适用于作为顺序数据的集中趋势测度值。

(3)众数是一组数据分布的峰值,它也是一种位置代表值,不受极端值的影响。其缺点是不具有唯一性。众数主要适用于作为分类数据的集中趋势测度值。

(4)当数据呈对称分布或接近对称分布时,应选择均值作为集中趋势的代表值。当数据呈偏态分布时,可以选择众数或中位数作为集中趋势代表值。

5. 答:当对不同总体或样本数据的离散程度进行比较时,由于均值不等或计量单位不同,因此不能直接比较离散指标的绝对数形式,如极差、平均差、标准差等,必须将上述指标与均值对比,以消除均值不等或计量单位不同的影响,即必须计算离散系数。

五、计算题

1. 解:(1)由于2009年销售额在各季度的分配是均匀的,所以,2009年各季度各种产品的计划销售额如下:

甲产品计划销售额为: $\dfrac{800}{4}=200$ 万元

乙产品计划销售额为: $\dfrac{300}{4}=75$ 万元

丙产品计划销售额为: $\dfrac{100}{4}=25$ 万元

则第二季度各种产品销售额的计划完成情况如下:

甲产品为:$\frac{220}{200} \times 100\% = 110\%$,说明甲产品第二季度超额10%完成计划。

乙产品为:$\frac{85}{75} \times 100\% = 113.33\%$,说明乙产品第二季度超额13.33%完成计划。

丙产品为:$\frac{35}{25} \times 100\% = 140\%$,说明丙产品第二季度超额40%完成计划。

(2)各种产品累计至第二季度末销售额全年计划完成情况如下:

甲产品为:$\frac{150+220}{800} \times 100\% = 46.25\%$,说明甲产品上半年计划执行进度有些慢。

乙产品为:$\frac{60+85}{300} \times 100\% = 48.33\%$,说明乙产品上半年计划执行进度稍慢。

丙产品为:$\frac{20+35}{100} \times 100\% = 55\%$,说明丙产品上半年超前完成计划执行进度。

2. 解:组中值分别是:75,85,95。

$$\bar{x}(万元) = \frac{\sum xf}{\sum f} = \frac{75 \times 5 + 85 \times 30 + 95 \times 15}{50} = 87$$

3. 解:组中值分别是:2 625,3 375,4 875,7 125。

$$\bar{x}/(千克·公顷^{-1}) = \sum x \frac{f}{\sum f} = 2\,625 \times 5\% + 3\,375 \times 35\% + 4\,875 \times 40\% + 7\,125 \times 20\% = 4\,687.5$$

4. 解:(1) 组中值分别是:85,95,105,115。

$$H = \frac{\sum m}{\sum \frac{m}{x}} = \frac{68+57+126+184}{\frac{68}{85\%} + \frac{57}{95\%} + \frac{126}{105\%} + \frac{184}{115\%}} = 103.57\%$$

(2) $$\bar{x} = \frac{\sum xf}{\sum f} = \frac{68 \times 85\% + 57 \times 95\% + 126 \times 105\% + 184 \times 115\%}{68+57+126+184} = 104.8\%$$

5. 解:甲市场平均价格为

$$H/(元·千克^{-1}) = \frac{\sum m}{\sum \frac{m}{x}} = \frac{12\,000+28\,000+15\,000}{\frac{12\,000}{1.2} + \frac{28\,000}{1.4} + \frac{15\,000}{1.5}} = 1.375$$

乙市场平均价格为

$$\bar{x}/(元·千克^{-1}) = \frac{\sum xf}{\sum f} = \frac{1.2 \times 20\,000 + 1.4 \times 10\,000 + 1.5 \times 10\,000}{40\,000} = 1.325$$

因此,甲市场的平均价格高于乙市场。

6. 解:组中值分别是:5.5,6.5,7.5,8.5,9.5。

$$H/(万元·人^{-1}) = \frac{\sum m}{\sum \frac{m}{x}} = \frac{220+650+825+255+190}{\frac{220}{5.5} + \frac{650}{6.5} + \frac{825}{7.5} + \frac{255}{8.5} + \frac{190}{9.5}} = 7.13$$

注意:此题的计算与第二列企业数无关。

7. 解:(1) $H/(元·千克^{-1}) = \dfrac{\sum m}{\sum \dfrac{m}{x}} = \dfrac{2\,160\,000 + 1\,152\,000 + 720\,000}{\dfrac{2\,160\,000}{20} + \dfrac{1\,152\,000}{16} + \dfrac{720\,000}{12}} = 16.8$

(2) $\bar{x} = \dfrac{\sum xf}{\sum f} = \dfrac{1 \times \dfrac{2\,160\,000}{20} + 2 \times \dfrac{1\,152\,000}{16} + 3 \times \dfrac{720\,000}{12}}{\dfrac{2\,160\,000}{20} + \dfrac{1\,152\,000}{16} + \dfrac{72\,000}{12}} = 1.8$

8. 解:平均合格率 $G = \sqrt[4]{(1-1.5\%) \times (1-2.0\%) \times (1-2.0\%) \times (1-1.0\%)} = 98.37\%$

平均废品率 = 1 - 平均合格率 = 1 - 98.37% = 1.63%

9. 解:(1) 组中值分别为 350,450,550,650,750,850。

$\bar{x}(元) = \dfrac{\sum xf}{\sum f} = \dfrac{350 \times 450 + 450 \times 300 + 550 \times 1\,200 + 650 \times 800 + 750 \times 500 + 850 \times 150}{3\,150} \approx 599.21$

(2) 因为次数最多的组是第三组(次数为1200),所以,第三组(500～600)为众数组。

$M_0(元) \approx L + \dfrac{\Delta_1}{\Delta_1 + \Delta_2} \times i \approx 500 + \dfrac{1\,200 - 300}{(1\,200 - 300) + (1\,200 - 800)} \times 100 \approx 569.23$

(3) 中位数的位置 = $\dfrac{\sum f}{2} = \dfrac{3\,150}{2} = 1\,575$(户),中位数在第三组(500～600)为中位数所在组。

$M_e(元) \approx L + \dfrac{\dfrac{N}{2} - S_{m-1}}{f_m} \times i \approx 500 + \dfrac{\dfrac{3\,150}{2} - 500}{1\,200} \times 100 \approx 589.58$

10. 解:(1) $\bar{x}_甲 / 件 = \dfrac{\sum xf}{\sum f} = \dfrac{15 \times 4 + 25 \times 8 + 35 \times 10 + 45 \times 12 + 55 \times 6}{4 + 8 + 10 + 12 + 6} = \dfrac{1\,480}{40} = 37$

$\bar{x}_乙 / 件 = \dfrac{\sum xf}{\sum f} = \dfrac{20 \times 6 + 25 \times 8 + 28 \times 10 + 30 \times 12 + 35 \times 4}{6 + 8 + 10 + 12 + 4} = \dfrac{1\,100}{40} \approx 27.5$

(2) $\sigma_甲 / 件 = \sqrt{\dfrac{\sum (x - \bar{x})^2 f}{\sum f}} = 12 \qquad \sigma_乙 / 件 = \sqrt{\dfrac{\sum (x - \bar{x})^2 f}{\sum f}} = 4$

(3) $V_{\sigma_甲} = \dfrac{\sigma_甲}{\bar{x}_甲} \times 100\% = \dfrac{12}{37} \times 100\% = 32.43\%$

$V_{\sigma_乙} = \dfrac{\sigma_乙}{\bar{x}_乙} \times 100\% = \dfrac{4}{27.5} \times 100\% = 14.55\%$

所以,乙组的平均日产量代表性高。

六、案例分析

提示答案:

1. 国家统计局公布的全国城镇单位在岗职工年平均工资与大多数人的实际工资差距大的问题,说明了当前我国在岗职工的工资收入之间存在着较大的差异这一事实。因此,用"平均工资"这一指标作为全国城镇单位在岗职工工资的一般水平的代表值代表性不高。

2. "平均工资"掩盖了工资分配中的差异的原因,恰恰说明当前我国城镇单位在岗职工的工资分布呈右偏分布的特点,而且偏斜程度还比较大。

85

3. 选择中位数作为全国城镇单位在岗职工的年工资收入一般水平的代表值代表性会更好一些,但前提是要考虑国家统计局在统计此项指标时的可操作性。

第五章 抽样调查与抽样分布

一、判断题

1. × 2. × 3. × 4. × 5. × 6. × 7. √ 8. √ 9. √ 10. ×

二、单选题

1. A 2. B 3. C 4. C 5. C 6. C 7. A 8. D 9. B 10. B

三、多选题

1. ACDE 2. ABCD 3. ACDE 4. AE 5. ABD 6. BCDE 7. ABCD 8. CDE 9. ABC 10. ABCE

四、简答题

1. 答:所谓随机原则就是总体中每个单位被抽中的机会均等,抽选出来的单位是偶然的,不受主观意识影响。这样就有更大的可能性使所抽取的样本结构与总体结构相似,使样本对总体有充分的代表性。

2. 答:类型抽样分组:提高样本代表性,要求组间异质,组内同质。整群抽样分群:简化抽样,要求组间差异小。

3. 答:在抽样调查中所得样本特征值与总体特征值之间的差异构成了抽样推断的误差。影响因素:样本容量、总体变异度、抽样方法与抽样组织形式。

4. 答:正态分布是连续型随机变量分布中最常见也是最重要的一种分布形式,在实践中有着广泛的应用。在自然界和社会经济生活中,有很多现象都服从正态分布,如人的身高、体重、智力、产品的加工尺寸等。在抽样推断中,也是最常见的分布形式。在样本足够大时,很多统计数据都近似服从正态分布。

对于一个随机变量 $X \sim N(\mu,\sigma^2)$,如果令

$$z = \frac{x-\mu}{\sigma}$$

则随机变量 Z 服从与 $\mu = 0$ 和 $\sigma = 1$ 的正态分布,记为 $Z \sim N(0,1)$,该分布为标准正态分布。

五、计算题

1. (1) 15.87%

(2) 38.29%

2. (1) [871,1529]

(2) [1167.1,1232.9]

3. 重复抽样 $\sigma_{\bar{x}} = 0.71$ 千克;不重复抽样 $\sigma_{\bar{x}} = 0.67$ 千克。

4. 重复抽样 $\sigma_{\bar{x}} = 11.08$ 元;不重复抽样 $\sigma_{\bar{x}} = 10.96$ 元。

5. 样本平均数为 631.1 克,样本方差为 3 477,抽样平均误差是 9.78 克。

6. (1) 3%

(2) [84.12%,95.88%]

7. 3

8. 14.23%

六、案例分析

提示答案:

1. 后者观点正确。因为该抽样框为理想抽样框。
2. 抽样调查的工作程序和各工作阶段的要求：
(1) 确定研究总体与指标；
(2) 确定抽样框；
(3) 确定抽样方法和组织形式；
(4) 抽样与分析结果。

第六章 参数估计与假设检验

一、判断题

1. √ 2. × 3. √ 4. √ 5. × 6. × 7. × 8. ×
9. √ 10. √ 11. × 12. √ 13. √ 14. √ 15. √

二、单选题

1. A 2. A 3. B 4. A 5. B 6. C 7. B 8. A 9. C 10. A 11. B 12. C 13. A 14. B 15. C

三、多选题

1. ACDE 2. ACE 3. ABCDE 4. ABCDE 5. CDE 6. ADE 7. ABC 8. ABDE

四、简答题

1. 答：(1) 点估计也叫定值估计，是根据总体参数的结构形式设计样本统计量，并直接以实际抽样样本统计量的具体值来估计总体参数。
(2) 点估计的优良统计量的标准：无偏性、有效性、一致性。
2. 答：(1) 样本容量是指样本中含有的总体单位数。为了准确而可靠地估计总体某个参数，需要抽取多少总体单位作样本，这是一个重要而实际的问题。抽取得越多，得到样本资料的代表性就越高，但是同时会耗费更大的人力、物力和时间；抽取得越少，消耗的资源较少，但样本受随机因素影响也较大，无法得到准确和可靠的推断结果，因此，抽样调查前需要确定一个适当的样本容量。
(2) 确定样本容量需要考虑允许误差、置信度、总体变异度、抽样方法与抽样组织形式。
3. 答：假设检验的基本思想是基于小概率事件原理的反证法。假设检验的步骤如下：
(1) 提出原假设和备择假设；
(2) 选择适当的检验统计量，并根据样本数据计算出其具体数值；
(3) 选择显著性水平 α，确定临界值和拒绝域；
(4) 将统计量的值与临界值进行比较，做出决策。
4. 答：没有充分理由，因为 β 未知。
5. 答：如果总体的标准差未知，可以用以下方法近似确定 σ 值。
(1) 用以前对同类总体计算所得数值最大的标准差代替。
(2) 做一次小规模调查，用调查的样本标准差代替。
(3) 对 σ 进行最优估计。如已知总体全距 R，可用 $R/4$ 来代替 σ 值。

五、计算题

1. (1) [1 224.52, 1 275.48]
(2) [1 237.26, 1 262.74]

2.(1)63.25

(2)[3 610.25,3 989.75]

3.(1)[84.12%,95.88%]

(2)$n = 400$

4.赝品率为[1.3%,6.7%],赝品量[52,268]

5.(1)$\sigma_{\bar{x}} = 0.594$　$\Delta_{\bar{x}} = z_{\alpha/2}\sigma_{\bar{x}} = 1.188$

$66.812 \leq \bar{x} \leq 69.188$

(2)$p = 10\%$　$\sigma_p = 3\%$　$\Delta p = z_{\alpha/2}\sigma_p = 6\%$　$4\% \leq P \leq 16\%$

6.225 人

7.900,3 600

8.不合格

9.准确

六、案例分析

提示答案:

1.原假设与备择假设的设法不同会导致不同结果。2.应加大样本容量以减少争议。

第七章　时间序列

一、判断题

1.× 2.× 3.× 4.× 5.× 6.× 7.× 8.× 9.√ 10.×
11.√ 12.× 13.√ 14.× 15.× 16.× 17.× 18.× 19.√ 20.√

二、单选题

1.C 2.C 3.C 4.B 5.A 6.D 7.B 8.A 9.B 10.A 11.C 12.D 13.D 14.D 15.B 16.A
17.B 18.D 19.C 20.A

三、多选题

1.AD 2.ABCDE 3.ABCDE 4.AE 5.BCDE 6.ADE 7.ACE 8.ABC 9.DE 10.AC

四、简答题

1.时间序列又称动态序列,指同一现象在不同时间上的相继观测值排列而成的序列。由两个要素构成:反映时间顺序变化的数列和反映各个时期指标值变化的数列。

2.答:时期序列的特点:

(1)时期数列中的各个指标数值具有可加性。

(2)时期数列中每个指标数值的大小与其时期长短有直接的关系。时期愈长,指标数值愈大,反之,则相反。这里所说的时期是指每个指标所包括的时间长度。

(3)时期数列中的每个指标数值通常是通过连续登记得到的。

时点序列的特点:

(1)时点数列中的各个指标数值不具有可加性。

(2)时点数列中每个指标数值的大小与其间隔长短没有直接的关系。这里所说的间隔是指两个相邻指标数值在时间上的距离。

(3)时点数列中的每个指标数值通常是通过一定时期登记一次得到的。

3. 答:时间序列的变动形式有:长期趋势、季节变动、循环变动和不规则变动。

4. 答:测定长期趋势的方法有:时距扩大法、移动平均法和数学模型法。

5. 答:测定季节变动的常用方法有同期平均法和移动平均趋势剔除法两种。

(1)同期平均法。研究季节变动的目的,在于掌握季节变动的规律性。测定季节变动的主要方法是计算季节比率(即季节指数),称季节比率法。季节比率高的是"旺季",反之则是"淡季"。季节比率法又称季节系数法。基本原理是:先计算同期平均数,即计算出同月(或同季)的平均数;然后计算总平均数,即计算出全部数据的平均数;最后,计算季节指数,将各同月(或同季)平均数除以总平均数。

(2)移动平均趋势剔除法。移动平均趋势剔除法的基本原理是将长期趋势和不规则变动等因素的影响从时间序列的实际值中剔除掉,然后再计算各月(或季度)的季节指数,从而使计算更精确。

五、计算题

1. 解:(1)

年份		1997年	1998年	1999年	2000年	2001年
国民生产总值(亿元)		50	56.15	78.3	85.4	80.85
发展速度(%)	环比	—	112.3	139.4	109.1	94.7
	定基	—	112.3	156.6	170.8	161.7
增长速度(%)	环比	—	12.3	39.4	9.1	−5.3
	定基	—	12.3	56.6	70.8	61.7

(2)1997~2001年间的平均国民生产总值(亿元) $= \dfrac{50+56.15+78.3+85.4+80.85}{5} = 70.14$

(3)1999~2001年间国民生产总值的平均发展速度 $= \sqrt{\dfrac{80.85}{78.3}} = \sqrt{1.032\,567} = 101.6\%$

1999~2001年间国民生产总值的平均增长速度 $= 1.6\%$

2. 本题属于时期指标的动态平均数求解类型

解:平均年出口额(万元) $= \dfrac{1\,000+1\,500+1\,842+2\,020+2\,668}{6} \approx 1\,505$

3. 本题属于间隔不等的连续时点指标的动态平均数求解类型。

解:平均饲养量/只 $= \dfrac{320\times5+250\times12+370\times8+290\times5}{5+12+8+5} \approx 300.3$

4. 本题属于间隔不等的间断时点指标的动态平均数求解类型。经计算,求解出该企业2010年平均职工人数为483.5人。

5. 解:(1)第二季度平均每月销售额(万元) $= (650+720+830)/3 = 733.3$

(2)第二季度平均每月职工人数 $= \dfrac{\dfrac{120}{2}+150+182+\dfrac{190}{2}}{3} \approx 162$

(3)第二季度平均每月人均销售额(万元) $= 733.3/162 = 4.55$

(4)第二季度人均销售额(万元) $= (650+720+830)/162 = 13.58$

6. 解：平均比重 = $\dfrac{\dfrac{280}{2}+285+280+\dfrac{270}{2}}{\dfrac{680}{2}+685+684+\dfrac{686}{2}} = \dfrac{\dfrac{840}{3}}{\dfrac{2\,052}{3}} = 40.9\%$

7. 解：平均计划完成程度 = $\dfrac{\dfrac{860+887+875+898}{4}}{\dfrac{\dfrac{860}{130\%}+\dfrac{887}{135\%}+\dfrac{875}{138\%}+\dfrac{898}{125\%}}{4}} = 131.8\%$

8. 解：平均计划完成程度 = $\dfrac{\dfrac{860\times130\%+887\times135\%+875\times138\%+898\times125\%}{4}}{\dfrac{860+887+875+898}{4}} = 132.0\%$

9. 解：利用工业总产值/工人劳动生产率 = 0.69 万元(人)

10. 解：流转次数 = 销售额/库存额：

$$\text{平均流转次数} = \dfrac{(200+240+276)/3}{(45/2+55+45+75/2)/3} \approx 13.43 \text{(次)}$$

11. 解：(1) 略。(2) 略。(3) 略。
(4) 平均增长量 311.2 万元，平均发展速度 124.11%，年平均增长速度 24.11%。

12. 解：3 年。

13. 解：平均发展速度 108.37%。

14. 解：(1)

	A	B	C	D
1	年份	产品产量	三年移动平均	
2	1991	48.4		
3	1992	51.4	51.4	
4	1993	54.4	52.5	
5	1994	51.8	54.5	
6	1995	57.4	55.9	
7	1996	58.6	58.6	
8	1997	59.8	60.9	
9	1998	64.4	64.4	
10	1999	69	68.3	
11	2000	71.5		
12				
13				

(2) 77.205(万吨)(具体方法参考下题)。

15. 解

	A	B	C	D	E	F
1	年份	出口额（y）	时间代码（t）	ty	t^2	
2	2001	10	1	10	1	
3	2002	12	2	24	4	
4	2003	15	3	45	9	
5	2004	18	4	72	16	
6	2005	20	5	100	25	
7	合计	75	15	251	55	
8						

$$b = \frac{n\sum tY_t - \sum t \sum y}{n\sum t^2 - (\sum t)^2} = \frac{5 \times 251 - 15 \times 75}{5 \times 55 - 15^2} = 2.6$$

$$a = \frac{\sum Y_t}{n} - \frac{b\sum t}{n} = \overline{Y_t} - b\overline{t} = \frac{75}{5} - 2.6 \times \frac{15}{5} = 7.2$$

趋势方程为 $y = 7.2 + 2.6t$。

2006 年对应的时间代码为 6，代入方程得到 2006 年的趋势值为 22.8。

16. 答：计算特定季节指数，见下表：

	A	B	C	D	E	F	G
1	年份	季度	销售额（万元）	四项移动平均	四项移正平均	特定季节指数	
2	第一年	一	20				
3		二	5				
4		三	6.2	22.8	24.3	0.255	
5		四	60	25.8	25.675	2.337	
6	第二年	一	32	25.55	25.6875	1.246	
7		二	4	25.825	27.7	0.144	
8		三	7.3	29.575	31.2	0.234	
9		四	75	32.825	33.1125	2.265	
10	第三年	一	45	33.4	33.7375	1.334	
11		二	6.3	34.075	37.95	0.166	
12		三	10	41.825	43.7	0.229	
13		四	106	45.575	45.3	2.340	
14	第四年	一	60	45.025	45.275	1.325	
15		二	4.1	45.525	47.275	0.087	
16		三	12	49.025			
17		四	120				
18							

消除不规则变动后的季节指数计算如下表：

	A	B	C	D	E	F	G
1	年份	一季度	二季度	三季度	四季度		
2	第一年			0.255	2.337		
3	第二年	1.246	0.144	0.234	2.265		
4	第三年	1.334	0.166	0.229	2.34		
5	第四年	1.325	0.087				
6	总计	3.905	0.397	0.718	6.942		
7	均值（典型季节指数）	1.302	0.132	0.239	2.314	3.987	
8	调整值	1.306	0.132	0.240	2.322	4	
9	季节指数	130.6%	13.2%	24.0%	232.2%		
10							
11	调整因子=	4/3.987=	1.003261				
12							

所以，季节指数分别为一季度130.6%，二季度13.2%，三季度24%，四季度232.2%，其中第一和第四季度为旺季，第二和第三季度为淡季。

六、案例分析

略。

第八章 统计指数

一、判断题

1. √ 2. × 3. √ 4. × 5. × 6. √ 7. √ 8. √ 9. × 10. √

二、单选题

1. B 2. A 3. C 4. C 5. D 6. A 7. A 8. B 9. C 10. A 11. B 12. C 13. B 14. D 15. C 16. A 17. D 18. B

三、多选题

1. ABE 2. AE 3. BCE 4. ACE 5. BCE 6. AC 7. ABD 8. ABCDE 9. CD 10. ABC 11. AB 12. BD 13. ABDE 14. DE 15. CD

四、简答题

1. 答：统计指数的作用有以下几个方面：

(1) 综合反映复杂总体数量变动的方向和程度。社会经济现象中的复杂总体，其各构成单位不能直接相加汇总，但在社会经济管理与理论研究中，则要经常分析其总的变动情况，就必须利用指数方法才能实现。

(2) 根据指数之间的社会经济联系，进行因素分析。利用指数可以从数量上具体揭示某种现象发展变化的原因及各构成因素对其具体影响，从而明确现象发展的主要原因和主要矛盾，并对社会经济管理的具体成效作出客观评价。

(3) 研究社会经济现象在长期内的变动趋势。利用连续编制的指数数列，可以对社会经济现象在较长时期内发展变化的趋势进行描述和分析。

2. 答：

(1) 平均数指数与综合指数的联系是：它们是计算总指数的两种方法，它们的公式可以相互推导。

(2)它们的区别是:第一,综合指数是"先综合,后对比",即从社会经济现象总体的总量出发,找出同度量因素,将不能直接加总的现象过渡到可以加总,然后再对比,以观察现象的综合变动方向和程度;而平均数指数是"先对比,后平均",即从个体指数出发,对总体中个别事物的个体指数进行加权平均以观察个体指数的平均变化。第二,综合指数的编制要求使用全面调查资料,平均数指数既可以使用全面调查资料,也可以使用非全面调查资料编制,而使用非全面调查资料编制平均数指数更为广泛。第三,综合指数的编制,要求使用实际指标作为权数,而平均数指数既可以用实际总量指标作为权数,也可以用比重作为权数。

3. 答:能够反映现象之间的经济联系并在数量上存在一定的等式关系的各种指数称为指数体系。

指数体系的作用是:

(1)利用指数体系可以对现象的数量变化进行因素分析;

(2)利用指数体系可以分析现象的总变化中受某个因素变动的影响程度;

(3)利用指数体系中各个指数之间的数量关系,推算未知指数。

五、计算题

1. 解:

(1) $K_q = \dfrac{\sum p_0 q_1}{\sum p_0 q_0} = \dfrac{558\ 660}{478\ 400} = 116.78\%$

销售量变动导致销售额增加额(元) $= 558\ 660 - 478\ 400 = 80\ 260$

(2) $K_p = \dfrac{\sum p_1 q_1}{\sum p_0 q_1} = \dfrac{506\ 280}{558\ 660} = 90.62\%$

销售价格变动导致销售额增加额(元) $= 506\ 280 - 558\ 660 = -52\ 380$

(3) 销售额指数 $= \dfrac{\sum p_1 q_1}{\sum p_0 q_0} = \dfrac{506\ 280}{478\ 400} = 105.83\%$

销售额变动额 $= 506\ 280 - 478\ 400 = 27\ 880$

总销售额增加了5.83%,是由于销售量增加16.78%和销售价格下降9.38%共同作用而成的;同时,总销售额增加了27 880元,是由于销售量增加使销售额增加80 260元和销售价格降低导致销售额减少52 380元共同作用而成的。

2. 解:

拉式指数:

$$K_p = \dfrac{\sum p_1 q_0}{\sum p_0 q_0} = \dfrac{11\ 450}{9\ 050} = 126.52\%$$

$$K_q = \dfrac{\sum p_0 q_1}{\sum p_0 q_0} = \dfrac{7\ 710}{9\ 050} = 85.19\%$$

帕氏指数:

$$K_p = \dfrac{\sum p_1 q_1}{\sum p_0 q_1} = \dfrac{9\ 740}{7\ 710} = 126.33\%$$

$$K_q = \dfrac{\sum p_1 q_1}{\sum p_1 q_0} = \dfrac{9\ 740}{11\ 450} = 85.07\%$$

结果是,无论价格指数还是销售量指数拉式指数均略大于帕氏指数。

3. 解:(1) $K_q = 124.5\%$,24.5 万元

(2) $K_z = 96.39\%$; -4.5 万元

4. 解:(1) $K_p = 91.63\%$; -31.04 万元

(2) $K_q = 148.42\%$;121.04 万元

5. 解:(1) $K_q = 122.22\%$;销售量增长 22.22%

(2) $K_{zq} = 117.6\%$;总成本增加 17.6%

(3) $K_{xf} = 108.15\%$;总产值提高 8.15%

6. 解: 6.39%

7. 解:103.66%

8. 解:

(1) 销售量综合指数 $K_q = \dfrac{\sum q_1 p_0}{\sum q_0 p_0} = \dfrac{920}{770} = 119.48\%$

由于销售量变动使销售额增加 $\sum q_1 p_0 - \sum q_0 p_0 = 920 - 770 = 150(元)$

(2) 价格综合指数 $K_p = \dfrac{\sum q_1 p_1}{\sum q_1 p_0} = \dfrac{761}{920} = 82.72\%$

由于销售价格变动使销售额增加 $\sum q_1 p_1 - \sum q_1 p_0 = 761 - 920 = -159(元)$

(3) 销售额指数 $K_{qp} = \dfrac{\sum q_1 p_1}{\sum q_0 p_0} = \dfrac{761}{770} = 98.83\%$

销售额增加额 $= \sum q_1 p_1 - \sum q_0 p_0 = 761 - 770 = -9(元)$

以上结果构成如下等式关系,即:

$$\dfrac{\sum q_1 p_1}{\sum q_0 p_0} = \dfrac{\sum q_1 p_0}{\sum q_0 p_0} \times \dfrac{\sum q_1 p_1}{\sum q_1 p_0}$$

$$98.83\% = 119.48\% \times 82.72\%$$

$$\sum q_1 p_1 - \sum q_0 p_0 = (\sum q_1 p_0 - \sum q_0 p_0) + (\sum q_1 p_1 - \sum q_1 p_0) \quad -9 = 150 - 159$$

以上分析说明三种农产品的销售额报告期比基期减少了 1.17%,是由于销售量增长 19.48% 和价格减少 17.28% 两个因素共同作用的结果。同时,销售额减少 9 元,是由于销售量增长使其增加 150 元和价格下跌使其减少 159 元共同作用的结果。

9. 解:第一步,计算总平均工资的变动

$$可变构成指数 = \dfrac{\sum x_1 f_1}{\sum f_1} \div \dfrac{\sum x_0 f_0}{\sum f_0} = \dfrac{966\,800}{615} \div \dfrac{748\,000}{540} = \dfrac{1\,572.033}{1\,385.185} = 113.49\%$$

总平均工资增加额(元) $= 1\,572.033 - 1\,385.185 = 186.85$

计算结果说明,员工总平均工资报告期比基期提高了 13.49%,平均工资每月增加了 186.85 元。

第二步,计算各组员工工资变动对总平均工资的影响

$$固定构成指数 = \dfrac{\sum x_1 f_1}{\sum f_1} \div \dfrac{\sum x_0 f_1}{\sum f_1} = \dfrac{966\,800}{615} \div \dfrac{843\,800}{615} = \dfrac{1\,572.033}{1\,372.033} = 114.58\%$$

各组工资变动使总平均工资额(元) = 1 572.033 - 1 372.033 = 200
计算结果说明,各组平均工资报告期比基期提高14.58%,这一变化导致总平均工资增加了200元。
第三步,计算总体结构变动对总平均工资的影响。

$$结构变动影响指数 = \frac{\sum x_0 f_1}{\sum f_1} \div \frac{\sum x_0 f_0}{\sum f_0} = \frac{843\,800}{615} \div \frac{748\,000}{540} = \frac{1\,372.033}{1\,385.185} = 99.05\%$$

由于结构变化导致总平均工资增加额(元) = 1 372.033 - 1 385.185 = -13.15
计算结果说明,职工总体结构降低0.95%,由此导致总平均工资减少13.15元。
第四步,列出等式,综合分析。
上面结果之间的关系为:
相对数关系:
$$113.49\% = 114.58\% \times 99.05\%$$
绝对数关系:
$$186.85 = 200 - 13.15$$

综合分析:
计算结果表明,总平均工资报告期比基期提高13.49%,是由于各组员工平均工资综合提高14.58%和由于职工结构变化 -0.95% 共同作用而成的;同时,总平均工资每月增加186.85元,是由于各组职工平均工资上涨导致总平均工资增加200元和由于职工结构变化导致总平均工资减少13.15元共同作用而成的。

六、案例分析

提示答案:

分厂名称	单位成本(元)		产量/万件		总成本(万元)			
	p_0	p_1	q_0	q_1	$p_0 q_0$	$p_1 q_0$	$p_0 q_1$	$p_1 q_1$
针织一厂	35	38	120	112	4 200	4 560	3 920	4 256
针织二厂	42	50	80	76	3 360	4 000	3 192	3 800
针织三厂	65	72	69	52	4 485	4 968	3 380	3 744
合计	—	—	269	240	12 045	13 528	10 492	11 800

(1) 该厂的总成本指数 $= \frac{\sum p_1 q_1}{\sum p_0 q_0} = \frac{11\,800}{12\,045} = 97.97\%$

总厂四季度比三季度总成本降低2.03%,总成本减少245万元。

(2) 总成本变动的影响因素

总成本变动受各个分厂单位成本和产量变动的影响。

其中,三个分厂单位成本指数 $= \frac{\sum p_1 q_1}{\sum p_0 q_1} = \frac{11\,800}{10\,492} = 112.47\%$

单位成本提高12.47%,由此导致总成本增加1 308万元;

三个分厂产量指数 $= \frac{\sum p_0 q_1}{\sum p_0 q_0} = \frac{10\,492}{12\,045} = 87.11\%$

95

产量减少 12.89%,由此导致总成本减少 1 553 万元。
分析结果:
$$97.97\% = 112.47\% \times 87.11\% \quad -245 = 1\,308 - 1\,553$$

可见,总厂总成本降低 2.03% 是由于三个分厂单位成本提高 12.47% 和产量下降 12.89% 共同作用而成的;同时,总成本减少 245 万元,是由于三个分厂单位成本上升导致总成本增加 1 308 万元和产量下降导致总成本减少 1 553 万元共同作用而成的。

(3) 平均单位成本变动情况

$$\text{平均单位成本指数} = \frac{\sum x_1 f_1}{\sum f_1} \div \frac{\sum x_0 f_0}{\sum f_0} = \frac{11\,800}{240} \div \frac{12\,045}{269} = \frac{49.17}{44.78} = 109.8\%$$

平均单位成本提高 9.8%,平均单位成本增加额为 4.39 万元。

(4) 平均单位成本影响因素分析

平均单位成本的影响因素有两个:各分厂单位成本和各个分厂的产量结构。

首先,分析各分厂单位成本变动的影响,即计算固定构成指数。

$$\text{固定构成指数} = \frac{\sum x_1 f_1}{\sum f_1} \div \frac{\sum x_0 f_1}{\sum f_1} = \frac{49.17}{43.72} = 112.47\%$$

各个分厂单位成本变动对总厂平均单位成本影响的绝对额为 5.45 万元。

其次,分析三个分厂产量结构变动的影响,即计算结构影响指数。

$$\text{结构影响指数} = \frac{\sum x_0 f_1}{\sum f_1} \div \frac{\sum x_0 f_0}{\sum f_0} = \frac{43.72}{44.78} = 97.63\%$$

三个分厂结构变动对总厂平均单位成本变动的绝对额 = -1.06(万元)

综合影响分析:
$$109.8\% = 112.47\% \times 97.63\%$$
$$4.39 = 5.45 - 1.06$$

分析结论:

兴邦针织厂的总平均成本提高了 9.8%,是由于各分厂单位成本提高 12.47% 和各分厂产量结构变化 2.37% 共同作用而成的;同时,总平均成本增加 4.39 万元,是由于各个分厂单位成本增加使得总单位成本提高 5.45 万元和各个分厂产量结构变化使得总单位成本降低 1.06 万元共同作用而成的。

第九章 相关与回归分析

一、判断题

1.√ 2.× 3.√ 4.× 5.× 6.× 7.√ 8.× 9.√ 10.×

二、单选题

1.D 2.D 3.A 4.A 5.C 6.A 7.B 8.B 9.B 10.D 11.C 12.C

三、多选题

1.AB 2.BC 3.ABDE 4.ABE 5.ABE

四、简答题

1. 答:(1)联系:都是变量之间的数量关系;函数关系是分析相关关系的基础。
(2)区别:函数关系是确定性的关系,而相关关系是不确定性的关系。

2. 答:作为相关关系分析的两个主要部分,回归分析与狭义的相关分析之间,一方面存在着密切的联系,另一方面又各自形成具有独立内容的研究体系。一般来说,回归分析指的是通过回归方程反映变量之间的依存关系,要有明确的自变量与因变量。其中的自变量是可控的、非随机的,而因变量在理论上设想为服从正态分布的随机变量。在狭义的相关分析中,主要目的是测定变量之间关系的密切程度,变量都看成是随机的,其相互之间既有可能是因果关系,也可能是相伴关系。当具体分析某一问题时,根据需要,有时也单独应用其中的一种,但在多数情况下是将这两部分内容结合起来应用的。在经济模型的建立过程中,首先需要确定哪些变量应包括在模型中,哪些变量可以归入随机项,这一任务的完成要通过相关分析,在此基础上,再应用回归分析,确定变量之间的数量对应关系。

3. 答:可通过相关表、相关图、相关系数来判断、分析现象之间的相关关系。

4. 答:一元线性回归系数表示回归直线的斜率;相关系数反映自变量与因变量关系的类型和密切程度。

5. 答:运用相关与回归分析进行推断应注意下列问题:
(1)要在定性分析的基础上进行定量分析。
(2)理解相关分析与回归分析的关系。
(3)回归系数不直接反映相关变量的关系密切程度。
(4)回归方程用于外推预测时应谨慎。

五、计算题

1. (1) $r = 0.9244$
(2) 回归方程为: $y_c = -47.78 + 0.6184x$
(3) 估计标准误差为:2.288
(5) 显著

2. (1) 散点图(略)。
(2) 通过散点图可以看出,x 和 y 之间大致呈现出线性关系。
(3) 回归方程为: $y = 138.92 - 0.68x$

六、案例分析

提示答案:
外推预测范围过大;相关关系类型没有确定;方程显著性没有检验。

第十章 统计决策

一、选择题

1. A 2. C 3. B 4. C 5. C 6. D 7. D 8. B 9. D 10. D 11. D 12. B 13. B 14. D 15. B

二、简答题

1. 答:(1)统计决策可以从广义和狭义两方面来理解。广义的统计决策是指所有利用统计方法和统计信息而进行的决策。狭义的统计决策是一种研究非对抗性和不确定型决策问题的科学的定量分析方法。
(2)按照对客观条件的不同把握程度,决策问题可分为确定型决策和不确定型决策。

2.答:(1)统计决策应当遵循以下基本原则:可靠性原则、可行性原则、效益最佳原则、合理性原则。

(2)一个完整的统计决策过程一般包括以下基本步骤:①确定决策目标;②拟定备选方案;③列出自然状态;④选择"最佳"或"满意"的方案;⑤实施方案。

3.答:按照对各种客观条件发生概率的了解程度不同,不确定型决策又可分为完全不确定型决策和风险型决策。完全不确定型决策是指每一可行方案可能出现几种不同情况,究竟属于何种情况都是未知的,其概率也无从估计或只能靠主观判断,最后做出决策除了考虑计算结果外,还要依靠决策者的经验、判断力和创造力。风险型决策也称随机型决策,是决策者根据可行方案的不同自然状态可能发生的概率所进行的决策。决策者所拟定的各可行方案存在着不可控因素,任何行动方案都会遇到两个以上的自然状态,究竟发生哪种情况是不能肯定的,但却可以通过统计资料和科学实验确定出各自然状态的概率。这样,面临决策问题中的情况就是具有概率变化的,所以决策者无论选定哪一种方案都要承担一定的风险。

三、计算题

1.(1)根据乐观准则,应选择方案一。

(2)根据悲观准则,应选择方案三。

(3)方案一的最大后悔值为250万元,方案二的最大后悔值为200万元,方案三的最大后悔值为300万元,所以根据最小的最大后悔值准则应选择方案二。

(4)当乐观系数$\alpha=0.7$,可得:方案一的期望收益值为220万元,方案二的期望收益值为104万元,方案三的期望收益值为85万元。根据折中原则应该选择方案一。

(5)假设各种状态出现的概率相同,则三个方案的期望收益值分别是:116.67万元、93.33万元、83.33万元,按等可能性原则,应选择方案一。

2.根据悲观、乐观准则分别选取A_3、A_2方案,其余准则选A_1方案。

3.(1)决策树图略。

(2)三个方案的期望值分别为150万元、140万元和96万元,因此排除方案三。但方案一的变异系数为1.09,方案二的变异系数为0.8,根据期望值准则结合变异系数准则,应该选择方案二。

(3)宜采用满意准则,选择方案二。

(4)宜采用满意准则,选择方案三。

第十一章 国民经济统计的常用指标

一、判断题

1.√ 2.× 3.× 4.√ 5.× 6.√ 7.× 8.√ 9.× 10.√

二、选择题

1.A 2.D 3.B 4.B 5.D 6.B 7.C 8.A 9.B 10.B

三、简答题

1.答:国民经济核算体系是国家或国际组织为统一规定国民经济核算而制定的一套反映国民经济运行的指标体系、分类标准和核算方法。中国国民经济核算体系由5套基本核算表(国内生产总值表、投入产出表、资金流量表、国际收支和资产负债表)、3套国民经济账户(经济总体账户、机构部门账户和国外账户)和2张附属表(自然资源实物量核算表和人口资源与人力资本核算表)组成。基本核算表和国民经济账户是本体系的中心内容。

2.答:各个时期的GDP都是采用当年价格计算的,称为"名义的GDP"。意义:①为判断宏观经济运行状况提供重要依据;②为宏观经济管理工作发挥重要作用;③在我国对外交往中具有重要意义。如果消除了价格变动因素,各个时期的 GDP 都采用固定价格.可比价格或某个特定时期的价格来计算,则称为"实际 GDP"。它除了名义 GDP 具有的分析意义以外,它较名义 GDP 更能反映一个国家实际生产水平的变化,能够全面.确切地反映全社会经济活动的最终成果。

$$二者存在的数量关系是:实际 GDP = \frac{名义 GDP}{GDP 紧缩价格指数}$$

3. 答:三次产业分类是就产业形成的时序加以划分,同时反映了劳动对象的特点及其满足人类需求的层次的分类。它可划分为:第一产业(农业);第二产业(工业和建筑业);第三产业(除上述第一、第二产业以外的其他行业)。我国把第三产业具体分为四个层次,分别是流通部门(商业和运输邮电业等);为生产和生活服务的部门(金融、保险业、旅游业等);为提高科学文化水平和居民素质服务的部门(教育、文化、卫生和社会福利事业等);为社会公共需要服务的部门(国家机关、社会团体等)。

四、计算题

1. 解:

(1)生产法:GDP = ∑(各部门的总产出-该部门的中间消耗)= 5 450(1-36%)+22 240(1-72%)+3 058(1-70%)+650(1-22%)+1 615(1- 48%)+1 606(1-27%)+1 608(1-28%)= 14 167(亿元)

(2)分配法:GDP = 劳动者报酬+生产税净额+固定资产折旧+营业盈余= 8 620 + 2 370 + 2 197 + 980 = 14 167(亿元)

(3)使用法:GDP =(居民消费+政府消费)+(固定资产形成总额+存货增加)+ 出口—进口 = (7 000+1 900)+(4 578+529)+160 = 14 167(亿元)

2. 解:国内生产总值 = 总产出-中间消耗 = 6 650 – 3 100 = 3 550(万元)

国内生产净值 = 国内生产总值-固定资产折旧 = 3 550 – 250 =3 300(万元)

国民可支配总收入=国内生产总值+来自国外的要素收入净额+经常转移收入净额 = 3550 + 120 + 80 = 3 750(万元)

五、案例分析

提示答案:

在选择发展中心指标是应坚持以下原则:①有利于坚持科学发展观。其指标的选择符合坚持以人为本,实现经济.社会生态环境和资源全面、协调、可持续发展的观念。②计算方法科学规范,资料来源可靠,具有可操作性,便于检查和分析。③具有一定的时效性。我们在分析这个案例时就要坚持上面的三条原则,前两问同学可以根据所学的 GDP 有关知识和资料里的内容加以分析回答;第 3 问同学可以从原则 2 的可操作性是否便于检查和分析来解答;第 4 问同学可以根据这些指标的时效性和我国的发展现状来分析解答。

第十二章 现代企业统计

一、判断题

1. × 2. × 3. √ 4. √ 5. √ 6. × 7. × 8. × 9. × 10. √

二、单选题

1. A 2. A 3. A 4. C 5. B 6. A 7. B 8. C 9. D 10. D

三、多选题

1. ABE 2. ABD 3. ACD 4. ACD 5. ABDE 6. ABCDE 7. ACDE 8. AB 9. BD 10. ABCD

四、简答题
略

五、计算题
1. 解：工业总产值=成品价值+对外加工费收入+自制半成品、在制品期末期初差额价值=（30+1.5+0.8）+（2.4-1.2+0.5）+1.1=32.3+1.7+1.1=35.1（万元）

2. 解：

某工业企业基期和报告期综合指数法经济效益评价计算表

指标	标准值	权数（%）	基期			报告期		
			实际值	个体指数(%)	加权得分(%)	实际值	个体指数(%)	加权得分(%)
甲	1	2	3	4=3/1 或=1/3	5=4*2	6	7=6/1 或=1/6	8=7*2
1. 总资产贡献率%	10	20	11	110	22	13	130	26
2. 资产保值增值率%	115	16	125	108.7	17.39	120	104.35	16.70
3. 资产负债率%	50	12	70	71.4	8.57	65	76.92	9.23
4. 流动资金周转率%	1.65	15	1.5	90.9	13.64	1.3	78.79	11.82
5. 成本费用利润率%	8.5	14	6.5	76.5	10.71	5.8	68.24	9.55
6. 全员劳动生产率（万元/人）	36.5	10	26.5	72.6	7.26	31.5	86.30	8.63
7. 产品销售率%	95	13	85.5	90	11.7	93.5	98.42	12.79
合计	—	100	—		91.27	—	—	94.72

从计算结果来看，该企业基期综合效益指数为91.27%，报告期综合效益指数为94.72%，说明该企业报告期综合经济效益较基期有所提高，但仍低于全国平均水平，应采取有力措施，进一步提高经济效益。

第十三章 大数据分析与数据挖掘

一、判断题
1. × 2. × 3. √ 4. √ 5. √ 6. × 7. √ 8. × 9. × 10. × 11. √ 12. × 13. × 14. √

二、单选题
1. B 2. B 3. D 4. C 5. C 6. C 7. C 8. A 9. B 10. A 11. B 12. D 13. C 14. C 15. A 16. D 17. A 18. D 19. C 20. D 21. A 22. D 23. B 24. D 25. B 26. D 27. D 28. B 29. D

三、多选题
1. ABCD 2. ABCD 3. ABCD 4. ABCD 5. ABCD 6. ABCD 7. ABC 8. BC 9. ABC 10. CD 11. BCD 12. ABD 13. ABCD 14. ABCD 15. ABCD

四、简答题
略

模拟试卷一

一、判断题（本大题共 10 小题，每小题 1 分，共 10 分）

1. × 2. × 3. √ 4. × 5. × 6. √ 7. × 8. √ 9. √ 10. ×

二、单选题（本大题共 15 小题，每小题 1 分，共 15 分）

1. B 2. C 3. B 4. A 5. B 6. B 7. C 8. A 9. B 10. B 11. C 12. B 13. A 14. C 15. B

三、多选题（本大题共 10 小题，每小题 2 分，共 20 分）

1. BCD 2. ABCD 3. AB 4. BCD 5. ABD 6. ABC 7. ABCD 8. BCD 9. ABCD 10. ABD

四、简答题（本大题共 3 小题，每小题 5 分，共 15 分）

1. 答：完整的统计调查方案应包括以下内容：①确定调查目的；②确定调查对象和调查单位；③确定调查项目（设计调查问卷，选择调查方法）；④确定调查时间和调查期限；⑤制定调查的组织实施计划。

2. 答：(1)统计分组：是统计整理的重要内容和步骤，它是根据统计研究的目的，将统计总体按照一定标志划分为不同性质的若干部分或组的一种统计分析方法。
(2)选择分组标志一般应遵循以下原则：① 根据统计研究目的选择分组标志；② 突出现象最关键、最本质的特征；③ 从现象所处的具体条件出发选择分组标志。

3. 答：(1)时距扩大法。是测定长期趋势的一种最简单、最原始的方法。它是通过扩大时间序列的时间间隔，对原时间序列进行合并，以弱化由于时距较短时现象受到其他因素影响而引起的趋势不明显的情况，从而正确反映现象发展的趋势。
(2)移动平均法。是测定现象长期趋势较常用的方法。它采用逐期推移，扩大时距计算一系列时序平均数作为对应时期的趋势值。由这些移动平均数所形成的新时间序列，在一定程度上消除或削弱了原时间序列中由于短期偶然因素引起的不规则变动和其他变动，对原时间序列的波动起到一定的修匀作用，从而呈现出现象发展的长期趋势。
(3)数学模型法。是在对现象作初步分析的基础上，选择一个合适的数学方程配合时间序列的变动，据以进行长期趋势预测的一种分析方法。

五、计算题（本大题共 4 小题，每小题 10 分，共 40 分）

1. 解：已知 $\bar{x} = 400$ 元，$\sigma = 100$ 元，$n = 400$，$1 - \alpha = 95\%$，$z_{\frac{\alpha}{2}} = z_{0.025} = 1.96$

(1) 抽样平均误差 $\sigma(\bar{x}) = \dfrac{\sigma}{\sqrt{n}} = \dfrac{100}{\sqrt{400}} = 5$（元）

(2) 抽样允许误差 $\Delta_{\bar{x}} = z_{\frac{\alpha}{2}} \cdot \sigma(\bar{x}) = 1.96 \times 5 = 9.8$（元）

(3) 总体均值的置信区间为：$\bar{x} \pm \Delta_{\bar{x}} = 400 \pm 9.8 = [390.2, 409.8]$

结论：以 95% 的置信度估计该市居民家庭人均年旅游消费支出额在 390.2 元到 409.2 元之间。

2. 解：提出假设：$H_0 : \mu = 255$，$H_1 : \mu \neq 255$

检验统计量 $z = \dfrac{255.8 - 255}{5/\sqrt{36}} = 0.96$

由于 $z = 0.96 < z_{0.025} = 1.96$，所以检验统计量的值落在接受域内，不拒绝原假设。
检验结果表明，样本提供的证据还不足以推翻原假设，因此不能证明该天生产的饮料不符合标准要求。

3. 解：建立指数体系：

总成本指数 = 产量指数 × 单位产品成本指数

即
$$\frac{\sum q_1 p_1}{\sum q_0 p_0} = \frac{\sum q_1 p_0}{\sum q_0 p_0} \times \frac{\sum q_1 p_1}{\sum q_1 p_0}$$

$$\frac{147.2}{140} = \frac{150}{140} \times \frac{147.2}{150}$$

$$105\% = 107\% \times 98\%$$

$$\left(\sum q_1 p_1 - \sum q_0 p_0\right) = \left(\sum q_1 p_0 - \sum q_0 p_0\right) + \left(\sum q_1 p_1 - \sum q_1 p_0\right)$$

$$7.2 = 10 + (-2.8)$$

从绝对数和相对数两个角度分析:某企业由于产量增长 7%,使总成本增加 10 万元,由于单位产品成本降低 2%,使总成本下降 2.8 万元,产量和单位产品成本两因素共同影响的结果,使总成本上升 5%,即增加 7.2 万元。

4.解:
(1)散点图:(略)
(2)

年份	t	Y_t	tY_t	t^2
2006 年	1	10	10	1
2007 年	2	12	24	4
2008 年	3	15	45	9
2009 年	4	18	72	16
2010 年	5	20	100	25
合计	$\sum t = 15$	$\sum Y_t = 75$	$\sum tY_t = 251$	$\sum t^2 = 55$

$$b = \frac{n\sum tY_t - \sum t \sum Y_t}{n\sum t^2 - (\sum t)^2} = \frac{5 \times 251 - 15 \times 75}{5 \times 55 - 15^2} = 2.6$$

$$a = \frac{\sum Y_t}{n} - b \cdot \frac{\sum t}{n} = \frac{75}{5} - 2.6 \times \frac{15}{5} = 7.2$$

线性趋势模型为: $\hat{Y}_t = 7.2 + 2.6t$

(3)2011 年($t = 6$ 时)出口额的预测值为: $\hat{Y}_6 = 7.2 + 2.6 \times 6 = 22.8$(亿元)

模拟试卷二

一、判断题(本大题共 10 小题,每小题 1 分,共 10 分)
  1.√ 2.× 3.√ 4.× 5.× 6.√ 7.× 8.× 9.√ 10.×

二、单选题(本大题共 15 小题,每小题 1 分,共 15 分)
  1.B 2.C 3.B 4.A 5.A 6.D 7.A 8.C 9.B 10.A 11.A 12.C 13.A 14.D 15.A

三、多选题(本大题共 10 小题,每小题 2 分,共 20 分)
  1.ACD 2.CD 3.BCD 4.ABC 5.ABD 6.AB 7.BCD 8.ABC 9.ABD 10.ABC

四、简答题(本大题共 3 小题,每小题 5 分,共 15 分)

1. 答:(1)普查是一种专门组织的一次性的全面调查。普查规定调查标准时点,时间要求性强,普查主要适用于调查国民经济和社会发展的重要资料,一般属于专门调查、非连续性调查、全面调查。

(2)抽样调查遵循随机原则,具有客观性,是一种非全面调查,抽取的部分总体单位的调查结果可以推断总体的特征,节省人力、物力、财力和时间,适用范围广,可以事先计算并控制误差的大小,一般属于专门调查、非全面调查,既可以是连续调查,也可以是非连续调查。

2. 答:总体:研究者所要研究的全部个体(元素)的集合。

样本:从总体中抽取的一部分元素组成的集合,构成样本的元素的数目称为样本容量。

参数:研究者想要了解的总体的某种特征值,参数通常是一个未知的常数。

统计量:根据样本数据计算出来的一个量。由于样本是我们所已经抽出来的,所以统计量总是已知的。

3. 答:(1)为了准确而可靠地估计总体某个参数,抽样调查前需要确定一个适当的样本容量。因为从总体中抽取的单位数越多,得到样本资料的代表性就越高,但是同时会耗费更大的人力、物力和时间;抽取得越少,消耗的资源较少,但样本受随机因素影响越大,无法得到准确和可靠的推断结果。

(2)必要样本容量受以下因素影响:总体变异程度、允许误差范围、置信度、抽样方法和抽样组织形式。

五、计算题(本大题共 4 小题,每小题 10 分,共 40 分)

1. 解:(1)样本比例 $p = \dfrac{90}{100} = 90\%$

抽样平均误差 $\sigma(p) = \sqrt{\dfrac{p(1-p)}{n}} = \sqrt{\dfrac{90\% \times (1-90\%)}{100}} = 3\%$

抽样极限误差 $\Delta_p = Z_{\frac{\alpha}{2}} \cdot \sqrt{\dfrac{p(1-p)}{n}} = 1.96 \times 3\% = 5.88\%$

总体比例的置信区间为:$p \pm \Delta_p = 90\% \pm 5.88\% = [84.12\%, 95.88\%]$

结论:在 95% 的概率保证程度下,估计这批产品的合格率的范围在 $[84.12\%, 95.88\%]$。

(2)$n = 400$ 件,应抽取 400 件产品进行抽样调查。

2. 解:提出假设:$H_0: \mu = 330$,$H_1: \mu \neq 330$

检验统计量 $z = \dfrac{332 - 330}{5/\sqrt{100}} = 4$

由于 $z = 4 > z_{0.025} = 1.96$,检验统计量的值落在拒绝域内,拒绝原假设,应接受备择假设。

检验结果表明,该批饮料不合乎标准要求。

3. 解:建立指数体系:

进口额总指数 = 进口量总指数 × 进口价格总指数

即:
$$\dfrac{\sum q_1 p_1}{\sum q_0 p_0} = \dfrac{\sum q_1 p_0}{\sum q_0 p_0} \times \dfrac{\sum q_1 p_1}{\sum q_1 p_0}$$

$$\dfrac{2\,471}{2\,152} = \dfrac{1\,726}{2\,152} \times \dfrac{2\,471}{1\,726}$$

$$114.82\% = 80.2\% \times 143.16\%$$

$$\left(\sum q_1 p_1 - \sum q_0 p_0\right) = \left(\sum q_1 p_0 - \sum q_0 p_0\right) + \left(\sum q_1 p_1 - \sum q_1 p_0\right)$$

$$319 = (-426) + (745)$$

从绝对数和相对数两个角度分析:由于进口量减少 19.8%,影响进口额减少 426 万元,由于进口价格提高了 43.16%,影响进口额增加 745 万元,进口量和进口价格的共同影响的结果使三种产品的进口总额增长 14.82%,即增加 319 万元。

4. 解:(1) 散点图:(略)

(2)

年份	t	Y_t	tY_t	t^2
2005 年	1	78	78	1
2006 年	2	86	172	4
2007 年	3	84	252	9
2008 年	4	90	360	16
2009 年	5	96	480	25
2010 年	6	110	660	36
合计	$\sum t = 21$	$\sum Y_t = 544$	$\sum tY_t = 2002$	$\sum t^2 = 91$

$$b = \frac{n\sum tY_t - \sum t \sum Y_t}{n\sum t^2 - (\sum t)^2} = \frac{6 \times 2002 - 21 \times 544}{6 \times 91 - 21^2} = 5.6$$

$$a = \frac{\sum Y_t}{n} - b \cdot \frac{\sum t}{n} = \frac{544}{6} - 5.6 \times \frac{21}{6} = 71.07$$

线性趋势模型为: $\hat{Y}_t = 71.07 + 5.6t$

(3) 2011 年 ($t = 7$ 时) 粮食产量的预测值为:

$$\hat{Y}_7 = 71.07 + 5.6 \times 7 = 110.27 (万吨)$$